OS REIS TAUMATURGOS

Copyright da tradução e desta edição © 2020 by Edipro Edições Profissionais Ltda.

Título original: *Les rois thaumaturges*. Publicado originalmente na França em 1924. Traduzido com base em uma edição da Éditions Gallimard publicada em 1983.

Todos os direitos reservados. Nenhuma parte deste livro poderá ser reproduzida ou transmitida de qualquer forma ou por quaisquer meios, eletrônicos ou mecânicos, incluindo fotocópia, gravação ou qualquer sistema de armazenamento e recuperação de informações, sem permissão por escrito do editor.

Grafia conforme o novo Acordo Ortográfico da Língua Portuguesa.

1ª edição, 2020.

Editores: Jair Lot Vieira e Maíra Lot Vieira Micales
Coordenação editorial: Fernanda Godoy Tarcinalli
Produção editorial: Carla Bitelli
Edição de textos: Marta Almeida de Sá
Assistente editorial: Thiago Santos
Preparação de texto: Cláudia Cantarin
Revisão: Thiago de Christo
Diagramação: Estúdio Design do Livro
Capa: Karine Moreto de Almeida

Dados Internacionais de Catalogação na Publicação (CIP)
(Câmara Brasileira do Livro, SP, Brasil)

Bloch, Marc, 1886-1944.
  Os reis taumaturgos : estudo sobre o caráter sobrenatural do poder régio na França e na Inglaterra / Marc Bloch; tradução, prefácio e notas de Laurent de Saes. – São Paulo: Edipro, 2020.

  Título original: Les rois thaumaturges.
  Bibliografia.
  ISBN 978-85-521-0112-3 (impresso)
  ISBN 978-85-521-0113-0 (e-pub)

  1. Anéis medicinais – Uso terapêutico – História 2. Cura – História 3. França – Reis 4. Idade Média – História 5. Inglaterra – Reis 6. Moedas – Uso terapêutico – História 7. Poder (Ciências sociais) 8. Reis e governantes – Aspectos religiosos 9. Toque por reis – História I. Saes, Laurent de. II. Título.

19-31001   CDD-909.07

Índice para catálogo sistemático:
1. Reis : Poder curativo : Idade Média : História 909.07

Maria Paula C. Riyuzo - Bibliotecária - CRB-8/7639

São Paulo: (11) 3107-4788 • Bauru: (14) 3234-4121
www.edipro.com.br • edipro@edipro.com.br
@editoraedipro   @editoraedipro

O livro é a porta que se abre para a realização do homem.

Jair Lot Vieira

MARC BLOCH

OS REIS TAUMATURGOS

**ESTUDO SOBRE O CARÁTER SOBRENATURAL
DO PODER RÉGIO NA FRANÇA E NA INGLATERRA**

Tradução e prefácio:
LAURENT DE SAES

SUMÁRIO

Prefácio..7
Apresentação...15
Introdução...23

PRIMEIRO LIVRO: AS ORIGENS

Capítulo I: Os primórdios do toque da escrófula...35
Capítulo II: As origens do poder curativo dos reis: a realeza sagrada
nos primeiros séculos da Idade Média...57

SEGUNDO LIVRO: GRANDEZA E VICISSITUDES DAS REALEZAS TAUMATÚRGICAS

Capítulo I: O toque da escrófula e sua particularidade até o final
do século XV...93
Capítulo II: O segundo milagre da realeza inglesa: os anéis medicinais........157
Capítulo III: A realeza maravilhosa e sagrada, das origens do toque
da escrófula ao Renascimento..181
Capítulo IV: Sobre algumas confusões de crenças: São Marculfo, os reis
da França e os sétimos filhos..253
Capítulo V: O milagre régio no tempo das lutas religiosas e do absolutismo......299
Capítulo VI: O declínio e a morte do toque..367

TERCEIRO LIVRO: A INTERPRETAÇÃO CRÍTICA DO MILAGRE RÉGIO

Capítulo único..393

APÊNDICES

Apêndice I: O milagre régio nas contas francesas e inglesas.........................415
Apêndice II: O dossiê iconográfico...433
Apêndice III: Os primórdios da unção real e da sagração..............................443
Apêndice IV: Análise e trechos do *Tratado sobre a sagração* de João Golein.....459
Apêndice V: A peregrinação da França a Corbeny após a sagração e o
transporte do sacrário de São Marculfo a Reims.......................................471

Acréscimos e retificações...475
Bibliografia...483

ESTAMPA I. *Um rei da França comunga sob as duas espécies e se prepara para tocar a escrófula.* Quadro do século XVI, autor desconhecido. Turim, Pinacoteca Real, n. 194. Fotografia de Giraudon. Ver páginas 435-436.

PREFÁCIO

Publicado em 1924, *Os reis taumaturgos*, estudo seminal sobre a cura milagrosa de escrofulosos operada por reis da França e da Inglaterra no decorrer de muitos séculos, foi o resultado de uma longa gestação. Não que o processo de redação deste que foi o primeiro trabalho de fôlego de Marc Bloch (nascido em Lyon, em 1886; covardemente assassinado pelos nazistas em 16 de junho de 1944) após a defesa de sua tese de doutorado, em 1920, tenha sido particularmente longo; mas a obra representava um primeiro grande marco na trajetória intelectual de um jovem historiador em vias de renovar a maneira de pensar e fazer história.

Depois de formar-se como *agrégé*[1] de história na prestigiosa Escola Normal Superior de Paris em 1908, Bloch foi recebido na Fundação Thiers, instituição destinada a incentivar a carreira de estudantes tidos como promissores e onde ele permaneceria entre 1909 e 1912. Ali, formou, ao lado de dois outros normalianos, Louis Gernet e Marcel Granet, um fecundo grupo de estudos, espaço de interlocução que despertou em Bloch o interesse por mitos, lendas e ritos, assim como pelas crenças e pela psicologia coletiva das sociedades do passado, encaradas sob uma perspectiva comparatista.

Veio então a Guerra de 1914-1918, da qual Bloch sairia condecorado: experiência profundamente humana, mas ao longo da qual o olhar do historiador, do cientista atento ao mundo circundante, jamais o abandonou. Bloch registrou suas observações, com particular interesse pela psicologia dos combatentes. Foi ali, observando as atitudes dos homens à sua volta, que o historiador pôde testemunhar diretamente determinadas dinâmicas que lhe permitiriam compreender as atitudes das sociedades do passado diante dos milagres produzidos por seus monarcas. O historiador Carlo Ginzburg analisou o impacto da experiência da guerra na evolução intelectual que

---

1. Termo que designa os aprovados na *agrégation*, concurso de recrutamento dos professores do ensino público na França.

conduziria a *Os reis taumaturgos*.² Segundo o italiano, a guerra teria colocado Bloch diante de fenômenos até certo ponto anacrônicos, semelhantes aos que ele abordaria em seu estudo sobre o toque da escrófula; resumidamente, durante o conflito ele teria visto reconstruir-se uma sociedade quase medieval, dotada de uma mentalidade correspondente. Um fenômeno em particular reteve a sua atenção (o qual, nos dias de hoje, mantém toda a relevância): a propagação de notícias falsas. O contexto da guerra, marcado por uma rigorosa censura sobre os escritos, engendrou uma "prodigiosa renovação da tradição oral", campo privilegiado de difusão de mitos e lendas; isso permitiu ao jovem historiador observar diretamente mecanismos de propagação de inverdades análogos aos verificados em épocas anteriores à imprensa escrita. Nesse ambiente, nasciam e propagavam-se as notícias falsas, o que estimulou Bloch a estabelecer uma analogia com antigas sociedades dispersas, nas quais as informações eram transmitidas por canais pouco fidedignos. Suas impressões sobre o que testemunhara no mundo das trincheiras inspirariam um precioso ensaio intitulado "Réflexions d'un historien sur les fausses nouvelles de la guerre" [Reflexões de um historiador sobre as notícias falsas da guerra] (1921), o qual, para Ginzburg, funciona como uma espécie de prólogo a *Os reis taumaturgos*, na medida em que fornece um tratamento inicial ao problema central do valor do testemunho. No texto, Bloch afirma:

> Falsos relatos mobilizaram multidões. Falsas notícias, em toda a multiplicidade de suas formas — simples rumores, imposturas, lendas —, preencheram a vida da humanidade. Como nascem? De que elementos tiram sua substância? Como se propagam, ampliando-se à medida que passam de boca em boca e de escrito a escrito? Nenhuma pergunta merece mais do que essa apaixonar aquele que ama refletir sobre a história.³

Em resumo, da experiência da guerra, nos diz Ginzburg, sairiam *Os reis taumaturgos*, e a conclusão de que o milagre régio foi uma "gigantesca notícia falsa", para retomar uma expressão que Georges Lefebvre empregaria em *La*

---

2. "Prólogo a la edición italiana de *Los Reyes Taumaturgos* de Marc Bloch". In: Carlo Ginzburg, *Cinco reflexiones sobre Marc Bloch*. Trad. Carlos Antonio Aguirre Rojas. Bogotá, Ediciones desde abajo, 2016, cap. 2.
3. Marc Bloch, "Réflexions d'un historien sur les fausses nouvelles de la guerre"; *Revue de synthèse historique*, vol. 33, 1921. Disponível em: <https://fr.wikisource.org/wiki/Réflexions_d'un_historien_sur_les_fausses_nouvelles_de_la_guerre>. Acesso em: jan. 2019.

Grande Peur de 1789 [O grande medo de 1789],[4] outro notável estudo de história das mentalidades e das *fake news* do passado.

Com o término da guerra, em 1919, Bloch é nomeado professor na Universidade de Estrasburgo. A cidade voltara a ser francesa e sua universidade ganhava, com isso, ares de vitrine da produção intelectual nacional, diante das influências germânicas no mundo acadêmico. Mentes brilhantes foram então atraídas para a instituição, incluindo uma quantidade significativa de estudiosos, de diversas áreas, que desempenhariam um papel fundamental na evolução intelectual de Bloch: é o caso, claro, de Lucien Febvre, com quem Bloch fundaria a paradigmática revista *Annales d'histoire économique et sociale*, mas também do medievalista Charles-Edmond Perrin, do historiador da Revolução Francesa Georges Lefebvre, do médico e psicólogo Charles Blondel, do sociólogo Maurice Halbwachs, entre outros. Estrasburgo foi o espaço de contato aprofundado de Bloch com as ciências sociais, o qual alimentaria a perspectiva interdisciplinar de que *Os reis taumaturgos* estão tão impregnados. Na estupenda biblioteca da universidade, ricamente abastecida de trabalhos franceses e alemães (incluídos os de muitos medievalistas germânicos), Bloch encontrou o combustível para empreender sua investigação dos ritos do passado. Foi naquele ambiente, fortemente marcado pela influência durkheimiana, que Bloch se aventurou além dos limites da historiografia positivista pregada por Charles-Victor Langlois e Charles Seignobos, afirmando, por meio de uma renovação dos objetos e dos métodos de investigação, a cientificidade própria do trabalho do historiador.

Um estudo anterior já revelara o interesse de Bloch pelo ritual nas instituições do passado: trata-se de "Les formes de la rupture de l'hommage dans l'ancien droit féodal" [As formas da ruptura da homenagem no antigo direito feudal] (1912), no qual o historiador oferecia a descrição do rito feudal de ruptura da homenagem vassálica. Com *Os reis taumaturgos*, Bloch se aprofundaria no estudo dos ritos e das crenças, com o intuito de reconstruir as condições históricas que permitiram que, por muitos séculos, se acreditasse na capacidade de homens sagrados de curar, pelo simples contato de suas mãos, determinadas moléstias.

Com *Os reis taumaturgos*, Bloch se propõe a reconstruir a história de um milagre e, mais do que isso, da crença nesse milagre. Entra, assim, no campo durkheimiano das representações coletivas, isto é, das ideias, crenças e valores

---

4. Georges Lefebvre, *La Grande Peur de 1789*. Paris, Armand Colin, 1932, p. 87.

elaborados por uma coletividade. Seu objetivo é analisar as condições que permitiram que o milagre "existisse", isto é, que autorizaram a crença mais ou menos generalizada de que poderia — ou mesmo deveria — haver milagre. O escopo da obra encontra-se explicitado em seu subtítulo: "Estudo sobre o caráter sobrenatural atribuído ao poder real, particularmente na França e na Inglaterra". Foi para contemplar esse tema mais amplo que Bloch escolheu como ponto de apoio a história de um rito em particular, o toque da escrófula, observado nos dois países em questão. Sua abordagem de um fenômeno dessa natureza compreende dois enfoques: um voltado para o rito propriamente dito, sua organização e as atitudes daqueles que o praticam; outro voltado para a crença no milagre proporcionado pelo rito em foco e para a difusão dessa crença no tempo e no espaço. Busca-se com isso não apenas reconstituir a história de determinada prática, como também desvendar seus significados, nos diferentes contextos históricos em que ela se verifica, e procurar compreender, afinal, por que os homens acreditam no que acreditam.

Movido por tais indagações, o historiador se lança num estudo fundador da antropologia histórica, debruçando-se sobre as mentalidades e as representações. Recorrendo a uma gama altamente diversificada de fontes (a vida dos santos, contas reais, literatura médica, crônicas, canções de gesta, pinturas, etc.), Bloch percorre aqui os caminhos que norteariam as atividades da revista *Annales d'histoire* économique *et sociale*, que ele fundaria em 1929 ao lado de Lucien Febvre: longa duração, diálogo com as diferentes ciências humanas, estudo das mentalidades e modos de viver, as linhas de força fundamentais da "escola" dos *Annales*, estão aqui presentes. Com efeito, o objeto de estudo é abordado na longa duração e numa perspectiva totalizante. A primeira, em sua concepção braudeliana, não corresponde necessariamente a um período cronológico extenso; diz respeito, antes, a um ritmo lento da história, o ritmo da transformação das estruturas. Esse ritmo pode ser observado em um espaço de tempo relativamente curto, desde que o olhar esteja direcionado para o nível estrutural, subjacente ao plano dos acontecimentos e das conjunturas de médio prazo. No caso de *Os reis taumaturgos*, porém, Bloch depara com a possibilidade de examinar as estruturas num recorte cronológico extremamente longo, ao abordar um fenômeno desde sua gênese até seu desaparecimento. O historiador situa o derradeiro toque inglês em 27 de abril de 1714, pela rainha Ana; na França, ele teria persistido até a Revolução, foi ressuscitado por Carlos X e praticado, uma última vez, em 31 de maio de 1825. Tal abordagem requer atravessar séculos de história e cruzar fronteiras territoriais. O que permite então explicar que um fenômeno tão improvável tenha perdurado por tanto tempo e em diferentes lugares?

Bloch não nos oferece apenas uma descrição — bastante minuciosa, aliás — do rito; ele se debruça sobre a sua popularidade. Tarefa complexa, visto que implica compreender como um fenômeno elaborado nos mais altos escalões da hierarquia social pôde difundir-se entre as camadas populares; implica, em outras palavras, relacionar as práticas da elite e as crenças das massas. Os reis, segundo Bloch, se tornam curadores na Idade Média fundamentalmente por serem percebidos como sagrados. E ser sagrado, numa época em que a religiosidade não era uma experiência puramente interior, mas dotada também de materialidade, significava ter o poder de agir sobre o mal exterior ou ter o poder de curar. Tal poder, aliás, antes mesmo de vincular-se à figura do rei, podia exercer-se igualmente por meio de outros agentes, como é o caso dos "sétimos filhos" (ou, por vezes, filhas), curadores natos de determinadas moléstias. Compreender o problema da fé no milagre do toque requer, portanto, estudar tanto a ideologia oficial da monarquia medieval como as práticas da medicina popular e as crenças derivadas do folclore médico.

A longevidade da prática do toque régio se explica, para Bloch, pela atmosfera religiosa de que estavam cercados os reis, reforçada por lendas e símbolos (como as insígnias reais) que ilustravam e atestavam, aos olhos dos homens daquele tempo, o caráter sagrado dos monarcas. Por trás do milagre do toque existe uma concepção da realeza sagrada que atravessou os séculos, da Idade Média até a Revolução.

Bloch se debruça, também, sobre o processo de declínio e morte do toque régio (séculos XVI a XVIII), fruto dos esforços dos espíritos racionalistas para eliminar o sobrenatural da ordem do mundo. Evidencia-se, com isso, que uma mesma estrutura (o "poder taumatúrgico" dos reis) adquire significados diferentes de acordo com o contexto histórico. Para o historiador, tais mudanças não resultam, porém, dos grandes acontecimentos (lutas religiosas e políticas, revoluções), os quais não são capazes, por si sós, de eliminar um fenômeno tão enraizado quanto a crença no milagre régio. Seu desaparecimento se dá antes ao sabor das mudanças mais lentas nas mentalidades e nas demais estruturas que o tornaram possível. O que matou o milagre régio foi, na visão de Bloch, o avanço de um espírito "racionalista" que, num primeiro momento, procurou assentá-lo numa explicação racional para, no fim, com as Luzes e seu esforço de eliminar o sobrenatural do mundo, simplesmente reconhecer que o milagre régio jamais existira.

Na última parte do livro, Bloch propõe uma interpretação crítica do milagre régio. Herdeiro das Luzes, ele parte do princípio de que o milagre jamais se produziu e de que os reis, portanto, nunca curaram. Como então explicar que se tenha acreditado em seu poder? A crença, responde o historiador, se explicava pelo fato de que, num contexto em que o sobrenatural se incorporava à normalidade, tudo gerava a expectativa de um milagre, do qual não se esperavam necessariamente efeitos imediatos. Fatos fisiológicos e puramente naturais alimentavam a crença: o desaparecimento de lesões benignas, incorretamente diagnosticadas como escrófula, ou o sumiço temporário dos sintomas atestavam, aos olhos dos contemporâneos, a eficácia do toque e a realidade do milagre. Como diz o autor, "o que criou a fé no milagre é a ideia de que devia haver milagre". Em resumo, a crença no poder taumatúrgico dos reis foi o resultado de um "erro coletivo". Mas o que a obra fundamentalmente nos informa é que o erro, o testemunho incorreto ou distorcido, também pode ser objeto de investigação histórica, ao permitir que alcancemos, com os materiais e as ferramentas intelectuais adequados, os níveis mais profundos e propriamente estruturais da história.

Cumpre, porém, ressaltar que *Os reis taumaturgos* não é apenas um trabalho de antropologia histórica e de história das mentalidades. Há, também, no seio da obra, a preocupação de enfrentar questionamentos centrais da história política medieval e moderna — em particular a disputa por poder e prestígio envolvendo as monarquias europeias e a Igreja. Bloch quer refletir sobre as engrenagens políticas do recurso ao sagrado, relacionando o poder taumatúrgico aos rituais de sagração e unção dos monarcas. O dom taumatúrgico é justamente pensado como arma política de fortalecimento da popularidade das casas reais, diante da Igreja, diante dos senhores feudais, e uma diante da outra. A afirmação do poder taumatúrgico é a afirmação de um poder monárquico central, superior aos demais poderes concorrentes na Europa feudal. Isso se evidencia com clareza na análise que Bloch faz de outro milagre, observado na Inglaterra: o dos anéis medicinais, supostamente capazes de curar certas doenças, como a epilepsia. O historiador descreve a transformação dos anéis, objetos aos quais tradicionalmente se atribuíam poderes mágicos, em instrumentos do milagre régio, associando-se, a partir do século XV, ao poder taumatúrgico dos reis. Nesse sentido, Bloch concilia, em *Os reis taumaturgos*, aquele que seria o espírito dos *Annales* com uma abordagem renovada da história política, centrada nas representações e símbolos do poder, o que lhe garante um lugar excepcional na historiografia francesa das primeiras décadas do século XX. O autor rompia com uma historiografia exclusiva e superficialmente política em busca de uma nova profundidade na própria abordagem dos temas políticos.

Publicado em 1924, o livro não foi então um grande sucesso editorial, mas obteve boa acolhida entre o público universitário, e isso nas mais diferentes áreas do conhecimento. As resenhas foram, na sua maioria, positivas; e Bloch recebeu cartas elogiosas de alguns acadêmicos importantes, como do seu colega Lucien Febvre, Henri Pirenne, Henri Sée e Lucien Lévy-Bruhl. Houve também reações negativas, como a de François-Louis Ganshof, que o condenou por ter estudado algo essencial ("a realeza sagrada") apoiando-se em um aspecto acessório (o toque régio);[5] talvez ele não tivesse compreendido o ineditismo da abordagem de Bloch, que utilizava a crença no poder milagroso dos reis da França e da Inglaterra como "fio condutor" para registrar fenômenos fundamentais da história europeia (disputas pelo poder, ideologias da monarquia, modos de pensar, etc.).

Bloch não retornou ao tema nos trabalhos subsequentes, uma vez que se voltou primordialmente para a história rural, campo em que produziu trabalhos importantes, como *Les caractères originaux de l'histoire rurale en France* (1931). Não obstante, *Os reis taumaturgos* resistiram magnificamente ao tempo e fornecem um modelo ainda atual para uma antropologia política histórica. Com seu estudo sobre o toque da escrófula, Bloch desenvolveu uma maneira de pensar a produção do simbólico no seio das relações de poder. Assim como em outras de suas obras, ele manifesta aqui certa inclinação a reduzir problemas de ordem social e econômica a questões de modos de pensar e de psicologia coletiva. Sem embargo, oferece, com *Os reis taumaturgos*, uma investigação admirável da história das mentalidades e um modelo notável de extração de evidências históricas de fontes extremamente diversificadas e aparentemente áridas. Ao fazê-lo, Bloch situou no centro de sua reflexão aquilo que a historiografia tradicional reduzia ao patamar das curiosidades e anedotas, e alcançou, para além dos mecanismos de organização administrativa, judicial e financeira dos Estados europeus, o nível do cotidiano e das crenças do homem comum. *Os reis taumaturgos* constituem, assim, uma etapa fundamental na trajetória intelectual de seu autor, ao preparar, em certa medida, o caminho para o monumental trabalho de síntese sobre os modos de viver e pensar da Europa medieval que seria *A sociedade feudal* (1939-1940).[6]

Laurent de Saes

---

5. François-Louis Ganshof, "Marc Bloch, *Les Rois Thaumaturges*"; *Revue belge de philologie et d'histoire*, vol. 5, n. 2-3, 1926, p. 612. Disponível em: <https://www.persee.fr/doc/rbph_0035-0818_1926_num_5_2_6383_t1_0611_0000_2>. Acesso em: jan. 2019.
6. Marc Bloch, *A sociedade feudal*. Trad. Laurent de Saes. São Paulo, Edipro, 2016.

APRESENTAÇÃO

Poucos livros terão merecido, tanto quanto este, denominar-se obra da amizade: com efeito, não me caberia o direito de designar como amigos todos os colaboradores benévolos que aceitaram me ajudar, alguns deles com uma gentileza tanto mais admirável porque ela nem sequer se dirigia à minha pessoa, uma vez que nunca tinham me visto? A extrema dispersão das fontes e a complexidade dos problemas que fui obrigado a abordar teriam tornado minha tarefa propriamente impossível, caso eu não tivesse encontrado, em tão grande número, auxílios preciosos. Enrubesço ao pensar em todos os mestres ou colegas de Estrasburgo, de Paris, de Londres, de Tournai, de Bolonha, de Washington, ou de outros lugares, que importunei ao pedir uma informação ou uma sugestão e que sempre me responderam com a mais delicada solicitude. Eu não poderia, aqui, agradecer a todos eles, um por um, sob a pena de infligir à paciência do leitor uma lista infinitamente longa. Da mesma forma, sua bondade foi demasiado desinteressada para que me culpem por manter, ao menos nesta Apresentação, seus nomes em silêncio. Eu acreditaria, todavia, estar descumprindo um verdadeiro dever caso não expressasse, desde já, meu reconhecimento muito especial aos bibliotecários ou arquivistas que aceitaram guiar-me em seus acervos: Hilary Jenkinson, no Record Office; Henri Girard, André Martin e Henri Moncel, na Biblioteca Nacional; Gaston Robert, nos Arquivos de Reims; caso eu não indicasse, sem demora, quantas informações úteis devi à incansável gentileza de Helen Farquhar e do reverendo E.-W. Williamson; caso eu não relembrasse, por fim, que inúmeros passos em falso, num terreno que eu sentia escorregadio, me foram poupados graças à ajuda quase cotidiana que consentiu em me prestar um historiador da medicina particularmente competente, o doutor Ernest Wickersheimer. Permitam-me também afirmar minha respeitosa gratidão ao Instituto de França, o qual, ao abrir-me sua Casa de Londres, me facilitou o acesso aos arquivos e bibliotecas ingleses.

Mas é, sobretudo, em nossa Faculdade de Letras, cuja constituição e cujos hábitos de vida são tão favoráveis ao trabalho em comum, que me senti cercado de simpatias atuantes. Em particular, meus colegas Lucien Febvre e Charles Blondel se reconhecerão demasiadamente em algumas das páginas seguintes para que eu possa agradecer-lhes de outra maneira que não assinalando os empréstimos tomados, na mais absoluta amizade, de seu próprio pensamento.[1]

Quando se publica uma obra como esta, seria presunçoso falar em segunda edição. Mas é, pelo menos, legítimo conceber a possibilidade de complementos. A principal vantagem que espero de minhas pesquisas é chamar atenção para uma ordem de questões até aqui excessivamente negligenciada. Entre as pessoas que me lerão, muitas decerto ficarão chocadas com erros e, sobretudo, com omissões; há trabalhos que manteríamos eternamente numa maleta se quiséssemos nos comprometer a evitar neles não somente as lacunas imprevistas, mas também aquelas mesmas que pressentimos sem poder preenchê-las; este que apresento hoje ao público é um deles. Serei para sempre profundamente grato a meus leitores pela indicação de erros e esquecimentos, da maneira que melhor lhes convier. Nada me parecerá mais agradável do que ver assim prosseguir uma colaboração à qual este livro, sob sua forma atual, já deve tanto.

Marlotte, 4 de outubro de 1923

Ao reler, durante a correção das provas, essas poucas linhas de agradecimento, não pude me resignar a deixá-las inalteradas. Fazem-se nelas ausentes dois nomes, que uma espécie de pudor sentimental, talvez demasiado receoso, me impedira de inscrever; não posso mais suportar hoje vê-los silenciados. Eu certamente jamais teria tido a ideia destas pesquisas sem a estreita comunidade intelectual na qual, de longa data, vivi com meu irmão; médico e apaixonado por sua arte, ele me ajudou a refletir sobre o caso desses reis-médicos; atraído para a etnografia comparada e a psicologia religiosa por um gosto singularmente intenso — no imenso campo que percorria, como que se divertindo, sua incansável curiosidade, esses eram, para ele, terrenos de predileção —, ajudou-me a compreender o interesse dos grandes problemas que delineio aqui. Devi ao meu pai o melhor de minha formação de historiador; suas lições, iniciadas desde a

---

1. Devo também um reconhecimento todo especial aos meus colegas P. Alfaric e E. Hœpffner, os quais, entre outros serviços, aceitaram, com L. Febvre, prestar seu auxílio na correção das provas.

infância e que, desde então, não cessaram, deixaram em mim uma marca que eu desejaria ser indelével. Meu irmão não terá conhecido este livro, senão no estado de esboço e quase de projeto. Meu pai o leu como manuscrito; ele não o verá impresso. Eu acreditaria estar faltando com a piedade filial e fraternal caso não relembrasse aqui a memória desses dois entes queridos, os únicos cuja recordação e cujo exemplo poderão, doravante, me servir de guias.

28 de dezembro de 1923

ESTAMPA I BIS. *São Marculfo transmitindo a um rei da França o poder de cura*. Abadia de São Riquero (Somme). Ver páginas 275-276, 441-442. Direitos reservados.

ESTAMPA II. *Um rei da França e São Marculfo curam os escrofulosos.* Quadro de altar, da segunda metade do século XVII, atribuído a Michel Bouillon: Tournai, Igreja São Brício. Fotografia de J. Messiaen.

ESTAMPA III. *Henrique IV, rei da França, toca a escrófula.* Gravura a buril, executada entre 1594 e 1610. Coleção Hennin, Biblioteca Nacional, Paris. Fotografia: Biblioteca Nacional.

Estampa IV. *Carlos II, rei da Inglaterra, toca a escrófula.* Gravura a buril, por Robert White: frontispício de J. Browne, Charisma Basilikon, 1684. British Library, Londres. Fotografia de Ray Gardner.

INTRODUÇÃO

> Este rei é um grande mago.
> Montesquieu, *Cartas persas*, I, 24.

> O único milagre que permaneceu
> perpétuo na religião dos
> cristãos e na casa da França...
> Pierre Mathieu, *Histoire de
> Louys XI, roi de France*, 1610.

Em 27 de abril de 1340, o frei Francisco, da ordem dos Pregadores, bispo de Bisaccia, na província de Nápoles, capelão do rei Roberto de Anjou e, até aquele momento, embaixador do rei da Inglaterra Eduardo III, apresentou-se perante o doge de Veneza.[1] Acabava de iniciar-se, entre a França e a Inglaterra, a luta dinástica que se tornaria a Guerra de Cem Anos; as hostilidades já haviam começado, mas a campanha diplomática ainda se prolongava. Em todas as partes da Europa, os dois reis buscavam alianças. O frei Francisco fora encarregado por seu senhor de solicitar o apoio dos venezianos, e sua intervenção amistosa junto aos genoveses. Conservamos um resumo de seu discurso.[2] Neste, ele

---

1. Levanta-se, a respeito dessa personagem, uma pequena dificuldade. O documento veneziano, citado abaixo, lhe dá o nome de Ricardo: "fratri Ricardo Dei gratia Bisaciensis episcopus, incliti principis domini regis Roberti capellano et familiari domestico". Mas, em 1340, o bispo de Bisaccia, que era um pregador e, por conseguinte, um "frade", se chamava Francisco: cf. Eubel, *Hierarchia catholica*, 2. ed., 1913, e Ughelli, *Italia sacra*, t. VI, in-4º. Veneza, 1720, col. 841. Não se poderia duvidar de que tenha sido o irmão Francisco a tomar a palavra perante o doge; o escriba veneziano cometeu, em algum lugar, um erro de escrita ou de leitura (falsa interpretação de uma inicial?); acreditei dever repará-lo.
2. Veneza, Archivio di Stato, Commemoriali, vol. III, p. 171; analisado em *Calendar of State Papers, Venice*, I, n. 25. Devo uma cópia dessa curiosa peça à extrema gentileza de Cantarelli, professor na Universidade de Roma. Não há menção à embaixada do bispo de Bisaccia em E. Deprez, *Les préliminaires de la guerre de Cent Ans*, 1902 (*Bibl. Athènes et Rome*). A análise

louvava, como era de se esperar, as disposições pacíficas do soberano inglês. O "mui sereníssimo príncipe Eduardo", ardentemente desejoso de evitar o massacre de uma multidão de cristãos inocentes, escrevera, segundo ele, a "Filipe de Valois, que se diz rei da França", para lhe propor três meios, à sua escolha, de decidir entre eles, sem guerra, a grande querela; primeiramente, o combate em campo fechado, verdadeiro julgamento de Deus, sob a forma tanto de um duelo entre os dois pretendentes eles mesmos como de um combate mais amplo entre dois grupos de seis a oito fiéis; ou uma ou outra das duas provas seguintes (cito, aqui, textualmente): "Se Filipe de Valois era, como ele afirmava, o verdadeiro rei da França, então que o demonstrasse expondo-se a esfomeados; pois os leões jamais ferem um verdadeiro rei; ou então que realizasse o milagre da cura dos doentes, como costumam realizar os outros verdadeiros reis" — o que certamente significava os outros verdadeiros reis da França. "Em caso de insucesso, ele se reconheceria indigno do reino." Filipe — ainda segundo o testemunho de frei Francisco — rejeitara, "em sua soberba", tais sugestões.[3]

Podemos nos perguntar se, na realidade, Eduardo III realmente as fizera. O registro das negociações anglo-francesas chegou até nós em bom estado; não se encontra nele nenhum vestígio da carta resumida pelo bispo de Bisaccia. Talvez este último, que fazia questão de deslumbrar os venezianos, a tenha imaginado por completo. Suponhamos até mesmo que ela tenha de fato sido enviada; não se deveria levar a prova dos leões ou a do milagre mais a sério do que o convite ao duelo, desafio clássico que, naquela época, se faziam, no momento de entrar em guerra, os soberanos que sabiam viver, sem que, até onde se sabe, jamais se tenha visto qualquer um deles tomar parte do combate. Essas são meras fórmulas diplomáticas, ou melhor, no caso que nos interessa, palavras vazias de um diplomata demasiado tagarela.

---

do *Calendar* não está isenta de erros; ela traduz *comitatum de in Picardiam* (o Ponthieu) por *the counties... of Pontoise*.

3. "(...) ne tanta strages Christianorum, que ex dicto belo orta et oritur et oriri in posterum creditur, ipsi serenissimo principi Eudoardo imputaretur aliquatenus, in principio dicte guerre suas literas supradicto destinavit Philipo, continentes quod ad evitandum mala super inocentes ventura eligeret alterum trium: silicet quod de pari ipsi duo soli duelum intrarent, vel eligeret sibi sex vel octo aut quot velet, et ipse totidem, et si[c] questio terminaretur inter paucos, Altissimo de celo justitiam querenti victoriam tribuente; aut si verus rex Francie esse[t], ut asserit, faceret probam oferendo se leonibus famelicis qui verum regem nullactenus lesunt; aut miraculum de curandis infirmis, sicut solent facere ceteri reges veri, faceret (*ms*: facerent); alias indignum se regni Francie reputaret. Que omnia supradicta, ac plures et diversos (*ms*: diversi) pacis tractatus contempsit, se in superbiam elevando."

Tais palavras vãs merecem, no entanto, a reflexão dos historiadores. A despeito de sua aparente insignificância, elas projetam uma luz muito intensa sobre coisas profundas. Podemos compará-las pelo pensamento às que pronunciaria hoje um plenipotenciário que se encontrasse em circunstâncias semelhantes. A diferença revela o abismo que separa duas mentalidades, pois semelhantes protestos, que se destinam a um auditório, correspondem necessariamente às tendências da consciência coletiva. O frei Francisco não persuadiu os venezianos: nem as provas, expostas diante deles, do espírito pacífico do qual Eduardo II — segundo lhes era dito — havia dado indícios até o último momento nem as promessas mais positivas contidas na sequência do discurso os convenceram a deixar a neutralidade, que eles julgavam proveitosa ao seu comércio. Mas as pretensas ofertas, supostamente feitas pelo rei da Inglaterra a seu rival da França, talvez não os tenham encontrado tão incrédulos quanto se poderia imaginar. Eles decerto não esperavam ver Filipe de Valois descer na fossa dos leões; mas a ideia de que "filhos de reis não podem leões comer" se tornara familiar em decorrência de toda a literatura de aventura da época. Eles sabiam muito bem que Eduardo III não estava disposto a ceder o reino da França ao seu rival, ainda que este lograsse curas miraculosas. Mas que todo verdadeiro rei da França — assim como, aliás, todo verdadeiro rei da Inglaterra — fosse capaz de semelhantes prodígios, isso era, de alguma maneira, um fato de experiência que nem os mais céticos, no século XIV, pensavam pôr em dúvida. Acreditava-se na realidade desse poder singular em Veneza, assim como em toda a Itália, e, quando necessário, recorria-se a ele: um documento, salvo por acaso da destruição, conservou para nós a lembrança de quatro bravos venezianos que, em 1307 — 33 anos antes da missão de frei Francisco —, partiram para a França a fim de obter sua cura de Filipe, o Belo.[4]

Assim, o discurso de um diplomata um tanto fanfarrão vem oportunamente nos relembrar que nossos ancestrais, na Idade Média e até o âmago dos tempos modernos, tiveram uma imagem da realeza muito diferente da nossa. Em todos os países, os reis passaram por personagens sagradas; em alguns deles, pelo menos, passaram por taumaturgos. Por muitos séculos, os reis da França e os reis da Inglaterra — para empregar uma expressão outrora clássica — "tocaram a escrófula", isto é, pretendiam curar, tão somente pelo contato de suas mãos, os doentes atingidos por essa afecção; ao redor deles, acreditava-se comumente em sua virtude medicinal. Durante um período um pouco menos extenso, viram-se

---

4. Sobre a crença relativa aos leões, ver p. 248. Sobre a viagem dos quatro venezianos, ver p. 111.

os reis da Inglaterra distribuir anéis (os *cramp-rings*) a seus súditos, e isso até mesmo além dos limites de seus Estados. Tais anéis, por terem sido por eles consagrados, receberam, segundo se acreditava, o poder de restabelecer a saúde dos epiléticos e de acalmar as dores musculares. Esses fatos, pelo menos em linhas gerais, são bem conhecidos dos eruditos e dos curiosos. Não obstante, deve-se admitir que eles causam repulsa singular ao nosso espírito: em razão de, na maioria das vezes, terem sido mantidos em silêncio. Historiadores escreveram longos livros sobre as ideias monárquicas sem nunca os mencionar. As páginas a seguir têm o principal objetivo de preencher essa lacuna.

Tive a ideia de estudar os ritos curativos, e, de maneira mais geral, a concepção de realeza que neles se exprime, há alguns anos, quando lia no *Cerimonial* dos Godefroy[5] os documentos relativos à sagração dos reis da França. Eu estava longe de conceber, naquele momento, a verdadeira extensão da tarefa que assumia; a amplitude e a complexidade das pesquisas para as quais fui arrastado ultrapassaram muito minha expectativa. Tive, contudo, razão em perseverar? Temo que as pessoas às quais eu confidenciava minhas intenções tenham me considerado, por mais de uma vez, vítima de uma curiosidade bizarra e, em suma, bastante fútil. Por que estranho caminho eu me lançara? "This curious by-path of yours" (Este curioso desvio que tomastes), dizia-me literalmente um amável inglês. Pensei, no entanto, que esse caminho desviado merecia ser seguido e acreditei perceber, com a experiência, que ele me levava para bastante longe. Com aquilo que até então era visto apenas como uma anedota, julguei que se podia fazer história. Seria fora de propósito procurar, nesta "Introdução", justificar em detalhes meu intuito. Um livro deve conter sua apologia em si mesmo. Eu desejaria indicar aqui, muito brevemente, apenas como concebi meu trabalho e quais são as ideias diretoras que me guiaram.

Estava fora de questão examinar os ritos de cura isoladamente, fora de todo esse grupo de superstições e de lendas que forma o "maravilhoso" monárquico: se assim fizesse, teria me condenado de antemão a não ver neles nada além de anomalia ridícula, sem vínculo com as tendências gerais da consciência coletiva. Utilizei-os como fio condutor para estudar, em particular na França e na

---

5. Bloch se refere aqui à família Godefroy, a qual gerou, do século XVI ao XIX, importantes juristas e historiadores. Théodore Godefroy (1580-1649), em particular, produziu *Le Cérémonial de France* (1619), livro seminal sobre o tema da cerimônia real. A obra foi posteriormente reeditada por seu filho Denis, numa edição ampliada, em 1649. (N. T.)

Inglaterra, o caráter sobrenatural por muito tempo atribuído ao poder real, aquilo a que se poderia, empregando um termo que os sociólogos desviaram ligeiramente de seu significado primordial, chamar de a realeza "mística". A realeza! Sua história domina toda a evolução das instituições europeias. Quase todos os povos da Europa Ocidental foram, até os dias de hoje, governados por reis. O desenvolvimento político das sociedades humanas, em nossos países, se resumiu quase unicamente, durante um longo período, às vicissitudes do poder das grandes dinastias. Ora, para compreender o que foram as monarquias do passado, e para explicar, sobretudo, seu longo domínio sobre o espírito dos homens, não basta esclarecer, até o último detalhe, o mecanismo da organização administrativa, judiciária e financeira que elas impuseram a seus súditos; tampouco basta analisar de maneira abstrata ou procurar discernir em alguns grandes teóricos os conceitos de absolutismo ou de direito divino. É preciso também penetrar as crenças e as fábulas que floresceram em torno das casas principescas. Sobre muitos pontos, todo esse folclore nos diz mais do que qualquer tratado doutrinal. Como justamente escrevia, em 1575, Claude d'Albon, "jurisconsulto e poeta delfinês", em seu tratado *De la maiesté royalle* [Sobre a majestade real], "o que fez dos reis objetos de tamanha veneração foi, principalmente, as virtudes e potências divinas que apenas neles foram vistas, e não em outros homens".[6]

Evidentemente, Claude d'Albon não acreditava, de modo algum, que essas "virtudes e potências divinas" fossem a única razão de ser do poder real. Devo professar que tampouco eu acredito nisso? Sob o pretexto de que os reis do passado, incluindo os maiores dentre eles — um São Luís, um Eduardo I, um Luís XIV —, pretenderam, assim como os *curandeiros secretos* de nossos campos, curar as doenças por meio do simples toque, nada seria mais ridículo do que não querer ver neles algo mais do que feiticeiros. Eles foram chefes de Estado, juízes, chefes de guerra. Por meio da instituição monárquica, as sociedades antigas satisfaziam certo número de necessidades eternas, perfeitamente concretas e de essência perfeitamente humana, que as sociedades atuais sentem do mesmo modo, ainda que tenham de contentá-las, ordinariamente, de outra maneira. Mas um rei, afinal, era, aos olhos de seu povo fiel, muito diferente de um alto funcionário. Cercava-o uma "veneração" que não tinha por fonte apenas os serviços prestados. Como poderíamos compreender esse sentimento lealista que, em certas épocas da história, teve tamanha força e uma tonalidade

---

6. Claude d'Albon, *De la maiesté royalle, institution et preeminence et des faveurs divines particulieres envers icelle*. Lyon, 1575, p. 29, v°.

tão particular, se, de forma preconcebida, nos recusássemos a ver, em torno das cabeças coroadas, sua auréola sobrenatural?

Quanto a essa concepção da realeza "mística", não teremos de examiná-la aqui em seu gérmen e seu princípio primeiro. Suas origens escapam ao historiador da Europa medieval e moderna; elas escapam, na verdade, à história como um todo; apenas a etnografia comparada parece capaz de projetar sobre elas alguma luz. As civilizações das quais a nossa é imediatamente oriunda receberam essa herança de civilizações ainda mais antigas, perdidas na sombra da pré-história. Será então que encontraremos aqui, como objeto de nosso estudo, somente aquilo que por vezes chamamos, um pouco desdenhosamente, de "sobrevivência"?

Mais tarde, teremos a oportunidade de observar que essa palavra, de todo modo, não poderia legitimamente aplicar-se aos ritos curativos, considerados em si mesmos; o toque da escrófula aparecerá, com efeito, como uma criação da França dos primeiros capetíngios e da Inglaterra normanda; quanto à bênção dos anéis pelos soberanos ingleses, não a veremos introduzir-se no ciclo da realeza miraculosa senão ainda mais tarde. Resta a própria noção do caráter sagrado e maravilhoso dos reis, dado psicológico essencial do qual os ritos examinados foram somente uma dentre muitas manifestações. Muito mais velha do que as mais antigas dinastias históricas da França ou da Inglaterra, talvez se possa dizer a seu respeito que ela sobreviveu por muito tempo ao meio social, quase ignorado por nós, que de início condicionara seu nascimento. Mas, entendendo-se, como se faz ordinariamente, por "sobrevivência" uma instituição ou uma crença da qual toda verdadeira vida se retirou e que não tem outra razão de ser além daquela de ter um dia atendido a alguma coisa, uma espécie de fóssil, testemunha tardia de épocas superadas, nesse sentido a ideia que nos ocupa, na Idade Média, e até, pelo menos, o século XVII, nada teve que autoriza caracterizá-la por esse termo; sua longevidade não foi uma degenerescência. Ela conservou uma profunda vitalidade; permaneceu dotada de uma força sentimental continuamente atuante; adaptou-se a novas condições políticas e, sobretudo, religiosas; assumiu formas até então desconhecidas, dentre as quais, precisamente, os ritos curativos. Não a explicaremos em suas origens, pois teríamos, para fazê-lo, de sair do campo próprio ao nosso estudo; mas teremos de explicá-la em sua duração e sua evolução: o que também é uma parte, e muito importante, da explicação total. Em Biologia, explicar a existência de um organismo não é somente procurar seu pai e sua mãe; é igualmente determinar as características do meio que, ao mesmo tempo, lhe permite viver e o obriga a modificar-se. O mesmo ocorre — *mutatis mutandis* — com os fatos sociais.

Em resumo, o que quis oferecer aqui é essencialmente uma contribuição para a história política da Europa, em sentido lato, no verdadeiro sentido da palavra. Pela força própria das coisas, este ensaio de história política teve de assumir a forma de um ensaio de história comparada: pois tanto a França como a Inglaterra contaram com reis médicos, e, quanto à ideia da realeza maravilhosa e sagrada, ela foi comum a toda a Europa Ocidental: venturosa necessidade, se é verdade, como acredito, que a evolução das civilizações das quais somos herdeiros somente se tornará mais ou menos clara para nós no dia em que pudermos considerá-la fora do quadro demasiado estreito das tradições nacionais.[7]

Isso não é tudo. Se eu não tivesse temido ampliar ainda mais um cabeçalho já demasiado longo, teria dado a este livro um segundo subtítulo: *História de um milagre*. Com efeito, a cura da escrófula ou da epilepsia pela mão real foi, como lembrava aos venezianos o bispo de Bisaccia, um "milagre": um grande milagre, na verdade, que sem dúvida deve incluir-se entre os mais ilustres, ou, em todo caso, entre os mais contínuos que nos fornece o passado; inúmeras testemunhas o atestaram; seu brilho não se apagou senão após cerca de sete séculos de popularidade incessante e de uma glória quase imperturbada. Poderia a história crítica de semelhante manifestação sobrenatural ser indiferente à psicologia religiosa, ou, melhor dizendo, ao nosso conhecimento do espírito humano?

A maior dificuldade que encontrei ao longo de minhas pesquisas veio do estado das fontes. Não que os testemunhos relativos ao poder taumatúrgico

---

[7]. Não escondo, de modo algum, que, em minha investigação, nem sempre logrei manter um equilíbrio entre os dois países cujos destinos paralelos eu desejava acompanhar. Por vezes, talvez se tenha a impressão de que a Inglaterra foi um pouco sacrificada. Pude estudar, nesse país, a história dos ritos curativos, afora alguns detalhes, quase tão completamente, acredito, quanto na França, mas não a história da realeza sagrada em geral. O estado atual da Europa, pouco favorável às viagens e às compras de livros estrangeiros pelas bibliotecas públicas ou privadas, torna mais difíceis do que nunca as pesquisas de história comparada. O remédio residiria certamente numa boa organização do empréstimo internacional, para os livros impressos e para os manuscritos; sabe-se que a Grã-Bretanha, particularmente, ainda não entrou nessa via. Meu trabalho somente foi possibilitado, como já indiquei, pela generosidade do doador — Rothschild —, a quem o Instituto de França deve sua *Casa* de Londres. Infelizmente, não pude fazer na Inglaterra mais do que uma única estadia, no princípio, ou quase, de minhas pesquisas, isto é, num momento em que os problemas nunca aparecem com toda a amplitude e a complexidade que neles descobrimos mais tarde: daí a existência de certas lacunas que, a despeito da gentileza de meus amigos londrinos, nem sempre consegui preencher.

dos reis não sejam, no conjunto, e feita todas as ressalvas sobre os primórdios, suficientemente abundantes; mas eles estão dispersos e, sobretudo, são de naturezas prodigiosamente diferentes. Isso pode ser avaliado por este único exemplo: nossa mais antiga informação sobre o toque da escrófula pelos reis da França se encontra num pequeno livro de polêmica religiosa intitulado *Traité sur les reliques* [Tratado sobre as relíquias]; na Inglaterra, o mesmo rito é atestado pela primeira vez, com certeza, por uma carta privada, que talvez seja apenas um exercício de estilo; a primeira menção que se tem dos anéis curativos, consagrados pelos reis ingleses, deve ser procurada numa ordenação real. Para a sequência do relato, foi preciso recorrer a uma massa de documentos de espécies diferentes: livros de contas, peças administrativas de toda categoria, literatura narrativa, escritos políticos ou teológicos, tratados médicos, textos litúrgicos, monumentos figurativos, apenas para citar alguns; o leitor verá desfilar diante de seus olhos até mesmo um baralho. As contas reais, tanto as francesas como as inglesas, não podiam ser exploradas sem um exame crítico; dediquei-lhes um estudo especial; mas ele teria sobrecarregado inutilmente a "Introdução"; deixei-o para o fim do volume. O dossiê iconográfico, bastante pobre, era relativamente fácil de inventariar; procurei fazer dele uma descrição exata, a qual também se encontrará em apêndice. As demais fontes me pareceram demasiado numerosas e disparatadas para que um arrolamento devesse ser tentado; eu me contentarei em citá-las e em comentá-las à medida que forem utilizadas. De resto, em semelhante matéria, o que poderia ser uma nomenclatura das fontes? Algo, na verdade, como uma lista de breves sondagens. Existem poucos documentos sobre os quais seja permitido dizer de antemão, com alguma certeza: ele fornecerá, ou não fornecerá, uma indicação útil sobre a história do milagre régio. É preciso tatear o terreno, fiar-se à sorte ou ao instinto e perder muito tempo para uma magra colheita. Se todas as compilações de textos estivessem providas de um índice remissivo — isto é, de um índice por matérias! Será, porém, necessário lembrar quantas carecem desse recurso? Esses indispensáveis instrumentos de trabalho parecem tornar-se mais raros à medida que lidamos com documentos de data mais recente. Sua ausência por demais frequente constitui um dos vícios mais chocantes de nossos métodos atuais de publicação. Falo talvez com algum rancor, pois essa desastrosa lacuna me incomodou bastante. Aliás, mesmo quando o índice remissivo existe, ocorre por vezes que seu autor tenha sistematicamente negligenciado incluir nele as menções relativas aos ritos curativos, sem dúvida por serem tais práticas vãs tidas como abaixo da dignidade da história. Não raro, senti-me como um homem situado em meio a um grande número de cofres fechados, dos quais uns conteriam ouro, e outros, pedregulhos, sem que nenhuma inscrição ajudasse a distinguir tesouros e calhaus. Isso mostra como estou longe de pretender ser completo. Espero que o presente livro possa incitar os pesquisadores a novas descobertas!

Felizmente, eu não avançava, longe disso, num terreno de todo novo. Não existia, até onde sei, sobre o assunto que decidi abordar, uma obra histórica que apresentasse a amplitude e o caráter crítico que procurei conferir à minha. Entretanto, a "literatura" das curas régias é bastante rica. Na verdade, ela é dupla: existem duas literaturas de origens diferentes que se aproximam e, na maioria das vezes, se ignoram mutuamente; uma compreende trabalhos devidos a eruditos de profissão, e a outra — mais abundante — é obra de médicos. Esforcei-me em conhecer e em utilizar ambas. Há uma lista bibliográfica que com certeza parecerá passavelmente longa. Eu não desejaria que algumas obras particularmente distintas, das quais me alimentei de maneira contínua, permanecessem perdidas nessa massa. Faço questão de nomear aqui meus principais guias. Os estudos já antigos de Law Hussey e de Waterton me prestaram grandes serviços. Entre os autores ainda vivos, devo mais do que poderia dizer a François Delaborde, ao doutor Crawfurd e a Helen Farquhar.

Contraí também uma larga dívida de reconhecimento com predecessores de outra época. Do século XVI ao XVIII, muito se escreveu sobre os ritos curativos; nessa literatura do Antigo Regime, mesmo o galimatias é interessante, pois dele se podem extrair informações curiosas sobre o estado de espírito da época; mas ela não contém apenas galimatias. O século XVII, em particular, viu nascer, ao lado de obras ou de panfletos de rara inépcia, alguns trabalhos notáveis, tais como as páginas dedicadas à escrófula por Du Peyrat em sua *Histoire ecclésiastique de la Cour* [História eclesiástica da corte]; acima de tudo, tenho de destacar duas teses acadêmicas: a de Daniel Georges Morhof e a de Jean Joachim Zentgraff; em lugar algum encontrei semelhante abundância de remissões úteis. Sinto um prazer muito particular em relembrar aqui tudo o que devo à segunda dessas duas dissertações, pois posso cumprimentar, em seu autor, um colega. Jean Joachim Zentgraff era estrasburguês; nascido na cidade livre, ele se tornou súdito de Luís XIV, pronunciou o elogio de Henrique, o Grande,[8] e fez, em sua cidade natal, anexada à França, uma brilhante carreira

---

8. Em 17 de maio de 1691, o discurso foi impresso: *Speculum boni principis in Henrico Magno Franciae et Navarras rege exhibitum exercitatione politica Deo annuente, in inclyta Argentoratensium Academia...* Argentorati, Literis Joh. Friderici Spoor, plaqueta,

universitária. O presente livro surge em meio às *Publications* de nossa ressuscitada Faculdade de Letras; é agradável para mim continuar, de algum modo, num espírito que se ressente da diferença dos tempos, a obra outrora iniciada por um reitor da antiga Universidade de Estrasburgo.

---

peq. in-4º, 54 p. Essa pequena obra deve ser extremamente rara; não conheço outros exemplares além dos conservados na Biblioteca Nacional e na Biblioteca Wilhelmitana, em Estrasburgo. Ela contém, na página 12, um elogio ao Edito de Nantes que, a despeito de sua brevidade, pôde, em sua época, parecer significativo. Sobre a carreira de Zentgraff (além dos artigos da *Allgemeine Deutsche Biographie* e de *La France Protestante*), pode-se consultar O. Berger-Levrault, *Annales des professeurs des Académies et Universités alsaciennes*. Nancy, 1892, p. 262.

PRIMEIRO LIVRO
As origens

CAPÍTULO I

Os primórdios do toque da escrófula

§ 1. A ESCRÓFULA

Pela palavra *écrouelles*, ou, mais frequentemente, pela palavra *scrofule*, que nada mais é do que uma forma erudita da primeira (os dois termos, o popular e o erudito, são oriundos do latim *scrofula*), os médicos designam hoje (na língua francesa) a adenite tuberculosa, isto é, as inflamações linfáticas devidas aos bacilos da tuberculose. É evidente que, antes do nascimento da bacteriologia, semelhante especialização desses dois nomes, que remontam à medicina antiga, não era possível. Distinguiam-se mal as diferentes afecções ganglionárias; ou, pelo menos, os esforços de classificação — destinados de antemão a um fracasso certo — que pôde tentar uma ciência ainda incerta não deixaram vestígios na linguagem médica corrente; todas essas afecções eram uniformemente denominadas *écrouelles* em francês, e *scrofula* ou *strumae* em latim, passando ordinariamente as duas últimas palavras por sinônimos. É correto acrescentar que a grande maioria das inflamações ganglionárias é de origem tuberculosa; a maioria dos casos qualificados de escrofulosos pelos médicos da Idade Média, por exemplo, também o seriam, portanto, por nossos médicos de hoje. Mas a linguagem popular era mais imprecisa do que o vocabulário técnico; os gânglios mais facilmente atacados pela tuberculose são os do pescoço e, quando a moléstia se desenvolve sem cuidados e supurações se produzem, a face aparece facilmente atingida: daí uma confusão, aparente em muitos textos, entre a escrófula e diversas afecções da face ou mesmo dos olhos.[1] As adenites tuberculosas ainda são, nos dias de hoje, muito difundidas; como eram então as coisas antigamente, em condições de higiene nitidamente inferiores às nossas?

---

1. A confusão com as afecções da face é, ainda hoje, daquelas para as quais os tratados de medicina alertam os práticos: cf. de Gennes em Brouardel, Gilbert e Girode, *Traité de Médecine et de Thérapeutique,* III, p. 596 ss. Sobre a confusão com as moléstias dos olhos, ver, por exemplo, Browne, *Adenochoiradelogia*, p. 140 ss., 149 e 168. Cf. Crawfurf, *The king's evil*, p. 99.

Acrescentemos-lhes, por imaginação, as demais adenites, bem como aquele vago grupo de doenças de toda espécie que o erro público confundia com elas: teremos, assim, uma ideia das devastações que, na antiga Europa, podia exercer aquilo a que se chamava "escrófula". Na verdade, segundo o testemunho de alguns médicos da Idade Média ou dos tempos modernos, ela era, em certas regiões, verdadeiramente endêmica.[2] Tal moléstia raramente é mortal; mas, sobretudo na ausência de cuidados apropriados, incomoda e desfigura; as supurações frequentes tinham algo de repugnante; o horror que inspiravam se exprime ingenuamente em mais de um velho relato: a face se "corrompia"; as feridas espalhavam "um odor fétido...". Inúmeros doentes, aspirando ardentemente à cura, prontos para correr até os remédios que lhes indicasse a opinião geral: eis o pano de fundo que o historiador do milagre régio deve sempre manter diante dos olhos.

O que foi esse milagre, já o relembrei. Na antiga França, a escrófula era correntemente denominada o *mal do rei*; na Inglaterra, dizia-se *King's Evil*. Os reis da França e da Inglaterra, pelo simples contato de suas mãos, realizado de acordo com os ritos tradicionais, pretendiam curar os escrofulosos. Quando teriam começado a exercer esse poder miraculoso? Como foram levados a reivindicá-lo? Como seus povos foram conduzidos a reconhecê-lo? Problemas delicados, que procurarei resolver. A sequência de nosso estudo se sustentará em testemunhos seguros; mas, aqui, neste primeiro livro dedicado às origens, abordamos um passado fortemente obscuro; resignemo-nos de antemão a reservar um lugar considerável às hipóteses; elas são permitidas ao historiador, sob a condição de que ele não as apresente como certezas. E, antes de mais nada, procuremos reunir os mais antigos textos relativos, como se dizia no passado, aos "príncipes médicos". Começaremos pela França.

§ 2. OS PRIMÓRDIOS DO RITO FRANCÊS

O primeiro documento no qual, sem equívoco possível, aparece o "toque" francês se deve ao acaso de uma controvérsia bastante singular.[3] Por volta do início do século XII, o monastério de Saint-Médard (São Medardo) de Soissons pretendia ser o detentor da mais insigne de todas as relíquias: um dente do

---

2. Com relação à Itália (região de Luca), ver o testemunho de Arnaldo de Vilanova, citado em H. Finke, *Aus den Tagen Bonifaz VIII* (*Vorreformations-geschichtliche Forschungen* 2). Münster, 1902, p. 105, n. 2. No tocante à Espanha, ver p. 301, n. 7.
3. O que segue se baseia em *De Pignoribus Sanctorum* de Guiberto de Nogent, cuja edição mais acessível é de Migne, *Patrologia Latina (P.L.)*, t. 156.

Salvador, um dente de leite, segundo se dizia.[4] Para melhor divulgar a glória de seu tesouro, os religiosos fizeram com que fosse composto um opúsculo, o qual não temos disponível, mas cuja natureza podemos, graças a tantos outros exemplos, imaginar: compilação de milagres, livreto para uso dos peregrinos, certamente uma produção bastante grosseira.[5] Ora, não longe de Soissons vivia então um dos melhores escritores da época, Guiberto, abade de Nogent-sous--Coucy. A natureza o dotara de um espírito justo e fino; talvez alguma querela obscura, hoje caída no esquecimento, uma dessas amargas rivalidades de Igreja das quais a história daquela época está repleta, movendo-o contra seus "vizinhos" de Soissons,[6] também contribuísse para tornar mais exigente, naquela circunstância, seu amor à verdade. Ele não acreditava na autenticidade do ilustre dente; quando foi publicado o escrito que acabamos de mencionar, ele empregou, por sua vez, a pluma para desenganar os fiéis, iludidos pelos "falsários"[7] de São Medardo. Assim nasceu o curioso tratado *Sobre as relíquias dos santos* que a Idade Média parece ter mediocremente apreciado (resta-nos um único manuscrito, talvez executado diante dos olhos do próprio Guiberto),[8] no qual, contudo, nos dias de hoje, costuma-se destacar, em meio a muito galimatias, as provas de um senso crítico bastante fino, muito raro no século XII. É uma obra passavelmente descosida, que encerra, ao lado de divertidas anedotas, uma massa de considerações um tanto disparatadas sobre as relíquias, as visões e as manifestações miraculosas em geral.[9] Abramos o primeiro livro. Guiberto, em perfeita conformidade com a doutrina mais ortodoxa, desenvolve nele a ideia de que os milagres não são por si mesmos indícios de santidade. Eles têm Deus por único autor; e a divina Sabedoria escolhe por instrumentos, "por canais", os homens que convêm aos seus desígnios, ainda que sejam ímpios. Seguem alguns exemplos extraídos da Bíblia, ou mesmo dos historiadores antigos, os quais, para um letrado daquela época, eram objeto de uma fé quase tão cega

---

4. *P. L.*, t. 156, col. 651 ss.
5. Ibidem, col. 664, no início do 1, III § IV: "in eorum libello qui super dente hoc et sanctorum loci miraculis actitat".
6. Ibidem, col. 607: "nobis contigui"; col. 651 "finitimi nostri".
7. Ibidem, col. 652: "Attendite, falsarii...".
8. É o manuscrito lat. 2.900 da Biblioteca Nacional, que provém do próprio monastério de Nogent.
9. Ver, em particular, a interessantíssima dissertação de Abel Lefranc, "Le traité des reliques de Guibert de Nogent et les commencements de la critique historique au moyen âge; Études d'histoire du moyen âge dediées à Gabriel Monod", 1896, p. 285. Parece-me que Lefranc exagera um pouco o senso crítico de Guiberto, o qual é, de resto, incontestável. Cf. Bernard Monod, *Le moine Guibert et son temps*, 1905.

quanto o próprio Livro Sagrado: a profecia de Balaão, a de Caifás, Vespasiano curando um aleijado, o mar de Panfília abrindo-se diante de Alexandre, o Grande — enfim, todos os sinais que por tantas vezes anunciaram o nascimento ou a morte dos príncipes.[10] A isso, Guiberto acrescenta:

> O que digo? Não vimos nosso senhor, o rei Luís, empregar um prodígio costumeiro? Vi com meus próprios olhos doentes sofrendo com a escrófula no pescoço, ou em outras partes do corpo, acorrerem em massa para fazerem-se tocar por ele — toque ao qual ele acrescentava um sinal da cruz. Eu estava lá, muito perto de sua figura, e até mesmo o defendia contra a importunidade deles. Não obstante, o rei demonstrava em relação a eles sua generosidade inata; atraindo-os com sua mão serena, fazia humildemente sobre os doentes o sinal da cruz. Seu pai, Filipe, também exercera, com ardor, esse mesmo poder miraculoso e glorioso; não sei que ofensas, por ele cometidas, fizeram com que o perdesse.[11]

Essas são as poucas linhas, continuamente citadas, desde o século XVII, pelos historiadores da "escrófula". Evidentemente, os dois príncipes nelas mencionados são, por um lado, Luís VI e, por outro, Filipe I, seu pai. O que podemos deduzir disso?

Primeiro, o seguinte: que Luís VI (cujo reinado se estende de 1108 a 1137) passava por possuir o poder de curar os escrofulosos; os doentes se dirigiam em massa até ele, e o rei, ele mesmo persuadido, sem nenhuma dúvida, da força miraculosa que o céu lhe concedera, cedia à sua súplica. E isso não uma vez por acaso, num momento de entusiasmo popular excepcional; já estamos na presença de uma prática "costumeira", de um rito regular revestido das mesmas formas que serão as suas ao longo de toda a monarquia francesa: o rei toca os

---

10. Ibidem, col. 615 e 616. De resto, a passagem relativa à escrófula se intercala de modo um tanto estranho no meio do desenvolvimento, entre os exemplos antigos e a lembrança das profecias de Balaão e Caifás. O tratado inteiro é muito mal composto. A maioria dos exemplos invocados por Guiberto de Nogent eram clássicos em sua época; ver, por exemplo, o proveito que tira da profecia de Caifás — apresentado como o tipo do simoníaco — São Pedro Damião, *Liber gratissimus*, c. X, *Monumenta Germaniae, Libelli de lite*, I, p. 31.
11. Cito de acordo com o manuscrito, fól. 14: "Quid quod dominum nostrum Ludovicum regem consuetudinario uti videmus prodigio? Hos plane, qui scrophas circa jugulum, aut uspiam in corpore patiuntur, ad tactum eius, superadito crucis signo, vidi catervatim, me ei coherente et etiam pro hibente, concurrere. Quos tamen ille ingenita liberalitate, serena ad se manus obuncans, humillime consignabat. Cuius gloriam miraculi cum Philippus pater ejus alacriter exerceret, nescio quibus incidentibus culpis amisit". O texto de *P. L.*, t. 156, col. 616, grafias à parte, está correto.

doentes e faz sobre eles o sinal da cruz; esses dois gestos sucessivos permanecerão tradicionais. Guiberto é uma testemunha ocular que não se poderia recusar; ele encontrou Luís VI em Laon (Lauduno), e talvez em outras circunstâncias; sua dignidade de abade lhe valia um lugar perto de seu soberano.[12]

Isso não é tudo. Esse maravilhoso poder não era considerado pessoal ao rei Luís. Havia a lembrança de que seu pai e predecessor, Filipe I, cujo longo reinado (1060-1108) nos remete quase à metade do século XI, o exercera antes dele; contava-se que ele o perdera como consequência de "sabe-se lá que faltas", diz de maneira pudica Guiberto, fortemente apegado à família capetiana e disposto a dissimular seus erros. Ninguém duvida tratar-se da união duplamente adúltera de Filipe com Bertranda de Monforte. Excomungado como consequência desse crime, o rei, segundo se acreditava, havia sido punido, pela ira divina, com diversas doenças "ignominiosas";[13] não há nada de surpreendente na perda, ao mesmo tempo, de seu poder curativo. Mas é preciso lembrar que Filipe I é o primeiro soberano francês sobre o qual podemos afirmar com segurança que tocou os escrofulosos.

Convém observar também que esse texto, tão precioso, permanece, para sua época, absolutamente único. Se, descendo o curso das épocas, procurarmos, uma após a outra, as curas operadas pelos reis da França, será preciso, para encontrar um texto novo, chegar ao reinado de São Luís (1226-1270), sobre o qual as informações são, de resto, bastante abundantes.[14] Se os monges de São Medardo não tivessem reivindicado a posse de um dente de Cristo, se Guiberto não tivesse decidido polemizar contra eles, ou, ainda, se seu tratado, como tantas outras obras do mesmo gênero, tivesse se perdido, certamente teríamos ficado tentados a ver em São Luís o primeiro monarca curador. Na verdade, não há motivos para pensar que, entre 1137 e 1226, qualquer interrupção no exercício do dom miraculoso se tenha produzido. Os textos que dizem respeito a São Luís apresentam com clareza seu poder como tradicional e hereditário. Simplesmente, o silêncio dos documentos, contínuo durante cerca de um século, pede para ser explicado. Nós nos esforçaremos para fazê-lo mais tarde. Por enquanto, preocupados em determinar o início do rito, retenhamos somente a observação que acaba de ser feita como um

---

12. Cf. G. Bourgin, "Introdução" à sua edição de Guiberto de Nogent, *Histoire de sa vie* (*Collect. de textes pour l'étude et l'ens. de l'hist.*), p. XIII. G. Bourgin não parece ter dado atenção à passagem de *Sobre as relíquias* relativa à cura da escrófula: de outro modo, ele não teria apresentado os encontros de Guiberto e do rei como simplesmente "prováveis".
13. Orderico Vital, 1, VIII, c. XX, ed. Leprevost, III, p. 390.
14. Elas se encontram reunidas abaixo, p. 129.

conselho de prudência: um feliz acaso conservou para nós as poucas frases em que um escritor do século XII relembrou, de passagem, que seu rei curava os escrofulosos; outros acasos, menos favoráveis, podem ter-nos privado de indicações análogas relativas a soberanos mais antigos; afirmando sem maiores cerimônias que Filipe I foi o primeiro a "tocar a escrófula", correríamos o risco de cometer um erro semelhante àquele em que teríamos caído se, tendo desaparecido o manuscrito único do *Tratado sobre as relíquias*, houvéssemos concluído pela ausência de qualquer menção anterior a São Luís de que esse rei foi o iniciador do rito.

Podemos esperar remontar além de Filipe I?

A questão relativa ao conhecimento de que os reis das duas primeiras raças já detinham ou não a virtude medicinal reivindicada pelos capetíngios não é nova. Ela foi levantada por diversas vezes pelos eruditos dos séculos XVI e XVII. Essas controvérsias ecoaram até a mesa real. Num dia de Páscoa, em Fontainebleau, Henrique IV, após ter tocado a escrófula, divertiu-se em animar seu jantar com o espetáculo de um combate dessa espécie; organizou uma disputa entre doutos combatentes: André Du Laurens, seu primeiro médico, Pierre Mathieu, seu historiógrafo, e o esmoler Guillaume du Peyrat. O historiógrafo e o médico sustentavam que o poder do qual seu mestre acabava de dar novas provas remontava a Clóvis; o esmoler negava que qualquer merovíngio ou carolíngio o tivesse um dia exercido.[15] Entremos, por nossa vez, nessa disputa e procuremos formar nossa opinião. O problema, bastante complexo, pode decompor-se em várias questões, mais simples, que devem ser examinadas sucessivamente.

Primeiro, podem-se encontrar, nos textos, indícios de que um rei qualquer, pertencente às duas primeiras dinastias, tenha porventura pretendido curar os escrofulosos? Sobre esse ponto, não teremos dificuldade em adotar a opinião negativa, com frequência exprimida com muita força por Du Peyrat, por Cipião Dupleix, por todos os bons espíritos da erudição do século XVII. Nenhum texto dessa natureza jamais foi produzido. Devemos ir mais longe. Conhecemos a alta Idade Média por meio de fontes pouco abundantes e, em consequência, fáceis de explorar; desde vários séculos, os eruditos de todas as nações as examinaram conscienciosamente; se um texto como o que acabo de descrever nunca foi assinalado, pode-se concluir disso, sem temor

---

15. Du Peyrat, *Histoire ecclésiastique de la Cour*, p. 817. Vale observar que, nos dias de hoje, Sir James Frazer retomou, sem dar-se conta das dificuldades históricas que ela suscita, a velha teoria de Du Laurens e de Pierre Mathieu: *Golden Bough*, I, p. 370.

de erro, que ele não existe. Mais tarde, veremos como nasceu, no século XVI, o relato da cura efetuada por Clóvis em seu escudeiro Lanicet; essa tradição nos parecerá então desprovida de qualquer fundamento; irmã mais nova das lendas da Santa Ampola ou da origem celeste das flores-de-lis, ela deve ser relegada, ao lado de suas primogênitas, ao armazém dos acessórios históricos antiquados.

Convém agora formular o problema que nos ocupa de forma mais abrangente. Nem os merovíngios nem os carolíngios, segundo os textos, apresentavam essa forma especial do poder curativo que se aplica a uma doença determinada: a escrófula. Mas não teriam sido eles considerados capazes de curar outra doença particular, ou mesmo todas as doenças em geral? Consultemos Gregório de Tours. Encontramos, no livro IX, a respeito do rei Gontrão, filho de Clotário I, a seguinte passagem:

> Contava-se comumente entre os fiéis que uma mulher, cujo filho, sofrendo de febre quartã, jazia em seu leito de dor, se embrenhara através da multidão até o rei e, aproximando-se dele por trás, lhe arrancara, sem que ele percebesse, algumas franjas de seu manto real; ela as colocou na água e deu essa água de beber a seu filho; imediatamente a febre caiu; o doente foi curado. Não coloco, de minha parte, a coisa em dúvida. Com efeito, eu mesmo vi, com grande frequência, demônios, habitando corpos possuídos, gritarem o nome desse rei e, revelados pela virtude que dele emanava, admitirem seus crimes.[16]

Portanto, Gontrão tinha, junto aos seus súditos e seus admiradores — Gregório de Tours, como se sabe, estava entre estes últimos —, a reputação de um curador. Uma força miraculosa se prendia às roupas que o tinham tocado. Sua mera presença, ou talvez — o texto não é muito claro —, de modo ainda mais simples, a invocação de seu nome libertava os possuídos. Toda a questão consiste em saber se ele partilhava essa maravilhosa capacidade com os de sua raça, ou então se, ao contrário, a detinha a título pessoal. Sua memória não parece jamais ter sido objeto de um culto oficialmente reconhecido, ainda que, no século XIV, o hagiógrafo italiano Pedro de Natalibus tenha acreditado

---

16. *Historia Francorum*, IX, 21: "Nam caelebre tune a fidelibus ferebatur, quod mulier quaedam, cuius filius quartano tibo gravabatur et in strato anxius decubabat, accessit inter turbas populi usque ad tergum regis, abruptisque clam regalis indumenti fimbriis, in aqua posuit filioque bibendum dedit; statimque, restincta febre, sanatus est. Quod non habetur a me dubium, cum ego ipse saepius larvas inergia famulante nomen eius invocantes audierim ac criminum propriorum gesta, virtute ipsius discernente, fateri".

dever reservar-lhe um lugar em seu *Catalogus Sanctorum*;[17] mas não se poderia duvidar que muitos de seus contemporâneos, o bispo de Tours em primeiro lugar, o tenham considerado um santo; não que ele tivesse costumes particularmente puros ou suaves; no entanto era tão pio! "Teríamos acreditado tratar-se não de um rei, mas de um bispo", escreve Gregório, algumas linhas antes da passagem que citei acima. Por outro lado, ele mesmo nos fornece uma massa de detalhes sobre os ancestrais, os tios, os irmãos de Gontrão; Fortunato cantou o elogio de muitos reis merovíngios; em nenhum lugar se vê que algum desses príncipes, louvados como mais ou menos pios, generosos ou bravos, tenha curado alguém. Mesma constatação no que diz respeito aos carolíngios. O renascimento carolíngio nos deixou uma literatura relativamente rica, que compreende acima de tudo tratados semipolíticos e semimorais sobre a realeza, além de biografias ou coletâneas de anedotas concernentes a certos soberanos; seria impossível descobrir aí qualquer alusão ao poder curativo. Se, com base numa passagem única de Gregório de Tours, decidíssemos que os primeiros merovíngios detinham a virtude medicinal, seria preciso supor, ao mesmo tempo, que esta última sofreu um eclipse sob os carolíngios. Não há, consequentemente, nenhuma possibilidade de estabelecer continuidade entre Gontrão e Filipe I, entre o rei do século VI e o do XI. É mais simples admitir que esses milagres foram imputados a Gontrão pela opinião comum não como atributo real, e sim porque pareciam decorrer necessariamente desse caráter de santidade que seus fiéis nele reconheciam, pois, aos olhos dos homens de seu tempo, o que era um santo, senão, acima de tudo, um benfazejo taumaturgo? Resta, ademais, como veremos adiante, que Gontrão tanto mais facilmente se assemelhava a um santo pelo fato de ser rei: ele pertencia a uma dinastia que os francos de longa data estavam acostumados a considerar sagrada. Mas se ele deveu, pelo menos em parte, sua santidade e, por consequência, seus poderes miraculosos à sua origem real, esse dom constituiu, todavia, uma graça pessoal, a qual seus antepassados, seus ancestrais e seus sucessores não demonstraram. A série ininterrupta dos reis médicos que a França medieval conheceu não começa com o pio soberano, caro ao coração de Gregório de Tours.

Aqui, talvez me detenham. Certamente os textos merovíngios ou carolíngios, pelo menos tais como chegaram até nós, não mostram em lugar algum um rei curando a escrófula, e, com a exceção da passagem de Gregório de Tours que acaba de ser estudada, nunca nos falam de curas reais, de nenhuma ordem que se as imaginem; isso é incontestável. Mas essas fontes, como relembrei

---

17. *Bibliotheca Hagiographica Latina*, I, p. 555.

anteriormente, são muito pobres; de seu silêncio deve-se tirar algo mais do que uma confissão de ignorância? Não é possível que, sem que o soubéssemos, os soberanos das duas primeiras raças tivessem tocado os doentes? Decerto, em toda ordem de ciência, as provas negativas são perigosas; na crítica histórica, mais particularmente, o argumento *ex silentio* está sempre repleto de perigos. Não obstante, não nos deixemos enganar pela temível palavra "negativo". A propósito do problema que nos ocupa aqui, Du Peyrat escreve com excelência:

> Alguém me dirá, talvez, que argumentar *ab authoritate negativa* não conclui nada, mas eu lhe faria a mesma réplica que fez Coeffeteau a Plessis Mornay, a de que essa é uma lógica impertinente em História; e que, ao contrário, isso é argumentar afirmativamente, uma vez que todos esses autores, São Remígio, Gregório de Tours, Incmaro e outros que o seguiram sob a segunda raça, teriam sido obrigados, como fiéis historiadores, a abordar por escrito uma coisa tão memorável, caso ela tivesse sido praticada em sua época... E, consequentemente, não ter escrito nada sobre esse milagre é afirmar que ele permaneceu desconhecido de seu século.[18]

Em outros termos, toda a questão consiste em saber se os documentos contemporâneos das dinastias merovíngias e carolíngias são de natureza tal que a prática das curas régias, se ela tivesse existido, poderia nunca ter sido mencionada por eles. É o que parecerá muito pouco verossímil, sobretudo no que diz respeito, por um lado, ao século VI — a época de Fortunato e de Gregório de Tours —, e, mais ainda, ao período áureo da dinastia seguinte. Se Carlos Magno ou Luís, o Piedoso, tivessem tocado os doentes, seria de acreditar que o monge de Saint-Gall [São Galo] ou o Astrônomo tivessem silenciado a respeito desse maravilhoso acontecimento? Que algum desses escritores, familiares à corte real, e que formam a brilhante pleiade do "renascimento carolíngio", teria deixado escapar, ainda que de passagem, a mais fugaz alusão a esse grande fato? Certamente, como eu relembrava acima, de Luís VI a São Luís, os documentos são igualmente mudos, mas interpretarei mais adiante esse silêncio que durou, quando muito, três reinados: mostrarei então como ele se origina em um movimento de pensamento político, proveniente da reforma gregoriana, cujas ideias mestras são tão diferentes quanto possível daquelas que moviam os autores sobre os quais acabo de falar. O silêncio, incomparavelmente mais longo, das literaturas merovíngias e carolíngias seria, por sua vez, inexplicável — se não devesse muito simplesmente explicar-se pela própria ausência do rito

---

18. *Histoire ecclésiastique de la Cour*, p. 806.

cujos vestígios em vão procuramos. Não há nenhuma razão para acreditar que os descendentes de Clóvis ou os de Pepino tenham um dia, na condição de reis, pretendido curar alguém.

Passemos agora para os primeiros capetíngios. A vida do segundo príncipe dessa raça, Roberto, o Piedoso, foi escrita, como se sabe, por um de seus protegidos, o monge Helgaudo. Trata-se de um panegírico. Roberto aparece ali ornamentado com todas as virtudes, sobretudo as que deviam agradar aos monges. Helgaudo louva particularmente sua bondade para com os leprosos e acrescenta: "A virtude divina concedeu a esse homem perfeito uma grandíssima graça: a de curar os corpos; com sua piedosíssima mão tocando as feridas dos doentes e marcando-os com o sinal da santa cruz, livrava-os da dor e da doença".[19]

Muito se discutiu acerca dessas poucas palavras. Excelentes eruditos se recusaram a ver nelas o primeiro testemunho do poder curativo dos reis franceses. Examinemos suas razões.

O que diz exatamente a *Vida* do rei Roberto? Que esse príncipe curava os doentes; mas por graça especial ou em virtude de uma vocação hereditária que teria sido comum a todos de sua raça? O texto não dá nenhuma indicação. Podemos legitimamente nos perguntar se Helgaudo, imbuído de admiração pelo rei sobre cujos grandes feitos ele escrevia e talvez desejoso de preparar as vias para uma futura canonização, não considerava o poder maravilhoso que ele emprestava ao seu herói como uma manifestação de santidade estritamente individual. Lembremo-nos da passagem de Gregório de Tours que eu citava há pouco; concluímos apoiados nela que o rei Gontrão passava pessoalmente por um santo, não que os merovíngios passassem por uma linhagem de taumaturgos; não daremos ao testemunho de Helgaudo um sentido igual? Não obstante, examinando-a de perto, a analogia parece bastante artificial. O texto de Gregório de Tours emergia, absolutamente isolado, no silêncio universal e prolongado de todos os documentos; para estabelecer um laço de filiação entre as virtudes medicinais do filho de Clotário e o início autêntico do toque da escrófula sob Filipe I, teria sido preciso dar um salto de cinco séculos, em meio a três dinastias; teria sido preciso supor muda uma multidão de autores que não tinha nenhum motivo para se calar. Aqui, não há nenhuma dificuldade

---

19. *Histoire de France*, X, p. 115 A e Migne, *P. L.*, t. 141, col. 931: "Tantam quippe gratiam in medendis corporibus perfecto viro contulit divina virtus ut, sua piissima manu infirmis locum tangens vulneris et illis imprimens ignum sanctae crucis, omnem auferret ab eis dolorem infirmitatis". Faço questão de mencionar que a interpretação dessa passagem, a qual será desenvolvida mais adiante, já havia sido indicada, em suas linhas gerais, por Crawford, *The king's evil*, p. 12-13.

dessa espécie. Entre Roberto II e Filipe I, seu neto, não há mais do que um curto intervalo: são 29 anos, uma única geração, um único reinado, o de Henrique I, que é precisamente o mais mal conhecido de todos os daquele tempo. Nada sabemos desse príncipe; ele pode muito bem ter tocado os doentes sem que a memória desse gesto tenha chegado até nós, ou mesmo que tenhamos o direito de nos surpreender com nossa ignorância. Admitamos, por enquanto, que Roberto II tenha sido o iniciador do ilustre rito cuja história procuramos escrever, e vejamos o que pode ter ocorrido. Seus fiéis acreditavam que era capaz de curar; esse é o testemunho que, pela boca de seu biógrafo, eles prestaram a seu respeito. Talvez considerassem, afinal, esse dom como pessoal ao seu senhor. Mas, depois dele, seus descendentes e sucessores reivindicaram, por sua vez, a título de herança, o privilégio paterno. Helgaudo, sobre o qual não se sabe se sobreviveu por muito tempo ao seu herói, pode ter ignorado tal pretensão ou, não a ignorando, preferido, por uma razão ou outra, mantê-la em silêncio. A nós, a dúvida não é de modo algum permitida, pois sabemos, por meio de um texto irrecusável, que o próprio neto de Roberto, poucos anos depois dele, exerceu o mesmo poder. Não há nada mais natural, na verdade, do que imaginar, entre duas gerações tão próximas, a continuidade de uma mesma tradição miraculosa, ou melhor, de um mesmo rito: toque, seguido do sinal da cruz, quer se trate de Roberto, quer de Luís VI (sobre Filipe, os textos são, quanto a este assunto, silenciosos), os gestos curativos aparecem absolutamente iguais. Helgaudo não parece ter visto na "grande graça" o fato de que Deus, segundo ele, concedera a seu rei um legado ancestral. Pode-se concluir disso, com alguma chance de acerto, que Roberto II foi o primeiro dos reis taumaturgos, o elo original da gloriosa corrente, mas não — o que seria desmentido pelos fatos — que nenhum rei tenha curado depois dele.

Outra dificuldade: Filipe I tocava os escrofulosos; ora, na frase de Helgaudo, nenhuma menção é feita à escrófula. A frase surge na sequência de uma exposição relativa à conduta do rei em relação aos leprosos; mas estes não são, ao que parece, particularmente visados por ela; não é uma ou outra afecção destacada, lepra ou escrófula, mas todas as doenças indistintamente que Roberto, segundo seus admiradores, podia curar. "Deve-se notar", escreve Delaborde, "que a escrófula não é nomeada na passagem dessa biografia em que se acreditou ver um primeiro exemplo do dom particular de nossos reis, e que ela trata somente do poder geral de curar as doenças comum a todos os santos".[20] De acordo. Mas temos certeza de que o dom reconhecido ao rei foi,

---

20. *Du toucher des écrouelles*, p. 175, n. I.

desde a origem, concebido como tão "particular"? Estamos tão acostumados a ver a virtude miraculosa dos príncipes franceses ter por objeto exclusivo a escrófula que não nos surpreende mais que ela tenha assumido essa forma estreitamente limitada. Afirmar que esse foi o caso, desde o início, constituiria, no entanto, um postulado injustificável. Tomemos um ponto de comparação. Na sua maioria, os santos realmente populares têm, eles também, talentos particulares: recorre-se a um para as dores dos olhos, a outro para as dores de barriga, e assim por diante. Mas, até onde se pode ver, essas especializações raramente são primitivas; a melhor prova disso é que elas, por vezes, variam. Todo santo passa, junto ao povo, por um médico; pouco a pouco, em virtude de associações de ideias com frequência obscuras, por vezes de um simples trocadilho, seus fiéis se acostumam a atribuir-lhe o dom de sanar de preferência uma ou outra enfermidade nomeadamente designada; o tempo faz seu trabalho; após um certo número de anos, a crença nesse poder bem determinado se tornou, no pobre mundo dos adoentados, um verdadeiro artigo de fé. Encontraremos mais adiante um desses grandes santos de peregrinação, São Marculfo de Corbeny; assim como os reis da França, ele foi um curador de escrófula; título com que adquiriu estimável celebridade, mas muito tardiamente; antes disso, por vários séculos, fora apenas um santo como outros, o qual se invocava indiferentemente para qualquer espécie de moléstia. Sua história, que conhecemos bastante bem, provavelmente apenas repetiu, com algumas centenas de anos de distância, a dos reis da França, a qual aparece para nós com menor clareza: assim como o santo de Corbeny, estes últimos começaram decerto por curar muitas doenças para então se especializarem secundariamente. As representações coletivas das quais saiu a ideia do poder medicinal dos reis são delicadas de seguir em todos os seus meandros; elas não são, entretanto, ininteligíveis; mais adiante me esforçarei para restituí-las; elas se vinculam a todo um ciclo de crenças relativas ao caráter sagrado da realeza que começamos a compreender bem; o que se deveria considerar inconcebível seria que, bruscamente, os franceses tivessem se convencido de que seus soberanos eram capazes não de curar os doentes em geral, mas de curar os escrofulosos, e somente eles.

Suponhamos, ao contrário, que as coisas tenham ocorrido como no caso de São Marculfo. Os primeiros capetíngios, desde Roberto o Piedoso, por exemplo, "tocam" e "marcam com o sinal da cruz" todas as pessoas pobres, vítimas de diversas doenças, que, atraídas por sua reputação taumatúrgica, acorrem em sua direção; essa multidão certamente inclui escrofulosos; pois a escrófula é, na Europa daquela época, uma afecção extremamente frequente e temida. Mas se trata, no fundo, de uma afecção benigna, mais repulsiva na aparência do que verdadeiramente perigosa, e sobretudo facilmente suscetível de remissões, pelo menos aparentes ou temporárias.[21] Entre os escrofulosos tocados pela mão sagrada do rei, alguns se curarão, muitos outros parecerão curar-se: efeito da natureza, diríamos hoje; efeito da virtude régia, foi dito no século XI. Que alguns casos dessa espécie venham a se produzir, por uma razão ou outra, em condições particulares propícias a estimular a imaginação, e que os doentes assim aliviados sejam comparados a outras pessoas, atingidas por outras moléstias, e que o rei terá tocado sem sucesso, isso basta para inclinar os espíritos a reconhecer no príncipe capetiano um especialista da escrófula. Por certo, na reconstituição de um encadeamento dessa espécie, entra necessariamente uma larga parte de hipótese. O *processo* que faz de um curador em geral um curador especializado será sempre difícil de acompanhar em detalhes, pois ele se apresenta como o resultado de uma conjunto de pequenos fatos, de natureza diversa e dos quais apenas o acúmulo age; cada um deles considerado à parte é demasiado insignificante para que os documentos o relatem; é a isso que os historiadores chamam o "acaso"; mas que esse processo seja possível, a história do culto dos santos o mostra mais do que suficientemente. Ora, temos aqui, para nossas induções, um amparo sólido, visto que dispomos de um texto. Não há razão alguma para rejeitar o testemunho fornecido por Helgaudo; nada, na evolução que ele nos permite restituir, atenta à verossimilhança. É preciso, pois, considerá-lo.

Vamos nos manter em terreno seguro, concluindo da seguinte maneira: aos olhos de seus fiéis, Roberto, o Piedoso, o segundo dos capetíngios, possuía o dom de curar os doentes; seus sucessores herdaram esse poder; porém, ao transmitir-se de geração em geração, essa virtude dinástica se modificou, ou melhor, se especificou pouco a pouco; concebeu-se a ideia de que o toque régio era soberano, não contra todas as doenças indistintamente, mas em particular contra uma delas, aliás muito difundida: a escrófula; no reinado de Filipe I — neto de Roberto —, essa transformação estava completa.

Assim, pudemos determinar, com alguma verossimilhança, os primórdios, na França, do toque da escrófula. Resta procurar, no sentido próprio da palavra, suas origens, isto é, compreender que os reis chegaram a ser reconhecidos como médicos prodigiosos. Mas essa investigação não poderia, por enquanto, ser empreendida frutiferamente. Com efeito, o milagre régio é tão inglês quanto francês; num estudo explicativo de suas origens, os dois países não devem ser

---

21. Sobre esse ponto, assim como sobre tudo o que diz respeito à explicação crítica do milagre régio, ver, adiante, o "Terceiro Livro".

examinados separadamente. Trata-se de estabelecer por que o rito curativo fez sua aparição na França num momento em vez de outro. Não se pode tentar fazê-lo antes de fixar a época em que o mesmo rito nasceu na Inglaterra; sem essa precaução indispensável, como saber se os reis da França não imitaram, muito simplesmente, seus rivais do além-Mancha? É necessário analisar a concepção de realeza que o rito se limitou a traduzir? As mesmas ideias coletivas estão em sua fonte, nas duas nações vizinhas. É preciso, portanto, agora, antes de qualquer coisa, que conduzamos, com relação à Inglaterra, a mesma discussão crítica da qual os textos franceses acabam de ser objeto.

§ 3. OS PRIMÓRDIOS DO RITO INGLÊS

Por volta do final do século XII, vivia na corte do rei Henrique II da Inglaterra um clérigo de origem francesa, Pedro de Blois. Era um desses eclesiásticos letrados como tantos outros que a brilhante corte do plantageneta reunia, infinitamente mais espiritualizados, segundo Hauréau,[22] do que aqueles que se agrupavam na mesma época em torno do rei da França. Temos dele, entre outras obras, uma preciosa coletânea epistolar. Ao folheá-la, encontraremos duas cartas que se contrabalançam, ambas endereçadas aos clérigos do círculo real; em uma delas, Pedro diz todo o mal possível da corte e dos cortesãos; na segunda, ele canta a palinódia.[23, 24] Teria essa retratação lhe sido imposta, como acreditam certos historiadores,[25] pelo descontentamento de seu soberano? Admito que, de minha parte, rejeito levar esses dois textos a sério; tenho dificuldade em ver neles algo além de dois exercícios de retórica ou de sofística, um *Sic et Non*[26] que correspondia bem ao gosto da época. De resto, pouco importa. A segunda carta contém a passagem seguinte:

---

22. *Journ. des Savants*, 1881, p. 744.
23. "Cantar a palinódia" (em francês, *chanter la palinodie*): expressão que significa retratar-se. Palinódia é uma forma de poema em que o autor se retrata do que disse em poema anterior. (N. T.)
24. Migne, *P. L.*, t. 207, ep. XIV, col. 42; ep. CL, col. 439.
25. Por exemplo, A. Luchaire em seu agradável artigo sobre Pedro de Blois, *Mém. Acad. Sr. Morales*, t. 171 (1909), p. 375. Para avaliar a correspondência de Pedro de Blois e a sinceridade de suas cartas, talvez seja bom lembrar que ele compôs um manual de arte epistolar, o *Libellus de arte dictandi rhetorice*: cf. Charles-Victor Langlois, *Notices et extraits*, XXXIV, 2, p. 23. Sobre a carreira de Pedro vem, em último lugar, J. Armitage Robinson, "Peter of Blois" em seus *Somerset Historical Essays* (Published for the British Academy). Londres, 1921.
26. Bloch alude ao texto do filósofo escolástico francês Pedro Aberlardo (1079-1142), *Sic et Non* (Sim e Não), o qual reúne citações aparentemente contraditórias dos pais da Igreja a

Admito-o, assistir o rei é [para um clérigo] realizar uma coisa santa; pois o rei é santo; ele é o Cristo do Senhor; não é em vão que recebeu o sacramento da unção, cuja eficácia, se por acaso alguém a ignorasse ou lançasse dúvida sobre ela, seria amplamente demonstrada pelo desaparecimento dessa peste que ataca a virilha e pela cura da escrófula.[27]

Assim, Henrique I curava os escrofulosos. Atribuía-se igualmente à sua virtude régia o desaparecimento (*defectus*) de uma peste que atingia a virilha (*inquinariae fiestis*). Não sabemos com precisão a que estas últimas palavras fazem alusão: talvez a uma epidemia de peste bubônica que teria, segundo se acreditava, cedido diante da influência maravilhosa do rei. A confusão entre certas formas de bubões pestosos e a adenite da virilha não tinha, afirma um excelente historiador da medicina, o doutor Crawfurd, nada de impossível para um homem daquela época.[28] Pedro de Blois não era médico; ele partilhava dos erros populares e provavelmente considerava a peste bubônica — que, segundo ele, e com certeza segundo a opinião corrente em seu círculo, Henrique II milagrosamente suprimira — como um caso particular do vasto grupo de afecções ganglionárias que a Idade Média reunia sob o nome de escrófula. Em suma, a escrófula era a especialidade de Henrique II. Seu poder curativo não lhe era pessoal; ele o devia à sua função: é na condição de rei que ele era taumaturgo. Morreu em 1189. Quanto ao século seguinte, uma série de textos, mais numerosos à medida que nos aproximamos do ano 1300, nos mostra seus sucessores que herdaram o mesmo dom.[29] Na história do milagre régio, Henrique II ocupa, no que diz respeito à Inglaterra, o mesmo lugar que Filipe I na França, o do primeiro soberano sobre o qual se pode dizer com certeza: este tocou os escrofulosos. Mas nada proíbe procurar, recorrendo, de acordo com a necessidade, a algumas conjecturas, remontar a tempos anteriores a ele.

---

respeito de diversos temas da teologia cristã, acrescentando ainda as opiniões divergentes dos autores antigos. (N. T.)
27. *P. L.*, t. 207, col. 440 D: "Fateor quidem, quod sanctum est domino regi assistere; sanctus enim et christus Domini est; nec in vacuum accepit unctionis regiae sacramentum, cujus efficacia, si nescitur, aut in dubium venit, fidem ejus plenissimam faciet defectus inguinariae pestis, et curatio scrophularum". O texto do manuscrito nouv. acqu. lat. 785 da Bibl. Nat., fól. 59, está em conformidade com o das edições, com a exceção da insignificante interversão: "unctionis regie accepit sacramentum".
28. *The king's evil*, p. 25 e 26. Devo muito a esse excelente comentário.
29. Esses textos serão citados mais adiante, p. 118 ss. e 133 ss.

Vimos que, para certos eruditos franceses do Antigo Regime, o iniciador, deste lado da Mancha, teria sido Clóvis; honra semelhante foi atribuída por um pastor inglês do século XVI, William Tooker, ao rei Lúcio, supostamente o primeiro cristão a reinar sobre a Grã-Bretanha.[30] Esse relato encontrou pouco crédito, e não merece nenhum. Clóvis é, pelo menos, uma personagem real; o bom Lúcio nunca existiu senão na imaginação dos eruditos. Passemos para a história. Durante a maior parte do período anglo-saxônico, não se encontra nenhuma menção a uma virtude medicinal qualquer atribuída aos reis.[31] É preciso chegar aos tempos que precederam imediatamente a conquista normanda para encontrar um príncipe sobre o qual, com ou sem razão, se pôde acreditar ter encabeçado a linhagem dos curadores: ainda hoje, Eduardo, o Confessor, é quase universalmente considerado o fundador do rito inglês. Essa tradição possui tanto mais força porque Shakespeare — recorrendo como de costume a Holinshed[32] — se apropriou dela, e isso em uma de suas peças mais ilustres e mais lidas: em *Macbeth*. Malcolm e Macduff, na tentativa de escapar do ódio do tirano da Escócia, se refugiaram na corte de Eduardo; lá, Malcolm foi a atônita testemunha do milagre, e ele o relata a seu companheiro: "(...) doentes atingidos por estranhas moléstias, inteiramente inchados, inteiramente cobertos de úlceras, lamentáveis de ver, desespero da medicina, ele os cura, suspendendo em seu pescoço uma moeda de ouro, com santas preces; e dizem que aos reis, seus sucessores, ele transmitirá essa graça curativa".[33]

---

30. *Charisma*, p. 84. Tooker também propõe, embora com menos segurança, José de Arimateia como instaurador do rito inglês. Lúcio (cujo renome Beda, *Historia ecclesiastica*, I, 4, contribuiu para difundir na Inglaterra) deve, como se sabe, sua origem a uma menção do *Liber Pontificalis*, relativa a uma carta que, de fato, "Lúcio rei bretão" teria enviado ao papa Eleutério. Harnack prova que o redator da vida de Eleutério transformara equivocadamente em príncipe bretão um rei de Edessa: *Sitzungsberichte der kg. Preussischen Akademie*, 1904, I, p. 909-916.
31. Cf. J. F. Payne, Fitzpatrick Lectures: *English Medicine in the Anglo-Saxon Times*. Oxford, 1904, p. 158.
32. Raphael Holinshed (c. 1525-1580): cronista inglês cujas *Crônicas da Inglaterra, Escócia e Irlanda* (1577) tiveram grande sucesso em sua época, servindo, aliás, de referência para algumas das mais célebres peças de William Shakespeare, como *Macbeth*, *Rei Lear* e *Henrique V*. (N. T.)
33. IV, sc. III: "(...) strangely-visited people,/ All sworn and ulcerous, pitiful to the eye,/ The mere despair of surgery, lie cures,/ Hanging a golden stamp about their necks,/ Put on with holy prayers: and 'tis spoken,/ To the succeeding royalty he leaves/ The healing benediction". Cf. Holinshed, *Chronicles of England, Scotland and Ireland*, 1. VIII, cap. 7, ed. de 1807, I, in-4º. Londres, p. 754.

Devemos partilhar a opinião de Shakespeare?

Conhecemos a vida e, mais particularmente, as virtudes sobrenaturais de Eduardo, o Confessor, sobretudo por meio de quatro documentos: algumas passagens de Guilherme de Malmesbury em sua *Historia Regum* e três biografias, a primeira anônima, as duas outras devidas respectivamente a Osberto de Clare e Elredo de Rievaulx. Elredo escreveu em 1163, sob Henrique II; Osberto, em 1138, no tempo de Estêvão de Blois. Guilherme é um pouco mais antigo: a primeira redação de sua *Historia* data da segunda metade do reinado de Henrique I, em 1124 ou 1125. Por fim, a *Vida anônima* é, em geral, tida como quase contemporânea de seu herói; ela teria sido redigida após a morte de Eduardo, por volta de 1067, o mais tardar antes de 1076. Essa era, pelo menos, a opinião comum até aqui. Já tentei demonstrar que ela não era fundamentada e que essa *Vida* data, também, do reinado de Henrique I, mas em sua primeira parte, entre 1103 e 1120. Considerarei aqui que esse resultado está consolidado.[34]

Eduardo, o Confessor, foi desde cedo tido como santo; seu culto, ainda desprovido de qualquer consagração oficial, já era vivaz sob Henrique I; Osberto se fez advogado de sua canonização, a qual, quando Elredo se pôs a trabalhar, acabava de ser realizada. Não há, consequentemente, nada de surpreendente no fato de que as quatro obras que enumeramos lhe atribuem um bom número de curas milagrosas: como santo, ele devia ser taumaturgo. Entre essas anedotas, apenas uma foi tradicionalmente retida pelos historiadores do "toque". Ela se encontra descrita quase do mesmo modo nos quatro autores; Elredo, tanto aqui como em outros lugares, limitou-se a transpor para o bom estilo as exposições prolixas e confusas de Osberto; este último conhecia a *Vida anônima*; os dois escritores mais antigos, Guilherme e o autor desconhecido da *Vida*, ordinariamente designado pelo termo *Biógrafo*, parecem ter tido por fonte comum uma coletânea de milagres, que foi certamente composta em Westminster, e que Osberto, por sua vez, citou. Resumamos brevemente esse famoso episódio.[35]

---

34. Para tudo o que diz respeito às biografias de Eduardo, o Confessor, remeto, de uma vez por todas, à "Introdução" à minha edição de Osberto de Clare, *Analecta Bollandiana*, XLI (1923), p. 5 ss.
35. "Vita Aeduuardi regis qui apud Westmonasterium requiescit" em *Lives of Edward the Confessor*, ed. Luard (*Rolls Series*), p. 428; Guilherme de Malmesbury, *Historia Regum*, II, I, § 222, ed. Stubbs (*Rolls Series*), I, p. 272; Osberto de Clare, op. cit., cap. XIII; Elredo, ed. R. Twysden, *Historiae anglicanae scriptores X*, fól., Londres, 1652, col. 390, e Migne, *P. L.*, t. 195, col. 761.

Havia, na Inglaterra, uma jovem mulher atingida por uma horrível moléstia: uma inflamação das glândulas do pescoço que espalhava um odor fétido. Instruída por um sonho, ela foi pedir sua cura ao rei. Este último, após mandar trazer um vaso cheio d'água, mergulhou nele seus dedos e tocou, em seguida, as partes doentes, fazendo sobre elas vários sinais da cruz. Imediatamente, sob a pressão da mão régia, o sangue e o pus saíram; a doença pareceu ceder. A paciente foi mantida na corte; porém o tratamento, ao que parece, não foi renovado. Todavia, uma semana depois, quando muito, a feliz mulher se encontrou radicalmente curada; mais do que isso, não somente livre de sua moléstia, mas também de uma esterilidade obstinada que a desolava: no mesmo ano, ela deu uma criança a seu marido.

Essa é a trama geral do relato. Nossos autores acrescentam a ele alguns comentários, que merecem nossa dedicação tanto e até mais do que o próprio texto.

Eis, a princípio, uma observação que é atribuída a Guilherme de Malmesbury: "Em nossa época, alguns se servem desses milagres [o da jovem mulher e outros análogos a ele que eram atribuídos, como veremos em breve, a Eduardo ainda adolescente] para uma obra de falsidade; pretendem que o rei possuía o poder de curar essa doença não em virtude de sua santidade, mas a título hereditário, como privilégio de raça real."[36]

Observação duplamente preciosa, na medida em que nos informa, ao mesmo tempo, as ideias de Guilherme e aquelas que não eram de modo algum as mesmas de muitos de seus contemporâneos. Para o monge de Malmesbury, apenas os santos fazem milagres; os reis podem realizar alguns, se são santos, mas, como reis, não; não há dinastia taumatúrgica. Reencontraremos mais tarde essa concepção, que podemos, pensando em Gregório VII, qualificar justamente de gregoriana. Por enquanto, o que nos interessa, sobretudo, é a opinião contrária; ao combatê-la, Guilherme forneceu sobre ela um testemunho irrefutável.

Estamos na Inglaterra, em 1124 ou 1125. Acreditava-se que Eduardo, o Confessor, falecido havia cerca de sessenta anos, tinha aliviado muitos doentes. Seriam essas curas todas de mesma natureza? Nem todo mundo pensa assim. Alguns consideram que os milagres de escrófula devem ser colocados à parte dos demais: é à sua origem real, e não às suas virtudes religiosas, que Eduardo teria devido o fato de poder operá-los. Os homens que imaginam

---

36. Guilherme de Malmesbury, op. cit., p. 273: "unde nostro tempore quidam falsam insumunt operam, qui asseverant istius morbi curationem non ex sanctitate, sed ex regalis prosapiae hereditate fluxisse".

isso têm evidentemente razões para acreditar que os reis curam a escrófula: de onde lhes pôde vir semelhante ideia? Certamente dos fatos que têm diante dos olhos. Seu rei é Henrique I; será, portanto, que este já teria pretendido possuir o maravilhoso dom que, como se sabe, seu neto, Henrique II, reivindicaria? É difícil escapar dessa conclusão.

Ora, um texto praticamente contemporâneo à *Historia Regum* deve ser levado em consideração aqui. Eu citava, há pouco, a famosa passagem de Guiberto de Nogent que forma nosso mais antigo testemunho sobre o rito francês; mas omiti então, voluntariamente, as últimas palavras. Restabeleçamo-las agora: "O que fazem", escreve Guiberto, "a respeito da cura da escrófula os demais reis? Manterei silêncio sobre esse ponto; todavia, até onde sei, o rei da Inglaterra jamais teve a audácia de a tentar".[37]

Há muito tempo que os historiadores franceses tiraram proveito dessa pequena frase para provar que, na época em que foi escrito o *Tratado sobre as relíquias*, isto é, na mesma época em que reinava Henrique I, os reis ingleses ainda não tinham nenhuma participação no belo privilégio que já detinham os capetíngios.[38] Essa interpretação teria feito a alegria de Guiberto; é a que ele desejava impor à posteridade. Mas talvez ela seja um pouco simplista. O ardor com que o abade de Nogent, cujo patriotismo enfurecido é bem conhecido, defende a prerrogativa da dinastia francesa tem algo de suspeito: que necessidade ele tinha de escolher, entre todos os soberanos da Europa, o príncipe normando para negar-lhe expressamente o dom medical? Tudo ocorre como se tivesse chegado aos ouvidos dele, desde a Inglaterra, aquilo que o doutor Crawfurd graciosamente chama de "um vago ruído de usurpação".[39] Seu testemunho, que, considerado isoladamente, talvez não tivesse provado nada em nenhum sentido, associado ao de Guilherme de Malmesbury, confirma indireta e involuntariamente nossa indução de agora há pouco. Segundo todas as probabilidades, Henrique I tocou a escrófula.

---

37. "Super aliis regibus qualiter se gerant in hac re, supersedeo; regem tamen Anglicum neutiquam in talibus audere scio." Esse era, pelo menos, o texto primitivo do manuscrito e o que os editores adotaram; cf. Migne, *P. L.*, t. 156, col. 616. Alguém que parece ser do século XII procurou corrigir *scio* por *comperio* (substituindo, por rasura, o grupo *sc* por um *p* riscado e escrevendo acima da linha o grupo *c o* acompanhado do sinal de abreviação).
38. Por exemplo, Mabillon, *Acta SS. ord. S. Bened*, IV, 2, p. 523; essa é ainda hoje a interpretação de Delaborde.
39. *The king's evil*, p. 18. O doutor Crawfurd, que não considera que Henrique I tenha tocado a escrófula, vê, aliás, na frase de Guiberto, uma alusão aos milagres de Santo Eduardo.

A passagem de Guilherme de Malmesbury que acabo de discutir não é a única glosa que, em nossas diversas fontes, acompanha o relato da cura da mulher escrofulosa. É preciso citar agora uma frase que encontramos quase inalterada em três autores diferentes: o *Biógrafo*, Guilherme e Osberto; deve-se supor que ela já estava presente na coletânea primitiva de milagres, da qual os dois primeiros escritores se alimentaram. Eu a apresento de acordo com o texto do *Biógrafo*, o mais antigo; para compreendê-la, importa lembrar que Eduardo, expulso de sua pátria pela invasão dinamarquesa, passara toda a sua juventude na corte dos duques normandos, seus parentes: "Esse milagre era novo para nós; mas o rei frequentemente o realizara durante sua adolescência, quando vivia na Nêustria, região a que se dá hoje o nome de Normandia; nós o sabemos por meio do testemunho dos franceses".[40]

Aí está uma observação bastante surpreendente! Sem dúvida, ninguém é profeta em sua terra. Assim mesmo, compreende-se mal por que, como jovem exilado, Eduardo teria exercido em proveito de estrangeiros um poder taumatúrgico que lhe teria posteriormente faltado no próprio reino: ou melhor, compreende-se mal como a ideia de que as coisas tinham ocorrido assim pôde ter germinado na mente de seus hagiógrafos. E, além disso, o que vem fazer, a respeito de um santo especificamente inglês, esse apelo à gente do além-Mancha, aos franceses? Examinemos de mais perto a história do reinado de Henrique I; ela nos fornecerá a chave para o mistério.[41]

Soberano muito pouco legítimo, Henrique I foi um político extremamente hábil. Dedicou-se a deleitar os sentimentos de seus súditos nativos; enfrentando as zombarias da nobreza normanda, desposou uma dama que pertencia à velha raça real da ilha; desse casamento, teve um filho; mandou então difundir uma profecia, na qual o jovem príncipe aparecia como o representante das aspirações nacionais, como o rebento reverdecente do velho tronco dinástico, outrora rompido pela usurpação de Haroldo e pela conquista. Essa visão necessitava de um profeta. Henrique ou seus conselheiros escolheram Eduardo, o Confessor: o último dos reis anglo-saxões foi encarregado de anunciar, em seu leito de morte, a vinda da criança predestinada. Esse episódio ganhou espaço nas biografias do santo; ele é encontrado nas obras que foram enumeradas acima, e em todas sob a mesma forma, ou quase.

---

40. P. 429: "Quod, licet nobis novum videatur, hoc eum in adolescentia, cum esset in Neustria quae nunc Normannia nuncupatur, saepius egisse Franci testantur".
41. Sobre o que segue, ver minha "Introdução", à *Vida* por Osberto de Clare, particularmente p. 20 e 35.

Seu fundo comum — constituído, como se sabe, segundo todas as probabilidades, por uma coletânea de milagres hoje perdida — sofreu, portanto, a influência de um pensamento político: o de Henrique I.

À luz desses fatos, procuremos agora interpretar a história da mulher escrofulosa. Todas as biografias de Santo Eduardo a mencionam; evidentemente, seu testemunho não pode permitir concluir que o Confessor tenha de fato curado ou acreditado curar uma adenite do pescoço; ele prova simplesmente que, na época em que as mais antigas dessas vidas foram redigidas, contava-se esse prodígio: essa época é a do reinado de Henrique I. Temos sérias razões para pensar que Henrique I tocava a escrófula. De onde ele pretendia tirar seu poder? Guilherme de Malmesbury não nos deixou ignorar o argumento que certas pessoas zelosas, preocupadas em encontrar um precedente para o gesto benfazejo de seu príncipe, tiravam do milagre que a opinião pública atribuía a Santo Eduardo: essa era certamente a interpretação oficial. Que origem mais bela se poderia encontrar para a prerrogativa real do que atrelá-la à memória do piedosíssimo monarca, caro ao coração dos ingleses e do qual o próprio Guilherme, o Conquistador, sempre se apresentara como herdeiro? A biografia do santo, tal qual ela se constituiu ao longo do século XII, ostenta muito nitidamente, como se viu, a estampilha governamental. Introduziu-se nela uma profecia; não se teria por acaso inserido nela também uma cura? Não é, contudo, provável que a aventura da jovem inglesa tenha sido inteiramente inventada por modificadores pouco escrupulosos; livrar um escrofuloso de sua moléstia era, para um santo, um feito tão natural e, por assim dizer, tão clássico quanto devolver a vista a um cego ou o uso de seus membros a um paralítico — outros grandes feitos que os hagiógrafos não deixaram de atribuir a Santo Eduardo. Mas, ao encontrarem esse milagre na lenda em vias de formação, entre tantas outras manifestações análogas, os conselheiros de Henrique I foram muito naturalmente levados a deixá-lo de lado para justificar, graças a ele, as virtudes taumatúrgicas de seu senhor. Havia, no entanto, uma dificuldade: esse milagre era único. Durante seu reinado, Eduardo "tocara" a escrófula apenas uma vez; base bastante frágil para a especialidade médica reivindicada, a título de herdeiro, pelo rei Henrique. A lenda já estava, acerca desse ponto, firmemente estabelecida; teria parecido incômodo e talvez sacrílego alterá-la. Entretanto, antes de reinar, Eduardo viveu na Normandia; e dessa estada no continente, a tradição inglesa absolutamente não se ocupou; decidiu-se dizer que, pelo menos lá, na corte dos ancestrais diretos de Henrique I, ele multiplicara as curas de escrófula. Essa retificação se introduziu na versão hagiográfica primitiva.

Nós a encontramos em todas as vidas antigas. Guilherme de Malmesbury repelia as conclusões que, à sua volta, se extraíam dos milagres normandos, mas não teve a audácia de rejeitar uma informação que suas fontes lhe forneciam; assim como todo mundo, ele acreditou nos prodígios realizados em terra estrangeira. Temos o direito, hoje, de ser mais céticos, ou melhor, mais críticos do que ele; consideraremos esses prodígios, eles também, "uma obra de falsidade".[42]

Não há nenhuma razão para acreditar que os reis anglo-saxões, tanto Eduardo, o Confessor, como seus predecessores, tenham um dia pretendido, na condição de reis, curar os escrofulosos; é certo que Henrique II exerceu esse poder; é provável que Henrique I já houvesse se apropriado dele e que, desejando justificá-lo, o tenha colocado sob a proteção de um grande nome: o de Santo Eduardo.[43] Esses foram, até onde podemos conhecê-los, os primórdios do rito inglês.[44]

---

42. Falta em Elredo a alusão aos milagres normandos. Em sua época, sob Henrique II, a crença no poder taumatúrgico dos reis estava firmemente estabelecida; não havia mais interesse em insistir no grande número de curas de escrofulosos operadas por Santo Eduardo; por outro lado, esse apelo a fatos mal conhecidos, supostamente realizados no exterior, devia parecer estranho; é decerto por isso que Elredo, oficialmente encarregado de revisar o texto de Osberto, suprimiu a frase em questão.

43. O Ashmoleum Museum, em Oxford, possui uma medalha, de origem escandinava ou anglo-saxônica, encontrada no século XVII perto da cidade de Oxford. Ela está perfurada em sua parte superior, e nela se vê uma inscrição difícil de reproduzir. Acreditou-se ler, na época da descoberta, as duas letras E. C.; por uma aberração singular, alguns eruditos as interpretaram como *Eduardus Confessor*, como se Eduardo tivesse, durante sua vida, ostentado seu título hagiológico. Ora, as moedas distribuídas pelos reis dos tempos modernos aos escrofulosos que eles tocavam — *touch-pieces*, para empregar o termo técnico — eram, elas também, perfuradas, para poder ser penduradas no pescoço dos pacientes; esses sábios demasiado engenhosos imaginaram, portanto, que se encontrara uma *touch-piece* de Santo Eduardo. Não é necessário refutar sua opinião. Cf. Farquhar, *Royal Charities*, I, p. 47 ss.

44. Entre Henrique I e Henrique II se intercala o reinado de Estêvão de Blois. Estêvão era apenas o sobrinho do primeiro daqueles dois reis, e isso somente pelo lado materno; ele reinou a despeito das últimas vontades de seu tio. Teria ele reivindicado, pelo menos, o poder curativo do qual este último fora o iniciador? Ou então, ao contrário, teve Henrique II, ao chegar ao trono, de retomar uma tradição por um momento interrompida? Por carência de documentos, esse pequeno problema permanece insolúvel.

CAPÍTULO II

As origens do poder curativo dos reis: a realeza sagrada nos primeiros séculos da Idade Média

§ 1. A EVOLUÇÃO DA REALEZA SAGRADA; A SAGRAÇÃO

O problema que se impõe agora à nossa atenção é duplo. O milagre régio se apresenta, acima de tudo, como expressão de certa concepção do poder político supremo; desse ponto de vista, explicá-lo consistirá em vinculá-lo ao conjunto de ideias e de crenças das quais ele foi uma das manifestações mais características; ademais, encaixar um caso particular num fenômeno mais geral não seria o princípio de toda "explicação" científica? Porém, mesmo tendo conduzido nossa pesquisa até esse ponto, ainda não teremos concluído nossa tarefa; detendo-nos nele, deixaríamos precisamente escapar o particular; restará explicar as razões pelas quais o rito curativo, oriundo de um movimento do pensamento e de sentimentos comuns a toda uma parte da Europa, surgiu em determinado momento e não em outro, na França assim como na Inglaterra, e não em outro lugar. Em resumo, de um lado as causas profundas, de outro a ocasião, o empurrão que impele a concretizar-se uma instituição havia muito tempo em potência nos espíritos.

Mas, talvez digam, é realmente necessária uma longa investigação para descobrir as representações coletivas que estão na origem do toque da escrófula? Não é evidente, numa primeira abordagem, que esse rito, aparentemente tão singular, foi, nas sociedades medievais e modernas, apenas o último eco das crenças "primitivas" que, hoje, a ciência, graças ao estudo dos povos selvagens, logrou reconstituir? Não bastaria, para compreendê-lo, percorrer os grandes catálogos de fatos compostos, com tanto cuidado e engenhosidade, por Sir James Frazer, e folhear *O ramo de ouro* ou *The Magical Origins of Kings* [As origens mágicas dos reis]? "O que teria dito Luís XIV", escreve Salomon Reinach, "se lhe tivessem provado que, ao tocar a escrófula, ele seguia o modelo de um chefe polinésio?"[1] E Montesquieu, sob a máscara do persa Usbeck, falando do mesmo príncipe, já dizia: "Esse rei é um grande mago; ele exerce seu império sobre o próprio espírito de seus súditos... Chega até mesmo a fazer com que acreditem que, tocando-os, ele os cura de todas as espécies de moléstias, tamanhos são a força e o poder que possui sobre os espíritos".[2] No pensamento de Montesquieu, a palavra *mago* era pouco mais do que um gracejo. Hoje, de bom grado nós lhe conferimos seu sentido pleno. Escolhi essa pequena frase como epígrafe; ela poderia ter sido inscrita, também a justo título, na abertura dos belos livros de Sir James Frazer, os quais, entre certas concepções antigas sobre a natureza das coisas e as primeiras instituições políticas da humanidade, nos ensinaram a reconhecer laços por muito tempo ignorados. Sim, o milagre da escrófula se aparenta incontestavelmente a todo um sistema psicológico que podemos, por dupla razão, qualificar de "primitivo": primeiro, porque traz a marca de um pensamento ainda pouco evoluído e inteiramente imerso no irracional, e também porque o encontramos em estado particularmente puro nas sociedades a que convencionamos chamar "primitivas". Mas, quando tivermos dito isso, o que teremos feito além de indicar de maneira aproximada o gênero de representações mentais para o qual convém dirigir nossa pesquisa? A realidade histórica é menos simples e mais rica do que semelhantes fórmulas.

Sir James Frazer escreve:

> Certos reis, nas ilhas do Pacífico e alhures, vivem supostamente numa atmosfera carregada de uma espécie de eletricidade espiritual que, ao mesmo tempo que fulmina os indiscretos que penetram em seu círculo mágico, possui também, por uma feliz contrapartida, o privilégio de restituir a saúde por meio do simples contato. Podemos conjecturar que os predecessores dos monarcas ingleses foram outrora objeto de ideias análogas: a *escrófula recebeu provavelmente o nome de mal do rei porque se acreditava que o toque de um rei era suscetível de provocá-la tanto quanto de curá-la.*[3]

---

1. *Cultes, mythes et religions*, II, p. 21.
2. *Lettres Persanes*, I, 24.
3. *Golden Bough*, I, p. 371: "(...) royal personages; in the Pacific and elsewhere have been supposed to live in a sort of atmosphere highly charged with what we may call spiritual electricity, which, if it blasts all who intrude into its charmed circle, has happily also the gift of making whole again by a touch. We may conjecture that similar views prevailed in ancient times as to the predecessors of our English monarchs, and *that accordingly scrofula received its name of the King's Evil from the belief that it was caused as well as cured by contact with a king*". Os grifos são meus. Cf. ibidem, III, p. 134.

Sejamos bem claros. Sir James Frazer não sustenta que, nos séculos XI ou XII, os soberanos ingleses, ou franceses, tenham passado por capazes tanto de espalhar ao seu redor a escrófula quanto de aliviá-la; mas ele imagina que, antigamente, na noite dos tempos, seus antepassados manusearam essa arma de dois gumes; pouco a pouco, o aspecto temível do dom régio teria sido esquecido, sobressaindo apenas o seu lado benfazejo. Na verdade, como já sabemos, os reis taumaturgos dos séculos XI ou XII não tiveram de rejeitar parte da herança ancestral, pois nada em suas virtudes miraculosas vinha de um passado muito distante. Esse argumento, ao que parece, poderia bastar. Vamos afastá-lo, entretanto, por um instante; suponhamos, por exemplo, para o poder curativo dos príncipes normandos ou capetianos, origens muito longínquas. Com isso a hipótese de Sir James Frazer ganhará mais força? Não acredito. Ela se funda sobre o caso das ilhas Tonga na Polinésia, onde certos chefes, segundo se crê, exercem uma homeopatia dessa espécie. O que vale, porém, esse raciocínio por analogia? O método comparativo é extremamente fecundo, mas sob a condição de não sair do geral; ele não pode servir para reconstituir os detalhes. Certas representações coletivas, que afetam toda a vida social, se encontram, sempre iguais, pelo menos em suas grandes linhas, em muitos povos; elas parecem sintomáticas de estados de civilizações determinados e variam com eles. No seio de outras sociedades, conhecidas somente por meio de documentos relativamente recentes, ou incompletos, elas não são historicamente atestadas; teriam tais sociedades realmente carecido delas? É provável que não; a sociologia comparada permite restituí-las, com muita verossimilhança. No entanto, essas grandes ideias, comuns a toda a humanidade, ou quase, evidentemente receberam, segundo os lugares e as circunstâncias, aplicações diferentes. O estudo das tribos oceânicas esclarece a noção de realeza sagrada, tal qual ela floresce sob outros céus, na Europa antiga ou mesmo medieval; mas não se poderia esperar encontrar na Europa todas as instituições da Oceania. Em um arquipélago polinésio — é o único exemplo invocado —, os chefes são, ao mesmo tempo, fomentadores de doenças e médicos; assim se traduz a força natural de que são detentores; a mesma força pôde se manifestar em outros lugares de outra maneira: por benefícios, por exemplo, sem contrapartida incômoda. Entre os primeiros missionários, muitos acreditavam encontrar entre os "selvagens", mais ou menos apagadas, todas as espécies de concepções cristãs. Abstenhamo-nos de cometer o erro inverso, e não transportemos os Antípodas inteiros para Paris ou para Londres.

Procuremos, pois, retraçar em toda sua complexidade o movimento de crenças e de sentimentos que tornou possível, em dois países da Europa Ocidental, a instauração do rito do toque.

Os reis da França e da Inglaterra puderam tornar-se médicos miraculosos porque já eram havia muito tempo personagens sagradas: "*sanctus enim et christus Domini est*" [ele é cristo do Senhor e, portanto, sagrado], dizia Pedro de Blois a respeito de seu senhor Henrique II, a fim de justificar suas virtudes taumatúrgicas. Convirá, portanto, indicar primeiro como o caráter sagrado da realeza chegou a fazer-se reconhecer, antes de explicar a associação de ideias que muito naturalmente extraiu desse caráter, como uma espécie de conclusão evidente, o poder curativo daqueles que dele se revestiram.[4]

Os capetíngios sempre se apresentaram como os autênticos herdeiros da dinastia carolíngia; e os próprios carolíngios como os de Clóvis e de seus descendentes; os reis normandos da Inglaterra reivindicaram, como bem patrimonial, a sucessão dos príncipes anglo-saxões. Dos chefes dos antigos agrupamentos francos, anglos ou saxões aos soberanos franceses ou ingleses do século XII, a filiação é direta e contínua. É, portanto, para as velhas realezas germânicas que devemos olhar em primeiro lugar; por meio delas, chegamos a um fundo de ideias e de instituições extremamente arcaicas.

Infelizmente, nós a conhecemos muito mal. Toda a Germânia anterior ao cristianismo permanecerá para sempre, na ausência de uma literatura escrita, irremediavelmente obscura. Podem-se apenas entrever alguns vislumbres. Eles bastam para nos assegurar de que a concepção de realeza estava, entre os germânicos, assim como entre todos os povos no mesmo estágio de civilização, inteiramente impregnada de um caráter religioso[5]. Tácito já observava que, ao

---

4. Devo muito, no que diz respeito a toda a exposição que virá a seguir, ao belo livro de Kern, *Gottesgnadentum*. Nessa obra há abundante bibliografia (infelizmente desprovida de classificação); ela me permitirá reduzir aqui, em grandíssima medida, as indicações bibliográficas, particularmente no que diz respeito à sagração. Talvez se preste um serviço aos pesquisadores ao lhes indicar que não encontrarão nada de útil no artigo de Jos von Held, *Königtum und Göttlichkeit*; *Am Ur-Quell, Monatschrift für Volkskunde*, III (1892). Sobre a sagração, foram publicadas, desde o livro de Kern, a obra útil de Reginald Maxwell Woolley, *Coronation Rites* (*The Cambridge Handbooks of Liturgical Study*), in-12. Cambridge, 1915, e uma tese da Faculdade de Direito de Toulouse, de Georges Péré, *Le Sacre et le couronnement des rois de France dans leurs rapports avec les lois fondamentales*, s.l., 1921, das quais se extrairão algumas indicações pertinentes, infelizmente desperdiçadas pela surpreendente ignorância da literatura sobre o assunto; cf. também Ulrich Stutz, *Reims und Mainz in der Königswahl des X. und zu Beginn des XI. Jahrhunderts*; *Sitzungsber, der preussischen Akademie,* 1921, p. 414.
5. O caráter sagrado da antiga realeza germânica foi por muitas vezes evidenciado. Proveitosamente será consultado, sobretudo, H. Munro Chadwick, *The Ancient Teutonic Priesthood*; *Folk-Lore*, 1900; cf., do mesmo autor, *The Origin of the English Nation*. Cambridge, 1907, p. 320; indicações sugestivas em J. Flach, *Les Origines de l'ancienne*

contrário dos chefes de guerra temporários, livremente escolhidos em razão de seu valor pessoal, os reis, entre os germânicos, provinham unicamente de certas famílias nobres: isto é, sem dúvida, de certas famílias hereditariamente dotadas de uma virtude sagrada[6]. Os reis passavam por seres divinos ou, pelo menos, oriundos dos deuses. "Os godos", afirma literalmente Jordanes, "atribuindo suas vitórias à influência feliz que emanava de seus príncipes, não quiseram ver nestes últimos meros homens; deram-lhes o nome de Ases[7], isto é, semideuses."[8] A palavra Ases se encontra nas antigas línguas escandinavas; ela servia, com efeito, para designar os deuses, ou certas categorias deles. Conservamos várias genealogias reais anglo-saxônicas: todas remontam a Wotan (Odin).[9] Dessa fé na origem sobrenatural dos reis decorria um sentimento

---

France, III, p. 236 e 237, e Paul Vinogradoff, *Outlines of Historical Jurisprudence*, I. Oxford, 1920, p. 352. Abaixo serão utilizadas algumas informações extraídas do grupo escandinavo. Não ignoro que, no seio dessas populações, o caráter sagrado da realeza se mostrava fortemente acentuado como consequência da ausência de um sacerdócio especializado que parece, ao contrário, ter existido em muitas outras tribos germânicas. Os reis do Norte permaneceram sempre sacerdotes; os reis da Germânica propriamente dita, por volta da época das invasões, não tinham ou não tinham mais, na sua maioria, funções dessa ordem. Mas tais diferenças, por mais importantes que sejam, não nos interessam aqui; no Sul assim como no Norte, a noção fundamental era a mesma; é tudo o que nos convém reter.
6. *Germ.* VII: "Reges ex nobilitate, duces ex virtute sumunt". Relacionou-se frequentemente, e a justo título, essa frase de Tácito àquela que se lê em Gregório de Tours, *Histor. Franc.*, II, 9, a respeito das origens francas: "ibique iuxta pagos vel civitates reges crinitos super se creavisse de prima, et, ut ita dicam, de nobiliori família".
7. Também conhecidos como Æsir ou Asses. (N. T.)
8. *Getica*, c. XIII, ed. Mommsen (*Monum. Germ. A A.*, V), p. 76, a respeito da família real dos Amalos: "iam proceres suos, quorum quasi fortuna vincebant, non puros homines, sed semideos id est Ansis uocauerunt". Sobre o sentido da palavra Ase, cf. Maurice Cahen, *Le mot "Dieu" en vieux-scandinave* (*Collect. linguistique Soc. linguistique de Paris*, X, e *thèse Fac. Lettres, Paris*), 1921, p. 10, n. 1. E. Mogk, artigo *Asen* em Hoops, *Reallexikon der germ. Altertumskunde*, parece acreditar que a palavra se aplicava somente aos reis mortos e, após seu falecimento, divinizados; não vejo nada de semelhante em Jordanes. Em um texto curioso de Justin, *Histor. Philippic*, VII, 2, veem-se os macedônios fazendo-se acompanhar, no combate, por seu rei ainda criança, "tanquam deo victi antea fuissent, quod bellantibus sibi regis sui auspicia defuissent". Identifica-se aí uma crença análoga àquela que o texto de Jordanes atesta entre os godos.
9. Cf., entre outros, Kemble, *The Saxons in England*, ed. de 1876, Londres, I, p. 336; W. Golther, *Handbuch der deutschen Mythologie*, 1895, p. 299; J. Grimm, *Deutsche Mythologie*, 4. ed. Berlim, 1878, III, p. 377. O mais recente estudo sobre as genealogias é a dissertação de E. Hackenberg, *Die Stammtafeln der anglo-sachsischen Konigreiche*, Berlim, 1918. Não pude consultá-la; suas principais conclusões foram resumidas por Alois Brandi, *Archiv für das Studium der neueren Sprachen*, t. 137 (1918), p. 6 ss (particularmente a p. 18). Talvez

lealista. Não vinculado a um indivíduo ou outro: a primogenitura não existia; o direito hereditário no interior da dinastia estava mal fixado; podia-se mudar o soberano, mas sob a condição de escolhê-lo sempre no interior da mesma dinastia. "Assim como", escreveu Atalarico ao Senado romano, "aquele que nasce de vós é dito de origem senatorial, aquele que provém da família dos Amalos — diante da qual se apaga toda nobreza — é digno de reinar"; o mesmo príncipe, mesclando noções germânicas a um vocabulário romano, falava também do "sangue dos Amalos, destinado à púrpura".[10] Apenas essas raças predestinadas eram capazes de gerar senhores realmente eficazes, pois somente elas detinham essa misteriosa felicidade, *quasi fortuna*, como diz Jordanes, na qual os povos viam, mais do que no talento militar de um capitão ou outro, a causa de seus sucessos. A ideia da legitimidade pessoal era fraca; a da legitimidade dinástica, muito forte.[11] No século VI, um grupo separado da nação hérula se encontrava estabelecido na região danubiana; um ramo da linhagem tradicional o seguira e lhe fornecia seus chefes. Chegou o dia em que ele pereceu por inteiro. Seu último rebento, como tantos outros príncipes naqueles tempos de violência, foi morto, assassinado pelos próprios súditos. Mas esses bárbaros, que haviam massacrado seu rei, não se resignavam a privar-se do sangue real; decidiram mandar buscar um de seus representantes na longínqua pátria de onde, no passado, partira a migração, "em Thule", diz Procópio, pelo que se deve certamente entender a península Escandinava. O primeiro escolhido morreu durante o trajeto; os embaixadores voltaram atrás e trouxeram outro. Enquanto isso, os hérulos, cansados de esperar, colocaram à sua cabeça um dos seus, designado somente por seu valor individual; sem ousar talvez elegê-lo por eles mesmos, haviam pedido ao imperador que o nomeasse. Contudo, quando chegou o herdeiro legítimo, embora fosse desconhecido de todos, numa noite quase todo o povo veio colocar-se ao seu lado.[12]

---

haja uma alusão à pretensa origem divina dos merovíngios em uma frase da famosa carta escrita por Ávito, bispo de Viena, a Clóvis, quando de seu batismo. Cf. Junghans, *Histoire de Childerich et de Chlodovech*, trad. Monod (*Bibl. Hautes Études*, fasc. 37), p. 63, n. 4.
10. Cassiodore, *Variae*, VIII, 2: "quoniam quaevis claritas generis Hamalis cedit, et sicut ex vobis qui nascitur, origo senatoria nuncupatur, ita qui ex hac familia progreditur, regno dignissimus approbatur". IX, I: "Hamali sanguinis purpuream dignitatem".
11. É o que os historiadores alemães exprimem ao opor o *Geblütsrecht* ao *Erbrecht*.
12. Procópio, *De Bello Gothico*, II, 15. Cf. Kern, *Gottesgnadentum*, p. 22. Segundo Procópio, os hérulos estabelecidos em Thule são um grupo vindo tardiamente da região do mar Negro, na qual o povo hérulo teria vivido "desde tempos imemoriais" (II, 14); trata-se de erro evidente e unanimemente rejeitado.

Supunha-se que esses reis realmente divinos possuíssem certo poder sobre a natureza. Segundo uma concepção que se encontra em muitos outros povos (ela se desenvolveu com força particular no seio das sociedades chinesas), eram considerados responsáveis pela ordem das coisas. O rei da Noruega, Halfdan, o Negro, diz a lenda recolhida no século XIII na *Heimskringla*, havia sido, "de todos os reis[,] aquele que teve maior felicidade nas colheitas"; quando morreu, seu cadáver, em vez de ser enterrado num só lugar, foi recortado em quatro, e cada pedaço enterrado sob uma colina em cada um dos quatro principais distritos do país, pois "a posse do corpo" — ou de um de seus fragmentos — "parecia àqueles que o obtinham uma esperança de boas colheitas".[13] Um príncipe excelente, ainda acreditavam os dinamarqueses do século XII, pode, tocando as crianças e os trigos, proporcionar aos homens uma bela progenitura e belas colheitas.[14] Por vezes, quando a colheita faltava, depunha-se o rei. Essa era, em semelhante caso, segundo testemunho de Amiano Marcelino, a sorte dos reis burgúndios; o próprio historiador romano, com sua inteligência ordinária, nos convidou a relacionar esse costume às tradições do velho Egito, pátria clássica da realeza sagrada. O mesmo uso parece ter estado em vigor na Suécia pagã.[15]

---

13. *Heimskringla*, ed. Finnur Jonsson, I, *Halfdana Saga Svarta*, K, 9. Para a tradução desse texto, e daqueles de mesma fonte que serão citados mais adiante, devo muito ao auxílio que me prestou meu colega Maurice Cahen.
14. É o que se depreende de uma passagem do historiador dinamarquês Saxão Gramático (liv. XIV, ed. Holder-Egger. Estrasburgo, 1885, p. 537). De acordo com esse texto, quando Valdemar I, da Dinarmarca, atravessou a Alemanha em 1164 para dirigir-se à dieta de Dole, as mães lhe teriam trazido seus filhos, e os camponeses, seus trigos, para que ele os tocasse, esperando com isso obter, tanto para uns como para outros, um crescimento feliz. Assim, até mesmo no exterior se teria acreditado no poder maravilhoso de Valdemar: exagero manifesto, cujo peso o chauvinismo de Saxão Gramático deve carregar inteiramente. Essa historieta, no entanto, é bastante instrutiva. Ela nos informa, não sobre o estado de espírito dos alemães, mas sobre o dos dinamarqueses. Para louvar um rei de seu país, o que imaginou Saxão? Que os povos vizinhos recorriam, eles mesmos, à mão sagrada do príncipe. Provavelmente, por parte de seus compatriotas, semelhante gesto lhe terá parecido demasiado banal para merecer ser mencionado. Ele decerto não inventou a crença que descreve: de onde teria tirado a ideia? Deve-se supor que, para efeito do relato, ele simplesmente a mudou de país. Talvez partilhasse dela; fala a seu respeito com evidente simpatia, embora, sem dúvida por respeito às doutrinas da Igreja, não tenha pensado poder abster-se de indicar que ela possuía um caráter supersticioso: "Nec minus supersticiosi agrestes...".
15. Marcelino, XXVIII, 14: "Apud hos generali nomine rex appellatur Hendinos, et ritu ueteri potestate deposita remouetur, si sub eo fortuna titubauerit belli, vel segetum copia negauerit terra, ut soient Aegyptii casus eiusmodi suis adsignare rectoribus". No que diz respeito à Suécia, *Heimskringla*, I, *Ynglinga*, K. 15 e 43: observem na segunda dessas

Senhores dos anos abundantes, os reis germânicos estendiam seu poder também às doenças? A *Heimskringla*, redigida, como eu lembrava há pouco, somente no século XIII, na Islândia, pelo sacerdote Snorri Sturluson, atribui algumas curas ao rei Olavo, filho de Haroldo, que reinou na Noruega no início do século XI.[16] Mas Olavo, ou Santo Olavo, era um santo do cristianismo; os milagres que lhe atribui a *Saga* islandesa talvez não sejam mais do que o eco de um tema hagiográfico. Nossos textos são certamente demasiado pobres para nos permitirem afirmar que nenhum povo germânico jamais viu em seu rei um médico; é melhor permanecer, a esse respeito, na dúvida que uma sábia prudência ordena. Não obstante, deve-se observar que, na sociologia comparada, à qual, na ausência de documentos, será sempre tentador recorrer, nada nos obriga a admitir que, na antiga Germânia, os reis, por serem dotados de virtude divina, fossem todos ou mesmo na sua maioria curadores; pois os reis curadores parecem com efeito ter sido, sempre e em todo lugar, bastante raros. Essa é, pelo menos, a impressão que dão as obras de Sir James Frazer; os exemplos dessa forma de magia real que se encontram repertoriados nas grandes compilações são bem pouco numerosos; neles, chefes oualos do Senegal e polinésios das Ilhas Tonga ressurgem incessantemente como figurantes de teatro que, girando sempre em volta das mesmas vigas, representam a imagem

---

passagens o surgimento da ideia de acordo com a qual as más colheitas se deveriam, não à ausência no rei desse poder misterioso, dessa *quasi-fortuna* de que fala Jordanes, mas a uma infração precisa por ele cometida (negligência no cumprimento dos sacrifícios); trata-se de um início de interpretação racionalista, deformando uma velha crença. Superstições análogas entre os primitivos; há sobre esse assunto uma literatura abundante. Ver, por último, L. Levy-Bruhl, *La mentalité primitive*, 1922, p. 366 ss.
16. *Heimskringla*, II, *Olafs Saga Helga Konungs*, II, K. 155 e 189. Olavo morreu em 1030. W. Ebstein, *Zur Geschichte der Krankenbehandlung; Janus*, 1910, p. 224, tirou proveito desses textos (no segundo deles, vê-se Olavo curar um garotinho de um tumor no *pescoço*) para atribuir ao toque da escrófula uma origem escandinava: o uso teria, dos países do Norte, passado para a Inglaterra (sob Eduardo), e desta para a França. Essa teoria com certeza não necessita ser longamente refutada. Bastará relembrar as datas: o poder curativo de Olavo é atestado somente por um documento do século XIII, sem que, de resto, nada permita acreditar no exercício, pelos reis da Noruega, de um dom dinástico; os milagres de Santo Eduardo são conhecidos unicamente por intermédio de um texto do início do século XII, muito suspeito sob todos os aspectos; na França, o rito sem dúvida esteve em vigor desde a segunda metade do século XI (Filipe I), e muito provavelmente a virtude taumatúrgica dos príncipes remonta ao final do século X, isto é, a uma época anterior, não somente à *Saga* à qual devemos o relato das curas operadas por Santo Olavo, mas ao próprio reinado desse monarca, assim como ao de Santo Eduardo.

de um desfile de exército.[17] Não há, na verdade, nada de muito surpreendente nessa penúria. A força milagrosa atribuída aos reis pelos "primitivos" é ordinariamente concebida como empregada para fins coletivos, destinados a proporcionar o bem-estar do grupo inteiro, e não a propósitos individuais; seu papel consiste em fazer cair a chuva ou garantir a regularidade das colheitas, muito mais do que aliviar misérias particulares; e sabe-se com efeito que seria fácil preencher páginas com os casos de chefes "fazedores de chuva" fornecidos pelos repertórios etnográficos. Assim, talvez se explique que o rito do toque, que nos interessa aqui, se tenha desenvolvido mais facilmente em sociedades em que a religião proibia atribuir aos reis uma influência sobre os grandes fenômenos cósmicos que comandavam a vida das nações.

Uma revolução religiosa desferiu, com efeito, um golpe rude na antiga concepção da realeza sagrada, tal como se vira esta florescer entre os germânicos; o advento do cristianismo a privou de seu amparo natural: o paganismo nacional. Os reis subsistiram ao título de chefes de Estado; por um momento, após as invasões, seu poder político foi mais forte do que nunca; mas eles deixaram, pelo menos oficialmente, de passar por personagens divinas. As velhas ideias certamente não desapareceram de uma vez só. É provável que tenham continuado a viver, de maneira mais ou menos oculta, na consciência popular. Nossos textos permitem identificar alguns vestígios; encontraríamos provavelmente muitos outros se nossos documentos não fossem todos de proveniência eclesiástica e, por conseguinte, sobre esse ponto, hostis ao passado.[18]

---

17. Podem-se acrescentar algumas famílias nobres da Arábia, cujo poder curativo, especializado nas curas da raiva, parece remontar ao período pré-islâmico: cf. abaixo, p. 88, n. 66. No que concerne à antiguidade clássica, os textos são obscuros. Uma passagem de Plutarco, *Pirro*, c. III, nos ensina que se atribuía a Pirro o dom da cura, encontrando-se, nele, a sede dessa virtude maravilhosa situada no hálux; mas nada indica que ele partilhasse tal privilégio com os demais reis do Épiro; talvez estejamos aqui diante de um caso análogo ao do merovíngio Gontrão: aplicação própria a um indivíduo particularmente ilustre — mas não a toda uma raça — da crença geral no caráter mágico da realeza. Ademais, duas doenças, a lepra e a icterícia, aparecem nos textos antigos qualificadas como *morbus regius* (referências, notadamente, em Law Hussey, *On the Cure of Scrofulous Diseases*, p. 188), sem que seja possível, de maneira alguma, determinar se essa apelação tinha, em suas origens, alguma relação com um "milagre" régio.

18. Limito-me aqui às sobrevivências certas. Outras foram invocadas. De acordo com alguns historiadores (por exemplo, Grimm, *Deutsche Rechtsaltertümer*, 4. ed., I, p. 314 ss., e Munro Chadwick, loc. cit.), as carroças puxadas por bois, sobre as quais Einhard nos mostra os últimos merovíngios, seriam sagradas, análogas àquelas que serviam, segundo Tácito (*Germ.*, 40), às procissões da deusa Nerto; hipótese talvez sedutora, mas, afinal, pura hipótese. Uma lenda, atestada pela primeira vez pelo pseudo-Fredegário (III, c. 9),

A longa cabeleira que formava o atributo tradicional da dinastia franca (todos os demais homens livres, tão logo atingissem a idade adulta, mantinham os cabelos curtos) sem dúvida foi, na origem, um símbolo de ordem sobrenatural; ou melhor, aqueles cabelos nunca cortados devem ter sido primitivamente concebidos como a própria sede do poder maravilhoso que se reconhecia nos filhos da raça eleita; os *reges criniti* [reis de cabelos longos] constituíam outros tantos Sansões. Tal costume, muito antigamente atestado, durou tanto quanto os merovíngios, sem, aliás, que possamos saber se, pelo menos no seio do povo, um valor mágico continuou sendo a ele atribuído até o fim.[19] Muitas personagens pertencentes às casas reais anglo-saxônicas foram, após sua morte, veneradas como santas; o mesmo se deu, embora em menor número,

---

faz de Meroveu o filho de um monstro marinho: vestígio de um velho mito pagão? Ou então pura lenda etimológica, cujo princípio seria um trocadilho, nascido na Gália, a partir do nome Meroveu? Quem um dia saberá? É preciso ser prudente. Permitam-me indicar aqui um exemplo divertido dos excessos nos quais correm o risco de cair os folcloristas excessivamente ardentes. Lê-se em Grimm, op. cit., I, p. 339, a seguinte frase, que encontra amparo numa referência ao poema provençal de Ferrabrás: "Der könig, der ein pferd tödtet, hat kein recht im reich". Seria por acaso um "tabu"? Reportemo-nos aos textos. Ferrabrás é um rei pagão, mas um valente cavaleiro. Ele combate Oliveiros. Por acidente, mata o cavalo de seu inimigo: grave infração às regras dos duelos corteses; não há nada mais feio do que triunfar sobre um adversário privando-o de sua montaria. Daí as reprimendas de Oliveiros: um rei que faz semelhante coisa não merece mais reinar: "rey que caval auci non a dreg em regnat", diz o texto provençal citado por Grimm (I. Bekker, *Der Roman von Fierabras*. Berlim, 1829, v. 1.388); "Rois ki ceval ocist n'a droit em ireté", diz o poema francês (ed. Guessard em *Les Anciens poètes de la France*, 1860, v. 1.119). Ferrabrás desce então do cavalo; os dois heróis se encontram em pé de igualdade e o combate pode prosseguir sem incorreção. O verso que acabo de citar, se isolado de seu contexto, parece trazer a mais curiosa das informações sobre a magia real; foi de fato assim que Grimm o compreendeu; mas leiamos a cena inteira: já não encontraremos mais do que indicações bastante banais sobre a esgrima cavaleiresca.

19. Os testemunhos mais antigos são certamente aqueles dados por Claudiano IV, *Consul. Honor.*, 446; *Laud. Stilic.*, I, 203; Ávito, carta a Clóvis a respeito de seu batismo; ed. Ulysse Chevalier, *Oeuvres de St. Avit*. Lyon, 1890, ep. XXXVIII, p. 192; Prisco, Ιστορία Γοθίχη, c. 16. O cadáver de Clodomiro, no campo de batalha de Veserúncia, foi reconhecido por seus longos cabelos, "honra da raça real": ver a curiosíssima passagem de Agátias, *Histor.* I, c. 3. O costume que impunha aos francos adultos o uso dos cabelos rentes é atestado por Gregório de Tours, *Histor.*, III, 18. Não me cabe procurar aqui se em outros povos germânicos a cabeleira longa foi igualmente uma insígnia real. É, pelo menos, certo que, entre alguns deles, o privilégio de ostentá-la era comum a todos os homens livres: sobre os suevos, no tempo de Tácito, *Germ.*, XXXVIII; sobre os godos, F. Dahn, *Die Könige der Germanen*, III, p. 26. Sobre o valor mágico dos cabelos longos, cf. J. Frazer, *Folk-lore in the Old Testament*, II. Londres, 1919, p. 480 ss.

com os merovíngios; isso não ocorreu, longe disso, porque essas linhagens eram particularmente fecundas em virtudes religiosas ou privadas; mas se levavam comumente aos altares os membros de famílias que eram habitualmente consideradas sagradas.[20] Com Dagoberto, a dinastia merovíngia caiu na impotência; no entanto, esses reis, simples fantoches, continuaram a reinar nominalmente por mais de um século e meio. O primeiro golpe de Estado contra eles, o de Grimoaldo, fracassou miseravelmente. O próprio Carlos Martel acreditou ser forte o bastante para suprimir, por um tempo, a realeza, mas não para usurpar o título real. Esse fracasso e essa prudente abstenção podem ser explicados em parte pelas rivalidades dos grandes, porém somente em parte; é preciso de fato acreditar que a raça legítima conservava em seu rebaixamento uma espécie de prestígio. Comparou-se, por vezes, a situação dos descendentes de Clóvis, reduzidos pelos mordomos do palácio[21] a uma existência absolutamente representativa, ao que foi, no Japão antigo, a vida dos micados junto aos xoguns; guardadas as devidas proporções, é com efeito verossímil que os príncipes francos, assim como os imperadores japoneses, tenham sido por muito tempo protegidos, senão por sua natureza sagrada, pelo menos em razão das obscuras recordações que seu antigo papel deixara nas mentes. No entanto, se nos ativermos às aparências oficiais, os reis francos ou ingleses, até o século VIII, eram apenas cristãos como os outros e, se pudermos assim nos expressar, leigos puros. Nenhuma cerimônia eclesiástica consagrava seu advento, cujas solenidades eram, aliás, regulamentadas somente por um costume bastante volúvel. Nenhuma marca religiosa particular vinha marcar-lhes a fronte.[22]

---

20. O mesmo fato foi observado, no caso de Bizâncio, por Bréhier (no livro indicado abaixo, p. 68, n. 23), p. 72: "Outro fato significativo (da sobrevivência do culto imperial) é a frequência das canonizações imperiais".
21. Em alguns reinos medievais europeus, em especial os francos, o mordomo do palácio era um altíssimo dignitário responsável pela administração da casa real, exercendo poderes amplos na administração do reino. (N. T.)
22. Os textos relativos ao cerimonial do advento, nas dinastias bárbaras, encontram-se comodamente reunidos e inteligentemente comentados em W. Schueking, *Der Regierungsantritt*. Leipzig, 1889. Em resumo, entre os merovíngios, a tomada do poder pelo novo rei foi acompanhada de práticas diversas, variáveis, que não parecem ter sido agrupadas e fixadas num ritual coordenado: erguimento sobre o escudo, investidura pela lança, excursão solene pelo reino... Todas essas práticas possuem um caráter comum; elas permanecem estritamente laicas (na medida em que as consideramos esvaziadas de seu caráter religioso antigo, que era pagão); a Igreja não intervém nelas. Cf., para uma opinião recente, em sentido contrário, de Dom Germain Morin, abaixo, "Apêndice III", p. 443.

Àqueles, dentre os soberanos germânicos, que, assim como os merovíngios, se encontraram, após as invasões, reinando sobre um país profundamente romanizado, a tradição do povo conquistado oferecia todos os esplendores da religião imperial. Por ali também, o cristianismo passara; mas, embora tivesse, aos poucos, modificado algumas fórmulas, pouco alterara o núcleo das coisas; em Bizâncio, a religião imperial duraria quase tanto quanto o Império.[23] Conhecemos suas pompas oficiais; entretanto percebemos mal o domínio real que ela podia exercer sobre as almas. Alguns imperadores passaram por taumaturgos: Vespasiano, proclamado no Oriente, em um meio carregado de esperanças messiânicas, fez algumas curas, mas isso se deu em Alexandria, numa terra havia milênios acostumada a venerar seus chefes como deuses; além disso, suspeitava-se que os sacerdotes do Serapeu, cuja destreza é certa, teriam tramado essas manifestações milagrosas; Adriano, dizia-se, curara uma cega.[24] Esses são exemplos isolados. Nunca saberemos se a crença no caráter divino dos imperadores era forte o suficiente para que se concebesse correntemente, na massa, seu poder miraculoso como de fato atuante. Mas não se poderia duvidar que a religião imperial foi um maravilhoso instrumento de reinado. Os bárbaros o abandonaram.[25] Da mesma forma, os merovíngios não se apresentaram como sucessores do Império. Clóvis, é verdade — segundo Gregório de Tours, cujo testemunho não me parece deva ser rejeitado —, ao mesmo tempo que aceitou uma magistratura das mãos do soberano de Bizâncio, assumira, por uma espécie de usurpação, o nome de Augusto.[26] Seus descendentes não restabeleceram o título. No

---

23. Ver Louis Bréhier e Pierre Batiffol, *Les Survivances du culte imperial romain*, 1920; particularmente p. 35, 43 e 59; cf. a resenha de J. Ebersolt, *Moyen âge*, 1920, p. 286.
24. Sobre Vespasiano, ver Tácito, *Hist*. IV, 81; Suetônio, *Vesp.*, 7; Dião Cássio, LXVI, 8. Sobre Adriano, *Vita Hadriani*, c. 25. Cf. Otto Weinreich, *Antike Heilungswunder* (Religionsgeschichtliche Versuche, VIII, 1) e Giessen, 1909, p. 66, 68 e 75; H. Dieterich, *Archiv. fur Religionswissensch.*, VIII, 1905, p. 500, n. 1. Sobre Vespasiano e o messianismo, ver as belas páginas de Renan, *L'Antéchrist*, cap. IX.
25. Batiffol (op. cit., p. 17, n. 2) observa justamente que reencontramos no reino ostrogodo da Itália vestígios do culto imperial; sob Teodorico, adorava-se a púrpura: Cassiodoro, *Variae*, XI, 20 e 31. Mas o reino de Teodorico se encontrava, do ponto de vista do direito político, numa situação incerta; ele ainda fazia, pelo menos teoricamente, parte do Império; é na condição de magistrados imperiais que os *primiscrinii* e *primicerii*, mencionados nas fórmulas de Cassiodoro, realizavam os ritos tradicionais.
26. Sem querer entrar, acerca desse ponto, em uma discussão que careceria aqui absolutamente de propósito, será suficiente observar que uma inscrição italiana confere a Teodorico — a respeito de quem não se poderia duvidar ter sido *magister militum*, isto

entanto, eles poderiam ter se sentido mais livres do que ele em relação ao Augusto das margens do Bósforo; as conquistas de Justiniano, reintroduzindo no Ocidente as armas "romanas", fizeram com que os reis francos se livrassem definitivamente de toda dependência em relação aos antigos senhores do mundo; eles haviam de fato consentido, até então, em aceitar a supremacia imprecisa de um imperador longínquo; não queriam permanecer presos por um laço de sujeição, por mais vago que fosse, a um vizinho demasiado próximo e demasiado ameaçador. Porém, ao mesmo tempo que afirmavam sua autonomia — sobretudo pela cunhagem de moedas com seu nome —, eles se abstiveram, fosse por um resquício de respeito, fosse por indiferença, de tomar qualquer coisa da titulatura antiga, tão rica em termos que evocavam o caráter sagrado do príncipe. O culto imperial desapareceu na Gália simultaneamente à dominação de Roma. Pode-se supor, quando muito, que os hábitos de pensamento que ele alimentara, a saber certa tendência a confundir as categorias do político e do divino, não pereceram de todo com ele.

Mais tarde, Carlos Magno restabeleceu o vínculo com a tradição romana. O Império ressuscitou.[27] Mas foi um Império inteiramente cristão. A religião imperial, pagã em sua essência, interrompida, ademais, por uma longa prescrição, não podia renascer com ele. Em Bizâncio, os imperadores não haviam deixado de qualificar-se como divinos; Carlos Magno, ou aquele de seus conselheiros que redigiu em seu nome o prefácio dos *Libri Carolini*, não se privou de condená-los, do alto de sua ortodoxia,[28] por seu orgulho. Não obstante, naquela época, ressurgiram algumas expressões mais inofensivas, extraídas

---

é, funcionário imperial — o título de *"semper augustus"*: C. I. L., X, 6851. O costume não proibia, portanto, em região romanizada submetida aos bárbaros, semelhantes confusões de linguagem. Resta, é evidente, mais de um ponto obscuro — particularmente no que concerne ao título preciso atribuído a Clóvis pelo imperador Anastásio — no texto de Gregório de Tours.

27. Sobre as teorias político-religiosas da época carolíngia, uma compilação útil de referências e indicações inteligentes pode ser encontrada em H. Lilienfein, *Die Anschauungen von Staat und Kirche im Reiche der Karolinger*; *Heidelb. Abh. zur mittleren und neueren Gesch.*, 1. Heidelberg, 1902; infelizmente, o autor tende a explicar tudo pela antítese do "romanismo" e do "germanismo". Quando decidiremos deixar de lado essa dicotomia pueril? Extraí pouca coisa de W. Ohr, *Der karolingische Gottesstaat in Theorie und in Praxis*. Leipzig, 1902.

28. I, I, 3; Migne, *P. L.*, t. 98, col. 1.014 e 1.015. Muito mais tarde, Frederico Barba-Ruiva, que teria, no entanto, tido a esse respeito muitas coisas a lamentar, não temeu condenar, por sua vez, o emprego da palavra *santo* aplicada ao imperador bizantino. Ver Tageno de Passau em *Monum. Germ.*, SS., XVII, p. 510, linha 51 ss.

da linguagem obsequiosa do Baixo Império; falou-se mais uma vez dos sacros imperadores, do sacríssimo augusto, do sacro palácio;[29] não teria o próprio Incmaro, tão preocupado, no entanto, em negar aos soberanos temporais qualquer caráter sacerdotal, fraquejado um dia ao ponto de escrever: os "sacros olhos" do imperador?[30] Mas esse vocabulário, que, de resto, pelo menos na França, pouco sobreviveu à era carolíngia,[31] não deve provocar nenhuma ilusão. Já em Roma ele se despojara progressivamente de seu valor original; tais fórmulas de piedade tinham praticamente se transformado em meras fórmulas de polidez. Nos escritores do século IX, elas revelam, em resumo, somente uma familiaridade com os textos latinos; ou então, se sob essas palavras de aparência antiga os contemporâneos dos primeiros imperadores introduziam, por vezes, um sentido pleno, foi porque pensavam não no velho culto superado outrora exprimido em semelhantes termos, mas em um cerimonial jovem e autenticamente cristão. Sagrados, os soberanos do Ocidente voltavam a sê-lo, oficialmente, graças a uma nova instituição: a consagração eclesiástica do advento e, mais particularmente, seu rito fundamental, a unção. Esta apareceu, como veremos, nos reinos bárbaros nos séculos VII e VIII. Em Bizâncio, ao contrário, ela não se introduziu senão muito tarde e por uma imitação evidente dos costumes estrangeiros. No tempo de Carlos Magno, as pessoas daquele lugar zombavam comumente desse gesto que não compreendiam; contavam, provavelmente por escárnio, que o papa ungira o imperador franco "da cabeça aos pés".[32] Os historiadores por vezes se perguntaram de onde veio essa diferença entre as pompas

---

29. E. Eichmann, no *Festschrift G. v. Hertling dargebracht*, p. 268, n. 3, cita alguns exemplos; poderíamos acrescentar muitos outros; bastará remeter aos índices remissivos das *Capitularia regum Francorum* e das *Concilia* nas edições das *Monum. Germ.*; cf. também Sedúlio Escoto, *Liber de rectoribus christianis*, c. 9, ed. S. Hellmann (*Quellen und Unters. zur latein. Philologie des Mittelalters,* I, 1), p. 47; Pascásio Radberto, *Epitaphium Arsenii*, 1. II, c. 9 e 16, d. Duemmler (*Kgl. Preussische Akademie, Phil.-hist. Klasse, Abhandl.*, 1900, II), p. 71 e 85.
30. *De ordine palatii*, c. XXXIV, ed. Prou (*Bibl. Éc. Hautes Etudes*, fasc. 58), p. 90: "in sacris ejus obtutibus". Sabe-se que esse tratado de Incmaro é somente a reelaboração de uma obra anterior composta por Adelardo de Corbie e hoje perdida. A expressão que acabo de recuperar conviria melhor às ideias de Adelardo do que às de Incmaro; talvez este último a tivesse tirado de sua fonte.
31. Nós o encontramos em uso na Alemanha na época dos imperadores saxões: Waitz, *Verfassungsgeschichte*, 2. ed., VI, p. 155, n. 5; e, evidentemente, ele se viu novamente em voga sob os Hohenstaufen: cf. Max Pomtow, *Ueber den Einfluss der altromischen Vorstellungen vom Staat auf die Politik Kaiser Friedrichs*, I. Halle, 1885, particularmente p. 39 e 61. Ver também, aqui, p. 340-341.
32. Ver, aqui, p. 446-447; sobre a controvérsia relativa à introdução da unção em Bizâncio, ver p. 455.

monárquicas do Ocidente e do Oriente. A razão para isso me parece clara. Ali, a religião imperial, ainda vivaz na Roma do Leste, tornava inútil o novo rito.

Em suma, nos reinos resultantes das invasões, uma massa de lembranças, de origens diversas, germânica ou romano-oriental, mantinha em torno da realeza uma atmosfera de veneração quase religiosa; mas nenhuma instituição regular dava corpo a esse sentimento vago. Foi a Bíblia que forneceu, afinal, o meio de reintegrar na legalidade cristã a realeza sagrada das velhas eras. Ela ofereceu, a princípio, comparações úteis. No capítulo XIV de Gênesis, lia-se como Abraão recebeu o pão e o vinho das mãos de Melquisedeque, ao mesmo tempo rei de Salem e sacrificador do Deus forte:[33] episódio misterioso que, ainda, os exegetas têm dificuldade em explicar. Os primeiros comentadores se livraram dessa situação atribuindo-lhe um sentido simbólico: Melquisedeque foi uma figura do Cristo; é por isso que o vemos representado em tantas catedrais. Mas essa aparição enigmática também tentaria os apologistas da realeza. Esse sacerdote-rei recuava para um passado prestigioso o ideal daqueles que reconheciam nos reis um caráter sobre-humano; na época da grande controvérsia do Sacerdócio e do Império, nos séculos XI e XII, Melquisedeque — *São* Melquisedeque, como diz o sacramentário carolíngio de Santo Amândio[34] — esteve em voga. Pôde-se invocar seu exemplo desde a época merovíngia. Fortunato dizia, a respeito de Quildeberto: "Nosso Melquisedeque, [que denominamos] a justo título rei e sacerdote, leigo, completou a obra da religião".[35]

Mas o Antigo Testamento não era somente uma fonte de símbolos; ele forneceu o modelo de uma instituição muito concreta. No velho mundo oriental, os reis, é claro, passavam por personagens sagradas. Ali, seu caráter sobrenatural se marcava, em muitos povos, por uma cerimônia cujo sentido era claro: eles

---

33. *Gen.*, XIV, 18; cf. *Salmos*, CIX, 4; o papel simbólico de Melquisedeque já se encontra abundantemente evidenciado na *Epístola aos Hebreus*.
34. *Mémoires de l'Acad. des Inscriptions*, XXXII, I, p. 361.
35. Ibidem, II, p. 10: "Melchisedek noster, merito rex atque sacerdos Compte vit laicus religionis opus". Pode-se ver, a respeito do papel iconográfico de Melquisedeque, nos primórdios da Idade Média, um artigo de F. Kern, *Der Rex und Sacerdos in biblischer Darstellung; Forschungen und Versuche zur Gesch. des Mittelalters und der Neuzeit, Festschrift Dietrich Schäfel... dargebracht.* Jena, 1915. A palavra *sacerdos* aplicada a um soberano leigo lembra certas fórmulas de adulação oficial cujos vestígios encontramos, no século V, em Bizâncio, e às quais a própria chancelaria pontifical, por volta da mesma época, não desdenhava recorrer, ao se dirigir ao imperador; cf., aqui, p. 183, n. 4, e, sobretudo, p. 337-338. Mas, entre os versos de Fortunato e a linguagem que comumente se empregava, mais de cem anos antes, para com Teodósio II, Marciano ou Leão I, não há outro vínculo além dos hábitos de espírito comuns implantados nas almas por séculos de religião imperial.

eram, por ocasião de seu advento, ungidos em certas partes do corpo com um óleo previamente santificado. As tabuinhas de Tell-el-Amarna preservaram para nós a carta que um dinasta da Síria, Adu Nirari, enviou, por volta do ano 1500 a.C., ao faraó Amenófis IV, para lembrá-lo do dia em que "Manahbiria, o rei do Egito, teu avô, fez, de Taku, meu avô, rei em Nouhassché e espalhou o óleo sobre sua cabeça". No dia em que se constituirá, sobre a sagração de nossos reis, a compilação de documentos que ainda nos falta, a transcrição desse venerável pedaço de argila poderá encabeçar a obra: pois foi por meio dessas antigas civilizações sírias ou cananeias, com as quais os cristãos dos séculos VII e VIII se tornaram tão estranhamente familiares pela leitura da Bíblia, que a unção real chegou até nós. Os filhos de Israel, entre outros, a praticavam. De resto, entre eles, assim como provavelmente ao seu redor, a unção não era própria dos reis. Ela ocupava um lugar de primeira ordem em todo o cerimonial hebraico; constituía o procedimento normal para transferir um homem ou um objeto da categoria de profano à de sagrado.[36] Nessa aplicação geral, os cristãos recorreram mais uma vez à Antiga Lei. Desde cedo, ela desempenhou um papel importante no ritual do culto novo, sobretudo no Ocidente e, mais particularmente, nas regiões de rito galicano: Espanha, Gália, Grã-Bretanha, Itália do Norte. Ali, ela servia especialmente à confirmação dos catecúmenos, à ordenação dos padres e dos bispos.[37] A ideia de retomar, em sua integralidade, os velhos costumes israelitas, de passar da unção catecumênica ou sacerdotal

---

36. Texto da carta de Adu Nirari, J. A. Knudtzon, *Die El-Amarna Tafeln*. Leipzig, 1915, I, n. 51, cf. II, p. 1.103, e também p. 1.073. Sobre a unção no culto hebraico, podem-se ver, entre outros, T. K. Cheyne e J. Sutherland Black, *Encyclopaedia biblica*, no verbete *Anointing*. A carta de Adu Nirari conduz naturalmente a perguntar se a unção real era praticada no Egito Antigo. Sobre esse assunto, meu colega, Montet, fez a gentileza de escrever-me o seguinte: "No Egito, em todas as cerimônias, começa-se por lavar o herói da festa, deus, rei ou defunto; em seguida, ele é ungido com um óleo perfumado... Depois, tem início a cerimônia propriamente dita. Na festa de coroamento, as coisas não ocorrem de outra forma: primeiro, as purificações e unções; então, entregam-se ao herdeiro do trono suas insígnias. Não é, portanto, a unção que transforma esse herdeiro, esse candidato real, em faraó, senhor das Duas Terras". A tabuinha de Tell el-Amarna parece de fato fazer alusão a um rito no qual a unção desempenhava um papel mais importante, certamente a um rito sírio, ao qual o faraó consagrado talvez se tenha dobrado.
37. L. Duchesne, *Origines du culte chrétien*, 5. ed., 1920; cf. *Liber Pontificalis*, II, in-4º, 1892, p. 38, n. 35. Sobre o caráter da unção dada aos catecúmenos, no rito galicano — a unção que Clóvis recebeu em Reims — levantou-se entre liturgistas, ou, antes, entre teólogos, uma controvérsia que não nos interessa aqui: ver os artigos de Dom de Puniet e de R. P. Galtier, *Revue des questions historiques*, t. 72 (1903), e *Rev. D'histoire ecclésiastique*, XIII (1912).

à unção real naturalmente viria às mentes; o exemplo de Davi e de Salomão permitia restituir aos reis, de maneira cristã, seu caráter sagrado.[38]

A nova instituição tomou forma, primeiramente, no reino visigótico da Espanha, onde, desde o desaparecimento do arianismo, a Igreja e a dinastia viviam numa união bastante íntima; ali, ela apareceu no século VII. Em seguida, algo semelhante ocorreu no Estado franco.

Ungidos, a título de rei, os merovíngios nunca haviam sido; Clóvis, como mal é preciso relembrar, não mais do que os outros; a única unção que ele recebeu foi aquela que o rito galicano impunha aos catecúmenos. A lenda, como teremos a ocasião de ver, fez tardiamente da cerimônia realizada em Reims por São Remígio a primeira sagração real; foi, na verdade, um simples batismo. Entretanto, em 751, quando, saltando o passo que seu pai Carlos Martel não ousara dar, Pepino decidiu atirar no convento os últimos descendentes de Clóvis e tomar para si mesmo, com o poder, as honras reais, ele sentiu a necessidade de colorir sua usurpação com uma espécie de prestígio religioso. Os antigos reis certamente nunca haviam deixado de passar, aos olhos de seus fiéis, por personagens muito superiores ao resto do povo; mas eles deviam a vaga auréola mística que os envolvia unicamente ao império exercido sobre a consciência coletiva por reminiscências obscuras que datavam dos tempos pagãos. A nova dinastia, ao contrário, raça autenticamente santa, iria dever sua consagração a um ato preciso, justificado pela Bíblia, e plenamente cristão. Os teólogos, na Gália, estavam todos preparados para aceitar essa ressurreição de uma prática judaica; pois a tendência, entre eles, era então favorável ao Antigo Testamento; em parte como consequência de influências irlandesas, as leis mosaicas penetravam na disciplina eclesiástica.[39] Foi assim que Pepino se tornou o primeiro dos reis da França a receber, a exemplo dos chefes hebreus, a unção da mão dos padres. "É manifesto", ele diz orgulhosamente em um de seus diplomas, "que,

---

38. Sobre tudo o que diz respeito aos primórdios da unção real, ver referências e discussões no "Apêndice III", p. 443.
39. Cf. P. Fournier, "Le Liber ex lege Moysi et les tendances bibliques du droit canonique irlandais"; *Revue celtique*, XXX (1909), p. 231 ss. Pode-se observar que a comparação do rei com Davi e Salomão é o lugar-comum de todos os rituais da sagração. Os papas, por sua vez, a empregam correntemente em sua correspondência com os soberanos francos: ver alguns exemplos reunidos em *Epistolae aevi carolini* (*Monum. Germ.*), III, p. 505, n. 2; cf. também E. Eichmann em *Festschrift G. von Hertling dargebracht*, p. 268, n. 10. Não tinha Carlos Magno, para seus familiares, o apelido de Davi? Deve-se relacionar a história da unção real com a do dízimo; essa instituição foi, ela também, extraída do código mosaico; ela permanecera por muito tempo no estado de simples obrigação religiosa, sancionada unicamente por penas eclesiásticas; Pepino lhe deu força de lei.

pela unção, a divina Providência nos elevou ao trono."[40] Seus sucessores não deixaram de seguir seu exemplo. Também por volta do final do século VIII, o mesmo rito se implantou na Inglaterra, imitando provavelmente o que acabava de ocorrer na região franca. Ele se generalizou pouco depois em quase toda a Europa Ocidental.

Ao mesmo tempo, um segundo rito, de origem diferente, se unia a ele. Em 25 de dezembro de 800, na Basílica de São Pedro, o papa Leão III colocara sobre a cabeça de Carlos Magno, ao proclamá-lo imperador, uma "coroa"; era certamente um círculo de ouro, igual àquele que, em volta da testa dos soberanos bizantinos, já substituía, havia vários séculos, o diadema, fita de tecido ornamentada com pérolas e pedras preciosas que Constantino e seus sucessores imediatos ostentaram. Coroa e diadema, tomadas pelos imperadores das monarquias orientais — no caso do diadema, provavelmente da monarquia persa —, possuíam na origem, como não se poderia duvidar, uma virtude religiosa; porém, aos olhos de um cristão, na época de Carlos Magno, a coroa não tinha outro caráter sagrado além daquele que ela recebia das mãos que a entregavam ao príncipe — em Bizâncio, as do patriarca, em Roma, as do papa —, assim como do ritual eclesiástico de que se cercava então o prelado. Ungido no passado como rei, Carlos Magno não o foi novamente como imperador. Pela primeira vez, em 816, em Reims, seu filho Luís, o Piedoso, recebeu, a título imperial, do papa Estêvão IV, a impressão do óleo benzido, além da coroa. Desse momento em diante, os dois gestos se tornaram praticamente inseparáveis. Foi preciso realizar ambos para consagrar um imperador, e logo também para consagrar um rei. Desde a época de Carlos, o Calvo, na França, e desde o século IX na Inglaterra, vê-se o rei sucessivamente ungido e coroado. Em torno dos dois ritos fundamentais desenvolveu-se rapidamente, em todos os países, amplo cerimonial. Muito prontamente, as insígnias reais entregues ao novo soberano se multiplicaram. Sob Carlos, o Calvo, o cetro já aparece ao lado da coroa; o mesmo ocorre nos mais velhos textos litúrgicos ingleses. Esses emblemas, na sua maioria, eram antigos; a inovação consistiu em reservar-lhes um papel nas pompas religiosas do advento. Em suma, a solenidade sempre foi, em parte, dupla: de um lado, a entrega das insígnias, entre as quais a coroa se manteve como essencial; de outro, a unção, que até o fim permaneceu como o ato santificador por excelência. Assim nasceu a sagração.[41]

---

40. *Monum. Germ.*, *Diplomata Karolina*, I, n. 16, p. 22, "a divina nobis providentia in solium regni unxisse manifestum est".
41. Cf. abaixo, "Apêndice III", p. 451.

Os reis, portanto, tinham se tornado, segundo a expressão bíblica, "Cristos do Senhor", defendidos contra as empresas dos maus pelo preceito divino, pois o próprio Deus disse *"Nolite tangere Christum meum*, não toquem em meu Cristo, em meu ungido". Em 787, o Concílio de Chelsea, durante o qual, segundo todas as probabilidades, ocorreu a primeira unção real conhecida na Inglaterra, relembrava esse comando.[42] Por meio dele, os inimigos da realeza pareciam transformados em sacrílegos; proteção certamente bastante ilusória, a julgar pela história, repleta de violências, daqueles tempos tumultuosos;[43] quem sabe, entretanto, se os príncipes não lhe davam maior valor do que o imaginaríamos hoje, e se o desejo de poder atribuir-se o proveito dessa palavra do Livro Sagrado não estimulou mais de um deles a buscar a consagração oferecida pela Igreja?

O óleo santo elevava os soberanos muito acima da multidão; não partilhavam eles tal privilégio com os padres e os bispos? Não obstante, a medalha tinha seu reverso. Ao longo da cerimônia, o oficiante que dava a unção parecia, por um momento, superior ao monarca que, devotamente, a recebia; podia-se pensar que, a partir de então, era preciso um padre para fazer um rei: sinal evidente da preeminência do espiritual sobre o temporal. Muito pouco tempo depois de Carlos Magno, ideias semelhantes já eram sustentadas por alguns prelados. Foi o caso de Incmaro de Reims. Ninguém atribuiu maior valor à sagração real. Havia um passado bem curto por detrás dessa cerimônia. Incmaro, como veremos adiante, soube, senão inventando, pelo menos adaptando engenhosamente uma lenda, encontrar para ela um precedente ilustre e milagroso. Como explicar que aquele homem, entre todos o mais capaz de vastos desígnios, tenha manifestado tamanho interesse por tais gestos litúrgicos? Para compreender as razões de sua atitude, basta relacionar, uma à outra, duas passagens de suas obras: "É à unção, ato episcopal e espiritual", ele escreveu, em 868, a Carlos, o Calvo, "é a essa bênção, muito mais do que a vosso poder terrestre, que deveis a dignidade real." Portanto, sem consagração não há verdadeiro rei, sejam quais forem seus títulos "terrestres" ao trono; era o ponto a que se tinha chegado em certos meios eclesiásticos, menos de cem anos após a primeira unção franca. E, nas atas do Concílio de Santa Macra, redigidas por Incmaro, que presidia a assembleia: "A dignidade dos pontífices é superior à

---

42. Ver, aqui, p. 448-449.
43. Não obstante, podemos observar que, na França, a despeito das perturbações dinásticas dos séculos IX e X, o único rei que pereceu de morte violenta — e ainda no campo de batalha — foi um notório usurpador, Roberto I. Entre os anglo-saxões, Eduardo II foi assassinado em 978 ou 979; mas dele se fez um santo: Santo Eduardo, *o Mártir*.

dos reis: pois os reis são sagrados reis pelos pontífices, ao passo que os pontífices não podem ser consagrados pelos reis".[44] Não se poderia, na verdade, ser mais claro. Talvez tenha sido o temor de uma interpretação dessa espécie que conduziu, no século seguinte, o rei da Alemanha, Henrique I, a recusar, ele sozinho entre os de sua época e de sua raça, a unção e a coroa que lhe propunha o arcebispo da Mogúncia (Mainz) e a reinar, tal como condenava, por meio da boca do apóstolo São Pedro, o autor de uma vida de santo, "sem a bênção dos pontífices".[45] O novo rito era uma arma de dois gumes.

No entanto, ele não seria visto desse modo senão algumas centenas de anos mais tarde, quando se viu aberta a grande querela gregoriana. Ao que parece, durante os dois ou três primeiros séculos, ele contribuiu, sobretudo, para confirmar no espírito dos povos — com a exceção de alguns teóricos eclesiásticos — a noção do caráter sagrado dos reis. Melhor dizendo: de seu caráter mais do que semissacerdotal. Não, é claro, que certos espíritos penetrantes já não tivessem então sentido muito fortemente os perigos que semelhante confusão entre uma dignidade essencialmente temporal e o sacerdócio poderia apresentar para a Igreja e até mesmo para o cristianismo. Aqui também encontramos Incmaro. Ele jamais se cansou de repetir que nenhum homem, desde a vinda de Cristo, poderia ser, ao mesmo tempo, sacerdote e rei.[46] Mas sua própria

---

44. *Quaterniones*, Migne, *P. L.*, t. 125, col. 1.040: "Quia enim — post illam unctionem qua cum caeteris fidelibus meruistis hoc consequi quod beatus apostolus Petrus dicit 'Vos genus electum, regale sacerdotium', — episcopali et spirituali unctione ac benedictione regiam dignitatem potius quam terrena potestate consecuti estis". Concílio de Santa Macra, Mansi, XVII, 538: "Et tanto est dignitas pontificum major quam regum, quia reges in culmen regium sacrantur a pontificibus, pontifices autem a regibus conse-crari non possunt". Cf., no mesmo sentido, uma bula de João VIII, endereçada, em 879, ao arcebispo de Milão, *Monum. Germ., Epist.* VII, 1, n. 163, p. 133, I. 32. A importância atribuída por Incmaro à sagração se traduz, notadamente, no *Libellus proclamationis adversus Wenilonem*, redigido em nome de Carlos, o Calvo, mas cujo verdadeiro autor foi certamente o arcebispo de Reims: *Capitularia*, ed. Boretius, II, p. 450, c. 3.
45. Convém, aliás, não esquecer que, na França Oriental, ou Alemanha, a tradição parece, naquela época, ter imposto a sagração com menos força do que na própria França; todavia, o predecessor imediato de Henrique I, Conrado, certamente fora sagrado; e todos seus descendentes e sucessores o seriam por sua vez. Sobre a recusa de Henrique I, ver referências e discussão no "Apêndice III", p. 454.
46. Cf. Lilienfein, *Die Anschauungen vom Staat und Kirche*, p. 96, 109 e 146. A mesma ideia já havia sido expressa com força — a respeito das pretensões dos imperadores bizantinos — pelo papa Gelásio I numa passagem do *De anathematis vinculo* frequentemente citada durante as grandes polêmicas dos séculos XI e XII: Migne, *P. L.*, t. 59, col. 108-109. Cf. também, na mesma época de Incmaro, Nicolau I: Mansi, *Concilia*, XV, p. 214.

insistência prova o quanto a ideia que ele combatia se difundira ao seu redor. Que ela tivesse a cor de uma doutrina oficial, é o que vai nos mostrar, mais do que qualquer outro documento, a antiga liturgia da sagração.

Com efeito, folheemos por um momento esses velhos textos. Constataremos sem dificuldade que houve um esforço para reunir neles tudo o que podia favorecer a confusão entre os dois ritos quase semelhantes que davam acesso um ao sacerdócio e outro à realeza; é a Antiga Lei que fornece em geral as fórmulas necessárias: "Sejam tuas mãos ungidas com o óleo santificado, que ungia os reis e os *profetas*", diz um antiquíssimo ritual, contemporâneo dos primeiros tempos da dinastia carolíngia. Uma prece, certamente mais recente, desenvolve e precisa o mesmo pensamento; não sabemos quando ela foi composta; sua primeira aparição na história ocorre na coroação de Carlos, o Calvo, como rei da Lorena; por um acaso curioso, foi Incmaro que, naquele dia, fez pessoalmente o gesto consagrador; uma tradição já estabelecida com certeza lhe impôs o emprego das seguintes palavras: "Que Deus te coroe com a coroa de glória... e te crie rei pela unção dada com o óleo da graça do Espírito Santo, com este óleo com que ele unge os padres, os reis, os profetas e os mártires". E o velho cerimonial anglo-saxão: "Ó, Deus... tu que pela unção com o óleo consagraste sacerdote Aarão teu servidor e que, mais tarde, pela aplicação desse mesmo unguento, constituíste para reinar sobre o povo israelita os sacerdotes e os reis e os profetas... rogamos-te, Pai Todo-Poderoso, que condescendas a santificar por tua bênção, por meio dessa gordura extraída de uma de tuas criaturas, teu escravo que aqui está... e que lhe concedas imitar diligentemente, no serviço de Deus, os exemplos de Aarão".[47] Como se vê, não

---

47. Falta-nos ainda — para todos os países — um inventário verdadeiramente crítico dos *ordines* da sagração. Tive, portanto, de limitar-me aqui a indicações rápidas, muito incompletas, mas suficientes, afinal, para o objeto que tenho em vista. O antigo ritual galicano publicado por Dom Germain Morin, *Rev. bénédictine*, XXIX (1912), p. 188, apresenta a bênção: "Unguantur manus istae de oleo sanctificato unde uncti fuerant reges et profetae". A oração "Coronet te Dominus corona gloriae... et ungat te in regis regimine oleo gratiae Spiritus sancti sui, unde unxit sacerdotes, reges, prophetas et martyres" foi empregada para Carlos, o Calvo (*Capitularia regum Francorum*, ed. Boretius, II, p. 457), e Luís, o Gago (ibidem, p. 461); reencontramo-la num Pontifical de Reims: G. Waitz, *Die Formeln der deutschen Königs-und der Römischen Kaiser-Krönung*; *Abh. der Gesellsch. der Wissensch. Gottingen*, XVIII (1873), p. 80; ela talvez tenha sua origem numa *Benedictio olei* dada (evidentemente, e por um bom motivo, sem aplicação à unção real) pelo *Sacramentário gelasiano*, ed. H. A. Wilson. Oxford 1894, p. 70. A oração anglo-saxã "Deus... qui... iterumque Aaron famulum tuum per unctionem olei sacerdotem sanxisti, et postea per hujus unguenti infusionem ad regendum populum Israheleticum sacerdotes ac reges et prophetas

é somente a imagem dos reis dos judeus, mas também a dos sacerdotes e dos profetas, é a grande sombra de Aarão, fundador do sacerdócio hebraico, que se evocava, como tantos ancestrais, perante os soberanos ingleses ou francos no dia de sua sagração. Como surpreender-se com o fato de que um poeta da época, celebrando a sagração de um imperador — um poeta, de resto, bastante pobre, Berengário do Friul, porém o que isso importa aqui? —, tenha ousado dizer sobre seu herói, no momento em que ele o representa avançando rumo à igreja em que ocorrerá a cerimônia: "Em breve, ele iria tornar-se padre", *mox quipe sacerdos ipse futurus erat*.[48]

Além disso, os chefes do clero nem sempre haviam falado a linguagem de Incmaro. Na época em que este último estabelecia com tanta nitidez a incompatibilidade, sob a Nova Lei, das dignidades reais e presbiterais, a fraqueza crescente da dinastia convidava os prelados a aspirar ao papel de mentores dos reis; durante os dias mais auspiciosos do Estado carolíngio, esse tom não teria sido apropriado. Em 794, os bispos da Itália do Norte presentes no sínodo de Frankfurt publicaram uma defesa da doutrina ortodoxa contra os adocianistas espanhóis; um apelo ao soberano, protetor da fé, encerrava essa declaração teológica. Nela, Carlos Magno era tratado não somente como "senhor e pai" e "prudentíssimo governador de todos os cristãos", mas também, literalmente, como "rei e padre".[49] E, alguns anos mais cedo, não tinha o próprio papa Estêvão III, desejando lisonjear Carlos e Carlomano, de quem ele tinha necessidade,

---

Perfecisti...: ita quaesumus, Omnipotens Pater, ut per hujus creaturae pinguedinem hunc servum tuum sanctificare tua benedictione digneris, eumque... et exempla Aaron in Dei servitio diligenter imitari... facias": no *Pontifical* de Egberto, ed. da Surtees Society, XXVII (1853), p. 101; o *Benedictional* de Roberto de Jumièges, ed. H. A. Wilson, Bradshaw Society, XXIV (1903), p. 143; o *Missel* de Leofrico, ed. F. E. Warren, in-4º, Oxford, 1883, p. 230; com algumas diferenças no *ordo* atribuído a Etelredo, ed. J. Wickham Legg, *Three Coronation Orders*, Bradshaw Soc., XIX (1900), p. 56; as duas últimas compilações fazem preceder essa prece por outra que lembra de muito perto a oração carolíngia, empregada para Carlos, o Calvo, e Luís, o Gago; talvez eles permitam escolher entre as duas. O poeta dos *Gesta Berengarii*, parafraseando a liturgia da Sagração, menciona que o óleo santo servia, entre os hebreus, para ungir os reis e os *profetas* (IV, vol. 180: *Monum. Germ., Poetae Latini*, IV, 1, p. 401).
48. *Gesta Berengarii*, IV, vol. 133-134 (*Monum. Germ., Poetae Latini*, IV, 1, p. 399).
49. O *libellus* fora redigido por Paulino de Aquileia. *Monum. Germ., Concilia*, II, I, p. 142: "Indulgeat miseratus captivis, subveniat oppressis, dissolvat fasciculos deprimentes, sit consolatio viduarum, miserorum refri-gerium, sit dominus et pater, sit rex et sacerdos, sit omnium Christianorum moderantissimus gubernator...". Pode-se observar que, por uma espécie de contradição que não é rara em semelhante matéria, os bispos, na frase anterior, opuseram o combate conduzido pelo rei contra os inimigos *visíveis* da Igreja à luta dos

decidido buscar na primeira Epístola de Pedro uma expressão que o apóstolo aplicava aos eleitos e desviá-la um pouco de seu sentido original para com ela honrar a dinastia franca: "Sois a raça santa, real e sacerdotal"?[50] A despeito de tudo o que puderam dizer posteriormente todos os Incmaros do mundo, tais palavras jamais foram esquecidas.

Desse modo, as monarquias da Europa Ocidental, já herdeiras de um longo passado de veneração, se encontravam definitivamente marcadas com o selo divino. Elas permaneceriam assim para sempre. A França capetiana ou a Inglaterra normanda, bem como, aliás, a Alemanha dos imperadores saxões ou sálicos, não renegaram, nesse ponto, a tradição carolíngia. Muito pelo contrário: no século XI, todo um partido dedicou-se a aproximar, mais nitidamente do que se fizera até então, a dignidade real do sacerdócio. Esses esforços, sobre os quais teremos de falar mais tarde, não nos importam por enquanto. Basta saber que, até mesmo independentemente de qualquer assimilação precisa com o sacerdócio, nos dois países que mais nos interessam, os reis continuaram a passar por seres sagrados. É o que os textos inequivocamente nos mostram. Conservamos algumas cartas endereçadas a Roberto, o Piedoso, por Fulberto, o bispo de Chartres, um dos mais respeitáveis prelados de seu tempo; nelas, o bispo não teme atribuir ao rei os títulos de "Santo Padre" e de "Santidade", hoje reservado pelos católicos ao chefe supremo de sua Igreja.[51] E já vimos acima como Pedro de Blois fazia decorrer da unção a "santidade" dos reis; a esse respeito, a maioria de seus contemporâneos, como não se poderia duvidar, pensava como ele.

Pedro de Blois, contudo, ia mais longe; meu senhor, ele dizia aproximadamente, é uma personagem sagrada; portanto, meu senhor pode curar os doentes. Dedução singular, à primeira vista; veremos que um espírito de envergadura normal, no século XII, não podia apontar nela nada de muito surpreendente.

---

bispos contra seus inimigos *invisíveis*: o que significa opor muito claramente o temporal ao espiritual. Cf. p. 186-188.

50. Jaffé-Wattenbach, 2381; texto original, *Prima Petri*, II, 9. A citação é reencontrada em Incmaro, *Quaterniones* (passagem reproduzida acima, p. 76, n. 44), mas aplicada a todos os fiéis com quem os reis partilham sua primeira unção (a unção batismal); assim, Incmaro, muito conscientemente, como não se poderia duvidar, reconduzia, para a instrução de Carlos, o Calvo, a palavra bíblica ao seu sentido primitivo.

51. *Histor. de France*, X, lettre XL, p. 464 E; LXII, p. 474 b. Fulberto (1. LV, p. 470 e, assim como LVIII, p. 472 c) também denomina — segundo um velho costume imperial romano, ressuscitado na época carolíngia (exemplo: Loup de Ferrières, *Monum. Germ., Epist.*, VI, 1, n. 18, p. 25) — as cartas reais "sacras". Mais tarde, Eydes de Deuil (*De Ludovici Francorum Regis profectione in Orientem*, Migne, *P. L.*, t. 185, I, 13, e II, 19) pareceu reservar essa palavra às cartas *imperiais* (trata-se do imperador bizantino).

§ 2. O PODER CURATIVO DO SAGRADO

Os homens da Idade Média, ou pelo menos a imensa maioria deles, tinham das coisas relacionadas à religião uma imagem muito material e, por assim dizer, extremamente terra a terra. Como poderia ter sido diferente? O mundo maravilhoso cuja porta os ritos cristãos abriam não estava, aos olhos deles, separado do mundo em que viviam por um abismo intransponível; os dois universos se interpenetravam; como não imaginar que a ação do gesto que agia sobre o além se estendesse também a este mundo? Evidentemente, a ideia de intervenções dessa espécie não chocava ninguém; pois ninguém tinha uma noção exata das leis naturais. Os atos, os objetos ou os indivíduos sagrados eram, portanto, concebidos não somente como reservatórios de forças aptas a exercerem-se para além da vida presente, mas também como fontes de energia suscetíveis, já nesta terra, de uma influência imediata; de resto, não se tinha dessa energia uma imagem tão concreta ao ponto de, por vezes, concebê-la como pesada? Um tecido depositado sobre o altar de um grande santo — Pedro ou Martinho — se tornava, por esse mesmo ato, nos diz Gregório de Tours, e sob a condição, todavia, de que o santo quisesse de fato manifestar sua virtude, mais pesado do que antes.[52]

Os padres, encarregados dos eflúvios sagrados, eram considerados, por muita gente, uma espécie de magos, e, nessa qualidade, eram ora venerados, ora odiados. Em certos lugares, fazia-se o sinal da cruz quando diante deles, visto que encontrá-los era considerado mau presságio.[53] No reino da Dinamarca, no século XI, eram tidos por responsáveis pelas intempéries e pelos contágios, assim como as bruxas, e, às vezes, eram tão duramente perseguidos por conta desses males que Gregório VII teve de protestar.[54] De resto, por que olhar para tão longe ao Norte? É na França, e certamente no século XIII, que se situa a instrutiva anedota a seguir. O sermonário Tiago de Vitry, que é quem a relata, a conhecia, ele diz, "de fonte segura": em uma aldeia grassava uma epidemia; para fazê-la cessar, os camponeses não imaginaram nada melhor do que sacrificar seu cura. Certo dia, enquanto, com vestimentas sacerdotais, ele enterrava

---

52. "In gloria martyrum", c. 27; "De virtutibus S. Martini", I, c. 11.
53. Jacques de Vitry, *Exempta ex sermonibus vulgaribus*, ed. Crane (Publications of the Folk-lore Society). Londres, 1890, p. 112, n. CCLXVIII.
54. Jaffé-Wattenbach, n. 5.164; Jaffé, *Monumenta Gregoriana* (*Bibliotheca rerum germanicarum*, II), p. 413: "Illud interea non praetereundum, sed magnopere apostolica interdictione prohibendum videtur, quod de gente vestra nobis innotuit: scilicet vos intemperiem temporum, corruptiones aeris, quascunque molestias corporum ad sacerdotum culpas transferre... Praeterea in mulieres, ob eandem causam simili immanitate barbari ritus damnatas, quicquam impietatis faciendi vobis fas esse, nolite putare".

um morto, eles o atiraram na fossa ao lado do cadáver.[55] Não sobrevivem essas loucuras — sob formas mais anódinas — ainda nos dias de hoje?

Assim, o poder atribuído ao sagrado pela opinião comum se revestia, por vezes, de um caráter temível e deplorável; mas, em geral, é claro, ele era concebido como benfazejo. Ora, há benefício maior e mais sensível do que a saúde? Atribuiu-se facilmente um poder curativo a tudo o que, em qualquer grau que fosse, participasse de uma consagração qualquer.[56] A hóstia, o vinho da comunhão, a água do batismo, aquela em que o oficiante, após ter tocado as santas espécies, mergulhara suas mãos, os dedos do próprio padre constituíram remédios: ainda de hoje, em certas províncias, o pó recolhido na igreja e o musgo que cresce sobre seus muros gozam supostamente das mesmas propriedades.[57] Esse tipo de ideia por vezes arrastava os espíritos grosseiros para estranhas aberrações; Gregório de Tours contou a história desses chefes bárbaros que, com dores nos pés, os banhavam numa pátena.[58] O clero condenava, obviamente, semelhantes excessos; mas deixava subsistir as práticas que não julgava atentatórias à majestade do culto; de resto, as crenças populares escapavam, em larga medida, ao seu controle. Entre todas as coisas da igreja, os santos óleos, como eram o veículo normal das consagrações, pareciam particularmente fecundos em virtudes. Os acusados os absorviam para tornarem a ordália favorável a si. Acima de tudo, eles constituíam para as dores do corpo um recurso maravilhoso. Era preciso proteger os vasos que os continham contra a indiscrição dos fiéis.[59] Na verdade, naqueles tempos, falar em sagrado era falar em aptidão para curar.

---

55. Tiago de Vitry, loc. cit.
56. Sobre as superstições médicas relativas às coisas sagradas, uma utilíssima compilação de fatos pode ser encontrada nos dois livros de Ad. Franz, *Die Messe im deutschen Mittelalter*. Freiburg im Breisgau, 1902, p. 87 e 107, e *Die kirchlichen Benediktionen im Mittelalter*. Freiburg im Breisgau. 1909, particularmente II, p. 329 e 503. Cf. também A. Wuttke, *Der deutsche Volksaberglaube*, 2. ed. Berlim, 1869, p. 131 ss.; e, para a Eucaristia, Dom Chardon, *Histoire des sacrements*, livro I, seção III, cap. XV em Migne, *Theologiae cursus completus*, XX, col. 337 ss. A Eucaristia e a água benta também foram concebidas para servir a fins mágicos malfazejos; elas desempenharam, a esse título, um papel considerável nas práticas, reais ou supostas, da feitiçaria medieval; ver numerosas referências em J. Hansen, *Zauberwahn, Inquisition und Hexenprozess im Mittelalter* (*Histor. Bibliothek*, XII), 1900, p. 242, 243, 245, 294, 299, 332, 387, 429, 433 e 450.
57. P. Sebillot, *Le paganisme contemporain*, in-12, 1908, p. 140 e 143; A. Wuttke, op. cit., p. 135. Cf., para o vinho da missa, Elard Hugo Meyer, *Deutsche Volkskunde*, 1898, p. 265.
58. "In gloria martyrum", c. 84. Trata-se de um "conde" bretão e de um "duque" lombardo, aos quais teria vindo, independentemente, essa singular fantasia.
59. Além das obras citadas nesta página, n. 56, ver Vacant e Mangenot, *Dictionnaire de théologie catholique*, no verbete *Chrême*; e Dom Chardon, op. cit., livro I, seção II, cap. II,

Ora, lembremos o que eram os reis. Quase todo mundo acreditava, para falar como Pedro de Blois, em sua "santidade". Isso não é tudo. Sua própria "santidade", a que eles a deviam? Aos olhos do povo, em grande medida, por certo, a essa predestinação familiar à qual as massas, guardiãs das ideias arcaicas, sem dúvida não haviam deixado de dar crédito; mas também, desde os tempos carolíngios, mais precisa e cristãmente, a um rito religioso, a unção; em outros termos, a esse óleo bento que, de resto, parecia a tantos doentes o mais eficaz dos remédios. Eles se encontravam, portanto, duplamente designados para o papel de benfeitores taumaturgos: primeiro, por seu caráter sagrado, concebido em si mesmo, e, mais particularmente, por uma das fontes, a mais aparente, assim como a mais respeitável, das quais decorria neles esse caráter. Como, mais cedo ou mais tarde, eles não teriam aparecido como curadores?

Entretanto, os reis não se tornaram curadores imediatamente, isto é, logo que a unção real foi implantada nos Estados da Europa Ocidental, ou mesmo em todos os países. As considerações gerais que acabam de ser expostas não bastam, portanto, para explicar o surgimento, na França e na Inglaterra, do rito do toque. Elas nos mostram como os espíritos estavam preparados, uns para imaginar, outros para admitir, semelhante prática. Para explicar seu nascimento, em uma data precisa e em um meio determinado, é preciso recorrer a fatos de outra ordem, que podemos qualificar de mais fortuitos, na medida em que supõem, num grau mais elevado, o jogo das vontades individuais.

§ 3. A POLÍTICA DINÁSTICA DOS PRIMEIROS CAPETÍNGIOS E DE HENRIQUE I BEAUCLERC

O primeiro soberano francês de quem se diz teria curado os doentes foi Roberto, o Piedoso. Ora, Roberto era o segundo representante de uma nova dinastia. Recebeu o título real e a unção, ainda durante a vida de seu pai, Hugo,

---

col. 174; sobre o uso do óleo santo nos malefícios, Hansen, *Zauberwahn*, p. 128, n. 3, 245, 271, 294, 332 e 387. Podemos lembrar também que Luís XI, moribundo, mandou trazer a Plessis-les-Tours a Santa Ampola de Reims e o bálsamo milagroso que se acreditava a Virgem teria entregado a São Martinho. Ele se fez ungir com esses dois crismas, esperando receber saúde deles: Prosper Tarbé, *Louis XI et la sainte ampoule*. Reims, 1842 (Soc. des bibliophiles de Reims), e M. Pasquier, *Bullet. histor. et philolog.*, 1903, p. 455-458. A comparação entre o poder curativo reivindicado pelos reis com aquele que comumente se atribuía ao Santo Crisma foi feita por Leber, *Des cérémonies du sacre*, p. 455 ss. Mas a unção, é claro, não era a fonte única desse poder, ou da ideia que se tinha dele, pois nem todos os reis ungidos a exerceram; era preciso ainda, pensava-se, uma virtude hereditária.

em 987, isto é, no mesmo ano da usurpação. Os capetíngios obtiveram êxito: é por isso que temos dificuldade em conceber quanto seu poder, naqueles primeiros anos, devia parecer frágil. Sabemos, no entanto, que ele era contestado. O prestígio dos carolíngios era grande; desde 936, ninguém mais ousara disputar a coroa com eles; foram precisos um acidente de caça (aquele em que Luís V encontrou a morte) e uma intriga internacional para tornar possível sua queda. Em 987, e até mesmo mais tarde, quem podia estar certo de que aquela queda era definitiva? Certamente para muitos, o pai e o filho associados no trono eram, como escreveu Gerberto em 989 ou 990, somente reis interinos, "inter-reis" (*interreges*).[60] Por muito tempo, houve centros de oposição, em Sens, em diversos lugares do Sul. Para dizer a verdade, um feliz ataque surpresa, no dia de Ramos de 991, colocando em poder de Hugo o pretendente descendente de Carlos Magno, logo tornou absolutamente fúteis os esforços nos quais poderiam ter se comprazido os adeptos de uma linhagem cujo chefe era então prisioneiro e cujos últimos rebentos cairiam no esquecimento. Mas esse sucesso inesperado não garantia o futuro. A fidelidade para com os descendentes de seus antigos senhores mantida por alguns legitimistas talvez nunca havia constituído, para a família capetiana, um perigo extremamente grave; a verdadeira ameaça era outra: o golpe muito rude que esses mesmos acontecimentos de 987, aos quais os novos reis deviam o trono, haviam desferido no lealismo dos súditos e, sobretudo, na hereditariedade monárquica. As decisões da assembleia de Senlis corriam o risco de marcar o triunfo do princípio eletivo. Por certo, esse princípio não era novo. Pelo menos na antiga Germânia, ele teve por atenuante, como vimos, a necessidade de sempre escolher o rei na mesma raça sagrada. Agora, não iria o direito de livre escolha exercer-se sem entraves? O historiador Richer atribui ao arcebispo Adalberão, em discurso aos grandes em favor de Hugo Capeto, estas temíveis palavras: "A realeza não se adquire por direito hereditário";[61] e, numa obra dedicada aos reis Hugo e Roberto, Abão escreveu: "Conhecemos três espécies de eleição geral: a do rei ou do imperador, a do

---

60. *Lettres*, ed. J. Havet (*Collection pour l'étude... de l'histoire*, n. 164), p. 146. Sobre a oposição aos primeiros capetíngios, ver, particularmente, Paul Viollet, *La question de la légitimité à l'avènement de Hugues Capet*, Mém. Académ. Inscriptions, XXXIV, I (1892). Não preciso lembrar que, sobre os acontecimentos de 987 e os primeiros tempos da dinastia capetiana, é sempre necessário reportar-se aos livros clássicos de F. Lot, *Les derniers Carolingiens*, 1891, e *Études sur le règne de Hugues Capet*, 1903.
61. IV, II: "Sed si de hoc agitur, nec regnum iure hereditario adquiritur, nec in regnum promovendus est, nisi quem non solum corporis nobilitas, sed et animi sapientia illustrat, fides munit, magnanimitas firmat".

bispo e a do abade".[62] Estas últimas palavras devem ser retidas como as mais significativas de todas: o clero, habituado a considerar a eleição como a única fonte canônica do poder episcopal ou abacial, estava necessariamente tentado a também ver nela a origem mais louvável do poder político supremo. Ora, o que uma eleição fizera, outra podia, se necessário, desfazer, sem aguardar a morte do primeiro eleito, e, em todo caso, em desprezo às reivindicações de seus filhos; certamente, não se perdera a memória do que havia ocorrido durante os cinquenta anos subsequentes à deposição de Carlos, o Gordo. E, para santificar o feliz candidato, qualquer que fosse sua origem, sempre se oferecia a unção. Em suma, a tarefa mais urgente que se impunha aos capetíngios consistia em reconstituir uma legitimidade em seu proveito. Por pouco que tenham sido conscientes dos perigos que os cercavam e daqueles que não podiam deixar de se abater sobre sua descendência, eles tiveram de sentir a necessidade de ressaltar o brilho de seu nome por alguma manifestação inédita. Em condições quase semelhantes, os carolíngios haviam recorrido a um rito bíblico: a unção real. Não se explicaria a aparição do poder curativo sob Roberto II por preocupações da mesma ordem do que aquelas que, no passado, levaram Pepino a imitar os príncipes hebreus? Afirmá-lo seria presunçoso; supô-lo poderia ser tentador.

Evidentemente, nem tudo deve ter sido cálculo. Roberto desfrutava de uma grande reputação pessoal de piedade. Foi provavelmente por isso que o milagre capetiano começou com ele, e não com seu pai, Hugo. O caráter de santidade que se emprestava ao rei, enquanto homem, associado à santidade inerente à dignidade real, com certeza conduziu, de maneira absolutamente natural, seus súditos a atribuir-lhe virtudes taumatúrgicas. Pode-se supor, talvez, que os primeiros doentes que, numa data que ainda ignoramos, solicitaram serem por ele tocados tivessem agido espontaneamente. No fim, quem sabe até mesmo se outros fatos análogos já não se tinham produzido, isoladamente, durante os reinos precedentes, assim como ocorrera outrora sob Gontrão? No entanto, quando vemos essas crenças, até então volúveis, tomarem corpo num momento tão oportuno para uma dinastia mal consolidada, temos dificuldade em acreditar que nenhuma segunda intenção política tenha desempenhado um papel, não, por certo, em sua formação original, mas, por assim dizer, em sua cristalização. De resto, não há dúvida de que o próprio Roberto tenha tido fé, e também seus conselheiros, na eficácia das forças maravilhosas que dele emanavam. A história das religiões mostra com abundância que, para explorar um milagre,

---

62. *Canones*, IV (*Histor. de France*, X, p. 628): "Tres namque electiones generales novimus, quarum una est Regis vel Imperatoris, a tera Pontificis tertia Abbatis".

não há necessidade de ser cético. Provavelmente, houve um esforço, na corte, para atrair doentes e difundir o renome das curas operadas; e não houve, de início, grande preocupação em saber se o poder curativo era pessoal ao senhor do dia ou próprio ao sangue capetiano. Na verdade, como vimos, os sucessores de Roberto não deixaram cair no esquecimento tão bela dádiva; curaram como ele e rapidamente se especializaram numa doença determinada: a escrófula.

Podemos nos perguntar se cada um deles, reivindicando sucessivamente sua parte do glorioso privilégio, via além de seu interesse particular. Mas seus esforços reunidos conduziram, talvez de modo inconsciente, a dotar sua casa inteira de um caráter sobrenatural. Ademais, até o reinado de Henrique Beauclerc, instaurador, como se sabe, do rito inglês, isto é, até o ano 1100, e não antes, os reis descendentes de Roberto II foram, na Europa, os únicos a tocar os doentes; os outros "cristos do Senhor" não tentavam fazê-lo; é, portanto, porque a unção não bastava para conferir esse maravilhoso talento e porque, para fazer um rei verdadeiramente santo, um rei de fato, era preciso algo além de uma eleição seguida de uma sagração: a virtude ancestral ainda contava. Por certo, a persistência, na linhagem capetiana, das pretensões taumatúrgicas não criou, por si só, essa fé na legitimidade familial que seria um dos melhores amparos da realeza francesa; muito pelo contrário: aceitou-se a ideia desse milagre patrimonial somente porque ainda subsistia nos corações alguma coisa das velhas noções de outrora sobre as raças hereditariamente sagradas; mas que o espetáculo das curas régias tenha contribuído para fortalecer esse sentimento e para dar-lhe, de alguma maneira, um novo vigor, isso é algo de que não se poderia duvidar. O segundo dos capetíngios inaugurara o prodígio. Seus descendentes, para o maior benefício da monarquia, fizeram dele a prerrogativa não mais de um rei, e sim de uma dinastia.

Passemos para a Inglaterra. Lá também encontramos reis médicos. O eterno problema que se apresenta aos historiadores, quando encontram assim, em dois Estados vizinhos, instituições semelhantes, está, portanto, diante de nós: coincidência ou interação? E se tendermos para esta última hipótese, de que lado e em que dinastia devemos buscar os modelos, e de que lado os copistas? Questão outrora incendiária: o patriotismo por muito tempo interessou-se por sua solução; os primeiros eruditos que, nos séculos XVI ou XVII, se preocuparam com ela não deixavam de concluir em proveito da França ou da Inglaterra, conforme fossem franceses ou ingleses. Não teremos dificuldade em manter hoje maior serenidade. Evidentemente, as crenças coletivas que estão na origem dos ritos curativos e explicam seu sucesso, frutos de um estado político e religioso comum a toda a Europa Ocidental, se desenvolveram espontaneamente na Inglaterra tanto quanto na França, e assim de maneira inversa; mas veio o dia em que elas se concretizaram, nas duas margens da Mancha, numa instituição precisa e regular: o "toque" real; é no nascimento da instituição que a influência de um país sobre o outro pôde se fazer sentir.

Examinemos as datas. Henrique Beauclerc, o primeiro dentre os de sua raça sobre o qual sabemos que tocou os doentes, começou a reinar no ano 1100; naquele momento, Roberto II, que parece realmente ter sido o iniciador na França, estava morto havia 69 anos. A prioridade francesa não pode, portanto, ser objeto de dúvida. Os capetíngios não foram plagiários. Teriam sido plagiados? Se o milagre régio tivesse se desenvolvido na Inglaterra independentemente de toda imitação estrangeira, sua evolução, segundo todas as probabilidades, teria sido a mesma que na França: primeiro, a aparição de uma virtude taumatúrgica aplicando-se indistintamente a todas as doenças; em seguida, sob a ação de acasos que serão para sempre misteriosos, especialização progressiva na direção de uma doença determinada; e não compreenderíamos muito bem que a sorte, aqui também, tivesse designado a escrófula. Por certo, a escrófula é particularmente apropriada ao milagre, pois, como vimos, ela dá facilmente a ilusão da cura. Mas muitas outras afecções se encaixam na mesma situação. Conhecemos santos especialistas da escrófula; mas para quantos outros males não se invoca em particular determinado santo ou outro? Ora, não observamos que na Inglaterra os reis tenham um dia reivindicado, até mesmo na origem, um poder curativo de caráter indeterminado, e a doença que, desde o início, eles pretendem poder aliviar é precisamente essa mesma da qual, antes deles e como consequência de uma evolução absolutamente natural, seus vizinhos da França tinham se constituído médicos. Henrique I, príncipe mais do que semifrancês, não podia ignorar as curas realizadas pelo capetíngio, seu senhor de feudo e rival. Ele devia invejar seu prestígio. Pode-se duvidar que ele tenha desejado imitá-las?[63]

Mas ele não admitiu a imitação. Por um bem-aventurado golpe, colocou seu poder miraculoso sob a invocação de uma grande figura nacional. O último dos representantes dessa dinastia anglo-saxônica à qual, por meio de seu casamento, ele tinha se esforçado em se vincular, o soberano virtuoso que logo iria

---

63. Após a Guerra dos Cem Anos, quando os reis da Inglaterra ainda ostentavam, em sua titulatura oficial, o título de rei da França, as pessoas comumente se persuadiram, na Europa, de que era em razão dessa pretensão que eles se apresentavam como curadores de escrófula. Ver, entre outros, a respeito de Jaime I, a carta do enviado veneziano Scaramelli e o relato de viagem do duque João Ernesto de Saxe-Weimar, citados na p. 324, n. 80. Os fatos relatados acima tornam inútil discutir essa teoria.

tornar-se o santo oficial da monarquia, Eduardo, o Confessor, foi seu patrão e seu garante. Teria ele enfrentado algumas dificuldades com a opinião religiosa de seu país? Na época em que, na França, Roberto, o Piedoso, começara a tocar os doentes, a reforma gregoriana, tão pouco simpática — voltarei a ela em breve — às prerrogativas reais, tão hostil, sobretudo, a tudo o que cheirava à usurpação dos privilégios sacerdotais, ainda não nascera. Quando o rito curativo atravessou a Mancha, ela estava em seu ápice; é ela cujas ideias diretoras se exprimem, como vimos, na frase desdenhosa de Guilherme de Malmesbury, protestando contra a "obra de falsidade" que haviam empreendido os fiéis da realeza. Mas não se deve julgar pelo estado de espírito de Guilherme o de todos os eclesiásticos ingleses. Por volta da época em que Henrique I se pôs a exercer seu maravilhoso talento, um clérigo, vinculado à catedral de York, escrevia os 35 tratados, quintessência de todo o pensamento antigregoriano, nos quais se expõe a fé mais absoluta e a mais intransigente nas virtudes da unção real, no caráter sacerdotal e quase divino da realeza.[64] O próprio Henrique I, pelo menos durante toda a primeira parte de seu reinado, manteve-se frio em relação aos reformadores. Foi provavelmente em seu entorno que foi redigida uma falsa bula papal que, em desprezo a todos os novos princípios, reconhecia para os reis ingleses "a tutela e a proteção (...) de todas as igrejas da Inglaterra" e uma espécie de legação pontifical perpétua.[65] Não poderia surpreender que ele tivesse, certamente naquele momento, implantado em seus Estados a prática taumatúrgica que era como que a exaltação suprema da crença na força sagrada das leis; tampouco poderia surpreender que essa prática tivesse a partir de então prosperado em solo favorável.

Nascido na França, por volta do ano 1000, e na Inglaterra, cerca de um século mais tarde, o rito do toque fez, assim, sua aparição em dinastias em que, contrariamente ao antigo uso germânico, o direito de primogenitura começava a dominar. Nos países muçulmanos, nos primórdios do Islã, a crença era de que o sangue real curava a raiva; mas o sangue do monarca reinante, do califa, não era, aos olhos do povo dos crentes, o único a possuir tal virtude; todo membro da família na qual o califa devia ser escolhido, todo coraixita via ser atribuído

---

64. Ver sobretudo o quarto tratado, *De consecratione pontificum et regum*, no qual o ritual da sagração se encontra perpetuamente comentado: *Libelli de lite* (*Monum. Germ.*) III, p. 662 ss. Sobre o "Anônimo de York", cf. H. Boehmer, *Kirche und Staat in England und in der Normandie im XI und XII. Jahrhundert*. Leipzig, 1899, p. 177 ss. (trechos anteriormente inéditos, p. 433 ss.).

65. Cf. H. Boehmer, op. cit., p. 287 ss.; minha "Introdução" a Osberto de Clare, *Analecta Bollandiana*, 1923, p. 51.

ao líquido que corria em suas veias o mesmo poder maravilhoso:[66] isso porque a raça real inteira era considerada santa; ademais, os Estados islâmicos jamais reconheceram, em matéria política, os privilégios da primogenitura. Na França e na Inglaterra, ao contrário, a cura da escrófula foi sempre tida em conta como uma prerrogativa estritamente reservada ao soberano; os descendentes de um rei, se não eram eles mesmos reis, não tinham nenhuma participação nela.[67] O caráter sagrado não se estendia mais, como na primitiva Germânia, a toda uma linhagem; ele se concentrara definitivamente em uma única pessoa, o chefe do ramo primogênito, único herdeiro legítimo da coroa; apenas ele tinha o direito de fazer milagres.

Para todo fenômeno religioso há dois tipos de explicação tradicionais. Um, que podemos, se quisermos, chamar de voltairiano, vê de preferência no fato estudado a obra consciente de um pensamento individual seguro de si mesmo. O outro, ao contrário, procura nele a expressão de forças sociais, profundas e

---

66. J. Wellhausen, *Reste arabischen Heidentums* (*Skizzen und Vor-arbeiten*, H. 3, Berlim, 1887), p. 142; cf. G. W. Freytag, *Arabum proverbia*, I. Bonn, 1838, p. 488; E. W. Lane, *An Arabic-English Lexicon*, I, 7, Leipzig, 1884, p. 2.626, 2. col. A superstição deve ser de origem pré-islâmica. O mesmo poder — atribuído ao sangue dos Banu-Sinan — é mencionado num antigo poema incluído na *Hamasa*, tradução de G. W. Freytag, II, 2, in-4º. Bonn, 1847, p. 583.

67. Como foi frequentemente observado pelos escritores do Antigo Regime, eles viam nessa observação um excelente argumento contra a tese naturalista segundo a qual o poder curativo teria sido um atributo familiar, de certo modo fisiológico, da raça real: por exemplo, Du Laurens, *De Mirabili*, p. 33. Não ignoro, é claro, que, na época de Roberto II ou de Henrique I da Inglaterra, o princípio da primogenitura ainda estava longe de ser universalmente reconhecido; mas ele já estava solidamente estabelecido; na França, ele havia sido aplicado, a despeito das tradições carolíngias, desde o advento de Lotário, em 954. O estudo da introdução dessa ideia nova, no direito monárquico, nunca foi, segundo consta, seriamente empreendido; mas este não é o lugar para tentar fazê-lo. Bastará observar, a esse respeito, que a própria força das ideias monárquicas conduziu certos espíritos a considerar como digno do trono não o primogênito, mas o filho, fosse qual fosse sua faixa etária, que nascera depois que seu pai fora proclamado rei, ou sagrado como tal; para realmente ser uma criança real, era preciso, de acordo com aqueles juristas, nascer não de um príncipe, mas de um rei. Essa concepção jamais adquiriu força de lei; contudo ela serviu de pretexto para a revolta de Henrique da Saxônia contra seu irmão, Otão I (cf. Boehmer-Ottenthal, *Regesten des Kaiserreichs unter den Herrschern aus dem sächsischen Hause*, p. 31 e 33), e encontramos ecos dela em diversos textos: por exemplo, Eadmer, *Vita s. Dunstani* (*Memorials of St. Dunstan*, ed. Stubbs, *Rolls Series*, p. 214, c. 35); Mathieu Paris, *Historia Anglorum*, ed. Madden, *R. S.*, I, p. 353, e *Chronica majora*, ed. Luard, *R. S.*, IV, p. 546.

obscuras; eu lhe daria de bom grado o nome de romântico; não consistiu em um dos grandes serviços prestados pelo Romantismo o de acentuar vigorosamente, nas coisas humanas, a noção do espontâneo? Esses dois modos de interpretação são contraditórios apenas na aparência. Para que uma instituição, destinada a servir a fins precisos marcados por uma vontade individual, possa impor-se a todo um povo, seria ainda preciso que ela fosse impulsionada pelas correntes profundas da consciência coletiva; e talvez, reciprocamente, para que uma crença um tanto vaga possa concretizar-se num rito regular, não é indiferente que algumas vontades claras a ajudem a tomar forma. A história das origens do toque régio, se aceitas as hipóteses que apresentei acima, merecerá ser colocada no patamar dos já numerosos exemplos que o passado fornece de uma ação dupla dessa espécie.

SEGUNDO LIVRO
Grandeza e vicissitudes das realezas taumatúrgicas

CAPÍTULO I

O toque da escrófula e sua particularidade até o final do século XV

§ 1. OS RITOS FRANCÊS E INGLÊS

Vimos como a prática do toque surgiu na França capetiana e na Inglaterra normanda. Assistiremos agora ao seu desenvolvimento ao longo dos últimos séculos da Idade Média, até o momento em que a grande crise moral que se iniciou por volta do final do século XV abalou, entre outras tantas ideias obsoletas, a crença no poder curativo dos reis. E procuremos, em primeiro lugar, evocar o aspecto sensível sob o qual esse poder, durante esse tempo, tomou corpo aos olhos dos homens.

Os ritos francês e inglês foram, de início, absolutamente iguais. Como poderia ter sido diferente? Não foi o segundo copiado do primeiro? De resto, ambos eram muito rudimentares. Mas há, em todo ritual, como que uma força interna de desenvolvimento; o do toque absolutamente não escapou à lei comum; aos poucos, ele se complicou; ao mesmo tempo, entre os dois países, diferenças bastante profundas se revelaram. Essa evolução ultrapassa, em boa parte, o quadro do presente capítulo; ela não se desenhou nitidamente senão nos tempos modernos, quando o milagre régio assumiu seu lugar entre as pompas, reguladas com minúcia, das quais se cercavam as monarquias absolutas. Abordaremos, por enquanto, apenas formas ao mesmo tempo bastante simples e bastante incertas, imperfeitamente conhecidas, aliás, pelo menos em seus detalhes; pois as cortes da Idade Média, precisamente porque a etiqueta nelas era pouco rigorosa, quase não nos deixaram documentos de ordem cerimonial.

Ademais, essas formas primitivas nada tinham de originais. Os reis médicos se encontraram muito naturalmente levados a reproduzir os atos imutáveis que uma longa tradição, popularizada pela vida dos santos, atribuía aos taumaturgos. Tal como os piedosos curadores cuja história se contava ao seu redor, eles tocaram com a mão os doentes, na maioria das vezes, ao que parece, nas partes de fato infectadas. Repetiam assim, sem desconfiar disso, um antiquíssimo costume, contemporâneo às mais antigas crenças da humanidade: não tinha o contato de dois corpos, obtido de uma maneira ou de outra e sobretudo por intermédio da mão, sempre parecido o meio mais eficaz de transmitir de um indivíduo a outro as forças invisíveis? A esse velho gesto mágico eles acrescentaram outro, também tradicional na sua época, e mais especificamente cristão: o sinal da cruz feito sobre os pacientes ou sobre suas feridas. Foi traçando a imagem sagrada que os santos, em muitas circunstâncias, segundo se dizia, triunfaram sobre as doenças; os reis seguiram seu exemplo, na França a partir de Roberto II, e na Inglaterra também, ao que parece, desde a origem. Ademais, para os devotos, o sinal divino acompanhava todas as ações importantes da vida; como ele não teria vindo santificar o rito da cura?[1] Por meio dele, o rei manifestava, aos olhos de todos, o exercício, em nome de Deus, de seu milagroso poder. A expressão que correntemente empregavam os relatórios ingleses do século XIII é bem característica: para indicar que o rei toca os doentes, eles não raro dizem, muito simplesmente, que ele os "assina".[2]

As antigas *Vidas* de Eduardo, o Confessor, contêm uma indicação curiosa. Quando a mulher escrofulosa foi alertada por um sonho para que fosse ao encontro de seu rei, dizem-nos os hagiógrafos, ela descobriu por essa revelação que seria livrada de seu mal "se ela se fizesse lavar, pelo rei, com água"; com efeito, vê-se, na sequência do relato, o santo — reproduzo a expressão singular da *Vida anônima* — *ungindo* as partes doentes com a ponta de seus dedos umedecida com água. Aqui também reconhece-se um velho procedimento, legado da mais longínqua magia: o líquido no qual um taumaturgo mergulhava suas mãos recebia desse contato propriedades miraculosas. Seria, portanto, preciso acreditar que os reis tivessem ordinariamente utilizado essa receita? Acredito que não. É ao contato direto que todas as descrições autorizadas do rito inglês, assim como do rito francês, atribuem o poder de curar.[3] Não se poderiam encontrar nas *Vidas* de Santo Eduardo informações precisas sobre o ritual seguido no século XII ou mais

---

1. Exemplo do emprego terapêutico do sinal da cruz: em *Garin, o Loreno* (*Li Romans de Garin le Loherain*, ed. P. Paris: *Les Romans des douze pairs*, I, p. 273), vemos os médicos, após terem colocado um emplastro sobre a ferida do duque Bégon, fazerem sobre ela o sinal da cruz. Esse sinal era tão regulamentar, como rito de bênção e de exorcismo, em todas a ações correntes da existência que a *Regula Coenobialis* de São Columbano pune com seis golpes o monge que tiver se omitido em traçá-lo sobre sua colher antes de nela beber, ou de fazê-lo traçar sobre a lanterna que acaba de acender, por um monge mais antigo: *Zeitschrift fur Kirchengeschichte*, XVII (1897), p. 220.
2. Exemplo, entre muitos outros: R. O., *Chancery Miscellanea*, IV, 1, fól. 17 v., 27 de maio de 1378, "xvij egrotis *signatis* per regem xvij d".
3. Para a interpretação de um texto obscuro de Estêvão de Conty, ver acima, p. 95, n. 5.

tarde na corte da Inglaterra, pois o episódio da escrófula, que os conselheiros de Henrique I utilizaram como protótipo do milagre régio, sem dúvida não foi inteiramente inventado por eles; ele deve ter feito parte, desde antes do advento de seu senhor, do ciclo do Confessor. Outras historietas que o acompanham nas mesmas biografias também atribuem um papel importante à água. Estamos lidando com um tema hagiográfico para o qual a literatura lendária e, mais particularmente, ao que parece, as obras escritas na Grã-Bretanha oferecem muitos exemplos, e não com um traço constitutivo do cerimonial de cura, tal como o praticaram, na realidade, os reis ingleses.[4]

Não obstante, nesse cerimonial, em ambos os lados da Mancha, a água ocupava um lugar, mas bem modesto, pelo menos em princípio. Obviamente, após terem colocado os dedos sobre tantos tumores repugnantes, os reis lavavam as mãos. Tal gesto, nascido da mais elementar necessidade de limpidez, não possuía, na origem, caráter taumatúrgico. Como, no entanto, teria o povo se abstido de atribuir alguma virtude à água das bacias reais? Por ter molhado uma mão que sabia curar, ela parecia, por sua vez, ter se tornado um remédio. Um monge de Corbie, Estêvão de Conty, que, por volta do início do reinado de Carlos VI, compôs um pequeno tratado sobre a realeza francesa, descreveu nesse opúsculo o rito da escrófula. O rei, diz ele, após ter tocado, se lava; a água que lhe serviu para esse uso é recolhida para os doentes; eles bebem dela, durante nove dias, em jejum e devotamente; depois disso, encontram-se curados, "sem outra medicina".[5] Essa

---

4. Cf. *Vida anônima*, ed. Luard, *Lives of Edward the Confessor*, p. 429, e, sobretudo, Osberto de Clare, op. cit., cap. XIV, XV, XVI, XVII (onde se encontrarão referências às passagens correspondentes das outras biografias); ver também Adolp Franz, *Die kirchlichen Benediktionen*, I, p. 79 ss., e sobretudo p. 84.

5. Bibl. Nat. lat. 11.730, fól. 31 v.: "Item post dictam sanctam unctionem et coronacionem regum Francie omnes predicti reges singulares quilibet ipsorum fecit pluries miracula in vita sua, videlicet sanando omnino de venenosa, turpi et inmunda scabie, que Gallice vocatur *escroelles*. Item modus sanandi est iste: postquam rex audivit missam, affertur ante eum vas plenum aque, statim tune facit oracionem suam ante altare et postea manu dextra tangit infirmitatem, et lavat in dicta aqua. Infirmi vero accipientes de dicta aqua et potantes per novem dies jejuni cum devotione sine alia medicina omnino sanantur. Et est rei veritas, quod quasi innumerabiles sic de dicta infirmitate fuerunt sanati per plures reges Francie". Essa passagem já foi reproduzida por D'Achery em suas notas sobre *De vita sua* de Guiberto de Nogent e, segundo ele, por Migne, *P. L.*, 1.156, col. 1.022-23. Sobre o autor, ver uma observação de L. Delisle, *Le cabinet des manuscrits de la Bibl. Nationale*, II, p. 127 (publicada anteriormente, *Bibl. Ec. Chartes*, 1860, p. 421). O pequeno tratado sobre a realeza francesa encontra-se situado no início de uma continuação da crônica martiniana, também de autoria de Estêvão de Conty (fragmento dessa continuação publicado por J. H. Albanès e U. Chevalier, *Actes anciens et documents concernant le bienheureux*

singular superstição não parece jamais ter atravessado a Mancha; até mesmo na França não se encontra mais vestígio dela nos tempos modernos. Mas, na Inglaterra, como veremos mais tarde, a moeda entregue aos escrofulosos se tornou o tema de uma crença, afinal, análoga, com o fluido curativo, tanto num caso como no outro, supostamente se transportando da mão real a uma coisa que essa mão havia tocado. Em torno do núcleo primitivo, formado pelo rito oficial, todo um folclore não podia deixar de pulular.

Os reis, ao realizarem o ato taumatúrgico, não mantinham silêncio. Muito antigamente, os reis da França criaram o hábito de fazer acompanhar o duplo gesto tradicional de algumas palavras consagradas. Godofredo de Beaulieu nos conta, a respeito de São Luís, que, ao tocar as partes doentes, ele pronunciava certas palavras, "apropriadas à circunstância, e sancionadas pelo costume, perfeitamente santas, aliás, e católicas".[6] São essas mesmas palavras "santas e devotas" que, segundo se diz, Filipe, o Belo, em seu leito de morte, ensinou, ou melhor — pois elas não deviam ter nada de muito secreto —, relembrou ao príncipe Luís, seu sucessor.[7] Quais eram elas? Devemos nos resignar a ignorá-las. A fórmula estereotipada que, mais tarde, nossos monarcas adotaram, "O rei te toca, Deus te cura", não é atestada senão a partir do século XVI. Nem essa frase nem qualquer outra análoga parece jamais ter sido empregada no além-Mancha. Não que os soberanos, ali tampouco, permanecessem mudos. Mas o que saía de suas bocas eram somente preces.

A religião, é claro, não estava ausente da solenidade francesa. Ela penetrava nela pelo sinal da cruz, e de outras maneiras ainda. O rei, relata Estêvão de Conty, antes de dirigir-se aos doentes, punha-se a rezar. O uso certamente

---

Urbain V, p. 73), onde o último acontecimento relatado é a batalha de Nicópolis (25 de setembro de 1396). O texto citado acima dessa nota não carece de obscuridades: conforme se atribui à palavra *lavat* um sentido ativo ou neutro — dois significados que são, ambos, perfeitamente conformes ao uso clássico —, se deve compreender tanto que o rei lava as feridas como que ele se lava após tê-las tocado. Prefiro a segunda interpretação, sendo a primeira — no entanto, em geral aceita — absolutamente contrária a tudo o que, de resto, sabemos a respeito do rito francês.

6. *Histor. de France*, XX, p. 20, c. XXXV (citado abaixo, p. 186, n. 11).

7. Ives de Saint-Denis, *Histor. de France*, XXI, p. 207 c e d: "primogenitum iterum ad se vocatum secretius, praesente scilicet solo confessore, instruxit de modo tangendi infirmos, dicens ei sancta et devota verba quae in tangendo infirmos dicere fuerat assuetus. Similiter docuit eum quod cum magna reverentia, sanctitate et puritate deberet illum contactum infirmorum et mundis a peccato manibus exercere". A entrevista de 26 de novembro de 1314 entre Filipe, o Belo, moribundo, e o herdeiro do trono também é atestada pelo relatório do enviado do rei de Maiorca (o qual ignora o que nela foi dito), *Bibl. Ec. Chartes*, LVIII (1897), p. 12.

era antigo; tratava-se, porém, de algo mais do que uma oração silenciosa? No século XVI, surgirão fórmulas especiais para essa ocasião, mas muito curtas, e carregarão consigo, aliás, o vestígio de lendas tardias.[8] Diante dessa pobreza, a Inglaterra nos oferece extrema riqueza: lá, o cerimonial do toque adquiriu a aparência de um verdadeiro serviço litúrgico, no qual o rei, assistido por seu capelão, era quase um oficiante. Infelizmente, a liturgia inglesa da escrófula não deixou monumentos anteriores aos tempos modernos; o primeiro "serviço para a cura dos doentes" que chegou até nós data de Henrique VIII, talvez de Henrique VII. Não há nenhuma dúvida, entretanto, de que ele encerra composições muito mais antigas nem, sobretudo, de que esse desenvolvimento ritual tão particular remonta a um passado muito distante. Thomas Bradwardine, capelão de Eduardo III, num tratado filosófico escrito em 1344, já observava que seu rei, antes de curar, "se entregava a preces".[9] Muito melhor do que isso: desde o século anterior, as contas da Casa Real inglesa, para exprimir que o rei toca os doentes, dizem não somente, como já indiquei, que eles os "assina", mas também, e com frequência ainda maior, que ele os "abençoa": termo que se tornou quase clássico; isso é encontrado no próprio Bradwardine e no médico John of Gaddesden.[10] Por certo, como se perceberá mais tarde, o valor atribuído à bênção real, em si mesma, não era naquela época próprio à Inglaterra. O poder sagrado que se emprestava à mão do soberano se manifestava num gesto protetor dessa espécie, como naquele que devia supostamente expulsar a doença. As pessoas deviam, ao que parece, ser naturalmente conduzidas a confundi-los. No entanto, os documentos franceses nunca estabelecem essa conexão. Na Inglaterra, ao contrário, ela era certa. Isso porque os ingleses tinham diante dos olhos um cerimonial de cura, que parecia necessariamente requerer o emprego de uma palavra extraída do vocabulário eclesiástico.

De onde veio, entre os dois ritos, esse contraste tão marcante? As razões para isso são obscuras. Talvez — mas se trata apenas de uma hipótese — convenha procurá-las no próprio meio em que a prática inglesa nasceu. Ali, a noção do papel sagrado da realeza havia sido exacerbada pelas polêmicas suscitadas

---

8. Ver p. 275.
9. Ver p. 102, n. 20.
10. Quanto às contas, alguns exemplos, entre muitos outros, em: R. O., *Chancery Miscellanea*, IV, I, fól. 20, 3 de junho de 1278: "tribus egrotis benedictis de manu Regis"; E. A. 352, 18, 8 de abril de 1289: "Domino Hennco elemosinario... die Parasceue, apud Condom... pro infirmis quos Rex benedixit ibidem: xxj. d. st.". Bradwardine: texto citado na p. 102, n. 20. Jonh of Gaddesden, *Praxis medica seu Rosa anglica dicta*, in-8, s.l.n.d. [1492], fól. 54 v° (cf. p. 120-121).

em torno da reforma gregoriana: se Henrique I reunia em seu entorno muitos clérigos, como "o Anônimo de York", não poderia causar surpresa que ele tenha se deixado persuadir a tomar atitudes quase sacerdotais, posteriormente imitadas por seus sucessores.

Primitivamente, ao que parece, os reis exerciam um pouco ao acaso seu poder taumatúrgico sobre os doentes, à medida que eles se apresentavam. É uma multidão bastante desordenada que Guiberto de Nogent nos mostra se comprimindo em torno de Luís VI. Pouco a pouco, enquanto as grandes monarquias ocidentais se tornavam, em todas as coisas, mais bem policiadas e os hábitos regulares e rotineiros da burocracia começavam a penetrar até mesmo na vida da corte, certa disciplina se introduziu nas formas exteriores do milagre régio. São Luís "tocava seus doentes" todos os dias, ao que parece, ou pelo menos todos os dias em que se via por eles solicitado, mas somente numa hora determinada, após sua missa; os retardatários passavam a noite no palácio, onde um alojamento e víveres eram preparados para eles, e compareciam no dia seguinte, no momento oportuno, perante o rei. O hábito de praticar o rito sem periodicidade regular ainda existia na França sob Filipe, o Belo; o mesmo ocorria na Inglaterra, por volta da mesma época, sob os três Eduardos. Lá, ele se manteve até o final do século XV; Henrique VII não parece ter tido data fixa para o toque. Na França, ao contrário, sob Luís XI, agrupavam-se os doentes de maneira a serem conduzidos perante o rei somente um dia por semana; era seguramente um ganho de tempo notável para um monarca ativo e ocupado.[11]

Também na França se adotou o costume, o mais tardar a partir do século XV, de operar uma triagem entre a gente pobre que vinha buscar junto a seu soberano o alívio de seus males, agora que a especialidade do augusto médico estava bem estabelecida: ele curava a escrófula, e somente a escrófula. Convinha, portanto, admitir na sua presença somente doentes atingidos por essa afecção; abrir a porta a outros teria sido impor ao príncipe perdas de tempo inúteis, e talvez também arriscar comprometer seu prestígio, fazendo-o realizar gestos curativos destinados, segundo se acreditava, a permanecer seguramente ineficazes. Daí um primeiro diagnóstico mais ou menos sumário, cujo cuidado foi decerto confiado, naquela época, ao médico da corte; todo aquele que desejasse obter a graça do toque régio devia submeter-se primeiro a esse exame. Isso nem sempre se dava sem

---

11. No que diz respeito a São Luís, ver sua vida por Guillaume de Saint-Pathus, ed. Delaborde (*Collection de textes pour servir à l'étude... de l'histoire*), p. 99. Para Filipe, o Belo, e os soberanos ingleses, ver as contas enumeradas no "Apêndice I", p. 415. Para Luís XI, ver Commines, VI, c. VI, ed. Maindrot (*Collection de textes pour servir a l'etude... de l'histoire*), II, p. 41.

gritarias. Um dia, Carlos VII se encontrava em Langres e um certo Henri Payot, ferrador, residindo perto daquela cidade, quis levar até ele sua irmã, que diziam ser escrofulosa; a gente do rei recusou-se a admitir essa pessoa com o argumento de que ela não tinha escrófula; Henri Payot, já amargurado pelas perdas que as guerras lhe fizeram sofrer, vingou-se desta última decepção por meio de palavras más: ele invocou a maldição divina sobre seu soberano e sobre a rainha e tratou os esposos reais de louco e louca. Tais palavras, com outras igualmente chulas, foram a tal ponto repetidas que o infeliz teve, mais tarde, de obter uma carta de remissão, pela qual deve ter pagado uma bela quantia.[12]

A generosidade para com os pobres deste mundo era um dever que a consciência moral da Idade Média impunha com muita força aos soberanos. Eles o cumpriam sem parcimônia. Todo aquele que percorreu as contas de gastos das casas reais, tanto na França, onde os documentos dessa espécie são infelizmente muito raros, como na Inglaterra, onde eles se encontram infinitamente mais bem conservados, sabe que as esmolas ocupam nelas um lugar com efeito grande.[13] Ora, entre os doentes que vinham pedir a cura aos reis, encontravam-se muitos miseráveis. Logo se adquiriu o hábito de entregar-lhes algum dinheiro. Ao que parece, na França, sob Filipe, o Belo, contemplavam-se, em princípio, apenas aqueles que vinham de longe, os estrangeiros e os nacionais provenientes das extremidades do reino, e o valor da doação era variável, indo de 20 soldos — quantia que, pelo menos em 1307 e 1308, parece ter constituído a taxa normal — a 6 e até mesmo 12 libras.[14] Não falarei dos reinados seguintes: de Filipe IV a Carlos VIII faz-se absolutamente ausente qualquer informação dessa espécie. Na Inglaterra, sob Eduardo I, Eduardo II e Eduardo III, a esmola dos escrofulosos foi sempre a mesma: um denário.[15] Ela era muito menor do que na França porque era muito mais amplamente difundida. Com efeito, todos os doentes, ou quase todos, participavam da distribuição; quando muito, podemos supor que, nos primórdios, alguns, os mais nobres, os mais ricos, se

---

12. O que precede segundo a carta de remissão datada de Romorantin, 23 de outubro de 1454, e concedida a Henri Payot, "pobre homem simples, ferrador, residente a Persay le Petit ou bailiado de Sens e diocese de Langres": Arch. Nat. JJ. 187, fól. 113 v° (assinalada por Charpentier, suplemento ao artigo *scroellae* du *Glossarhim* de Du Cange).
13. O que segue segundo as contas reais, estudadas abaixo, no "Apêndice I".
14. Sem nenhuma dúvida, em conformidade com os hábitos da Casa Real e embora as contas não o indiquem expressamente, em moeda parisis.
15. Os mais pobres podiam, aliás, receber socorro alimentar adicional: E. A. 350, 23, semana iniciada no domingo, 12 de julho de 1277: "Sexaginta et undecim egrotis benedictis de manu regis per illam ebdomadam de dono regis per elemosinarium suum v. s. xj. d. In pascendis quinque pauperibus dictorum egrotorum per elemosinarium regis vij d. ob.".

mantivessem à parte. Tais exceções devem ter sido extremamente raras; caso contrário, os inventários de pagamento não teriam atingido os formidáveis números que em breve citarei. Elas certamente desapareceram muito rápido; nos tempos modernos, já não existiam mais. A moeda se tornara, então, aos olhos do público, um instrumento essencial do rito; não recebê-la das mãos do rei teria sido, quando muito, ser miraculado pela metade. Estudarei em seguida, com mais detalhes, essa superstição; eu faço questão de mencioná-la desde já; ela interessa à Idade Média por suas origens longínquas, pois não se poderia explicar seu nascimento senão pelo hábito muito rapidamente difundido na corte inglesa de fazer acompanhar, em todos os casos, o gesto curativo dos reis de uma esmola.

Acabamos de ver por meio de quais ritos e em meio a qual cerimonial os reis exerciam seu maravilhoso poder. Resta-nos perguntar que êxito suas pretensões alcançavam junto ao público. Eles se apresentavam como taumaturgos: quem acreditava neles? Apresentavam-se como médicos: quem foi sua clientela?

§ 2. A POPULARIDADE DO TOQUE

Lembramos que, na Inglaterra, sob os três reinados sucessivos de Eduardo I, Eduardo II e Eduardo III (1272-1377), todos os doentes, ou quase, recebiam, após terem sido tocados, uma pequena esmola, cujo valor era invariavelmente fixado em um denário. Dispomos de algumas contas que nos dão, para diferentes períodos, o montante desses pagamentos, quer globalmente para todo o exercício concernido, quer, o que é ainda preferível, por dias, semanas ou quinzenas. Deixemos esses números falarem. Eles possuem uma espécie de eloquência brutal. Em seguida, nos dedicaremos a comentá-los.[16]

---

16. Para todos os detalhes técnicos sobre as contas, inglesas ou francesas, ver o "Apêndice I". Neles, encontra-se, em particular, a lista das contas da Casa Real inglesa que consultei, ano por ano, o que me permitirá simplificar aqui as referências. Para interpretar as informações fornecidas pelas contas de Eduardo I, recorri a Henry Gough, *Itinerary of King Edward the first*, 2 v. in-4º. Paisley, 1900; cf. também o itinerário do mesmo príncipe, por Th. Craib, do qual existe no Record Office de Londres um exemplar datilografado; a ser completado, para as estadias de Eduardo I na Aquitânia, por Charles Bémont, *Roles gascons* (doc. inéditos), III, p. IX ss. Quanto a Eduardo II, utilizei C. H. Hartshorne, *An itinerary of Edward II*; British Archaeological Association, *Collectanea Archaeologica*, I (1861), p. 113-144. Não ignoro que esses diferentes itinerários, estabelecidos com base em documentos de chancelaria, pediriam para ser verificados, e certamente retificados, em seus detalhes, com a ajuda das próprias contas da Casa Real; mas me faltou tempo para fazer esse trabalho; e, aliás, para o objeto que eu tinha em vista, somente as grandes linhas importavam.

Dos três soberanos que citei, o mais antigo aparece em nossas fontes, infelizmente demasiado incompletas para permitir comparações seguras, como o detentor do "recorde" do milagre. Eduardo I "abençoou" 983 indivíduos durante o 28° ano do reinado; 1.219 durante o 32° ano; durante o 18°, 1.736. Eis alguns outros anos um pouco menos brilhantes: no 25°, 725; no 5°, 627; no 17°, 519; por fim, no 12°, 197.[17]

Passemos para Eduardo II. O único número anual que conhecemos a seu respeito é fraco: 79 pessoas tocadas durante o 14° ano de seu reinado (8 de julho de 1320 a 7 de julho de 1321). Mas outras informações, que não se agrupam no mesmo quadro cronológico, dão de seu poder medicinal uma ideia um pouco menos desfavorável: em 1320, de 20 de março a 7 de julho, durante, portanto, um período de quatro meses, ele viu se apresentarem diante dele 93 doentes; em 1316, de 27 de julho a 30 de novembro, espaço de tempo muito levemente superior ao precedente, 214.[18]

Eduardo III, de 10 de julho de 1337 a 10 de julho de 1338, realizou 136 curas. Foi um ano bastante pobre. Ele não deve ser considerado típico. De 12 de julho de 1338 a 28 de maio de 1340 — pouco mais de 22 meses —, o número dos miraculados atingiu 885; tem-se, em média, portanto, algo muito próximo de quinhentos por ano. Em contrapartida, de 25 de janeiro de 1336 a 30 de agosto de 1337 — 19 meses —, não houve mais que 108 delas.[19]

---

17. O 28° ano do reinado vai de 20 de novembro de 1299 a 19 de novembro de 1300; o 32°, de 20 de novembro de 1303 a 19 de novembro de 1304; o 18°, de 20 de novembro. de 1289 a 19 de novembro de 1290; o 25°, de 20 de novembro de 1296 a 19 de novembro de 1297; o 5°, de 20 de novembro de 1276 a 19 de novembro de 1277; o 17°, de 20 de novembro de 1288 a 19 de novembro de 1289; o 12°, de 20 de novembro de 1283 a 19 de novembro de 1284. Obtive esses resultados adicionando os números apresentados, nos maiores detalhes, pelas diferentes contas mencionadas na p. 421, n. 16 e 17, e p. 422, n. 18. De Eduardo I (no Record Office, sob a cota *Chancery Miscellanea*, IV, I) há uma espécie de livro de caixa da Casa Real, estendendo-se de 31 de janeiro de 1278 a 19 de novembro do mesmo ano. Não pude utilizá-lo para as estatísticas do toque porque, ao lado de menções perfeitamente claras, tais como "pro x x x egrotis egritudinis Regis" (9 v°), "pro c xij egrotis de morbo regio curatis" (II v°), ele contém outras que se apresentam simplesmente sob a forma "pro egrotis", de tal modo que não se pode determinar se contemplam esmolas feitas a doentes quaisquer ou a escrofulosos tocados pelo rei. Ademais, não se podem levar em conta as menções "pro infirmis" das listas de esmolas do ano 21, E. A. 353, 16.
18. O primeiro número fornecido por Brit. Mus. Add. mss. 9.951, fól. 3 v°; o segundo por Add. mss. 17.632, fól. 5; o terceiro resulta da adição dos artigos detalhados da conta analisada em *Archaeologia*, XXVI, p. 319-320 (cf. p. 105, n. 25).
19. Para o primeiro número, E. A. 388, 5 (rolo, última membrana); para o segundo, R. O., *Treasury of Receipt, Miscellaneous Books*, 203, fól. 177; para o terceiro, Brit. Mus., Cotton

Em seu conjunto, esses números são imponentes. Eles dão uma ideia elevada do prestígio taumatúrgico dos plantagenetas. Thomas Bradwardine, que morreu em 1349 na condição de arcebispo da Cantuária, nos informa, numa obra composta na época em que ainda era capelão de Eduardo III, que os milagres realizados por seu senhor eram atestados "pelos doentes curados, pelas pessoas presentes no momento das curas ou que haviam visto seus efeitos, pelos povos das Nações, pelo renome universal".[20] Por acaso ele exagerava a popularidade do rito inglês? Poderíamos estar tentados a acreditar nisso, se as contas não nos convidassem a levar suas afirmações a sério. O renome que ele invoca não é uma figura de retórica; ele impelia multidões inteiras na direção dos reis da Inglaterra, por vezes mais de mil homens por ano.

Nenhum documento nos fornece, sobre a atividade médica dos reis da França, dados numéricos precisos. Deve-se supor, entretanto, que sua reputação na mesma época não era menor do que a de seus vizinhos. Crenças semelhantes, nos dois países, sustentavam um rito semelhante. Filipe, o Belo, como se perceberá mais adiante, não era solicitado apenas por seus súditos imediatos; diante dele, nos dias do toque, apresentavam-se espanhóis, italianos e, entre os franceses, habitantes de feudos longínquos e pouco submissos; segundo todas as aparências, o povo de seus próprios domínios não tinha nele uma fé menos robusta que esses estrangeiros, ou semiestrangeiros. Bradwardine, que reconhece nos príncipes franceses tanto quanto nos plantagenetas o poder taumatúrgico, revela que, "nos dois reinos, o renome, com uma voz unânime",

---

Nero C VIII, fól. 208 (uma indicação relativa à pitança dos pobres, fól. 207 v°, permite determinar, para esta última conta, o período ao qual se aplica o número dos doentes tocados). É possível observar que há coincidência entre os números de Cotton Nero C VIII e os de E. A. 388, 5.

20. Thomae Bradwardini ... *De causa Dei contra Pelagium et de virtute causarum ad suos Mertonenses libri tres*, gr. in-8°. Londres, 1618, I, c. I, corol. par. 32, p. 39. "Quicumque etiam negas miracula Christiana, veni et vide ad oculum, adhuc istis temporibus in locis Sanctorum per vices miraculosa gloriosa. Veni in Angliam ad Regem Anglorum praesentem, duc tecum Christianum quemeunque habentem morbum Regium, quantumeunque inveteratum, profundatum et turpem, et oratione fusa, manu imposita, ac benedictione, sub signo crucis data, ipsum curabit in nomine Jesu Christi. Hoc enim facit continue, et fecit saepissime viris et mulieribus immundissimis, et catervatim ad eum ruentibus, in Anglia, in Alemannia, et in Francia circumquaque: sicut facta quotidiana, sicut qui curati sunt, sicut qui interfuerunt et viderunt, sicut populi nationum et fama quam celebris certissime contestantur. Quod et omnes Reges Christiani Anglorum solent divinitus facere, et Francorum, sicut Libri Antiquitatum et fama Regnorum concors testantur: Unde et morbus Regius nomen sumpsit". A obra, que tem certo renome na história da filosofia medieval, data de 1344. Cf. F. Ueberweg, *Grundriss der Geschichte der Philosophie*, II, *Die mittlere... Zeit*, 10. ed., 1915, p. 586.

proclamava o milagre régio. No que diz respeito à Inglaterra, os documentos confirmam, em todos os aspectos, o seu testemunho; o mesmo certamente ocorreria com as fontes francesas, casos elas fossem mais completas.

Mas os números ingleses, em seu conjunto tão consideráveis, são, no detalhe, extremamente variáveis. Não parece que essas diferenças provenham da maneira como as informações nos foram transmitidas; as contas da Casa Real que utilizamos não eram menos cuidadosamente estabelecidas sob Eduardo III do que sob Eduardo I, assim como não o eram menos durante o décimo segundo ano do reinado deste último do que durante o décimo oitavo; os números mais baixos não são menos dignos de crédito do que os mais elevados. Por que essas irregularidades?

Para alguns anos, a razão é simples. O rei está em guerra ou viajando; por isso não pôde realizar senão um ou outro rito pacífico e que se pratica apenas muito excepcionalmente fora do solo nacional; por vezes, durante muitos meses, ele se viu absolutamente impedido de realizá-lo. De 20 de novembro de 1283 a 19 de novembro de 1284 (décimo segundo ano do reinado), Eduardo I tocou, como dissemos, apenas 197 pessoas. Observemos, porém, nossa conta mais de perto. Constataremos, a seu respeito, que 185 se apresentaram antes de 15 de março;[21] isso porque, precisamente nesta última data, o plantageneta penetrou no País de Gales, cuja submissão desejava completar; ele ainda se encontrava lá em 19 de novembro. Dos doze indivíduos restantes, três vieram vê-lo durante uma breve estadia no condado de Chester, na fronteira;[22] os nove outros eram sem dúvida soldados ou galeses aliados. Os 983 doentes recenseados entre 20 de novembro de 1299 e 19 de novembro de 1300 (28º ano do reinado) pelos livros contábeis da Casa Real não devem, na realidade, ser imputados aos doze meses. As menções ao toque, nos registros, cessam bruscamente em 12 de dezembro, o que se deve ao fato de que, no dia 13, o rei, com seu exército, entrou na Escócia, ainda em plena revolta. Elas retomam em 3 de janeiro: no dia 1º, Eduardo volta a pôr os pés em terra inglesa. Elas tornam a desaparecer após 24 de junho: em 5 de julho, a corte havia retornado para a Escócia. Os 725 doentes que atribuímos ao 25º ano do reinado (de 20 de novembro de 1296 a 19

---

21. Na verdade, esse número não pode ser estabelecido com exatidão. Segundo o inventário de esmolas E. A. 351, 15, oito doentes foram tocados ao longo da semana iniciada em 12 de março (dia da festa de São Gregório, papa). Seria preciso imputá-los ao período anterior a 15 de março — isto é, à Inglaterra — ou ao período posterior — isto é, ao País de Gales? Adotei a primeira solução, que me parece mais verossímil. Escolhendo a segunda, pouca coisa se alteraria de nossos resultados.

22. Semana iniciada em 17 de setembro (domingo anterior ao dia de São Mateus).

de novembro de 1297) foram, na verdade, abençoados ao longo de um lapso de tempo de pouco menos de nove meses, estendendo-se até 18 de agosto; entre os dias 22 e 27 desse mês, Eduardo atravessou o mar para alcançar Flandres, lugar que ele não deixaria mais até o final do exercício financeiro e onde não pretendeu curar ninguém. Estamos menos bem informados sobre Eduardo III. Os números nos são oferecidos senão globalmente, por longos períodos. Não obstante, salta aos olhos que o número de 885 atendidos para o espaço de cerca de dois anos, que vai de 12 de julho de 1338 até 27 de maio de 1340, não poderia representar a média regular, na medida em que todas as curas operadas durante esse tempo tiveram por palco, como se verá adiante, o continente.

Em outras circunstâncias, ao que parece, os reis reservaram pouco tempo ao rito curativo, pois ocupações mais urgentes lhes deixavam somente folgas medíocres. De 25 de janeiro de 1336 a 19 de julho de 1338, Eduardo III realizou pouco menos de 244 curas;[23] é notável que esse período de fraca atividade taumatúrgica tenha coincidido com um período de extrema atividade diplomática e militar, inteiramente dedicado às preliminares da guerra com a França. Da mesma forma, durante o ano de reinado compreendido entre 1283 e 1284, antes mesmo de ultrapassar a fronteira galesa, Eduardo I abençoou, em quatro meses, somente 187 pessoas, número sensivelmente mais fraco do que os que ele costumava alcançar; decerto ele dedicava seus dias a discutir ou ordenar as importantes medidas das quais se esperava a submissão do velho país céltico.

Viagens, guerras, preparativos de guerras: nesses fatos fortuitos que forneciam a razão para alguns de nossos números mais baixos, não havia nada que afetasse a crença nas virtudes da mão régia. Não poderíamos nos gabar de saber tudo; outras causas da mesma natureza que nos escapam hoje, como doenças do soberano, festas da corte, epidemias, penúrias, insegurança das estradas, puderam, em outros momentos, desviar os augustos médicos de sua tarefa taumatúrgica ou aplacar, por um instante, a multidão de fiéis. Seria inútil pretender explicar todas as irregularidades de nossas estatísticas ou mesmo da maioria delas por sabe-se lá que flutuações na fé no milagre da escrófula.

---

23. Foram 108 de 25 de janeiro de 1336 a 30 de agosto de 1337; 136 de 10 de julho de 1337 a 10 de julho de 1338, em um total de 244; mas os números se sobrepõem. Podemos observar que o Controle do Guarda-roupa dos anos 8 a 11 de Eduardo III, Brit. Mus., Cotton Nero C VIII, qui (fól. 200 v° a 208), que contém um *Titulus de elemosina* estendendo-se de 31 de julho do ano 8 (1334) a 30 de agosto de 1337, não apresenta para o período de 31 de julho do ano 8 a 24 de janeiro do ano 10, isto é, de 31 de julho de 1334 a 24 de janeiro de 1336, nenhuma indicação de doentes tocados. Durante quase todo o período, Eduardo esteve na Escócia, ou então nos condados do Norte, ocupado pela aventura escocesa.

Todas as três contas de Eduardo III que conservamos nos apresentam números notavelmente mais baixos que os do reinado de Eduardo I; deve-se ver nesse fato a prova de um declínio da crença? Não temos o direito de fazê-lo, pois nenhum desses documentos se refere a um período que possamos considerar normal. No entanto, as estatísticas do toque merecem o interesse do historiador que procura retraçar em suas nuances a evolução do lealismo monárquico. Os textos literários, os documentos oficiais nos oferecem desse sentimento apenas uma imagem frequentemente deformada e, em todos os casos, suspeita; nossas contas, na Inglaterra e mesmo na França, nos permitem flagrá-lo em ação, numa de suas manifestações mais características e mais espontâneas; por vezes, excepcionalmente, eles registram até mesmo suas variações.

Vejamos, primeiro, Eduardo II. Todos os cronistas, seguidos pela maioria dos historiadores modernos, concordam em nos dar a impressão de que esse príncipe, de caráter e inteligência medíocres, mal aconselhado, suspeito de possuir vícios repugnantes, traído, além disso, por seus próximos e destinado ao mais miserável dos fins, foi um soberano impopular.[24] Mas o testemunho deles abre espaço para a dúvida; pode-se temer que muito simplesmente ele reflita os ódios de alguns grandes senhores. O que pensava o povo comum? Interroguemos nossas contas. Todos os três números que elas nos fornecem para esse reinado são bastante baixos, sem que nenhum deslocamento para fora das fronteiras ou quaisquer preparativos militares possam explicar sua pobreza.[25] Acima de tudo,

---

24. T. F. Tout, *The Place of the Reign of Edward II in English History* (*Manchester Historical Series*, XXI), 1914, p. 9, escreve: "Chroniclers do not often all agree, but their agreement is absolutely wonderful in dealing with the character of Edward of Carnarvon". (N. T.: "É raro que todos os cronistas concordem, mas seu acordo é absolutamente maravilhoso no que diz respeito ao caráter de Eduardo de Carnarvon".)

25. Convém, para ser absolutamente exato, observar que, de 20 de junho de 1320 a 21 de julho do mesmo ano, Eduardo II fez uma curta viagem à Picardia (cf. *Collectanea Archaeologica*, I (1861), p. 135 ss.). É preciso, portanto, do período entre 20 de março e 7 de julho de 1320, durante o qual ele tocou 93 doentes, deduzir dezoito dias de ausência, e do décimo quarto ano do reinado (iniciado em 8 de julho de 1320), subtrair catorze dias: reduções demasiado fracas para poder afetar sensivelmente somas totais que incidem, de um lado, sobre uma duração de quatro meses, e, de outro, sobre um ano inteiro. Conheço a conta do décimo ano do reinado (8 de julho de 1316 a 7 de julho de 1317) apenas por meio da análise apresentada em *Archaeologia*, XXVI, p. 318 ss.; embora essa análise seja completa, ela contém menções ao toque apenas para o período que se estende de 27 de julho a 30 de novembro de 1316; a ausência de menções dessa espécie para o resto do ano me parece difícil de explicar. A conta se encontra conservada na biblioteca da Sociedade dos Antiquários de Londres. Que o presente trabalho possa motivar um erudito inglês a procurar a solução para o pequeno problema que acabo de assinalar.

eles vão diminuindo: em 1316, 214 doentes foram abençoados em cerca de quatro meses; de 20 de março de 1320 a 7 de julho do mesmo ano, espaço de tempo sensivelmente semelhante, apenas 93; de 8 de julho de 1320 a 7 de julho de 1321, um ano, caíram para 79. Os anos 1320-1321 são aqueles em que, diante do frágil rei, emerge seu sobrinho, Tomás de Lancaster, ele também uma personagem de valor bastante magro, mas da qual a consciência popular fez um herói; quando faleceu, em 22 de março de 1322, sob o machado do carrasco, foram-lhe atribuídos milagres;[26] não há nenhuma dúvida de que, desde 1320, a popularidade de Eduardo empalidece diante da estrela continuamente ascendente de seu rival. A um monarca sem prestígio não se pediam mais curas.

Vimos acima que, em 1299-1300, a força taumatúrgica de Eduardo I parecia bruscamente chegar ao fim quando esse príncipe pôs o pé sobre o solo escocês: isso decorreu do fato de a Escócia estar então quase inteiramente sublevada contra os invasores ingleses. Coloquemo-nos agora, porém, nessa mesma região durante o 32º ano do reinado (1303-1304). A conquista do país se completa; muitos antigos inimigos se aliam; em fevereiro, o próprio regente e a maioria dos condes fazem sua submissão; a anexação entra nos costumes. Até 25 de agosto de 1304, Eduardo reside ao norte do Tweed; ali, ele abençoa — a partir de 20 de novembro de 1303 — não menos do que 995 doentes. Não se poderia supor que todo esse povo que compareceu diante dele se compusesse unicamente de ingleses vindos no seu rastro; com certeza havia entre eles muitos escoceses. Naquele país outrora rebelde, muitas pessoas começavam a reconhecer o plantageneta como rei legítimo: imploravam por milagres de sua parte.

Os reis da França e da Inglaterra pretendiam igualmente ao poder de curar. Ora, o rei da Inglaterra possuía sobre o continente terras que ele recebera, como feudos, do rei da França. Nessas regiões semifrancesas e semi-inglesas, para qual desses dois taumaturgos rivais se dirigiam os escrofulosos? Temos a conta, muito detalhada, das curas operadas por Eduardo I ao longo de uma viagem que ele realizou, durante a primeira parte do décimo sétimo ano de seu reinado, em seus Estados da Aquitânia; ali, ele tocou alguns doentes, em Condom, em Condat, perto de Libourne, e em outros lugares, mas muito pouco: 124 em cerca de sete meses; de volta à Inglaterra, a partir de 12 de agosto, em pouco mais de três meses, ele veria se apresentarem diante dele 395 pessoas.[27]

---

26. Cf. J. C. Davies, *The Baronial Opposition to Edward II*. Cambridge, 1918, p. 109.
27. Rol de esmolas, E. A. 352, 18. Entre 29 de junho e 1º de julho, Eduardo passou por Poitou e desembarcou em Dover em 12 de agosto; nesse intervalo, ele pousou ou viajou pelo reino da França, fora de seu feudo na Aquitânia; evidentemente, não tocou ninguém. É verdade que, entre 29 de julho e 4 de agosto, pelo menos, ele pousou no pequeno condado

Aparentemente, o prestígio do senhor de feudo prejudicava, junto aos habitantes de Bordeaux ou da Gasconha, o do vassalo. Aliás, teremos mais adiante a ocasião de constatar que, com efeito, ninguém desdenhava, até mesmo em Bordeaux, solicitar saúde ao capetíngio.

A situação teve de alterar-se quando os plantagenetas obtiveram o título de rei da França. Em 1297, Eduardo I, ao chegar a Flandres, deixara imediatamente de curar: isso aconteceu em razão de, nessa região nominalmente francesa, e em todo caso sem nenhum vínculo com a coroa inglesa, ele ser apenas um soberano estrangeiro.[28] Ocupemo-nos, entretanto, de Eduardo III. Lembramos que o balanço recapitulativo dos gastos de sua Casa Real, para o período que se estende de 12 de julho de 1338 a 27 de maio de 1340, indica 885 doentes abençoados. Ora, durante esses 22 meses, Eduardo passou na Inglaterra, em duas estadias, menos de quatro meses;[29] todo o resto do tempo ele esteve do outro lado da Mancha, dedicando-se a guerrear contra Filipe de Valois ou a negociar com os senhores e os burgueses dos Países Baixos; percorreu, particularmente, Flandres e as regiões propriamente francesas do Norte; em suma, mal deixou o território daquele reino capetiano que ele reivindicava como sua herança. É difícil acreditar que os 885 miraculados devam ser todos imputados a uma duração inferior a quatro meses ou que tenham todos pertencido ao séquito imediato do monarca inglês: provavelmente, a maioria deles se constituía de gente do continente. O príncipe que, em 26 de janeiro de 1340, recebia, como rei da França, a homenagem do povo de Gante podia perfeitamente exercer sobre o solo da França seu prodigioso poder.

As contas inglesas nos levaram para o nosso solo. Permaneçamos nele; e, remontando a alguns anos antes, a uma época em que a legitimidade dos capetíngios não era contestada, consideremos as tabuinhas de cera que serviam de livros de gastos para os tesoureiros da Casa Real sob Filipe, o Belo. Aquelas que se estendem — tal como foram conservadas — de 18 de janeiro a 28 de junho de 1307, por um lado, e de 1º de julho a 30 de dezembro, por outro,

---

de Ponthieu, nas embocaduras do Somme, que lhe pertencia; ele não parece ter exercido seu poder ali. O último toque no continente se refere à semana encerrada em 26 de junho; o primeiro na Inglaterra, à semana encerrada em 14 de agosto (membrana 4).
28. Cf. também, para a viagem de 1289, na França, fora da Aquitânia, a nota precedente.
29. Eduardo III desembarcou na Antuérpia em 16 de julho de 1338; deixou o continente em 20 de fevereiro de 1340: T. F. Tout em W. Hunt e Reginald L. Poole, *The Political History of England*, III, p. 335 e 344. Os *Itinerários de Eduardo III da Inglaterra durante suas expedições na França*, fornecidos por Jean Lemoine como apêndice à sua edição da *Chronique* de Richard Lescot (Soc. de l'histoire de France), são absolutamente insuficientes.

foram registradas por Renaud de Roye. Essa personagem era um funcionário meticuloso; não satisfeito em indicar muito precisamente o destino das quantias entregues às pessoas "sofrendo do mal régio" — em vez de, a exemplo de seus predecessores, confundi-las com as demais esmolas —, ele não temia obrigar-se a indicar a cada vez o nome e o local de origem do doente: informações infinitamente preciosas para o historiador, ainda que, com a exceção do abade Lebeuf,[30] ninguém até aqui pareça ter percebido o seu interesse. Entre os escrofulosos, nem todos, como sabemos, recebiam quantias em dinheiro; apenas os que vinham de longe tinham direito a elas. As tabuinhas da Casa Real francesa não nos permitem, portanto, estabelecer uma estatística completa, análoga àquelas que nos oferecem os documentos ingleses. Porém, graças ao gênio minucioso de Renaud de Roye, elas fazem reviver com mais relevo as figuras dos miraculados.[31]

Em geral, a condição social dos indivíduos tocados não é especificada. Pode-se, todavia, constatar, sem muita dificuldade, que todas as classes estavam representadas na multidão sofredora que acorria na direção do rei. Era certamente uma dama nobre a *demoiselle* Jeanne de la Tour que, em 12 de maio de 1307, em Poitiers, após ter sido tocada, aceitou sessenta soldos das mãos de Vivien, o porteiro.[32] Os religiosos não temiam recorrer ao terapeuta real: somente nos anos 1307-1308, durante cerca de doze meses e apenas entre os estrangeiros ou os franceses originários de províncias afastadas, viu-se a chegada de um agostiniano, dois irmãos menores, uma franciscana.[33]

Ordinariamente, não detemos os nomes dos doentes que residiam na vizinhança da corte, isto é, naqueles anos de 1307 e 1308 em que Filipe, o Belo, rumando para o sul, não ultrapassou Poitiers, habitando as regiões do norte: isso porque, em princípio, não recebiam esmola de nenhum tipo. Não obstante, a Normandia com Elbeuf, Artois com Montreuil-sur-Mer, a Champagne com

---

30. *Mémoire touchant l'usage d'écrire sur des tablettes de cire*; Mém. Acad. Inscriptions, XX (1753), p. 307: "indicavam-se ali o nome, a qualidade e a região das pessoas a quem elas [as esmolas] eram dadas: o que merece ser observado em detalhes".
31. As tabuinhas de Renaud de Roye encontram-se publicadas no *Recueil des Historiens de France*, XXII, p. 545-565; as referências que seguirão se referem às páginas desse livro. As tabuinhas são de difícil leitura, e, para alguns dos artigos relativos ao toque, a menção ao local de origem não pôde ser lida pelos editores; não se levarão em conta, abaixo, esses artigos. Confrontei a edição com a cópia antiga das tabuinhas de 1307 contida no manuscrito da Bibl. Nat. lat. 9.026.
32. Op. cit., 554 d: "Domicella Johanna de Torre, patiens morbum regium, ibi tune, LX s. per Vivianum". No que diz respeito às funções de Vivien, cf. ibidem, 511 j, 538 f e 543 e.
33. Ibidem, 560 k, 557 h e 553 k.

Hans, perto de Sainte-Menehould, aparecem, a título excepcional, entre os locais de origem anotados por Renaud de Roye; certamente, Agnès d'Elbeuf, Gilette la Châtelaine de Montreuil e Marguerite de Hans eram mulheres pobres, às quais não se pôde recusar algum dinheiro.[34] As menções relativas a regiões mais afastadas oferecem um interesse particularmente vivo. Vê-se, por meio delas, que a virtude taumatúrgica do capetíngio contava com adeptos nas províncias do Centro, tão apartadas de tudo, no Toulousain, vinculado pouco tempo antes à unidade francesa, na Bigorre, distante vale da região dos Pireneus sequestrado pelo rei havia menos de vinte anos, sobre as terras dos grandes vassalos, na Borgonha, na Bretanha mais do que semi-independente, em Montpellier, que obedecia ao rei de Maiorca, e em Bordeaux, capital continental do plantageneta.[35]

Reflitamos por um instante sobre esses fatos. Estamos em 1307 e 1308: anos trágicos, ao longo dos quais necessidades de dinheiro, cada vez mais intensas, vão precipitar a monarquia capetiana no escandaloso caso dos Templários.[36] Não há nenhuma dúvida de que a fiscalidade real começa a pesar sobre o povo de maneira quase insuportável. O que isso importa! De todos os cantos do reino, os doentes partem para ver o rei da França. Quando, em Guingamp, em plena Bretanha de língua bretã, ou então nas aldeias das redondezas de Toulouse, região da língua occitana, antiga região albigense, pessoas pobres se sentem atingidas pela escrófula, elas pegam seu bastão de viagem e, por caminhos difíceis e, por vezes, perigosos, alcançam os castelos da ilha de França ou do vale do Loire, onde vive seu soberano; vêm pedir-lhe um milagre. Em 13 de dezembro de 1307, em pleno inverno, estando a corte em Nemours, à beira do

---

34. Ibidem, 558 b, 559 b, 558 b.
35. Ibidem, La Souterraine (Creuse); 557 e; La Marche (?), 557 h; Toulouse e Toulousain, 554 c, 558 g e 558 l; Bigorre, 561 a; Borgonha, 558 l; Nantes, 557 c; Guingamp, 557 c; Montpellier, 558 c; Bordeaux, 553 k. Para a situação política ou feudal dessas regiões ou dessas cidades, bastará remeter, de uma vez por todas, a Auguste Longnon, *La formation de l'unite francaise*, 1922. A quantia entregue à irmã Agnes, franciscana de Bordeaux, é anormalmente elevada: doze libras, número que não tornamos a encontrar senão para cada um dos quatro indivíduos vindos, pouco tempo antes, da Lombardia e de Navarra para serem tocados (553 j). Será que o governo real fazia questão de atrair, por meio da isca de uma bela esmola, doentes súditos do rei da Inglaterra? (Cf., aqui, p. 301-302, para a política adotada em relação aos espanhóis no século XVI.)
36. Caso judicial de grande amplitude que opôs a realeza francesa à Ordem do Templo, acusada, em 1307, de diversos crimes, incluindo heresia, idolatria e sodomia. O processo se encerraria em 1314, com a dissolução da Ordem, a execução de seu líder Jacques de Molay e a dispersão de seus bens (N. T.).

Loing, viu-se chegar um homem chamado Guillelmus; seu ponto de partida era Hauban, na Bigorre, nos terraços que dominam o Alto Adour; ele tomara a estrada longa para obter a graça de ser tocado.[37] Com tudo o que elas nos dizem a respeito da realeza, de seu prestígio e de seu papel sagrado, as obras literárias podem igualar em eloquência a história desse humilde fiel?

Languedocianos, bordelenses, bretões, por mais que vivessem longe de Paris, eram, afinal, franceses: era de seu rei que eles esperavam a cura. Da mesma forma, os escoceses abençoados por Eduardo I, a quem eles tinham se aliado, e os flamengos abençoados por Eduardo III, herdeiro autêntico, ao seu ver, da coroa francesa, esperavam um prodígio desses monarcas apenas porque os consideravam seus senhores legítimos. No doloroso cortejo que se agrupava em torno dos príncipes taumaturgos, por acaso se via, em ambos os lados da Mancha, aparecerem estrangeiros propriamente ditos? Bradwardine relata que, na direção de seu soberano, "as pessoas se precipitavam em massa, da Inglaterra, *da Alemanha, da França*, de todos os lugares".[38] As contas inglesas, que forneciam apenas números, não permitem controlar essa afirmação; mas devemos, ao que parece, dar alguma confiança a esse capelão real; suas próprias funções o chamavam a auxiliar seu senhor na realização do rito milagroso; ademais, sempre encontramos, até aqui, exatidão em suas afirmações. Entre os milhares de homens que se fizeram tocar pelos plantagenetas, certamente havia alguns que não eram seus súditos. Quanto aos capetíngios, as tabuinhas da Casa Real, na época de Filipe, o Belo, nos oferecem uma imagem vívida de sua reputação europeia.

A princípio, as terras do Império. Ao longo de toda a fronteira ocidental da França estendia-se uma faixa de terreno alongada de norte a sul — o antigo lote de Lotário nas partilhas carolíngias —, que dependia nominalmente do soberano alemão, mas que, na verdade, a influência francesa disputava com os imperiais. Lá, Filipe, o Belo, em particular, foi muito ativo. Descreveu-se com frequência sua "política de expansão",[39] embora, ordinariamente, dela se

---

37. Ibidem, 561 a: "Guillelmus de Alba in Bigorra, paciens morbum regis, ibi tunc, xx s. per Petrum de Carnoto". A identificação de *Alba* como Hauban (Altos Pireneus, cant. Bagnères-de-Bigorre) é apenas conjetural; na verdade, pouco importa, pois a localização regional é dada de modo incerto pela palavra *Bigorra*.
38. Em 1344 — data do tratado de Bradwardine —, os franceses, aos olhos de um leal adepto dos plantagenetas, podiam passar por súditos de Eduardo III; mas os alemães permaneciam como incontestáveis estrangeiros.
39. Esse é o título do bem conhecido livro de F. Kern, *Die Anfänge der französischen Ausdehnungspolitik bis zum Jahr 1308*. Tubinga, 1910.

retenha somente o que assinalam as crônicas ou os documentos da diplomacia: tratados com as cidades ou os senhores, processos judiciais, contratos de *pariage*.[40] No entanto, gostaríamos de ir mais a fundo; gostaríamos de descobrir o que, nas regiões em que, pouco a pouco, se insinuava o poder capetiano, as multidões pensavam do rei das flores-de-lis. Mas como fazê-lo? Pelo menos sabemos, graças a Renaud de Roye, que, segundo a ocasião, elas recorriam a ele como a um fazedor de milagres. Acreditava-se na eficácia do toque na Lorena, e particularmente na pequena cidade de Metz, cujos bispos, no decorrer dos últimos anos, haviam visto sua aliança ser diversas vezes procurada pelo governo francês. Também se acreditava nela mais ao sul, em Lausanne, na Saboia e, sobre as margens do Ródano, em Tarascon, em Provença.[41]

A mesma fé florescia ainda mais longe, em regiões mais puramente estrangeiras: além dos Pireneus, não somente naquele pequeno reino de Navarra que a rainha da França trouxera como dote ao seu esposo, mas também na Espanha propriamente dita; no além-Alpes, sobretudo. Somente nos anos de 1307 e 1308, o rei viu diante dele, pelo menos, dezesseis italianos: alguns lombardos — particularmente, gente de Milão, de Parma e de Piacenza —; Giovanni de Verona, quatro venezianos, um toscano, alguns romanhóis, uma mulher de Urbino, um *frate* dos arredores de Perúgia.[42] Estamos praticamente na mesma época em que Dante escrevia, a respeito da dinastia capetiana, que essa "planta daninha" estendia por todo lado sua sombra.[43] Essa monarquia invasiva dispunha de muitas armas: entre outras, o milagre. Que admiráveis propagandistas não devem ter sido, por exemplo, em seu convento da Úmbria, frei Gregório, da Ordem dos Agostinhos, ou então dama Chiara, em Bolonha, "a Gorda", sua pátria, se porventura aqueles doentes, após terem sido tocados, se viram curados![44]

---

40. No direito feudal, o *pariage* era um contrato de associação entre dois ou mais senhores, garantindo-lhes direito igual e posse indivisa sobre uma mesma terra. (N. T.)
41. Op. cit., Metz: 558 b; Lorena 553 k; Lausanne 554 d; Saboia 551 g; Tarascon 554 b. Sobre Metz, e a diplomacia capetiana, cf. Kern. loc. cit. p. 172 e 144. Pode-se observar que as quantias entregues aos estrangeiros, se são por vezes bastante elevadas, também descem, em outros casos, a vinte soldos, número mínimo e certamente normal das esmolas do toque.
42. Ibidem, Navarra 552 c, 553 j, 554 a; 553 m, 554 c, 557 c e 559 e ("Maria de Garda in Esturia, paciens morbum regis, [...] apud Longum Pontem"); Lombardia, 553 j. e lat. 9.026, p. 13 das tabuinhas "[...] de Lombardia paciens morbum regium" (omitido na edição); Milão, 560 a; Parma, 551 h; Placência, 560 f; *Johannes de Verona*, 558 d; Veneza, 553 f; Romanha, 558 h e 560 h; Bolonha, 553 m; Toscana, 554 c; Urbino, 557 k; "*Gando*" à proximidade de Perúgia, 560 k.
43. *Purg.*, XX, 43 ss.
44. Op. cit., 560 k: "Frater Gregorius de Gando prope Perusium, ordinis sancti Augustini, paciens morbum regis..."; 553 m: "Clara de Bononia Crassa et Maria de Hispania, patientes

A política eclesiástica de Filipe, o Belo, pareceu, por vezes, uma espécie de paradoxo histórico. Esse príncipe, que desferiu no papado um golpe tão rude, era, como não se poderia duvidar, um homem profundamente religioso, um devoto, quase um asceta.[45] Ele nada tinha de um Frederico II de Hohenstaufen. Como explicar sua atitude? Talvez não seja tão difícil resolver esse enigma como se poderia, à primeira vista, supor. Esquece-se com demasiada facilidade quem foi Bonifácio VIII. Esse papa mediocremente legítimo, que devia a tiara apenas à "grande recusa" de seu predecessor, isto é, a uma abdicação obtida em condições suspeitas e de valor duvidoso, esse perseguidor dos Espirituais, parecia um objeto de escândalo para muitos cristãos puros. Foram necessários Sciarra Colonna e Nogaret para transformá-lo em mártir. A despeito de tudo, continua havendo para nós algo de obscuro no estado de alma do piedosíssimo monarca que autorizou ou deixou fazer e, em seguida, cobriu com seu nome o inesquecível atentado; o que dizer da mentalidade de seus servidores, em sua maioria bons católicos, que se mostraram quase sempre mais implacáveis do que ele? O estudo do toque da escrófula talvez projete alguma luz sobre esse problema psicológico. Nogaret e Plaisians, em um memorial explicativo composto em 1310, encerravam um longo elogio ao seu rei com estas palavras, as quais formam, de algum modo, o seu ponto culminante: "Deus, por meio de suas mãos, opera em favor dos doentes evidentes milagres".[46] Não tomemos essa frase por uma argúcia vã de advogado. Para os contemporâneos, ela exprimia um fato incontestável, do qual decorria toda uma maneira de sentir. A mesma esperança que lançava os peregrinos pelos caminhos dos grandes santuários impelia na direção do capetíngio multidões ávidas por cura. Perúgia e Urbino, cidades que, ao menos teoricamente, pertenciam ao Patrimônio de São Pedro, ainda lhe enviavam seus escrofulosos em 1308 — a data merece que nos detenhamos nela —, cinco anos após Anagni. Instrumento eleito das graças vindas De Cima, maravilhoso médico a quem se suplicava, em quase toda a catolicidade, tal qual um santo, o rei da França não era, nem aos olhos de seus súditos, nem aos seus próprios, um simples soberano temporal; havia

---

morbum regium..." (a vírgula introduzida pelo editor entre *Bononia* e *Crassa* deve, é claro, ser suprimida).
45. Cf. Ives de Saint Denis, *Histoire de France*, XXI, p. 202 e 205; Wenck, *Philipp der Schone*, p. 67, n. 2.
46. P. Dupuy, *Histoire du differend d'entre le pape Boniface VIII et Philippe le Bel*, in-4°, 1655, p. 519: "apertaque miracula Deus infirmis, Deus per manus eius ministrat". Sobre a data do memorial, cf. R. Holtzmann, *Wilhelm von Nogaret*. Friburgo em B., 1890, p. 200; Georges Lizerand, *Clement V et Philippe IV le Bel* (tese de Letras, Paris), 1910, p. 209.

em sua figura algo demasiado divino para que ele se sentisse obrigado a curvar a cabeça diante de Roma. Quem saberá um dia que orgulho secreto pôde alimentar, no coração de Filipe, o Belo, a consciência de seu poder taumatúrgico? Ou que reconforto seus fiéis, nas horas difíceis, encontraram no espetáculo dos doentes de todas as nações que se espremiam diante de sua porta?

A segunda metade do século XIV e o século XV quase inteiro foram para as monarquias, primeiramente a francesa, e depois também a inglesa, um período de crise. Na França, a rivalidade dos Valois e dos Plantagenetas, a invasão estrangeira, desordens políticas e sociais de toda espécie, na Inglaterra, as revoluções dinásticas e a guerra civil, abalaram a armadura do Estado. Nessa perturbação, teria a crença no milagre régio permanecido intacta? É o que gostaríamos de saber. Infelizmente, carecemos de informações precisas. As contas francesas desapareceram. Os livros da Casa Real inglesa se conservaram em parte; mas, sobre o assunto que nos ocupa, a consulta seria em vão; para esse período, eles não indicam mais, como anteriormente, o montante das esmolas distribuídas aos escrofulosos. Por vezes, quis-se ver em seu silêncio a prova de que os reis haviam deixado de realizar o gesto curativo, ou pelo menos de que não o realizavam mais com a mesma frequência de antes. Muito equivocadamente, na minha opinião. Ele se explica mais por uma mudança de escrituração: assim como no passado, o esmoler certamente continuava a entregar algum dinheiro aos doentes; contudo, no diário das despesas, os pagamentos feitos por ele a esse título se encontravam confundidos, sob um mesmo artigo, com seus outros desembolsos. Temos o número global das esmolas reais; seu detalhamento nos escapa. De resto, não se poderia duvidar que, tanto na Inglaterra como na França, na época da Guerra de Cem Anos e da Guerra das Duas Rosas, os reis tivessem continuado a tocar a escrófula; textos bastante numerosos e de diferentes tipos — crônicas, obras de medicina ou de polêmica política — certificam isso,[47] mas não permitem medir a popularidade do rito.

Parece difícil, entretanto, que a luta entre os diferentes ramos da família real, da qual a Inglaterra foi o palco, não tenha causado alguma perturbação no sentimento popular. Além disso, não nos encontramos reduzidos, a esse respeito, às conjecturas. Dessa confusão, o grande jurista Sir John Fortescue, que foi um apoiador de Henrique VI, encarregou-se de nos fornecer uma prova marcante. Exilado na Escócia, ao longo dos anos 1461 a 1463, ele escreveu em favor de seu senhor diversos tratados, aos quais ainda temos acesso; nesses

---

47. Texto de Fortescue, citado na próxima nota; textos medicais, p. 119; textos diversos (teologia, filosofia política...), p. 134 ss.

textos, ele nega a Eduardo IV, então em posse do trono, a virtude taumatúrgica; na sua opinião, apenas Henrique VI a detém: "ao contato de suas puríssimas mãos... veem-se ainda hoje os doentes que sofrem do mal régio, aqueles mesmos por quem os médicos se desesperaram, recuperarem, por intervenção divina, a tão desejada saúde; dessa maneira, o Todo-Poderoso se encontra louvado, pois da graça divina decorre a graça da saúde, as testemunhas desses fatos se encontram fortalecidas em sua fidelidade ao rei, o indubitável título desse monarca, com a aprovação de Deus, se encontra confirmado".[48] Assim, os lencastrianos recusavam aos príncipes da casa de York o dom do milagre. Não há nenhuma dúvida de que seus adversários políticos retribuíssem na mesma moeda. Cada campo procurava desacreditar o rito praticado no campo adverso. Como não teria um pouco desse descrédito respingado no rito em geral? O rei legítimo, segundo se acreditava, sabia curar; mas quem era o rei legítimo? A incerteza na qual se permanecia com demasiada frequência sobre esse ponto delicado não podia deixar de conter um pouco o fluxo de doentes, outrora tão impacientes no dia do toque. Dessa baixa da fé não se poderia fornecer, como vimos acima, provas numéricas decisivas; mas temos um indício dela, examinado a seguir.

Pouco depois da Guerra das Duas Rosas, reaparecem nas contas de Henrique VII e Henrique VIII algumas menções relativas ao toque. Elas são raras e, segundo todas as probabilidades, estão incompletas. A maioria dos doentes certamente permanecia à margem do orçamento geral das esmolas, cujo detalhamento continua a nos escapar; conhecemos apenas alguns pagamentos feitos,

---

48. *De titulo Edwardi comitis Marchie*, c. X, em *The Works of Sir John Fortescue... Now First Collected by Th. Lord Clermont*, formando o t. I de *Sir John Fortescue Knight, His Life, Works and Family History*, in-4°. Londres, 1869 ("printed for private distribution"; um exemplar se encontra no Museu Britânico), p. 70*: "virtute cujus debitae sibi unctionis per mundissimorum suarum manuum contactum labe aliqua utpote sanguine homicidii et fame luxuriae incontaminatarum, languentes morbo regio, de quibus medici expertissimi desperarunt, usque in hodiernum diem optatam Domino conferente recipiunt sospitatem ad Dei omnipotentis laudem, de cujus gratia venit gratia sanitatum, ad videntium et assistentium fidelitatis ad ipsum regem constantiam, et sui indubitatissimi tituli, Domino approbante, confirmationem". Para a sequência do trecho, ver abaixo, p. 217. Cf., do mesmo autor, outro escrito da mesma época, a *Defensio juris domus Lancastriae* (ed. Clermont, p. 508; passagem igualmente publicada por Freind, *The History of Physick*, 5. ed., II, 1758, p. [32], e Crawfurd, The king's evil, p. 45 (cf. abaixo, p. 175, n. 37). Nele, Fortescue situa entres os dons régios recusados às rainhas a cura dos escrofulosos. A passagem da *Defensio* se encontra traduzida mais ou menos textualmente num terceiro tratado, ainda da mesma época: *Of the title of the House of York* (ed. Clermont, p. 498; Crawfurd, op. cit., p. 46). Sobre a vida de Fortescue e a cronologia de suas obras, ver Charles Plummer, "Introdução" à sua edição do tratado *On the Governance of England*. Oxford, 1885.

a título excepcional, por pessoas estranhas ao serviço regular das caridades reais e inscritos, por essa razão, nos livros de caixa da Casa Real, que foram em parte conservados até os dias de hoje. Para a época dos primeiros Tudor, assim como para o período imediatamente anterior, é preciso, portanto, renunciar a estabelecer estatísticas anuais comparáveis àquelas cuja matéria nos havia sido fornecida pelos reinados de Eduardo I, Eduardo II e Eduardo III. Porém, em vez de alinhar somas, examinemos em separado nas contas de Henrique VII os diversos artigos que dizem respeito a "curas". Cada miraculado recebe uniformemente seis xelins e oito denários. No tempo dos três Eduardos, a quantia, como já tive a ocasião de observar, era, ela também, fixa, mas muito menos elevada: um denário. Evidentemente, a diferença dos valores não pode ser estabelecida por uma simples comparação numérica; de nada adianta observar que seis xelins e oito denários equivalem a oitenta denários, pois, pela mesma palavra denário, designava-se, na época de Henrique VII, uma quantidade de metal precioso muito menor do que, por exemplo, no final do século XIII; a queda constante das espécies monetárias é um dos traços fundamentais da história econômica da Idade Média. Não se poderia duvidar, entretanto, que a esmola entregue por Henrique VII foi muito superior àquelas com que se contentavam os pacientes de Eduardo I ou mesmo de Eduardo III. Sob este último príncipe, um denário era uma pequena moeda de prata, que pesava pouco menos de um grama e meio.[49] Sob Henrique VII e durante os primeiros anos do reinado de Henrique VIII, seis xelins e oito denários representavam uma moeda de ouro, de peso levemente superior a cinco gramas;[50] era denominada *angel*, pois trazia a efígie de São Miguel Arcanjo. Sob os Tudor, o *angel* era, por princípio, a unidade vinculada ao toque; ele continuaria a desempenhar o mesmo papel sob os Stuart. Seu valor, em moeda de conta, variava como o das outras espécies metálicas, ao sabor da política financeira; em 1526, Henrique VIII o levou para sete xelins e seis denários;[51] isso equivalia a "enfraquecer" a

---

49. Exatamente 22 grãos e 2/9, pelo menos até o 18º ano do reinado; o grão equivale a 0,0648 grama. Mais tarde, o denário caiu progressivamente para dezoito grãos: E. Hawkins, *The Silver Coins of England*, 3. ed. (revista por R. L. Kenyon). Londres, 1887, p. 207.
50. Exatamente oitenta grãos: R. L. Kenyon, *The Gold Coins of England*. Londres, 1884, p. 89. O peso é dado para o reinado de Henrique VIII; mas ele era certamente o mesmo, ou quase, sob Henrique VII. Para tudo o que diz respeito à história monetária do toque sob os Tudor, ver Farqhar, *Royal Charities*, I.
51. Farqhar, I, p. 84. Simplifico um pouco ao dizer "a mesma moeda de ouro", pois o título da moeda variou naquele momento e isso voltaria a acontecer posteriormente, mas pouco importa aqui.

moeda; mas os doentes não foram afetados por essa operação; a partir de então, eles receberam precisamente sete xelins e oito denários; isto é, a mesma moeda de ouro entregue no passado continuou a sê-lo, tanto parecia indispensável não privá-los de certa quantidade, sempre mais ou menos fixa, do precioso metal. Quanto ao poder de compra do numerário, nas diferentes épocas, ele não é, no estado atual da ciência, suscetível de medidas exatas. Sabemos, todavia, que, antes da Peste Negra, um denário formava o salário diário normal de um apanhador de feno, isto é, de um operário bastante mal remunerado; no início do século XVI, o *angel* constituía, para um médico renomado, o preço habitual de uma consulta: percebe-se o contraste.[52] Em resumo, de Eduardo III a Henrique VII, a esmola dos escrofulosos passou da prata para o ouro, e, ao mesmo tempo, seu valor econômico aumentou fortemente. Quando se deu a modificação? Sob Henrique VII ou antes dele? De repente ou por etapas? Não sabemos. Eduardo IV parece ter sido o primeiro rei a cunhar *angels*; mas ele já os empregava para as necessidades do rito curativo? Nada permite afirmá-lo. Uma coisa, entretanto, é certa: essa curiosa transformação que conduz a fazer da esmola entregue aos doentes um verdadeiro prêmio, uma isca oferecida àqueles que teriam hesitado em fazer-se tocar, se produziu durante esse período de crise no qual príncipes rivais, que disputavam a coroa, negavam uns aos outros o direito ao milagre. Simples coincidência? É difícil acreditar nisso. Cada pretendente teve de procurar atrair para si, por todos os meios, os escrofulosos em busca de cura; pois não havia, para falar como Fortescue, "confirmação" mais marcante de um "título" até mesmo "indubitável" do que o dom taumatúrgico. Na França, onde não se assistiu a lutas dessa espécie, a quantia entregue aos beneficiários do toque permaneceu bastante baixa; ela era, sob Luís XII e Francisco I, de dois soldos torneses, quantia equivalente a duas pequenas moedas de prata.[53] Não cumpriria ver na surpreendente elevação da esmola inglesa o efeito de uma escalada entre casas rivais?

---

52. Para o denário, *Statute of Labourers* de 1350, *Statutes*, I, p. 311: "et que nul preigne en temps de sarcler ou feyns faire for que j. d. le jor" (N. T.: "e que, em tempos de sachar ou de recolher feno, ninguém pegue mais do que um denário por dia); acredito dever traduzir *feyns* por *faner* [recolher feno], em razão da proximidade com *sarcler* [sachar] e sobretudo porque, nos artigos seguintes, o salário dos ceifadores de prados está previsto; ele é naturalmente mais elevado: cinco denários por acre ou cinco denários por dia. Para o *angel*, Farqhar, I, p. 73.
53. Ver abaixo, p. 300, n. 3. Sob Luís XII, em virtude da ordenação de 19 de novembro de 1507, o *grand blanc*, que valia 12 d. t., pesava pouco menos de 2,85 gramas; o mesmo ocorreu sob Francisco I até 1519; de 1519 a 1539, o *blanc* (12 d. t.) pesará um pouco menos

A despeito de tudo, a fé no milagre régio sobreviveu vitoriosamente às tormentas políticas. Veremos logo mais de que elementos psicológicos profundos ela tirou sua força de resistência. Mas, na época a que chegamos, ela possuía outros amparos além de tendências de espírito parcialmente inconscientes: a ciência médica, a teologia e a filosofia política se apropriaram dela e lhe deram a sanção da palavra escrita. Vejamos, portanto, em ação os fazedores de livros, e primeiramente os médicos.

§ 3. O TOQUE DA ESCRÓFULA NA LITERATURA MÉDICA DA IDADE MÉDIA

Durante muito tempo, ao que parece, os escritores medicais evitaram qualquer alusão ao poder taumatúrgico dos reis. Na verdade, muitos deles, quer os antigos, quer os árabes, se limitavam a copiar ou a comentar, de modo mais ou menos servil; em boa parte, seu silêncio se explica, muito naturalmente, pelo de seus modelos. Mas existe também, segundo todas as aparências, outra razão, a qual se descobrirá com facilidade quando constatarmos o momento em que o silêncio foi rompido pela primeira vez.

Um *Tratado de medicina* (*Compendium Medicinae*) que gozou, na Idade Média, de certa celebridade chegou a nós sob autoria de Gilberto, o Inglês (*Gilbertus Anglicus*). Sobre essa personagem, nada sabemos de seguro; seu apelido indica que se vinculava, de alguma maneira, à Inglaterra: por sua nacionalidade? Suas origens familiares? Uma estadia que ali fizera? Como dizê-lo? Quanto à data em que foi composto o tratado, podemos fixá-la, sem temor de errar, na primeira metade do século XIII; nenhum outro detalhe é permitido. Essa obra bastante misteriosa é, até onde sei, a primeira de sua espécie a tratar do toque. Lê-se, com efeito, no "Livro III", as seguintes palavras: "A escrófula [...] também denominada mal régio, porque os reis a curam".[54] Simples alusão, como se vê, feita como que de

---

de 2,66 gramas; de 1540 a 1547, o *douzain* (também 12 d. t.), pouco mais de 2,68 gramas. Cf. A. Blanchet e A. Dieudonné, *Manuel de numismatique francaise*, II, p. 308 e 314.
54. Ed. de Lyon, in-4º, 1510, no capítulo "De scrophulis et glandulis": "et vocantur scrophule... et etiam morbus regis quia reges hunc morbum curant". Temendo que essa frase tivesse sido interpolada tardiamente, fiz questão de me reportar a um dos manuscritos antigos do *Compendium*, o manuscrito 173 da Bibl. de Vendôme, que é do século XIII; de fato, ela lá se encontra (fól. 122 a). Quanto à data do tratado, ela se estabelece da seguinte maneira: Gilberto, a respeito das doenças do olho, menciona "collirium quod feci Bertranno filio domini H. de Jubileto" (manuscrito de Vendôme, fól. 94 b; p. 137 do Edito de Lyon). A família de Giblet (Gebal) era uma das grandes famílias senhoriais da Terra Santa; encontraremos sua genealogia em Du Cange, *Les familles d'Outremer*, ed. E. G. Rey (*Doc. ined.*), 1869, p. 325; não

passagem e que diz respeito a um uso de linguagem mais do que a um modo de tratamento expressamente recomendado pelo autor. Os escritores que realmente acolheram o milagre régio na ciência eram franceses e súditos de Filipe, o Belo: Bernardo de Gourdon,[55] os quatro mestres anônimos que glosaram os tratados cirúrgicos de Rogério e de Rolando de Parma[56], e, por fim, Henrique de Mondeville, o próprio cirurgião do rei, tão orgulhoso por encontrar em seu senhor um confrade: "Assim", ele exclamava ingenuamente, "como nosso Salvador, Senhor Jesus Cristo, exercendo a cirurgia com suas mãos quis honrar os cirurgiões, da mesma maneira nosso sereníssimo soberano, rei da França, os honra, eles e seu estado, curando a escrófula por simples contato".[57] Nem todo mundo partilhava desse entusiasmo. Por volta de 1325, vivia em Ypres um cirurgião, mestre John, que nos deixou um tratado sobre sua arte; ao que parece, ele tomara parte das lutas políticas que dilaceravam então Flandres, situando-se entre os adversários

---

pode tratar-se aqui senão de Bertrando II, filho de Hugo. Bertrando tomou parte da cruzada de 1217 e aparece nesse mesmo ano como testemunha de um ato; Hugo morreu após 1232. Essa passagem foi assinalada por Littré, *Histoire littéraire*, XXI, p. 394. J. F. Payne, *English Medicine in the Anglo-Norman Period* (*British Medical Journal*, 1904, II, p. 1283), a rejeita como interpolação; apenas um estudo aprofundado dos manuscritos permitiria resolver definitivamente a questão; devo, no entanto, fazer observar que o manuscrito de Vendôme contém o texto litigioso. Payne data, aliás, a atividade de Gilberto por volta de 1200 e aceita a tradição — atestada pela primeira vez no século XVII — segundo a qual ele teria sido o médico do arcebispo da Cantuária, Hubert Walter; mas que crédito se deve dar a um rumor tão tardio, não amparado em nenhuma referência a um texto antigo? Não pude consultar H. E. Handerson, *Gilbertus Anglicus* (publicado postumamente para distribuição particular pela Cleveland Medical Library Assoc.). Cleveland, Ohio, 1918, indicado por Lynn Thorndike, *A History of Magic and Experimental Science*, II. Londres, 1923, p. 478, n. 1; a nota de Thorndike sobre Gilberto não traz nenhum detalhe sobre o problema da data.
55. *Lilium Medicinae*, ed. de 1550, pars. I, p. 85; o *Lilium* foi escrito por volta de 1305.
56. *Collectio Salernitana*, II. Nápoles, 1853, p. 597; a atribuição a autores franceses é verossímil, mas não certa: cf. Gurlt, *Gesch. Der Chirurgie*, I, p. 703.
57. J. L. Pagel, *Leben, Lehre und Leistungen des Heinrich von Mondeville*, Theil 1, "Die Chirurgie des Heinrich von M.". Berlim, 1892 (texto editado uma primeira vez: Archiv für klinische Chirurgie, XL e XLI), "Trat. IL, Notabilia introductoria", p. 135: "Et sicut praedictum est, quod Salvator noster, Dominus Jhesus Christus, officium cyrurgicum propriis manibus exercendo voluit cyrurgicos honorare, ita et eodem modo Princeps Serenissimus, Francorum rex, ipsos et eorum status honorat, qui curat scrophulas solo tactu..."; cf. Trat. III, doctr. II, cap. IV, p. 470. As duas passagens estão ausentes na tradução francesa (na qual todo o terceiro tratado se faz ausente e onde o prólogo do segundo aparece somente sob uma forma muito resumida): *La Chirurgie de maitre Henri de Mondeville*, ed. A, Bos, 2 vol., 1897-8 (Soc. des anc. textes). Sobre as datas de Henrique de M., ver uma nota de Wenck, Philipp der Schöne, p. 16, n. 4.

das flores-de-lis; daí, certamente, o ceticismo por ele manifestado em relação ao dom taumatúrgico que a opinião médica francesa atribuía aos capetíngios. "Dirão agora", ele escreve, "que muita gente acredita que Deus deu ao rei da França o poder de curar a escrófula supurante por um simples toque da mão; de acordo com a crença dessa gente, muitos doentes tocados são curados; mas, por vezes, eles não se curam".[58] É visível que, aos olhos do mestre Jean, a ideia de inserir o toque real entre os remédios aconselhados pela farmacopeia clássica ainda parecia uma novidade. Ela logo deixou de poder ser assim considerada. A bem da verdade, os escritores de época posterior, Guido de Chauliac na França, na *Grande Chirurgie*, redigida em 1363 e que permaneceria até os tempos modernos um dos manuais preferidos dos práticos,[59] e, na Inglaterra, John of Gaddesden sob Eduardo III[60] e John Mirfield sob Ricardo II,[61] obedeceram simplesmente ao impulso dado pelo grupo francês por volta de 1300. Ora, é extremamente marcante que o rito curativo tenha assim obtido uma espécie de consagração científica no mesmo momento, e aproximadamente no mesmo meio, em que, como se verá mais adiante, cessou o ostracismo ao qual a doutrina eclesiástica quase unanimemente o relegara. Ao se silenciarem durante tantos anos a esse respeito, os médicos sem dúvida se limitaram a imitar a prudente abstenção da qual, por razões que serão indicadas em seu devido lugar, a teologia lhes mostrava o exemplo.

De resto, nem todos mudaram de conduta. Apenas os franceses e os ingleses, que pertenciam a nações diretamente interessadas na glória do milagre régio, lhe reservaram, pelo menos algumas vezes, um lugar em seus escritos; eles não foram

---

58. *La chirurgie de maître Jehan Yperman*, ed. Broeckx, *Annales academ. archeolog.* Bélgica, XX (1863), p. 259. "Van des conincs evele sal men jou nou segghen her hebben vele lieden ghelove ane den coninc van Vranckerike dat hem God macht heeft ghegheven scrouffelen te ghenesene die loepen ende dat alle met sin begripe van der hant ende dese lieden ghenesen vele bi hore ghelove ende onder wilen ghenesen si niet". Devo a tradução dessa passagem a Ganshof, meu colega de Bruxelas. Sobre John Yperman, ver a introdução de Broeckx; ele ficou encarregado do serviço médico no exército de Ypres durante a guerra contra o conde Luís, em 1325 (p. 134). Cf. Gurlt, *Geschichte der Chirurgie*, II, p. 137.
59. "Trat. II", doct. I, cap. IV; texto latino: *Chirurgia magna Guidonis de Gauliaco*, in-4º. Lyon 1535, p. 79; texto francês: ed. E. Nicaise, in-4º, 1890, p. 127.
60. *Praxis medica, rosa anglica dicta*, lib. II, no § intitulado "*Curatio scrophularum*...", ed. de 1492, in-8º, s.l.n.d., p. 54 vº.
61. *Breviarium Bartholomaei*, British Museum, Harleian manuscrito 3, fól. 41, col. 1 (já citado em Crawfurd, *The king's evil*, p. 42). Não sei por que Lanfrank, que, em *Science off Cirurgie* (*Early English Texts*, O. S. 102, III, II, 13), dedica um capítulo à escrófula, não assinala o poder curativo dos reis: talvez ele copiasse um autor mais antigo que tampouco o mencionava.

seguidos por seus confrades estrangeiros: não que estes últimos chegassem ordinariamente a ponto de pôr em dúvida as virtudes do toque; entre eles, o caso de um John Yperman, movido contra os capetíngios por um desses ódios vigorosos desenvolvidos, em Flandres, pelas lutas municipais, permanece absolutamente excepcional; de modo geral, eles se contentavam em nada dizer. O que explica esse silêncio? A ignorância ou a rotina para alguns; mas, para outros, ele parece realmente ter sido uma atitude desejada. Consideremos, por exemplo, Arnaldo de Vilanova, que foi um dos maiores médicos do século XIV. Certamente de origem aragonesa, ele viveu na França e em Avignon; como acreditar que Vilanova jamais ouviu falar das curas realizadas pelos Valois? No entanto, procuraríamos em vão uma menção a elas no capítulo "De scrophula" de seu *Tratado de medicina prática*;[62] espírito independente e capaz de conferir até mesmo à credulidade uma espécie de originalidade, ele sem dúvida não partilhava da fé cega de seus contemporâneos. Até onde pude constatar, a noção do poder de cura dos reis não penetrou antes do século XVI na literatura médica internacional.[63]

Ademais, não se deve imaginar que os médicos da Idade Média, nem mesmo os ingleses ou os franceses, tenham proferido, a respeito dos ritos curativos, frases entusiastas. Os milagres eram, para eles, coisas familiares que não contradiziam em nada seu sistema de mundo, tanto os realizados pelos príncipes temporais como os dos santos. Eles acreditavam neles, mas com um coração tranquilo e sem ardor. Distinguiam mal, aliás, os remédios naturais, cuja ação lhes era de todo misteriosa, daqueles sobrenaturais, e os enumeravam uns ao lado dos outros, sem malícia. Na maioria das vezes, remetiam aos reis os escrofulosos que se mostravam rebeldes a qualquer outro tratamento. "Em última instância", diz Bernardo de Gourdon em seu *Lis de la Médecine*, "é preciso recorrer ao cirurgião; ou então vamos até os reis".[64] John of Gaddesden inverteu essa ordem: "Se os remédios", ele diz em sua *Prática medical*, "são ineficazes, que o doente vá até o rei e se faça tocar e abençoar por ele; [...] em último caso, se todo o resto se mostrou insuficiente,

---

62. *Compendium medicinae practicae*, lib. II, cap. V (ed. de Lyon, in-4º, 1586, p. A 54 vº ss.).
63. O primeiro médico estrangeiro à França e à Inglaterra que o tenha mencionado, parecendo acreditar nele, é, tanto quanto sei, o italiano Jerônimo Mercurial, em seu *De morbis puerorum*, publicado pela primeira vez em 1583: ed. de 1588, in-4º. Veneza, p. 35. Em seguida, outro italiano, Fabrício de Acquapendente, um dos fundadores da anatomia científica, em seu *Pentateuchus*, publicado pela primeira vez em 1592 (citado por Gurlt, *Gesch. der Chirurgie*, II, p. 451).
64. Loc. cit.: "Finaliter oportet recurrere ad manum chirurgicam... et si non, vadamus ad reges". John Mirfield emprega expressões análogas.

que ele se entregue ao cirurgião".[65] Não vejamos nisso nenhuma ironia. Gaddesden não acredita que o cirurgião terá necessariamente mais êxito do que o rei; sua opinião é, ao contrário, a de que a operação, que é perigosa, deve ser evitada a qualquer custo: deve-se recorrer a ela somente após esgotadas todas as demais possibilidades, incluindo o milagre. Os reis, assim como os santos, nem sempre curam: não se duvida, entretanto, das virtudes nem de uns nem dos outros. Os apologistas da realeza taumatúrgica, nos séculos XVI e XVII, empregarão outro tom; isso porque não viviam na mesma atmosfera; levantavam mais a voz para serem ouvidos por um povo menos confiante. Uma fé simples se exprime simples e ingenuamente.

Assim, o toque da escrófula se tornara, na França e na Inglaterra, um lugar-comum médico. À sua maneira, os manuais técnicos serviram à glória da monarquia. Por certo, mais de um prático, tendo extraído deles sua ciência, deu, por sua vez, a seus clientes o agora clássico conselho: "Ide até o rei". Procuremos saber adiante o que os doutores da Igreja podiam dizer ao seu rebanho.

§ 4. O TOQUE DA ESCRÓFULA PERANTE A OPINIÃO ECLESIÁSTICA

No século XI, pouco após a instauração, na França, do primeiro rito curativo, um grande movimento doutrinal veio abalar, em seus próprios fundamentos, a vida da Europa católica. Os historiadores, atribuindo-lhe por epônimo o papa Gregório VII, o denominam ordinariamente gregoriano. Conformar-me-ei aos hábitos correntes. Mas convém lembrar que esse *despertar* religioso, nascido de sentimentos profundos, foi, acima de tudo, uma obra coletiva. Um grupo de monges e de prelados revolucionou a Igreja. Esses homens, cuja ação foi tão forte, não estavam, em nenhum grau, no campo de pensamento dos inventores; as teses que eles repetiam à saciedade, outros as haviam produzido antes deles; sua originalidade está em outro ponto: no implacável senso lógico que os estimulava a levar aos extremos a aplicação dos princípios recebidos da tradição, um pouco enfraquecidos pelo longo uso — na amarga sinceridade que conferia em sua boca um novo sotaque às teorias mais rebatidas —, sobretudo no esforço que fizeram, heroicamente, para transformar em regras de conduta prática ideias de modo geral tão velhas quanto o cristianismo, mas que de

---

65. Loc. cit.: "Et si ista non sufficiant, vadat ad Regem, ut ab eo tangatur atque benedicatur: quia iste vocatur morbus regius; et valet tactus nobilissimi et serenissimi regis anglicorum. Ultimo tamen si ista non sufficiunt tradatur cirurgico".

havia vários séculos se costumava não deixar mais sair do mundo inofensivo dos tratados de teologia ou de moral. Sua influência determinou a atitude que, durante muitos anos, a literatura eclesiástica adotaria em relação ao milagre régio; veremos em que sentido ela se exerceu.[66]

Para compreender as concepções políticas dessa escola, importa, e isso é algo de que com frequência nos esquecemos, conceber muito exatamente aquilo a que elas se opuseram. O poder temporal que ela combateu com tanta obstinação nada tinha em comum com o Estado laico que muito mais tarde seria, por seu turno, atacado por outros pensadores católicos; muito longe de procurar romper todos os laços com a religião, ele pretendia, ao contrário, revestir-se de um caráter eminentemente religioso: era a realeza sagrada, legado das idades antigas, sancionada, talvez com imprudência, pela Igreja nos séculos VIII e IX. O rito da unção real, desde sua introdução na Europa Ocidental, não cessara de crescer em importância e em prestígio. Como veremos com maior comodidade mais adiante, extraía-se dele, pelo menos em certos meios, mais expressamente do que nunca, a noção do caráter quase sacerdotal dos soberanos. Imperadores e reis se valiam do óleo santo para procurar sujeitar seu clero e o próprio papado.

Ora, os reformadores quiseram, antes de qualquer coisa, despojar de sua marca sobrenatural esses príncipes do mundo que acreditavam ser personagens sagradas e reduzi-los, a despeito do que pudessem pensar seus fiéis, a simples humanos cujo império inteiro se limitava às coisas deste mundo. Essa é a razão pela qual, por uma circunstância que é apenas aparentemente paradoxal, os adeptos da origem popular do Estado, os teóricos de uma espécie de contrato social devem ser procurados, naquela época, entre os defensores mais fanáticos da autoridade em matéria religiosa. Sob Gregório VII, um monge alsaciano, Manegoldo de Lautenbach, em um tratado dedicado à apologia da política pontifical, explicava como o rei, escolhido para reprimir os desígnios dos maus e proteger os bons, será despojado de sua dignidade se não cumprir essas condições, "pois, nesse caso, segundo todas as evidências, ele mesmo rompe o pacto que o transformou em rei"; algumas linhas mais longe, Manegoldo não temia comparar esse

---

66. Seria absolutamente absurdo pretender oferecer aqui uma bibliografia, ainda que muito sumária, do movimento gregoriano. Os trabalhos recentes foram utilmente repertoriados por J. P. Whitney, *Gregory VII*; *Engl. Historical Review*, 1919, p. 129. Para a história das doutrinas políticas durante esse período, a mais recente obra de conjunto é de R. W. e A. J. Carlyle, *A History of Mediaeval Political Theory in the West*, III e IV. Edimburgo e Londres, 1915 e 1922. Admito ter extraído pouca coisa de E. Bernheim, *Mittelalterliche Zeitanschauungen in ihrem Einfluss auf Politik und Geschichtsschreibung*, I. Tubinga, 1918; em contrapartida, sempre se pode recorrer proveitosamente a F. Kern, *Gottesgnadentum*.

pacto, essencialmente revogável, entre o povo e seu chefe à convenção que um homem conclui, "em troca de um justo salário", com o pastor a quem ele confia a guarda de seus porcos:[67] fórmulas de um rigor excepcional; talvez até mesmo seu autor não compreendesse todo o seu imenso alcance; não obstante, elas de fato se inscreviam na lógica profunda do movimento de pensamento do qual eram oriundas. Os historiadores não raro apresentaram tal movimento como uma tentativa de submeter o temporal ao espiritual: interpretação, via de regra, exata, mas incompleta; ele foi primeiro, no campo político, um esforço vigoroso para destruir a antiga confusão do temporal com o espiritual.

Ademais, sobre o poder monárquico, temos a opinião do próprio Gregório VII; ele a consignou na famosa carta que escreveu, em 15 de março de 1081, ao bispo de Metz, Hermann. Ele acabava de excomungar pela segunda vez o imperador Henrique IV; e sabia que estava envolvido numa luta então inexpiável; não lhe cabia mais ter deferências; nesse ardente manifesto, seu pensamento se desnuda; talvez ele force a sua expressão, ordinariamente menos virulenta, porém seus próprios exageros, se é que havia, apenas ressaltam utilmente os traços essenciais de uma doutrina em seu conjunto firme e coerente. Ele humilha com uma espécie de raiva a realeza perante o sacerdócio e a rebaixa a ponto de apresentá-la quase como uma instituição diabólica. Ora, de onde vem, aos seus olhos, a flagrante inferioridade dos príncipes deste mundo? Do fato de que, sendo laicos, eles não têm nenhuma participação nas graças sobrenaturais; o que são um imperador ou um rei, por mais poderosos que pareçam sobre a terra, ao lado de um padre capaz de transformar, "com uma palavra de sua boca", o pão e o vinho "em corpo e sangue de nosso Senhor"? Ou melhor, ao lado de um exorcista (sabe-se que, por essa palavra, se entende o clérigo provido da terceira das ordens menores)? O imperador ou o rei comanda somente

---

67 *Ad Gebehardam liber*, c. XXX (*Monum. Germ., Libelli de lite*, I, p. 365): "Neque enim populus ideo eum super se exaltat, ut liberam in se exercendae tyrannidis facultatem concedat, sed ut a tyrannide ceterorum et improbitate defendat. Atqui, cum ille, qui pro coercendis pravis, probis defendendis eligitur, pravitatem in se fovere, bonos conterere, tyrannidem, quam debuit propulsare, in subiectos ceperit ipse crudelissime exercere, nonne clarum est, merito illum a concessa dignitate cadere, populum ab eius dominio et subiectione liberum existere, cum pactum, pro quo constitutus est, constet illum prius irrupisse?... Ut enim de rebus vilioribus exemplum trahamus, si quis alicui digna mercede porcos suos pascendos committeret ipsumque postmodo eos non pascere, sed furari, mactare et perdere cognosceret, nonne, promissa mercede etiam sibi retenta, a porcis pascendis cum contumelia illum amoveret?". Sobre Manegoldo, ver, entre outros, A. Fliche, *Les théories germaniques de la souveraineté à la fin du XIe siècle*; *Revue historique*, CXXV (1917), p. 41 ss., e R. W. e A. J. Carlyle, op. cit.

os homens, ao passo que o exorcista — estes são os próprios termos do ritual de ordenação dos quais Gregório oportunamente se lembra — é "imperador espiritual constituído para expulsar os demônios".[68] E o papa acrescenta as seguintes palavras, as quais devemos reter:

> Onde encontrar, entre os imperadores e os reis, um homem que, até mesmo sem falar dos apóstolos ou dos mártires, tenha igualado, por seus milagres, São Martinho, Santo Antônio e São Bento? Quem é o imperador ou o rei que ressuscitou os mortos, devolveu a saúde aos leprosos, a luz aos cegos? Vede o imperador Constantino, de piedosa memória, Teodósio e Honório, Carlos e Luís, todos amigos da justiça, propagadores da religião cristã, protetores das igrejas; a santa Igreja os

---

68. Philipp Jaffé, *Gregorii VII registrum* (*Bibliotheca rerum Germanicarum*, II), VIII, 21, p. 453 ss., e particularmente p. 457: "Quis nesciat reges et duces ab iis habuisse principium qui, Deum ignorantes, superbia, rapinis, perfidia, homicidiis, postremo universis pene sceleribus, mundi principe, diabolo videlicet, agitante, super pares, scilicet homines, dominari caeca cupidine et intolerabili praesumptione afifectarunt". Quanto à inferioridade do rei em relação ao exorcista, ver p. 459: "Meminisse etiam debet fraternitas tua: quia maior potestas exorcistae conceditur, cum spiritualis imperator ad abiciendos demones constituitur, quam alicui laicorum causa saecularis dominationis tribui possit". Sobre o padre, ver, particularmente, p. 460: "Et quod maximum est in christiana religione, quis eorum valet proprio ore corpus et sanguinem Domini conficere?" As palavras "spirituales imperatores ad abjiciendos daemones" se encontram ainda hoje numa das orações prescritas pelo *Pontifical Romano* para a ordenação do exorcista; a fórmula é antiga; ver, por exemplo, os diversos *ordines* reunidos por Dom Martene, *De antiquis ecclesiae ritibus*, ed. de Bassano, 1788, fól., II, p. 30 ss. Quanto à questão de saber se Gregório VII realmente atribuía origem diabólica ao poder civil, ela foi com frequência levantada: ver, particularmente, a interessante discussão do cônego Cauchie (*Revue d'histoire ecclésiastique*, V (1904), p. 588-597), que se esforça em conciliar as diferentes declarações de Gregório VII a esse respeito, bastante diferentes, é preciso dizer, em sua forma, conforme o papa tivesse razões para ser agradável ou desagradável com este ou aquele soberano temporal. Mons. Cauchie conclui que (p. 593): "não há nenhuma contradição em dizer: 1º) na verdade, o poder se estabelece de maneira diabólica; 2º) em princípio, a despeito desse vício original, é preciso considerá-lo como desejado ou permitido por Deus". Não seria o mesmo que dizer que, para Gregório VII, nada no mundo se faz, até mesmo pelo diabo, sem a permissão de Deus, isto é, em outros termos, que ele não era maniqueísta? Sobre isso, estaremos facilmente de acordo. Em suma, não se poderia duvidar que tenha havido algo de diabólico na origem das realezas: esse é também o sentido da famosa resposta do bispo de Lieja, Wazon — gregoriano *avant la lettre* — ao imperador Henrique III acerca da comparação entre as unções reais e sacerdotais. A segunda foi criada *ad vivificandum*, mas a primeira *ad mortificandum*: *Anselmi Gesta Episcop. Leodensium* em *Monum. Germ., SS.*, VII, p. 229.

louva e os reverencia; ela não indica, de modo algum, que tenham brilhado pela glória de semelhantes milagres.[69]

Assim, Gregório VII negava expressamente aos soberanos temporais, até mesmo aos mais piedosos, o dom do milagre. Ao fazê-lo, por acaso ele pensava no poder taumatúrgico que, havia duas gerações, já reivindicavam os monarcas franceses? A forma muito geral que ele conferiu ao seu pensamento não permite ver nele uma alusão tão precisa; ademais, seus olhares estavam então voltados para o Império, mais do que para o pequeno reino capetiano. Gregório VII com certeza desejava apenas extrair das concepções que formara sobre a natureza do poder político uma conclusão absolutamente natural, sem conceber nenhum caso particular. Mas a mesma ideia, decorrendo necessariamente dos princípios da escola gregoriana, foi concebida por outros além dele; e estes não deixaram, de modo algum, de aplicá-la aos reis franceses ou ingleses. A Igreja sempre ensinou que o milagre não prova a santidade: ele vem de Deus, que escolhe seus instrumentos onde quer.[70] Contudo, essa teoria, na qual espíritos conciliantes, como Guiberto de Nogent, acreditaram encontrar o meio de aceitar as curas régias sem atingir frontalmente a ortodoxia, não podia parecer a doutores mais estritos senão uma escapatória medíocre; eles sabiam bem que o povo não pensava assim. Admitir que um príncipe leigo fosse capaz, enquanto príncipe, de realizar curas sobrenaturais teria sido, quer se quisesse, quer não, fortalecer nas almas a própria noção de realeza sagrada que os reformadores se esforçavam com energia para destruir.

Seu estado de espírito foi perfeitamente exprimido, logo no início da história do toque, por Guilherme de Malmesbury, denunciando, como lembramos, a respeito dos milagres atribuídos a Santo Eduardo, a "obra de falsidade" daqueles que pretendiam que esse príncipe "possuísse o poder de curar, não em virtude de sua santidade, mas a título hereditário, como um privilégio de raça real".[71] O singular é que esse protesto explícito nunca se repetiu. Os demais escritores de mesma doutrina de fato protestaram, à sua maneira, porém sem repercussão.

---

69. Op. cit., p. 462: "Namque, ut de apostolis et martyribus taceamus, quis imperatorum vel regum aeque ut beatus Martinus, Antonius et Benedictus miraculis claruit? Quis enim imperator aut rex mortuos suscitavit, leprosos mundavit, cecos illuminavit? Ecce Constantinum piae memoriae imperatorem, Theodosium et Honorium, Carolum et Lodoicum, iustitiae amatores, christianae religionis propagatores, ecclesiarum defensores, sancta quidem ecclesia laudat et veneratur; non tamen eos fulsisse tanta miraculorum gloria indicat".
70. Ver, por exemplo, Santo Tomás de Aquino, *Summa theolog.*, II, 2, quaest. 178, art. 2.
71. Ver acima, p. 52, n. 36.

Na França, durante quase dois séculos, vemos a literatura de proveniência eclesiástica, isto é, para a época considerada, toda a literatura histórica e didática, observar, a respeito do rito taumatúrgico, um silêncio quase unânime; o mesmo ocorreu na Inglaterra, e lá por muito mais tempo ainda: acaso ou negligência? Quem acreditaria nisso? Vejamos, por exemplo, a carta que, entre 1235 e 1253, o bispo de Lincoln, Robert Grosseteste, enviou a Henrique III, seu senhor, para explicar-lhe, acerca de sua prece, a natureza e os efeitos da unção real;[72] em vão se procuraria nela uma alusão à virtude maravilhosa que os olhos do homem comum viam como conferida pelo óleo santo; como admitir um esquecimento? Não pode tratar-se de outra coisa além de uma omissão voluntária. Somente dois autores constituem exceção: Guiberto de Nogent na França, Pedro de Blois na corte inglesa; essa atitude não deve, de maneira alguma, nos surpreender; em todas as coisas, eles manifestaram um zelo medíocre pelas ideias oriundas da escola gregoriana: Guiberto, contemporâneo do terrível papa, falou sem simpatia da perseguição exercida contra os padres casados;[73] Pedro de Blois, familiar de Henrique II, não parece ter desaprovado a política eclesiástica de seu senhor, muito pouco favorável, como se sabe, às "liberdades" do clero.[74] Apenas homens tão pouco entusiastas em relação às concepções caras aos reformadores podiam abrir espaço em seus escritos ao milagre régio; os demais silenciavam, obedecendo a uma espécie de palavra de ordem, mais ou menos tácita, mas que nem por isso deixava de se impor rigorosamente às consciências. Já tive a ocasião de assinalar, a respeito do rito francês, a longa recusa oposta pelos textos às solicitações dos historiadores; conhecemos agora a razão para sua ocorrência: ela é encontrada na influência exercida pelo grande despertar do século XI, cuja ação se prolongou, como que por ondas sucessivas, durante os dois séculos seguintes. Aliás, não nos surpreendamos em demasia por ter essa influência se imposto, com força igual, a todos os escritores daquela época, não somente aos teólogos ou aos cronistas monásticos, mas também aos autores de língua vulgar, a esses menestréis que jamais, ao que parece, em nenhuma epopeia ou nenhum romance de aventuras, atribuíram a seus reis lendários as

---

72. Ed. Luard (*Rolls Series*), n. CXXIV, p. 350. Pode-se observar também que Geraldo de Cambria, escrevendo na época de Filipe Augusto seu *De principis instructione*, tão favorável à dinastia capetiana, não reserva nenhum lugar ao milagre régio.
73. *De vita sua*, I, c. VII, ed. G. Bourgin (*Collection de textes pour servir à l'etude et l'ens de l'histoire*), p. 20.
74. Ele foi o chanceler do arcebispo Richard, que sucedeu a Thomas Becket na sé da Cantuária e cuja política parece ter sido muito diferente da de seu predecessor. Cf. J. Armitage Robinson, *Somerset historical essays*, 1921, p. 108.

curas maravilhosas que, muito perto deles, soberanos mais reais realizavam todos os dias. Sabemos hoje que todo aquele mundo estava, muito mais do que se imaginava antigamente, submetido à empresa eclesiástica.[75]

Mas, alguns perguntarão: por que os adeptos das concepções gregorianas escolheram a via do silêncio? Como explicar que aqueles fanáticos audaciosos não tivessem atacado frontalmente o rito que devia causar-lhes horror? E, além disso, eles não eram, afinal, os únicos mestres; não raro eles encontravam até nas fileiras do clero adversários hábeis e eloquentes; por que não se viu nenhum destes últimos tomar expressamente a defesa do milagre régio? Em torno do movimento gregoriano, desenvolveu-se toda uma polêmica, que foi decisiva para a educação política do mundo medieval; como explicar que o toque da escrófula não ocupe nela nenhum lugar? A resposta é simples: esse grande conflito de ideias deixou a França e a Inglaterra quase completamente fora de seu campo de ação. O caso do misterioso escritor inglês ou normando, a quem, na ausência de algo melhor, chamaremos o Anônimo de York, constitui uma exceção, por assim dizer, única;[76] não se poderia censurá-lo por seu silêncio sobre um rito que, na

---

[75]. É justo acrescentar que, até onde pude ver, o silêncio observado pelos autores de obras de ficção parece ter-se prolongado muito além do momento em que, como perceberemos logo adiante, o ostracismo de que se acaba de falar deixou, mesmo nos meios eclesiásticos muito estritos, de atingir o milagre real. Não existe, que eu saiba, nenhuma obra romanesca, na Idade Média, que tenha utilizado o toque da escrófula. Talvez se deva explicar essa abstenção, afinal muito singular, pelo espírito rotineiro dos romancistas; naquela Idade Média que rumava para o seu fim, eles já não faziam mais do que repetir os temas transmitidos pelas idades anteriores. Faço, aliás, questão de assinalar que minhas investigações, sobre este ponto, menos do que sobre qualquer outro, não poderiam pretender ser completas e que, além disso, não encontrei para a literatura dos últimos séculos os mesmos auxílios que para a primeira epopeia medieval. O estudo desta última, e de alguns romances de aventura, me foi grandemente facilitado por algumas dissertações alemãs, muito úteis como compilações de referências; eis a lista: A. Euler, *Das Konigtum im altfranzösischen Epos* (Ausg. u. Abh. 65). Marburgo, 1886; O. Geissler, *Religion und Aberglaube in den mittelenglischen Versromanzen*. Halle, 1908; M. Hallauer, *Das wunderbare Element in den Chansons de Geste*. Bale, 1918; O. Kühn, *Medizinisches ans der altfranzösischen Dichtung* (Abh. zurGesch. der Medizin, 8). Breslau, 1904; F. Laue, *Ueber Krankenbehandlung und Heilkunde in der Literatur des alten Frankreichs*. Gotinga, 1904; F. Werner, *Königtum und Lehenswesen im französischen Nationalepos* (Roman. Forsch. 25), 1908. De uma indicação de Funck-Brentano, *Le Roi*, p. 177, n. 4, poder-se-ia concluir que o *Mistério de São Remígio*, conservado em um manuscrito do século XV, Arsenal 3.364, contém uma passagem relativa ao toque; feita a verificação, esse não é o caso; o Mistério apenas encena o milagre da Santa Ampola.

[76]. Poderíamos ficar tentados a relacionar ao Anônimo, como teórico político, seu contemporâneo, o francês Hugo de Fleury, cujo *Tractatus de regia potestate et sacerdotali dignitate* é dedicado a Henrique I da Inglaterra; mas, a despeito da famosa frase em que

época, acabava de nascer, se é que já havia nascido. À exceção dele, os homens que conduziram o combate pelo livro ou pelo panfleto foram alemães ou italianos que pensavam somente no Império e negligenciavam os reinos do Oeste. Isso não significa que, nestes últimos, a grande querela do *regnum* com o *sacerdotium* não tenha, quase tanto quanto em outros lugares, perturbado o Estado; mas por muito tempo ela não incidiu, ali, senão em pontos concernentes à nomeação para as dignidades eclesiásticas ou as liberdades ora fiscais, ora judiciárias do clero. Essas amargas disputas, por mais restritas que estivessem ao campo da prática, supunham, subjacente a elas, a oposição de concepções rivais e de sentimentos contrários. No entanto, aqui, esse antagonismo profundo permaneceu, na maioria das vezes, senão inconsciente, pelo menos não expresso. Houve para essa regra algumas exceções, porém muito raras, e veremos mais adiante que a mais estrondosa delas se explicava por circunstâncias excepcionais. De modo geral, quer por sabedoria (pois jamais na França, nem mesmo na Inglaterra, a luta adquiriu um caráter tão implacável quanto no Império), quer por falta de gosto pelas especulações teóricas, evitou-se quase sempre, nas duas regiões que nos ocupam, levantar as dificuldades de princípio. Na França, pelo menos, isso foi evitado até o momento em que, sob Filipe, o Belo, a monarquia capetiana, tendo se tornado uma grande potência europeia, pareceu herdar o papel que os Hohenstaufen, ao desaparecerem do palco do mundo, haviam deixado vacante; o rei da França se apresentou então como defensor do poder temporal; os polemistas franceses, no rastro de seu senhor, entraram na arena; eles se abstiveram, como se perceberá num instante, de esquecer o dom taumatúrgico.

Em nosso país, de resto, desde a metade do século XIII, a recomendação do silêncio já começara a afrouxar. Dois escritores eclesiásticos obscuros, o autor anônimo dos milagres dos Santos de Savigny — obra composta entre 1242 e 1244 —, e esse Clemente, que redigiu, por volta de 1260, uma vida do padre normando Tomás de Biville, mencionam incidentemente o "mal régio", o primeiro,[77] e, com maior precisão, "o mal da escrófula que o rei da

---

Hugo compara o rei a Deus o pai e o bispo somente a Cristo (I, c. 3; *Monum. Germ., Libelli de lite*, III, p. 468) — frase que, aliás, como mostrou M. A. J. Carlyle, em *A History of Mediaeval Political Theory*, IV, p. 268, realmente parece não ser mais do que uma reminiscência livresca —, esse autor não poderia ser representado como um adepto decidido do *regnum*; ele pertence a esse grupo que Luchaire, ao colocar Hugo de Fleury ao lado de Ivo de Chartres, justamente denominou o "terceiro partido" francês (Lavisse, *Histoire de France*, II, 2, p. 219).

77. *Histor. de France*, XXIII, p. 597 c: "Dicebant autem aliqui qui eum visitabant quod hic erat morbus regius, id est lupus".

França cura com suas mãos por graça divina", o segundo.[78] Mas foi somente após a morte de São Luís e a seu respeito que padres realmente em evidência começaram a ousar romper o velho ostracismo. O piedoso rei parecia santificar tudo o que lhe concernia. Vejamos, no entanto, com que prudência seus biógrafos avançam nesse terreno perigoso. Guilherme de Saint-Pathus se refere ao toque apenas de passagem.[79] Godofredo de Beaulieu lhe dedica, ao contrário, uma exposição completa, no intuito expresso de evidenciar o caráter religioso dessa prática contestada; ele não se contenta em observar com insistência que as palavras pronunciadas nessa ocasião são "na verdade, santas e católicas"; chega ao ponto de pretender que seu herói foi o primeiro a introduzir no rito o sinal da cruz, "de modo que a cura foi atribuída antes às virtudes da cruz do que à ação da majestade real".[80] Não poderíamos aceitar tal afirmação como verídica; sabemos, por meio de Helgaudo e Guiberto de Nogent, que Roberto II e Luís VI já realizavam o mesmo gesto; não se vê por

---

78. *Histor. de France*, XXIII, p. 565, § XXXVI: "morbus erat scrophularum, a quo rex Franciae tactu manuum suarum divinitus curat". Sobre o livro e seu autor, ver Paulin Paris, *Hist. litteraire*, XXXI, p. 65, e Leopold Delisle, *Mémoire sur le bienheureux Thomas de Biville*. Saint Lo, 1912. Na tradução em versos franceses editada por De Pontaumont, *Vie du B. Thomas Helie de Biville*. Cherbourg, 1868, os milagres estão ausentes, e, por conseguinte, também a passagem que nos interessa. Um sermão em homenagem a São Marculfo, que é provavelmente do século XIII, mas ao qual não se poderia atribuir uma data precisa, emprega igualmente a expressão *morbus regius*: cf., aqui, p. 257, n. 11. Du Cange, ou melhor, os beneditinos, completando o *Glossarium* de Du Cange, citam, no artigo *Scroellae*, a frase seguinte, extraída de um glossário latim-francês da Biblioteca de Saint-Germain des Prés (restabeleço o texto exato de acordo com o manuscrito): "A Escrófula, uma doença que ocorre no pescoço, é o mal do Rei". Graças a uma obsequiosa comunicação de Antoine Thomas, pude identificar esse glossário com um manuscrito da Biblioteca Nacional, que trazia o n. 13.032 do acervo latino; a frase em questão está no fól. 139 vº; esse manuscrito data do século XIV, sensivelmente posterior, por conseguinte, aos textos indicados acima. Ainda mais tardios são os Milagres de São Fiacre, citados por Carpentier em Du Cange, no termo *Malum Regis: AA. SS. Aug.*, VI, p. 618.
79. Ver, aqui, p. 98, n. 11.
80. *Histor. de France*, XX, p. 20, c. XXXV: "In tangendis infirmitatibus, quae vulgo scroalae vocantur, super quibus curandis Franciae regibus Dominus contulit gratiam singularem, pius Rex modum hune praeter reges caeteros voluit observare. Cum enim alii reges praedecessores sui, tangendo solummodo locum morbi, verba ad hoc appropriata et consueta proferrent, quae quidem verba sancta sunt atque catholica, nec facere consuevissent aliquod signum crucis, ipse super consuetudinem aliorum hoc addidit, quod, dicendo verba super locum morbi, sanctae crucis signaculum imprimebat, ut sequens curatio virtuti crucis attribueretur potius quam regiae majestati". Passagem reproduzida por Guilherme de Nangis, ibidem, p. 408.

que a tradição sobre esse ponto teria sido interrompida. Godofredo cometeu uma inexatidão — voluntária ou não? Quem poderia decidir? De resto, pouco importa: nas duas hipóteses, ela se explica da mesma maneira. Era preciso mostrar que o piedoso soberano resolvera exercer seu poder curativo em plena conformidade com a ortodoxia mais suscetível. Nada evidencia com maior nitidez os escrúpulos da opinião eclesiástica.[81]

Chegamos a Filipe, o Belo. Então, durante a grande luta com a cúria, os apologistas da monarquia francesa apelam pela primeira vez, como já observei, para o milagre régio. Já ouvimos Nogaret e Plaisians.[82] Encontramos a mesma tese desenvolvida com certa amplitude no pequeno tratado geralmente conhecido pelo título *Quaestio in utramque partent*, o qual alcançou reputação suficiente para ser copiado, por volta da mesma época em que foi composto, num dos registros da chancelaria; no século seguinte, Carlos V ainda tinha por ele tamanha estima que mandou seu tradutor preferencial, Raul de Presles, vertê-lo para o francês. Em vez de eu mesmo traduzi-la, citarei essa tradução. O autor anônimo enumera as provas "do justo título" do rei da França:

> Em segundo lugar, esses mesmos provam os evidentes milagres, os quais são manifestamente notórios a todo mundo, e notoriamente manifestos. Portanto, nosso senhor, o Rei, respondendo por seu justo título, pode pronunciar estas palavras do Evangelho, com as quais nosso Senhor Jesus Cristo respondeu às fraudes dos judeus, dizendo assim: *Se não quiserdes acreditar em mim, crede em minhas obras.* Pois, assim como, por direito de hereditariedade, o filho sucede ao pai na adoção do Reino, da mesma forma, por uma espécie de direito de hereditariedade, um rei

---

81. Certos escritores do Antigo Regime, como, por exemplo, Du Laurens, *De mirabili*, p. 17, e Raulin, *Panegyre*, p. 179, citam, como um reconhecimento quase oficial do dom taumatúrgico atribuído aos reis da França, uma frase da bula de canonização de São Luís: "strumis beneficium liberationis impendit"; mas essa frase (*Histor. de France*, XXIII, p. 159 d) se aplica, é claro, somente aos milagres realizados pelo corpo santo após a morte do rei; ninguém teria podido inserir a cura da escrófula, privilégio hereditário dos reis da França, entre as provas da santidade de Luís IX; a bula absolutamente não tinha de falar dela. É, de resto, natural que se tenha pedido a São Luís, depois de sua morte, entre outros milagres de cura, o alívio de uma doença sobre a qual, durante a sua vida, ele já tivera algum poder. Suas relíquias foram frequentemente concebidas como dotadas de uma virtude especial contra a escrófula; cf. Jacobus Valdesius, *De dignitate regum regnorumque Hispaniae*, in-4°. Granada, 1602 (relíquias de Poblet, na Catalunha), e Cabanès, *Remèdes d'autrefois*, p. 40, n. 2.

82. Ver acima, p. 112, n. 96.

sucede a outro em semelhante poder de realizar esses mesmos milagres, os quais Deus opera por meio deles, assim como por seus ministros.[83]

Os historiadores seguiram os passos dos publicistas: leigos como Guilherme Guiart, sob Filipe, o Belo,[84] ou eclesiásticos, tal como, sob Filipe V, o monge Ivo de São Dênis, que foi uma espécie de historiógrafo oficial,[85] já não temem mais abrir espaço em suas obras para o "milagre" do toque. Isso não é tudo. A própria eloquência sagrada se pôs, naquela época, a serviço do prestígio taumatúrgico dos capetíngios. Dispomos, de autoria de um dominicano normando, irmão Guilherme de Sauqueville, de um curioso sermão sobre o tema "Hosana ao filho de Davi",[86] que foi pronunciado por volta de 1300. Nele, o orador se revela movido por um orgulho nacional extremamente intenso; a independência da França em relação ao Império é proclamada com insistência, e o próprio Império fortemente zombado com a ajuda de um deplorável trocadilho (*Empire: en pire*) [Império: piorado]. Era a época em que a grande querela dos escritores franceses contra o papado se encontrava reforçada por uma polêmica contra as pretensões dos imperadores à hegemonia universal.[87]

---

83. M. Goldast, *Monarchia S. Romani Imperii*, in-4º. Hanôver, 1612, I, p. 49. Original em latim, ibidem, II (ed. Amsterdã, 1631), p. 102; mas cito diretamente de acordo com um dos manuscritos, Arch. Nat. JJ. 28, fól. 250: "Secundo, hoc idem probant aperta miracula, universo orbi manifeste notoria et notorie manifesta. Unde Dominus Rex, de iusto titulo suo respondens, dicere potest illud Euangelicum quod respondit Dominus Ihesus contra calumpnias Judeorum: *Si mihi non uultis credere, operibus credite*. Sicut enim hereditario iure succedit patri filius in adoptionem regni, sic quasi hereditario iure succedit, faciente Deo, alter alteri in simili potestate huiusmodi miraculi faciendi". Sobre a obra em si mesma, ver Richard Scholz, *Die Publizistik zur Zeit Philipps des Schönen und Bonifaz' VIII* (Kirchenrechtliche Abhandl. hgg. Von U. Stutz, 6-8), p. 224 ss.; mais recentemente, P. Fournier no *Bulletin du jubile*, publicado pelo Comité francais catholique pour la célébration du sixième centenaire de Dante, p. 172, n. 1, emitiu, sem insistir nisso, a hipótese de que a autoria da *Quaestio* poderia de fato ser de Plaisians. Na verdade, é pouco provável que o anonimato do autor seja um dia desvendado.
84. *Histor. de France*, XXII, p. 175, v. 198 ss.: "Deus do céu, soberanos padres, — Tão grande bem-aventurança dá — A todo aquele que tem a coroa — Da terra rememorada, — Que faz, após a ter recebido, — Durante toda a sua vida, belos milagres; — Pois ele cura a escrófula — Tão somente por tocá-la, — Sem emplastros sobre ela estendidos; — O que outros reis não podem fazer".
85. Cf., acima, p. 96, n. 7.
86. *Matth.*, XXI, 9.
87. Cf. Paul Fournier, *La Monarchia de Dante et l'opinion francaise*; Comité francais catholique pour la célébration du sixième centenaire de la mort de Dante Alighieri, *Bulletin*, 1921, p. 155 ss.

O rei da França, diz o irmão Guilherme, merece o nome de filho de Davi; por quê? Porque Davi significa "mão valente" (*manu fortis*); ora, a mão real é valente na cura dos doentes: "Todo príncipe que herda o reino da França, uma vez ungido e coroado, recebe de Deus essa graça especial e essa virtude particular de curar os doentes pelo contato de sua mão: por isso, veem-se os doentes do mal régio virem até o rei de muitos lugares e de terras diversas". Essas são as palavras com as quais se inicia o sermão.[88] Os apelos dos polemistas pouco alcançavam as massas; que efeito, ao contrário, não deviam ter sobre elas semelhantes palavras caindo do alto do púlpito!

Por volta da mesma época, vivia na Itália um escritor cuja atitude em relação aos ritos curativos estava destinada a exercer mais tarde uma ação realmente forte sobre toda a opinião eclesiástica. Frei Bartolomeu, da Ordem dos Pregadores, nativo de Luca, morreu por volta de 1327 na condição de bispo de Torcello; foi um historiador e teórico político muito fecundo. Teríamos dificuldade em extrair de suas obras uma doutrina bem consolidada; esse polígrafo não era um pensador de grande envergadura. Foi incontestavelmente hostil ao Império e favorável à supremacia pontifical; mas é necessário considerá-lo menos como um fiel do papado do que como um adepto devoto da Casa de Anjou, cujos interesses se confundiam então em muitos pontos, mas não em todos, com os do chefe da Igreja. Nada mais natural para um originário de Luca: pois essa cidade era, na Itália do Norte, um dos melhores amparos da política angevina; Carlos de Anjou, vigário imperial na Toscana, era ali muito respeitado; o próprio Bartolomeu o denomina por duas vezes seu senhor e seu rei. Uma vez morto o grande conquistador guelfo, a afeição que nosso dominicano testemunhara por ele parece ter se voltado para sua linhagem; quando o príncipe Carlos de Tarento, sobrinho do rei Roberto de Nápoles, foi derrubado em 1315 no campo de batalha de Montecatini, foi Bartolomeu, então prior de Santa Maria Novella de Florença, que se encarregou de ir reclamar o corpo aos pisanos vitoriosos.[89] Ora, Carlos

---

88. Bibl. Nat. lat. 16.495, fól. 96 d ss.; o sermão é dedicado a São Nicolau, mas o santo não aparece nele senão com certa distância. A frase do início — "Quilibet heres Francie, ex quo inunctus et coronatus, habet specialem gratiam et virtutem a Deo quod tactu manus suae curat infirmos: propter quod habentes infirmitatem regiam veniunt ad regem de multis locis et terris diversis" — é reproduzida no artigo de N. Valois sobre Guilherme de Sauqueville, *Histoire littéraire*, XXXIV, p. 298 ss., do qual extraí as informações dadas acima sobre o autor e a data dos sermões.

89. Existe, sobre Bartolomeu de Luca, uma literatura muito abundante, mas nenhuma obra propriamente exaustiva. A maioria dos trabalhos cujo conhecimento é útil foi indicada e utilizada por G. Mollat, *Étude critique sur les Vitae Paparum Avenionensium d'Etienne Baluze*, 1917, p. 1 ss.; acrescente-se a isso o recente artigo de Martin Grabmann, *La scuola tomistica*

de Anjou, irmão de São Luís, era um capetíngio; nessa condição, sem nenhuma dúvida, crente no milagre régio, e com tamanha firmeza que, tornando-se rei na Itália, ele reivindicou, como veremos, o dom taumatúrgico. Essas considerações explicam a estima que Bartolomeu manifestou para com o toque da escrófula. Ele expressou-se a esse respeito em dois dos seus escritos. Primeiramente, num opúsculo de polêmica política conhecido pelo nome de *Compêndio dos direitos do Império* (*Determinatio compendiosa de jurisdictione imperii*), redidigo por volta do ano 1280, precisamente para servir aos interesses do rei de Nápoles contra o rei dos romanos e o próprio papa; no capítulo XVIII, esforçando-se para provar que a realeza vem de Deus, ele apresentou, entre outros, o seguinte argumento: essa teoria é provada "pelo exemplo de certos príncipes dos dias de hoje, bons católicos e membros da Igreja; com efeito, como consequência de uma influência divina especial e de uma participação mais completa que o homem comum no Ser em Si, eles possuem um poder singular sobre a população dos doentes: assim são os reis da França, assim é Carlos nosso senhor", eis a marca angevina; "assim também são, dizem, os reis da Inglaterra".[90] Se Bartolomeu tivesse falado desse

---

italiana; *Rivista di filosofia neo-scolastica*, XV (1923), cujo § IV é dedicado a Bartolomeu. Será ainda proveitoso reportar-se à dissertação de Karl Kruger, *Des Ptolomäus Lucensis Leben und Werke*. Gottingen, 1874; ver também a "Introdução" feita por Krammer à edição citada abaixo, p. 133, n. 90; quanto ao resto, contento-me em remeter às referências dadas por Mollat. Os autores que trataram das ideias políticas de Bartolomeu, como, por exemplo, Albert Bazaillas, *Étude sur le De regimine principum*; *Rec. Académ. Sciences Belles Lettres et Arts de Tarn et Garonne*, 2. série, VIII (1892), particularmente p. 136-143, e Jacques Zeiller, *L'Idée de l'État dans saint Thomas d'Aquin*, 1910, p. 161, não me parecem ter, em geral, dado atenção suficiente às suas relações com o partido angevino. Sobre as relações dos habitantes de Luca com a Casa de Anjou, cf. Krammer, op. cit., p. XVI-XVII. Bartolomeu chama a Carlos de Anjou *rege nostro Karolo* no *De regimine*, IV, 8, e de *dominus noster rex Karolus* na *Determinatio* (abaixo, p. 133, n. 90). Ele insiste, no *De regimine*, IV, 8, na assimilação perfeita dos franceses com os indígenas no reino de Nápoles. Por fim, a *Determinatio* inteira tem por objeto defender os direitos de Carlos de Anjou no vicariato da Toscana, contra Rodolfo de Habsburgo e o próprio papa Martinho IV; ver, a esse respeito, além da introdução da edição de Krammer, F. Kern, *Die Reichsgewalt des deutschen Königs nach dem Interregnum*; *Histor. Zeitschrift*, CVI (1911), p. 71-74. Sobre o episódio de 1315, R. Davidsohn, *Forschungen zur Geschichte von Florenz*, IV. Berlim, 1908, p. 368.

90. Ed. Mario Krammer, Hanôver e Leipzig, 1909 (*Fontes iuris germanici antiqui*), p. 39, c. XVIII: "Hoc etiam apparet in modernis principibus viris catolicis et ecclesiasticis, quod ex speciali divina influentia super eos, ex ampliori participatione Entis, singuliorem habent virtutem super populum egritudine laborantem, ut sunt reges Francie, dominus noster rex Karolus, et de rege Anglie fertur". Cf. H. Grauert, *Aus der kirchenpolitischen Litteratur des 14. Jahrh.*; *Histor. Jahrbuch*, XXIX (1908), particularmente p. 502 e 519. Grauert acreditava que o texto fora redigido em 1300; o *rex Karolus* teria sido então não Carlos de Anjou, mas

"poder singular" somente na *Determinatio*, muito lida na sua época, embora tenha caído no esquecimento após o século XIV, seu nome não ocuparia senão um lugar medíocre na história a que aqui nos dedicamos. Contudo, aproximadamente na mesma época, ele compôs outra obra, destinada a um sucesso muito maior. Ele havia sido discípulo de Santo Tomás de Aquino; na obra de seu mestre, ele encontrou um *Tratado do governo dos príncipes* que permanecera inacabado; ele o retomou e o terminou. Dedicou, em um dos capítulos por ele acrescentados ao trabalho primitivo, algumas linhas à unção, em particular àquela recebida pelos reis da França; encontramos nelas as seguintes palavras: "os reis sucessores de Clóvis são ungidos [com um óleo outrora trazido do Céu por uma pomba]; e, como efeito dessa unção, diversos sinais, prodígios e curas, aparecem neles".[91] Frase bem menos explícita do que a que citei acima; ela teria, no entanto, uma repercussão inteiramente diferente. Pois o *Tratado do governo dos príncipes* participou da voga da qual eram geralmente objeto os escritos de Santo Tomás; e mal se distinguiram nele os diferentes aportes do doutor Angélico e de seu continuador. Sob o Antigo Regime, particularmente, os apologistas do toque recorriam comumente à autoridade de Santo Tomás.[92] Na verdade, eles teriam tido o direito de invocar somente a de Frei Bartolomeu. Até mesmo para historiadores mais

---

seu filho, Carlos II; prefiro adotar a data estabelecida por Krammer. Que Bartolomeu seja o autor da *Determinatio*, isso é algo de que não se poderia mais duvidar desde que Martin Grabmann, *Neues Archiv*, XXXVII (1912), p. 818, assinalou em outra obra de nosso autor — o *Exaemeron* — uma remissão a esse *libellus sive tractatus de iurisdictione Imperii et Summi Pontificis*.

91. *De regimine principum ad regem Cypri*, II, cap. XVI; *Sancti Thomae Aquinatis... opera omnia*, in fól. Parma, 1864, p. 250, col. 1 e 2: "Cujus sanctitatis etiam argumentum assumimus ex gestis Francorum de beati Remigii super Clodoveum regem primum Christianum inter reges Francorum, et delatione olei desuper per columbam, quo rex praefatus fuit inunctus et inunguntur posteri, signis et portentis ac variis curis apparentibus in eis ex unctione praedicta". Sobre o *De regimine*, ver em último lugar o excelente trabalho de Martin Grabmann, *Die echten Schriften des hl. Thomas von Aquin*. Munique, 1920 (*Beitrage zur Gesch. der Philosophie des Mittelalters*, XXII, 1-2), p. 216 ss. A atribuição da continuação — que certamente não é de Santo Tomás — a Bartolomeu é, se não certa, ao menos muito verossímil; e acrescento que a passagem relativa ao milagre régio, relacionada à passagem mais desenvolvida da *Determinatio*, me parece um argumento a mais, e muito forte, em favor dessa tese. A data da composição da continuação é contestada; eu me aliaria de bom grado às conclusões de D'A. Busson, *Sitzungsber. Der phil.-hist. Klasse der k. Akademie Wien*, LXXXVIII (1877), p. 723.

92. Por exemplo, Meurier, *De sacris unctionibus*, p. 261; Mauclerc, *De monarchia divina*, col. 1.567; Du Peyrat, *Histoire ecclesiastique de la Cour*, p. 806; Oroux, *Histoire ecclésiastique de la Cour*, I, p. 180.

avisados, o texto do *Tratado* suscita, até nestes últimos tempos, um problema difícil: por que o luquês, defensor vigoroso da Igreja e do papado, reconheceu, quase em primeiro lugar, "prodígios" e "curas" que nem a Igreja nem os papas tinham até então professado amar? Desde a publicação, bastante recente, da *Determinatio*, o enigma se encontra resolvido. As pretensões angevinas fizeram de Bartolomeu um fiel do toque e, indiretamente, valeram aos ritos taumatúrgicos o apoio apócrifo, mas precioso, de Santo Tomás de Aquino.

Os primeiros publicistas franceses a apresentar o argumento do milagre haviam demonstrado certa audácia; seus sucessores tiveram apenas de colhê-lo com suas mãos.

É sobretudo no entorno de Carlos V que se fez dele, na França do século XIV, um emprego mais amplo. Eis, primeiramente, um diploma solene emitido em 1380 pelo próprio rei em favor do capítulo de Reims; na abertura do ato, duas iniciais, o *K* e o *A* do nome real, ornamentadas com desenhos pequenos e elegantes, nos mostram, ao lado da cena clássica da doação — o soberano entregando aos cônegos o pergaminho que fará deles os senhores do domínio de Vauclerc —, o quadro do batismo milagroso de Clóvis; o preâmbulo relembra, com efeito, a lenda da Santa Ampola; mas também, em relação direta com ela, o dom da cura:

> Na santa igreja da ilustre cidade de Reims, Clóvis, então rei da França, ouviu a pregação do gloriosíssimo confessor, o bem-aventurado Remígio, bispo daquela famosa cidade; lá, enquanto este último batizava o referido rei com seu povo, o Espírito Santo, ou então um anjo, apareceu sob a forma de uma pomba, descendo do Céu e trazendo um frasco repleto do licor do santo crisma; é desse crisma que esse mesmo rei, e depois dele todos os reis da França, nossos predecessores, e eu mesmo, por minha vez, nos dias da consagração e do coroamento, encontrando-se Deus propício, recebemos a unção, pela qual, sob a influência da clemência divina, tamanha virtude e tamanha graça são semeadas nos reis da França que, pelo único contato de suas mãos, eles defendem os doentes do mal da escrófula: algo que demonstra claramente a evidência dos fatos, atestada em inúmeras pessoas.[93]

---

93. Original nos Arquivos de Reims, acervo do capítulo metropolitano, Vauclerc, maço 1, n. 4; ed. Dom Marlot, *Historia ecclesie Remensis*, II, p. 660 (edição francesa sob o título *Histoire de la ville de Reims,* IV, in-4º. Reims, 1846, p. 631), e *Le Théâtre d'honneur,* p. 757 (parcialmente). O diploma parece ter sido ignorado por E. Dupont, que, em *Notices et documents publiés par la Soc. de l'hist. de France à l'occasion du cinquantième anniversaire de sa fondation*, 1884, p. 187-218, repertoriou certo número de diplomas "com vinhetas". Da mesma forma, ela está ausente da lista dos diplomas cujas iniciais fornecem "representações" de Carlos V, feita por L. Delisle, *Recherches sur la librairie de Charles V*, I, 1907, p. 61. Cito de

Era a primeira vez que um monarca cristão se apresentava expressamente como taumaturgo.

Quantos aos oradores e escritores, cuja eloquência erudita florescia na corte do sábio rei, eles louvam à porfia o poder do toque. O autor do *Sonho do pomar* o evoca pela boca de seu cavaleiro, reivindicando contra o padre o caráter divino do poder temporal.[94] Raul de Presles, que já vimos traduzir do latim para o francês a *Quaestio in utramque partem*, entoando, no prefácio de sua tradução da *Cidade de Deus* que ele também empreendera por ordem de seu senhor, um pomposo elogio da monarquia francesa, não deixa de reservar um lugar ao maravilhoso privilégio.[95] O mesmo ocorre — voltaremos a isso com maiores detalhes num instante — com João Golein, em sua tradução do *Racional dos divinos ofícios*, de Guilherme Durand. O mesmo pode ainda ser dito do mestre Anselmo Choquart, discursando, nos últimos dias do mês de abril de 1367, em nome do rei, ao papa Urbano V, para dissuadi-lo de retornar a Roma.[96]

---

acordo com o original: "quando in sancta egregie civitatis Remensis ecclesia a Clodoveo, tune Francorum rege, audita est gloriosissimi confessons beati Remigii eiusdem clare urbis episcopi predicacio, cui, dum ibidem prefatum regem cum suo populo baptizaret, Spiritus Sanctus seu angelus Dei in columbe specie, de Celo descendens, apparuit, portans et ministrans sibi ampulam sancti chrismatis liquore fefertam de quo ipse Rex et omnes deinceps Francorum reges predecessores nostri in eorum et nos eciam in nostra consecracione et coronacione, Deo propicio, suscepimus unctionem, per quam ipsis regibus, diuina operante clemencia, virtus infunditur et gracia qua solo contactu manuum infirmos servant ab egritudine scrofularum, quod in personis innumeris per iacti evidenciam constat esse probatum".

94. Redação latina: Goldast, *Monarchia imperii*, I, lib. I, cap. CLXXII e CLXXIII, p. 128-129; redação francesa: J. L. Brunet, *Traitez des droictz et libertez de l'église gallicane*, fól., 1731, II, livro I, cap. LXXIX e LXXX, p. 81-82. O autor do *Sonho do pomar* reproduz, aliás, mais ou menos textualmente Occam (cf. abaixo, p. 142, n. 6), como mostrou Carl Müller, *Zeitschrift fur Kirchenrecht*, XIV (1879), p. 142, mas com uma modificação que não carece de importância; teremos a ocasião de retornar a isso (ver abaixo, p. 216).

95. Ed. de 1531, fól. Paris, fól. a, III v°. Após ter relembrado a unção e o milagre da Santa Ampola (Raul se dirige diretamente a Carlos V): "E não pensai, nem vós nem outrem, que essa consagração carece de grandíssimo e nobre mistério, pois por meio dela vossos predecessores e vós tendes tamanha virtude e poder, o qual vos é dado e atribuído por Deus, que fazeis milagres em vossa vida, tão grandes e evidentes que curais uma horribilíssima doença chamada escrófula, a qual nenhum outro príncipe terreno além de vós pode curar". A passagem foi reproduzida por Guillebert de Metz em sua *Description de Paris*, composta pouco depois de 1434: Leroux de Lincy e L. M. Tisserand, *Paris et ses historiens* (*Hist. génér. de Paris*), in-4°, 1867, p. 148.

96. C. E. Bulaeus [Du Boulay], *Historia Universitatis Parisiensis*, IV, in-4°. Paris, 1668, p. 408: "ex sanctissima unctione spirituali, et divina, non humana, qua inungitur Rex ipse,

Não nos enganemos a esse respeito. A exaltação do poder curativo foi, naquele meio, apenas uma manifestação, entre muitas outras, de uma tendência geral cujo sentido não é difícil compreender. Em torno de Carlos V e de seus conselheiros percebe-se, com efeito, muito claramente um esforço vigoroso de reforçar, de todas as maneiras, o prestígio religioso e sobrenatural dos capetíngios. Como mostrou Noël Valois, foi então que nasceu na corte da França a ideia de reservar aos nossos reis, como uma honra própria à sua casa, o título, até então banal, de "cristianíssimo".[97] Nunca antes se alardearam com tamanho vigor todas as tradições milagrosas das quais se orgulhava a monarquia das flores-de-lis; muito mais do que isso: como teremos a ocasião de constatar mais tarde, parece que, naquele pequeno mundo lealista que tinha por centro a "Livraria" real, não se temeu enriquecer um pouco o patrimônio lendário legado pelos ancestrais.[98] As cerimônias de sagração, das quais, aos olhos da opinião comum, os reis tiravam sua marca divina, foram, por parte de Carlos V, objeto de um interesse muito particular; sua biblioteca não continha menos do que sete livros relativos ao rito francês, aos quais convém acrescentar uma obra sobre a sagração imperial e um saltério contendo o serviço de consagração inglês;[99] isso não é tudo: é sob a sua inspiração direta que foi composto, por um de seus escritores por encomenda, o carmelita João Golein, um pequeno tratado sobre a sagração dos reis e rainhas da França, o qual estudaremos em mais detalhes na sequência. De onde vinha, pois, esse

---

propter quam sanctificatus est... et exinde curat morbos in signum sanctissimae unctionis". Quanto ao autor do discurso e às circunstâncias nas quais este foi pronunciado, ver R. Delachenal, *Histoire de Charles V*, III, 1916, p. 517 ss. (particularmente a p. 518, n. 5).
97. *Le roi très chrétien*, em *La France chrétienne dans l'histoire, ouvrage publié... sous la direction du R. P. Baudrillart*, 1896, p. 317 ss. Podem-se acrescentar, aos textos citados por Valois, João Golein, em seu tratado sobre a sagração (cf., abaixo, "Apêndice IV", p. 480, 1, 13) e uma passagem do pequeno tratado de Estêvão de Conty sobre a realeza francesa, o qual, pouco posterior a Carlos V (cf. acima, p. 95, n. 5), reflete bem as teorias correntes no círculo desse rei: Bibl. Nat. lat. 11.730, fól. 32 v°, col. 1: "Romani pontifices omnes semper scripserunt et scribunt cotidie regi Francie *cristianissimo* (sic), quasi suppellativo in ride catholica, sed aliis regibus omnibus et principibus scribunt: tali regi *christiano*, in simplici positivo". Valois claramente percebeu todo o trabalho de propaganda que se realizou em torno de Carlos V: "O trono está, agora, cercado de clérigos hábeis em descobrir, no passado, os fatos mais capazes de elevar o prestígio da realeza... Quem, mais frequentemente do que eles, afirmou o caráter sagrado da monarquia? Quem mais comumente falou da Santa Ampola ou relembrou a origem celeste das flores-de-lis?" (p. 323).
98. Cf. abaixo, p. 225 e 228-229.
99. Leopold Delisle, *Recherches sur la librairie de Charles V*, II, "Inventaire général des livres ayant appartenu aux rois Charles V et Charles VI", n. 227-233, 226 e 259.

zelo do soberano e de seu círculo em relação a tudo o que dizia respeito à realeza sagrada? É necessário levar em conta a disposição mental pessoal de Carlos V; ao mesmo tempo piedoso e profundamente imbuído da grandeza de sua dignidade, ele faria questão de acentuar o caráter religioso do "estado real"; ademais, sua inteligência, voltada para as especulações teológicas, esse "sutil aparelho", para falar como João Golein, que ele tinha "empregado [...] para estudar" o tanto quanto ele entendia "os termos de teologia",[100] o predispunha a apreciar as teorias místicas e simbólicas da realeza e da sagração que os letrados de seu tempo estavam prontos para lhe oferecer. Haveria, entretanto, alguma ingenuidade em identificar, em todo o ruído emitido então pelos escritores oficiais ou oficiosos em torno do maravilhoso monárquico, apenas o desejo de satisfazer os gostos desinteressados do príncipe. Há um fenômeno que veremos reproduzir-se, ao longo da história que aqui estudamos, com verdadeira regularidade: ao término das crises graves que abalaram, por diversas vezes, as dinastias francesas e inglesas, quando se tratava de reparar os danos provocados na popularidade da Casa Real, foi quase sempre o ciclo da realeza sagrada e, especialmente, o poder taumatúrgico que forneceram à propaganda lealista seus temas prediletos; para citar apenas exemplos relativamente recentes e muito nítidos, sob Henrique IV na França, sob Carlos II na Inglaterra, é esse aspecto que seria preferencialmente explorado pelos servidores da legitimidade. Ora, sob Carlos V, o Estado saía, na verdade, de uma terrível crise: aquela que fora desencadeada, em todo o reino, pela batalha de Poitiers. Alguns historiadores acreditaram, nos dias de hoje, deverem considerar como bastante baixos os perigos que correram a dinastia dos Valois e a própria monarquia. Esse perigo, no entanto, parece ter sido realmente grande, não somente em razão dos esforços empreendidos por alguns homens inteligentes para submeter o governo a uma espécie de controle nacional, mas ainda mais como consequência do violento movimento de ódio e de revolta que sublevou contra a nobreza toda uma parte do povo. A própria alta burguesia participou: ela ainda não conseguira, como nos séculos seguintes, forçar em massa as portas da classe privilegiada. No descrédito com que se viu atingida uma casta com a qual o poder real deu a entender fazer causa comum, a monarquia pareceu por um momento envolvida; a todo aquele que duvidar da força dos sentimentos que agitaram as almas naqueles poucos anos trágicos, bastará recomendar a leitura das três cartas de Estêvão Marcel que, por acaso, conservamos. Aqui não é o lugar de

---

100. Ver "Apêndice IV", p. 469-470.

investigar como os Valois conseguiram triunfar sobre a tormenta. Mas não se poderia duvidar que a lembrança daqueles acontecimentos, a qual sabemos ter sido sempre muito poderosa no espírito de Carlos V, o tenha predisposto a procurar fortalecer por todos os meios o império da monarquia sobre as almas. Como poderia surpreender que um príncipe que, como muito justamente se disse, soube logo apreciar, ao seu justo valor, "o poder da opinião pública" não tenha negligenciado a arma do milagre?[101]

Mas esse fino político era, ao mesmo tempo, um devoto. Parece realmente que o elogio por vezes indiscreto que se fazia ao seu redor de seu poder miraculoso lhe tenha, em determinado momento, inspirado alguns escrúpulos. Ele desejou manter seus apologistas nos limites impostos pela saudável ortodoxia. De suas inquietações, encontramos um curioso testemunho num texto, até aqui mais ou menos ignorado, a respeito do qual convém agora dizer algumas palavras. Entre as numerosas obras que Carlos mandou, às suas custas, traduzir do latim para o francês, está um dos mais importantes tratados litúrgicos da Idade Média, o *Racional dos divinos ofícios*, composto, por volta do ano 1285, pelo bispo de Mende, Guilherme Durand; a tradução, confiada ao carmelita João Golein, foi oferecida ao rei por seu autor em 1372; ela é bem conhecida; foi até mesmo impressa, em 1503, numa época em que a literatura didática saída da Biblioteca de Carlos V fornecia aos prelos de alguns comerciantes empreendedores um belíssimo material; mas o que não parece ter sido ordinariamente percebido é que ela é mais e melhor do que uma tradução. No final do capítulo em que o bispo de Mende apresenta a teoria da unção em geral, sem aplicação particular à unção real, João Golein, "para a reverência" de seu "temidíssimo e soberano senhor", que havia sido consagrado rei da França em 19 de maio de 1364, julgou dever acrescentar, de sua autoria, um "pequeno tratado sobre a consagração dos príncipes" que, no manuscrito original, provido do *ex-libris* real, não preenche menos de 22 páginas, cada uma delas escrita em duas colunas e com uma mão bastante fina. Mais do que a consagração dos príncipes em seu conjunto, é unicamente a sagração francesa que esse "pequeno tratado" retrata e estuda. Encontramos nele, ao lado de uma exposição bastante densa sobre o sentido simbólico, a "significância mistérica" do ritual de Reims, uma massa de

---

101. Delachenal, *Histoire de Charles V*, II, p. 369: "Carlos V teve, antes mesmo de ser rei [...], o sentimento muito nítido do poder da opinião pública". Sobre o movimento antinobiliário, pode-se encontrar certo número de testemunhos característicos reunidos nessa mesma obra, I, p. 395 ss. Não seria muito difícil acrescentar outros.

indicações preciosas sobre o direito público francês — particularmente sobre os fundamentos lendários do direito sucessoral — e sobre a concepção da realeza sagrada e seu ciclo maravilhoso; mais adiante, muitas serão utilizadas aqui mesmo. Há, porém, mais do que isso. Sobre um ponto, pelo menos, e sobre aquele que mais especialmente nos interessa por enquanto, isto é, sobre o poder curativo, João Golein se apresenta expressamente como o intérprete autorizado do próprio pensamento de seu senhor. Raul de Presles escrevera, no prefácio à *Cidade de Deus*, dirigindo-se a Carlos V: "Tendes tamanha virtude e poder, que vos é dado e atribuído por Deus, que fazeis milagres em vossa vida". Essa expressão, como pudemos perceber por meio de vários dos textos antes citados, era perfeitamente conforme o uso corrente. No entanto, ao que parece, ela chocou o piedoso rei: "Ele não quer que o apresentemos nem como santo nem como fazedor de milagres", repete com insistência João Golein; coisas semelhantes são ditas apenas sem seu "consentimento"; e o bom carmelita explica doutamente que só Deus faz milagres. Sem dúvida. Não exageremos, entretanto, a humildade do príncipe ou de seu porta-voz. Pois essa incontestável verdade teológica era verdadeira, como Golein tomou o cuidado de nos relembrar, tanto para os santos como para os taumaturgos régios; por meio de uns assim como por meio dos outros, é a virtude divina que opera quando realizam prodígios; razão pela qual as pessoal mal instruídas a respeito dos "termos de teologia" dizem, sobre uns assim como sobre os outros, que eles fazem milagres ou curam uma doença ou outra. A comparação podia bastar ao orgulho monárquico. Assim, Carlos V e seus doutores conciliavam com seu zelo pela ortodoxia o justo desejo que tinham de que "o estado real" não fosse "menos estimado do que requer a razão".[102]

O impulso havia sido dado, primeiro, pelo círculo de Filipe, o Belo, e, em seguida, pelo de Carlos V. A partir de então, as curas maravilhosas não deixam mais de fazer obrigatoriamente parte de qualquer elogio à realeza francesa. Sob Carlos VI, o monge Estêvão de Conty as insere entre os belos privilégios que ele atribui aos seus reis?[103] Por duas vezes, pelo menos, sob Carlos VII e Luís XI, os embaixadores franceses na corte pontifícia as invocam para provar a santidade particular da casa da França e, por via de

---

102. Sobre tudo o que precede, basta-me remeter ao "Apêndice IV", no qual se encontrarão uma análise e longos trechos do tratado de João Golein. Note-se (p. 470) que, ali, Raul de Presles é — de modo muito cortês, mas muito expresso — questionado.
103. Ver acima, p. 95, n. 5. Pode-se acrescentar a esses autores do século XVI que falaram do toque Nicolas de Larisvilla, em "um tratado [...] da Dedicatória da Igreja de S. Remy... no ano 1460", citado por Marlot, *Le theatre d'honneur*, p. 758.

consequência, a legitimidade do poder que seus senhores exerciam sobre a Igreja.[104] Estes últimos exemplos são particularmente significativos. Veremos mais adiante que, no conjunto complexo de ideias e de sentimentos cuja forma doutrinal foi o galicanismo, a velha noção da realeza sagrada teve sua parte; e, com ela, sua manifestação mais concreta e mais perceptível aos espíritos grosseiros: o dom taumatúrgico. Por isso, não deve causar surpresa encontrar, até mesmo na boca de advogados atuantes nas causas de natureza eclesiástica, o argumento do milagre. No início de 1493, um processo que envolvia os mais graves interesses políticos e religiosos se desenvolvia perante o Parlamento; ele opunha, um ao outro, dois clérigos que aspiravam, ambos, ao título de bispo de Paris: Girard Gobaille, eleito pelo capítulo, e Jean Simon, designado pelo rei e confirmado pelo papa. O advogado de Jean Simon, *Maître* Olivier, viu-se naturalmente levado a defender o direito do rei de intervir nas nomeações eclesiásticas, direito do qual uma das aplicações mais notáveis era a regalia espiritual, isto é, a faculdade, tradicionalmente exercida pelo monarca francês, de prover os benefícios dependentes de certos bispados durante a vacância da sé; ele exclamou, em seu arrazoado (transponho para o francês o jargão jurídico, mesclando latim e francês, do qual se utilizava, em conformidade com o costume da época, nosso orador): "*Semelhantemente, o rei não é puro leigo*, pois é não somente coroado e ungido como os demais reis, mas também consagrado; *isso não é tudo, como diz Jehan André* [Giovanni d'Andrea]" — trata-se de um canonista italiano do século XIV, que tornaremos a encontrar mais adiante — "em sua *Notícia sobre as Decretais*, no capítulo "licet", ele cura, por seu mero contato, segundo dizem, os doentes, *e por essa razão não deve causar surpresa que ele possua direito de regalia*".[105]

Na Inglaterra, os publicistas não parecem ter empregado muito esse tipo de argumento. Talvez porque, nos séculos XIV e XV, eles tiveram menos do que na França a ocasião de confrontar Roma. Não obstante, um escritor

---

104. Perante Pio II, em Mântua, em 30 de novembro de 1459, D'Achery, *Spicilegium*, fól., 1723, III, p. 821, col. 2; cf. Du Fresne de Beaucourt, *Histoire de Charles VII*, VI, p. 256. Perante Sisto IV, em 1478, De Maulde, *La diplomatie au temps de Machiavel*, p. 60, n. 2; cf. J. Comblet, *Louis XI et le Saint-Siège* (tese de Letras, Nancy), 1903, p. 170. O primeiro texto menciona expressamente a cura da escrófula; o segundo, os "milagres" realizados pelos reis, sem mais detalhes.
105. Arch. Nat., X 1 A. 4.834, fól. 141 (5 fev. 1493): "Pareillement le roy n'est pas pur lay *quia non solum coronatur et inungitur, sicut ceteri, ymo consecratur*; y a plus, car, comme dit Jehan André *in N[ovel]la in D[ecretales]*, c. "licet", *ad solum tactum dicitur sanare languidos et egrotos* et par ce ne se fault esmerveiller s'il a droit de regale". Sobre o processo, cf. ibidem, fól. 122 v°, e *Gallia Christiana*, VII, col. 155-156.

dessa nação utilizou, numa retumbante polêmica contra o papado, a arma taumatúrgica. Mas, por mais inglês que fosse, ele servia ao Império. Era a época — por volta de 1340 — em que um soberano alemão, Luís da Baviera, despertara a velha querela quase adormecida desde o fim dos Hohenstaufen. Ele reuniu à sua volta certo número de homens de letras, incluindo alguns dos mais vigorosos pensadores da época: entre eles, Guilherme de Ockham. Entre outros opúsculos compostos naquela ocasião pelo ilustre filósofo, estão as *Oito questões sobre o poder e a dignidade do papa*. Leiamos o oitavo capítulo da quinta questão. Nele, Ockham pretende demonstrar que os reis recebem pela unção "a graça dos dons espirituais"; entre as suas provas, ele cita a cura da escrófula pelos reis da França e da Inglaterra.[106] Não se poderia, na verdade, ser menos gregoriano.

Assim, o milagre régio foi amplamente utilizado, nos séculos XIV e XV, pelos apologistas da realeza. O que se pensava a respeito naquela época, entre os adeptos da supremacia papal? O bispo português Alvarez Pelayo, que foi, na mesma época de Ockham, um dos mais virulentos panfletários desse campo, o descrevia como "mentira e devaneio".[107] Muito mais tarde, o papa

---

106. *Octo quaestiones super potestate ac dignitate papali*, "quaest. V", cap. VIIIX; Goldast, *Monarchia S. Romani Imperii*, II, p. 372. (Para a data do opúsculo, ver A. G. Little, *The Grey Friars in Oxford*. Oxford. 1892, p. 233.) A questão debatida é a seguinte: "an rex hereditarie succedens ex hoc quod a persona ecclesiastica inungitur et consecratur et coronatur, gratiam consequatur doni spiritualis". Entre as razões propostas em favor da opinião afirmativa está a seguinte: "Naturalis curatio aegritudinis corporalis est gratia Dei spiritualis. Quibusdam autem regibus, scilicet Franciae et Angliae, sicut fertur, per unctionem regalem confertur potestas curandi et sanandi specialiter scrophulas patientes. Ergo per huiusmodi unctionem rex consequitur gratiam doni spiritualis". Em conformidade com as regras da discussão escolástica, Ockham dá, em seguida, as razões para a negativa. Entre outras: "Ad secundum motivum respondetur, quod si reges Angliae et Franciae habent gratiam curandi de scrophulis, non habent potestatem propter unctionem regalem: quia multi alii reges, quamvis inunguntur, huiusmodi gratia non decorantur: sed sunt digni huiusmodi gratia propter aliam causam, que nec licet nec potest ab homine indicari". Tendo a opinião afirmativa, na sequência da exposição (cap. X) a última palavra, não se poderia duvidar que ela seja a de Ockham. Mas é preciso reconhecer que, em toda a obra, tecida de proposições, contraproposições, réplicas, tréplicas, etc., o pensamento próprio do autor é extremamente difícil de seguir; compreende-se o horror que os procedimentos de exposição de Ockham inspiraram aos homens do Renascimento. Foi em Ockham que se baseou o autor do *Sonho do pomar*; cf. acima, p. 136, n. 94, e abaixo, p. 216.
107. *Collirium super hereses novas* em R. Scholz, *Unbekannte kirchen-politische Streitschriften aus der Zeit Ludwigs des Bayern*, Theil II. Roma, 1914 (Bibl. des Kgl. Preuss. Instit. in Rom, X), p. 509: "Nec dicat hereticus quod reges Francie et Anglie gratiam curationis habere

Pio II, em seus *Comentários*, exprimia acerca das curas supostamente realizadas por Carlos VII um discreto ceticismo que talvez reflita, sobretudo, a contrariedade que devia ter-lhe inspirado o argumento incessantemente remoído pelos polemistas ou oradores galicanos, dos quais ele não gostava; de resto, os *Comentários* não estavam destinados a ser publicados durante a vida de seu autor.[108] Declarações semelhantes aparecem como absolutamente excepcionais. Os publicistas a serviço da França haviam deixado de manter silêncio sobre os ritos curativos e comumente lhes davam destaque. Não foram seguidos, nesse campo, por seus adversários; e isso não somente a partir do momento em que o Grande Cisma direcionou para outro lado as preocupações dos polemistas eclesiásticos; sob o reinado de Filipe, o Belo, não consta que os escritores do campo pontifício tenham um dia aceitado o desafio lançado por Nogaret ou o autor da *Quaestio in utramque partem*. Tem-se a impressão de que, por volta do início do século XIV, as curas operadas pelos capetíngios ou os soberanos ingleses se impuseram a todo mundo, até mesmo à opinião religiosa mais intransigente, como uma espécie de verdade experimental. Cada qual se pôs a discorrer livremente sobre elas, certamente porque não chocavam mais ninguém. Na Inglaterra, Thomas Bradwardine, filósofo muito ortodoxo e futuro arcebispo, as cita, sob Eduardo III, sem conotação negativa, durante uma exposição sobre os milagres em geral.[109] Os canonistas italianos Giovanni d'Andrea — o *Jean André* de nossos velhos autores —, na primeira metade do século, e Felino Sandei, no final do século seguinte, mencionam de passagem os "milagres" do rei da França como um fato conhecido por todos. Sandei, é verdade, os atribui à "força da parentela" — isto é,

---

consueverant, quia hoc apocrifum enim vel sompnium... Item constat quod hec virtus curationis non est virtus corporis sed anime... sicut nec regnum, quod institutum est ad bene regendum, datur sanguini, sed vite...". Sobre Alvarez e suas obras, ver R. Scholz, *Unbekannte Streitschriften*, I (*Bibliothek*, IX), 1911, p. 197 ss. (com referências bibliográficas). Alvarez nem sempre teve a mesma atitude em relação ao milagre real: ver abaixo, p. 151.
108. "Livro VI". Cito de acordo com o texto dado por J. Quicherat, *Procès... de Jeanne d'Arc* (Soc. de l'hist. de France), IV, p. 514-515 (sobre a peregrinação de Carlos VII a Corbeny, à qual é feita alusão nessa passagem, ver abaixo, p. 271-272): "Mos enim Franciae regibus est, die quae coronationem sequitur, templum quoddam peregrinando petere, cui sanctus *Marchoul* praesidet, atque ibi aegrotos curare. Miraculum Galli vulgaverunt, morbum quemdam humano in gutture nasci, qui solo regis tactu et arcanis quibusdam curetur verbis; idque post coronationem in hoc templo fieri quarta die peregrinatio facta est, in qua de curatione morborum nihil satis compertum habeo, quamvis Gallici omnia illa credant fieri miraculose".
109. Ver acima, p. 102, n. 20.

a uma espécie de predisposição fisiológica hereditária — mais do que a uma graça divina reservada aos monarcas. Mas ele visivelmente acredita neles e não acredita que o possam chocar.[110] As virtudes maravilhosas das duas dinastias se tornam um dos lugares-comuns da diplomacia. Frei Francisco solicitando, em nome de Eduardo III, o doge de Veneza,[111] os enviados de Luís XI dirigindo-se ao duque de Milão[112], e um embaixador escocês discursando ao próprio Luís XI[113] aludem a elas de maneira muito natural. Existe, para uma crença por muito tempo contestada, mais belo sinal de vitória do que passar para o patamar da banalidade?

É nesse final do século XV, na França, que, pela primeira vez, ao que parece, as curas régias fizeram sua entrada no campo da arte. A iconografia medieval, inteiramente religiosa, jamais ousara, até onde sabemos, representar esse prodígio, por assim dizer, quase profano; pois uma miniatura do século XIII, que nos mostra Eduardo, o Confessor, tocando a mulher escrofulosa, deve, evidentemente, ser creditada à hagiografia. Mas, em 1488, na abadia do Monte São Miguel em Perigo do Mar, que, desde os últimos anos da guerra inglesa, e sobretudo desde a criação, em 1º de agosto de 1469, da ordem real de cavalaria colocada sob a invocação do arcanjo, estava realmente no patamar de santuário nacional e dinástico, o abade André Laure mandou executar esplêndidos vitrais para o coro da igreja abacial. Um deles, na capela de forma retangular que se denominava então São Miguel do Circuito, era dedicado à sagração dos reis da França; nele, viam-se repartidos, em vários

---

110. Joannis Andreae, *J. C. Bononiensis, In sextum Decretalium librum Novella Commentaria*, fól. Veneza, 1581, lib. III, tit. IV, *De praebendis et dignitatibus*, cap. II, fól. 94 Vº, expõe as razões pelas quais, segundo os franceses, os reis da França e da Inglaterra têm certos direitos de colação eclesiástica: "Item ad solum manus tactum certos infirmos sanare dicuntur". G. d'Andrea morreu em 1348; cf. acima, p. 141, n. 105. Felino Sandei (1444-1503): *Commentaria in V libros Decretalium*, fól. Bale, 1567, lib. II, tit. XX, cap. LII, p. 823; o autor expõe que, para que um santo seja canonizado, é preciso provar não somente seus milagres, mas também "sanctimonia vitae": "quia multi non sancti faciunt miracula, aut vi verborum: ut consecratio eucharistiae,. aut vi parentelae, ut Rex Franciae, vel illi de domo sancti Pauli arte magica". Sobre a "família de São Paulo", bruxos italianos que pretendiam dever sua origem ao apóstolo dos Gentios, ver abaixo, p. 289 e 290, n. 2. Sobre a teoria de Sandei, cf. também abaixo, p. 398-400.
111. Ver acima, p. 24, n. 3.
112. De Maulde, *Les origines de la Révolution francaise*, p. 26-27 (27 de dezembro de 1478).
113. Elphinstone, o futuro bispo de Aberdeen, enviado em 1479 por Jaime III para junto de Luís XI; o discurso é reproduzido (e talvez retocado) por Hector Boetius, *Murthlacencium et Aberdonensium episcoporum vitae*, ed. J. Moir (New Spalding Club), in-4º. Aberdeen, 1894, p. 73 (a primeira edição das vidas é de 1522).

compartimentos, os episódios essenciais da cerimônia; o dom taumatúrgico, que, como certamente pensava o abade, devia ser considerado uma consequência da unção, não foi esquecido; um dos medalhões da parte superior lhe foi reservado. Eis em que termos o descrevia, em 1864, o abade Pigeon, autor de um *Nouveau guide historique et descriptif du Mont Saint-Michel* [Novo guia histórico e descritivo do Monte São Miguel]: "O segundo medalhão representa o rei, que, depois de ter comungado sob as duas espécies, dirigiu-se a um parque onde se encontra reunido um número considerável de doentes, os quais ele toca um após o outro, com sua mão direita, da testa ao queixo e de uma bochecha à outra". Infelizmente, a essa descrição mediocremente precisa não podemos mais confrontar o original. Entre tantos outros crimes contra a arte, a administração penitenciária, à qual o Monte foi por tempo excessivo confiado, deixou ser destruído ou dilapidado o mais antigo dos monumentos que a fé dos súditos elevara à glória da realeza milagrosa. Do vitral da sagração nada mais resta.[114] Incluir-se, contudo, assim como os milagres dos santos, entre as imagens que uma igreja oferecia à veneração dos fiéis, imaginem que glória era para o milagre real! A velha crença no poder taumatúrgico dos príncipes parecia, portanto, ter definitivamente triunfado, não apenas, como constatamos anteriormente, sobre as rivalidades políticas, mas até mesmo sobre a hostilidade, velada ou violenta, que lhe haviam por muito tempo manifestado os elementos mais ativos da opinião eclesiástica.

§ 5. O TOQUE DA ESCRÓFULA E AS RIVALIDADES NACIONAIS; TENTATIVAS DE IMITAÇÃO

Somente duas famílias reais se puseram, nos séculos XI e XII, a praticar o toque da escrófula: os capetíngios na França, os príncipes normandos e os plantagenetas, seus herdeiros, na Inglaterra. Elas concorriam entre si; de resto, não podiam deixar de provocar a inveja das demais casas soberanas. Convém estudar, diante das pretensões rivais entre elas e, no entanto, aptas a suscitar rivalidades comuns, as reações do orgulho nacional ou dinástico.

Não é sem alguma surpresa que se constata que a maioria dos escritores franceses ou ingleses, na Idade Média, aceitava, em ambos os lados, sem acrimônia, as curas realizadas pelo monarca estrangeiro. Guiberto de Nogent, recusando a Henrique I qualquer poder taumatúrgico, não encontrou imitadores.

---

114. Ver abaixo, no "Apêndice II", p. 434, § 1, n. 1 (para a miniatura que representa o milagre de Santo Eduardo) e n. 2 (para o vitral do Monte São Miguel).

Os mais chauvinistas se limitaram, ordinariamente, a manter silêncio sobre os prodígios operados na margem oposta da Mancha; por vezes, afirmavam, sem mais detalhes, que apenas seu rei podia curar.

> *Pois ele cura da escrófula*
> *Tão somente por tocá-la*
> *Sem emplastros sobre ela estendidos*
> *O que outros reis não podem fazer,*[115]

cantava, sobre Filipe, o Belo, o poeta-soldado Guilherme Guiart. Mas nenhum deles, nem mesmo entre os mais ardentes, chegou ao ponto de iniciar, a esse respeito, uma verdadeira polêmica. Quanto aos espíritos conciliadores, como o médico Bernardo de Gourdon[116], eles não hesitavam em reconhecer igualmente às duas dinastias a mesma virtude maravilhosa. Essa moderação tanto mais surpreende porque podemos colocá-la em contraste com a atitude — muito diferente, como se verá — que adotaram, nos tempos modernos, os patriotas dos dois países; para dizer a verdade, a partir do século XVI, foram os ódios religiosos, muito mais do que as paixões nacionais, que impediram os franceses de admitir o milagre inglês, ou reciprocamente. Nada de semelhante existia antes da Reforma. E, além disso, a fé no maravilhoso era demasiado profunda, na Idade Média, para que se examinasse de muito perto mais uma manifestação sobrenatural. O estado de alma dos franceses em relação ao rito inglês, ou dos ingleses em relação ao rito francês, não carecia de analogia com o desses devotos do paganismo que, fiéis ao deus de sua cidade e considerando-o mais forte e mais benfazejo do que os outros, nem por isso se viam obrigados a recusar toda existência às divindades das nações vizinhas:

> *Tenho meu Deus, ao qual sirvo; servireis ao vosso.*
> *São dois poderosos Deuses.*

---

115. *Histor. de France*, XXII, p. 175, v. 204 ss.; cf. acima, p. 131, n. 84. Da mesma forma, João Golein (ver abaixo, p. 467) considera que o rei da França possui "essa prerrogativa sobre todos os demais reis, sejam eles quem forem"; o rei da Inglaterra era então o inimigo.
116. Texto citado acima, p. 118, n. 55. Embora fosse inglês, Tomás Bradwardine, na passagem reproduzida acima, p. 102, n. 20, também reconhece o poder milagroso da dinastia francesa; mas, escrevendo em 1344, ele certamente considerava seu senhor, Eduardo III, como herdeiro legítimo dos capetíngios tanto quanto dos plantagenetas: o que tira algum valor de sua imparcialidade.

Fora dos dois grandes reinos ocidentais, a opinião comum também parece ter admitido de muito bom grado o toque da escrófula. Sua eficácia jamais foi contestada, mais ou menos abertamente, senão por alguns raros escritores, que não obedeciam a preconceitos nacionalistas: o bispo português Alvarez Pelayo e o papa Pio II, por meio dos quais se expressavam a ortodoxia eclesiástica ou o ódio ao galicanismo, e o médico flamengo John Yperman, adversário das flores-de-lis por razões que poderíamos quase qualificar como de política interna. Acima de tudo, como já sabemos, desde os primeiros anos do século XIV, os capetíngios, e talvez também os plantagenetas, viam se apresentar diante deles doentes de países estrangeiros: a mais flagrante de todas as provas da universalidade de seu renome para além das fronteiras.

Porém, se, praticamente em todo lugar, quase ninguém se recusou a reconhecer o poder dos reis taumaturgos da França e da Inglaterra, procurou-se, por vezes, em diversas regiões, suscitar concorrentes. Que esforços foram esses? Ou, para formular o problema de forma mais geral, teria havido na Europa, em outros lugares além dos dois Estados até aqui examinados, príncipes médicos, exercendo sua arte, quer imitando as práticas francesas ou inglesas, quer até mesmo — pois não se poderia afastar *a priori* nenhuma possibilidade — em virtude de uma tradição nacional independente? É o que vamos examinar agora.

Para ter o direito de dar a essa pergunta uma resposta certa, seria preciso ter operado um exame, praticamente infinito, que incidisse em textos de todas as origens. Minhas pesquisas foram forçosamente limitadas. Felizmente, os estudos dos eruditos do Antigo Regime, sobretudo os franceses e os hispanizantes, me ofereceram um auxílio precioso. Acredito que os resultados que apresentarei, embora de caráter provisório, podem ser considerados bastante prováveis. Examinarei desde já o problema em seu conjunto, ao preço de deixar, por um instante, o quadro cronológico fixado, em princípio, para este capítulo. Alguns testemunhos que teremos de reter são, com efeito, posteriores à Idade Média. Mas nenhuma tentativa séria no sentido indicado poderia ter sido feita após o início do século XVI; e de seu fracasso — pois, até onde pude certificar-me, todas elas fracassaram —, como de uma espécie de contraprova, devem-se tirar conclusões importantes sobre as razões que explicam o nascimento e o florescimento dos ritos curativos nos reinos capetianos e ingleses durante o período medieval.

Em primeiro lugar, passemos rapidamente por algumas asserções sem fundamento, relativas a diferentes Estados da Europa. No início do século XVII, dois polemistas franceses, Gerônimo Bignon e Arroy, preocupados em reservar aos Bourbon uma espécie de privilégio taumatúrgico, opõem aos milagres que o rei da França opera por simples contato as curas realizadas pelos reis da

Dinamarca, os quais, segundo eles, curam o mal-caduco, isto é, a epilepsia, mas somente graças "a um remédio secreto".[117] Eles sem dúvida queriam, dessa maneira, responder a algum argumento proposto por um publicista do campo adverso que não pude identificar. Nenhum fato da história dinamarquesa, ao que parece, vem justificar semelhante afirmação. Alguns escritores, devotados aos Habsburgo, atribuíram, a partir do século XVI, aos reis da Hungria (título que, como se sabe, os chefes da casa da Áustria haviam herdado) o poder de curar a icterícia, ou amarelão. A escolha dessa doença se explica por uma lembrança do vocabulário científico da Antiguidade clássica; designava-se então frequentemente a icterícia, por razões que nos escapam, pelo nome de mal régio, *morbus regius*. Segundo todas as aparências, o talento maravilhoso atribuído aos reis da Hungria não foi mais do que uma fábula erudita; pelo menos, não se constata que eles o tenham de fato posto em prática, e não haveria nada melhor a fazer do que repetir as sábias palavras que escrevia, a seu respeito, em 1736, na *Bibliothèque raisonnée des ouvrages des savants de l'Europe* [Biblioteca comentada das obras dos sábios da Europa], um autor anônimo: "Eles eram muito pouco caridosos, por não exercerem esse dom, se realmente o possuíam".[118]

A crença no poder curativo dos reis foi certamente difundida na Alemanha. Encontram-se ecos disso num curioso comentário de Lutero, extraído de suas *Tischreden* [Conversas à mesa]:

> Existe algo de miraculoso em ver certos remédios — se falo deles, é porque estou bem informado sobre este ponto — se mostrarem eficazes quando são aplicados pela mão de grandes príncipes ou de senhores, ao passo que nada fazem se um

---

117. P. H. B. P. (Jérôme Bignon), *De l'excellence des Roys et du royaume de France*, pequeno in-8°, 1610, p. 510; Besian Arroy, *Questions decidées*, 1634, p. 40-41. Não é feita nenhuma menção a essa tradição, evidentemente toda fictícia, na obra de um cientista dinamarquês, Christen Barfoed, sobre a cura das doenças pelo toque: *Haands-Paalaeggelse*, Copenhague, 1914.

118. O poder de curar a icterícia é reconhecido aos reis da Hungria pelo jesuíta Melchior Inchofer, *Annales ecclesiastici regni Hungariae*, ed. de 1797, III. Presburgo, p. 288-289 (assim como o de curar, a exemplo dos reis da Inglaterra, as mordidas venenosas); a primeira edição havia sido publicada em 1644. A mesma tradição se encontra atestada na França por Du Laurens, *De mirabili*, p. 31; Mathieu, *Histoire de Louis XI*, p. 472 (o qual inspirou Du Peyrat, *Histoire ecclésiastique*, p. 793; Baltasar de Riez, *L'Incomparable piété des très chrestiens rois de France*, 1672, II, p. 151-152); em terra espanhola, por Armanacus [Jansênio], *Mars Gallicus*, p. 69; é visível, de resto, que esses autores se copiam uns aos outros. A passagem citada encontra-se em *Bibliothèque raisonnée*, XVI, 1 (Amsterdã, 1736), p. 153 (resenha de Mathias Bel, *Notitia Hungariae novae*). Para o termo *morbus regius*, ver acima, p. 65, n. 17.

médico os dá. Ouvi dizer que os dois eleitores da Saxônia, o duque Frederico e o duque João, possuem uma água para os olhos que age quando eles mesmos a dão, quer a causa da moléstia provenha do calor ou do frio. Um médico não ousaria oferecê-la. O mesmo ocorre em teologia, onde é do ponto de vista espiritual que se devem aconselhar as pessoas: tal pregador possui mais graça para consolar ou instruir as consciências do que este outro.[119]

Mas essas noções incertas não parecem jamais ter se corporificado seriamente. Certos senhores, como os eleitores saxões, decerto detinham remédios de família; encontram-se hoje conservados na Biblioteca de Gotha três volumes manuscritos e, até onde pude ver, inéditos, nos quais o eleitor João, precisamente um daqueles de que fala Lutero, fizera consignar informações de ordem médica ou farmacêutica; talvez ainda se possa ler neles a maneira de fabricar o *Augenwasser*, tão maravilhosamente eficaz.[120] O remédio, quando os próprios príncipes o administravam, era tido como particularmente ativo. Mas o contato de suas mãos não operava sozinho. Acima de tudo, em nenhum lugar se assistiu ao desenvolvimento de práticas rituais regulares e duráveis.

Certos escritores, todavia, reivindicaram para os Habsburgo um verdadeiro poder taumatúrgico; o mais antigo deles, e certamente sua fonte comum, é um monge suábio, Félix Fabri, que compôs, por volta do final do século XV, uma *Descrição da Alemanha, da Suábia e da cidade de Ulm*, na qual encontramos as seguintes palavras:

> Lemos nas crônicas dos condes de Habsburgo que esses senhores receberam tamanha graça gratuitamente dada que todo escrofuloso ou gotoso que recebe sua

---

119. XXIV, 9, ed. Förstemann, III, p. 15-16: "Aber Wunder ist es (dass ich dieses auch sage, dess ich gewiss bericht bin), dass grosser Fürsten und Herrn Arznei, die sie selbs geben und appliciren, kraftig und heilsam sind, sonst nichts wirkte, wenns ein Medicus gabe. Also höre ich, dass beide Kurfursten zu Sachsen etc., Herzog Friedrich und Herzog Johanns, haben ein Augenwasser, das hilft, wem sie es geben, es komme die Ursach der Augenweh aus Hitze oder aus Kälte. Ein Medicus durfte es nicht wagen noch geben. Also in Theologia, da den Leuten geistlich gerathen wird, hat ein Prediger mehr Gnade, betrübte Gewissen zu trösten und lehren, denn ein ander". A edição das *Tischreden* por Förstemann reproduz a edição *princeps* feita, em 1566, em Eisleben, por Aurifaber; ora, como se sabe, o texto de Aurifaber ainda se encontra sujeito a verificação. Infelizmente, na edição crítica das obras, dita de Weimar, as *Tischreden* ainda estão incompletas; e a ausência de índice remissivo torna a pesquisa praticamente impossível nos volumes publicados.

120. E. S. Cyprianus, *Catalogus codicum manuscriptorum bibliothecas Gothanae*, in-4º, 1714, p. 22, n. LXXII-LXXIV.

bebida das mãos de um deles logo recupera o uso de um pescoço saudável e gracioso: foi o que frequentemente se viu no Albrechtstal, na Alta Alsácia, região na qual existem homens escrofulosos por natureza; eles se faziam curar como acaba de ser dito na época em que esse vale pertencia aos condes de Habsburgo ou duques da Áustria. Ademais, é um fato notório e frequentemente provado que todo gago, quando, sem o ter pedido, é beijado por um desses príncipes, logo adquire uma fala fácil, pelo menos o tanto quanto comporta sua idade.[121]

Aí estão, na verdade, dois belos contos, dignos do grande viajante que foi Félix Fabri. É difícil levá-los a sério. A alusão ao Albrechtstal, mais particularmente, desperta suspeita; pois esse território, mais conhecido hoje pelo nome de Vale do Villé, recebido por Rodolfo de Habsburgo como dote de sua mulher, por volta de 1254, saiu em 1314 das mãos da casa da Áustria e a ela jamais retornou.[122] Confiaríamos de mais bom grado no monge de Ulm caso ele tivesse situado as curas mais notáveis dos Habsburgo em outro lugar que não em uma região na qual, na sua época, havia mais de um século e meio que eles não podiam exercer seu poder. Por certo, ele não teria tido a ideia de imaginar esses relatos, se, ao seu redor, todo mundo não tivesse se acostumado a considerar os reis como seres dotados de toda espécie de virtudes maravilhosas; sua elaboração partiu de um tema popular, mas ela parece ser mesmo sua invenção. Pelo menos, nenhum testemunho vem confirmar o seu; os historiadores posteriores se limitaram a repeti-lo, com precisão ainda menor.[123] Se os Habsburgo tivessem praticado de maneira contínua, como seus rivais da França e

---

121. Felicis Fabri *Monachi Ulmensis Historiae Suevorum*, lib. I, c. XV, em Goldast, *Rerum Suevicarum Scriptores*, fól. Ulm, 1727, p. 60: "Legimus enim in Chronicis Comitum de Habspurg, quod tantum donum gratis datum habeant, ut quicunque strumosus aut gutture globosus de manu alicuius Comitis de Habspurg potum acceperit, mox sanum, aptum et gracile guttur reportabit, quod sepe visum est in valle Albrechztaal in Alsatia superiori, in qua sunt homines strumosi naturaliter, qui passim praedicte modo sanabantur, dum vallis adhuc esset illorum Comitum vel Austriae Ducum. Insuper notorium est, et sepe probatum, quod dum quis balbutiens est, vel impeditioris linguae, si ab uno Principe de praemissis sine alio quocunque suffragio osculum acceperit, omcium loquendi disertissime aetati suae con-gruum mox patenter obtinebit". Sobre o autor, ver, em último lugar, Max Hæussler, *Felix Fabri aus Ulm und seine Stellung zum geistlichen Leben seiner Zeit* (Beiträge zur Kulturgeschichte des Mittelalters... 15), 1914.
122. O. Redlich, *Rudolf von Habsburg*. Innsbruck, 1903, p. 87; Théodore Nartz, *Le Val de Villé*. Estrasburgo, 1887, p. 17; *Das Reichsland Elsass-Lothringen*, III, p. 1.191-1.192.
123. A tradição segundo a qual os Habsburgo detinham o poder de curar os escrofulosos — negada por Camerarius, *Operae horarum subcisivarum*, 1650, p. 145 — se encontra em Armacanus [Jansênio], *Mars Gallicus*, 1636, p. 69; no jesuíta Melchior Inchofer, *Annales*

da Inglaterra, um rito curativo, seria de acreditar que estaríamos reduzidos, como única informação sobre essa manifestação milagrosa, ao falatório de um obscuro cronista suábio e às vagas afirmações de alguns publicistas a serviço da Áustria ou da Espanha?

Já deparamos com Alvarez Pelayo. Lembramos que um dia ele qualificou como "mentira e devaneio" as pretensões dos reis franceses e ingleses. Ele nem sempre foi tão severo com a taumaturgia régia. O interesse de seus protetores e também seu próprio patriotismo silenciaram, pelo menos uma vez, sua ortodoxia. Nascido talvez nos Estados de Castela, criado, em todo caso, na corte castelhana, ele escreveu, pouco depois de 1340, para o soberano daquele país, Afonso XI, um *Espelho dos reis*. Na obra, ele se esforça para provar que o poder temporal, embora oriundo do pecado, recebeu, posteriormente, a sanção divina. E eis uma de suas provas:

> Os reis da França e da Inglaterra possuem, segundo se diz, uma virtude (curativa); da mesma forma, os piedosos reis da Espanha, dos quais descendem, possuem outra semelhante, que age sobre os possuídos e sobre alguns doentes atingidos por diversos males; eu mesmo vi, em minha infância, teu antepassado, o rei Sancho [Sancho II, que reinou de 1284 a 1295], em cuja corte eu era criado, colocar o pé sobre a garganta de uma demoníaca que, enquanto isso, o assolava com injúrias, e, lendo palavras tiradas de um pequeno livro, expulsar para fora daquela mulher o demônio e não deixá-la senão curada.[124]

Esse é, tanto quanto sei, o mais antigo testemunho que temos sobre o talento de exorcista reivindicado pela Casa de Castela; observe-se que, contrariamente ao que vimos há pouco em Félix Fabri, Alvarez relata um fato preciso, do qual ele realmente pode ter sido espectador. A mesma tradição se encontra em diversos autores do século XVII.[125] Não temos o direito de emitir dúvidas

---

ecclesiastici regni Hungariae, ed. 1797, III, p. 288. Raulin, *Panegyrc*, p. 176, acredita que eles "curaram bócios ou pescoço grosso".

124. *Speculum regum*, ed. R. Scholz, *Unbekannte kirchenpolitische Streitschriften*, II, p. 517: "Reges Francie et Anglie habere dicuntur virtutem; et reges devoti Yspanie, a quibus descendis, habere dicuntur virtutem super energuminos et super quibusdam egritudinibus laborantes, sicut vidi, cum essem puer, in avo tuo, inclito domino rege Sancio, qui me nutriebat, quod a muliere demoniaca ipsum vituperante tenentem pedem super guttur eius et legentem in quodam libelo ab ea demonem expulsit et curatam reliquit".

125. Seria demasiado longo e, aliás, desinteressante citar todos os autores do século XVII que levaram em conta a tradição relativa à cura dos demoníacos pelos reis de Castela; bastará remeter a Gutierrez, *Opusculum de Fascino*, 1653, p. 153, e a Gaspar A. Reies, *Elysius*,

sobre ela. Segundo todas as probabilidades, o povo de Castela atribuiu verdadeiramente a seus reis o poder de curar as doenças nervosas que, naquela época, eram comumente consideradas de origem demoníaca; de resto, não há afecção que ofereça um terreno mais favorável ao milagre, forma primitiva da psicoterapia. Houve provavelmente certo número de curas isoladas, como a que Alvarez relata a respeito de Dom Sancho; mas, aqui tampouco, a crença não parece jamais ter engendrado um rito regular; e ela não teve senão uma fraca vitalidade. No século XVII, já não era mais do que uma lembrança, explorada pelos apologistas da dinastia, porém desprovida de qualquer amparo popular. Ela encontrava céticos declarados, até mesmo na Espanha. Um médico dessa nação, Dom Sebastião de Soto, a negou, numa obra estranhamente intitulada *Sobre as doenças que tornam lícita para as religiosas a ruptura da clausura*. Outro médico, Dom Gutierrez, mais fiel à religião monárquica, lhe respondeu nos seguintes termos: "Seus argumentos [de Dom Sebastião] carecem de valor; ele conclui da ausência de qualquer ato a negação do poder; é como se ele dissesse que Deus, porque não produziu e não produzirá todas as criaturas possíveis, é incapaz de as produzir; da mesma forma, nossos reis possuem tal virtude, mas por humildade não a exercem...".[126] Assim, adversários e defensores do poder antidemoníaco, atribuído aos reis de Castela, estavam, naquele tempo, de acordo, pelo menos, sobre um ponto: é que esse poder nunca tinha a ocasião de ser praticamente comprovado. É o mesmo que dizer que, na verdade, ninguém mais acreditava nele.

Médicos dos possuídos, pelo menos a título, de algum modo, honorário, como herdeiros dos reis de Castela, os reis da Espanha, no século XVII, passaram por vezes, aos olhos de seus adeptos, por igualmente capazes, à maneira dos reis da França, de curar os escrofulosos; e isso, diziam os doutos, na qualidade de sucessores da outra grande dinastia ibérica: a dinastia aragonesa. De fato, conhecemos ao menos um príncipe aragonês do final da Idade Média a

---

1670, p. 261 e 342, os quais fornecem, ambos, referências abundantes. A mesma tradição se encontra na França em D'Albon, *De la maiesté royalle*. Lyon, 1575, p. 29 v°, em Du Laurens, *De mirabili*, p. 31, e em diversos autores que, visivelmente, se inspiraram neste último escritor.

126. Gutierrez, *Opusculum de fascino*, 1653, p. 155-156: "vana eius est arguties, ab actu negative ad potentiam, quasi diceret Deus non produxit creaturas possibiles, imo non producet, ergo non est illarum productiuus, haec illatio undique falsa est, sed Reges nostri humili majestate ducti illius virtutis exercitio non intendunt, omne huiuscemodi ius sacris Sacerdotibus relinquentes. Tum quia minus, quam exteri, his nouitatibus Hispani delecta-mur". Conheço o livro de Dom Sebastião de Soto, *De monialium clausura licite reseranda ob morbos*, somente pela refutação de Gutierrez.

quem a superstição popular, habilmente explorada por um partido político, atribuiu, após sua morte e talvez até mesmo — mas isso é menos certo — já durante sua vida, entre outras curas maravilhosas, as curas de escrófula: trata-se de Dom Carlos de Viana. Quando esse infante de Aragão e de Navarra encerrou em Barcelona, em 23 de setembro de 1461, seu aventuroso e trágico destino, seus fiéis, que haviam desejado fazer dele, durante sua vida, o porta-bandeira da independência catalã, procuraram, não podendo mais utilizar dele nada além de sua lembrança, transformá-lo em santo. Ao seu cadáver atribuíram-se milagres. Luís XI, numa carta de condolências endereçada aos deputados da Catalunha, em 13 de outubro, inseriu uma alusão expressa a esses prodígios oportunos. Uma mulher escrofulosa, notadamente, foi curada sobre o túmulo; eis em que termos uma investigação contemporânea menciona o fato: "Uma mulher que não tivera a ocasião de apresentar-se ao Príncipe durante sua vida disse: 'Não pude vê-lo durante sua vida para ser por ele curada, mas tenho confiança de que me atenderá após sua morte'". Não se sabe muito bem que importância conceder a essas palavras; para nos autorizar a concluir firmemente que Dom Carlos, antes mesmo de tornar-se um cadáver, desempenhara o papel de médico, seriam necessários testemunhos mais numerosos e mais seguros. Mas que seus restos tenham realmente passado por possuir o dom benfazejo de aliviar os doentes, e em especial os escrofulosos, isso é algo de que não se poderia duvidar. Seu culto, embora ainda privado da sanção oficial da Igreja, foi muito próspero nos séculos XVI e XVII; ele tinha por santuário principal a abadia de Poblet, acima de Barcelona, onde repousava o corpo miraculoso. Entre as relíquias, uma mão era objeto de particular veneração; seu contato, dizia-se, livrava da escrófula.[127]

O caso de Dom Carlos é curioso. Deve-se ver nele um exemplo de uma tendência de espírito que nossas pesquisas tornarão cada vez mais familiar; em todos os países, a opinião coletiva tendia a conceber as personagens

---

127. A investigação acima mencionada, contida na dissertação de um cônego de Maiorca, Antoni de Busquets, foi editada por Aguilo no *Calendari Catala pera l'any 1902*, publicação dirigida por M. Joan Bta. Batle. Infelizmente, não pude obter essa obra. Conheço apenas a tradução da passagem relativa à escrófula, oferecida por Batista y Roca, *Notes and Queries*, 1917, p. 481. Sobre os milagres póstumos e o culto de Dom Carlos, ver G. Desdevises du Desert, *Don Carlos d'Aragon, prince de Viane*, 1889, p. 396 ss. Carta de Luís XI na ed. da Soc. de l'hist. de France, II, n. XIII. Sobre as relíquias de Poblet, testemunho curioso no relato do viajante francês Barthélémy Joly, que visitou o monastério em 1604, *Revue hispanique*, XX (1909), p. 500. Segundo J. Valdesius, em *De dignitate regum regnorumque Hispaniae*, 1602, venerava-se em Poblet um braço de São Luís que também era tido por curar a escrófula. Teria havido confusão entre os poderes atribuídos às duas relíquias?

nascidas de sangue augusto e destinadas à coroa sob a imagem de taumaturgos, sobretudo quando alguma coisa em sua vida parecia ultrapassar a sorte comum: com mais forte razão, quando infortúnios ilustres e imerecidos lhes davam, de alguma maneira, como ao desafortunado príncipe de Viana, a auréola de mártir. É provável, ademais, que, nas regiões limítrofes da França e, como a Catalunha, imbuídas de influências francesas, os milagres régios assumissem muito naturalmente na imaginação dos povos a forma clássica fornecida pelo exemplo capetiano; contágio, no caso, tanto mais fácil quanto Dom Carlos descendia, por sua mãe, da dinastia capetiana de Navarra. Mas não há nenhum vestígio de que um rito regular de toque tenha um dia se desenvolvido na corte de Aragão.

Quanto às pretensões levantadas pelos polemistas hispanizantes do século XVII,[128] reivindicando para seus senhores o dom de curar os escrofulosos, elas não poderiam ser consideradas senão como uma tentativa bastante vã de reerguer o prestígio dos Habsburgo da Espanha, à custa do privilégio dos monarcas franceses. Sabemos, graças a uma massa de testemunhos seguros, que, naquela mesma época e desde o século anterior, muitos espanhóis faziam a viagem à França especificamente para serem tocados; outros se precipitaram, com o mesmo intuito, na direção de Francisco I, quando este, prisioneiro após a batalha de Pavia, desembarcou na costa aragonesa.[129] Essa prontidão não se explica senão porque semelhante cerimônia jamais se produzira em Madri ou no Escorial.

Na Itália, por fim, nas últimas décadas do século XIII, um soberano procurou apresentar-se como médico da escrófula, ou, pelo menos, seus adeptos buscaram representá-lo como tal; já o encontramos em nosso caminho: era Carlos de Anjou.[130] Ele era de raça capetiana. O sangue da França que corria em suas veias foi certamente seu melhor título para o papel de curador. Aliás, fomos informados sobre essa tentativa apenas por meio de um comentário, muito breve, como se viu, de Bartolomeu de Luca; não há indício de que os reis angevinos de Nápoles tenham seriamente perseverado nisso.

---

128. Por exemplo, J. Valdesius, *De dignitate regum regnorumque Hispaniae*, in-4º. Granada, 1602, p. 140; Armacanus [Jansênio], *Mars Gallicus*, p. 69; Gaspar A. Reies, *Elysius*, p. 275 (os quais atribuem todos uma origem aragonesa ao poder); Gutierrez, *Opusculum de Fascino*, p. 153. Esses autores remetem todos a P. A. Beuter, *Cronica generale d'Hispagna*. Assim como M. Batista y Roca (*Notes and Queries*, p. 481), não pude encontrar a passagem visada nesse escritor.
129. Ver abaixo, p. 303.
130. Ver acima, p. 132-133.

Assim, os ritos francês e inglês puderam de fato suscitar, ao longo do tempo, a inveja de alguns publicistas e conduzi-los a reclamar para os próprios soberanos poder semelhante; mas eles jamais foram verdadeiramente imitados. Até mesmo em lugares, como Castela, onde uma crença análoga àquela que floresceu sobre as duas margens da Mancha teve por algum tempo, ao que parece, uma existência original, faltou-lhe o vigor necessário para gerar uma instituição regular e realmente vivaz. Como explicar que a França e a Inglaterra tenham mantido o monopólio das curas régias?

Problema infinitamente delicado e, na verdade, quase insolúvel. O historiador já encontra muita dificuldade para explicar a produção dos fenômenos positivos; o que dizer das dificuldades de sua tarefa quando se trata de fornecer as razões para um não ser? Toda sua ambição, em semelhante caso, deve limitar-se, na maioria das vezes, a apresentar considerações mais ou menos verossímeis. Eis aquelas que me parecem expressar, o menos mal possível, a impotência taumatúrgica de que fez prova a maioria das dinastias europeias.

Quando estudamos o nascimento do toque, acreditamos descobrir para ele uma causa profunda e causas ocasionais: a causa profunda era a crença no caráter sobrenatural da realeza; as causas ocasionais são encontradas, na França, na política da dinastia capetiana em seus primórdios; e, na Inglaterra, na ambição e na habilidade do rei Henrique I. A crença era comum a toda a Europa Ocidental. O que faltou em outros Estados além da França ou da Inglaterra foram unicamente as circunstâncias particulares que, nesses dois reinos, permitiram a noções até então um tanto vagas assumir, nos séculos XI e XII, a forma de uma instituição precisa e estável. Pode-se supor que, na Alemanha, as dinastias saxônicas ou suábias tirassem da coroa imperial demasiada grandeza para que pensassem em desempenhar o papel de médico. Nos demais países, certamente nenhum soberano teve astúcia suficiente para conceber tal desígnio, ou audácia, constância ou prestígio pessoal suficientes para conseguir impô-lo. Houve uma parte de acaso ou, talvez, de gênio individual na gênese dos ritos franceses ou inglês. É o acaso, também entendido no mesmo sentido, que deve, ao que parece, explicar em outros lugares a ausência de manifestações análogas.

Quando, por volta do século XIII, aproximadamente, o renome das curas operadas pelos capetíngios e pelos plantagenetas se encontrou amplamente difundido em todo o mundo católico, mais de um príncipe, como se pode imaginar, sentiu alguma inveja. Porém, provavelmente era tarde demais para tentar uma imitação com alguma chance de sucesso. Os ritos francês e inglês tinham a seu favor a maior força daquele tempo: a tradição. Um milagre atestado por gerações, quem então ousava seriamente negá-lo? Mas criar um milagre novo que a doutrina eclesiástica, pouco favorável em princípio à realeza taumatúrgica, teria com certeza atacado era uma empresa perigosa que talvez jamais tenha sido tentada ou que, se alguns temerários nela se aventuraram — algo de que não temos nenhum conhecimento —, deve quase necessariamente ter resultado em fracasso. A França e a Inglaterra não perderam, de modo algum, o privilégio que lhes era assegurado pelo longo uso.

A concepção de realeza sagrada e maravilhosa, auxiliada por algumas circunstâncias fortuitas, tinha engendrado o toque da escrófula; profundamente enraizada nas almas, ela lhe permitiu, em seguida, sobreviver a todas as tempestades e a todos os ataques. É provável, de resto, que ela, por sua vez, tenha tirado dele uma nova força. Começara-se por dizer, a exemplo de Pedro de Blois, que: os reis são seres santos; vamos até eles; não há dúvida de que eles receberam, com tantas outras graças, o poder de curar. Disse-se, em seguida, a exemplo do autor da *Quaestio in utramque partem*, sob Filipe, o Belo: meu rei cura; portanto, ele não é um homem como os outros. Mas não basta ter mostrado a vitalidade, durante os últimos séculos da Idade Média, e até mesmo o florescimento das práticas primitivas. Na Inglaterra, pelo menos, viu-se surgir, naquela época, um segundo rito curativo, inteiramente diferente do antigo: a bênção dos anéis medicinais, supostamente soberanos contra a epilepsia. Convém estudar agora essa nova manifestação das velhas crenças.

CAPÍTULO II

O segundo milagre da realeza inglesa: os anéis medicinais

§ 1. O RITO DOS ANÉIS NO SÉCULO XIV

Na Idade Média, todo ano, durante a Sexta-Feira Santa, os reis da Inglaterra, como todos os bons cristãos, adoravam a cruz. Na capela do castelo no qual residiam naquele momento, erguia-se uma cruz, ordinariamente, pelo menos no século XIV, a "cruz de Gneyth"; assim era chamada uma relíquia miraculosa que Eduardo I, ao que parece, conquistara dos galeses e na qual estava inserida, segundo se acreditava, uma parcela da mesma madeira na qual Cristo havia sido pregado.[1] O rei se posicionava a alguma distância, se prosternava e, sem se reerguer, se aproximava lentamente da insígnia divina. Essa era a atitude prescrita para esse ato por todos os liturgistas: "É preciso", diz John of Avranches, "que, nesse gesto de adoração, a barriga se estenda sobre o solo; pois, segundo Santo Agostinho, em seu comentário sobre o Salmo 43, a genuflexão não é, de modo algum, a humilhação perfeita; mas naquele que se humilha estendendo-se inteiramente sobre o solo não resta mais nada que permita um acréscimo de humilhação".[2] Uma curiosa miniatura de um manuscrito da Biblioteca Nacional contendo a vida de São Luís, de autoria de Guilherme de Saint-Pathus,[3] mostra o piedoso rei

---

1. Cf. *Liber Quotidianus contrarotulaloris garderobae* (Soc. of Antiquaries of London), in-4º. Londres, 1787, "Glossary", p. 365; Hubert Hall, *The Antiquities and Curiosities of the Exchequer*, 2. ed., in-12. Londres, 1898, p. 43.
2. Migne, *P. L.*, t. 147, col. 51: "Adoratio omnium ita fiat, ut uniuscuiusque venter in terra haereat; dum enim juxta Augustinum in psalmo XLIII genuflectitur, adhuc restat quod humilietur; qui autem sic humiliatur ut totus in terra haereat, nihil in eo amplius humilitatis restat". Cf., sobre esse rito, J. D. Chambers, *Divine Worship in England in the Thirteenth and Fourteenth Centuries*, in-4º. Londres, 1877, "Appendix", p. XXXI, e E. K. Chambers, *The Mediæval Stage*, II, p. 17, n. 3 (bibliografia).
3. Lat. 5.716, fól. 63; reproduzida em Joinville, ed. N. de Wailly, in-4º, 1874, p. 2.

na realização mais conscienciosa desse rito, o qual os textos em língua inglesa não tardam a designar pela expressão bem característica *creeping to the cross*: "rastejar até a cruz".⁴ Até ali, portanto, nada que distinguisse o uso seguido na corte da Inglaterra dos costumes universalmente em vigor na catolicidade.

Mas, sob os plantagenetas, o mais tardar a partir de Eduardo II, o cerimonial da "Boa Sexta-Feira" — assim ainda se denomina hoje naquele país a Sexta-Feira Santa — se complicou para os reis com uma prática singular, que não pertencia ao ritual corrente. Eis o que ocorria nesse dia na capela real, no tempo de Eduardo II e de seus sucessores, e até Henrique V, inclusivamente.

Uma vez encerradas suas prosternações, o monarca inglês, aproximando-se do altar, nele depositava, como oferenda, certa quantidade de ouro e de prata, sob a forma de belas moedas, florins, *nobles* ou esterlinas; em seguida, ele as retomava, na verdade as "resgatava", como se dizia, deixando em seu lugar uma quantia equivalente em espécies monetizadas comuns; com os metais preciosos assim dados por um momento e quase imediatamente recuperados, ele mandava, mais tarde, fabricar anéis. É evidente que tais anéis, último termo de operações tão complicadas, não eram joias ordinárias. Eram tidos como capazes de curar aqueles que os usavam de algumas doenças. De quais doenças precisamente? Os mais antigos documentos não especificam: "anéis a dar como remédio a diversas pessoas", diz uma ordenação de Eduardo II; *anuli medicinales*, limitam-se a indicar as contas da Casa Real. Mas, no século XV, surgem alguns textos mais explícitos: neles, descobre-se que esses talismãs passavam por aliviar dores ou espasmos musculares e, mais particularmente, a epilepsia: daí o nome de *cramp-rings*, anéis contra a câimbra, o qual encontramos aplicado a eles já naquela época e do qual os historiadores ingleses, ainda hoje, comumente se utilizam para designá-los. Como se perceberá logo mais, o estudo da medicina popular comparada tende a provar que, desde a origem, eles foram considerados especializados nesse gênero determinado de curas milagrosas.⁵

---

4. J. A. H. Murray, *A New English Dictionary*, no verbete *Creep* (o mais antigo texto dos arredores do ano 1200).

5. *Household Ordinance d'York*, junho de 1323: a melhor edição em T. F. Tout, *The Place of the Reign of Edward II in English History*. Manchester, 1914, p. 317: "Ademais, deve o rei oferecer no dia da Sexta-Feira Santa cinco xelins à cruz, os quais ele está acostumado a receber por meio do capelão, para com eles fazer anéis dados como remédio a diversas pessoas, e a repor outros cinco xelins". Quanto às contas, que nos fornecem a melhor descrição do rito, ver abaixo, p. 428. Cf. Murray, op. cit., no termo *cramp-ring*.

Assim é esse rito estranho, complementar, de alguma maneira, ao do toque, mas, ao contrário deste último, próprio à realeza inglesa; a França não oferece nada de análogo. Como devemos conceber sua gênese?

§ 2. AS EXPLICAÇÕES LENDÁRIAS

Quando a fé na virtude maravilhosa dos *cramp-rings* atingiu seu apogeu, procuraram-se para ela, como era de esperar, patrões lendários. A elevada figura de José de Arimateia domina a história poética do cristianismo inglês; discípulo de Cristo, o mesmo a quem fora confiada, segundo os Evangelhos, a honra de enterrar o cadáver do Crucificado, ele fora o primeiro a anunciar, como afirmavam piedosos autores, a Boa-nova aos povos da ilha da Bretanha: crença lisonjeira para uma Igreja em busca de origens quase apostólicas; desde a Idade Média, os romances da Távola Redonda a haviam tornado familiar a um vasto público. Imaginou-se que essa prestigiosa personagem também trouxera, para a Inglaterra, ao lado de vários belos segredos extraídos dos livros de Salomão, a arte de curar os epiléticos por meio dos anéis. Essa é, pelo menos, a tradição — inglesa, provavelmente, em suas origens — difundida pelo historiador espanhol Diego Valdés, que escrevia em 1602.[6] Certamente não se julgará necessário discuti-la aqui.

Sensivelmente mais cedo, desde o início do século XVI, pelo menos, outra tentativa de interpretação se empreendera na época; ela tinha por objetivo situar a cerimônia da Sexta-Feira Santa sob a invocação de Eduardo, o Confessor. Curiosamente, essa teoria, em certo sentido, ainda encontra hoje adeptos entre os historiadores ingleses: não que alguém admita, no presente, que Eduardo tenha com efeito possuído um anel curativo, mas se acredita que, desde a origem do rito, em qualquer época que se pretenda situá-la, os reis da Inglaterra pensaram, ao realizá-lo, imitar, de alguma maneira, seu piedoso predecessor.

Isso porque, com efeito, o anel desempenha o papel principal num episódio, o mais famoso de todos, da lenda do Confessor; eis, brevemente resumido, esse conto, apresentado pela primeira vez pela *Vida* composta em 1163 pelo abade Elredo de Rievaulx.[7] Eduardo, abordado um dia por um mendigo, desejou entregar-lhe uma esmola; encontrando sua bolsa vazia, deu seu anel. Ora, sob os farrapos do miserável escondia-se São João Evangelista. Algum

---

6. Jacobus Valdesius, *De dignitate regum regnorumque Hispaniae*, in-4º. Granada, 1602, p. 140.
7. Twysden, *Historiae anglicanae scriptores X*, col. 409; Migne, *P. L.*, t. 195, col. 769.

tempo depois — após sete anos, dizem certos textos —, dois peregrinos ingleses, viajando pela Palestina, encontraram um belo idoso: era novamente São João; ele lhes entregou o anel, convencendo-os a devolvê-lo ao seu senhor e a anunciar-lhe, ao mesmo tempo, que seria recebido, em breve, na morada dos eleitos. Esse pequeno conto, poético em si mesmo, e ao qual certos hagiógrafos, muito a par dos segredos do outro mundo, acrescentaram novas e sedutoras elaborações,[8] foi extremamente popular: escultores, miniaturistas, pintores, vidreiros, ornamentistas de toda espécie o reproduziam à porfia, na Inglaterra e até mesmo no continente.[9] Henrique III, que manifestara, para com o último dos reis anglo-saxões, uma devoção particular — sabe-se que ele deu ao seu primogênito o nome de Eduardo, estranho até então à onomástica das dinastias normandas e angevinas —, mandara pintar o encontro dos dois santos nos muros da capela de São João, na Torre de Londres. Eduardo II, por sua vez, no dia de sua sagração, ofereceu à abadia de Westminster duas estatuetas de ouro, das quais uma representava o príncipe estendendo o anel, e a outra, o mendigo preparando-se para recebê-lo.[10] Westminster, na verdade, era o local

---

8. *Analecta Bollandiana*, 1923, p. 58 ss.
9. Diversas obras de arte foram indicadas por John Dart, *Westmonasterium*, I. Londres, fól., 1.742, p. 51, e por Waterton, *On a Remarable Incident*, p. 105 ss. (a miniatura do século XIII, reproduzida por Waterton diante da p. 103, também o foi, mais recentemente, por Hubert Hall, *Court Life under the Plantagenets*. Londres, 1902, estampa VIII). Podem-se acrescentar à sua enumeração, sem pretender ser completo: 1) um vitral da igreja de Ludlow (mencionado por W. Jones, *Finger-Lore*, p. 118, n. 1); 2) um ladrilho de faiança na Chapter House da abadia de Westminster, reproduzido por Kunz, *Rings for the Finger*, p. 342; 3) duas tapeçarias do início do século XIII hoje perdidas, executadas para Westminster (*Notes and Documents Relating to Westminster Abbey*, n. 2: *The History of Westminster Abbey by John Flete*, ed. J. A. Robinson. Cambridge, 1909, p. 28-29); 4) na França, um vitral da catedral de Amiens, do século XIII (G. Durand, *Monographie de la cathédrale d'Amiens*, I, p. 550). Encontra-se conservado na Biblioteca da Universidade de Cambridge, sob a cota Ee III 59, um manuscrito do século XIII que contém um poema em versos francês, a *Estoire de Seint Aedward le Rei*, que foi dedicado por seu autor à rainha Eleonora, esposa de Henrique III. Três miniaturas, já assinaladas por Waterton e sumariamente descritas por Luard, *Lives of Edward the Confessor*, p. 16, são dedicadas à lenda do anel. Outra, do mesmo manuscrito, reproduzida em Crawfurd, *Cramp-Rings*, estampa XXXIX, representa alguns doentes aproximando-se do sacrário do santo; sobre o sacrário, veem-se duas estatuetas, as do rei estendendo o anel e de São João como peregrino. Não sei se é possível considerar que essa pequena pintura oferece uma imagem exata do sacrário oferecido por Henrique III a Westminster e fundido sob Henrique VIII. Para outras obras de arte, hoje perdidas, dedicadas à mesma lenda, ver também a nota seguinte.
10. Mandamento de Henrique III: John Stow, *A Survey of the Cities of London and Westminster*, I. Londres, 1720, p. 69. Sobre Eduardo II, ver Dart, loc. cit.

designado para semelhante presente; ali, não somente se venerava o túmulo de Santo Eduardo como também os monges mostravam aos fiéis um anel que havia sido extraído do dedo do corpo santo, quando de sua transferência para um novo sacrário, em 1163,[11] e que era comumente tido como o mesmo que o Evangelista outrora aceitara e, depois, devolvera. "Se alguém deseja uma prova de que as coisas de fato assim se produziram", dizia aos seus ouvintes, por volta de 1400, um sermonário, John Mirk, após ter-lhes relatado a famosa história, "que vá a Westminster; lá, ele verá o anel que esteve, por sete anos, no Paraíso".[12] Mais precisamente, entre os textos bastante numerosos que mencionam essa preciosa relíquia, nenhum, até uma data relativamente recente, indica que lhe fosse atribuído um poder curativo particular. De resto, absolutamente nada, no cerimonial real da Sexta-Feira Santa, jamais relembrou Santo Eduardo ou São João. Para ver evocar-se, a respeito dos *cramp-rings*, a memória do Confessor, é preciso avançar até o humanista italiano Polidoro Virgílio, o qual, a serviço dos reis Henrique VII e Henrique VIII, escreveu, a pedido de ambos, uma *História da Inglaterra*, publicada, pela primeira vez, em 1534. O intuito desse historiógrafo oficial era visivelmente encontrar um protótipo autorizado para os anéis maravilhosos distribuídos por seus senhores; é por isso que ele se compraz em considerar o anel conservado no "templo" de Westminster como dotado, ele também, de uma virtude soberana contra a epilepsia. Sua obra, que teve grande sucesso, contribuiu para difundir amplamente a opinião, doravante clássica, de acordo com a qual a cura dos epiléticos pelos anéis, assim como, segundo se acreditava, o toque da escrófula, teria tido Eduardo por iniciador.[13] Mas o

---

11. É, pelo menos, o que afirma John Flete em sua *Histoire de Westminster*, ed. J. A. Robinson (*Notes and Documents Relating to Westminster Abbey*, 2), p. 71; Flete, é verdade, é um autor tardio; foi monge em Westminster de 1420 a 1425; mas a tradição que ele propaga não é nada além de muito verossímil; ela concorda com o testemunho de Osberto de Clare que, escrevendo em 1139, assinalava que Eduardo havia sido enterrado com seu anel: *Analecta Bollandiana*, 1923, p. 122, linha 1.

12. *Mirk's Festial*, ed. Th. Erbe, *Early English Text Society, Extra Series*, XCVI, p. 149: "Then whoso lust to have this preuet sothe, go he to Westminstyr; and ther he may se the same ryng that was seuen yere yn paradys". Sobre o autor, ver, em último caso, Gordon Hall Gerould, *Saints' Legends*, in-12. Boston e Nova York, 1916, p. 184 ss.

13. Polidoro Virgílio, *Historia Anglica*, lib. VIII, ed. de Leyde, in-12, 1651, p. 187; a mesma teoria se encontra no século XVII em Richard Smith, *Florum historiae ecclesiasticae gentis Anglorum libri septem*, 1654, in-4º, p. 230; e em Nicolas Harpsfield, *Historia Anglorum ecclesiastica*, fól. Douai, 1622, p. 219, citado em Crawfurd, *Cramp-Rings*, p. 179. Os historiadores modernos acreditaram encontrar para ela uma espécie de confirmação em um dos nomes populares da epilepsia, conhecida na Idade Média, por razões que desconhecemos, como

italiano certamente não inventara essa ideia; todas as aparências indicam que ele a recolhera inteiramente formada no círculo de seus protetores; há algo mais natural do que atribuir ao grande santo da dinastia a paternidade de ambos os milagres dinásticos? O anel ilustre, que estivera "no Paraíso", fornecia um meio fácil de estabelecer o elo visado entre os relatos hagiográficos e o rito; por uma espécie de retroação, foi-lhe conferido tardiamente o poder medical que ele realmente tinha de possuir para poder pretender ao título de ancestral dos *cramp-rings*. Provavelmente, ele teria se tornado objeto de uma peregrinação frequentada por doentes se a Reforma, advinda logo depois do surgimento de uma crença tão favorável aos interesses de Westminster, não tivesse posto fim, na Inglaterra, de maneira brusca, ao culto das relíquias. Mas as verdadeiras origens da Sexta-Feira Santa nada têm a ver nem com Eduardo, o Confessor, nem com a lenda monárquica em geral. É na história comparada das práticas supersticiosas que se deve buscar o segredo.

---

mal de São João (Laurence Joubert, *La première et seconde partie des erreurs populaires touchant la médecine*, 1587, 2ª parte, p. 162; Guillaume Du Val, *Historia monogramma*, in-4º, 1643, p. 24; H. Gunter, *Legenden-Studien*. Colônia, 1906, p. 124, n. 1; M. Höfler, *Deutsches Krankheitsnamen-Buch*, in-4º. Munique, 1899, nos termos *Krankheit, Sucht, Tanz*). Mas por quais razões a epilepsia foi inicialmente assim denominada? E quem é o São João cujo nome ela recebeu? Não sabemos muito a esse respeito. Percebemos que ora São João Batista, ora São João Evangelista eram invocados contra ela. Em Amiens, o crânio de São João Batista, conservado desde 1206 na catedral, era objeto de uma peregrinação muito frequentada pelos epiléticos: cf. O. Thorel. *Le mal Monseigneur Saint-Jean Baptiste au XVIᵉ siècle à Amiens*; boletim trimestral Soc. antiquaires Picardie, 1922, p. 474. Segundo Antoine Mizauld (*Memorabilium ... Centuriae IX*, in-12. Colônia, 1572, cent. V, 11), a festa de São João — como se sabe, dedicada a São João Batista — era particularmente propícia à cura dos epiléticos; talvez, como supôs notadamente Günter, op. cit., o termo mal de São João tenha sua origem numa comparação estabelecida pela imaginação comum entre os gestos desordenados dos epiléticos e as danças rituais da festa de São João. Mais tarde, essa mesma palavra sugeriu a ideia de atribuir ao santo, do qual a doença trazia o rótulo, um poder especial sobre ela. Então, por um erro absolutamente natural, as virtudes que se tinham emprestado ao Batista passaram para o apóstolo, seu homônimo: exemplo de uma confusão bastante frequente entre os santos de mesmo nome; é assim que Santo Humberto de Brétigny, por analogia com Santo Humberto de Liége, acaba por curar, ele também, a raiva (H. Gaidoz, *La rage et St Hubert*; *Bibliotheca mythica*, 1887, p. 173). Tudo isso, evidentemente, não passa de conjeturas, e esse pequeno problema hagiológico permanece pouco claro. Aqui, porém, sua solução nos importa, afinal, pouco. A conexão entre o nome vulgar da epilepsia e o episódio da lenda do Confessor que envolve São João não parece ter sido feita antes do século XIX (cf. Waterton, *On a Remarkable Incident*, p. 107, onde ela aparece muito timidamente, e, de maneira mais clara, em Crawfurd, *Cramp-rings*, p. 166); não se deve ver nela mais do que uma teoria engenhosa, obra de eruditos demasiadamente informados, e não uma ideia popular.

§ 3. AS ORIGENS MÁGICAS DO RITO DOS ANÉIS

Os anéis estiveram, desde sempre, entre os instrumentos queridos da magia e, mais particularmente, da magia médica.[14] Na Idade Média assim como nos séculos precedentes. Uma suspeita de bruxaria se atrelava aos mais inofensivos dentre eles; os anéis que Joana d'Arc usava preocuparam sobremaneira seus juízes, e a pobre menina teve de objetar, provavelmente sem convencer o tribunal, que ela jamais os empregara para curar alguém.[15] Esses talismãs, quase universais, eram empregados no alívio de todas as espécies de afecções, mas, de preferência, ao que parece, contra as dores musculares e a epilepsia; a origem desta última doença, cujas manifestações violentas são naturalmente próprias a difundir um temor supersticioso, era ordinariamente tida como demoníaca;[16] ela invocava, portanto, mais do que qualquer outra, meios sobrenaturais. Evidentemente, para semelhantes fins, não se utilizavam círculos de metal comuns; recorria-se a anéis especiais, aos quais certas práticas de consagração, religiosas ou mágicas, conferiam um poder excepcional: *anuli vertuosi*, assim os eruditos os chamavam. Contra a gota, diz essencialmente um compêndio alemão do século XV, procedei da seguinte maneira: mendigai, invocando o mártir de Nosso Senhor e seu Santo Sangue, até obter 32 denários; dessa soma, retirai 16 e mandai fabricar com eles um anel; pagareis o ferreiro com os 16 restantes; será necessário usar o anel incessantemente e recitar, diariamente, cinco pai-nossos e cinco ave-marias em memória do mártir e do Santo Sangue de Nosso Senhor.[17] Em outros lugares, as prescrições adquirem uma aparência macabra: aconselha-se utilizar metais tomados de velhos caixões ou então um prego no qual um homem se enforcou.[18]

---

14. Sobre o poder mágico e medical dos anéis, cf., além das obras de G. F. Kunz e de W. Jones, citados na "Bibliografia", V: *Archaeologia*, XXI (1827), p. 119 ss.; *Archaeological Journal*, III (1846), p. 357; IV (1847), p. 78, *Notes and Queries*, 4th series, VI (1870), p. 394; 8th series, IX (1896), p. 357 e X (1896), p. 10 ; Pettigrew, *On Superstitions Connected with the History and Practice of Medicine*, p. 61; O. Geissler, *Religion und Aberglaube in den mittelenglischen Versromanzen*, p. 67 ss.
15. *Procès de condamnation*, ed. P. Champion, I, 1920, p. 25 (interrogatório de 1º de março): "Item dicit quod nunquam sanavit quamcumque personam de aliquo anulorum suorum".
16. Gotschalc Hollen, *Preceptorium diuine legis*. Nuremberg, 1497, p. 25 vº (a respeito da cura da epilepsia): "Hoc genus demoniorum non ejicitur nisi in jejunio et oratione"; Adolph Franz, *Die kirchlichen Benediktionen*, II, p. 501 e 503. Cf. a oração inglesa citada abaixo, p. 178.
17. *Germania*, 1879, p. 74; cf. Adolph Franz, *Die kirchlichen Benediktionen*, II, p. 507.
18. Pregos ou ornamentos metálicos do caixão: W. G. Black, *Folk-Medicine* (Publications of the Folk-Lore Society, XII). Londres, 1883, p. 175; J. C. Atkinson, *Cleveland Glossary*, 1878 (citado por Murray, *A new English Dictionary*, no termo *cramp-ring*); A. Wuttke, *Der*

No condado de Berks, por volta de 1800, as pessoas experientes propunham uma receita mais inocente, e mais complicada: para confeccionar um anel soberano contra a câimbra, convém, elas afirmavam, reunir cinco moedas de seis *pence*, cada uma delas recebida da mão de um celibatário diferente; os doadores devem ignorar o objeto a que se destinam seus presentes; o dinheiro assim recolhido será levado novamente por um celibatário a um ferreiro, o qual deve ele também ser celibatário...[19] Poderíamos facilmente multiplicar os exemplos dessa espécie. Os anéis consagrados pelos reis eram somente um caso particular de uma espécie de remédio muito geral.

Estudemos mais de perto o rito real. Primeiro, sua data. Ela era fixada pelo mais rigoroso costume. O rei depositava as moedas de ouro e de prata sobre o altar somente uma vez por ano, na Sexta-Feira Santa, depois de ter adorado a cruz: isto é, num dia e após uma solenidade dedicados à comemoração do supremo sacrifício consentido pelo Redentor. Teria tal escolha sido determinada por puro acaso? Não. A lembrança da Paixão retorna como uma espécie de *leitmotiv* em muitas receitas relativas à cura das dores ou de epilepsia e, mais particularmente, à fabricação de anéis medicinais. Por volta do início do

---

deutsche Volksaberglaube, 2. ed., 1869, p. 334. Pregos nos quais um homem se enforcou: Grimm, *Deutsche Mythologie*, 4. ed., II, p. 978.

19. J. Brand, *Popular Antiquities*, ed. de 1870, III, p. 254 ss. (a primeira edição foi publicada em 1777; as edições posteriores foram completadas graças aos manuscritos do autor, que morreu em 1806). Outra prática do mesmo tipo, Black, op. cit., p. 174-175 (conde de Northampton). Eis ainda outra receita que J. Herbert, do Museu Britânico, aceitou me transmitir; nota-se nela a colheita feita à porta da igreja, aspecto a ser comparado aos usos relativos aos *sacrament-rings* assinalados abaixo, p. 166-167; passo a palavra a meu amável correspondente: "From 1881 until his death in 1885 my father was Rector of Northlew in Devonshire, a village about 9 miles west of Okehampton. During that time (I think in 1884) my mother wrote me a description of what had happened on the previous Sunday: At the end of the morning service a girl stood at the church door, and collected 29 pennies, one from each of 29 young men. She gave these to a 30th young man in exchange for a half-crown, and took the half-crown to the local 'White Witch' (a farmer's wife who kept a small shop in the village), who was to return it to her eventually in the form of a silver ring, as a sovereign remedy for fits". (N. T.: "De 1881 até sua morte, em 1885, meu pai foi pároco de Northlew, em Devonshire, uma aldeia a cerca de quinze quilômetros a oeste de Okehampton. Em algum momento naquela época — em 1884, acredito —, minha mãe enviou-me uma descrição do que acontecera no domingo anterior: ao término do serviço matinal, uma moça se posicionou à porta da igreja e recolheu 29 *pennies*, um de cada um de 29 jovens rapazes. Deu-os a um trigésimo jovem em troca de meia-coroa e a levou à 'Bruxa Branca' local — a esposa de um fazendeiro que mantinha uma pequena loja na aldeia —, a qual deveria um dia devolvê-la sob a forma de um anel de prata, como remédio soberano para as convulsões".)

século XV, São Bernardino de Siena, pregando na Itália contra as superstições populares, condenava as pessoas "que, contra o mal da câimbra, usavam anéis fundidos enquanto era feita a leitura da Paixão de Cristo".[20] Até mesmo na Inglaterra, por volta da mesma época, um tratado médico continha o seguinte conselho: "Para a câimbra: comparecei, no dia da Sexta-Feira Santa, a cinco igrejas paroquiais e tomai, em cada uma delas, o primeiro *penny* que for depositado em oferenda quando da adoração da cruz; recolhei-os todos, ide até a cruz e diante dela dizei cinco pai-nossos para honrar as cinco feridas, e levai--os convosco durante cinco dias, dizendo a cada dia a mesma prece da mesma maneira; e mandai fazer, em seguida, com essas moedas um anel, sem liga de outro metal; escrevei no interior *Jasper, Bastasar, Attrapa* e, no exterior, *Jhc Nazarenus*; ide buscá-lo no ourives numa sexta-feira e dizei então cinco pai--nossos como anteriormente; e, depois disso, carregai-o sempre convosco".[21] Seria necessário muito tempo para analisar em detalhes essa prescrição, verdadeiro *pot-pourri* de noções mágicas de proveniências diversas: o nome dos reis magos — aos quais se suplicava comumente contra a epilepsia — aparece nela ao lado do nome divino; ou melhor, o nome de dois deles, pois Melquior, o terceiro, foi substituído por uma palavra misteriosa — *Attrapa* — que lembra *Abraxas*, cara aos adeptos das ciências herméticas. Mas é novamente a imagem da Paixão que encontramos em primeiro plano. O número cinco, tão frequentemente empregado e que já encontramos num compêndio alemão, evoca as cinco feridas do Salvador;[22] acima de tudo, o desejo de colocar-se sob

---

20. S. *Bernardi Senensis... Opera*, fól. Veneza, 1745, I, p. 42 a, *Quadra-gesim le de religione christiana*: "Contra malum gramphii portant annulos fusos dum legitur Passio Christi, dies et horas contra Apostolum observantes".
21. Brit. Mus., Arundel, ms. 276, fól. 23 V.; citado pela primeira vez, mas com uma referência inexata, sempre repetida posteriormente, por Stevenson, *On cramp-rings*, p. 49 *(The Gentleman's Magazine Library*, p. 41): "For the Crampe... Tak and ger gedir on Gude Friday, at fyfe parisch kirkes, fife of the first penyes that is offerd at the crose, of ilk a kirk the first penye; than tak tham al and ga befor the crosse and say V. pater noster in the worschip of fife wondes, and bare thaim on the. V. dais, and say ilk a day als meki on the same wyse ; and than gar mak a ryng ther of withowten alay of other metel, and writ within *Jasper, Bastasar, Attrapa*, and writ withouten *Jhc Nazarenus;* and sithen tak it fra the goldsmyth apon a Fridai, and say V. pater noster als thou did be fore and vse it alway aftirward". Devo à gentileza do senhor J. Herbert, do Museu Britânico, que aceitou colacionar para mim o manuscrito, poder apresentar aqui um texto mais exato do que aquele que havia sido anteriormente publicado.
22. Cf., no que diz respeito aos reis magos, Jones, *Finger-ring lore*, p. 137, e, sobretudo, p. 147 ss.; quanto às cinco feridas, ibidem, p. 137 (inscrição de um anel encontrado em Coventry Park).

a proteção da cruz explica as datas fixadas para o ato essencial e para um ato acessório: a Sexta-Feira Santa e outra sexta-feira. O mesmo ocorre na França. Um cura da Beauce, Jean-Baptiste Thiers, que escrevia em 1679, preservou para nós a lembrança de uma prática que se empregava, na sua época, para curar os epiléticos; ela será descrita em detalhes logo mais; por enquanto, retenhamos simplesmente o dia e o momento escolhidos para a realização dessas "cerimônias", como diz Thiers: a Sexta-Feira Santa, o mesmo momento da adoração da Cruz.[23] Por acaso, já não era em virtude de ideias da mesma natureza que o rei Carlos V usava, todas as sextas-feiras, e somente então, um anel especial gravado com duas pequenas cruzes negras e provido de um camafeu, no qual se via representada a cena do Calvário?[24] Não se poderia duvidar disto: a medicina mágica, por uma conexão um tanto sacrílega entre os sofrimentos provocados pela "câimbra" e as angústias do Crucificado, considerava os aniversários religiosos e as preces que relembravam o suplício de Cristo particularmente aptos a transmitir aos anéis o poder de curar as dores musculares.[25] Os *cramp-rings* reais deviam sua virtude benfazeja primeiramente ao próprio dia fixado para a consagração do metal de que eram feitos, e à influência miraculosa emanada da cruz, que os reis, antes de se dirigirem ao altar, haviam adorado rastejando.

Mas o essencial do rito não estava aí. Uma operação de natureza em alguma medida jurídica formava o nó da ação: a oferenda das moedas de ouro e de prata e seu resgate por meio de uma quantia equivalente. Ora, esse aspecto também nada tinha de muito original. Era na época, e ainda é nos dias de hoje, uma opinião comumente difundida entre as pessoas supersticiosas considerar as moedas recebidas em doação por igrejas como particularmente aptas à fabricação de anéis curativos. Já pudemos observar uma manifestação dessa ideia num tratado composto na Inglaterra no século XIV. Hoje, segundo se diz, nos campos ingleses, os camponeses procuram, para fazer anéis antiepiléticos ou

---

23. Ver abaixo, p. 167.
24. J. Labarte, *Inventaire du mobilier de Charles V roi de France* (doc. inédito), in-4º, 1879, n. 524.
25. Da mesma forma, as fórmulas extraídas da Paixão eram consideradas eficazes contra as dores da tortura: Edmond Le Blant, *De l'ancienne croyance à des moyens secrets de défier la torture*; Mem. Acad. Inscriptions, XXXIV, I, p. 292. Em Flandres, no início do século XVII, as crianças nascidas numa Sexta-Feira Santa tinham a reputação de serem curadoras natas (Del Rio, *Disquisitionum magicarum*, I, cap. III, quaest. IV, p. 57); na França, no século XVII, os sétimos meninos, considerados aptos a curar a escrófula, exerciam seu poder preferencialmente numa sexta-feira (ver abaixo, p. 295 e n. 161); o mesmo ocorre na Irlanda ainda nos dias de hoje (*Dublin University Magazine*, 1879, p. 218).

antirreumatismais, os *pence* ou os *shillings* reunidos no momento da coleta, após a comunhão.[26] Em casos semelhantes, é verdade, o resgate não aparece. Mas, há lugares em que ele se faz presente, ao lado da oferenda, como na cerimônia real da Sexta-Feira Santa.

Eis, primeiro, um costume mágico francês, atestado no século XVII. Passo a palavra para Jean-Baptiste Thiers, que o relatou para nós: "Aqueles que se dizem da raça de São Martinho pretendem curar o mal-caduco" — trata-se da epilepsia — "observando as seguintes cerimônias. Na Sexta-Feira Santa, um desses médicos escolhe um doente, o conduz à adoração da cruz, beija-a antes dos padres e dos demais eclesiásticos e joga um soldo na bacia, o doente beija a cruz depois dele, retoma o soldo por ele deixado na bacia e coloca dois em seu lugar, deixa o local, perfura esse soldo e o carrega pendurado em seu pescoço".[27] Passemos agora para os países de língua alemã. Um manuscrito do século XV, outrora conservado na biblioteca dos monges de São Galo, contém, ainda contra a epilepsia, a seguinte prescrição. O ato deve realizar-se na noite de Natal. Sabe-se que nessa noite se celebram três missas sucessivas. No início da primeira, o doente deposita em oferenda três moedas de prata — sendo o número 3 escolhido de sorte a honrar a Santíssima Trindade —; o padre as apanha e as coloca ao lado do corporal, ou até mesmo sob o corporal, de modo que os sinais da cruz fixados pelo cânone se façam acima delas. Encerrada a primeira missa, nosso homem resgata suas três moedas ao preço de seis denários. Inicia-se o segundo ofício; as três moedas são novamente oferecidas. Ele se encerra; elas são mais uma vez resgatadas, desta vez por meio de doze denários. Mesma cerimônia no terceiro ofício, sendo, desta vez, o preço de resgate final de 24 denários. Resta apenas fabricar, com o metal assim consagrado por uma tripla doação, um anel que, sob a condição de jamais deixar o dedo do ex-epilético, o protegerá contra qualquer retorno de sua moléstia.[28]

---

26. Esses anéis são conhecidos pelo nome de *sacrament-rings*. Ver, a respeito deles, Black, *Folk-medicine*, p. 174 (costume da Cornualha, segundo o qual a moeda de prata proveniente das oferendas deve primeiramente ser comprada por meio de 30 *pence* obtidos por mendicância à porta da igreja — mendicância silenciosa, pois é proibido pedi-los expressamente —; então, uma vez recebida, ela ainda é objeto de um rito santificador suplementar, devendo o doente, ao carregá-la, dar três voltas na mesa de comunhão) e p. 175; *Notes and Queries*, 2. ed., I, p. 331; C. J. S. Thompson, *Royal Cramp and Other Medycinable Rings*, p. 10.
27. *Traité des Superstitions*, p. 439; cf. 4. ed., sob o título *Traité des superstitions qui regardent les sacrements*, 1777, I, p. 448.
28. Análise do manuscrito da Biblioteca da Cidade de São Galo, 932, p. 553, em Adolph Franz, *Die kirchlichen Benediktionen*, II, p. 502.

Receita francesa, receita de São Galo, rito real inglês: se compararmos os três métodos, não encontraremos apenas semelhanças. Na França, a moeda, transformada em anel, é carregada tal qual. Em São Galo, o dia escolhido para a operação é o Natal, e não mais a Sexta-Feira Santa. Em São Galo ainda, o resgate é elevado, por assim dizer, à terceira potência; na França, ele ocorre somente uma vez, mas com o pagamento de um preço que representa o dobro do valor da primeira oferenda; na corte inglesa, uma vez também, porém com igualdade de valor... Essas divergências merecem ser ressaltadas porque provam, de maneira indiscutível, que as três práticas não foram copiadas umas das outras; no entanto elas são, afinal, apenas acessórias. Estamos lidando, incontestavelmente, com três aplicações, diferentes segundo o lugar e o tempo, de uma mesma ideia fundamental. Quanto a essa ideia-mãe, ela não é difícil de descobrir. O objetivo a ser atingido é, evidentemente, santificar os metais com os quais será feito o talismã curativo. Para isso, teria sido possível contentar-se em deixá-los sobre o altar; esse procedimento banal não pareceu suficiente; quis-se mais do que isso. Pensou-se então em dá-los ao altar. Durante certo tempo, por mais curto que seja, eles serão propriedade da Igreja — ou, indo ainda mais longe, quando a cerimônia ocorre na Sexta-Feira Santa, propriedade dessa cruz adorável que se ergue acima da bacia de oferendas. Mas a cessão pode ser apenas fictícia, visto que será necessário recuperar a matéria tornada apta ao uso benfazejo ao qual ela foi destinada. Contudo, para que a oferenda tenha alguma seriedade e, consequentemente, alguma eficácia, não se retomará a doação senão pagando, como quando se compra uma coisa de seu legítimo proprietário. Assim, tendo sido durante alguns instantes, na mais absoluta verdade jurídica, bens da Igreja ou da cruz, o ouro ou a prata participarão plenamente do poder maravilhoso do sagrado.

Percebemos agora: na consagração dos anéis medicinais, os reis desempenhavam — pelo menos enquanto a cerimônia se manteve tal como a descrevi antes — um papel absolutamente secundário. Os gestos que eles realizam, a oferenda, o resgate, acarretavam a consagração: mas não era pelo contato da mão real, e sim como consequência de uma breve passagem entre os bens do altar, ao longo de uma solenidade considerada particularmente propícia ao alívio das dores, que os metais preciosos se carregavam de influências sobrenaturais. Em resumo, a cerimônia da qual, no dia do aniversário da Paixão, os castelos dos plantagenetas foram tão frequentemente palco, era, no fundo, apenas uma receita mágica sem originalidade, análoga a outras receitas correntemente praticadas, no continente, por personagens que nada tinham de principescas. Não obstante, essa ação, vulgar em outros lugares, adquiriu na

Inglaterra um caráter verdadeiramente real. Como? Esse é todo o problema da história dos *cramp-rings*. Devemos agora abordá-lo frontalmente. Veremos, ao longo do caminho, que o ritual do século XIV, analisado no início deste capítulo, representa apenas uma das etapas de uma evolução bastante longa.

§ 4. A CONQUISTA DE UMA RECEITA MÁGICA PELA REALEZA MIRACULOSA

Quem teria sido o primeiro rei a depositar sobre o altar o ouro e a prata com os quais deviam ser fabricados os anéis medicinais? Jamais saberemos. Mas devemos supor que esse príncipe, quem quer fosse, se limitasse, naquele dia, a imitar, sem nenhuma pretensão de monopólio, um uso comumente difundido ao seu redor. Os mais humildes fiéis, na Inglaterra em particular, sempre se acreditaram capazes de fazer fabricar, com as moedas oferecidas às igrejas, talismãs de comprovada virtude. Como não lhes teria surgido, tanto quanto aos bruxos franceses ou aos pesquisadores de remédios da região de São Galo, a ideia de dar eles mesmos as moedas para, em seguida, retomá-las? Nenhum texto, é verdade, nos mostra que, em solo inglês, a falsa oferenda tenha um dia ocorrido fora da capela real; mas estamos, a respeito das épocas antigas, tão mal informados sobre os usos populares que esse silêncio nada tem de muito surpreendente.

Entretanto, os reis não eram homens como os outros; eram tidos como seres sagrados; mais do isso, na Inglaterra pelo menos, assim como na França, como taumaturgos. Como teria sido possível resignar-se por tanto tempo a não atribuir à sua intervenção uma virtude ativa num rito medicinal? Por se verem neles, já desde antigamente, curadores de escrófula, passou-se a imaginar que a força maravilhosa que deles emanava também tinha alguma influência na transmissão do poder sobrenatural aos anéis. Por certo, nem por isso se esqueceu, por muitos anos ainda, da verdadeira fonte desse poder, conferido ao metal por certos gestos que tinham por objetivo transferi-lo para a categoria de sagrado; acreditou-se, porém, que tais gestos eram particularmente eficazes quando executados por essa mesma poderosa mão cujo contato restabelece a saúde dos escrofulosos. Aos poucos, a opinião pública reservou o privilégio de realizá-los aos soberanos, inimigos natos da doença.

Na origem, segundo todas as probabilidades, os reis não operaram a consagração dos anéis com muita regularidade. Um dia, entretanto, chegaram a considerá-la, ao mesmo título que o toque da escrófula, como uma das funções normais de sua dignidade e se obrigaram a executá-la, praticamente sem falta, toda Sexta-Feira Santa. Essa é a situação que nos revela, pela primeira vez, uma ordenação, regulamentando a administração da Casa Real, que Eduardo II promulgou em York ao longo do mês de junho de 1323.[29] Esse texto é, a respeito dos *cramp-rings*, nosso mais antigo documento. Graças a ele, o rito real, sobre o qual não se pode falar até este ponto senão por conjeturas, aparece bruscamente em plena luz do dia. Desde esse momento até a morte de Mary Tudor, não há, ao que parece, soberano que não tenha, nos dias prescritos, levado ao pé da cruz florins, *nobles* ou esterlinas. Apenas para dois reinados carecemos de testemunho: o de Eduardo V e o de Ricardo III; mas o primeiro, tão curto que nem sequer abrangeu uma única semana de Páscoa, apenas na aparência constitui exceção; quanto ao segundo, que, de resto, durou somente o suficiente para ver retornar por duas vezes a solenidade propícia, nossa ignorância a seu respeito se explica provavelmente por um simples acaso; ordinariamente, são as contas da Casa Real, estabelecidas no fim do exercício, que nos fazem conhecer as oferendas da "Boa Sexta-Feira"; ora, as de Ricardo III parecem ter desaparecido.[30] De Eduardo II a Maria Tudor, a cerimônia, como procurarei mostrar logo mais, variou em suas modalidades, mas não sofreu nenhuma interrupção notável.

Assim, uma prática que, pelo que se pode supor, fora primitivamente apenas ocasional se encontrou, o mais tardar a partir de 1323, incorporada ao cerimonial imutável da Casa Real. Dessa maneira, um grande passo foi dado rumo à anexação definitiva da velha receita mágica pela realeza miraculosa. Deve-se acreditar que Eduardo II tenha tido alguma participação nessa transformação? Eu tenderia a pensar que sim. Não, é claro, que se possa fundar qualquer conclusão certeira sobre o silêncio das fontes anteriores à ordenação de York. Tal silêncio é, entretanto, notável. Examinei, para o reinado de Eduardo I, um número bastante grande de contas da Casa Real; para o do próprio Eduardo II, pude ver três delas, todas anteriores a 1323: nenhuma faz menção à consagração dos anéis, a qual, mais tarde, relatariam tão fielmente, no capítulo das esmolas, os documentos da mesma ordem, de Eduardo III até Maria Tudor.[31] Mas como ter certeza, *a priori*, de que, nesses textos obstinadamente silenciosos, um simples procedimento de escrituração não esconde de nossos olhos, dissimulando-o, por exemplo, em todo um grupo de oferendas indicado unicamente por um

---

29. Ver acima, p. 158, n. 5.
30. Pelo menos, o Record Office não possui nenhuma conta na série *Household and Wardrobe* dos *Exchequer Accounts*.
31. As contas de Eduardo I que pude examinar estão enumeradas abaixo, p. 421, n. 17 e 422, n. 19; as de Eduardo II encontram-se na p. 424, n. 26.

número global, o artigo que em vão procuramos? O caso do toque da escrófula, deixando de encontrar espaço nas contas em uma época em que, como não se poderia duvidar, ele não deixou de ser praticado, bastaria, sem considerar outras razões, para nos relembrar de que as provas negativas, em si mesmas, sempre têm pouco peso. Elas adquirem, em contrapartida, um valor inesperado quando as verossimilhanças históricas vêm confirmá-las. O que sabemos sobre o soberano que emitiu a ordenação de 1323, sobre sua mentalidade, seus infortúnios, seus esforços para fortalecer sua autoridade cambaleante, torna bastante plausível a ideia de atribuir-lhe um papel na adoção, pela monarquia inglesa, de um novo rito curativo.

    Eduardo II foi, desde o início de seu reinado, nitidamente impopular. Esse soberano não podia deixar de dar-se conta dos perigos que o cercavam, ou seu entorno devia dar-se conta deles por ele. Como não lhe teria vindo — diretamente ou por sugestão, pouco importa — o pensamento de remediar essa desgraça, em certa medida, individual, reforçando em sua pessoa o caráter sagrado, nascido de sua função real, que formava seu melhor título perante as massas? Com efeito, ele lhe veio. Estudaremos mais adiante o ciclo lendário das dinastias ocidentais; veremos então que Eduardo II, em 1318, tentou dar novo brilho ao prestígio de sua raça, e sobretudo ao seu, fazendo-se ungir, à imagem dos capetíngios, com um óleo santo supostamente trazido do Céu; a tentativa fracassou; mas como ela nos fornece esclarecimentos sobre a política desse príncipe em busca de um brilho emprestado![32] Como poderia ele ter negligenciado as curas maravilhosas? Com certeza ele já tocava a escrófula, mas, como se sabe, precisamente em razão de sua impopularidade, com um sucesso medíocre e, sobretudo, continuamente decrescente. Não seria natural supor que ele procurou sua revanche acrescentando à sua coroa de taumaturgo um novo florão? Por certo, Eduardo II não teria inventado o rito dos anéis. Ele não tinha necessidade disso. Uma tradição, talvez já antiga, o oferecia como uma dádiva espontânea do folclore nacional. Acreditaremos até mesmo de bom grado — é a hipótese que apresentei acima — que, desde antes de seu advento, alguns de seus predecessores tinham mais ou menos irregularmente praticado, após a Adoração da Cruz, o duplo gesto consagrador. Mas foi a ele que coube, segundo todas as aparências, a honra de fazer dessa cerimônia, até então mal fixada, uma das instituições da monarquia. O milagre da escrófula provavelmente jamais teria atingido a magnífica amplitude que conhecemos sem as inquietudes que sua frágil legitimidade inspirava a um Roberto, o Piedoso, ou

---

32. Sobre essa questão, ver abaixo, p. 230 ss.

a um Henrique Beauclerc; mais tarde, esse mesmo milagre deveria muito aos desígnios perfeitamente conscientes de um Henrique IV na França e de um Carlos II na Inglaterra. É permitido pensar que os malogros e as preocupações de Eduardo II não foram estranhas à fortuna dos *cramp-rings*. No entanto, evidentemente, a ação que tudo nos convida a atribuir a esse soberano ou a seus conselheiros não foi realizável ou não pôde ser concebida senão porque a crença no caráter sobrenatural dos reis, alimentada na Inglaterra pelo espetáculo quase cotidiano do toque que, nascido dela, se tornara seu melhor amparo, penetrara até as profundezas da consciência coletiva.

Da mesma forma, na antiga Europa, sinceramente crédula, onde mais pessoas avisadas concordavam muito bem em explorar a credulidade comum, viu-se por mais de uma vez um procedimento mágico, que, por sua própria natureza, parecia destinado a permanecer sempre acessível a todos, ser por fim açambarcado por curadores hereditários. A história dos ritos que já comparamos à consagração dos *cramp-rings* nos oferece um exemplo marcante de uma conquista dessa espécie. Em São Galo, como lembramos, a doação e o resgate sucessivo das moedas, sobre o altar, podiam, ambos, ser realizados por qualquer um; mas, na França, na época de Jean-Baptiste Thiers, o mesmo não acontecia: o resgate ali era executado pelo próprio doente, porém a doação devia sê-lo por um homem pertencente à "raça de São Martinho". Dava-se esse nome a uma vasta tribo de feiticeiros que acreditavam dever seu poder a um suposto parentesco com o grande taumaturgo de Tours. Havia, naquela época, em algum lugar no mundo, mais de uma família de charlatães que se gabava de uma origem santa. Na Itália, os parentes de São Paulo, lembrando que, segundo o que relata o livro dos Atos, o apóstolo dos Gentios, tendo sido picado por uma víbora em Malta, não sentira dor nenhuma, se apresentavam como médicos das mordidas venenosas. Na Espanha, os *Saludadores*, que possuíam contra as doenças tantos belos segredos, comumente se diziam parentes de Santa Catarina de Alexandria. Em quase todo lugar, sobretudo na França, os parentes de São Roque passavam por insensíveis aos ataques da peste e capazes, por vezes, de curá-la. Os de Santo Humberto, ilustres em todo lugar, pelo simples toque preservavam os pacientes da raiva[33]. Como os parentes de

---

33. Sobre todos esses parentes dos santos, ver notadamente J. B. Thiers, *Traité des superstitions*, 4. ed., I, p. 438-448; sobre os parentes de Santo Humberto, em particular, H. Gaidoz, *La rage et St Hubert*, p. 112 ss., e abaixo, p. 368. Sobre os parentes de São Paulo, cf. o texto de Felino Sandei, acima, p. 144, n. 110, e Pomponazzi, *De naturalium effectuum causis*, Basileia [1567], p. 48; sobre os de Santa Catarina, ver abaixo, p. 289-290. O texto relativo à picada de São Paulo, *Actes*, XXVIII, 3-6.

São Martinho conseguiram persuadir o povo de que a oferenda da moeda de prata, no dia da Sexta-Feira Santa, era eficaz somente se fosse feita por sua mão? Jamais saberemos. O que é certo é que, tanto na França como na Inglaterra, a mesma receita banal se tornou propriedade de uma dinastia: de curandeiros aqui, de reis acolá.

Mas não se deve acreditar que a evolução, na Inglaterra, chegou, em 1323, ao seu fim. Na própria capela do palácio, no dia da Sexta-Feira Santa, os reis ainda não tinham o monopólio absoluto do rito consagrador; as rainhas, ao que parece, partilhavam com eles tal privilégio. Sabemos de fonte segura que, em 30 de março de 1369, em Windsor, Filipa, mulher de Eduardo III, repetiu após seu esposo os gestos tradicionais, depositando, ela também, sobre o altar certa quantidade de prata — nenhum ouro, pois o mais precioso dos metais certamente devia ser reservado ao rei — e resgatando-a em seguida para com ela fabricar anéis medicinais.[34] Na verdade, é o único caso dessa espécie que chegou ao nosso conhecimento. Contudo, de modo geral, estamos muito menos bem informados sobre os gastos privados das rainhas do que sobre os de seus maridos. Provavelmente, se as contas de suas casas tivessem sido mais bem conservadas, identificaríamos nelas, pelo menos para o século XIV, mais de uma menção análoga àquela que, para o ano de 1369, nos foi transmitida por acaso numa conta da Casa Real. Filipa não era de condição humilde; ela usava a coroa. Mas, note-se bem, mesmo sendo rainha, ela não reinava por vocação hereditária, como fariam, mais tarde, Maria Tudor, Elizabeth ou Vitória; filha de um simples conde do Hainaut, ela devia sua dignidade somente à sua união com um rei. Jamais uma rainha desse tipo tocou a escrófula; para curar os escrofulosos, era preciso uma mão verdadeiramente real, no sentido pleno da palavra. Mais do que isso: como logo veremos, quando a cerimônia dos *cramp-rings* se revestiu de um caráter novo, em meados do século XV, e a participação do rei adquiriu em sua realização uma importância muito maior do que a verificada no passado, esqueceu-se completamente de que outrora as rainhas haviam bastado para realizá-la com eficácia. Sob Eduardo III não se chegara ainda a esse ponto; a santificação pelo altar e pela cruz continuava a ser tida como a ação essencial; por que uma mulher de alto nascimento e de posição social elevada não teria sido capaz de realizá-la?

---

34. Controle da Casa Real, 13 de fevereiro-27 de junho do ano 43 do r. [1369], Record Office, *Exchequer Accounts*, 396, 11, fól. 1.221º: "In consimilibus oblacionibus domine regine factis adorando crucem in precio quinque solidorum argenti in capella sua ibidem eodem die V s. In denariis solutis pro eisdem oblacionibus reassumptis pro anulis medicinalibus inde faciendis V s.".

Aliás, naquela época, as curas obtidas por meio dos anéis não eram creditadas ao poder taumatúrgico dos reis. O arcebispo Bradwardine, que, sob Eduardo III, apresentava, como um dos mais notáveis exemplos de milagres que ele pudesse encontrar, o milagre das curas régias e dissertava longamente a seu respeito, não compreendia com isso senão o toque da escrófula;[35] não se encontra nele a menor alusão aos *cramp-rings*. Estes começaram a ser incluídos entre as manifestações da virtude sobrenatural dos reis apenas cerca de um século mais tarde. Mas o rito, a partir de então, havia mudado de figura.

Tanto quanto sei, o primeiro escritor que admitiu a consagração dos anéis entre as graças divinas atribuídas à monarquia não é ninguém menos do que Sir John Fortescue, cujos nome e obra a respeito da escrófula já mencionamos. Entre os tratados que ele escreveu, entre abril de 1461 e julho de 1463, ao longo de seu exílio escocês, contra os príncipes de York, está uma *Defesa dos direitos da casa de Lancaster*. Nela, ele se esforça em demonstrar que a descendência em linha feminina não transmite, de modo algum, os privilégios do sangue real. Uma mulher, mesmo rainha, diz ele essencialmente, não recebe a unção sobre as mãos — essa era, com efeito, a regra na Inglaterra para as esposas dos reis, mas é bom notar que, posteriormente, ela não foi observada para as princesas que chegaram ao trono por direito hereditário, Maria Tudor, Elizabeth, Maria filha de Jaime II, Ana e Vitória[36] —; é por isso, continua nosso polemista, que as mãos de uma rainha absolutamente não têm o poder maravilhoso que possuem as dos reis; nenhuma rainha pode curar, pelo simples toque, os escrofulosos. E Fortescue acrescenta: "Da mesma forma, o ouro e a prata devotamente tocados — segundo o costume anual — pelas mãos sagradas, pelas mãos ungidas dos reis da Inglaterra, no dia da Sexta-Feira Santa, e por eles oferecidos, curam os espasmos e a epilepsia; o poder dos anéis fabricados com esse ouro e essa prata e colocados nos dedos dos doentes foi atestado por uso frequente em muitas partes do mundo. Essa graça

---

35. Ver acima, p. 102, n. 20.
36. No caso de Maria Tudor, isso transparece nitidamente no próprio texto de seu missal relativo à consagração dos *cramp-rings*. Ver abaixo, p. 179; quanto à Maria, filha de Jaime II, e Vitória, nos documentos relativos às suas coroações: Leopold G. Wickham Legg, *English Coronation Records*, p. 328 e 370; no que diz respeito a Elizabeth e Ana, não conheço nenhuma prova, mas não vemos por que não se teria seguido, para a primeira, o precedente de Maria Tudor e, para a segunda, o da outra Maria. Que a unção sobre as mãos fosse proibida às simples mulheres de reis é o que aparece claramente nos diferentes rituais da sagração inglesa: Legg, op. cit., p. 101, 177, 235, 266-67 e 310.

não é concedida às rainhas, pois elas não são ungidas sobre as mãos".[37] Como se vê, os tempos de Filipa de Hainaut já se encontravam bem distantes. Isso porque, no pensamento de Fortescue, a consagração sobre o altar, a doação e o resgate fictícios ocupam no rito um lugar absolutamente secundário. O metal, tornando-se remédio, tira sua força das mãos "sagradas" que o manusearam, ou melhor, em última análise, desse óleo santo que, derramado sobre aquelas augustas mãos, passavam, já havia muito tempo, por conferir-lhes o dom de curar a escrófula. O milagre régio absorveu tudo.

Desde aquela época, aliás, a evolução das ideias se traduzira, de maneira concreta, por uma mudança considerável nas formas do cerimonial. Originariamente, como se sabe, os anéis eram fabricados somente *a posteriori*, com o ouro e a prata das moedas depositadas sobre o altar ao longo da cerimônia da Sexta-Feira e, em seguida, fundidas. Acabou-se por entender ser mais cômodo mandar fazê-los antecipadamente e trazê-los já prontos no dia anunciado. A partir de então, eles, e não mais as belas espécies cunhadas de outrora, é que foram deixados por um momento ao pé da cruz e resgatados, em seguida, por meio de uma soma imutavelmente fixada em 25 xelins. Um exame atento das contas reais permite reconhecer que essa modificação se realizou entre 1413 e 1442, provavelmente durante os primeiros anos do reinado de Henrique VI[38]. O uso assim transformado continuou em vigor sob os Tudor. Durante o reinado de Henrique VIII, segundo nos ensina um cerimonial da corte, o

---

37. O texto, já publicado por J. Freind, *The History of Physick*, 5. ed., II, 1758, p. [32], foi apresentado por Crawfurd, *The king's evil*, p. 45, a partir do manuscrito do Brit. Mus. Cotton [Claud. A. VIII]. É por erro, no entanto, que Crawfurd acredita ser a *Defensio juris domus Lancastriae* inédita. Ela foi impressa, quando não entregue à publicidade, por Lorde Clermont, em sua edição das obras de Fortescue (cf. acima, p. 114, n. 48), p. 505 ss. A passagem que nos interessa se encontra na p. 508; ela apresenta, nessa edição, algumas variações em relação ao texto de Crawfurd, que me parece melhor e que reproduzo aqui: "Item aurum et argentum sacris unctis manibus Regum Angliae in die Parascevae, divinorum tempore, (quemadmodum Reges Angliae annuatim facere solent), tactum devote et oblatum, spasmaticos et caducos curant: quemadmodum per annulos ex dicto auro seu argento factos et digitis huiusmodi morbidorum impositos, multis in mundi partibus crebro usu expertum est. Quae gratia Reginis non confertur, cum ipsae in manibus non ungantur". O mesmo argumento é reproduzido, sob uma forma quase semelhante, num pequeno tratado em inglês: *Of the Title of the House of York*, escrito por Fortescue por volta da mesma época: Crawfurd, p. 46; Lorde Clermont, p. 498. Pode-se observar que, da mesma forma, na França, sob Carlos V, João Golein considerava o fato de que uma mulher não poderia curar a escrófula um argumento em favor da sucessão em linha masculina: ver na sequência, p. 358-359.
38. Ver na sequência, "Apêndice I", p. 429-430.

privilégio de apresentar ao rei, antes da oferenda, a bacia que continha os anéis cabia ao mais alto senhor presente.[39] Um pouco mais tarde, uma curiosa miniatura do missal de Maria Tudor, precedendo imediatamente o texto do ofício litúrgico empregado para a bênção dos *cramp-rings*, nos mostra a rainha ajoelhada diante do altar; à sua direita e à sua esquerda, sobre as bordas da espécie de recinto retangular no qual ela se encontra, vemos dois cálices rasos de ouro: o artista ali representou esquematicamente, mas de maneira reconhecível, pequenos círculos de metal.[40]

O primeiro mestre de cerimônias que, provavelmente por volta do início do reinado de Henrique VI, trouxe essa modificação aos costumes tradicionais devia perseguir apenas finalidades práticas; ele desejava eliminar uma complicação que julgava inútil. Mas, ao simplificar o velho rito, ele o alterou profundamente. Com efeito, a ficção jurídica que constituía a sua alma somente tinha sentido se a matéria que servira para fabricar os anéis tivesse sido objeto de uma oferenda verdadeira, sem se distinguir por nenhuma singularidade das oferendas normais, não tendo, por assim dizer, a aparência de ter sido feita de propósito, de modo que se tivesse o direito de considerar esse ouro e essa prata pertencentes por algum tempo, em plena propriedade, ao altar e à cruz. Ora, o que se oferece ao longo de uma solenidade religiosa? Moedas: daí o uso de florins, de *nobles* e de esterlinas para os *cramp-rings* reais, de denários — moedas mais modestas — ou, hoje, de xelins provenientes de coletas, sinceras ou fictícias, para tantos outros anéis curativos. Depositar diretamente

---

39. Tanto quanto sei, existem desse cerimonial, pelo menos, três manuscritos: 1º) Bibl. Nat. anglais, 29, que parece datar do ano 13 do reinado de Henrique VIII (fól. 1 v.); texto sobre os *cramp-rings* no fól. 14 v.; a passagem sobre os *cramp-rings* foi publicada de acordo com esse manuscrito em *The Gentleman's Magazine*, 1834, I, p. 48 (*The Gentleman's Magazine Library*, III, p. 39); e certamente segundo o *Gentleman's Magazine* por Crawfurd, *Cramp-rings*, p. 167; 2º) um manuscrito do ano 1500, aproximadamente, proveniente da coleção de Anstis, rei de Armas da Jarreteira, conservado na coleção dos duques de Northumberland; a passagem sobre os *cramp-rings* foi publicada de acordo com esse manuscrito por Th. Percy, *The Regulations and Establishment of the household of Henry Algernon Percy, the fifth Earl of Northumberland*, Londres, 1827 (reimpressão), p. 436, e de acordo com Percy por Maskell, *Monumenta ritualia*, 2. ed., III, p. 390, n. 1, assim como por *The Gentleman's Magazine*, 1774, p. 247 (*The Gentleman's Magazine Library*, III, p. 38); 3º) um manuscrito conservado, sob o n. 7, em Londres, no College of Arms; ele data da primeira metade do século XVI: cf. Farquhar, *Royal Charities*, I, p. 67, n. 6 e p. 81, n. 1 (e comunicação pessoal da srta. Farquhar). Cotejei o texto dado pelo doutor Crawfurd com o do manuscrito da Bibl. Nat. e o achei correto (deve-se observar, todavia, que as palavras entre parênteses, na linha 5, foram acrescentadas por Crawfurd).
40. "Apêndice II", p. 440, n. 19.

os anéis sobre o altar era reconhecer que a doação era apenas simulada; era, dessa mesma maneira, privar o simulacro de seu sentido. É provável que, no início do século XV, a prática antiga da falsa doação e do falso resgate já não estivesse mais inclusa. Fortescue e o cerimonial de Henrique VIII dizem simplesmente que o rei "oferece" os anéis — o que decerto significa que ele os deixa por um momento sobre o altar; isso feito, a cerimônia lhes parece encerrada. O que importava que um pouco de prata cunhada fosse, em seguida, deixada aproximadamente no mesmo lugar antes ocupado pelos círculos de metal? Ninguém mais se lembrava de que esse ato de generosidade banal, aparentemente desprovido de qualquer laço com o rito de consagração que acabava de ocorrer, fora no passado a sua peça-mestra.[41]

Ademais, até mesmo a apresentação dos anéis sobre o altar deixou um dia de ser o centro do rito. Parece realmente depreender-se do texto de Fortescue que, já na sua época, o rei tocava os anéis para impregná-los com a virtude miraculosa de sua mão. Esse é, em todo caso, o gesto que o cerimonial seguido no tempo de Maria Tudor nos mostrará de maneira patente. A sorte quis, com efeito, que estivéssemos informados com algum detalhamento sobre o ritual da consagração dos *cramp-rings* somente para esse reinado, o último que assistiu à prática desse costume antigo. Acaso infeliz, por certo, mas que não deve nos inquietar demais, pois não se poderia imaginar que essa princesa, fiel às antigas crenças, tenha suprimido nos usos da corte qualquer traço propriamente religioso, e nem sequer que ela tenha mantido as inovações talvez introduzidas por seus dois predecessores protestantes. Pode-se admitir, sem temer errar, que as regras observadas por ela já o tinham sido sob os últimos reis católicos, antes da Reforma. Eis, portanto, de acordo com a liturgia contida em seu próprio missal[42]

---

41. O sentido da operação do resgate, sob Maria Tudor, se perdera a tal ponto que, se acreditarmos no relato (que será citado mais adiante) do veneziano Faitta, a rainha consagrava no dia da Sexta-Feira Santa, ao mesmo tempo que os anéis especialmente fabricados, à custa do tesouro real, para a cerimônia, anéis comuns que lhe eram entregues, nesse intuito, por pessoas privadas às quais ela os devolvia uma vez completado o rito. É esse fato que talvez explique, como observa C. J. Thompson, *Royal Cramp and Other Medycinable Rings*, p. 9, que encontremos em certos textos, a partir do final do século XV, a menção a *cramp-rings* providos de uma pedra preciosa. Se é preciso entender por esses *cramp-rings* anéis abençoados pelo rei, não se poderia evidentemente ver neles senão anéis que haviam sido emprestados para essa finalidade por particulares; mas, como nada nos textos especifica tratar-se de *cramp-rings* "reais", pode-se supor também que estamos lidando com anéis mágicos comuns supostamente eficazes contra a câimbra.
42. Sobre o missal de Maria Tudor, conservado hoje na Biblioteca da Catedral (católica) de Westminster, cf. abaixo, "Apêndice II", p. 437, n. 6. A liturgia dos *cramp-rings* apresentada

e com o relato de uma testemunha ocular, o veneziano Faitta,[43] como se desenrolava, sob a piedosa Maria e sem dúvida muito antes dela, a pompa real da Sexta-Feira Santa.

A rainha, uma vez encerrada a adoração da cruz, se coloca num recinto quadrado formado ao pé do altar por quatro bancos cobertos de tecidos ou tapetes; ela se ajoelha; ao seu lado, são deixadas as bacias repletas de anéis — reconhece-se o quadro pintado, como vimos, em uma das folhas do missal. Primeiro, ela pronuncia uma prece — bastante longa — cuja única passagem notável é uma espécie de exaltação da realeza sagrada: "Deus todo poderoso, Eterno... tu que desejaste que aqueles que foram por ti elevados ao cume da dignidade real fossem ornamentados de graças insignes e os constituíste em instrumentos e em canais de teus dons, de sorte que, assim como eles reinam e governam por ti, por tua vontade eles sejam úteis aos demais homens e transmitam teus benefícios aos seus povos...".

Vêm então, desta vez pronunciadas sobre os anéis, outra prece e duas fórmulas de bênção; aí aparece claramente a concepção da epilepsia como um mal demoníaco: "Deus... digna-te a abençoar e santificar estes anéis" — assim se exprime a segunda bênção particularmente explícita a esse respeito —, "a fim de que todos aqueles que os usam, colocados ao abrigo das emboscadas de Satanás... sejam preservados da contração dos nervos e dos perigos da epilepsia".

Em seguida, um salmo, certamente cantado por todos os clérigos presentes, e uma nova prece na qual se traduz, desta vez, a preocupação bastante curiosa de assinalar que a cerimônia não contém nenhum apelo a uma magia proibida: "que toda superstição fuja, que se afaste qualquer suspeita de fraude diabólica!".

Então, o ato essencial. A rainha pega os anéis e os esfrega, um por um, entre suas mãos, pronunciando estas palavras, que, melhor do que qualquer comentário, expressam o significado do gesto: "Senhor, santifica estes anéis, rega-os na bondade do orvalho de tua bênção e *consagra-os pelo esfregamento de nossas mãos que te dignaste a santificar, segundo a ordem de nosso ministério,*

---

por esse missal foi publicada diversas vezes, notadamente em: Gilbert Burnett, *The History of the Reformation*, ed. Pocock, V, Londres 1865, p. 445; Wilkins, *Concilia Magnae Britanniae et Hiberniae*, IV, fól. 1.737, p. 103; S. Pegge, *Curialia Miscellanea*. Londres, 1818, p. 164; Crawfurd, *Cramp-rings*, p. 182. Para a tradução inglesa dessa liturgia, a qual certamente data do reinado de Jaime II, ver abaixo, p. 374, n. 16.

43. *Calendar of States Papers, Venice*, VI, I, n. 473, p. 436. Faitta era secretário do cardeal Pole; ele viu Maria abençoar os anéis em 4 de abril de 1556.

pela unção do óleo santo, de sorte que o que a natureza do metal não poderia fornecer seja realizado pela grandeza de tua graça".[44]

Por fim, uma operação propriamente religiosa: os anéis são borrifados com água benta — pela rainha ou por um padre de sua capela, não se sabe —, enquanto a soberana e também os assistentes pronunciam ainda algumas fórmulas de prece.

Assim o vemos: uma vez deixada de lado a água benta — e seu emprego na cerimônia não tem outra origem além de uma preocupação banal de piedade, análoga àquela que explica a presença do sinal da cruz no toque da escrófula —, o prestígio da força sobrenatural emanada dos reis apagou tudo. Nem o missal nem o relato do veneziano mencionam, não digo o resgate dos anéis, mas seu depósito sobre o altar. É provável, todavia, que esta última parte do rito tradicional ainda fosse realizada sob Maria Tudor; ela estava em vigor, como não se poderia duvidar, sob Henrique VIII; não se vê por que Maria a teria suprimido. Ela certamente ocorria após as preces, o que explica que o missal não a mencione. Contudo, ninguém mais lhe atribuía importância: por isso o silêncio de Faitta. O ponto culminante do rito estava agora em outro ponto: na liturgia em que o monarca, como no serviço da escrófula, intervinha pessoalmente, e sobretudo no esfregamento dos anéis entre as mãos "santificadas" pela unção, no qual se via então, nos termos da prece oficial, o ato consagrador por excelência. A evolução iniciada desde o início do século XIV, e talvez ativada então pelos desígnios interessados de Eduardo II, estava completa: a velha receita mágica se transformara de uma vez por todas em um milagre propriamente real. É preciso situar o fim dessa transformação por volta do ano 1500. É nos primeiros anos do século XVI que aparece, como foi dito, uma tentativa de vincular os *cramp-rings* à memória de Eduardo, o Confessor, já patrono do toque da escrófula: assim, de qualquer modo, eles se encontravam incorporados ao ciclo

---

44. "Omnipotens sempiterne Deus, qui quos ad regalis sublimitatis fastigium extulisti, insignioribus gratiis ornatos, donorumque tuorum organa atque canales esse voluisti, ut sicut per te regnant aliisque praesunt, ita te authore reliquis prosint, et tua in populum beneficia conferant" (Crawfurd, p. 182-183) — "Deus... hos annulos propitius benedicere et sanctificare digneris: ut omnes qui eos gestabunt sint immunes ab omnibus Satanae insidiis, sint armati virtute coelestis defensionis, nec eos infestet vel nervorum contractio, vel comitialis morbi pericula" (ibidem, p. 183) — "... facessat omnis superstitio, procul absit diabolicae fraudis suspicio" (ibidem, mesma página) — "Sanctifica Domine annulos istos, et rore tuae benedictionis benignus asperge, ac manuum nostrarum confricatione, quas, olei sacra infusione externa, sanctificare dignatus es pro ministerii nostri modo, consecra, ut quod natura metalli praestare non possit, gratiae tuae magnitudine efficiatur" (ibidem, p. 184).

da realeza miraculosa. Foi também nesse momento, como teremos mais tarde a ocasião de constatar, que essa nova forma do dom taumatúrgico atribuído aos monarcas ingleses alcançou, ao que parece, sua mais alta popularidade. Na verdade, não há mais belo exemplo da força conservada, na aurora do "Renascimento", pela antiga concepção da realeza sagrada do que essa usurpação, então por ela consumada, de um poder curativo que até então se tinha atribuído à influência do altar e da cruz.

CAPÍTULO III

A realeza maravilhosa e sagrada, das origens do toque da escrófula ao Renascimento

§ 1. A REALEZA SACERDOTAL

Os ritos curativos tinham nascido, como vimos, de velhas concepções relativas ao caráter sobrenatural dos reis. Se essas crenças tivessem desaparecido pouco após o nascimento dos ritos, é provável que estes últimos não tivessem podido se manter ou, pelo menos, não tivessem guardado grande popularidade. Mas, muito longe de extinguirem-se, elas resistiram solidamente e, em certos pontos, se amplificaram, incorporando novas superstições. Explicar o sucesso persistente do toque ou a transformação da antiga receita mágica dos anéis numa cerimônia verdadeiramente real, isso deve consistir, em primeiríssimo lugar, em reinserir ambas as práticas naquela atmosfera de veneração religiosa, naquele ambiente repleto de maravilhoso com que os povos, durante os quatro ou cinco últimos séculos da Idade Média, cercaram seus príncipes.

Na sociedade católica, a familiaridade com o sobrenatural está, em princípio, reservada a uma classe de fiéis muito estritamente delimitada: os padres, ministros regularmente consagrados ao serviço de Deus, ou, pelo menos, os clérigos ordenados. Diante desses intermediários obrigatórios entre este mundo e o além, não corriam os reis taumaturgos, simples leigos, o risco de aparecerem como usurpadores? Foi, com efeito, assim que os consideraram, como já sabemos, os gregorianos e seus seguidores; mas não a maioria dos homens daquele tempo. Aos olhos da opinião comum, precisamente, os reis não eram puros leigos. Acreditava-se de modo geral que a própria dignidade com que eles se encontravam revestidos lhes conferia um caráter quase sacerdotal.

É preciso ressaltar: *quase* sacerdotal. A assimilação jamais foi completa; nem podia ser. O sacerdócio comporta, aos olhos de um católico, privilégios de ordem supraterrestre perfeitamente definidos e que apenas a ordenação confere. Nenhum monarca, na Idade Média, por mais poderoso ou orgulhoso que fosse, jamais acreditou ser capaz de celebrar o santo sacrifício da missa e, consagrando o pão e o vinho, de fazer com que Deus descesse sobre o altar; aos imperadores, Gregório VII relembrara duramente que, não podendo expulsar os demônios, eles deviam considerar-se bem inferiores aos exorcistas. Outras civilizações, a antiquíssima Germânia, a Grécia dos tempos homéricos, puderam conhecer reis-sacerdotes no sentido pleno da palavra; na cristandade medieval, a existência dessa dignidade híbrida era inconcebível. Foi o que nitidamente viram os gregorianos. Um dos mais penetrantes escritores desse campo, o misterioso autor que, na ignorância de sua pátria exata, devemos chamar por seu nome latino, Honorius Augustodunensis,[1] denunciava nas pretensões dos soberanos de seu tempo, a esse respeito, não somente um sacrilégio, mas também uma confusão de ideias. Um homem, dizia ele, essencialmente, num tratado composto pouco após 1123, poderia somente ser clérigo, leigo ou, quando muito, monge (os monges, muitos dos quais não haviam sido ordenados, eram, todavia, considerados parte do clero); ora, não tendo recebido as ordens, o rei não é clérigo; "sua mulher e sua espada o impedem de passar por monge"; ele é, portanto, leigo.[2] Nesse raciocínio, em boa lógica, não há nenhum reparo a fazer; entretanto, a lógica não tem, de modo algum, o costume de governar os sentimentos, sobretudo quando estes últimos trazem em si o vestígio de antigas crenças e mergulham, por suas raízes mais longínquas, até em religiões abolidas, maneiras de pensar superadas que deixaram em seu rastro, como resíduo, maneiras de sentir. De resto, naquela época, nem todo mundo, longe disso, tinha a implacável clareza de espírito de um Honório. Na prática — veja-se, por exemplo, a prática da jurisprudência —, e até mesmo na teoria, a distinção entre o clero e os simples fiéis era, na Idade Média, menos rigorosamente estrita do que seria após o Concílio de Trento; podiam-se

---

1. Também conhecido como Honório de Autun (1080-1154). (N. T.)
2. *Summa gloria de Apostolico et Augusto; Monum. Germ., Libelli de lite*, t. III, c. 9, p. 69: *Quod rex sit laicus* "Aut enim rex est laicus aut clericus. Sed si non est laicus, tunc est clericus. Et si est clericus, tunc aut est ostiarius aut lector aut exorcista aut acolithus aut subdiaconus aut diaconus aut presbyter. Si de his gradibus non est, tunc clericus non est. Porro si nec laicus nec clericus est, tunc monachus est. Sed monachus eum excusat uxor et gladius". Cf., também, c. 28, p. 78. A personalidade de Honorius, que foi um escritor extremamente fecundo, permanece, a despeito de todas as pesquisas, passavelmente enigmática; mas não se poderia duvidar de que ele fosse alemão (ver particularmente Jos. Ant. Endres, *Honorius Augustodunensis, Beitrag zur Geschichte des geistigen Lebens im 12. Jahrhundert*. Kempten e Munique, 1902).

imaginar situações "mistas".³ Os reis sabiam bem que não eram exatamente padres; mas tampouco se consideravam inteiramente leigos; à sua volta, muitos fiéis partilhavam esse sentimento.⁴

Ademais, já havia muito tempo que essa velha ideia, no fundo quase pagã, florescia em território cristão.⁵ Nós a assinalamos, sob os primeiros merovín-

---

3. Cf. abaixo, p. 189, n. 15, 205, n. 51, 205, n. 54. A esse respeito podem ser encontradas observações engenhosas, mas dotadas de algum exagero, na obra de Thurston, *The Coronation Ceremonial*, p. 36, citado na nota seguinte. Sobre as dificuldades que havia em definir juridicamente a condição de clérigo, cf. R. Genestal, *Le Privilegium fori en France du Décret de Gratien à la fin du XIVᵉ siècle*. (Bibl. École Hautes Études, Sections des Sciences Religieuses, vol. 35).
4. Certos autores anglicanos — em primeiro lugar Wickham Legg — insistiram com muito vigor e, por vezes, com certo excesso no caráter quase sacerdotal da realeza medieval; e isso com um intuito claramente confesso de apologética religiosa: "It seemed" — escreveu Legg em 1902 no *Church Times* — "as it might be an useful thing if it were shown that, so far from the claims of the King to govern the Church beginning with Henry the Eighth his rights began much earlier... And with this, that the king was a minister of the Church, consecrated to this special office by the Church herself". (N. T.: "Parecia que poderia ser útil demonstrar que, longe de terem as pretensões do rei de governar a Igreja se iniciado com Henrique VIII, seus direitos começaram muito antes... E, dessa maneira, que o rei era um ministro da Igreja, consagrado para essa função especial pela própria Igreja".) Daí uma tentativa de refutação, também empreendida com o intuito fácil de reconhecer, por um jesuíta inglês, H. Thurston, *The Coronation Ceremonial*, 2. ed. Londres, 1911: argumentação hábil e, por vezes, penetrante, quando ele ataca os exageros da escola adversa, mas demasiadamente absoluta na negação e, na minha opinião, mais distante, em suma, da verdade do que a tese de W. Legg. De resto, como é curioso para o historiador constatar que aquelas velhas querelas ainda possuem seu lado atual!
5. Entre as origens dessa concepção da realeza sacerdotal, tão familiar à Idade Média, é preciso reservar um lugar para as influências romanas? Os imperadores cristãos, a partir de Graciano, em 382, haviam renunciado ao velho título pagão de *pontifex maximus*; contudo, ao menos até o século V, ainda se atribuía a eles, em certas fórmulas de veneração oficial, o nome de sacerdotes (cf., sobre esses fatos, J. B. Sägmüller, *Lehrbuch des katholischen Kirchenrechts*, 3. ed., I. Friburgo em B, 1914, p. 51-52): "ἀρχιερεῖ βασιλεῖ [πολλὰ τὰ ἔτη]", exclamavam em 444, em suas aclamações oficiais, os Pais do Sínodo de Constantinopla; o mesmo ocorreu, em 451, no Concílio de Calcedônia: "τῷ ζερεῖ τῷ βασιλεῖ" (Mansi, *Concilia*, VI, col. 733 e VII, col. 177). O papa Leão, o Grande, escrevia, um pouco mais tarde, ao imperador Leão I: "sacerdotalem namque et apostolicum tuae pietatis aninum" (ep. CLVI, Migne, *P. L.*, t. 54, col. 1.131). Mas esses textos, que não foram incorporados pelas grandes compilações canônicas latinas, não parecem ter sido citados, e certamente nem conhecidos pelos escritores da Idade Média ocidental; o mesmo ocorre com a famosa passagem de Eusébio na qual vemos Constantino denominar-se "τῶν ἐχτὸς... ἐπισχοπς" (cf. abaixo, p. 338, n. 111). Foi mais tarde — no século XVII — que essas velhas recordações ganharam novamente alguma veemência: cf. abaixo, p. 337-338. Em contrapartida, depreende-se de uma passagem de Guilherme Durand que certos juristas se apoiavam,

gios, nos versos de Fortunato, onde uma alegoria bíblica a dissimula parcialmente. Acima de tudo, vimos que renovado vigor, a partir da era carolíngia, a unção real lhe dera e como a opinião lealista, para a grande indignação de Incmaro de Reims e de seu partido, não tardou a interpretar em um sentido extremamente favorável para a monarquia esse rito comum aos reis e aos padres. Ora, desde Pepino as cerimônias da sagração não cessaram de ganhar amplitude e esplendor. Escutemos o famoso diálogo do bispo de Liège, Wazon, com o imperador Henrique III, tal como o relatava, por volta de 1050, o cônego Anselmo. Em 1046, como havia negligenciado enviar seus contingentes ao exército, Wazon foi conduzido perante a corte imperial e, no dia do processo, teve de manter-se em pé, visto que ninguém desejava oferecer um assento a esse prelado desgraçado; ele se queixou junto ao príncipe: embora não respeitassem nele sua velhice, ao menos deviam mostrar maior consideração a um padre, ungido com o crisma sagrado. O imperador, porém, respondeu: "Eu também, que recebi o direito de comandar a todos, fui ungido com o óleo santo". De imediato — ainda segundo o testemunho do historiador —, Wazon retruca cruamente, proclamando a superioridade da unção sacerdotal sobre a unção real: "Há entre uma e outra tanta diferença quanto entre a vida e a morte".[6] Teriam tais palavras sido realmente pronunciadas como Anselmo as transmitiu? É permitido perguntar-se se esse foi o caso. Mas, no fim, pouco importa. Essa dúvida não atinge, de modo algum, sua verdade psicológica: o fato de que elas pareceram a um cronista daquela época capazes de exprimir com exatidão os pontos de vista opostos de um imperador e de um prelado

---

para provar o caráter sacerdotal atribuído ao imperador, num texto extraído das compilações jurídicas romanas: *Rationale divinorum officiorum*, II, 8 (ed. de Lyon, peq. in-8°, 1584, p. 56 v°): "Quidam etiam dicunt ut not. ff. de rerum diuisio 1. sancta quod fit presbyter, iuxta illud, Cuius merito qui nos sacerdotes appellat, Imperator etiam pontifex dictus est, prout in tractatu de Episcopo dicetur" (cf. ibidem, I, 11, p. 62: "Unde et Romani Imperatores pontifices dicebantur"). A passagem visada é *Dig.* I, 1, 1 (Ulpiano) e se aplica, na realidade, não aos imperadores, mas aos jurisconsultos.

6. *Anselmi Gesta Episcop. Leod.*, c. 66; *Monum. Germ., SS.*, VII, p. 229-230: "Imperator vero, utpote qui eiusmodi homo esset, qui sibi super episcopos potestatem nimis carnaliter, ne dicam ambiciose, quereret usurpare: 'Ego vero, inquit, similiter sacro oleo, data mihi prae caeteris imperandi potestate, sum peructus'. Quem contra antistes veritatis zelo institiaeque fervore vehementer accensus, talibus breviter instruendum esse censuit: 'Alia, inquiens, est et longe a sacerdotali difierens vestra haec quam asseritis unctio, quia per eam vos ad mortificandum, nos auctore Deo ad vivificandum ornati sumus; unde quantum vita morte praestantior, tantum nostra vestra unctione sine dubio est excellentior'". Para os fatos, ver E. Steindorff, *Jahrb. des deutschen Reichs unter Heinrich III*, II, p. 50-51.

basta para torná-las altamente instrutivas. "Eu também fui ungido com o óleo santo...": com efeito, é da recordação dessa marca divina, recebida no dia da sagração, que um monarca, mesmo muito devoto, podia extrair o sentimento de seu bom direito, quando ele procurava, como Anselmo diz literalmente a respeito de Henrique III, "arrogar-se, num pensamento de dominação carnal, todo poder sobre os bispos".

Foi sobretudo por volta do ano 1100 que se especifica a tese dos fiéis da realeza: a grande querela gregoriana forçara os partidos em luta a tomar posição, sem mais equívoco. Honório fala, em algum lugar, desses "falastrões", que, "repletos de orgulho, sustentam que os reis, por serem ungidos com o óleo dos padres, não devem ser incluídos entre os leigos".[7] Conhecemos a linguagem de alguns desses "falastrões". Sua clareza, com efeito, nada deixa a desejar. Eis, por exemplo, Guido de Osnabrück, que escreveu, em 1084 ou 1085, um tratado *Sobre a controvérsia entre Hildebrando e o imperador Henrique* — trata-se, evidentemente, de Henrique IV: "O rei", diz ele, "deve ser distinguido da massa dos leigos; pois, ungido com o óleo sagrado, ele participa do ministério sacerdotal".[8] E um pouco mais tarde, na Inglaterra, o Anônimo de York afirma: "O rei, cristo do Senhor, não poderia ser chamado de leigo".[9]

Para dizer a verdade, a maioria dos polemistas a quem devemos afirmações tão explícitas eram súditos do Império; as audácias do Anônimo de York não parecem jamais ter sido renovadas em seu país. Isso porque, como já tivemos a ocasião de observar, quase todos os apologistas do poder temporal, pelo menos naquela época, se recrutavam no campo imperial. Na França e na Inglaterra, como em outros lugares, os reis se dedicaram a dominar a Igreja; obtiveram até mesmo bastante êxito; mas, até a crise eclesiástica dos dois últimos séculos

---

7. *Summa gloria*, c. 9: "Sed garruli fortasse tumido fastu contendunt regem non esse de numero laicorum, cum unctus sit oleo sacerdotum".

8. *De controversia inter Hildebrandum et Heinricum imperatorem; Libelli de Lite*, I, p. 467: "Unde dicunt nulli laico umquam aliquid de ecclesiasticis disponendi facultatem esse concessam, quam vis rex a numero laicorum merito in huiusmodi separetur, cum oleo consecrationis inunctus sacerdotalis ministerii particeps esse cognoscitur". Para outras citações extraídas dos polemistas do mesmo partido, e para as refutações do partido adverso, ver Heinrich Böhmer, *Kirche und Staat in England und der Normandie*, p. 235; Kern, *Gottesgnadentum*, p. 86, n. 152; cf. também a linguagem atribuída por um cronista do partido pontifical ao círculo de Henrique V: "Quid referam, quosdam comites eius... eum regem pariter et summum sacerdotem... praedicasse"; Laurentius, *Gesta episcop. Virdunensium; Monum. Germ.*, SS., XVIII, p. 502.

9. *Monum. Germ.; Libelli de lite*, III, p. 677: "Quare non est appellandus laicus, quia Christus Domini est...".

da Idade Média, eles se abstiveram, de modo geral, de fundar abertamente suas pretensões sobre o caráter quase sacerdotal da realeza: longo silêncio que se deve comparar àquele que, por volta do mesmo momento, a literatura mantinha sobre o toque da escrófula. Ele não foi, entretanto, absoluto ao ponto de não manifestar, de tempos em tempos, a ideia-mestra que inspirou tantos atos sem em geral dar-se a conhecer abertamente, e tampouco, segundo todas as probabilidades, sem ser muito conscientemente concebida por todos. Na França, em particular, foi o abade Suger, historiógrafo quase oficial, fazendo cingir por Luís VI, no dia de sua sagração, o "gládio eclesiástico".[10] Acima de tudo, sob Luís VII, o famoso preâmbulo do diploma de 1143 foi emitido em favor dos bispos de Paris: "Sabemos que, em conformidade com as prescrições do Antigo Testamento e, nos dias de hoje, com a lei da Igreja, apenas os reis e os padres são consagrados pela unção do santo crisma. Convém que aqueles que, únicos entre todos, unidos entre si pelo sacrossanto crisma, são colocados à cabeça do povo de Deus, proporcionem aos seus súditos tanto os bens temporais como os espirituais, e se os proporcionem uns aos outros".[11] Declaração certamente um

---

10. *Vie de Louis le Gros*, c. XIV, ed. A. Molinier (*Collection de textes pour servir a l'étude... de l'hist.*), p. 40: "abjectoque secularis militie gladio, ecclesiastico ad vindictam malefactorum accingens". Cf., na mesma ordem de ideias, ibidem, XVIII, p. 62: "partem Dei, cujus ad vivincandum portat rex imaginem, vicarius ejus liberam restituat suppliciter implorant". Não sei se devemos ver na primeira passagem uma alusão à famosa alegoria dos dois gládios, extraída de Lucas 22,38, da qual adeptos do poder pontifical e defensores do poder temporal tiraram, sucessivamente, argumentos opostos; até mesmo na época de Suger, Godofredo de Vendôme, antecipando-se a São Bernardo, se utilizara dela: cf. Paul Gennrich, *Die Staats-und Kirchenlehre Johanns von Salisbury*. Gotha 1894, p. 154, n. 1, e E. Jordan, *Dante et St. Bernard*; *Bulletin du comité catholique francais pour le centenaire de Dante*, 1922, p. 277 e 278.

11. A. Luchaire, *Études sur les actes de Louis VII*, in-4°, 1885, n. 119 (acrescentar às edições mencionadas por A. Luchaire a de R. de Lasteyrie, *Cartulaire de Paris* (*Hist. Generale de Paris*), n. 302, que é agora a melhor): "Scimus quod ex auctoritate Veteris Testamenti, etiam nostris temporibus, ex ecclesiastica institutione soli reges et sacerdotes sacri crismatis unctione consecrantur. Decet autem ut qui, soli pre ceteris omnibus sacrosancta crismatis linitione consociati, ad regendum Dei populum perficiuntur, sibi ipsis et subditis suis tam temporalia quam spiritualia subministrando provideant, et providendo invicem subministrent". Poderíamos nos perguntar se não convém traduzir *sacerdotes* por bispos, até porque a crisma — no sentido estrito da palavra — é um privilégio episcopal e não sacerdotal. Mas, nos textos da época, *chrisma* tem, por vezes, o simples sentido de óleo santo. É prudente conservar a tradução natural, "padres", sem esquecer, contudo, que, no pensamento dos clérigos de Luís VII, certamente e sobretudo os bispos é que eram considerados aliados naturais dos reis; ademais, o próprio diploma era emitido em favor de um bispo. Pode-se comparar ao preâmbulo de Luís VII aquilo que, poucos anos depois, Otto de Freising

pouco menos marcante em seu texto completo, que acaba de ser apresentado, do que quando se suprime, tal como faz Achille Luchaire, a última parte da frase;[12] pois destas poucas palavras — "se os proporcionem uns aos outros" — parece depreender-se que o cuidado dos bens espirituais é reservado aos padres — que os proporcionam aos reis —, assim como o cuidado dos bens temporais o é aos príncipes leigos. O princípio da separação dos dois poderes está, portanto, salvo. Não obstante, essa espécie de equivalência e, por que não, essa aliança entre as duas unções, real e sacerdotal, permanecem muito significativas: tão significativas, na verdade, que teríamos dificuldade em encontrar, na França, nos documentos daquela época, qualquer coisa de semelhante tonalidade. Isso porque — os historiadores não parecem até aqui ter percebido — esse texto tirou sua origem de um concurso de circunstâncias muito particular. Em 1143, uma gravíssima querela acabava de explodir entre Roma e a corte da França, em razão de o papa Inocêncio II ter se permitido, a despeito da vontade do rei, consagrar como arcebispo de Bourges Pedro de Châtre, eleito pelos cônegos; o reino estava sob interdito. Isso não é tudo. Conhecemos o nome do chanceler que contra-assinou o diploma e deve carregar a responsabilidade por ela: era o mesmo Cadurc que, na sé de Bourges, fora o infeliz concorrente do candidato pontifical.[13] Esse clérigo, intrigante e atrevido, não tinha razão alguma para

---

escreveu a respeito da sagração de Frederico Barba-Ruiva, no mesmo dia que o imperador, na mesma igreja e pelos mesmos bispos que ele, o bispo eleito de Münster havia sido consagrado: "ut revera summus rex et sacerdos presenti iocunditati hoc quasi prognostico interesse crederetur, qua in una aecclesia una dies duarum personarum, quae solae novi ac veteris instrumenti institutione sacramentaliter unguntur et christi Domini rite dicuntur, vidit unctionem" (*Gesta Friderici*, II, c. 3; *Scriptor. rer. germ. ad usum scholarum*, 3. ed., p. 105). Enfim, é uma ideia análoga que se exprimia numa fórmula litúrgica comum às sagrações reais francesas e alemãs: "Accipe coronam regni, quae... episcoporum... manibus capiti tuo imponitur... et per hanc te participem ministerii nostri non ignores, ita ut, sicut nos in interioribus pastores rectoresque animarum intelligimur, tu quoque in exterioribus verus Dei cultor... semper appareas..." (Waitz, *Die Formeln der Deutschen Königs-und der Römischen Kaiserskronung*. Gottingham, 1872, p. 42, 74, 8; e, com algumas variações, Dewick, *The Coronation Book of Charles V of France*; Henry Bradshaw Soc., XVI, in-4º. Londres, 1899, col. 36).

12. *Histoire des institutions monarchiques*, 2. ed., 1890, I, p. 42. Na mesma obra, I, p. 41, Luchaire cita um diploma de Henrique I para a igreja de Paris (F, Soehnée, *Catalogue des actes de Henri I*, Bibl. École Hautes Études, p. 161, n. 29), no qual se trataria do "ministério divino" da realeza; feita a verificação, as palavras "divinum ministerium" no preâmbulo desse diploma designam o divino ministério da generosidade (para com as igrejas).

13. Sobre esses fatos, ver Luchaire em *L'Histoire de France* de Lavisse, III, 1, p. 5, e Vacandard, *Saint Bernard*, in-12, s.d., II, p. 183.

poupar a cúria; seu interesse, ao contrário, residia em proclamar com grande intensidade esse privilégio da unção que, colocando os reis quase no mesmo patamar dos padres, parecia criar-lhes um título para intervir nas eleições eclesiásticas. Os desígnios e os rancores de um ambicioso excluído explicam, nesse dia, o abandono da costumeira reserva do governo capetiano.

Passemos para a Inglaterra. Não sei se os diplomas oficiais poderiam fornecer a um erudito mais bem informado do que eu algo que possa ser relacionado à exposição de motivos que o mau humor de Cadurc porventura inspirou à chancelaria de Luís VII. O que é certo é que a corrente de ideias, da qual foi extraído o tema do preâmbulo de 1143, foi familiar aos ingleses antes de que a seus vizinhos; nós a encontramos atestada entre eles, em pleno século XIII, por um teólogo ortodoxo que a combatia. Em uma carta ao rei Henrique III, que já citei, o bispo de Lincoln, Roberto Grosseteste, expondo a seu senhor a verdadeira natureza da unção real, e colocando-a, aliás, num patamar muito elevado, acreditava dever especificar que ela não tem "de maneira alguma por efeito tornar a dignidade do rei superior ou mesmo igual à do padre e não confere aptidão a nenhum dos ofícios do sacerdócio".[14] Aparentemente, Roberto não teria feito tamanho esforço para prevenir uma confusão, muito escandalosa para seu gosto, se não tivesse acreditado que ela estivesse difundida em torno daquele que ele desejava instruir. Mas, tanto lá como na França, ela permanecia no estado de tendência de espírito, mais do que de tese expressamente sustentada.

Mesmo em terra imperial, após a extinção da dinastia sálica, o caráter sacerdotal dos príncipes temporais deixou, ao que parece, de ser afirmado pelos adeptos do *regnum* com tanto vigor quanto no passado. A Concordata de Worms, que abolia a investidura pela croça e o anel, mas reservava ao soberano uma influência muito grande na eleição dos prelados alemães, tinha valido aos gregorianos, sobretudo, satisfações teóricas; de maneira similar, suas polêmicas obtiveram, pelo menos, o resultado de impor uma surdina às declarações de princípio de seus adversários. Em um lugar ou outro, a velha noção ainda consegue se exprimir. Para justificar o juramento de fidelidade prestado pelos bispos ao imperador — juramento contrário à regra que proíbe aos clérigos vincular-se assim a um leigo —, pode-se, escreve por volta de

---

14. *Epistolae*, ed. Luard (*Rolls Series*), n. XVVIV, p. 351, cf. Leopold G. Wickham Legg, *English Coronation Records*, p. 67: "Hec tamen unccionis prerogativa nullo modo regiam dignitatem prefert aut etiam equiparat sacerdotali aut potestatem tribuit alicuius sacerdotalis officii".

1158 o ilustre canonista Rufino, "seja responder que o costume autoriza mais de uma coisa que os cânones não permitem de modo algum, seja dizer que o imperador consagrado pela unção sagrada não é inteiramente leigo".[15] Mas há ampla distância entre esse argumento acadêmico, oferecido de passagem à escolha do leitor e como que perdido numa vasta *Suma* jurídica, e as retumbantes polêmicas das épocas precedentes. Ademais, os publicistas, contratados pelos Hohenstaufen, dedicaram-se a explorar a ideia de Império mais do que a elaborar uma doutrina da realeza, que teria podido servir para apoiar as pretensões dos "reis das províncias", como dizia Barba-Ruiva[16] — isto é, chefes de outras nações que não a Alemanha —, tanto quanto as do herdeiro dos Césares. Foi preciso aguardar o movimento galicano para ver aparecerem, como se notará mais adiante, num país diferente, afirmações tão categóricas quanto aquelas em que o círculo dos imperadores Henrique IV e Henrique V se mostrara pródigo. Mas a história das ideias — ou dos sentimentos — políticas não deve ser procurada apenas nas obras dos teóricos; certas maneiras de pensar ou de sentir nos são reveladas pelos fatos da vida cotidiana mais do que pelos livros. Da mesma forma que, por muito tempo, a noção do poder taumatúrgico dos reis, sem ter sido acolhida pela literatura, inspirou os ritos curativos, a concepção da realeza sacerdotal, mais ou menos ignorada pelos escritores ingleses e franceses, abandonada pelos imperiais, nem por isso deixou de se manifestar com muita continuidade e nitidez num grande número de práticas, de modos de linguagem, de traços de costumes.

Primeiramente, a sagração.

A unção era o ato real por excelência, tão perfeitamente vinculado, na França, ao título de rei que os grandes feudatários, que por vezes procuraram imitar os demais episódios da sagração, jamais ousaram apropriar-se deste: um duque da Normandia ou um duque da Aquitânia podiam fazer com que lhes fosse entregue, durante uma cerimônia religiosa, em Rouen ou em Limoges, o gládio ou o anel, o gonfalão ou a coroa ducal, mas o uso do óleo santo sempre lhes permaneceu proibido.[17] Esse rito prestigioso era protegido por

---

15. *Summa Decretorum*, XXII, quaest. 5, c. 22: "Si opponatur de iuramento fidelitatis, quod hodie episcopi faciunt imperatori, respondeatur non omnia, que consuetudo habet, canones permittere. Vel dicatur imperatorem non omnino laicum esse, quem per sacram unctionem constat consecratum esse"; ed. J. F. v. Schulte Giessen, 1892, p. 360; ed. H. Singer. Paderborn, 1902, p. 403.
16. *Saxo Grammaticus*, 1, XIV, ed. A. Holder, p. 539: "provinciarum reges".
17. Sobre os duques da Normandia, ver Bento de Peterborough, *Gesta Henrici regis*, ed. Stubbs, *Rolls Series*, II, p. 73 (Ricardo Coração de Leão, em 20 de julho de 1189, recebe sobre

uma tradição muito antiga e respeitável para que até mesmo os protagonistas mais ardentes das ideias que, para resumir, denominamos gregorianas, tenham podido pensar em aboli-lo.[18] Pelo menos, eles se esforçaram em impedir toda conexão íntima entre a unção dos padres ou dos bispos e a dos reis. A essa tarefa, teólogos e liturgistas se dedicaram ininterruptamente. Alcançaram apenas êxito medíocre.

Em toda a dogmática católica, a doutrina sacramentária forma uma das partes mais tardias; ela não se fixou realmente senão sob a influência da filosofia escolástica. Por muito tempo, entendeu-se pela palavra sacramento, praticamente sem distinção, todo ato que faz passar um homem ou uma coisa para a categoria do sagrado.[19] Era natural então conferir esse nome à unção

---

o altar de Nossa Senhora de Rouen, na presença do arcebispo, dos prelados e dos barões, o *"gladium ducatus Normanniae"*); Mateus de Paris, *Chronica majora*, ed. Luard, *R. S.*, II, p. 454, e *Historia Anglorum*, ed. Madden, *R. S.*, II, p. 79 (João Sem Terra, 25 de abril de 1199: gládio e coroa); muito tempo depois, os testemunhos relativos à entronização de Carlos de França, irmão de Luís IX, em H. Stein, *Charles de France, frère de Louis XI*, 1921, p. 146 (anel, espada, estandarte); ritual conhecido somente por duas cópias do século XVII, nos Arquivos Comunais de Rouen (cf. Cheruel, *Histoire de Rouen à l'époque communale*, II, 1844, p. 8, e R. Delachenal, *Histoire de Charles V*, I, p. 137, n. 1), publicado por Duchesne, *Historiae Normannorum Scriptores*, fól., 1.619, p. 1.050, e Martene, *De antiquis Ecclesiae ritibus*, II, col. 853 (anel e gládio). Sobre os duques da Aquitânia, possuíamos um *ordo ad benedicendum* que, infelizmente, redigido somente no início do século XIII pelo primeiro *chantre* Élie de Limoges, não poderia ser considerado um documento muito seguro no que diz respeito aos usos antigos; as insígnias são o anel (dito de Santa Valéria), a coroa ("*circulum aureum*"), o estandarte, a espada, as esporas (*Histor. de France*, XII, p. 451). Ver também, fora do reino da França propriamente dito, sobre o delfinado, R. Delachenal, *Histoire de Charles V*, I, p. 40. O pontifical de Guilherme Durand (Bibl. Nac., manuscrito lat. 733, fól. 57) contém a rubrica *De benedictione principis siue comitis palatini*; encontra-se nela somente uma fórmula de bênção, visivelmente extraída da sagração imperial (ibidem, fól. 50 v°) e, de resto, perfeitamente banal; nenhuma menção, é claro, à unção.

18. A unção era, aliás, considerada pelos reis como uma prerrogativa tão importante que as dinastias nas quais ela não era tradicional procuraram com frequência adquirir seu privilégio. No século XIII, o mais tardar, estabeleceu-se a ideia de que era preciso para isso uma autorização do papa; os reis de Navarra a obtiveram em 1257, os reis da Escócia, em 1329, após a terem solicitado por muito tempo. Assim, o papado acabara por encontrar no velho rito monárquico, pelo menos em certos países, um elemento de influência. Em 1204, o próprio Inocente III ungiu Pedro II de Aragão que fora a Roma para tornar-se vassalo da Santa Sé; e assim se deu a primeira unção aragonesa.

19. Em termos de teologia pós-escolástica, confundiam-se então, sob o mesmo nome, os sacramentos e as *sacramentalia*. Pode-se ver a esse respeito uma exposição muito clara em G. L. Hahn, *Die Lehre von den Sakramenten in ihrer geschichtlichen Entwicklung innerhalb der abendländischen Kirche bis zum Concil von Trient*. Breslau, 1864, particularmente a p. 104.

real. Isso não deixou de ocorrer. Sábios doutores, como Ivo de Chartres, adeptos da reforma eclesiástica, como Pedro Damião, prelados, defensores ardentes das prerrogativas do clero, como Thomas Becket, não temiam de modo algum chamá-la assim.[20] Ela se encontrava, portanto, correntemente designada pelo mesmo termo que a ordenação do padre. Então, ao longo do século XIII, a teoria da Igreja nessa matéria assumiu uma forma mais rígida. Foram reconhecidos somente sete sacramentos. A ordenação estava entre eles; a unção real, ao contrário, foi excluída. Assim, entre o ato que criava um padre e aquele que criava um rei abria-se um abismo. Mas a linguagem corrente não abandonou de imediato, longe disso, o uso antigo. Roberto Grosseteste, filósofo e teólogo, escrevendo entre 1235 e 1253,[21] e a própria chancelaria pontifical, nas bulas de 1257 e 1260,[22] ainda lhe permaneciam fiéis. Acima de tudo, como era natural, ele se manteve por muito mais tempo nas obras leigas em língua vulgar. "Senhor", lê-se no romance de *Carlos, o Calvo*, composto no século XIV:

Senhor, sobre esta causa de que vos vejo falar
Conclui-se então na França o seguinte
Que jamais se teria por rei homem vivo
Se na cidade de Reims não houvesse o sacramento.[23]

Tudo isso teria sido uma simples querela de palavras? Não, por certo. Por mais imperfeitamente definido que tenha permanecido, durante muito tempo, o termo "sacramento", sempre trouxe consigo a ideia de uma ação de ordem sobrenatural: "sinais visíveis de coisas divinas", dissera Santo Agostinho.[24] Nenhum escritor, por mais reduzida que fosse sua cultura teológica, podia empregá-lo em outro sentido. Aplicá-lo à unção real era expressar explicitamente

---

20. Ivo de Chartres, ep. CXIV (*Histor. de France*, XV, p. 145); Pedro Damião, *Sermo* LXIX, Migne, *P. L.*, t. 144, col. 897 ss., e *Liber gratissimus*, c. X (*Monum. Germ., Libelli de lite*, I, p. 31); Thomas Becket, carta a Henrique II, *Materials for the history of Th. B., Rolls Series*, V, n° XLIV, p. 280. Cf. Pedro de Blois, textos citados acima, p. 49, n. 27, e abaixo, p. 192, n. 26; Hugo de Rouen, citado em Hahn, op. cit., p. 104; Otto de Freising, *Gesta Friderici*, II, c. III (*Scriptor. rer. Germ.*, 3. ed., p. 104: "dum finito unctionis sacramento diadema sibi imponeretur"). Boa exposição sobre a questão em Kern, *Gottesgnadentum*, p. 78; cf., na mesma obra, p. 87, n. 154.
21. Texto citado acima, p. 188, n. 14: "uncionis sacramentum".
22. Baronius-Raynaldus, ed. Theiner, XXII (1257, n. 57, e 1260, n. 18); cf. Potthast, *Regesta*, II, n. 17.054 e 17.947. Mas, sobre a atitude de João XXII, em 1318, ver abaixo, p. 231-232.
23. *Histoire littéraire*, XXVI, p. 122.
24. *De catechizandis rudibus*, c. XXVI (Migne, *P. L.*, t. 40, col. 344): "signacula quidem rerum divinarum esse visibilia, sed res ipsas invisibiles in eis honorari".

que a consagração pelo óleo santo operava no ser espiritual dos reis uma transformação profunda. Isso era, com efeito, aquilo em que comumente se acreditava. Samuel, lia-se no *Livro dos Reis*, após ter derramado sobre a cabeça de Saul o frasco repleto de óleo, lhe dissera: "transformar-te-ás noutro homem", *mutaberis in virum alienum*;[25] ora, a unção de Saul era a prefiguração da unção dos reis cristãos; como não se teriam extraído da Bíblia tais palavras para empregá-las para caracterizar os efeitos da sagração? No século XI, o padre alemão Wipo as atribui ao arcebispo da Mogúncia, discursando, no dia do coroamento, ao rei Conrado II; mais tarde, Pedro de Blois as relembra ao rei da Sicília, e o papa Alexandre IV, ao rei da Boêmia;[26] não há nenhuma dúvida de que eles lhes atribuíssem seu sentido literal. Da mesma forma, se quisermos saber o que ordinariamente se entendia pelo nome de sacramento, quando este último era empregado para qualificar a unção real, basta consultar Roberto Grosseteste; segundo esse prelado, muito ortodoxo e muito erudito, o rei ungido recebe "o dom septiforme do Espírito Santo" — lembrança evidente da teoria e do próprio ritual do sacramento de confirmação.[27] Em resumo, pela unção-sacramento, os reis pareciam nascer para uma nova vida mística. Essa é a concepção profunda que, tanto quanto uma vinculação puramente verbal com a ordenação do padre, uma teologia mais estrita pretendeu prescrever, recusando ao rito monárquico o título consagrado por um longo uso.

Não obstante, a velha ideia sobreviveu. Ela assumiria uma forma particularmente audaciosa no entorno do rei da França, Carlos V. Abramos o *Tratado sobre a sagração* composto, como se sabe, para o próprio príncipe e quase sob a sua inspiração, pelo carmelita João Golein. Nele, o autor segue, passo a passo, o andamento da cerimônia, indicando, ao mesmo tempo, para cada episódio, um sentido simbólico; chegamos ao momento em que o rei deixa as vestimentas que usara desde o início para vestir o traje propriamente régio; eis, para esse gesto bastante simples, o comentário "mistérico":

> Quando o rei se despe, isso significa que ele renuncia ao estado mundano de antes para assumir o da religião real; e se ele o assume com a devoção que deve, sustento

---

25. I, *Reg.*, 10, 6.
26. Wipo, *Gesta Chuonradi*, c. III, ed. H. Bresslau, *Scr. rer. Germ. In usum scholarum*, 3. ed., p. 23; Pedro de Blois, ep. 10, Migne, *P. L.*, t. 207, col. 29; nos dois casos, a palavra bíblica serve de tema a conselhos ou reprimendas. Alexandre IV, bula de 6 de outubro de 1260: Raynaldus-Baronius, ed. Theiner, XXII, 1260, n. 18, Potthast, *Regesta*, n. 17.947.
27. O texto citado acima, p. 188, n. 14 (ed. Luard, p. 350): "regalis inunccio signum est prerogative suscepcionis septiformis doni sacratissimi pneumatis".

que se encontra tão limpo de seus pecados como aquele que acaba de entrar em religião comprovada; sobre isso, diz São Bernardo por volta do final do livro *de precepto e dispensacione*: que assim como, no batismo, os pecados são perdoados, o mesmo ocorre na entrada na religião.[28]

Texto infinitamente sugestivo: por uma mesma operação, a dignidade real se encontrava comparada a uma religião, isto é, ao estado monástico, e a sagração via serem a ela atribuídos os mesmos poderes de regeneração que a entrada na religião, ou até mesmo que o batismo: por meio dela, o rei, desde que se encontre na disposição de alma necessária, é "limpo" de seus pecados. Curiosamente, esta última teoria, cuja ousadia não se poderia contestar, já havia sido sustentada muito antes de João Golein, mas fora da França e num escrito que o carmelita francês não podia conhecer. Na proximidade do ano 1200, um alto dignitário da Igreja oriental, Teodoro Bálsamo, teceu um comentário sobre as decisões dos principais concílios. A respeito do décimo segundo cânone do concílio de Ancira, ele relata como, em 969, o patriarca Polieucto excomungou, inicialmente, o imperador João Tzimisces, alçado ao trono por um assassinato, para depois mostrar-se menos severo; por que essa mudança de atitude? Eis a explicação dada por nosso glosador:

> O patriarca, em acordo com o Santo Sínodo, segundo a decisão sinodal que foi então promulgada e cujo texto se encontra conservado nos arquivos, declarou que, na medida em que a unção do santo batismo apaga todos os pecados cometidos anteriormente, por maiores e mais numerosos que sejam, da mesma forma, por uma ação semelhante em todos os pontos, a unção real apagara o homicídio de que Tzimisces se tornara culpado antes de a receber.[29]

Não sei se Polieucto e o sínodo haviam realmente emitido essa opinião, mas Bálsamo com certeza partilhava dela. Assim, tanto numa como noutra Igreja, os padres lealistas se encontravam, sem influência recíproca, no mesmo surpreendente pensamento. Por volta do início do século XVII, a passagem do autor grego caiu diante dos olhos de um doutor da Sorbonne, João Filesac, a quem devemos um tratado, aliás bastante confuso, *De idolatria politica et*

---

28. Ver "Apêndice IV", p. 463. João Golein, na frase seguinte, conferindo ao seu pensamento um tom moralizador, restringe um pouco o seu alcance: a dignidade real deve de fato gozar dos mesmos privilégios que a condição de eclesiástico, pois ela comporta muito mais "ansiedades e sofrimentos".
29. Cf. "Apêndice III", p. 457-458.

legitimo principis cultu commentarius [Sobre a idolatria política e o culto legítimo devido ao príncipe], publicado em 1615. Filesac, alimentado pelas lições de uma teologia mais rigorosa — aquela que fora fixada pelo Concílio de Trento —, considerou tal teoria demasiado escandalosa: como, ele diz essencialmente, a unção real lavaria alguém de um pecado mortal, visto não ser ela um sacramento?[30] Ele teria se surpreendido muito caso lhe houvessem revelado que, na França mesmo, uma ideia muito semelhante havia sido defendida por um religioso, escrevendo a um dos mais piedosos de nossos reis.

Os príncipes temporais aspiravam a governar a Igreja; era aos chefes da Igreja que eles estavam tentados a se igualar. Em muitos detalhes do cerimonial da sagração afirma-se, com muito espírito de continuidade, e, ao que parece, com clareza cada vez maior à medida que a Idade Média avança, a vontade de estabelecer uma espécie de paralelismo entre o ritual monárquico e aquele que se observava, não para a ordenação dos simples padres, e sim para a consagração dos bispos.[31] Esse propósito, mais do que qualquer outro, devia parecer perigoso aos homens que tinham se constituído em guardiões zelosos da autonomia do espiritual; com todo seu poder, eles se dedicaram a obstruí-lo.

Os reis eram ungidos em diferentes partes do corpo; entre outras, segundo o costume antigo, atestado pelos primeiros rituais, na cabeça. Não foi, com efeito, sobre a cabeça de Saul que Samuel espalhou o conteúdo do frasco de que fala a Bíblia? A mesma prática era observada na sagração dos bispos; mas os padres, em sua ordenação, tinham direito à unção apenas sobre as mãos. Os liturgistas perceberam um dia que esses usos estabeleciam entre a realeza e o episcopado uma paridade insuportável; decidiram que, a partir de então, os reis seriam ungidos somente sobre os braços, ou, eventualmente, sobre o ombro ou a mão. Uma famosa bula de Inocêncio III, endereçada, em 1204, ao arcebispo búlgaro de Tarnovo e incluída mais tarde nas *Decretais*, constitui o resumo mais autorizado da doutrina ortodoxa da unção; as modalidades dos dois ritos, episcopal e real, encontram-se nela firmemente estabelecidas. O mesmo ocorre no *Racional dos divinos ofícios*, de Guilherme Durand, onde toda a ciência litúrgica do século XIII se encontra condensada.[32] Esses esforços

---

30. *De idolatria politica e legitimo principis cultu commentarius*, p. 73. Sobre a obra, ver abaixo, p. 341, n. 124.
31. Cf. J. Wickham Legg, *The Sacring of the English Kings*; *Archaeological Journal*, LI (1894), p. 33, e Woolley, Coronation Rites, p. 193.
32. *Corpus Iuris Canonici*, ed. Friedberg, II, col. 132-133 (*Decretal*, I, tit. XV): "Refert autem inter pontificis et principis unctionem, quia caput pontificis chrismate consecratur,

permaneceram vãos. A despeito da autoridade dos papas e dos doutores, os reis da França e da Inglaterra continuaram a receber, a exemplo dos sucessores dos apóstolos, o óleo santo sobre suas cabeças.[33]

Os bispos, ao contrário dos padres, eram ungidos não com óleo bento ordinário, dito dos catecúmenos, mas com um óleo especial, mesclado a bálsamo: o crisma. Desejou-se obrigar os reis a usar o óleo simples. Foi para isso que trabalharam Inocêncio III e, depois dele, a cúria; essa foi a teoria de Guilherme Durand. A despeito de tudo, os reis da França e da Inglaterra conservaram o privilégio do crisma.[34]

Na verdade, o caráter quase sacerdortal que a cerimônia da sagração tinha por efeito imprimir nos reis era tão nítido que a doutrina litúrgica teve, afinal, de resignar-se a procurar atenuá-lo e a torná-lo inofensivo, mais do que a negá-lo.

---

brachium vero principis oleo delinitur, ut ostendatur, quanta sit differentia inter auctoritatem pontificis et principis potestatem"; cf. Kern, *Gottesgnadentum*, p. 115; a mesma teoria reproduzida na bula de Alexandre IV para a sagração dos reis da Boêmia, em 1260 (Baronius-Raynaldus, ed. Theiner, XXII, 1260, n. 18; Potthast, n. 17.947), Guilherme Durand, *Rationale*, I, c. VIII, ed. de Lyon, 1584, p. 40: desde o advento da Nova Lei, a unção real "capite ad brachium est translata, ut princeps a tempore Christi non ungatur in capite sed in brachio siue in numero vel in armo"; a respeito da unção do bispo sobre a cabeça, cf. 40 vº. No *ordo* para o coroamento dos reis, conforme as prescrições canônicas, que Durand oferece em seu pontifical (Bibl. Nat., manuscrito lat. 733), lê-se, fól. 54 vº: "Post hec metropolitanus inungit in modum crucis cum oleo exorcisato de[x]trum illius brachium et inter scapulas".

33. Woolley, *Coronation rites*, p. 68, 71, 104; H. Schreuer, *Ueber altfranzösische Krönungsordnungen*, p. 39 e 48; Legg, *Coronation records*, p. XXXV. A unção sobre a cabeça não tardou a desaparecer do ritual da sagração imperial (Kern, p. 115, n. 207), mas se manteve no cerimonial da sagração do rei dos romanos como soberano alemão (Schreuer, *Die rechtlichen Grundgedanken*, p. 82, n. 3, e Woolley, p. 122). O cardeal Henrique de Suso — conhecido na literatura canônica por seu título cardinalício *Hostiensis* —, em sua *Summa aurea*, escrita entre 1250 e 1261, lib. I, c. XV (ed. de Lyon, fól., 1.588, fól. 41 vº), observa que, a despeito das prescrições de Inocêncio III e dos textos oficiais do pontifical romano, "sed et consuetudo antiqua circa hoc observatur, nam supradictorum Regum Franciae et Angliae capita inunguntur".

34. Bulas de Inocêncio III e de Alexandre IV, e o texto de Guilherme Durand, citados acima, p. 194, n. 32; cf. J. Fluck, *Katholische Liturgie*, I. Giessen, 1853, p. 311 e 322; Vacant e Mangenot, *Dictionnaire de théologie catholique* no verbete *Chrême*. Já no século XII, o pequeno poema conhecido pelo título *De anulo et baculo versus* (*Monum. Germ., Libelli de lite*, III, p. 726, v. 9) dizia: "Presulis est autem sacra *crismatis* unctio...". Sobre o costume francês atestado por numerosos textos, ver, por exemplo, Dewick, *The Coronation Book of Charles V of France* (H. Bradshaw Soc., XVI), col. 8 e 25 ss. (ao crisma encontrava-se mesclada uma gota do óleo da Santa Ampola); sobre o costume inglês, Legg, *Coronation records*, p. XXXV.

Nada é mais característico a esse respeito do que a história do coroamento imperial. Nos tempos áureos da dinastia saxônica e ainda sob os sálicos, os textos oficiais que regulamentavam essa cerimônia evidenciavam com clareza a mudança de condição que dela resultava para o príncipe. Descrevendo a entrega pelo papa ao futuro imperador da túnica, da dalmática, do pluvial, da mitra, das meias e das sandálias — vestimentas quase sacerdotais —, eles comentam esse ato com estas simples palavras: "Aqui, o papa faz dele um clérigo"; *Ibique facit eum clericum*. No século XII, essa menção desaparece. A cerimônia da entrega das vestimentas subsiste; ela subsistirá enquanto houver imperadores coroados por papas. Mas a interpretação que é dada para ela é diferente: agora, o rei dos romanos é supostamente recebido como um dos cônegos de São Pedro. Não há mais entrada nas ordens, no sentido geral da palavra; em seu lugar, a simples colação de uma dignidade particular, de natureza eclesiástica, é verdade, porém, aqui, visivelmente conferida a título honorífico e, de resto, segundo a prática canônica da época, de modo a poder ser atribuída a personagens que mal alcançaram os graus inferiores da clericatura: nem todos os cônegos, nos diferentes capítulos catedrais da catolicidade, eram padres ou ordenados, longe disso. Assim, o ato realizado antes da sagração propriamente dita, na pequena igreja de *Sancta Maria in Turri*, sem perder inteiramente seu sentido primordial, se despojava de qualquer significado ameaçador para o partido pontifício.[35]

Mas isso não é tudo. Como, no fim, não se podia contestar que o imperador fosse algo mais do que um leigo e como, de resto, não estando de modo algum apto a realizar o sacrifício da missa, ele evidentemente não se revestia do sacerdócio, decidiu-se especificar sua situação na hierarquia. Os *ordines* da coroação, a partir do século XIII, atestam um esforço muito claro de assimilar a situação eclesiástica do chefe temporal da cristandade à de um diácono ou, na maioria das vezes, à de um subdiácono: o prior dos cardeais diáconos lê sobre ele a litania usual na ordenação dos subdiáconos; o papa lhe dá o beijo de paz

---

35. Sobre esses fatos, bastará remeter a A. Diemand, *Das Ceremoniell der Kaiserkrönungen*; *Histor. Abh.*, hgg. von Th. Heigel e H. Grauert, 4. Munique, 1894, p. 65, n. 3 e 74, e sobretudo a E. Eichmann, *Die Ordines der Kaiserkrönung*; *Zeitschr. der Sav. Stiftung für Rechtsgesch., Kan. Abt.*, 1912, passim. A despeito do que diz Diemand, não há prova de que o costume de receber o imperador no capítulo de São Pedro de Roma seja uma imitação daquele que determinava que ele fosse membro do capítulo de Aix-la-Chapelle; o canonicato dessa cidade se assemelharia antes a uma imitação do canonicato romano: cf. Beissel, *Der Aachener Königsstuhl*; *Zeitschr. des Aachener Geschichtsvereins*, IX (1887), p. 23 (útil para os fatos citados mais do que para sua interpretação). Cumpre aqui assinalar que não pude examinar o trabalho de Eva Sperling, *Studien zur Geschichte der Kaiserkrönung und Weihe*. Stuttgart, 1918.

"como a um dos cardeais diáconos"; ao término da cerimônia, o novo César serve a missa do soberano pontífice e lhe apresenta "o cálice e a água, à maneira dos subdiáconos".[36] De todas essas práticas, alguns eruditos deduziram uma doutrina: segundo eles, o imperador realmente se revestia da "ordem do subdiaconato"; e como, naquela época, toda opinião necessitava do amparo de um texto, mais ou menos deformado, eles decidiram invocar, complementarmente, para sustentar suas conclusões, um cânone do *Decreto de Graciano*, no qual se vê Valentiniano dizer a Santo Ambrósio: "sempre serei, tal como convém à minha ordem, teu auxílio e teu defensor"; não era o subdiácono essencialmente o "auxílio" dos padres e dos bispos? Guilherme Durand, que nos relata essa teoria, não adere a ela; mas não demonstra nenhuma repugnância em reconhecer que o imperador, quando de sua sagração, de fato exercia as funções dessa "ordem".[37] Assim, não se podia mais dizer, como na época de Gregório VII, que todo príncipe deste mundo, por maior que fosse, estava abaixo do simples exorcista; porém, pelo menos, o imperador, superior aos clérigos providos das ordens menores, se encontrava situado expressamente abaixo dos padres, para não falar dos bispos. Era o essencial. Curiosamente, em Bizâncio, o historiador encontra um traço análogo. Lá, o *basileus* era o herdeiro direto da velha monarquia sagrada do Baixo Império romano, inteiramente imbuída, mesmo após Constantino, de tradições pagãs; no século V, ele ainda era correntemente chamado ζερεύς, isto é, padre, ἀρχιερεύς, isto é, bispo; nos séculos XIV e XV, os escritores oficiais, preocupados em explicar certos privilégios cultuais que lhe eram reconhecidos, notadamente o seu direito, no dia da sagração, de comungar da mesma maneira que os clérigos, não lhe atribuem mais do que a posição de diácono ou mesmo de δεποτάτος, oficial eclesiástico de grau ainda inferior.[38] Assim, nas duas metades do mundo europeu, circunstâncias pare-

---

36. Eichmann, op. cit., p. 39 e 42 (*ordo* da coroação imperial, "3º período"). Em sua dissertação, Eichmann, que evidenciou bem o significado do canonicato atribuído ao imperador, não me parece ter atribuído suficiente importância ao diaconato imperial.
37. *Rationale*, II, 8, ed. de 1584, p. 56 vº: "Canon † Adriani Papae LXIII distinct. Valentinianus in fine videtur innuere, quod Imperator debet ordinem subdiaconatus habere, ubi dicitur, Adiutor et defensor tuus, ut meum ordinem decet, semper existam, sed non est ita, gerit tamen illud officium, quoniam in die ordinationis sue, receptus est primum in canonicum, a canonicis sancti Petri, ministrat domino papae in missa in officio subdiaconatus, parando calicem et huiusmodi faciendo". A citação se refere ao *Decreto de Graciano*, Dist. LXIII, c. III; mas ela está equivocada na medida em que o cânone em questão é, na verdade, um trecho da *Historia tripartita*; é no c. II que é feita menção ao papa Adriano II.
38. João Cantacuzeno, *Histor.*, lib. I, cap. XLI (Migne, *Patrologia Graeca*, t. 153, col. 281, cf. sobre a comunhão 288), e Codino, *De officiis Constantinopolitanis*, c. XVII (P. G., t. 157,

lhas, muito provavelmente sem influência recíproca, conduziram os doutores a inventarem uma ficção semelhante.

Aliás, os imperadores ocidentais, a partir do século XIV, parecem ter levado essa singular imaginação muito a sério. Insistiu-se em fazer deles diáconos e subdiáconos; eles desejaram exercer as funções diaconais, pelo menos numa das principais festas do ano. Carlos IV, coroa na cabeça, gládio em mãos, lia na igreja, no dia de Natal, a sétima lição de matinas, particularmente apropriada a uma boca imperial, por iniciar-se com as seguintes palavras, tiradas do Evangelho da missa de meia-noite (Lucas 2, 1): "Naqueles tempos, publicou-se um edito de César Augusto...". Em 25 de dezembro de 1414, Sigismundo, filho de Carlos IV, se apresentou no mesmo papel aos Pais do Concílio de Constância. Dessa maneira, engenhosamente esses soberanos destinavam à sua glória a teoria outrora elaborada com um intuito inteiramente diferente, pois a imponente aparição que eles faziam assim, enfeitados com os ornamentos imperiais, no lutrino, em meio à pompa das grandes liturgias, ressaltava aos olhos das multidões, mais do que qualquer outro gesto, sua participação no caráter eclesiástico. O prestígio que eles extraíam desse privilégio parecia tão estrondoso que, no exterior, ele suscitava com facilidade a inveja. Quando, em 1378, foi à França para visitar seu sobrinho Carlos V, Carlos IV teve de retardar ligeiramente sua viagem, de sorte a celebrar o Natal em terra imperial, visto que o governo francês o informara de que ele não seria autorizado, no reino, a dizer matinas; não se teria tolerado que o imperador realizasse publicamente, nos Estados do rei da França, um ofício religioso do qual o rei da França era incapaz.[39]

---

col. 109; cf. sobre a comunhão, col. III) fazem do imperador um δεποτάτος (cf. Brightman, *Journal of Theological Studies*, II, 1901, p. 390, n. 1); Simão de Tessalônica, *De sacro templo*, c. CXLIII (*P. G.*, t. 155, col. 352), faz dele — a respeito da comunhão — um diácono.

39. Sobre Carlos IV, R. Delachenal, *Histoire de Charles V*, I, 1909, p. 278, n. 1 (a miniatura citada se encontra agora reproduzida no t. IV da *Chronique de Jean II et Charles V*, ed. Delachenal, Soc. de l'hist. de France, estampa XXXII). Sobre Sigismundo, *Chronique du Religieux de Saint-Denys*, ed. L. Bellaguet (doc. inéd.), V, p. 470. Lê-se no cerimonial pontifical de Pedro Amelli (1370-1375), a respeito da missa papal de Natal: "Si imperator vel rex sit in curia hac nocte, sacrista et clerici praesentant sibi librum legendarum, in quo debet legere quintam lectionem, et eum honeste instruunt de ceremoniis observandis in petendo benedictionem, inlevando ensem cum vagina, et extrahendo, ipsum vibrando" (Mabillon, *Museum italicum*, II, in-4º, 1689, p. 325). Em contrapartida, certamente não se deve ver mais do que pura fantasia na seguinte afirmação, reproduzida por Martene, *De antiquis Ecclesiae ritibus*, I, II, c. IX, ed. de Bassano, fól., 1788, II, p. 213 "ex codice Bigotiano", sem outra indicação de data ou de proveniência: na missa

Com efeito, os reis da França jamais foram diáconos ou subdiáconos. É verdade que, nos *ordines* da sagração de Reims, a partir do século XIII, encontramos as seguintes palavras, a propósito da cota que os reis vestiam após a unção: ela deve "ser feita à maneira da túnica com que os subdiáconos se vestem na missa". Mas o paralelismo não prossegue de maneira contínua. Em outros pontos dos mesmos documentos, é à casula do padre que é comparada a sobreveste real.[40] E o cerimonial de Carlos V introduzirá no traje um novo elemento que sugere outras analogias: o rei, ele diz, pode, se quiser, vestir, depois da unção, luvas flexíveis, como os bispos costumam fazer quando de sua consagração. Sem assimilação precisa, tudo contribuía, portanto, para evocar cada vez mais, a respeito das roupas vestidas pelo soberano no dia em que recebia a unção e a coroa, a ideia dos ornamentos sacerdotais ou pontificais. Além disso, no mesmo dia, as velhas preces que traduziam, a cada linha, o desejo de estabelecer uma espécie de equivalência entre as duas unções, real e sacerdotal, não continuavam a ser proferidas?[41]

Na Inglaterra, o ritual, tanto na designação oficial das vestimentas como nos textos litúrgicos, não desperta com a mesma clareza que na França a lembrança das diversas ordenações eclesiásticas. Porém, se quisermos saber que impressão podia deixar no público o esplendor das pompas monárquicas, basta a leitura do

---

dita quando da entrada do imperador em Roma após sua eleição, "o imperador deve dizer o evangelho, e o rei de Cecília, a epístola. Mas, se o rei da França ali se encontrar, ele deverá dizê-la diante dele".
40. H. Schreuer, *Ueber altfranzösische Krönungsordnungen*. Weimar, 1909 (tiragem à parte, revista, da *Zeitschrift der Savigny-Stiftung*, G. A., 1909), p. 38 e 46; E. S. Dewick, *The Coronation Book of Charles V of France*, col. 8; João Golein, abaixo "Apêndice IV", p. 463. Acredito dever relembrar mais uma vez que, na ausência de qualquer classificação verdadeiramente crítica dos *ordines* da sagração francesa (os trabalhos de Hans Schreuer incidiram apenas sobre fontes impressas), não se pode dizer nada sobre o ritual dessa cerimônia que não seja vago e incerto.
41. Sobre as luvas, Dewick, loc. cit., col. 32: "Postea si uoluerit rex cirotecas subtiles induere sicut faciunt episcopi dum consecrantur"; cf. a nota, col. 82. Preces: "Christe perunge hunc regem in regimen unde unxisti sacerdotes..."; "Deus electorum... Iterumque sacerdotem aaron"; "Accipe coronam..." (com a fórmula "per hanc te participem ministerii nostri non ignores..."), ibidem, col. 29 e 36. As luvas parecem ter sido introduzidas primitivamente no cerimonial para atender a uma necessidade de ordem propriamente ritual: elas servem para proteger, após a unção das mãos, o crisma de qualquer profanação: cf. Dewick, loc. cit., e, sobretudo, João Golein, abaixo, p. 464. Mas seu emprego logo sugeriu uma associação com o costume episcopal; notemos que João Golein, que, de modo geral, evita insistir em demasia no caráter sacerdotal da realeza, ignora essa associação ou silencia a seu respeito.

relato da sagração de Henrique IV, no qual o autor — um contemporâneo — fala sem perplexidade do "hábito episcopal" vestido pelo rei.[42]

A sagração não era o único ato a evidenciar o caráter quase sacerdotal dos reis. Quando, por volta do final do século XIII, criou-se o hábito de reservar rigorosamente aos padres a comunhão sob as duas espécies, acentuando com um traço vigoroso a distinção entre o clero e os leigos, a nova regra não se aplicou a todos os soberanos. O imperador, quando de sua sagração, continuou a comungar com o vinho tanto quanto com o pão. Na França, Filipe de Valois fez com que lhe fosse reconhecida, em 1344, pelo papa Clemente VI, prerrogativa semelhante, nem sequer limitada, como no caso do imperador, a uma circunstância particular, mas sem restrição de qualquer espécie; ela foi concedida ao mesmo tempo e nas mesmas condições à rainha, ao duque da Normandia, herdeiro presuntivo do reino — o futuro João II —, e à duquesa, sua mulher. As autorizações eram dadas de forma pessoal; no entanto, quer o privilégio tenha sido expressamente renovado mais tarde, quer, por uma espécie de tolerância tácita, o costume tenha aos poucos adquirido força de lei, os reis da França não deixaram mais, a partir de então, e durante vários séculos, de exercer esse glorioso privilégio. Foram necessárias as perturbações religiosas que agitaram a cristandade a partir do século XV e as discusssões das quais a disciplina eucarística foi então objeto para constranger os príncipes a renunciar, ao menos parcial ou temporariamente, à dupla comunhão. Frederico III, sagrado imperador em 19 de março de 1452, comungou nesse dia apenas com a hóstia. Observando o antigo costume, poderia haver o risco de parecer pactuar com as doutrinas hussitas. A tradição, aliás, encontrava-se apenas interrompida; ela foi depois retomada, o mais tardar no século XVII, e então estendida a outras solenidades além da sagração; ainda hoje, o imperador da Áustria, último herdeiro das monarquias sagradas do passado, comungava sob as duas espécies, a cada Quinta-Feira Santa. Na França, desde Henrique IV, os reis tiveram acesso ao cálice somente no dia de sua sagração. Não convinha que o navarro, tendo se tornado católico, continuasse a observar o mesmo rito comunial seguido na época de sua heresia; seus súditos mal informados poderiam encontrar nisso alguma razão para pôr em dúvida sua conversão. Pelo menos até o fim do Antigo Regime, o cerimonial da sagração, sobre esse ponto, permaneceu imutável.[43]

---

42. Brit. Mus. Cotton Nero, c. IX, fól. 173, citado por Legg, *Coronation Records*, p. XL, n. 4.
43. Indicações gerais sobre a história e a doutrina da comunhão em Vacant e Mangenot, *Dictionnaire de théologie catholique*, artigo *Communion*. Sobre a comunhão das duas

Não se deve esquecer de que o uso das duas espécies nunca foi reservado aos padres a não ser por uma regra disciplinar, a qual pode ser flexibilizada, o que de fato acontece ocasionalmente; os papas, segundo se diz, por vezes o concederam, até mesmo nos dias de hoje, a certos leigos eminentes, aos quais eles com certeza não pretendiam reconhecer nenhum caráter sacerdotal. De acordo.

---

espécies pelos imperadores, A. Diemand, *Das Ceremoniell der Kaiserkrönungen*, p. 93, n. 2. Pio IV, por uma espécie de condescendência para com as simpatias luteranas de Maximiliano II, teve de reconhecer-lhe o direito de utilizar o cálice (cf. J. Schlecht, *Histor. Jahrbuch*, XIV (1893), p. 1), mas não se sabe se foi daí que nasceu definitivamente o retorno ao antigo costume, atestado sob Leopoldo II. No que diz respeito à França, bulas de Clemente VI, de 1344, em favor de Filipe VI, a rainha sua mulher, o duque da Normandia e a duquesa, em Baronius-Raynaldus, *Annales*, ed. Theiner, XXV, analisadas, com exceção daquela relativa ao duque, que se encontra integralmente publicada; deve-se acreditar que elas tinham todas o mesmo teor. É sem dúvida como consequência de um lapso que Mabillon, *Museum Italicum*, II, in-4º, 1689, p. LXII, afirma que idêntico privilégio foi concedido, ao mesmo tempo, ao duque da Borgonha. A bula em favor do duque da Normandia — e, segundo todas as probabilidades, as demais também — comporta igualmente a autorização: "ut quae sacra sunt, praeterquam corpus Dominicum, quod per alios quam per sacerdotes tractari non convenit, tangere quoties opportunum fuerit... valeas". Comunhão sob as duas espécies na sagração de Carlos V; Dewick, *The Coronation Book of Charles V of France*, col. 43 e (no que diz respeito à rainha) 49; cf. col. 87. Sobre a mudança que se produziu sob Henrique IV, Du Peyrat, *Histoire ecclésiastique de la Cour*, p. 727-729; Du Peyrat a atribui apenas à "inadvertência daqueles que, quando de sua conversão, começaram primeiro a governar sua Capela"; prefiro supor o motivo indicado acima; cf., sobre o costume do século seguinte, Oroux, *Histoire ecclésiastique de la Cour*, I, p. 253, n. (1). De acordo com um teólogo católico da segunda metade do século XVI, Gasparus Cassalius, *De caena et calice Domini*. Veneza, 1563, c. II, citado por Henriquez, *Summa Theologiae Moralis*, gr. in-8º. Mogúncia, 1613, lib. VIII, c. XLIV, § 7, n.n.o., o rei da França teria exercido esse privilégio somente em sua sagração e perto de sua morte. Se a informação está correta, ela prova que, desde antes de Henrique IV, o temor de parecer ceder ao protestantismo levara à redução do exercício dessa prerrogativa cultual. É curioso que o cerimonial da comunhão real contido no manuscrito 2.734 da Bibl. Mazarine, que data do século XVII e provavelmente do reinado de Luís XIII, preveja a comunhão sob as duas espécies; talvez não se tenha feito mais do que reproduzir um cerimonial mais antigo; esse texto foi publicado por Franklin, *La vie privée, Les médecins*, p. 300; ele não se encontra no manuscrito análogo conservado na Bibl. Nat. sob a cota francesa 4.321; cf. abaixo, p. 347, n. 145. A dissertação de Gabriel Kehler, *Christianissimi regis Galliae Communionem sub utraque...*, in-4º, Wittenberg [1686] é um panfleto protestante sem interesse. Não pude consultar J. F. Mayer, *Christianissimi regis Galliae communio sub utraque*. Wittenberg, mesma data. Na Inglaterra, não há indícios de que os reis tivessem comungado sob as duas espécies antes da Reforma: Legg, *Coronation Records*, p. 1, x i. Documentos incluídos referentes à comunhão do rei da França sob as duas espécies: abaixo, "Apêndice II", n. 2 e 3, e Dewick, *The Coronation Book*, estampa 28.

Mas, quando se trata do privilégio eucarístico dos reis, como duvidar que ele tenha tido sua origem nessa concepção da monarquia sagrada, e, por que não, supralaica, cujo vigor é atestado por tantos outros fatos? Ele apareceu no momento preciso, ou quase, em que o fiel comum se viu para sempre afastado do cálice: como se os soberanos temporais, ou pelo menos alguns deles — pois os reis da Inglaterra jamais obtiveram, e talvez nem sequer tenham procurado, o mesmo favor que seus vizinhos da França —, tivessem se recusado a deixar-se confundir nessa multidão banal. Nas bulas de Clemente VI, ele está acompanhado da autorização, bastante significativa, de tocar os objetos sagrados, exceto, é verdade, o Corpo do Senhor, cujo manuseio permanecia autorizado apenas aos padres; mas essa reserva nada tem de surpreendente; sabemos que a assimilação da realeza com o sacerdócio nunca foi perfeita, visto que ela não podia ser; isso não impede que tenha havido, de todas as maneiras, proximidade. Da mesma forma, em Bizâncio, onde o rito comunial, embora muito diferente dos costumes latinos, também estabelecia distinção entre os leigos e os clérigos, estando estes últimos autorizados a consumir separadamente o pão e o vinho, o *basileus*, no dia da sagração, comungava como os padres, "ὥσπερ χαί δι ζερεῖς";[44] ele tampouco era "*pur lay*" [puro leigo]. Aliás, ainda que a razão primordial da honra singular concedida aos reis do Ocidente não tivesse sido tal qual acabo de assinalar, o sentimento público muito rapidamente teria chegado a lhe dar essa interpretação. João Golein, em seu tratado sobre a sagração, depois de relatar que o rei e a rainha recebem do arcebispo o vinho com a hóstia, observa que semelhante rito pode ser apenas o sinal de uma ou outra das duas "dignidades": a "real" e a "sacerdotal". A fórmula era prudente; pode-se acreditar, porém, que o homem comum se abstinha de concluir que a primeira das duas dignidades participava da segunda? Encontraremos mais adiante essa conclusão expressamente enunciada, no século XVII, por autores sérios; não há dúvida de que, muito antes disso, a opinião comum tenha se precipitado em sua direção.[45]

Um grande poeta, o autor da *Canção de Rolando*, reconstituiu em seus versos, sob o prestigioso nome de Carlos Magno, a imagem ideal do soberano cristão tal como ela era concebida à sua volta. Ora, vejam-se os gestos que ele atribui ao grande imperador: são os de um rei-padre. Quando Ganelão parte

---

44. Ferdinand Kattenbusch, *Lehrbuch der vergleichenden Confessionskunde*, l, 1892, p. 388 e 498, e acima, p. 197, n. 38.
45. Texto de João Golein, abaixo, "Apêndice IV", p. 465; para a interpretação da comunhão sob as duas espécies tal qual ela era apresentada no século XVII, ver abaixo, p. 336-337.

para a perigosa embaixada para a qual o chamou o ódio de Rolando, Carlos, fazendo sobre ele o sinal da cruz, lhe dá a absolvição. Mais tarde, quando os francos estão prestes a combater o emir Baligante, o sexto corpo de batalha, o dos poitevinos e dos barões da Auvérnia, se apresenta perante o chefe supremo do exército; este ergue sua destra e abençoa as tropas: "Abençoou-os Carlos com sua mão direita".[46]

Esse velho poema, que, por uma reação contra teorias hoje definitivamente condenadas, talvez por vezes tendamos a rejuvenescer um pouco demais, traz, nas concepções eclesiásticas de seu autor, a marca de um estado de espírito bastante arcaico. Mais de um padre, aderindo a doutrinas mais rigorosas sobre a distinção entre profano e sagrado, deve um dia ter encontrado nele alguns motivos de escândalo. O arcebispo Turpino, que, não satisfeito em lutar com tanto ardor quanto um leigo, erige sua conduta em teoria e opõe tão alegremente sua estima pelos guerreiros ao seu desprezo pelos monges, teria sido propriamente deposto, a exemplo de seu sucessor Manassés de Reims, pelo legado dos grandes papas reformadores.[47] Sente-se que o movimento gregoriano ainda não repercutira com seriedade aí. Sua influência, ao contrário, se fez sentir, mais tarde, sobre um dos modificadores da *Canção*. Quando, por volta do início do século XIII, um versificador retomou a antiga versão assonante para provê-la de rimas, ele acreditou dever também adequá-la, no tocante ao fundo religioso, ao gosto da época. Suprimiu a absolvição dada a Ganelão. Somente a bênção às tropas subsistiu.[48] Ela nada tinha que não estivesse em conformidade com os

---

46. V. 340 e v. 3.066. Cito de acordo com a ed. J. Bedier.
47. Sobre Turpino, ver particularmente v. 1.876 ss. Essa passagem já estava escrita quando pude tomar conhecimento do livro de Prosper Boissonnade, *Du nouveau sur la Chanson de Roland*, 1923. A comparação com Manassés de Reims também veio à mente de Boissonnade (p. 203). Faço, aliás, questão de acrescentar que pretendo falar aqui apenas de uma simples comparação, e que não é meu propósito, de modo algum, mostrar em Turpino uma espécie de pseudônimo poético de Manassés; *Rolando* nada tem de um *roman à clef*! Mas, como Boissonnade pode escrever que o autor da *Canção* "professa as ideias de um adepto da reforma gregoriana ou teocrática"? (Ver p. 426-427; cf. sobre a personagem de Carlos Magno interpretada como o "soberano ideal da grande teocracia sonhada por Gregório VII", p 301.) Os v. 3.094 e 373, citados para sustentar essa tese, provam simplesmente que "Turold" sabia que Carlos Magno tivera boas relações com os papas; quando, no v. 2.998, também invocado, ele mostra que nosso poeta considerava São Pedro um grande santo: quem um dia duvidou disso? Se desejássemos seguir — não sendo este aqui nosso intuito — a ideia do rei-padre na literatura, haveria um proveito a tirar do ciclo do Graal, tão carregado de elementos arcaicos e pré-cristãos.
48. Versão rimada dos manuscritos de Châteauroux e de Veneza VII, W. Foerster, *Altfranzösische Bibliothek*, VI, estrofe XXXI (v. 340); para o v. 3.066, estrofe CCLXXXVIII.

costumes contemporâneos. Por volta da mesma época, um príncipe de carne e osso pôde ver, assim como o imperador da lenda, seus soldados se inclinarem antes da batalha sob sua mão protetora: em Bouvines, antes de iniciar-se o combate, Filipe Augusto, segundo o testemunho de Guilherme, o Bretão, seu capelão, que naquele dia se encontrava perto dele, abençoou seus cavaleiros.[49] Filipe certamente ouvira recitarem *Rolando*; à sua volta, aliás, as tradições carolíngias dispunham de muito crédito; seus clérigos o equiparavam a Carlos Magno; pretendiam até mesmo — por qual operação de genealogista não se sabe — fazê-lo descender dele.[50] Talvez, no campo de batalha em que disputaria uma partida decisiva, ele tenha se lembrado do gesto que os menestréis atribuíam a seu pretenso ancestral e o tenha conscientemente copiado. Não haveria em semelhante imitação nada de muito surpreendente. As epopeias medievais foram o Plutarco do qual, naquela época mais "literária" do que por vezes se pensa, os homens de ação não raro extraíram belos exemplos. Elas fizeram muito, em particular, para manter e fortalecer nas consciências certo ideal do Estado e da realeza. Mas, inspirada ou não em um modelo poético, nessa bênção guerreira, é de fato o sentimento da força sagrada e quase sacerdotal atribuída à mão real que se exprimia com eloquência. É preciso relembrar que a palavra *abençoar* designava correntemente, na Inglaterra, o ato do rei tocando os doentes para expulsar a doença?

Poderia parecer que essa absolvição dada por um imperador deveria ter chocado apenas mediocremente os espíritos mais ortodoxos daquele tempo, pois, até a Contrarreforma, um uso muito difundido, combatido pelos teólogos apenas tardiamente e com muita hesitação, permitia aos leigos, em caso de urgência, administrar a confissão; Joinville nos contou como, em uma hora de perigo, Guido de Ibelin se confessou com ele: "e eu lhe disse: 'eu vos absolvo com o poder que Deus me deu'" (c. LXX; ed. de la Soc. de l'hist. de France, p. 125-126): cf. Georg Gromer, *Die Laienbeicht im Mittelalter* (*Veröffentlich. aus dem Kirchenhistor. Seminar München*, III, 7). Munique, 1909, e C. J. Merk, *Anschauungen über die Lehre... der Kirche im altfranzösischen Heldenepos* (Zeitschr. für Romanische Philologie, Beiheft XLI), p. 120. Mas essas confissões recebidas e essas absolvições dadas — com reservas: "com o poder que Deus me deu" —, em um momento de necessidade premente", quando nenhum padre estava ao alcance, não podiam ser comparadas ao gesto de Carlos Magno, realizado no seio de um exército que a tradição representava como provido de um clero abundante.

49. *Chronique*, § 184, ed. Delaborde (Soc. de l'hist. de France), I, p. 273: "His dictis, petierunt milites a rege benedictionem, qui, manu elevata, oravit eis a Domino benedictionem...".
50. Cf. H. François-Delaborde, *Recueil des actes de Philippe-Auguste*, I, p. XXX-XXXI. Em um estudo de conjunto sobre a realeza francesa, caberia, evidentemente, insistir na influência, provavelmente muito profunda, que a tradição carolíngia e a literatura relativa a Carlos Magno exerceram sobre nossos reis e seu entorno; posso aqui apenas indicar de passagem esse ponto, podendo talvez retomá-lo adiante e mais tarde.

Como se vê, os reis, na Idade Média, jamais deixaram, aos olhos de seus súditos, de parecer participar mais ou menos vagamente da glória do sacerdócio. Tratava-se, no fundo, de uma verdade reconhecida por quase todos, porém uma verdade que era preferível dissimular. Veja-se ainda com que timidez, sob Filipe, o Belo, o cardeal João Lemoine, o qual não poderíamos, entretanto, considerar advogado das ideias teocráticas, indica, a respeito do direito de regalia espiritual exercido pelos reis da França e da Inglaterra, que "os reis que são ungidos não parecem cumprir o papel de puros leigos, mas parecem, ao contrário, superá-lo".[51] No entanto, em meados do século XIV, voltou-se a falar sobre esse assunto mais livremente. Na Inglaterra, Wycliffe, em uma de suas obras de juventude, o *Tratado sobre o ofício de rei*, escrito em 1379, ao mesmo tempo que separa com muita clareza os dois poderes, temporal e espiritual, qualifica a realeza de ordem da Igreja, *ordo in ecclesia*.[52] Na França, o entorno de Carlos V reúne diligentemente todos os ritos e todas as tradições capazes de ressaltar o valor sagrado da realeza. João Golein, fiel intérprete, segundo todas as aparências, do pensamento de seu senhor, faz questão de manter-se ortodoxo; ele objeta expressamente que a unção não torna o rei padre, nem santo, "nem fazedor de milagres"; contudo ele não dissimula que essa "unção real" o leva para muito "perto" da "ordem sacerdotal"; ele não teme falar da "religião real".[53]

Vieram o Grande Cisma e a grande perturbação que ele semeou, não somente na disciplina da Igreja, mas também, por via de consequência — ao menos, em parte, pois a crise teve causas múltiplas —, na própria vida religiosa. As línguas então se destravaram inteiramente. Na Inglaterra, o canonista Lyndwood, em seu *Provinciale*, composto em 1430, assinala como difundida — sem, aliás, associar-se a ela — a opinião conforme a qual "o rei ungido não seria uma pessoa puramente leiga, e sim, de fato, uma pessoa mista".[54] E foi a um soberano

---

51. *Apparatus in librum Sextum*, lib. III, tit. IV: *De praebendis*, c. II, *Licet*; Bibl. Nat. lat. 16.901, fól. 66 vº: "Item reges, qui inuncti sunt, partem laici meri obtinere non videtur, sed excedere eandem". Sobre o cardeal Lemoine, cf. R. Scholz, *Die Publizistik zur Zeit Philippe des Schonen*, p. 194 ss.
52. *Tractatus de officio regis*, ed. A. W. Pollard e Charles Sayle. Londres, 1887 (*Wyclif's Latin Works*, ed. by the Wyclif Society X), p. 10-11: "Ex istis patet quod regia potestas, que est ordo in ecclesia...". O *Tractatus*, posterior de alguns meses ao início do Grande Cisma, foi escrito num momento em que esse acontecimento ainda estava longe de ter produzido suas consequências doutrinais.
53. Ver abaixo, p. 467-470, 468, 464.
54. Lib. III, tit. 2; ed. de 1525. Londres, in-4º, p. 92 vº: "nonobstant quod rex unctus non sit mere persona laica, sed mixta secundum quosdam".

inglês, Henrique V, que o ilustre champanhês Nicolau de Clamanges escreveu estas palavras, nas quais a velha noção quase pré-histórica do rei-sacerdote se desnuda, sem se dissimular, como nos teóricos de que fala Lyndwood, sob a máscara ambígua de sabe-se lá que condição "mista": "O Senhor afirmou que a realeza devia ser sacerdotal, pois, pela santa unção do crisma, os reis, na religião cristã, devem ser considerados santos, à semelhança dos padres".[55]

Para dizer a verdade, por mais que Nicolau de Clamanges se dirigisse a um rei da Inglaterra, era sobretudo como clérigo francês que ele falava; eram as ideias dos meios franceses que ele refletia. Na França, com efeito, semelhantes concepções eram então correntes e se exprimiam sem constrangimento. Se quisermos exemplos, teremos apenas a dificuldade da escolha. Em 1380, o bispo de Arras, Pedro Masuyer, litiga no Parlamento contra seu metropolitano, o arcebispo de Reims, e o capítulo desta última cidade; o caso é grave: o bispo, recentemente promovido, recusou-se a prestar o juramento costumeiro a seu superior e a lhe oferecer, como doação de advento, a capa prescrita — pelo menos, é o que se diz em Reims — por um costume imemorial. O processo interessa, portanto, à disciplina eclesiástica; é por isso que o arcebispo deseja evocá-lo em seu próprio tribunal e se recusa a reconhecer, nessa matéria, a seu ver, absolutamente espiritual, o direito de jurisdição do Parlamento; o bispo, ao contrário, pede à Corte, representante do rei, que se proclame competente. Eis um de seus argumentos: "o Rei nosso Senhor não tem somente temporalidade, mas também divindade, pois ele é *ununctus* e dá benefício em Regalia".[56] Note-se o último segmento da frase. A faculdade de prover aos benefícios eclesiásticos, durante a vacância dos bispados submetidos à regalia, aparece nos escritos daquela época ora como prova, ora como consequência lógica do caráter sacerdotal atribuído à realeza. Já encontramos aquele arrazoado de 1493 no qual, a respeito de uma causa em que a questão da regalia se encontrava incidentemente levantada, um advogado, acreditando ser necessário demonstrar que o rei "não é puro leigo", chegava a invocar o argumento do milagre.[57] Em 1477, o mestre Framberge, também perante o Parlamento e ainda num debate da mesma espécie, construía toda uma parte de seu discurso sobre o tema da realeza sagrada; nenhuma alusão às curas maravilhosas, é verdade; mas as lendas relativas à origem celeste da unção, que estudaremos mais adiante, aparecem

---

55. *Opera omnia*, in-4°. Leiden, 1604, ep. CXXXVII: "Ideo autem Regnum sacerdotale esse debere Dominus adstruit, quia propter sacram chrismatis unctionem Reges in christiana religione ad similitudinem Sacerdotum sancti esse debent...".
56. P. Pithou, *Preuves des libertez de l'église gallicane*, II, in-4°, 1639, p. 995.
57. Ver acima, p. 141, n. 105.

em abundância; e, no fim da exposição, como sua ponta extrema, há a seguinte conclusão: "Assim como foi dito, o rei não é puramente leigo".[58] Deixemos agora as cortes de justiça. João Juvenal dos Ursinos, sucessivamente bispo de Beauvais, bispo de Laon e arcebispo de Reims, foi, sob Carlos VII e Luís XI, uma das grandes figuras do clero francês; em seus discursos, em seus memoriais, a mesma ideia retorna continuamente: o rei não é "simplesmente pessoa leiga"; ele é, graças à sagração, "pessoa eclesiástica", "prelado eclesiástico", disse um dia João Juvenal a seu "soberano senhor" Carlos VII.[59] Teme-se por acaso que esses litigantes, apressados em recolher, em todos os lugares, armas para defender sua causa, e que esse político de Igreja, movido pelo intuito de manter em limites estreitos a ação do papado, sejam, quando se trata de sondar a opinião religiosa de seu tempo, apenas testemunhas bastante medíocres? Escutemos, pois, um dos maiores doutores a honrar o catolicismo francês, um dos príncipes do misticismo cristão, João Gerson; no dia da Epifania de 1390, ele prega diante de Carlos VI e dos príncipes; o que poderia haver de mais significativo do que os termos por ele empregados para dirigir-se ao jovem soberano: "Rei mui cristão, rei por milagre consagrado, rei espiritual e sacerdotal..."?[60]

Alguns dos textos que acabo de citar são bem conhecidos. As palavras de João Juvenal dos Ursinos em particular foram reproduzidas por quase todos

---

58. Arrazoado de Framberge para Pierre de Croisay, autor, contra o cardeal de Estouteville, réu: 14 de julho de 1477; Arch. Nat. X 1 A, 4.818, fól. 258 vº ss. Fól. 262: "Sed ponis ex institucione canonica subsequente, que non excludit regem sacratissimum unctione sacra miraculose et celitus missa, qui tanquam persona sacrata capax est rerum spiritualium large accipiendo... E, ainda que pelos direitos canônicos se queira dizer que *interdicta est administracio spiritualium laicys*, deve-se entender *de mere laicis, et non de personis sacratis et sublimibus qui ecclesie temporalitates obtulerunt in Habundancia...*". Mais adiante, no mesmo fólio: "regi, qui est sacrata persona". E, no fól. 262 vº... "ut dictum est, rex non est mere laicus". Quem chamou minha atenção para esse texto foi R. Delachenal, *Histoire des avocats au Parlement de Paris*, 1885, p. 204.
59. Memorial endereçado a Carlos VII, em Noël Valois, *Histoire de la Pragmatique Sanction*, 1906, p. 216: "E, como chefe e primeira pessoa eclesiástica..."; discurso sobre a disputa entre os reis da França e da Inglaterra, citado por Godefroy, *Ceremonial*, p. 77: "O Rei da França consagrado é pessoa Eclesiástica"; admoestação ao rei Carlos VII, ibidem, e J. Juvenal dos Ursinos, *Histoire de Charles VI*, ed. Godefroy, fól. 1.653, "Annotations", p. 628: "No que vos diz respeito, meu Soberano Senhor, não sois simplesmente pessoa leiga, mas Prelado Eclesiástico, o primeiro em vosso Reino que exista após o Papa, o braço direito da Igreja".
60. Bibl. Nat., manuscrito francês 1.029, fól. 90 a; tradução latina na *Opera*, ed. de 1606, fól., pars IV, col. 644; cf. E. Bourret, *Essai historique et critique sur les sermons francais de Gerson*, 1858, p. 56 ss. e p. 87, n. I.

os historiadores que procuraram evidenciar o caráter sagrado da monarquia francesa. Mas talvez não se tenha sempre dado atenção suficiente à sua data. Dois séculos antes, seria muito difícil encontrar palavras semelhantes; mesmo os polemistas a serviço de Filipe, o Belo, não empregavam esse tom. Após longos anos de silêncio, os clérigos franceses dos séculos XIV e XV, em seu elogio audaz à realeza sacerdotal, se juntavam aos publicistas imperialistas dos tempos da querela gregoriana: simples eventualidade, aliás, sem influência direta — onde teria um Nicolau de Clamanges lido os panfletos esquecidos de um Guido de Osnabrück e de um Anônimo de York? —, ou, melhor, continuidade de uma mesma ideia, a qual, sem ter jamais deixado de incorporar-se a uma massa de ritos e de costumes, não pudera cair no esquecimento e permanecia inteiramente pronta para voltar a expressar-se no dia em que as circunstâncias permitissem. Quais foram as circunstâncias que afinal favoreceram seu despertar? Já as indiquei: a crise da Igreja e, sobretudo, a do papado provocaram um retorno dos espíritos, mesmo os mais pios e os mais ortodoxos, a noções por muito tempo condenadas. Não se vê, por volta da mesma época, essa mudança de atitude manifestar-se, na França, de maneira bem característica, pela transformação de um antigo abuso, até então deixado com prudência na sombra, em privilégio abertamente proclamado? A despeito da reforma dos séculos XI e XII, os reis sempre conservaram entre suas mãos certas dignidades monásticas, heranças de seus mais distantes ancestrais, antes mesmo do advento da dinastia: o abadado de Saint-Martin de Tours [São Martinho de Tours], por exemplo, ou o de Saint-Aignan d'Orléans [Santo Aniano de Orléans]; porém, desde o triunfo aparente dos reformadores, eles se abstinham de gabar-se desse atentado às regras mais veneradas; a partir de então, os reis voltam a vangloriar-se dessa situação e a utilizam, eles ou seus fiéis, como argumento para atestar seu caráter eclesiástico e, em decorrência, seu direito de dominar mais ou menos o clero de seus Estados.[61] Todo aquele que, naqueles tempos tumultuosos, defende a supremacia pontifical não quer ver nos reis nada além de leigos; todo aquele que, ao contrário, reivindica, ao mesmo tempo, para os concílios o papel principal no governo da Igreja e para os diferentes Estados uma espécie de autonomia eclesiástica

---

61. Cf. Grassaille, *Regalium Franciae iura omnia*, lib. II, p. 17; P. Pithou, *Preuves*, p. 13; R. Hubert, *Antiquitez historiques de l'église royale de Saint Aignan d'Orléans*, in-4º. Orléans, 1661, p. 83 ss.; E. R. Vaucelle, *La collégiale de Saint-Martin de Tours, des origines à l'avènement des Valois* (Bullet. et Mém. Soc. Archéol. Tours, Mem. XLVI), p. 80-81. Segundo Vaucelle, Carlos VII apresentou, perante o Concílio da Basileia, seu título de abade de São Martinho (p. 81, n. 2, sem referências).

tende a associar, mais ou menos, a dignidade real ao sacerdócio. Se Lyndwood rejeita reconhecer nos reis um caráter "misto" — isto é, semissacerdotal — é porque teme tudo o que poderia enervar o poder dos papas.[62] Fora da França e da Inglaterra, a teoria que Lyndwood rejeitava tinha entre seus principais adversários um jurista italiano, Nicolau Tedeschi, o *Panormitano*; para esse doutor, um dos maiores canonistas do século XV, os reis são "puros leigos" a quem "a coroação e a unção não conferem nenhuma ordem eclesiástica"; não causará surpresa descobrir que, pelo menos na época em que ele redigia a glosa da qual tal passagem foi extraída, o Panormitano se situava decididamente entre os inimigos da teoria conciliar.[63] Na verdade, essa questão podia quase servir de pedra de toque entre os dois grandes partidos que então dividiam a catolicidade.

Estamos no momento em que realmente nasce, na França, o movimento a que se dá o nome de galicano: movimento infinitamente diverso, tanto em suas origens, em que as aspirações mais nobres no sentido da supressão de graves abusos religiosos se mesclam de modo inextricaáel aos interesses financeiros mais terra a terra, como em sua própria natureza: com efeito, o galicanismo se apresenta ora como um impulso rumo à independência, ao menos relativa, da Igreja da França, ora como uma tentativa de submeter essa Igreja ao poder real, por fim livre dos entraves que lhe impunha o papado: dualismo equívoco que com frequência espantou e, por vezes, chocou os autores modernos; por acaso ele não parecerá menos surpreendente se aceitarmos

---

62. Sobre as ideias de Lyndwood, cf. F. W. Maitland, *Roman Canon Law in the Church of England*. Londres, 1898, p. 1 ss.

63. Panormitanus, *Super tertio decretalium*, fól. Lyon, 1546, comentário sobre o tit. XXX, *De decimis*, c. XXI, fól. 154 v°: "Quarto, nota quod laici etiam reges non possunt aliquid donare de iure ecclesiastico nec possunt possidere jus spirituale. Ex quo infertur quod reges sunt puri laici: ita quod per coronationem et unctionem nullum ordinem ecclesiasticum recipiunt". Sobre a doutrina do *Panormitano* naquele momento, ver sua glosa sobre o livro I das *Decretais*, VI, 4 (ed. de 1546, fól. 119 v°), em que, a respeito daqueles que, equivocadamente segundo ele, consideram ilegítimo o juramento que o papa exige dos metropolitanos, porque os concílios não o prescrevem, ele declara: "romana ecclesia prestat autoritatem conciliis et per ejus autoritatem robur accipiunt, et in conciliis semper excipit eius autoritas". Mais tarde, no Concílio da Basileia, em boa parte, ao que parece, por razões de ordem política, ele mudou de atitude. Ver, sobre ele, a nota da *Realencyclopädie für protestantische Theologie*, no verbete *Panormitanus*, onde se encontrará a bibliografia. O Panormitano é frequentemente citado e combatido por adeptos franceses do caráter quase sacerdotal dos reis; por exemplo, Arnoul Ruzé na passagem mencionada abaixo, p. 335, n. 103.

considerar que, entre as ideias ou os sentimentos que apareceram então ou reapareceram no apogeu das consciências, estava a velha concepção de realeza sacerdotal, na qual se conciliavam sem esforço princípios que, hoje, parecem tão claramente contraditórios?[64]

§ 2. O PROBLEMA DA UNÇÃO

De onde os reis tiravam então, aos olhos de seus súditos, esse caráter sagrado que os punha quase no patamar dos padres? Deixemos de lado aqui tudo o que temos sobre as origens longínquas da religião monárquica: a consciência medieval ignorava profundamente as velhas coisas das quais era oriunda. Mas era realmente necessário que se encontrasse uma razão, extraída do presente, para justificar um sentimento que não tinha, aliás, tanta força senão porque suas fontes remontavam a um passado antiquíssimo. Nos textos que foram citados acima, num Guido de Osnabrück, num Nicolau de Clamanges, nos discursos dos advogados galicanos, uma palavra retorna obstinadamente: a unção. Esse rito comumente fornecia a razão desejada. Abstenhamo-nos, entretanto, de imaginar que o mesmo significado lhe tenha sido atribuído sempre e em todo lugar, em todas as épocas e em todos os meios. As flutuações da opinião, a seu respeito, nos importam tanto mais quanto elas interessam, no mais alto grau, à história dos milagres de cura.

Era, como já vimos, da natureza da unção real servir de arma, sucessivamente, a partidos diferentes: aos monarquistas, porque, por meio dela, os reis se encontravam marcados por uma impressão divina; aos defensores do espiritual, porque, também por meio dela, os reis pareciam aceitar sua autoridade da mão dos padres. Essa dualidade jamais deixou de ser sentida. Conforme pertencessem a um ou outro campo, os escritores enfatizavam um ou outro dos dois aspectos divergentes dessa instituição de face dupla. Vejam-se os pensadores inspirados pela ideia teocrática: Incmaro no século IX, Ratério de Verona no século X, Hugo de São Vítor e João de Salisbury no século XII, Inocêncio III no início do século XIII, Egídio Colonna na época de Filipe, o Belo, e de Bonifácio VIII; de geração em geração, eles se transmitem fielmente, como um lugar-comum acadêmico, aquilo a que se pode chamar o argumento da sagração: "Aquele que recebe a unção é inferior àquele que a deu", ou, em termos tirados de São Paulo, na Epístola aos hebreus: "Aquele que abençoa é

---

64. Essas concepções arcaicas parecem, ao contrário, mais ou menos ausentes no *Defensor Pacis* de João de Jandum e Marsílio de Pádua, cujo espírito é muito mais racionalista.

maior do que aquele que é abençoado".[65] Quantos aos soberanos e seu entorno, com raras exceções — como a de Henrique I da Alemanha, que recusou a "bênção dos pontífices" —, eles parecem, por muito tempo, ter se preocupado, sobretudo, em louvar as virtudes do óleo santo, sem alarmar-se em demasia com as interpretações clericais às quais o rito monárquico por excelência podia se prestar: essa é, ao longo da grande controvérsia gregoriana, a atitude praticamente unânime dos polemistas imperialistas; em um dos mais eloquentes de seus tratados, o Anônimo de York limita-se a parafrasear o ritual da sagração.

Veio, entretanto, o momento em que os defensores do espiritual tomaram consciência, mais nitidamente do que no passado, do perigo que podia haver para as realezas em parecer depender estreitamente demais de uma sanção outorgada pela Igreja. Essas inquietações se traduzem de maneira pitoresca numa curiosa lenda histórica, nascida em meados do século XIII nos meios italianos favoráveis aos Hohenstaufen: imaginou-se que a coroação de Frederico Barba-Ruiva como imperador fora uma cerimônia puramente laica; naquele dia, segundo se contava, a entrada da Basílica de São Pedro havia sido rigorosamente proibida a todo membro do clero.[66] Mais grave ainda, os teóricos desse campo se dedicaram a reduzir a sagração a não ser, em direito público, mais que o simples reconhecimento diante de um fato consumado. O rei, de acordo com essa tese, deve seu título unicamente à hereditariedade ou então — na Alemanha — à eleição; ele é rei desde a morte de seu predecessor ou desde o momento em que os eleitores qualificados o designaram; as piedosas solenidades que se desenvolverão em seguida terão por único objetivo revesti-lo, *a posteriori*, de uma consagração religiosa, venerável, esplendorosa, mas não indispensável. É no Império, pátria clássica da luta entre os dois poderes, que essa doutrina

---

65. Incmaro, acima p. 76, n. 44; Ratério de Verona, *Praeloquium*, IV, 2 (Migne, *P. L.*, t. 136, col. 249); Hugo de São Vítor, *De Sacramentis*, II, par. II, cap. 4 (*P. L.*, 1.176, col. 418); John of Salisbury, *Policraticus*, IV, 3, ed. C. C. J. Webb. Oxford, 1909, I, p. 240-241; Inocêncio III, resposta aos enviados de Filipe da Suábia em 1202, *P. L.*, t. 216, col. 1.012: "Minor est autem qui ungitur quam qui ungit et dignior est ungens quam unctus"; Egídio Colonna, *De ecclesiastica sive de summi pontifias potestate*, c. IV, ed. Oxilio-Boffito, *Un trattato inedito di Egidio Colonna*. Florença, 1908, p. 14. Evidentemente, cito esses nomes apenas a título de exemplo: cf. E. Jodan, *Nouv. Rev. historique du Droit*, 1921, p. 370. Texto da Epístola aos hebreus, VII, 7, citado por Hugo de São Vítor, John of Salisbury, E. Colonna.
66. A lenda se encontra relatada no manifesto de Mandredo aos romanos, 24 de maio de 1265: *Monum. Germ., Constitutiones*, II, p. 564, 1, 39 ss., texto a corrigir segundo as indicações de Hampe, *Neues Archiv*, 1911, p. 237. Sobre o redator provável desse manifesto — Pedro de Prezza —, ver Eugen Müller, *Peter von Prezza* (Heidelberger Abh. zur mittleren und neueren Gesch., H. 37); cf. também E. Jordan, *Rev. histor. du droit*, 1922, p. 349.

parece ter nascido. Sob Frederico Barba-Ruiva, Gerhoh de Reichersperg — um moderado — escreveu: "É evidente que a bênção dos padres não cria os reis e os príncipes; mas [...] uma vez que foram criados pela eleição [...], os padres os abençoam".[67] Ele visivelmente considera a sagração necessária, em alguma medida, à perfeição da dignidade real, mas se adquire a condição de rei sem ela e antes dela. Mais tarde, os escritores franceses se apropriam do mesmo tema. João de Paris, sob Filipe, o Belo, faz dele a matéria de vigorosas exposições. O autor do *Sonho do pomar* e João Gerson o retomam por sua vez.[68] Rapidamente, as chancelarias se inspiram em ideias análogas. Não por acaso, na França, a partir de 1270 e de modo definitivo, e na Inglaterra, a partir de 1272, os notários reais deixam de calcular os anos de reinado a partir da sagração e escolhem doravante como ponto de partida o advento, fixado ordinariamente no dia que segue a morte do soberano anterior ou no dia de sua inumação. O grito "O rei está morto, viva o rei" é atestado, pela primeira vez, no funeral de Francisco I; contudo, já em 10 de novembro de 1423, no túmulo em que acabava de ser enterrado Carlos VI, os arautos haviam proclamado Henrique VI da Inglaterra como rei da França; ninguém duvida que esse cerimonial estivesse, na época,

---

67. *De investigatione Antichristi*, I, 40; ed. F. Scheibelberger, Linz, 1875, p. 85: "... apparet reges ac duces per sacerdotum benedictionem non creari, sed ex divina ordinatione per humanam electionem et acclamationem creatis, ut praedictum est, sacerdotes Domini benedicunt, ut officium, ad quod divina ordinatione assumpti sunt, sacerdotali benedictione prosequente congruentius exequantur". Cf. *De quarta vigilia noctis*; *Oesterreichische Vierteljahrsschrift für katholische Theologie*, 1871, I, p. 593: "Sicut enim primus Adam primo de limo terrae legitur formatus et postea, Deo insufflante illi spiraculum vitae, animatus atque animantibus cunctis ad dominandum praelatus: sic imperator vel rex primo est a populo vel exercitu creandus tanquam de limo terrae, ac postea principibus vel omnibus vel melioribus in eius principatu coadunatis per benedictionem sacerdotalem quasi per spiraculum vitae animandus, vivificandus et sanctificandus est". Cf. W. Ribbeck, *Gerhoh von Reichersberg und seine Ideen über das Verhältniss zwischen Staat und Kirchet Forsch. z. deutschen Geschichte*, XXIV (1884), p. 3 ss. A atitude de justo meio adotada por Gerhoh e suas variações fizeram com que ele fosse tratado, talvez um pouco severamente, por um historiador recente como "sehr unklarer Kopf" [algo como "uma cabeça meio perturbada" (N. E.)]: Schmidlin, *Archiv für katholisches Kirchenrecht*, XXIV (1904), p. 45.
68. Johannes Parisiensis, *De potestate regum et papali*, c. XIX, em Goldast, *Monarchia*, II, p. 133 (cf. R. Scholz, *Die Publizistik*, p. 329); *Somnium Viridarii*, I, cap. CLXVI a CLXXI e CLXXIV a CLXXIX (Goldast, *Monarchia*, I, p. 126-128 e 129-136), com empréstimos diretos de Ockham, *Octo Quaestiones*, V a VII (Goldast, II, p. 369-378); Gerson, *De potestate ecclesiastica et laica*, "Quaest. II", cap. IX-XI, ed. de 1606, par. I, col. 841 ss. (onde se encontra esta definição da sagração: "illud est solum solemnitatis, et non potestatis"). Sobre a mesma teoria nos tempos modernos, ver abaixo, p. 343.

fixado pela tradição. Mais antiga ainda, segundo todas as aparências, era a concepção que nele se exprimia e que mais tarde encontraria no famoso grito uma fórmula tão marcante: o desaparecimento do rei, nos países regidos pela lei da hereditariedade, fazia instantaneamente do herdeiro legítimo o rei. Desde o final do século XIII, essa tese era oficialmente professada em quase todo lugar.[69] Os apologistas da realeza não haviam renunciado a invocar a unção e suas virtudes quando se tratava de fundar racionalmente sua teoria sobre o caráter sacrossanto dos príncipes; mas, tendo despojado esse rito de qualquer papel eficaz na transmissão do poder supremo, e recusando, de alguma maneira, reconhecer-lhe o poder de criar uma legitimidade, eles certamente pensaram ter privado seus adversários de qualquer ocasião de utilizá-lo, reservando, ao mesmo tempo, a si mesmos a faculdade de explorá-lo para fins próprios.

Para dizer a verdade, a consciência popular pouco importava nessas sutilezas. Quando, em 1310, Henrique de Luxemburgo se queixava junto a Clemente V de que os "simples" acreditavam com demasiada facilidade, a despeito da verdade jurídica, que "não se devia obedecer" a um rei dos romanos "antes que ele fosse coroado" imperador, ele decerto procurava, acima de tudo, reunir de todas as maneiras argumentos capazes de persuadir o papa a coroá-lo, ele mesmo, o mais cedo possível; mas tal argumento atestava um conhecimento

---

69. Cf., sobre a atitude da monarquia francesa, Schreuer, *Die recht-lichen Grundgedanken*, p. 91 ss. e, sobretudo, 99 ss. Sobre o cálculo dos anos de reinado: na França, Schreuer, loc. cit., p. 95 (o interesse do problema parece ter escapado a Giry; ele mereceria ser estudado mais de perto); na Inglaterra, J. E. W. Wallis, *English Regnal Years and Titles* (*Helps for Students of History*), in-12. Londres, 1921, p. 20; deve-se acrescentar que a associação ao trono do herdeiro presuntivo, praticada, particularmente, com muita continuidade pela monarquia capetiana, tornou por muito tempo assaz inofensivo o costume que consistia em calcular os anos de reinado a partir da sagração, pois a sagração do filho ocorria correntemente durante a vida do pai. Grito "O rei está morto, viva o rei", R. Delachenal, *Histoire de Charles V*, III, 1916, p. 21; cerimônia quando da morte de Carlos VI, *Chronique d'Enguerran de Monstrelet*, ed. Douët-d'Arcq (Soc. de l'hist. de France), IV, p. 123; cf. Petit-Dutaillis, *Rev. Historique*, CXXV (1917), p. 115, n. 1. É evidente, no que diz respeito à dignidade imperial, que a questão era diferentemente formulada. Até o final da Idade Média — exatamente até Maximiliano I (1508) —, não houve imperador que não fosse coroado pelo papa; mas a teoria alemã era, havia muito tempo, a de que o "rei dos romanos", regularmente eleito, tinha direito, mesmo sem o título imperial, ao governo do Império. Cf. a nota seguinte; e ver em particular F. Kern, *Die Reichsgewalt des deutschen Königs nach dem Interregnum*; *Histor. Zeitschr.*, CVI (1911); K. G. Hugelmann, *Die Wirkungen der Kaiserweihe nach dem Sachsenspiegel* em seus *Kanonistische Streifzügen durch den Sachsenspiegel*; *Zeitschr. der Sav.-Stiftung, Kanon. Abt.*, IX (1919), e a nota de U. Stutz, na sequência desse artigo.

bastante acertado da psicologia dos "simples".[70] Em todos os países, a opinião comum não admitia de bom grado que um rei fosse verdadeiramente rei, ou um rei eleito pelos romanos fosse realmente chefe do Império, antes do ato religioso que uma carta privada, escrita por fidalgos franceses da época de Joana d'Arc, denominava com eloquência "o belo mistério" da sagração.[71] Na França — onde a unção, como veremos demoradamente mais adiante, passava por ter origem miraculosa —, essa ideia, mais do que em qualquer outro lugar, estava fortemente enraizada. Já citei os significativos versos do romance de *Carlos, o Calvo*. Eis uma anedota, igualmente instrutiva, que corria em Paris em 1314, ou por volta daquele mesmo ano, e que nos foi transmitida pelo cronista João de São Vítor: Enguerrando de Marigny, encarcerado pouco depois da morte de Filipe, o Belo, pelo jovem rei Luís X, evocara, segundo se dizia, seu demônio familiar; o espírito maligno apareceu diante dele e lhe disse: "Eu anunciei a ti, já há muito tempo, que no dia em que a Igreja se encontrasse sem papa, o reino da França sem rei e sem rainha, e o Império sem imperador, o fim de tua vida teria chegado. Ora, como vês, tais condições se encontram hoje realizadas. Pois aquele que consideras como rei da França ainda não foi ungido nem coroado; e, antes disso, não se deve dar-lhe tal nome".[72] Não há nenhuma dúvida de que, na burguesia parisiense, da qual João de São Vítor é ordinariamente o fiel intérprete, se partilhasse comumente, sobre o último ponto, a opinião desse astuto gênio. No século seguinte, Enéas Piccolomini escreveu: "Os franceses negam ser um verdadeiro rei aquele que não foi ungido com este óleo", isto é, o óleo celeste conservado em Reims.[73] Alguns exemplos muito nítidos mostram que, de fato, a esse respeito, o público não pensava, de modo algum, como os teóricos oficiais. Sob Carlos V, o autor das *Grandes*

---

70. *Propositiones Henrici regis*; *Monum. Germ., Constitutiones*, V, p. 411, c. 4: "Quia quanquam homines intelligentes sciant, quod ex quo dictus rex legitime electus et per dictum papam approbatus habere debeat administrationem in imperio, acsi esset coronatus, tamen quidam querentes nocere et zizaniam seminare, suggerunt simplicibus, quod non est ei obediendum, donec fuerit coronatus". Cf. E. Jordan, *Rev. Histor. du droit*, 1922, p. 376.
71. Carta de três fidalgos angevinos (17 de julho de 1429), Quicherat, *Procès de Jeanne d'Arc*, V, p. 128; cf. p. 130.
72. *Hist. de France*, XXI, p. 661: "Tibi dixeram diu ante quod quando Ecclesia papa careret, et regnum Franciae rege et regina, et Imperium imperatore, quod tunc esset tibi vitae terminus constitutus. Et haec vides adimpleta. Ille enim quem tu regem Franciae reputas non est unctus adhuc nec coronatus et ante hoc non debet rex nominari". Cf. G. Péré, *Le sacre et le couronnement des rois de France*, p. 100.
73. Quicherat, *Procès de Jeanne d'Arc*, IV, p. 513: "negantque [Galli] verum esse regem qui hoc oleo non sit delibutus".

crônicas, obra diretamente inspirada pela corte, atribui ao príncipe o título de rei imediatamente após o sepultamento de João, o Bom, seu predecessor; mas Froissart, que reflete o uso vulgar, só o concede terminada a cerimônia de Reims. Menos de um século mais tarde, Carlos VII assume o título real nove dias após a morte de seu pai; mas, enquanto ele não foi sagrado, Joana d'Arc prefere chamá-lo apenas delfim.[74]

Nos países em que florescia o milagre da escrófula, suscitava-se, a respeito da unção e de seus efeitos, um problema de particular gravidade. Estavam os reis, desde seu advento, aptos a curar os doentes? Ou então suas mãos não se tornavam realmente eficazes senão a partir do momento em que o óleo bento fizera deles "Cristos do Senhor"? Em outros termos: de onde vinha precisamente esse caráter sobrenatural que os constituía taumaturgos? Encontrava-se tal caráter perfeito neles tão logo a ordem sucessoral os chamasse para o trono? Ou ele somente encontrava toda a sua plenitude após a realização dos ritos religiosos?

Nossos documentos são demasiado insuficientes para que possamos determinar como a questão foi, na prática, resolvida na Idade Média. Na Inglaterra, no século XVII, os reis seguramente tocavam a partir de seu advento, antes de qualquer consagração";[75] mas como saber se esse uso remontava a um período anterior à Reforma ou se, ao contrário, ele não deve explicar-se por ela? O protestantismo, em todas as matérias, tendeu a diminuir a importância das ações sacramentais. Na França, a regra seguida, desde o final do século XV, era bem diferente: nenhuma cura ocorria antes das solenidades da coroação. A unção, entretanto, não era a razão de ser do atraso. Entre essas solenidades, inserira-se uma peregrinação que o rei realizava perante o sacrário de um piedoso abade dos tempos merovíngios, São Marculfo, o qual aos poucos se tornou o patrono habitual do milagre régio; não foi em Reims, logo após ter recebido a marca do óleo bento, e sim um pouco mais tarde, em Corbeny, aonde ele fora adorar as relíquias de Marculfo, que o novo soberano experimentou pela primeira

---

74. Sobre as *Grandes crônicas* e Froissart, cf. R. Delachenal, *Histoire de Charles V*, III, p. 22 e 25. Tomada do título real por Carlos VII, de Beaucourt, *Histoire de Charles VII*, II, 1882, p. 55 e n. 2. Na Inglaterra, no final do século XII, a chamada crônica de Bento de Peterborough (ed. Stubbs, *Rolls Series*, II, p. 71-82) faz questão, com um cuidado pedantesco, de dar a Ricardo Coração de Leão, após a morte de seu pai, somente o título de conde [de Poitiers]; após sua sagração ducal em Rouen, o título de duque [da Normandia]; e somente após sua sagração real, o título de rei.

75. Farquhar, *Royal Charities*, IV, p. 172 (por Carlos II e Jaime II; Jaime II seguiu o uso de seus predecessores protestantes).

vez o papel de taumaturgo; antes de ousar exercer seu maravilhoso talento, ele aguardava não a sagração, mas a intercessão de um santo.[76] O que faziam os reis da França na época em que Marculfo ainda não era o santo da escrófula? Jamais saberemos.

Uma coisa é certa. Por volta do final da Idade Média, encontrou-se um publicista, defensor intransigente da monarquia, que se recusou a admitir que a unção fosse, de alguma maneira, a fonte do poder miraculoso dos reis. Era o autor do *Sonho do pomar*. Sabe-se que, de modo geral, essa obra, composta no entorno de Carlos V, é muito pouco original. Seu autor, na maioria das vezes, segue de muito perto as *Oito questões sobre o poder e a dignidade do papa*, de Guilherme de Ockham. Este dissera algumas palavras sobre o toque da escrófula; submetido à influência das velhas ideias imperialistas e, consequentemente, disposto a ter em altíssima estima as virtudes da unção, ele via nela a origem das surpreendentes curas operadas pelos príncipes; a seu ver, apenas os adeptos mais ferozes da Igreja podiam pensar de outra maneira. O autor do *Sonho do pomar* se inspira nessa discussão; porém inverte seus termos. Das duas personagens que põe em cena, no diálogo que serve de afabulação para sua obra, é o clérigo, contemptor do temporal, que ele encarrega de reivindicar, para o óleo santo, a glória de aparecer como a causa do dom taumatúrgico; o cavaleiro rejeita essa proposição, considerada atentatória à dignidade da monarquia francesa; a "graça" concedida por Deus aos reis da França escapa, em sua fonte primeira, aos olhares dos homens; mas ela nada tem a ver com a unção: caso contrário, muitos outros reis, também ungidos, deveriam igualmente possuí-la.[77] Os lealistas puros não aceitavam mais, portanto, que a sagração tivesse, em matéria de milagre, assim como em matéria de política, um poder criador; aos seus olhos, a pessoa real era por si mesma dotada de um caráter sobre-humano que a Igreja se limitava a sancionar. Afinal, esta era a verdade histórica: a noção de realeza santa havia vivido nas consciências antes de seu reconhecimento pela Igreja. Mas, também nesse ponto, a opinião comum jamais se embaraçou com essas doutrinas demasiado refinadas. Ela continuou, como na época de Pedro de Blois, a estabelecer, mais ou menos vagamente, um elo de causa e efeito entre o "sacramento" do crisma e os gestos curativos realizados por aqueles a quem havia sido concedido. O ritual da consagração dos *cramp-rings*, em sua forma derradeira, não proclamava que o óleo espalhado

---

76. Ver abaixo o "Capítulo IV". Sobre o caso de Henrique IV — que não prova nada a respeito do uso anterior —, ver abaixo, p. 344.
77. Passagem citada acima, p. 136, n. 94; cf., sobre Ockham, p. 142, n. 106.

sobre as mãos do rei da Inglaterra as tornava capazes de abençoar eficazmente os anéis medicinais?[78] Ainda sob Elizabeth, Tooker considerava que o soberano recebia, quando de sua sagração, a "graça de curar".[79] Tratava-se, segundo todas as aparências, do eco de uma tradição antiga. Na França, sobretudo, como não se teria atribuído ao bálsamo celeste de Reims a força de engendrar prodígios? Com efeito, esta lhe foi correntemente atribuída: atestam-no Bartolomeu de Luca, que encontrara suas ideias a esse respeito na corte angevina, e aquele diploma de Carlos V cuja passagem essencial já citei. Os monarquistas moderados elaboraram uma doutrina que encontramos claramente indicada, com cerca de um século de intervalo, na França, por João Golein, e, na Inglaterra, por John Fortescue; a unção é necessária para que o rei possa curar, mas não é suficiente; é preciso ainda que ela suceda sobre uma pessoa apta, isto é, sobre um rei legítimo pelo sangue. Eduardo de York, diz Fortescue, pretende, equivocadamente, gozar do privilégio maravilhoso. Equivocadamente? Mas, respondem os adeptos da casa de York, ele não foi ungido, assim como seu rival Henrique VI? É verdade, retoma o publicista lencastriano; no entanto, essa unção carece de força, pois ele não possuía nenhum título para a receber: por acaso uma mulher que recebesse a ordenação se tornaria padre? E João Golein nos ensina que, na França, "se interferisse alguém" — isto é, se ousasse tocar os doentes — "que não fosse rei por direito e fosse indevidamente ungido, ele sofreria do mal de São Remígio" — a peste —, "como ocorreu no passado". Assim, São Remígio, em um dia de justiça e ira, atingindo com seu "mal" o usurpador, vingara, ao mesmo tempo, a honra da Santa Ampola que devia ser--lhe especialmente preciosa e o direito dinástico odiosamente violado. Ignoro quem é o soberano indigno a quem a lenda atribuía semelhante desventura. Isso, aliás, pouco importa. O interessante é que tenha havido uma lenda cuja forma denuncia a intervenção de um pensamento mais popular do que erudito: os juristas não têm o costume de inventar tais historietas. O sentimento público não era sensível às antíteses que fascinavam os teóricos. Todo mundo sabia que, para fazer um rei, e para fazer dele um taumaturgo, duas condições eram requeridas, às quais João Golein pertinentemente chamava: "a consagração" e a "linhagem sagrada".[80] Herdeiros, ao mesmo tempo, das tradições do

---

78. Ver acima, p. 179.
79. *Charisma*, cap. X, citado por Crawfurd, *The king's evil*, p. 70; ver também a *Epistola dedicatoria*, p. [9].
80. Fortescue, *De titulo Edwardi comitis Marchie*, cap. X, cf. acima, p. 114, n. 48, e também, sobre a importância reconhecida à unção por nosso autor a respeito dos *cramp-rings*, p. 174-175. Quanto a João Golein, ver abaixo, p. 463 e 467.

cristianismo e das velhas ideias pagãs, os povos da Idade Média uniam, numa mesma veneração, os ritos religiosos do advento e as prerrogativas da raça.

§ 3. AS LENDAS; O CICLO MONÁRQUICO FRANCÊS; O ÓLEO MIRACULOSO NA SAGRAÇÃO INGLESA

Em torno da realeza francesa desenvolveu-se um ciclo de lendas que a colocava em relação direta com os poderes divinos. Vamos evocá-las, uma após a outra.

Primeiramente, a mais velha e mais ilustre: a lenda da Santa Ampola. Todo mundo sabe em que ela consiste. Imaginou-se que, no dia do batismo de Clóvis, o padre encarregado de trazer os óleos santos se encontrara impedido pela multidão de chegar a tempo; então, uma pomba,[81] vinda do céu, trouxe a São Remígio, em uma "ampola", isto é, em um pequeno frasco, o bálsamo com que o príncipe franco devia ser ungido: unção sobrenatural na qual se via, a despeito da história, ao mesmo tempo que um ato batismal, a primeira das sagrações reais. O "licor" celeste — conservado em seu frasco original, em Reims, na abadia de São Remígio — estava doravante destinado a servir, na França, a todas as consagrações dos reis. Quando e como nasceu esse conto?

Incmaro de Reims é o mais antigo autor a apresentá-lo. Ele o narrou, na íntegra, em sua *Vida de São Remígio*, composta em 877 ou 878; mas esse escrito, que, frequentemente lido e parafraseado, contribuiu mais do que qualquer outro para difundir a lenda, não é, entretanto, o único nem o primeiro em que o agitado prelado lhe reservou espaço. Em 8 de setembro de 869, na ata, por ele estabelecida, da coroação de Carlos, o Calvo, como rei da Lorena, em Metz, ele a mencionou expressamente: afirmou ter empregado, para sagrar seu senhor, o óleo miraculoso.[82] Teria Incmaro inventado, do início ao fim, essa

---

81. Essa é, pelo menos, a versão primitiva; mais tarde — a partir do final do século X —, preferiu-se, por vezes, substituir a pomba por um anjo: Adso, *Vita S. Bercharii*, Migne, *P. L.*, t. 137, col. 675; *Chronique de Morigny*, 1, II, c. XV, ed. L. Mirot (*Collection de textes pour l'étude... de l'hist.*), p. 60; Guilherme, o Bretão, *Philippide*, v. 200; Etienne de Conty, Bibl. Nat., manuscrito lat. 11.730, fól. 31 v°, col. 1 (cf. acima, p. 95, n. 5); cf. Dom Marlot, *Histoire de la ville, cité et université de Reims*, II, p. 48, n. 1. Os espíritos conciliadores diziam: um anjo em forma de pomba: Philippe Mouskes, *Chronique*, ed. Reiffenberg (*Coll. des chron. belges*), v. 432-434.
82. *Vita Remigii*, ed. Krusch (*Monum. Germ. histor., Scriptor. rer. merov.*, III), c. 15, p. 297. A ata da cerimônia de 869 foi inserida por Incmaro nos anais oficiais do reino da França Ocidental, chamados *Annales Bertiniani*: ed. Waitz (*Scriptores rer. germanic*), p. 104, e *Capitularia* (*Monum. Germ. histor.*), II, p. 340; cf., sobre os fatos em si mesmos, R. Parisot,

historieta edificante? Por vezes ele foi acusado disso.[83] Para dizer a verdade, esse arcebispo, que um papa, Nicolau I, brutalmente denunciou como falsário e cujas falsificações são, com efeito, notórias, não goza de grande prestígio junto aos eruditos.[84] No entanto, recuso-me a acreditar que Incmaro, qualquer que fosse sua audácia, tenha, um belo dia, subitamente apresentado aos olhos de seu clero e de seus fiéis um frasco repleto de óleo e decretado que, a partir de então, ele deveria ser considerado divino; nesse caso, teria sido preciso, pelo menos, montar uma encenação, supor uma revelação ou uma descoberta; e os textos não indicam nada de semelhante. Há muito tempo que um dos eruditos mais perspicazes do século XVII, Jean-Jacques Chiflet, reconheceu uma origem iconográfica para o tema primitivo da Santa Ampola.[85] Eis como se pode, a meu ver, completando as indicações um tanto sumárias de Chiflet, imaginar a gênese da lenda.

Seria realmente surpreendente que não se tivessem conservado, desde cedo, em Reims, alguns vestígios, autênticos ou não, do célebre ato que fizera do povo pagão dos francos uma nação cristã. O que haveria de mais conforme os hábitos da época do que mostrar, por exemplo, aos peregrinos a ampola da

---

Le royaume de Lorraine sous les Carolingiens, 1899 (tese de Letras, Nancy), p. 345 ss. Há uma alusão, mais imprecisa, aos milagres que teriam marcado o batismo de Clóvis no falso privilégio do papa Hormisda inserido por Incmaro, em 870, em suas *Capitula* contra Incmaro de Laon: *P. L.*, t. 126, col. 338; cf. Jaffé-Wattembach, *Regesta*, n. 866. Sobre Incmaro, bastará remeter às duas obras de Carl von Noorden, *Hinkmar, Erzbischof von Reims*. Bonn, 1863, e Heinrich Schrors, com o mesmo título. Friburgo em B., 1884; cf. também B. Krusch, *Reimser-Remigius Fälschungen*; *Neues Archiv*, XX (1895), particularmente p. 529-530, e E. Lesne, *La hiérarchie épiscopale... depuis la réforme de saint Boniface jusqu'à la mort de Hincmar* (*Mém. et travaux publiés par des professeurs des fac. catholiques de Lille*, 1). Lille e Paris, 1905. Não cabe aqui dar uma bibliografia completa sobre a Santa Ampola: assinalemos apenas ser sempre proveitoso consultar, além da obra de Chiflet, *De ampulla Remensi*, 1651, o comentário de Suysken, *AA. SS.*, oct., I, p. 83 89.

83. "Der Erste", escrevia, em 1858, Jul. Weiszäcker, "ist in solchen Fallen der Verdächtigste": *Hinkmar und Pseudo-Isidor; Zeitschr. fur die histor. Theologie*, 1858, III, p. 417.

84. Sobre as acusações de Nicolau II, ver Lesne, *Hiérarchie épiscopale*, p. 242, n. 3. Desta vez, parece que a crítica não era perfeitamente justificada. Mas existem outros ilustres engodos cuja responsabilidade lhe cabe, como, por exemplo, a falsa bula do papa Hormisda; cf. também os fatos destacados por Hampe, *Zum Streite Hinkmar mit Ebo von Reims*; *Neues Archiv*, XXIII (1897), e Lesne, *Hiérarchie*, p. 247, n. 3. As apreciações de Krusch, *Neues Archiv*, XX, p. 564, são de uma apaixonada severidade; mas é cativante ver o grande adversário de Krusch, o historiador católico Godefroy Kurth, objetar com energia que, "a despeito do que diga Krusch, ele jamais se fez garante da veridicidade de Incmaro" (*Études franques*, 1919, II, p. 237); isso porque, na verdade, essa "veridicidade" não é defensável.

85. *De ampulla Remensi*, p. 70; cf. p. 72-73.

qual Remígio extraíra o óleo que serviria para batizar Clóvis e talvez algumas gotas do próprio óleo? Ora, sabemos, por meio de numerosos documentos, que os objetos sagrados ou as relíquias encontravam-se então frequentemente conservados em receptáculos feitos à semelhança de uma pomba, os quais eram ordinariamente suspensos acima do altar. Por outro lado, nas representações do batismo de Cristo ou até mesmo, ainda que mais raramente, nas dos batismos de simples fiéis, via-se com frequência uma pomba, símbolo do Espírito Santo, aparecer acima do batizado.[86] À inteligência popular sempre agradou procurar nas imagens simbólicas a evocação de acontecimentos concretos: um relicário de forma comum, contendo algumas recordações de Clóvis e Remígio, e, à proximidade, um mosaico ou um sarcófago representando uma cena batismal — talvez não fosse necessário mais do que isso para imaginar a aparição do pássaro maravilhoso. Incmaro teve apenas de recolher o relato dessa aparição no folclore remense. O que, sem contestação possível, lhe pertencia exclusivamente é a ideia, executada pela primeira vez em 869, de empregar o bálsamo de Clóvis na unção dos reis. Por meio desse achado quase genial, ele fazia com que um conto banal atendesse aos interesses da metrópole da qual era pastor, da dinastia à qual jurara fidelidade, e, por fim, da Igreja universal,

---

86. Artigos *Colombe* e *Colombe eucharistique* em Cabrol, *Dictionnaire d'archéologie chrétienne*. Naturalmente, não há nada a tirar do fato de que, no século XVIII — há muito tempo —, a Santa Ampola era conservada em Reims num relicário em forma de pomba, pois esse relicário poderia ter sido concebido tardiamente sob esse aspecto para evocar a lenda: cf. Lacatte-Joltrois, *Recherches historiques sur la Sainte Ampoule*. Reims, 1825, p. 18, e a litografia na abertura do livro; sobre a forma do relicário, na época em que a lenda nasceu, não podemos fazer mais do que conjeturas. Mostrava-se em Reims, no tempo de Incmaro, ao menos outro objeto que se dizia ter pertencido a São Remígio; era um cálice, no qual se lia uma inscrição métrica: *Vita Remigii*, c. II, p. 262. Em um interessante artigo intitulado *Le baptême du Christ et la Sainte Ampoule* (*Bullet. Acad. royale archéologie de Belgique*, 1922), Marcel Laurent assinala que, a partir do século IX, em algumas representações de Cristo aparece um novo aspecto: a pomba traz em seu bico uma ampola. Laurent acredita que esse detalhe suplementar, acrescentado à iconografia tradicional, tem sua origem na lenda remense da Santa Ampola: por uma espécie de efeito reverso, o batismo de Cristo teria sido concebido à imagem do de Clóvis. Poder-se-ia também pensar num efeito inverso: a ampola, assim como a pomba, teria sido sugerida à imaginação dos fiéis ou dos clérigos remenses pela visão de uma obra de arte representando o batismo do Salvador. Infelizmente, nosso mais antigo testemunho sobre a lenda e o mais antigo documento iconográfico conhecido a colocar uma ampola no bico da pomba voando acima do Jordão — no caso, um marfim do século IX — são mais ou menos contemporâneos; salvo alguma descoberta nova, a questão de saber em que sentido a influência se produziu deverá, portanto, permanecer sem solução.

cuja dominação sobre os chefes temporais sonhava assegurar. Detendo o óleo divino, os arcebispos de Reims se tornavam os consagradores natos de seus soberanos. Únicos entre todos os príncipes de raça franca a receber a unção com esse óleo vindo do céu, os reis da França Ocidental brilhariam a partir de então, acima de todos os monarcas cristãos, com esplendor miraculoso. Enfim, os ritos da sagração, sinal e garantia, acreditava Incmaro, da submissão da realeza ao sacerdócio, sendo na Gália de introdução relativamente recente, puderam, até então, parecer desprovidos desse caráter eminentemente respeitável que apenas um longo passado confere a gestos piedosos: Incmaro criou para eles uma tradição.

Depois dele, a lenda rapidamente se difundiu na literatura e se enraizou nas consciências. Seu destino, todavia, estava estreitamente ligado à sorte das pretensões produzidas pelos arcebispos de Reims. Estes não conquistaram sem dificuldade o direito exclusivo de sagrar os reis. Felizmente para eles, no momento do advento definitivo da dinastia capetiana, em 987, seu grande rival, o arcebispo de Sens, esteve entre os opositores. Esse lance de sorte determinou seu triunfo. Tal privilégio, solenemente reconhecido pelo papa Urbano II em 1089, seria, até o final da monarquia, infringido apenas duas vezes: em 1110 por Luís VI, em 1594 por Henrique IV, e nos dois casos em razão de circunstâncias excepcionais. Com eles,[87] venceu a Santa Ampola.

Evidentemente, em torno do tema primitivo, a imaginação de uma época arrebatada por milagres alimentou novas fantasias. Desde o século XIII, contava-se que, no frasco outrora trazido pela pomba, embora a cada sagração se devessem extrair dele algumas gotas, o nível do líquido nunca se alterava.[88]

---

87. Lista dos locais de sagração e dos prelados consagradores em R. Holtzmann, *Französische Verfassungsgeschichte*. Munique e Berlim, 1910, p. 114-119 (751-1179), 180 (1223-1429) e 312 (1461-1775). Bula de Urbano II, Jaffe Wattenbach *Regesta*, n. 5.415 (25 de dezembro de 1089). Sagração de Luís VI: A. Luchaire, *Louis VI le Gros*, n. 57; de Henrique IV, ver abaixo, p. 330. Note-se que a bula de Urbano II também confere aos arcebispos de Reims o direito exclusivo de colocar a coroa sobre o rei, quando estiverem presentes em uma dessas solenidades em que, em conformidade com os costumes da época, este último aparecia com a coroa na cabeça.

88. Lenda atestada pela primeira vez, ao que parece, por Philippe Mouskes, *Chronique* (*Collect. des chron. belges*), v. 24.221 ss. e por uma nota escrita por uma mão do século XIII em uma das folhas do manuscrito da Bibl. Nat. lat. 13.578, e publicada por Haureau, *Notices et extraits de quelques manuscrits*, II, 1891, p. 272; ela se encontra mais tarde em Froissart, II, § 173, e Étienne de Conty, lat. 11.730, fól. 31 v°, col. 1. Podemos nos perguntar se já não há alusão a essa crença em Nicolas de Bray, *Gesta Ludovici VIII, Hist. de France*, XVII, p. 313, onde o v. 58 está certamente corrompido.

Mais tarde, as pessoas se persuadiram, ao contrário, de que, uma vez realizada a sagração, esse espantoso frasco de súbito se esvaziava e tornava a se encher, sem que ninguém tocasse nele, imediatamente antes da sagração seguinte;[89] ou então se acreditou saber que o nível oscilava de maneira contínua, subindo ou descendo conforme a saúde do príncipe reinante estivesse boa ou ruim.[90] A matéria da ampola era de uma essência desconhecida, sem outra análoga na terra; seu conteúdo espalhava um perfume delicioso...[91] Todos esses fatos maravilhosos eram, na verdade, apenas rumores populares. A lenda autêntica não estava aí; ela consistia inteiramente na origem celeste do bálsamo. Um poeta do século XIII, Riquero, autor de uma *Vida de São Remígio*, descreveu em termos pitorescos o incomparável privilégio dos reis da França. "Em todas as demais regiões", ele diz, os reis devem "comprar suas unções na mercearia"; somente na França, onde o óleo das consagrações régias foi diretamente enviado do céu, a situação é outra:

... nunca mercadores nem retalhistas
ganharam um denário vendendo
a unção.[92]

Caberia ao século XIV acrescentar uma pedra ou duas ao edifício lendário. Em meados do século, surgem as tradições relativas à "invenção" das

---

89. Robert Blondel, *Oratio historialis* (composto em 1449), cap. XLIII, 110 em *Oeuvres*, ed. A. Heron (Soc. de l'hist. de la Normandie), I, p. 275; cf. a tradução francesa, ibidem, p. 461; B. Chassaneus (Chasseneux), *Catalogus gloriae mundi*, in-4º. Frankfurt, 1586 (a primeira edição de 1579), par. V, cons. 30, p. 142.
90. René de Ceriziers, *Les heureux commencemens de la France chrestienne*, 1633, p. 188-189; o P. de Ceriziers rejeita, aliás, essa crença, assim como a precedente.
91. João Golein, ver abaixo "Apêndice IV", p. 462-463. Em todos os países, demonstrava-se pelo óleo da sagração respeito, misturado com terror, cujas manifestações lembram um pouco as práticas classificadas pelos etnógrafos sob o termo *tabu*: cf. Legg, *Coronation records*, p. XXXIX; mas na França, sobretudo, o caráter milagroso do crisma levou os doutores a detalhar essas prescrições: não chega João Golein ao ponto de pretender que o rei, tal qual um "Nazireu" da Bíblia (cf. *Juges*, XIII, 5), não deve jamais fazer passar a lâmina sobre a cabeça que a unção tocou, e deve, pela mesma razão, usar um "barrete" por toda a sua vida.
92. *La Vie de Saint Rémi, poème du XIIIᵉ siècle, par Richier*, ed. W. N. Bolderston, in-12. Londres, 1912 (a edição é claramente insuficiente), v. 8.145 ss. Sob Carlos V, João Golein, que talvez tivesse lido Riquero, do qual dois exemplares se encontravam na biblioteca real (cf. Paul Meyer, *Notices et Extraits des Manuscrits*, XXV, 1, p. 117), emprega expressões análogas: ver abaixo, "Apêndice IV", p. 461.

flores-de-lis.[93] Já havia então muitos anos que os lírios heráldicos ornamentavam o brasão dos reis capetianos; desde Filipe Augusto, eles estavam presentes em seu selo.[94] Mas, por muito tempo, ao que parece, não se teve a ideia de lhes atribuir uma origem sobrenatural. Geraldo de Cambria, precisamente sob Filipe Augusto, em seu livro *Sobre a instrução dos príncipes*, louvou a glória das "simples florzinhas", *simplicibus tantum gladioli flosculis*, diante das quais ele havia visto fugirem o leopardo e o leão, emblemas orgulhosos dos plantagenetas e dos guelfos; se tivesse conhecido um passado maravilhoso para eles, Cambria certamente não teria deixado de nos informar a esse respeito.[95] Mesmo silêncio, cerca de um século mais tarde, em dois poemas em língua francesa, ambos dedicados a cantar os brasões reais: o *Chapel des trois fleurs de lis* [Coroa das três flores-de-lis], de Filipe de Vitry, composto pouco antes de 1335, e o *Dict de la fleur de lys* [Conto da flor-de-lis], que se acredita seria datado de 1338, ou algo em torno desse ano.[96] Mas, pouco depois, a nova lenda se apresentou a olhos vistos.

Ela parece ter encontrado sua primeira expressão literária num curto poema latino, em versos grosseiramente rimados, que foi escrito — numa data difícil de precisar, mas que devemos situar nos arredores do ano 1350 — por

---

93. Há, sobre a história das flores-de-lis, toda uma literatura do Antigo Regime; do nosso ponto de vista, convém reter, sobretudo, os três livros ou dissertações seguintes: J. J. Chifletius, *Lilium francicum*. Antuérpia, in-4º, 1658; Sainte-Marthe, *Traité historique des armes de France*, in-12, 1683 (a passagem relativa aos lírios reproduzida em Leber, *Collect. des meilleures dissertations*, XIII, p. 198 ss.); De Foncemagne, *De l'origine des armoiries en général, et en particulier celles de nos rois*; Mem. Acad. Inscriptions, XX; e Leber, XIII, p. 169 ss. Em relação a trabalhos modernos, as notas de P. Meyer para a sua edição do *Débat des hérauts d'armes de France et d'Angleterre* (Soc. anc. Textes), 1877, no § 34 do debate francês, no § 30 da réplica inglesa, e sobretudo Max Prinet, *Les variations du nombre des fleurs de lis dans les armes de France; Bullet. monumental*, LXXV (1911), p. 482 ss. A brochura de J. van Malderghem, *Les fleurs de lis de l'ancienne monarchie française*, 1894 (extr. dos *Annales de la soc. d'Archéologie de Bruxelles*, VIII), não estuda a lenda que nos interessa aqui. O memorial de Renaud, *Origine des fleurs de lis dans les armoiries royales de France; Annales de la Soc. histor. et archéolog. de Château-Thierry*, 1890, p. 145, é daqueles que se devem citar apenas para aconselhar aos eruditos que evitem o sofrimento de lê-los.
94. L. Delisle, *Catalogue des actes de Philippe-Auguste*, "Introdução", p. IXXXIX.
95. *De principis instructione*, dist. III, cap. XXX, ed. des *Rolls Series*, VIII, p. 320-321. Sobre o leão dos guelfos, e de Otão IV — o derrotado de Bouvines — em particular, Erich Gritzner, *Symbole und Wappen des alten Deutschen Reiches* (Leipziger Studien aus dem Gebiete der Geschichte, VIII, 3), p. 49.
96. *Le chapel*, ed. Piaget, *Romania*, XXVII (1898); *le Dict*, ainda inédito; consultei o manuscrito da Bibl. Nat. lat. 4.120, fól. 148; cf. Prinet, loc. cit., p. 482.

um religioso da abadia de Joyenval, na diocese de Chartres. Joyenval era um monastério da ordem de Prémontré que havia sido fundado, em 1221, por uma das grandes personagens da corte da França, o camareiro Bartolomeu de Roye. Ele se erguia ao pé das elevações coroadas pela floresta de Marly, sobre os aclives de um pequeno vale, à proximidade de uma fonte; não longe dali, rumo ao norte, encontrava-se o estuário do Sena e do Oise, com a aldeia de Conflans-Sainte-Honorine e, sobre uma colina, uma torre chamada Montjoie, espécie de substantivo que se aplicava, ao que parece, a todas as construções ou amontados de pedras que, situados sobre uma elevação, podiam servir de parâmetro para os viajantes. É nesse pequeno cantão da ilha de França que nosso autor situa seu ingênuo relato. Em tempos pagãos, diz ele essencialmente, viviam na França dois grandes reis: um deles, chamado Conflat, residia no castelo de Conflans; o outro, Clóvis, em Montjoie. Embora ambos fossem adoradores de Júpiter e de Mercúrio, guerreavam continuamente um contra o outro, mas Clóvis era o menos poderoso. Desposara uma cristã, Clotilde, que por muito tempo procurou, em vão, convertê-lo. Um dia, Conflat lhe enviou um cartel;[97] embora certo de ser derrotado, Clóvis não quis recusar o combate. Chegado o momento, pediu suas armas; para sua grande surpresa, quando seu escudeiro as entregou, ele constatou que, em vez do brasão habitual — os crescentes —, elas ostentavam, sobre um fundo azul, três flores-de-lis de ouro; ele as devolveu e reclamou outras; as novas apresentavam, por sua vez, os mesmos emblemas; e isso se produziu quatro vezes seguidas, até que, rendendo-se, ele decidiu vestir uma armadura decorada com as flores misteriosas. O que tinha então ocorrido? No vale de Joyenval, perto da fonte, vivia naquela época um piedoso eremita que a rainha Clotilde frequentemente visitava; ela fora encontrá-lo pouco antes do dia fixado para a batalha e, com ele, se pusera a orar. Então, apareceu um anjo ao santo homem; ele carregava um escudo azul ornamentado com flores de ouro. "Estes brasões", disse o celeste mensageiro, "carregados por Clóvis, lhe darão a vitória". Ao retornar para casa, a rainha, aproveitando-se da ausência de seu esposo, mandara apagar de seu equipamento os malditos crescentes e os substituíra por lírios, segundo o modelo do maravilhoso escudo. Já se sabe como essa fraude conjugal havia tomado Clóvis de surpresa. Inútil acrescentar que, contra todas as expectativas, ele saiu vencedor em Montjoie mesmo — de onde o grito de guerra "Montjoie-São Dênis!"[98] — e que, afinal informado por

---

97. Carta enviada para desafiar seu destinatário. (N. T.).
98. É evidente que o famoso grito de guerra é muito anterior ao século XIV; ele é atestado, pela primeira vez, sob a forma Montjoie (*Meum Gaudium*) por Orderico Vital, no ano de

sua mulher, ele se tornou cristão e um monarca extremamente poderoso...[99] Como se vê, essa historieta é de uma puerilidade desconcertante; a pobreza do fundo não encontra equivalência senão na inépcia do estilo. De onde vinha ela? Seus fatos essenciais já se encontravam formados antes que Joyenval tivesse se apropriado deles? E teria a participação dos premonstratenses consistido apenas em situar seus episódios essenciais em torno de sua casa? Ou então, ao contrário, ela tinha realmente nascido na pequena comunidade, não longe de Montjoie, talvez a princípio sob o aspecto de contos feitos para os peregrinos? Não se sabe. De qualquer forma, ela teve rápida difusão ao redor do mundo.

Foi, sobretudo, ao entorno de Carlos V, constantemente atento a tudo o que podia consolidar o prestígio sobrenatural da realeza, que coube a honra de a ter propagado. A exposição que dela faz Raul de Presles, em seu prefácio à *Cidade de Deus*, é visivelmente inspirada na tradição de Joyenval.[100] O eremita do valezinho parecia prestes a tornar-se um dos padrinhos da monarquia. No entanto, ele teve, durante algum tempo, um rival temível na pessoa de São Dinis. Mais do que um obscuro anacoreta, esse grande santo, com efeito, pareceu, a alguns espíritos, digno de ter recebido a revelação do escudo real. Segundo todas as probabilidades, essa nova forma da anedota nasceu no pró-

---

1119: XII, 12; ed. Le Prevost (Soc. de l'hist. de France), IV, p. 341. De resto, sua origem permanece misteriosa.

99. Bibl. Nat. manuscrito lat. 14.663, fól. 35-36 v°. O manuscrito é uma coletânea de diversos textos históricos, de mãos diferentes, compilada em meados do século XIV, certamente em São Vítor (fól. 13 e 14); trechos do "Prefácio" feito por Raul de Presles para *Cidade de Deus* se assemelham ao nosso poema (fól. 38 e v°). Que o poema tenha sido redigido em Joyenval, é o que se deduz de numerosas passagens do próprio texto, e particularmente do início do quarteto final: "Zelator tocuis boni fundavit Bartholomeus — locum quo sumus coloni...". Sobre Montjoie, perto de Conflans, ver abade Lebeuf, *Histoire de la ville et de tout le diocèse de Paris*, ed. F. Bournon, II, 1883, p. 87. Sobre os Montjoies em geral, ver particularmente Adolphe Baudoin, *Montjoie Saint-Denis*; Mem. Acad. Sciences Toulouse, 7ª série, V, p. 157 ss. Poderíamos estar tentados a explicar a localização da lenda dos lírios em Joyenval por uma razão iconográfica: interpretação dada aos brasões da abadia que, talvez por concessão real, ostentavam as flores-de-lis. Mas seria preciso, para dar alguma verossimilhança a essa hipótese, provar que tais brasões tiveram esse aspecto desde antes do momento em que aparecem nossos primeiros testemunhos sobre a lenda. É o que, no estágio atual de nossos conhecimentos, parece impossível. Encontram-se flores-de-lis num contrasselo abacial, em 1364; mas elas estão ausentes no selo da comunidade em 1245 (Douët d'Arcq, *Collection de sceaux*, III, n. 8.776 e 8.250).

100. Ed. de 1531, fól. 1, IIII; o rei adversário de Clóvis se chama Caudat (alusão à lenda popular que atribuía uma cauda aos ingleses: *caudati Anglici?*); cf. Guillebert de Metz, ed. Leroux de Lincy, p. 149.

prio monastério de Saint-Denis [São Dinis]. O que realmente prova que se deve ver nela apenas uma forma secundária, uma transposição do tema original, é que ela também situa um dos episódios fundamentais da lenda — no caso, a aparição do anjo — "no castelo de Montjoie, a seis léguas de Paris", isto é, precisamente, na torre próxima a Joyenval; um relato formado inteiramente em São Dinis teria tido por quadro topográfico a abadia ou seus arredores imediatos. Entre os frequentadores da "livraria" de Carlos V ou os apologistas da realeza na geração seguinte, João Golein, Estêvão de Conty e o autor de um brevíssimo poema latino em louvor dos lírios que foi ordinariamente atribuído a Gerson se posicionam a favor de São Dinis. João Corbechon, tradutor e adaptador do famoso livro de Bartolomeu, o Inglês, sobre as *Propriedades das coisas*, e o autor do *Sonho do pomar* permanecem neutros. No fim, o eremita prevaleceria. Ele sempre tivera seus adeptos. Ainda possuímos, do *Tratado sobre a sagração*, de João Golein, o mesmo exemplar que foi oferecido a Carlos V; ele traz algumas notas marginais, feitas por um leitor contemporâneo, no qual podemos, se quisermos — sob a condição de não tomar uma hipótese sedutora por certeza —, nos comprazer em reconhecer o próprio rei ditando a um secretário; diante da passagem em que Golein atribuía a São Dinis o milagre das flores-de-lis, o anotador, quem quer que fosse, exprimiu suas preferências pela tradição de Joyenval. A partir do século XV, foi ela que se impôs definitivamente.[101]

Com um retoque, porém. A versão primitiva, confundindo, segundo um velho hábito medieval, o Islã com o paganismo, dava por brasões a Clóvis, antes de sua conversão, os crescentes. No *Sonho do pomar*, introduziu-se uma variação que iria triunfar: no escudo francês, três sapos precederam os três lírios. Por que sapos? É preciso, como propunha no século XVII o presidente Fauchet,

---

101. João Golein, ver, abaixo, "Apêndice IV", p. 464 (mas cf. a nota 16); Ex. De Conty, lat. 11.730, fól. 31 v°, col. 2 (relato particularmente desenvolvido, no qual se encontra mencionada a aparição do anjo em São Dinis: "in castro quod gallice vocatur Montjoie, quod castrum distat a civitate Parisiensi per sex leucas vel circiter"); Gerson (?) *Carmen optativum ut Lilia crescant*, Opera, ed. de 1606, parte II, col. 768; João Corbechon, tradução de Bartolomeu, o Inglês, *Le propriétaire des choses*, ed. de Lyon, fól., verso 1.485 (Bibl. de la Sorbonne), livro XVII, cap. CX; a passagem visada é, evidentemente, um acréscimo ao texto de Bartolomeu; cf. Charles Victor Langlois, *La connaissance de la nature et du monde au moyen âge*, in-12, 1911, p. 122, n. 3 (encontra-se na nota de Langlois sobre Bartolomeu, o Inglês, a bibliografia relativa a João Corbechon); *Songe du Verger*, I, c. LXXXVI, cf. c. XXXVI (Brunet, *Traitez*, p. 82 e 31); texto latino, I, c. CLXXIII (Goldast, I, p. 129). Sobre as anotações do manuscrito de João Golein, as quais, segundo todas as probabilidades, não são da autoria de Carlos V, mas poderiam ter sido por ele ditadas a um escriba qualquer, ver abaixo, p. 460-461.

imaginar aqui também uma confusão iconográfica: em antigos brasões, flores-de-lis grosseiramente desenhadas teriam sido tomadas pela imagem um pouco simplificada "desse feio animal". Essa hipótese, que nosso autor sustenta com um pequeno esquema gráfico, é mais engenhosa do que convincente. O que é certo é que a história dos sapos, inicialmente difundida por escritores que trabalhavam para a glória da monarquia francesa, fornece, no fim, aos inimigos da dinastia, um motivo para zombarias fáceis. "Os flamengos e os habitantes dos Países Baixos", diz Fauchet, "por desdém e por esta causa, nos chamam Sapos Francos."[102]

Todas essas troças pouco importavam. A lenda das flores-de-lis, constituída por volta de 1400 em sua forma definitiva, se tornara um dos belos florões do ciclo monárquico. Em 1429, no dia de Natal, em Windsor, diante do pequeno rei Henrique VI, que carregava as duas coroas, da França e da Inglaterra, o poeta Lydgate a encenava ao mesmo tempo que a história da Santa Ampola: associação clássica desde esse momento.[103] Os artistas tomaram esse tema dos escritores políticos; uma miniatura de um Livro de Horas executado pelo duque de Bedford[104] e tapeçarias flamengas do século XV[105] reconstituíram seus episódios principais. Obras didáticas, poemas, imagens, tudo indicava ao povo a origem miraculosa do brasão de seus reis.[106]

---

102. Claude Fauchet, *Origines des chevaliers, armoiries et héraux*, livro I, cap. II: *Oeuvres*, in-4°, 1610, p. 513 r. e v. A hipótese iconográfica foi retomada por Sainte-Marthe, Leber, op. cit., p. 200.
103. Rudolf Brotanek, *Die englischen Maskenspiele*; Wiener Beiträge zur englischen Philologie, XV (1902), p. 317 ss.; cf. p. 12 (eremita de Joyenval; sapos).
104. Brit. Mus. Add. manuscrito 18.850; cf. George F. Warner, *Illuminated manuscripts in the British Museum*, 3ª série, 1903.
105. Uma tapeçaria representando a história das flores-de-lis é mencionada por João de Haynin em sua descrição do casamento de Carlos, o Temerário, com Margarida de York: *Les Memoires de Messire Jean, seigneur de Haynin*, ed. R. Chalon (Soc. bibliophiles belges), I Mons, 1842, p. 108. Chiflet *Lilium francicum*, p. 32, reproduziu, por meio de gravura, um fragmento de outra tapeçaria (que se encontrava, na sua época, no Palácio de Bruxelas) na qual se via Clóvis — supostamente partindo para a guerra contra os alamanos — seguindo o estandarte com os três sapos; o desenho a pena a partir do qual a matriz foi entalhada encontra-se conservado na Antuérpia, no Museu Plantin, n. 56; ele é atribuído a J. van Werden. Cf. também abaixo nos *Acréscimos e retificações*.
106. Excepcionalmente, atribuiu-se a Carlos Magno a origem das flores-de-lis, as quais lhe teriam sido trazidas por um anjo vindo do céu. A lenda é assim relatada pelo escritor inglês Nicolau Upton, que participara do cerco a Orléans de 1428: *De studio militari*, lib. III, in-4°. Londres, 1654, p. 109; cf. também *Magistri Johannis de Bado Aureo tractatus de armis*, editado ao mesmo tempo que Upton e sob a mesma capa por E. Bissaeus, para

Após o escudo, a bandeira. O mais ilustre dos estandartes reais era a auriflama, a "chama" de "cendal vermelho" que os capetíngios iam buscar em São Dinis a cada entrada em campanha.[107] Seu passado nada tinha de muito misterioso: estandarte da abadia de São Dinis, ela se transformara muito naturalmente em estandarte real a partir do momento em que, sob Filipe I, os reis, tendo adquirido o condado de Vexin, se tornaram, ao mesmo tempo, vassalos, *avoués* e gonfaloneiros do Santo.[108] Mas como contentar-se com objeto tão comovente, de uma história tão modesta, sobretudo quando a segunda das insígnias reais, o estandarte flor-de-lisado que, no século XIV, aparecia na sagração ao seu lado, relembrava a todos os olhos o milagre dos lírios? Muito rapidamente, criou-se o costume de relacionar a origem da auriflama aos grandes príncipes de outrora: a Dagoberto, fundador de São Dinis,[109] e, sobretudo, a Carlos Magno. O autor da *Canção de Rolando* já a confunde com o *vexillum* romano que o papa Leão III oferecera a Carlos, tal como contavam as crônicas e como o mostrava em Roma, no Palácio de Latrão, um famoso mosaico, certamente bem conhecido dos peregrinos.[110]

---

quem ele teria sido escrito também por Upton, sob pseudônimo. Essa forma da tradição não parece ter alcançado grande sucesso. Upton parece remeter a Froissart, no qual não vejo nada de semelhante.

107. Ainda não há, sobre a auriflama, nada melhor do que a dissertação de Du Cange, *De la bannière de Saint Denys et de l'oriflamme*; "Glossarium", ed. Henschel, VII, p. 71 ss. A literatura moderna é, em geral, mais abundante do que realmente útil: ver, entretanto, Gustave Desjardins, *Recherches sur les drapeaux francais*, 1874, p. 1-13 e 126-129. Evidentemente, ocupo-me aqui apenas da história lendária da auriflama.

108. Diploma de Luís VI para São Dinis (1124): J. Tardif, *Monuments historiques*, n. 391 (Luchaire, *Louis VI*, n. 348); Suger, *Vie de Louis le Gros*, ed. A. Molinier (*Collect. de textes pour servir à l'étude... de l'histoire*), c. XXVI, p. 102. Sobre o uso dos estandartes possuídos pelas igrejas, ver um texto curioso, *Miracles de Saint Benoit*, V, 2, ed. E. de Certain (Soc. de l'hist. de France), p. 193 (a respeito das milícias de paz do Berry).

109. Essa é a opinião exposta por Guilherme Guiart, *Branche des royaux lignages*, em Buchon, *Collection des chroniques*, VII, v. 1.151 ss. (ano 1190). Observe-se que, segundo Guiart, os reis da França não devem erguer a auriflama senão quando se tratar de combater "turcos ou pagãos", ou então "falsos cristãos condenados"; para outras guerras, podem utilizar um estandarte, feito à semelhança da auriflama, mas que não é a autêntica (v. 1.180 ss.). Havia, com efeito, em São Dinis, dois estandartes semelhantes, "dos quais um era chamado estandarte Charlemaine... E é aquilo a que chamamos propriamente a auriflama". Cf. também João Golein, abaixo, p. 466, segundo o qual a cada campanha os reis mandariam fazer uma nova pseudoauriflama. É de Guiart que extraio as palavras "cendal vermelho".

110. V. 3.093 ss.; cf. o comentário de J. Bedier, *Légendes épiques*, II, 1908, p. 229 ss. Sobre o mosaico, Philippe Lauer, *Le Palais du Latran*, gr. in-4º, 1911 (tese de Letras, Paris), p. 105

Mas, até aí, nada de sobrenatural. Os escritores contratados por Carlos V se encarregaram de atribuir a esse elemento toda sua importância. Em Raul de Presles e em João Golein, o relato é o mesmo: o imperador de Constantinopla vê, num sonho, um cavaleiro em pé junto à sua cama, segurando em sua mão uma lança da qual saem chamas; então, um anjo o informa de que esse cavaleiro, e nenhum outro, libertará seus Estados dos sarracenos; por fim, o imperador grego reconhece em Carlos Magno seu salvador; a lança inflamada será a auriflama.[111] De resto, essa forma da tradição não conseguiu se impor. O óleo da sagração, os brasões reais haviam sido enviados de cima para Clóvis; por uma associação natural de ideias, é também a Clóvis que somos levados a atribuir a revelação da auriflama. No final do século XV, essa era, ao que parece, a crença mais geralmente difundida.[112]

A Santa Ampola, as flores-de-lis trazidas do Céu, a auriflama celeste também em suas origens; acrescentemos a isso o dom da cura: teremos o feixe maravilhoso que os apologistas da realeza capetiana doravante ofereceriam,

---

ss. Sobre a auriflama, comumente considerada o *signum regis Karolis*, o *vexillum Karoli Magni*, cf. Gervais de Cantebury, *Chronica* (*Rolls Series*), I, p. 309, a. 1.184; Richer de Senones, *Gesta Senoniensis eccl.*, III, c. 15, *Monum. Germ.*, SS., XXV p. 295.

111. Raul de Presles, prefácio à introdução da *Cidade de Deus*, ed. de 1531, fól. a III v.; cf. Guillebert de Metz, ed. Leroux de Lincy, p. 149-150. Lancelot, *Mémoire sur la vie et les ouvrages de Raoul de Presles*; *Mémoires Acad. Inscriptions*, XIII (1740), p. 627, cita de Raul um *Discours sur l'Oriflamme* que não conheço; nele, ele também atribuía a origem da auriflama a Carlos Magno, a quem, aparentemente, São Dinis a teria entregue (op. cit., p. 629); João Golein abaixo, "Apêndice IV", p. 465. A formação da lenda da auriflama coincide com a introdução no cerimonial da sagração de uma bênção desse estandarte; esse texto litúrgico aparece pela primeira vez, ao que parece, em um Pontifical de Sens, Martene, *De antiquis Ecclesiae ritibus*, in-4°. Rouen 1702, III, p. 221, e depois no *Coronation Book of Charles V of France*, ed. Dewick, p. 50; no Brit. Mus. Add. manuscrito 32.097, também contemporâneo de Carlos V (citado em Ulysse Chevalier, *Bibl. Liturgique*, VII, p. XXXII, n. 2); em João Golein, abaixo, p. 465; cf. a miniatura reproduzida por Montfaucon, *Monumens de la monarchie française*, III, estampa III, as do *Coronation Book*, estampa 38, e do manuscrito francês 437 da Bibl. Nat., contendo a obra de Golein (ver abaixo, p. 465, n. 19).

112. Ver, por exemplo, o tratado *Des droiz de la couronne*, composto em 1459 ou 1460, o qual será citado abaixo, p. 230, n. 113; o *Débat des hérauts d'armes de France et d'Angleterre*, escrito entre 1453 e 1461: ed. L. Pannier e P. Meyer (Soc. des anc. textes), 18/7, § 34, p. 12. Parece realmente que a mesma teoria se reflete nas palavras bastante imprecisas dos embaixadores de Carlos VII junto a Pio II; abaixo, p. 230, n. 113. Ver também, mais tarde, R. Gaguin, *Rerum gallicarum Annales*, lib. I, cap. 3, ed. de 1527. Frankfurt, p. 8. É por uma confusão análoga, mas em sentido inverso, que a invenção das flores-de-lis foi, por vezes, atribuída a Carlos Magno: abaixo, p. 227, n. 106.

sem trégua, à admiração da Europa. Assim fizeram, por exemplo, os embaixadores de Carlos VII, discursando, em 30 de novembro de 1459, ao papa Pio II.[113] Já na época em que a lenda da Santa Ampola constituía, por si só, todo o ciclo monárquico, a dinastia francesa tirava dela grande esplendor. No início do século XIII, num documento semioficial — um *ordo* da sagração —, um rei da França se gabava de "ser o único entre todos os reis da terra a brilhar com esse glorioso privilégio de receber a unção com um óleo enviado do céu".[114] Alguns anos mais tarde, um cronista inglês, Mateus de Paris, não hesitava em reconhecer nos soberanos franceses uma espécie de supremacia, fundada sobre essa fonte divina de seu poder.[115] Tais palavras, proferidas até mesmo por seus súditos, não podiam deixar de estimular a inveja dos plantagenetas, rivais dos capetíngios em todos os aspectos. Eles procuraram, por sua vez, um bálsamo miraculoso. A história dessa tentativa, até aqui praticamente deixada de lado pelos historiadores, merece ser exposta com alguma precisão.

O primeiro episódio se produz sob Eduardo II. Em 1318, um dominicano, irmão Nicolau de Stratton, encarregado por esse príncipe de uma missão secreta, se dirigiu a Avignon, junto ao papa João XXII. Ele apresentou ao soberano pontífice um relato bastante longo, cuja substância se encontra descrita na sequência.[116]

---

113. D'Achery, *Spicilegium*, fól., 1723, III, p. 821, col. 2, cf., sobre as flores-de-lis, o discurso dos enviados de Luís XI ao papa, em 1478, em De Maulde, *La diplomatie au temps de Machiavel*, p. 60, n. 2. "As armas das flores-de-lis com a auriflama e a Santa Ampola", todas as três enviadas por Deus a Clóvis, são igualmente mencionadas pelo pequeno tratado *Des droiz de la couronne de France* (composto em 1459 ou 1460), o qual, aliás, é apenas uma tradução, embora com frequência apresente diferenças sensíveis em relação ao original, da *Oratio historialis* de Robert Blondel; o texto em latim é menos claro: "celestia regni insignia et ampulam" (*Oeuvres* de Robert Blondel, ed. A. Heron, p. 402 e 232).
114. *Ordo* da sagração dita de Luís VIII; ed. H. Schreuer, *Ueber altfranzösische Krönungsordnungen*, p. 39: "Regem qui solus inter universos Reges terrae hoc glorioso praefulget Privilegio, ut oleo coelitus misso singulariter inungatur".
115. *Chron. majora*, ed. Luard (*Rolls Series*), V, p. 480, a. 1254: "Dominus rex Francorum, qui terrestrium rex regum est, tum propter ejus caelestem inunctionem, tum propter sui potestatem et militiae eminentiam"; ibidem, p. 606 (1257): "Archiepiscopus Remensis qui regem Francorum caelesti consecrat crismate, quapropter rex Francorum regum censetur dignissimus". Vimos acima que Bartolomeu de Luca louva, ele também, a unção real francesa.
116. O que segue, segundo a bula de João XXII, Avignon, 4 de junho de 1318, cujo texto mais completo foi apresentado por L. G. Wickham Legg, *English Coronation Records*, n. X. Mas Legg se engana ao acreditar que ela é inédita; em grande parte ela já se encontra

Remontemos, imaginariamente, à época em que Henrique II Plantageneta reinava sobre a Inglaterra. Thomas Becket, exilado, encontra-se na França. Ele tem uma visão. Nossa Senhora aparece diante dele. Ela prediz sua morte vindoura e o instrui a respeito dos desígnios de Deus: o quinto rei a reinar sobre a Inglaterra a partir de Henrique II será um "homem avisado, defensor da Igreja" — uma simples operação de aritmética prova que, aqui, como se poderia esperar, Eduardo II é visado —; esse príncipe, decerto em razão de seus méritos, deverá ser ungido com um óleo particularmente santo, cuja virtude singular lhe permitirá "reconquistar a Terra Santa da gente pagã" — profecia ou, talvez, promessa sob a forma profética, da qual a corte inglesa sem dúvida esperava um efeito muito especialmente venturoso sobre um papa que, como se sabia, estava preocupado naquele momento com projetos de cruzada. Os reis sucessores do valente monarca serão, a exemplo dele, ungidos com o mesmo precioso líquido. Logo em seguida, a Virgem oferece ao santo arcebispo uma "ampola" que contém, evidentemente, o óleo predestinado. Como esse frasco passou das mãos de Thomas Becket para as de um monge de São Cipriano de Poitiers, foi escondido nessa mesma cidade sob uma pedra, na igreja de São Jorge, escapou da cobiça do "grande príncipe dos pagãos" e, finalmente, chegou ao duque João II de Brabante, marido de uma irmã de Eduardo II, é algo que seria demasiado longo relatar em detalhes. Se acreditarmos no embaixador inglês, João II, dirigindo-se a Londres para a coroação de seu cunhado em 1307, teria levado consigo o óleo milagroso e aconselhado fortemente o novo rei a fazer-se ungir com ele; com base no conselho de seu círculo, Eduardo II recusou, pois não queria modificar em nada os usos seguidos antes dele. Mas eis que numerosos malogros se abateram sobre seu reino. Isso seria resultado de o óleo, outrora dado pela Virgem a Santo Tomás, ter sido desprezado? Por acaso eles não cessariam, caso se recorresse a ele? Ideia tanto mais natural quanto recentemente foram atestadas suas virtudes maravilhosas; por meio dele, a condessa de Luxemburgo — futura imperatriz — foi curada de um grave ferimento. Portanto, trata-se, em resumo, de retomar a cerimônia da unção, utilizando, desta vez, o líquido prescrito pela profecia. Não estava, contudo, manchada pela

---

em Baronius-Raynaldus, *Annales*, Joann. XXII, ano 4, n. 20. O dominicano enviado pelo rei da Inglaterra é simplesmente designado na bula como "fratris N., ordinis predicatorum nostri penitentarii"; ele deve evidentemente ser identificado com Nicolau de Stratton, antigo provincial da Inglaterra e, desde 22 de fevereiro de 1313, carcereiro da Diocese de Winchester: e C. F. R. Palmer, *Fasti ordinis fratrum praedicatorum*; *Archaeological Journal*, XXXV (1878), p. 147.

superstição a importância assim atribuída a um óleo especial, em detrimento daquele que, consagrado segundo as prescrições ordinárias da Igreja, havia sido utilizado em 1307? Acima de tudo, tem-se o direito de retomar um rito tão grave? Não seria isso um pecado? Certamente, há precedentes; há, ao menos, um: Carlos Magno, assegurava o irmão Nicolau, havia sido assim ungido uma segunda vez pelo arcebispo Turpino com um óleo que vinha de São Leão, o Grande; esse fato, geralmente ignorado, pois o ato fora secreto, encontrava-se consignado em duas folhas de bronze conservadas em Aix-la-Chapelle. A despeito da autoridade dessa tradição, para a qual, aliás, não temos outro fiador além do irmão Nicolau ou seu senhor, a consciência de Eduardo, ao que parece, não estava tranquila; e, além disso, ele fazia questão de obter, para seus desígnios, a aprovação declarada do chefe espiritual da cristandade. Daí a missão do dominicano, encarregado de pedir ao papa seu assentimento para a renovação da unção e, depois do retorno à Inglaterra desse primeiro delegado, o envio de uma segunda embaixada, dirigida pelo bispo de Hereford, que trazia um suplemento de informações reclamado pelo soberano pontífice e apressaria a sua resposta.

Tal resposta foi finalmente dada. Ainda possuímos seu texto. Sob a prudente ambiguidade da forma, manifesta-se um ceticismo fácil de discernir. Acreditava realmente Eduardo II, de sua parte, na fábula inábil que Nicolau de Stratton expusera ao papa? Quem um dia saberá? Mas tanta ingenuidade seguramente não se verificava em todos os seus conselheiros. Em todo caso, João XXII não se deixou enganar. Não obstante, ao mesmo tempo que se abstinha de aceitar expressamente como digno de fé um conto tão suspeito, ele não acreditou dever rejeitá-lo de maneira aberta; limitou-se a evitar com cuidado pronunciar-se sobre sua autenticidade; ademais, aproveitou a ocasião que a questão do rei da Inglaterrra lhe oferecia para afirmar a teoria oficial da Igreja sobre a unção que, "não deixando nenhuma marca na alma" — isto é, não sendo um sacramento —, pôde repetir-se sem sacrilégio. Quanto a dar um conselho preciso, aprovando ou desaprovando o projeto formado por Eduardo II, ele recusou-se categoricamente a fazê-lo; da mesma forma, fazendo questão de não comprometer de nenhuma maneira o papado nesse assunto, ele não consentiu, a despeito da súplica do soberano, em designar ele mesmo o prelado encarregado de proceder à retomada do rito. Forneceu um único conselho, ou melhor, uma única ordem: por medo do escândalo, ele dizia, a unção, caso o rei decidisse renová-la, não poderia desta vez ser dada senão em segredo. Terminava com algumas recomendações morais com aquele tom de preceptor que repreende um aluno, que o imperioso pontífice comumente adotava com os príncipes temporais e, mais particularmente, com o triste soberano da Inglaterra. Terá Eduardo II aceitado ser ungido às escondidas? Não se sabe. Em todo caso, deve ter ficado singularmente decepcionado com a resposta de João XXII; ele sem dúvida sonhara em tocar a imaginação de seu povo com uma cerimônia pública, a qual teria sido sancionada pela presença de um legato.[117] A alusão, feita pelo irmão Nicolau, aos "malogros que se abateram sobre o reino" — isto é, às dificuldades encontradas desde o início do reinado por um príncipe desastrado e rapidamente impopular — nos dá a chave do desígnio perseguido pelo infeliz rei: consolidar, por um apelo ao milagre, seu prestígio vacilante. Não teria sido, segundo todas as probabilidades, pela mesma razão que, por volta da mesma época, talvez um pouco mais tarde, ele se dedicou a fazer da consagração dos *cramp-rings* uma cerimônia verdadeiramente real? A recusa de João XXII não lhe permitiu realizar as esperanças que ele fundara sobre uma nova sagração.[118]

O que aconteceu, em seguida, com o maravilhoso frasco? Durante cerca de um século, não ouvimos mais falar a respeito. Deve-se acreditar, como se

---

117. Kern, *Gottesgnadentum*, p. 118, n. 214, escreve a respeito da bula de João XXII: "Es wurde also nicht an eine Einwirkung auf die öffentliche Meinung, sondern an eine ganz reale Zauberwirkung des Oels durch physischen Influx gedacht". Que Eduardo II tenha acreditado na possibilidade de uma ação "mágica" dessa espécie, é algo que se pode aceitar; mas parece realmente depreender-se da própria recusa do papa que o rei também desejava uma cerimônia aberta, capaz de agir sobre a "opinião pública". Sobre o tom habitual do papa perante os soberanos, cf. N. Valois, *Histoire littéraire*, XXXIV, p. 481.

118. Podemos nos perguntar se Eduardo II não procurou, em outro ponto ainda, imitar as tradições capetianas. Até onde pude ver, foi durante o seu reinado que apareceu, pela primeira vez, a menção a um *chevage* (N. T.: nome geralmente atribuído a um tributo regular pago pelo servo ao seu senhor) anual pago pelos reis ingleses ao sacrário de Santo Tomás da Cantuária (controle da Casa Real, 8 de junho-31 de janeiro do ano 9: E. A. 376, 7, fól. 5 v°; Ordenação de York de junho de 1323, em Tout, *The Place of the Reign of Edw. II*, p. 317; cf. para os reinados seguintes: *Liber Niger Domus Regis Edw. IV*, p. 23; e Farquhar, *Royal Charities*, I, p. 85); não se trataria aí de uma simples cópia do *"chevage"* que os reis da França pagavam a São Dinis, provavelmente a título de vassalos da abadia e, em consequência, desde Filipe I ou Luís VI? Ver, sobre o uso francês, H. F. Delaborde, *Pourquoi Saint Louis faisait acte de servage à Saint Denis*; *Bullet. soc. antiqu.* 1897, p. 254-257, e também o falso diploma de Carlos Magno, *Monum. Germ., Dipl. Karol.*, n. 286, ao qual Delaborde não parece ter dado atenção e que, no entanto, é, sobre esse rito curioso, nosso mais antigo testemunho; esse diploma constitui, neste momento, no *Histor. Jahrbuch*, o objeto de um estudo de Max Büchner do qual ainda não pude ver mais do que a primeira parte (t. XLII, 1922, p. 12 ss.).

contou mais tarde, que ele simplesmente se perdeu entre os baús da Torre? O que é certo é que caberia a um usurpador, Henrique IV de Lancaster, obter êxito aí onde Eduardo II fracassara: em 13 de outubro de 1399, quando de sua coroação, Henrique se fez ungir com o óleo de Thomas Becket, lançando assim sobre sua ilegitimidade o véu de uma consagração na qual o milagre tinha participação. Naquela ocasião, difundiu-se entre o público uma versão ligeiramente retocada da primeira lenda: o duque de Lancaster — o próprio pai de Henrique IV —, ao fazer campanha em Poitou, descobrira, na época de Eduardo III, o frasco trancado num receptáculo em forma de águia; ele o entregara a seu irmão, o Príncipe Negro, para sua sagração; mas o príncipe falecera antes de tornar-se rei; a relíquia então se perdeu; Ricardo II só a encontrou muito depois de seu advento e, não podendo obter de seu clero uma nova unção, teve de contentar-se em utilizar a águia de ouro como talismã, carregando-a sempre consigo até o dia em que seu rival Henrique de Lancaster fez com que a tomassem dele. Esse relato apresenta um emaranhado de mentiras certas e de verdades prováveis que a crítica histórica deve admitir ser incapaz de deslindar. O essencial era, de resto, a profecia; introduziu-se nela uma discreta alusão patriótica — o primeiro rei ungido com o bálsamo sagrado reconquistaria a Normandia e a Aquitânia, perdidas por seus ancestrais — e, como era de esperar, ela foi aplicada a Henrique IV.[119] A partir de então, a sagração inglesa tinha sua lenda: pois os reis, sucessores de Henrique IV, fossem eles Lancaster, York ou Tudor, continuaram a reivindicar o uso do óleo outrora dado por Nossa Senhora a Santo Tomás. A tradição prosseguiu, ao que parece, até mesmo a despeito da Reforma, até o dia em que Jaime I,

---

119. Sobre a sagração de Henrique IV, cf. J. H. Ramsay, *Lancaster and York*. Oxford, 1892, I, p. 4-5, e as notas. O relato oficial, difundido pelo governo real, foi apresentado com muitos detalhes pelos *Annales Henrici Quarti Regis Angliae*, ed. H. T. Riley, nas *Chronica monasterii S. Albani: Johannis de Trokelowe... Chronica et Annales* (*Rolls Series*), p. 297 ss. A "cédula" escrita por Santo Tomás, que supostamente deveria ter sido descoberta com a ampola, reproduzida nos *Annales*, também o foi, na França, pelo religioso de São Dinis, ed. L. Bellaguet (doc. inéd.), II, p. 726; Legg, *Coronation Records*, n. XV, a publicou, por sua vez, a partir de dois manuscritos de Bodléienne, Ashmol. 59 e 1.393, ambos do século XV. Cf. também *Eulogium Historiarum*, ed. F. S. Haydon (*Rolls Series*), III, p. 380; Thomas Walsingham, *Historia anglicana*, ed. H. T. Riley (*Rolls Series*), II, p. 239. Detalhe de pouca importância: no novo relato, a igreja de Poitiers, onde foi por muito tempo conservada a ampola, é dedicada a São Gregório e não mais a São Jorge. Jean Bouchet, em seus *Annales d'Aquitaine* (ed. de 1644, Poitiers, in-4º, p. 146) relata a história do óleo de Santo Tomás; ele conhece até mesmo o nome do monge de São Cipriano de Poitiers a quem o santo entregara a ampola: Babilonius!

educado no calvinismo escocês, se recusou a aceitar uma prática na qual tudo lembrava o culto abominado da Virgem e dos santos.[120]

A ampola de Santo Tomás não era, aliás, o único objeto maravilhoso presente na coroação dos reis ingleses. Ainda nos dias de hoje, pode-se perceber, em Westminster, sob o trono da sagração, um pedaço de arenito vermelho: é a "Pedra do Destino"; sobre ela, dizem, o patriarca Jacó descansou sua cabeça durante a noite misteriosa em que, entre Bersebá e Harã, ele contemplou em sonho a escada dos anjos. Mas essa relíquia é, na verdade, apenas um troféu. Eduardo I, que a trouxe a Westminster, a tomara dos escoceses; ela havia sido primitivamente empregada na inauguração dos reis da Escócia; no burgo de Scone, a relíquia servia de assento aos novos soberanos. Muito antes de ser dotada, por volta do ano 1300, o mais tardar, de um status bíblico, ela fora, muito simplesmente, como não se poderia duvidar, uma pedra sagrada, cujo uso na solenidade do advento provavelmente se explicou, na origem, por crenças de caráter puramente pagão, difundidas em região céltica. Na Irlanda, em Tara, uma pedra semelhante era colocada sob os pés do novo príncipe e, se este fosse de pura raça real, ela mugia sob seus passos.[121]

Em suma, o patrimônio lendário da monarquia inglesa permaneceu sempre extremamente pobre. A pedra de Scone foi inglesa somente por conquista e tardiamente; o óleo de Santo Tomás era apenas uma medíocre imitação da Santa Ampola, nascida, mais de quatro séculos após Incmaro, das inquietações de príncipes impopulares ou ilegítimos. Nenhuma dessas duas lendas jamais teve, longe disso, nem mesmo na Inglaterra, nem, com mais forte razão, na Europa, o renome e o brilho do ciclo francês. Por que, diante de tanta riqueza,

---

120. Woolley, *Coronation Rites*, p. 173. Cf. Fortescue, *De titulo Edwardi comitis Marchie*, ed. Clermont, cap. X, p. 70*.
121. O texto mais antigo sobre a origem bíblica da pedra de Scone parece ser Rishanger, *Chronica*, ed. H. T. Riley (*Rolls Series*), p. 135, a. 1292; ver também p. 263 (1296). Segundo o monge de Malmesbury (?), que escreveu uma *Vida de Eduardo II* (*Chronicles of the Reigns of Edward I and Edward II*, ed. Stubbs, *Rolls Series*, II, p. 277), ela foi trazida para a Escócia por Scotia, filha do faraó. Cf. o estudo de William F. Skene, *The Coronation Stone*. Edimburgo, 1869. Sobre a pedra de Tara — ou *Lia Fa'il* —, John Rhys, *Lecture on the Origin and Growth of Religion as Illustrated by Celtic Heathendom*. Londres e Edimburgo, 1888, p. 265-207, e Loth, *Comptes rendus Acad. Inscriptions*, 1917, p. 28. Deixo de lado aqui, neste estudo de história lendária, tudo o que não diz respeito às realezas francesas e inglesas; sobre os carbúnculos da Coroa imperial alemã e as tradições maravilhosas que se contavam a seu respeito, cf. K. Burdach, *Walther von der Vogelweide*. Leipzig, 1900, p. 253 ss. e 315 ss., e a dissertação, que parece bem-aventurada, de F. Kampers, *Der Waise*; *Histor. Jahrbuch*, XXXIX (1919), p. 432-486.

semelhante penúria? Puro acaso, que teria feito com que se encontrassem na França, no momento certo, os homens capazes de criar ou de adaptar belos contos e as circunstâncias aptas a favorecer sua propagação, ao passo que a mesma coincidência teria sido recusada na Inglaterra? Ou então, ao contrário, diferenças profundas na psicologia coletiva das duas nações? O historiador pode formular tais perguntas, mas não responder a elas.

Na França, em todo caso, essas tradições criaram em torno da dinastia uma atmosfera de veneração particularmente intensa. Acrescentemos essa reputação de insigne piedade que, desde Luís VII e, sobretudo, desde São Luís e seus sucessores imediatos, se vinculou ao nome capetiano.[122] Compreenderemos sem dificuldade como, sobretudo a partir do século XIII, essa raça, mais do que qualquer outra, passou por hereditariamente santa. "De um *santo* lugar vieram, um grande bem farão", já escrevia por volta de 1230, num elogio fúnebre ao rei Luís VIII, o poeta Robert de Sainceriaux, falando dos quatro filhos do monarca defunto.[123] Da mesma forma, João Golein, sob Carlos V, fala da "santa e sagrada linhagem" da qual seu senhor é oriundo.[124] Mas nada é mais instrutivo a esse respeito do que comparar as três dedicatórias diferentes inseridas, na época de Filipe, o Belo, por Egídio Colonna — um adversário, no entanto, das ideias que inspiravam a política religiosa da corte da França —, na abertura de três de suas obras. Ao filho do conde de Flandres: "ao senhor Filipe, nascido de uma raça ilustre". Ao rei Roberto de Nápoles, um capetíngio, mas do ramo mais jovem: "ao príncipe magnífico, meu senhor particular, o rei Roberto". Ao príncipe Filipe, herdeiro do reino da França, o futuro Filipe, o Belo, precisamente: "ao meu senhor particular, o senhor Filipe, nascido de uma raça real e *santíssima*".[125] Esse sentimento, amparado nessas lendas — acima de tudo, na da Santa Ampola —, conferiu ao lealismo dinástico na França um valor quase religioso. A lembrança da unção milagrosa recebida por Clóvis, escreve Riquero em sua *Vida de São Remígio*, exorta os franceses a amar e a

---

122. Ver primeiramente Geraldo de Cambria, *De principis institutione*, dist. I, cap. XX, e dist. III, cap. XXX, ed. *Rolls Series*, VIII, p. 141 e 319; e, mais tarde, as zombarias bastante significativas do clérigo alemão que, por volta da época de Filipe III, compôs a *Notitia Saeculi*, ed. Wilhelm, *Mitteil. des Instituts für österreichische Geschichtsforschung*, XIX (1898), p. 667.
123. *Histor. de France*, XXIII, p. 127, v. 100.
124. Ver "Apêndice IV", p. 461, l. 26-27; cf. ibidem, l. 31 e p. 464, l. 25-26.
125. *Histoire Littéraire*, XXX, p. 453: "Ex illustri prosapia oriundo domino Philippo"; p. 490: "Magnifico principi, suo domino speciali, domino Roberto". Wenck, *Philipp der Schone*, p. 5, n. 2: "Ex regia ac sanctissima prosapia oriundo, suo domino speciali, domino Philippo".

adorar a "coroa" mais do que quaisquer "corpos santos", isto é, mais do que a mais preciosa das relíquias; aquele que morrer por ela, a menos que seja herético ou tenha cometido anteriormente um pecado tão atroz que sua maldição já foi pronunciada, será por essa mesma morte salvo.[126] Estas últimas palavras merecem que meditemos sobre elas. Elas evocam irresistivelmente a lembrança de outros textos mais antigos, quase iguais na aparência e, no entanto, profundamente diferentes. Em 1031, os Pais do Concílio de Limoges e, no século seguinte, o menestrel a quem devemos o romance de *Garin, o Loreno*, prometiam, eles também, a sorte gloriosa dos mártires a heróis que caíssem defendendo uma causa absolutamente profana; mas era aos vassalos que morriam por seu senhor que eles tão generosamente abriam o Paraíso.[127] O poeta da *Vida de São Remígio*, no final do século XIII, pensa nos soldados que sucumbem pela "coroa". Essa é a diferença das épocas. O desenvolvimento da fé monárquica, que tendia pouco a pouco a suplantar o lealismo vassálico,

---

126. Ed. Bolderston, v. 46 ss.; texto já publicado, *Notices et extraits*, XXXV 1, p. 118: "Et ce doit donner remenbrance — As Francois d'anmer la coronne — Dont sor teil oncion coronne — Sains Remis son fil et son roi — ... Autresi doit estre aouree — Com nus haus corsains par raison; — Et qui por si juste occoison — Morroit com por li garder, — Au droit Dieu dire et esgarder — Croi je qu'il devroit estre saus, — S'il n'estoit en creance faus, — Ou de teil pechie entechies — Qu'il fust ja a danner jugies". (N. T.: E isso deve relembrar — Os franceses de amarem a coroa — Com que após a unção coroa — São Remígio seu filho e seu rei — ... Da mesma forma deve ela ser adorada — Naturalmente mais do que quaisquer corpos santos; — E aquele que por tão justa ocasião — Morresse para a proteger — Perante a palavra e o olhar de Deus — Acredito que deveria ser salvo — Se não estivesse em falsa crença — Ou manchado com tamanhos pecados — Que já estivesse condenado à danação.
127. Atas do Concílio de Limoges: Migne, *P. L.*, t. 142, col. 1.400: palavras atribuídas a um bispo dirigindo-se a um cavaleiro que, por ordem do duque Sancho de Gasconha, e ameaçado de morte caso não obedecesse, teria de matar seu senhor: "Debueras pro seniore tuo mortem suscipere, antequam illi manus aliquo modo interres, et martyr Dei pro tali fide fieres": cf. J. Flach, *Les origines de l'ancienne France*, III, p. 58, n. 3. — *Li romans de Garin le Loherain*, ed. P. Paris (*Romans des douze pairs de France*, III), II, p. 88: "Crois font sor aus, qu'il erent droit martir, — Por lor seignor orent este ocis". É evidente que caberia distinguir, quanto a este ponto, as diferentes canções de gesta, umas dominadas pelo respeito da lealdade pessoal, explorando, aliás, como temas literários, os casos de consciência da moral vassálica, as demais — cujo modelo acabado é o *Rolando* — imbuídas de sentimentos bastante diferentes, o espírito de cruzada sobretudo e também certo lealismo monárquico e nacional, que, talvez para obedecer em parte a inspirações livrescas — pode-se ver na própria expressão "doce França" uma reminiscência virgiliana —, nem por isso deixava, segundo todas as aparências, de ser profundamente sincero; ademais, convém observar que Rolando é, pelo menos, tanto o vassalo como o súdito de Carlos Magno: cf. v. 1.010 ss. Tudo isso, que é muito delicado, somente pode ser indicado aqui de passagem, e talvez seja retomado em algum ponto.

caminhara lado a lado com os progressos materiais da realeza; a transformação política e a transformação moral andavam juntas, sem que fosse possível, nessa interação perpétua, distinguir o efeito ou a causa. Assim se formou essa "religião de Reims", a respeito da qual Renan disse que Joana d'Arc "literalmente" dela "viveu".[128] Quem ousaria afirmar que, dessa disposição quase mística, o patriotismo nada conservou?

Esses contos prestigiosos, que davam à monarquia capetiana um passado tão brilhante, interessam ao psicólogo por outro aspecto ainda. Todos eles apresentam, como traço comum, uma espécie de antinomia. Nascidos, em boa parte, de preocupações interessadas, eles tiveram, todavia, um grande sucesso popular; comoveram as multidões, fizeram os homens agir: uma colaboração do artificial com o espontâneo com a qual o historiador dos ritos curativos, menos do que qualquer outro, deve se surpreender.

§ 4. AS SUPERSTIÇÕES, O SINAL RÉGIO; OS REIS E OS LEÕES

Na concepção maravilhosa que o homem comum tinha da realeza, encontravam-se, ao lado das anedotas piedosas que acabo de relembrar, certos elementos que nada tinham de especificamente cristãos. Convém evidenciá-los.

Aos olhos da opinião comum, os reis, personagens sagradas, eram, por essa mesma razão, taumaturgos. Os reis da França e da Inglaterra comumente operavam prodígios ao longo de sua vida. Alguns lhes foram atribuídos após sua morte. O caso de Filipe Augusto é particularmente típico; não se poderia sustentar que ele tivesse, durante sua existência, dado o exemplo de todas as virtudes privadas, nem tampouco de uma submissão perfeita aos chefes da Igreja; mas ele foi um grande rei, cujas ações marcaram intensamente a imaginação: seu cadáver operou milagres.[129] O processo de canonização, no século

---

128. *La monarchie constitutionnelle en France; Réforme intellectuelle et morale*, p. 251-252. Renan parece, aliás, exagerar a situação excepcional da monarquia francesa; o florescimento lendário foi, na França, muito mais desenvolvido do que alhures, assim como o foi, por via de consequência, a religião monárquica; mas a ideia de realeza sagrada era, na Idade Média, universal.

129. Guilherme, o Bretão, *Philippide*, l. XII, v. 613 ss. (v. 619, o cadáver é tratado nos mesmos termos de "sancto corpore"); Ivo de São Dinis, em Duchesne, *Scriptores*, V, p. 260; Al. Cartellieri, *Philipp II August*, IV, 2. Leipzig, 1922, p. 653 (extraído de *Annales latines de St.-Denis*, Bibl. Mazarine, manuscrito 2.017). Uma capela foi erguida entre Mantes e São Dinis para comemorar os milagres. Deixo de lado algumas manifestações milagrosas que, durante a vida do rei, teriam atestado, em suas guerras, a proteção divina: Rigaud, § 29 e

XI, havia sido regularizado por Roma. Essa é a razão pela qual se viram, a partir desse momento, muito mais raramente do que no passado, os soberanos temporais levados aos altares. Mas seus súditos continuavam a considerá-los dotados de poderes iguais aos dos santos.

Ademais, eram a tal ponto tidos como seres sobrenaturais que frequentemente se concebia que em seu próprio corpo eram marcados com um sinal misterioso, revelador de sua dignidade. A crença no sinal régio foi uma das superstições mais vivazes da Idade Média. Ela vai nos fazer penetrar profundamente na alma popular.[130]

É em textos de ordem literária que se deve procurar sua expressão mais frequente. Ela aparece nos romances de aventura em língua francesa por volta da metade do século XII e até o final da Idade Média permanece um de seus lugares-comuns mais banais. Eis como, muito naturalmente, ela se introduziu neles. Muitos desses romances são construídos a partir do velho tema da criança perdida — por acaso ou como consequência de intrigas odiosas — e, depois, encontrada: são os casos de Ricardo, o Belo, neto do rei da Frísia,[131] dos gêmeos Florêncio e Otaviano, filhos do imperador de Roma,[132] de Othonet, filho de Florêncio,[133] de Macário ou Luís, filhos de Carlos Magno,[134] de Bevis de Hampton, cujo antepassado é rei da Escócia,[135] de Hugo, filho do duque de Saint-Gilles e futuro rei da Hungria,[136] de João Tristão, filho de São

---

61 — pois pode muito bem tratar-se aqui de simples ornamentos literários inventados pelo cronista —, assim como uma visão sem interesse relativa à morte do rei (cf. Guilherme, o Bretão, ed. Delaborde, Soc. de l'hist. de France, II, p. 377, n. 2).

130. Para a bibliografia dessa crença, remeto à "Bibliografia" abaixo, p. 494; pude acrescentar alguns textos novos àqueles — muito mais numerosos — que já haviam sido reunidos antes de mim e relacionar textos que, até aqui, não haviam sido estudados senão independentemente.

131. *Richars li Biaus*, ed. W. Foerster, in-12. Viena. 1874, v. 663 ss. (nesta nota e nas que seguirão, as referências se aplicam às passagens relativas à "cruz real", da qual se tratará mais adiante); o poema é da segunda metade do século XIII; análise cômoda por R. Koehler, *Rev. critique*, III, 2 (1868), p. 412.

132. No poema de Florêncio e Otaviano: *Hist. litteraire*, XXXI, p. 304.

133. Ibidem, p. 332.

134. Macário, ed. Guessard, v. 1.434; Jean d'Outremeuse, *Le myreur des histors*, ed. A. Borgnet (Acad. royale de Belgique, Collection des doc. inédits), II, p. 51.

135. Referências reunidas por Stimming, *Die festländische Fassung von Bueve de Hantone*, *Fassung* I (Gesellsch. für roman. Literatur, 25), p. 408, n. sobre o v. 7.081, e *Fassung* II, t. II (ibidem, 41), p. 213, n. 1.312-1.315.

136. *Parise la Duchesse,* ed. Guessard e Larchey (*Les anciens poètes de la France*), in-16, 1860, v. 825 e 1.171.

Luís, capturado em seu berço pelos sarracenos,[137] de Deusdédito, filho do rei Filipe da Hungria,[138] de Leão, filho do duque Herpin de Bourges...[139] Essa lista poderia ser facilmente alongada se as intermináveis obras de ficção, tanto em prosa como em verso, que nos foram deixadas pela literatura medieval em seu declínio, não estivessem justamente destinadas, em sua maioria, a permanecer eternamente inéditas. Ora, para que o pobre perdido possa ser reconhecido pelos seus — reviravolta que forma a conclusão necessária desse gênero de aventuras —, é preciso, evidentemente, que ele tenha um meio de fazer com que sua identidade seja admitida. Nos relatos que acabo de enumerar, esse meio é fornecido por uma mancha na pele, um *naevus*, em forma de cruz que a criança traz quase sempre no ombro direito, ou, muito mais raramente, no peito. Ela é ordinariamente vermelha, "mais vermelha do que a rosa no verão",[140] ou, excepcionalmente, branca. Essa cruz serve aqui essencialmente como sinal de reconhecimento. Mas não nos enganemos. Não devemos ver nela uma marca individual banal, como qualquer pessoa, sejam quais forem sua linhagem ou sua sorte futura, pode apresentar. Ela tem um significado particular que cada qual conhece. Ela é a *"cruz régia"*, prova de um sangue oriundo dos reis, garantia certa de um futuro ao qual o trono está prometido. Os que a descobrem, antes mesmo de poderem fixar para o herói predestinado uma genealogia precisa, não hesitam em exclamar, tal como a condessa que acolheu Ricardo, o Belo, o qual, logo depois de ter nascido, fora exposto numa floresta: "Deus, diz ela, ele será rei!".[141]

Da mesma forma, os romancistas a conferem somente àquelas dentre as suas personagens que eles sabem que, no futuro, reinarão. Nada é mais instrutivo a esse respeito do que o *Bevis de Hampton*.[142] Desse poema possuímos uma redação de origem anglo-normanda e outras três compostas no

---

137. *Le livre de Baudoyn, comte de Flandre*. Bruxelas, 1836, p. 152, 172, 173.
138. No poema conhecido como *Carlos, o Calvo*: *Hist. littéraire*, XXVI, p. 101-102.
139. Na canção de *Leão de Bourges* (inédita): cf. H. Wilhelmi, *Studien über die Chanson de Lion de Bourges*, Marburgo, 1894, p. 48; R. Krickmeyer, *Weitere Studien zur Chanson de Lion de Bourges*, Teil I, Greifswald, 1905, p. 8, 9, 25 e 29. Para a "literatura" — composta essencialmente de dissertações oriundas do "seminário" de Greifswald — a respeito desse interminável romance de cavalaria, ver a bibliografia de Karl Zipp, *Die Clarisse-Episode des Lion de Bourges*. Greifswald, 1912.
140. *Bueve de Hantone*, versão continental, ed. Stimming, 2ª versão, v. 5.598.
141. *Richars li Biaus*, v. 670.
142. Essa canção de gesta anglo-normanda do século XII apresenta diferentes títulos. Manteremos aqui a forma inglesa, Bevis de Hampton, tanto para o poema como para sua personagem principal. No texto original, Bloch utiliza a versão francesa do nome, Beuve

continente. Em todas, Bevis aparece como uma criança que é encontrada e, sem que ninguém suspeite disso, é neto do rei da Escócia. Mas somente nas versões continentais ele conquista, no final do relato, um reino, o da Inglaterra de acordo com uma delas, o de Jerusalém segundo as duas outras. Nessas três versões, e não na anglo-normanda, identifica-se nele a marca fatídica.[143] Com efeito, os velhos autores teriam se abstido de atribuí-la a qualquer um; não ignoravam que, quando alguém a traz em si, "isto significa que ele será coroado rei".[144]

Essa superstição não pertence exclusivamente à literatura francesa. Ela é reencontrada em obras estrangeiras. Em algumas, para dizer a verdade, a imitação de nossos romances salta aos olhos: esse é o caso, na Espanha, da *Historia de la reyna Sebilla*[145] e, na Itália, dos relatos concernentes a Bevis de Hampton e, sobretudo, da grande compilação dos *Reali di Francia*, adaptação da lenda carolíngia redigida, por volta de 1400, por Andrea di Barberino. Espírito sutil, Andrea se comprazia em raciocinar sobre o *Niello* e a *Croce di sangue*.[146] Mas o mesmo tema também aparece além de nossas fronteiras em composições mais originais. Na Inglaterra, encontramos, no início do século XIV, a *Canção de Havelok, o dinamarquês*; Havelok foi também o herói de contos em língua francesa, ou melhor, anglo-normanda, mas a "marca régia, cruz mui brilhante e mui bela", lhe é outorgada somente pela canção inglesa, na qual se concorda, aliás, em reconhecer uma tradição independente.[147] Na Alemanha, é preciso citar uma versão do *Wolfdietrich*

---

de Hantone. Outras variantes existentes são: Beuve de Hanstone, Beuves de Haumtone e Boeve de Haumlone. (N. T.)
143. Pode-se observar também que, em *Parise la Duchesse*, Hugo, ostentando a "cruz real", embora simples filho de duque, se tornará, no final do poema, rei da Hungria. Não vejo exceção para essa regra senão na *Canção de Leão de Bourges*; Leão, segundo o poema, não se torna rei; ele misteriosamente desaparece no país das fadas; é verdade que seus filhos carregam a coroa; o poeta pensava decerto que esse pai de reis, impedido somente por uma feérica aventura de acabar sobre um trono, tivera, a despeito de tudo, um destino verdadeiramente régio.
144. *Bueve de Hantone*, versão continental, ed. Stimming, 2ª versão, v. 1.314.
145. G. Paris, *Histoire poétique de Charlemagne*, 1905, p. 393.
146. *I Reali di Francia, di Andrea da Barberino*, ed. Vandelli (Collezione di opere inedite o rare), II, 2, lib. II, c. I, p. 4-5. Sobre a palavra *deniello*, cf. A. Thomas, *Le signe royal*, p. 281, n. 3. Outras referências aos romances de aventura italianos — de imitação francesa —, Pio Rajna, *Le origini dell'epopea*, p. 294-295.
147. Walter W. Skeat, *The Lay of Havelock the Dane*, in-12. Oxford, 1902, v. 602; 1.262; 2.139. Sobre o poema, além da introdução de Skeat, Harald E. Heymann, *Studies in the Havelock Tale*, diss. Upsal, 1903. Na canção inglesa, a cruz é acrescentada como sinal de

datada da metade do século XIII[148] e, sobretudo, a *Gudrún*, que, remontando aos arredores do ano 1210, parece realmente ser o mais antigo texto no qual um filho de rei se ornamenta aos nossos olhos com a famosa cruz.[149] Evidentemente, do fato de esses poemas não terem sido nem traduzidos dos modelos franceses nem diretamente inspirados neles, não se poderia concluir que a influência de nossa literatura, tão amplamente difundida naquela época em toda a Europa, não tenha ali podido fazer-se sentir na escolha dos temas. Mas, seja qual for o país em que, pela primeira vez, se acreditou no sinal régio, tal crença, como veremos, criou, tanto fora quanto dentro da França, profundas raízes.

Se a conhecêssemos apenas por meio de obras romanescas, poderíamos nos ver tentados a tomá-la por um simples clichê literário ou até mesmo por um truque de romancista. Porém, textos de diversas épocas provam que o sentimento público a aplicou a personagens que nada tinham de lendárias. Por certo, esses testemunhos não são muito numerosos; mas sobre quais pontos do folclore medieval dispomos de algo mais do que alguns lampejos pelos quais se iluminam, aqui e ali, representações coletivas, que sem dúvida viveram, na sombra, uma vida com efeito ativa?

Na França, desde o século XIII, o troveiro Adão de la Halle, cantando o elogio a Carlos de Anjou, príncipe capetiano e rei da Sicília, afirma que "o nascimento trouxe a cruz régia".[150] Adão de la Halle é um literato e, a esse título, parecerá talvez um intérprete bastante suspeito das concepções populares. Mas eis, cerca de dois séculos mais tarde, uma carta de remissão exumada por Antoine Thomas e que ninguém ousará recusar. Ela relata os

---

reconhecimento a uma singular particularidade física que todas as tradições francesas e inglesas concordam em reconhecer a Havelok: quando ele dorme, uma chama, que espalha um odor deleitável, sai de sua boca.

148. Wolfdietrich, B. I, estrofe 140: A. Amelung e O. Jaenicke, *Deutsches Heldenbuch*, III, 1, Berlim, 1871, p. 188. Para a data dessa versão, ver H. Paul, *Grundriss II*, 1, 2. ed., p. 251. É divertido constatar que Hermann Schneider, tratando dessa passagem em seu volumoso livro intitulado *Die Gedichte und die Sage von Wolfdietrich*. Munique, 1913, p. 278, ignora absolutamente que cruzes "régias" dessa espécie tenham podido, na Alemanha mesmo, ser atribuídas a personagens históricas; em contrapartida, Grauert, em seu útil artigo, *Zur deutschen Kaiser sage*; *Histor. Jahrbuch*, 1892, conhece o sinal régio apenas como matéria de profecias políticas e ignora completamente suas utilizações literárias, tanto as francesas como as alemãs.

149. Estrofes 143-147: ed. E. Martin e R. Schröder, *Sammlung germanis. Hilfsmittel*, 2, p. 17-18.

150. *Oeuvres*, ed. Coussemaker, in-4º, 1872, p. 286.

fatos mencionados a seguir.[151] Estamos em 18 ou 19 de junho de 1457, em Bialon, aldeia perdida num dos cantos mais selvagens do Maciço Central. No albergue, seis camponeses encontram-se à mesa; entre eles, um velho de 80 anos, Jean Batiffol. Conversam sobre política e impostos. A paróquia era fortemente tributada; acreditava-se que o coletor exigia demais e abusava das apreensões. Se o rei tivesse conhecimento disso, disse aproximadamente nestes termos um dos bebedores, o coletor "seria condenado por isso"; de imediato, o velho Batiffol replica — cito textualmente estas surpreendentes palavras —: "O rei é rei, mas não lhe cabia ser rei, pois ele não pertence a este lugar, pois, quando nasceu, ele não trouxe a insígnia de rei e não possuía flor-de-lis como um verdadeiro rei". Ou seja: o rei (Carlos VII) é apenas um bastardo — sabemos que a conduta de Isabel da Baviera se expunha a todas as imputações, e os inimigos do rei de Bourges não deixaram de tirar proveito disso — e a prova de que ele não é filho de rei é que, quando de seu nascimento, não se viu nele o sinal régio. Esse sinal aqui não é mais a cruz vermelha de outrora. Ele mudou de forma. A flor-de-lis, que havia muito tempo já ornamentava o brasão dos capetíngios, acabara por substituir na imaginação popular, quando se tratava do sangue da França, a cruz, que parecia demasiado banal. O que há de mais natural do que atribuir ao filho de uma raça eleita, como marca distintiva, os próprios brasões de sua dinastia? Assim, as palavras que um velho, provavelmente iletrado, pronunciou um dia após beber num cabaré rústico, conservadas por um grande acaso, projetam uma luz brusca sobre os contos maravilhosos que o povo do campo, no século XIV, repetia ao falar de seus reis.[152]

---

151. *Le "signe royal" et le secret de Jeanne d'Arc*, *Rev. histor.*, CIII; extraio diversas expressões da perspicaz análise de Antoine Thomas.
152. Eis outro texto, também relativo a Carlos VII, onde talvez se encontre alusão ao sinal régio; mas ele é de interpretação extremamente duvidosa. Em sua *Oratio historialis*, composta em 1449, Robert Blondel escrevera, a respeito da sagração de Reims, "insignia regalia miraculose assumpsisti" (cap. XLIII, 110, *Oeuvres*, ed. A. Heron, I, p. 275), o que certamente deve ser compreendido como relativo à entrega das insígnias reais, coroa, anel, etc. A obra foi traduzida em francês, em 1459 ou 1460, sob o título *Des droiz de la couronne de France*; a passagem em questão é traduzida da seguinte maneira (ibidem, p. 761): "illecque receustes vous par miracle divin les enseignes roialles dont vous estes merchié" [neste lugar, recebestes por milagre divino as insígnias reais com que estais marcado]. *Merchier* significa "marcar", e a palavra *enseigne* é a mesma, como vimos, de que Jean Batiffol se servia para designar a flor-de-lis impressa no corpo dos verdadeiros reis. É difícil escapar da impressão de que o autor da tradução teve conhecimento de uma tradição segundo a qual Carlos VII talvez tivesse apresentado o sinal maravilhoso apenas a partir de sua sagração.

Relatos da mesma espécie se difundiram na Alemanha. Lá, os diversos pretendentes ou as diversas famílias que disputavam o Império manipularam, por diversas vezes, a fatídica cruz. Imaginou-se identificá-la, por volta do ano 1260, entre os dois ombros daquele Frederico da Mísnia: neto pelo lado da sua mãe do imperador Frederico II, ele foi, por um momento, escolhido pelos últimos fiéis dos Hohenstaufen, na Alemanha e na Itália, como herdeiro de suas esperanças;[153] foi a época em que Adão de la Halle cantou Carlos de Anjou; em países diferentes, os dois príncipes rivais, o rei guelfo da Sicília e seu concorrente gibelino, viam ser-lhes atribuída por semelhante zelo a mesma marca profética. Os chefes da Casa de Habsburgo, linhagem de imperadores, tinham todos, ao nascerem, esse mesmo sinal desenhado em suas costas "sob a forma de pelos brancos em forma de cruz"; isso, pelo menos, é o que afirmava, no final do século XV, o monge suábio Félix Fabri, que era um de seus adeptos.[154] Por fim, ainda mais tarde, na época das guerras religiosas, alguns luteranos acreditaram encontrá-lo marcado nas costas do eleitor da Saxônia João Frederico, que, antes que suas ambições desmoronassem no campo de batalha de Mühlberg, sonhou por um instante em arrancar de Carlos V a coroa imperial.[155]

---

153. Segundo o testemunho do cronista contemporâneo Pedro de Zwittau, *Chronicon Aulae Regiae*, II, c. XII: *Die Königsaaler Geschichts-quellen*, ed. J. Loserth, *Fontes rerum austriacarum*, Abt. I, t. VIII, p. 424. Sobre Frederico, ver F. X. Wegele, *Friedrich der Friedige*. Nördlingen, 1878; cf. H. Grauert, *Zur deutschen Kaisersage*, p. 112 ss. e Eugen Müller, *Peter von Prezza*, notadamente p. 81 ss.
154. *Historia Suevorum*, I, c. XV, em Goldast, *Rerum Suevicarum Scriptores*, p. 60: "et fama publica est, quamvis scriptum non inuenerim, quod praefati Comités de Habspurg ab utero matris suae crucem auream in dorso habeant, hoc est, pilos candidos ut aurum in modo crucis protractos". Sobre Félix Fabri, cf. acima p. 150, n. 121.
155. Tradição recolhida pelo ministro protestante Abraham Buchholzer, *Index chronologicus*, Görlitz, 1599, p. 504 (citado por Camerarius, *Operae horarum subsicivarum*, ed. de 1650, p. 146, e Grauert, *Zut deutechen Kaisersage*, p. 135, n. 2); Joannes Rosinus, *Exempla pieiatis illustris*, in-4º. Jena, 1602, p. V 3 (segundo Buchholzer); Georg Fabricius, *Saxoniae illustratae libri novem: libri duo posteriores*, in-4º. Leipzig [1606], 1. VIII, p. 33. Em um pequeno tratado místico-político, hoje conservado na Biblioteca de Colmar e que foi composto, certamente nos primeiros anos do século XVI, por um reformador alsaciano ou suábio, é anunciada a vinda de um *König vom Schwarzwalde* — também chamado imperador Frederico —, futuro salvador da Alemanha, que trará uma cruz dourada sobre o peito; mas, a despeito do que diz Richard Schröeder, *Die deutsche Kaisersage*. Heidelberg, 1891, p. 14-15, essa cruz realmente parece ser aqui não um sinal corporal, e sim um simples emblema adotado pelo "rei da Floresta Negra" enquanto chefe de uma confraria de São Miguel: H. Haupt, *Ein Oberrheinischer Revolutionär aus dem Zeitalter Kaiser Maximilians I*; *Westdeutsche Zeitschr., Ergänzungsh.*, VIII, 1893, P- 2°9.

Até mesmo na Inglaterra do início do século XVII, se pudermos dar algum crédito ao testemunho contemporâneo do historiador alemão Philipp Kammerer (*Camerarius*), rumores semelhantes se difundiram. Jaime I, destinado, como se sabe, por seu nascimento ao trono da Escócia, mas não, como parecia então, ao da Inglaterra, teria apresentado sobre o corpo, desde a sua mais tenra idade, manchas que anunciavam seu elevado destino: um leão, uma coroa; alguns ainda acrescentavam uma espada.[156]

Em suma, a crença no sinal régio é amplamente atestada. Ela assumiu, de acordo com o tempo e o lugar, aspectos diferentes. Na França, por volta do final do século XV, chegou-se a pensar, ao que parece, que todo rei realmente legítimo devia ter, impressa sobre a pele, a marca de sua origem; e essa marca, que primitivamente havia sido concebida sob a forma de uma cruz vermelha, por fim adquirira a aparência de uma flor-de-lis. Na Alemanha e talvez na Inglaterra, atribuiu-se preferencialmente o sinal miraculoso aos príncipes que, afastados do trono ao nascerem por alguma infeliz circunstância, pareciam, todavia, destinados a ocupá-lo um dia: verdadeiros heróis de romances segundo o modelo dos relatos amados pela multidão. A tradição alemã permaneceu fiel à cruz; na maioria das vezes, ela não a viu, como na França, com a cor vermelha, mas dourada. Assim é aquela que, no poema de *Gudrún*, Hagen da Irlanda traz em si e que os fiéis de Frederico da Mísnia, de João Frederico da Saxônia, dos condes de Habsburgo acreditaram contemplar no corpo de seus senhores.[157] Essa mesma variedade que observamos nas diferentes tradições prova o seu vigor.

A superstição que acaba de ser descrita não apresenta, aos olhos dos folcloristas, nada de muito excepcional. A antiguidade helênica conheceu, ela também, os "sinais da raça", τοῦ γένους τὰ γνωρίσματα: é o caso da marca em forma de lança que se considerava particular a certas famílias nobres de Tebas, supostamente descendentes dos guerreiros — os Σπαρτοί —, que tinham no passado nascido dos dentes do dragão semeados por Cadmo. Por vezes, essas famílias assim distinguidas eram, como na Idade Média ocidental, dinastias reais: os selêucidas, segundo se dizia, traziam todos, ao nascer, uma âncora gravada na coxa; ela atestava sua origem divina; pois Seleuco, o Grande, que foi o primeiro a ser com ela marcado, a teria recebido de seu pai, Apolo. O mesmo emblema está presente em algumas moedas selêucidas; também o encontramos em dois vasos

---

156. Camerarius, *Operae horarum subcisivarum*, ed. de 1650, p. 145; Philipp Kammerer morreu em 1624.
157. Excepcionalmente, a cruz de Wolfdietrich é vermelha, como na tradição francesa: "ein rotez kriuzelin".

votivos, chamados σελευκίòες, oferecidos ao santuário apolíneo de Delos por um dos ministros de Seleuco IV; ele era, portanto, assim como a flor-de-lis dos Valois, ao mesmo tempo que uma "insígnia" corporal, uma espécie de brasão.[158] Marco Polo nos conta que, na Geórgia, "antigamente, todos os reis nasciam com um sinal de águia no ombro direito".[159] No século XVII, se acreditarmos no relato de um missionário que visitou aquelas terras, o sinal mudara de aspecto; foi-lhe atribuída a aparência de uma cruz.[160] Na própria Europa moderna, como veremos mais adiante, alguns feiticeiros, curadores hereditários de diversos males, pretendiam provar uma ilustre descendência mostrando em sua pele manchas que eram seus brasões.[161] A ideia do sinal racial, ou régio, está presente, portanto, em quase todas as épocas e países; ela nasceu espontaneamente, em civilizações diferentes, de noções análogas a respeito do caráter maravilhoso de certas linhagens, e mais particularmente daquelas que forneciam ao povo seus chefes. Estamos evidentemente na presença de um tema quase universal; disso não decorre que estejamos dispensados de investigar em que momento a aplicação particular que a Idade Média fez dele tomou corpo, nem por que o sinal assumiu, nesse meio, a forma de uma cruz. Aliás, a cruz, vermelha ou branca, de nossas lendas não corresponde exatamente à mesma concepção que, por exemplo, a lança tebana ou a âncora dos selêucidas; tanto quanto uma marca de origem, ela é sinal de predestinação; ela anuncia um destino real, que, de resto, encontra sua justificação ordinária nos privilégios do sangue; ela deriva do tema comum, mas constitui uma variante dele. Isso também merece ser explicado.

---

158. Lança dos Σπαρτοί: referências reunidas em Preller, *Griechische Mythologie*, 4. ed., revista por C. Robert, II, 1, p. 109, n. 7, e p. 947, n. 5; tomo emprestada de Juliano, *Oratio*, II, 81 c, a expressão τοῦ γένους τὰ γνωρίσματα. Âncora dos selêucidas: Justin, XV, 4; Appien, *Syrica*, 56; Ausone, *Oratio urbium nobilium*, v. 24 ss. (*Monum. Germ. histor.*, AA., V, 2, p. 99); sobre as moedas, E. Babelon, *Catalogue des monnaies grecques de la Bibliothèque Nationale, Rois de Syrie*, "Introd.", p. VII e VIII; sobre os vasos de Delos, *Bulletin de correspondance hellénique* (XXXV), 1911, p. 434, n. 1. Juliano, loc. cit., e Gregório de Nazianzo, ep. XXXVIII (Migne, *P. G.*, t. 37, col. 80), citam também, como sinal familiar, o ombro de Pelópidas. Devo muito, no que diz respeito a essa passagem, a meu colega e amigo Pierre Roussel. Cf. também A. Thomas, *Le signe royal*, p. 283 (segundo uma comunicação de Max Prinet).
159. Ed. Pauthier, I, 1865, cap. XXII, p. 40.
160. O padre teatino Cristoforo di Castelli — a respeito do rei Alexandre da Ibéria —, citado por H. Yule em sua edição de *Marco Polo*, Londres 1875, I, p. 54-55; é à passagem do padre Di Castelli que devo a conexão com o versículo de Isaías do qual tirarei proveito mais adiante; segundo esse missionário, os súditos do reino da Ibéria teriam atribuído a seu soberano outra particularidade mais estranha: a de ter todas as costelas feitas de uma peça só.
161. Ver abaixo, p. 289.

Devemos a Pio Rajna o primeiro estudo de conjunto que possuímos sobre a cruz dos reis da França. A leitura de alguns poemas franceses ou alemães e, sobretudo, dos *Reali di Francia* o havia sugerido. Impressionado pelo caráter aparentemente muito arcaico desse tema, Rajna acreditou reconhecer nele a sobrevivência de noções germânicas extremamente antigas e extraiu disso o argumento para sua tese favorita sobre a epopeia francesa, a qual ele considerava, como se sabe, a filha das "cantilenas" merovíngias. Ferdinand Lot lhe respondeu, na *Romania*. Essa réplica decisiva, assim como a evolução geral das teorias relativas à nossa antiga história literária, me dispensa de insistir longamente aqui numa hipótese engenhosa, mas desprovida de fundamento. Acreditou-se, por vezes, que alguns dos heróis portadores da marca representassem príncipes merovíngios mais ou menos desfigurados pela tradição poética. Essa filiação foi contestada. Pouco nos importa aqui que ela seja verdadeira ou falsa. Para nós, essas personagens são apenas heróis de romances. Conhecemos a superstição da qual foram objeto, não por textos da época franca, mas unicamente por obras de ficção de data relativamente recente, pois nenhuma é anterior ao século XIII. Os velhos textos épicos não oferecem nenhum vestígio dela. Sem dúvida ela pôde viver por algum tempo nas consciências antes de encontrar uma expressão literária; mas parece pouco provável que os autores de relatos de aventura tenham demorado muito para perceber que a imaginação popular lhes oferecia um tema tão belo e de exploração tão fácil. Nada nos autoriza a situar muito antes dos primeiros testemunhos que a atestam a origem da crença no sinal régio. Digamos, para permanecermos prudentes, que ela nasceu, segundo todas as aparências, por volta do século XII. Teria sido primeiro na França ou na Alemanha, ou então, de maneira independente, nos dois países ao mesmo tempo? Jamais saberemos. O que é certo é que devemos ver nela, ao lado dos ritos curativos, um sintoma particularmente marcante dessa força de resistência e dessa capacidade de desenvolvimento da qual deu provas então, a despeito das influências contrárias, a concepção da realeza maravilhosa e sagrada.

Mas por que os homens daquela época conceberam a marca impressa sobre o corpo dos reis sob a forma de uma cruz e a situaram ordinariamente no ombro, mais precisamente no ombro direito? É impossível não levantar essa questão. Não é menos impossível responder a ela com certeza; nada é mais obscuro do que os primórdios de uma representação coletiva dessa espécie. Mas conjeturas são permitidas. Eis aquela que me parece menos improvável. Há uma passagem de Isaías que, entre todas as profecias do Antigo Testamento, foi particularmente familiar à Idade Média: é o famoso verseto 5 do capítulo

IX, no qual os cristãos viram a promessa da vinda de Cristo. Ninguém podia ignorá-lo; ele era cantado na época, assim como hoje, na missa de Natal. Ora, ouviam-se nele as seguintes palavras, a respeito do filho predestinado: "O império repousa sobre o seu ombro", *factus est principatus super humemm ejus*.[162] Frase misteriosa, que os exegetas modernos encontram dificuldade em explicar com precisão. Os teólogos viam nela uma alusão à cruz que pesou sobre o ombro do Redentor. Por acaso esse verseto, tão marcante por sua obscuridade, e os comentários que se faziam sobre ele aos fiéis e nos quais a palavra "cruz" retornaria continuamente, não teriam determinado a associação de ideias que conduziu os espíritos a conceberem a marca de um futuro real fixada no ombro e dotada do aspecto de uma cruz? Assim se encontrariam explicados, ao mesmo tempo, a forma especial do sinal e seu papel de arauto do destino. Suposição por suposição, prefiro, em todo caso, esta à hipótese de Pio Rajna; pois, nos séculos XII e XIII, as tradições merovíngias, nas quais, aliás, não aparece nada que relembre a cruz dos futuros reis, estavam bem esquecidas; no entanto, todo mundo assistia à missa de Natal.[163]

A crença no sinal régio não tardou a ser utilizada como tema romanesco, e, de resto, não se poderia duvidar de que as obras de ficção tenham fortemente contribuído para difundi-la. Não há, entretanto, nenhuma razão para pensar que ela seja propriamente de origem literária e devemos com certeza considerá-la nascida espontaneamente na imaginação comum. O mesmo não ocorre com outra superstição que vamos agora estudar, mas de modo muito breve, pois, inteiramente artificial em seu princípio, ela pouco penetrou na consciência coletiva: falo do pretenso respeito manifestado pelos leões ao sangue dos reis. Essa tradição, análoga em sua natureza às fábulas difundidas pelos velhos bestiários, mas que não verificamos nas obras dessa espécie, se encontra expressa, por volta da mesma época em que aparece a cruz régia, num número bastante grande de

---

162. Esse é, pelo menos, o texto da *Vulgata*. O do *introito* da missa de Natal apresenta uma variação sem importância: "cujus imperium super humerum ejus". Sobre o texto hebraico e o significado que convém atribuir-lhe, B. Duhm, *Das Buch Jesaia* (*Gottinger Handkommentar zum Alten Testament*), 3. ed., 1914, p. 66; interpretação pelo simbolismo da cruz, São Jerônimo, *Commentarium in Isaiam*, Migne, *P. L.*, t. 24, col. 130; Walafrid Strabo, *Glossa ordinaria*, ibidem, t. 113, col. 1.248; Hughes de St-Cher, *In libros prophetarum*; *Opera*, IV, in-4º. Veneza, 1703, fól. 25 Vº..., etc. Diemand, *Ceremoniell der Kaiserkrönungen*, p. 76, vincula o sinal régio à unção feita sobre as costas dos reis "in modum crucis"; mas a unção, até onde pude ver, parece ter sido feita ordinariamente entre os dois ombros; a cruz real, ao contrário, aparece, na maioria das vezes, em um dos ombros (o direito).

163. Sobre os útimos avatares do sinal régio, na França, ver, abaixo, p. 290-291.

relatos romanescos franceses, anglo-normandos ou ingleses, e não raro nos mesmos poemas em que aparece a cruz. Ela foi perfeitamente exposta, entre outros, pelo autor de uma das versões do *Bevis de Hampton*, a quem passo a palavra:

Mais coutume est, ce tesmoigne li brief,
K'enfant de roy ne doit lyons mengier,
Aincois le doit garder et essauchier.[164]

Ela não é muito antiga: o autor da *Canção de Rolando* a ignorava, visto que imaginou um sonho em que Carlos Magno se vê atacado por um leão.[165] Em contrapartida, sobreviveu por bastante tempo; percebemos ainda seu eco, na Inglaterra, na literatura elisabetana, em Sir Philip Sydney e no próprio Shakespeare, que, pela boca de Falstaff, faz uma alusão muito clara a ela. Os leões em nossos climas não são ordinariamente, e por um bom motivo, perigosos aos nossos reis, não mais do que a seus súditos. Um tema supersticioso que os envolve apresenta todas as chances de ter sido na origem apenas um devaneio de eruditos ou de literatos. Deste, entretanto, já sabemos que a diplomacia um dia se serviu. Não teria frei Francisco, ao tratar com o doge de Veneza, lhe contado que Eduardo III aceitara reconhecer Filipe de Valois como rei da França, caso esse príncipe, tendo se exposto a leões famintos, saísse ileso de suas garras?

---

164. "Segundo o costume, como atesta o escrito, o leão não deve [jamais] devorar um filho de rei, mas deve, ao contrário, protegê-lo e respeitá-lo". Muitos textos, franceses, ingleses e italianos, relativos à superstição dos leões foram reunidos por E. Kölbing em um artigo dos *Englische Studien*, XVI (1892), do qual não tenho nada a criticar exceto o seu título, que parece destinado a dissimular seu conteúdo, mais do que a evidenciá-lo: *Zu Shakespeare King Henry IV, Part I, A e I, 4*. Não acredito ser necessário reproduzir aqui as referências dadas por Kölbing. Pode-se observar que, na canção francesa de Havelok, o Dinamarquês (duas versões anglo-normandas reproduzidas em Gaimar, *Estorie des Engles*, ed. Duffus-Hardy e C. T. Martin, *Rolls Series*, 1888, v. 429 ss. da *Canção isolada*, 235 da versão inserida na obra de Gaimar), Argentille, mulher de Havelok, vê, em sonho, leões ajoelharem-se perante seu marido (prometido, como se sabe, a um destino real); da mesma forma, em *Florêncio e Otaviano*, um leão poupa e adota como senhor Otaviano, filho real (*Histoire litteraire*, XXXVI, p. 306). Não encontrei nada sobre essa superstição nos Bestiários nem nos diversos livros de ciência natural que consultei: Alberto, o Grande, *De animalibus*, Bartolomeu, o Inglês, *De rerum proprietatibus*, Vincent de Beauvais, *Speculum naturale*. Não sei se há vestigios dela na literatura em língua alemã: O. Batereau, *Die Tiere in der mittelhochdeutschen Literatur*, diss. Leipzig, 1909, não a menciona.

165. V. 2.549. Comparar a lenda — atestada desde o século IX — do combate de Pepino contra o leão: G. Paris, *Histoire poétique de Charlemagne*, p. 223.

Pois, ele dizia, "os leões jamais ferem um verdadeiro rei".[166] Para compreender as palavras dos políticos da Idade Média, é bom ler os romances dos quais eles se alimentavam. Ademais, nada seria mais fácil do que opor perpetuamente o literário ao real; o sucesso do maravilhoso de ficção na Idade Média se explica pelo espírito supersticioso do público ao qual ele se dirigia. Certamente os contistas profissionais não teriam inventado e propagado o tema dos leões se seus ouvintes ou leitores já não tivessem sido acostumados a considerar, de todas as maneiras, os reis seres miraculosos.

§ 5. CONCLUSÕES

Assim, a concepção da realeza sagrada e maravilhosa, como eu indicava no início deste capítulo, atravessou toda a Idade Média sem perder nada de seu vigor; muito ao contrário, todo esse tesouro de lendas, de ritos curativos, de crenças semieruditas, semipopulares, que constituía grande parte da força moral das monarquias não parou de crescer. Esses enriquecimentos, na verdade, não possuem nada que esteja em contradição com o que nos ensina, de resto, a história política propriamente dita; eles correspondem aos progressos materiais das dinastias ocidentais. Não imaginamos nos surpreender ao vermos a superstição do sinal régio aparecer na época de Filipe Augusto, de Henrique II Plantageneta, de Henrique VI da Alemanha; da mesma forma, a eclosão, sob Carlos V, de novas lendas monárquicas não tem nada capaz de ferir as noções comumente admitidas; sabemos bem, por meio de muitos outros sintomas, que, nesses dois momentos, a ideia real era muito poderosa. Aquilo que parece, à primeira vista, opor-se à marcha geral dos acontecimentos é, sob os primeiros capetíngios, por exemplo, o caráter sagrado comumente reconhecido à pessoa real; pois a força verdadeira da realeza era então pouquíssima coisa, e os próprios reis eram, na prática, muitas vezes mediocremente respeitados por seus súditos. Será preciso, portanto, recusar-se a perceber nas frases dos autores daquela época, a respeito da "santidade" monárquica, algo além de fórmulas vãs, sem laço com nenhum sentimento sincero? Isso seria compreender mal o espírito da época. Não nos esqueçamos dos hábitos de brutalidade característicos das sociedades perturbadas; na verdade, os violentos nem sempre sabem poupar sequer o que veneram profundamente; os homens de armas da Idade Média saquearam mais de uma igreja; diremos, em razão disso, que a Idade Média foi irreligiosa? Isso não é tudo. O que deve surpreender o historiador dos séculos X e XI não é, afinal, a fraqueza

---

166. Ver, acima, p. 24; Kölbing ignorou esse texto.

da realeza francesa; é que essa realeza que, no Estado fracionado, não cumpria mais nenhuma função particular, se tenha mantido e tenha conservado prestígio suficiente para poder, mais tarde, a partir de Luís VI, com a ajuda das circunstâncias, desenvolver rapidamente suas energias latentes e se impor, em menos de um século, dentro e fora, como uma grande potência; não encontram essa longa resistência e esse brusco florescimento sua explicação, ao menos em parte, nas representações intelectuais e sentimentais que nos esforçamos para analisar?

Essas representações tiveram inimigos: os gregorianos e seus discípulos. A despeito da hostilidade desses adversários temíveis, elas triunfaram. Os homens da Idade Média jamais se resignaram a ver em seus soberanos meros leigos e meros homens. O movimento religioso e doutrinal do século XI tinha mais ou menos obtido êxito aí onde, como no combate pelo celibato dos padres, ele se encontrara sustentado por ideias coletivas muito fortes e muito antigas. O povo, que sempre gostou de atribuir à castidade uma espécie de virtude mágica, e que, por exemplo, comumente imaginava que um homem que tivesse tido, na noite anterior, relações com uma mulher não podia ser validamente testemunha de uma ordália, estava pronto para admitir que, para que os santos mistérios tivessem de fato toda sua eficácia, era preciso que o padre se abstivesse de toda mácula carnal.[167] Mas em sua luta contra a realeza sagrada, solidamente enraizada nas almas, os reformadores fracassaram. A longa popularidade dos ritos curativos deve ser considerada, ao mesmo tempo, efeito e prova de seu insucesso.

---

167. Regra relativa à ordália: F. Liebermann, *Die Gesetze der Angelsachsen*, in-4º. Halle, 1898, I, p. 386. Minha atenção foi atraída para essa passagem pelo interessante artigo de Heinrich Böhmer, *Die Entstehung des Zölibates; Geschichtliche Studien Albert Hauck... dargebracht.* Leipzig, 1916. Böhmer evidenciou perfeitamente a importância de certas representações populares, de uma mentalidade realmente "primitiva", na luta pelo celibato, na época gregoriana; mas, como mais de um autor protestante, ele não parece apreciar ao seu justo valor a força que já possuíam nos meios cristãos das origens essas concepções quase mágicas sobre a castidade. A corrente era muito mais antiga que a Idade Média; foi nesse período que ela definitivamente triunfou, pois naquela época, mais do que nunca, o avanço da religião popular sobre a religião erudita foi eficaz. A participação dos leigos no combate contra os padres casados é bem conhecida; bastará relembrar aqui — além da *Pataria* milanesa — o título significativo do opúsculo de Sigeberto de Gembloux: *Epistola cuiusdam adversus laicorum in presbyteros conjugatos calumniam*. É sobretudo nos círculos leigos que deve ter sido concebida a ideia de que os sacramentos ministrados pelos padres casados eram ineficazes (cf., por exemplo, *Vita Norberti*, c. 11, 5 5., XII, p. 681). Certas declarações imprudentes do papado puderam parecer favorecer essa noção; sabe-se, porém, que, no conjunto, a teologia católica sempre se recusou firmemente a fazer depender a validade do sacramento da indignidade do ministro.

CAPÍTULO IV

Sobre algumas confusões de crenças: São Marculfo, os reis da França e os sétimos filhos

§ 1. SÃO MARCULFO, SUA LENDA E SEU CULTO

Por volta do final da Idade Média, na França, o culto de um santo, São Marculfo, misturou-se inextricavelmente à crença no milagre régio. Procuremos elucidar essa confusa história. E, primeiramente, quem era a personagem cujo nome se associou, para sempre, ao rito da escrófula?[1]

Sob o reinado dos primeiros imperadores carolíngios, elevava-se, em um lugar chamado Nant, na diocese de Coutances, um monastério, no qual se mostrava o túmulo de um piedoso abade chamado Marculfo (*Marculphus*) [em francês, Marcoul].[2] Como frequentemente acontece, adotou-se, pouco a pouco, o costume

---

1. Para todo este capítulo, utilizei amplamente os arquivos do priorado de Corbeny, que fazem parte do acervo de São Remígio, conservado em Reims, na seção dos Arquivos Departamentais da Marne que se encontra nessa cidade. Todas as indicações de maço que serão dadas como referência, nas notas, sem outros detalhes, devem, portanto, ser compreendidas da seguinte maneira: Arch. de Reims, fonds de St.-Remi [Arquivo de Reims, acervo de São Remígio]. A classificação desse acervo, estabelecida no século XVIII, é bastante singular; os arquivistas da abadia deixaram primeiramente de lado as peças que julgavam mais importantes; eles as agruparam em um certo número de maços, providos de numeração contínua; quanto aos documentos que consideravam pouco interessantes — e que, para nós, não raro são os mais preciosos —, eles formaram maços anexos, cada um dos quais se encontra guardado na sequência de um dos maços precedentes, e contemplado com a mesma numeração, mas com a menção *renseignements* [informações]; é assim — para dar apenas um exemplo — que veremos com frequência citada abaixo, ao lado de *liasse* 223 [maço 223], *liasse* 223 (*renseignements*) [maço 223 (informações)]. Devo acrescentar o quanto minha tarefa, em Reims, foi facilitada pela amável solicitude do arquivista G. Robert?
2. *Marcoul* é a forma francesa do nome; é a que utilizarei aqui, tendo *Saint Marcoul* tido, como se verá, seu principal centro no Laonnais, a partir do século X; a forma normanda

de designar a aldeia cujas casas se agrupavam junto às construções conventuais pelo nome do patrono dos monges; é preciso identificá-la, segundo todas as probabilidades, como a atual comuna de Saint-Marcoulf [São Marculfo], situada não longe do mar, na costa oriental do Cotentin;[3] o vocábulo primitivo desapareceu do mapa. Naquele início de século IX, em todos os lugares, na Gália franca, os religiosos, tendo retomado o gosto pelas letras, se punham a escrever ou a reescrever em melhor latim as biografias de seus santos; os de Nant não negligenciaram o costume comum; um deles compôs uma vida de São Marculfo[4]. Infelizmente, esse opúsculo, no qual se vê o diabo, sob a forma de uma bela náufraga, citar, aliás sem exatidão, versos de Virgílio, não oferece nada além das fábulas hagiográficas mais banais. As únicas informações mais ou menos precisas e talvez dignas de fé que ele contenha dizem respeito ao local de nascimento de Marculfo — Bayeux — e à época em que viveu: a do rei Quildeberto e do bispo São Lô, isto é, por volta de 540.[5] Uma segunda vida, redigida pouco após a primeira, nada lhe acrescentou além de amplificações sem valor. Em resumo, devemos nos resignar a ignorar tudo, ou quase tudo, do homem santo de Nant. A julgar pelas *Vidas*, não se estava, no século IX, muito mais bem informado a seu respeito do que nós.

Vieram as invasões normandas. Como tantos outros monastérios das províncias ocidentais, Nant foi incendiado durante uma invasão.[6] Os monges

---

é *Marcouf*; o nome foi frequentemente pronunciado e, por vezes, grafado *Marcou*. Cf., abaixo, p. 258, n. 13. A forma *Marcoulf*, que por vezes encontramos no século XVII (por exemplo, maço 223, n. 10, ata de levantamento de relíquias, 17 de abril de 1643), é evidentemente uma imitação do nome latino, de origem "erudita". (N. T.: Nesta tradução, empregaremos a versão aportuguesada do nome do santo, isto é, Marculfo.)
3. Mancha, cantão Montebourg. O mais antigo documento datado com precisão em que aparece o nome parece ser um diploma de Roberto I, arcebispo de Rouen, que devemos situar entre 1035 e 1037; publicado por Ferdinand Lot, *Études critiques sur l'abbaye de Saint-Wandrille* (Bibl. Hautes Etudes, 104), 1913, p. 60; cf. ibidem, p. 63. Venera-se ainda hoje, em São Marculfo, uma fonte milagrosa: A. de Caumont, *La fontaine St. Marcouf*; *Annuaire des cinq départements de la Normandie*, publié par l'*Assoc. Normande*, XXVII, 1861), p. 442.
4. Sobre esta vida — a vida A — e a outra vida, ligeiramente posterior, chamada vida B, a qual será examinada, remeto ao bom estudo crítico de Baedorf, *Untersuchungen über Heiligenleben der westlichen Normandie*; nele, encontram-se as indicações bibliográficas necessárias; cf. *Bibliographia hagiographica latina*, n. 5.266-5.267.
5. Também encontramos nele os nomes de certo número de localidades pelas quais o santo supostamente teria passado. Mas não estão tais nomes presentes, nesse texto assim como em tantos outros escritos análogos, para vincular à lenda do patrono do monastério os locais sobre os quais os monges tinham direitos ou pretensões?
6. Esse episódio é conhecido somente por Wace, que o relatou em seu *Romance de Rou*, v. 394 (ed. H. Andresen. Heilbronn, 1877, t. I), certamente com base em anais hoje perdidos;

fugiram, levando com eles suas relíquias. Nas estradas da Gália, percorridas então por tropas errantes de religiosos carregados com tais fardos, quais foram as aventuras de São Marculfo? Ninguém tomou o cuidado de contá-las. Sabemos apenas onde elas terminaram. O rei Carlos, o Simples, possuía, ao norte do rio Aisne, nos declives que descem do planalto de Craonne até o rio mais próximo, ao longo da via romana, um domínio chamado Corbeny. Lá, ele deu asilo aos fugitivos. Um corpo santo era um bem precioso. Carlos quis guardar este. Tendo obtido a autorização dos prelados interessados, o bispo de Coutances e o arcebispo de Rouen, ele fundou, em 22 de fevereiro de 906, em Corbeny, um monastério no qual a partir de então repousariam as ossadas gloriosas. Elas nunca mais retornaram a Cotentin.[7]

Os monges de Nant, que haviam perdido sua pátria, não tardaram a perder também sua independência. O novo estabelecimento era propriedade real. O rei, tendo desposado uma jovem chamada Frederona, o deu como dote, assim como todo o domínio circundante; alguns anos mais tarde, Frederona, por sua vez, sentindo que estava prestes a morrer, legou a vivenda e o monastério a Saint-Rémi de Reims [São Remígio de Reims]. A bem da verdade, os soberanos não permitiram sem dificuldades que uma terra que estava entre os seus antigos bens familiares e um local santo que um deles havia criado fossem assim absorvidos no imenso patrimônio da abadia remense; talvez se apegassem a Corbeny sobretudo em razão do interesse militar que apresentava essa posição fácil de defender e capaz de fornecer, sobre o vale vizinho, um observatório excelente; havia lá fortificações — um *castellum* —, onde se pode supor que estivessem compreendidas as construções claustrais, e ao qual se faz menção diversas vezes na história das guerras daquele tempo. Carlos, o Simples, reservou para si, durante a vida, por meio de um censo anual, a pequena casa

---

ele atribui a pilhagem e o incêndio da abadia a Hasting e Björn; cf. G. Koerting, *Ueber die Quellen des Roman de Rou*. Leipzig, 1867, p. 21. Os versos "Em São Marculfo no rio — Há uma rica abadia e assembleia" suscitam dificuldades, pois não há rio em São Marculfo; não há dúvida de que Wace cometeu alguma confusão topográfica, mais ou menos acarretada pelas necessidades da rima. W. Vogel, *Die Normannen und das fränkische Reich* (Heidelb. Abh. zur mittleren und neueren Gesch., 14), p. 387, não dá outras provas da destruição de Nant além do diploma de Carlos, o Simples, estabelecendo em Corbeny os monges fugitivos; ele parece ignorar a passagem do *Romance de Rou*.

7. Diploma de Carlos, o Simples, de 22 de fevereiro de 906: *Histor. de France*, IX, p. 501. O monastério foi, aliás, colocado sob a invocação de São Pedro; o costume da época requeria que os estabelecimentos religiosos tivessem, em princípio, apóstolos ou santos extremamente ilustres como patronos; mais tarde, São Marculfo suplantou inteiramente São Pedro: cf. *St.-Pierre* des Fossés, que se tornou *St.-Maur* des Fossés, etc.

religiosa na qual acolhera os restos do "Confessor de Cristo". Depois dele, seu filho, Luís de Além-mar, obteve novamente a cessão do bem, em condições análogas, acrescentando-lhe até mesmo a aldeia e seu território. Mas, em 954, em seu leito de morte, ele restituiu o todo a São Remígio, que não deixaria essas importantes posses escaparem. Não houve mais em Corbeny monastérios autônomos, mas somente um priorado, uma *cellula* onde vivia um pequeno grupo de monges colocados sob a autoridade superior do abade de São Remígio. Essa situação subsistiu até a Revolução.[8]

Em Corbeny, assim como em Nant, São Marculfo teve fiéis, que recorriam a ele para obter milagres e, particularmente, curas. Mas, taumaturgo como todos os santos, ele permaneceu por muito tempo desprovido de especialidade definida. Nada de particular parece designá-lo, mais do que algum outro, à veneração dos escrofulosos. Nas *Vidas* da época carolíngia, não se encontra entre suas curas nenhuma menção à escrófula. Para o século XII, possuímos sobre as virtudes que lhe eram atribuídas informações muito curiosas. Em 1101, a aldeia de Corbeny sofreu catástrofes abomináveis, enviadas pelo céu, segundo se diz, como punição pela "malícia dos camponeses": uma epizootia, diversas devastações pela gente da guerra e, por fim, um incêndio causado pelas tropas de Thomas Montaigu, "um tirano de abominável iniquidade, que desposara sua prima". Os monges, que tiravam a maior parte de suas receitas dos tributos que cobravam de seus tenentes, se encontraram, no rastro desses acontecimentos, reduzidos a uma verdadeira calamidade financeira. Seu prior, recentemente nomeado, se preocupou em suprir por meio de esmolas os recursos ordinários de sua casa; decidiu organizar uma expedição de relíquias; os religiosos, carregando sobre os ombros o sacrário de seu patrono, percorreram as estradas da região remense, do Laonnais,

---

8. Sobre o que precedeu, ver os diplomas de Carlos, o Simples, de 19 de abril de 907 e de 14 de fevereiro de 917, *Histor. de France*, IX, p. 504 e 530; Flodoardo, *Annales*, ed. Lauer (Soc. pour l'étude et l'ens. de l'histoire), ano 938, p. 69, e *Historia ecclesie Remensis*, IV, c. XXVI, reproduzido em Lauer, op. cit., p. 188; diplomas de Lotário no *Recueil des actes de Lothaire et de Louis V*, ed. Halphen e Lot (*Chartes et diplômes*), n. III e IV; A. Eckel, *Charles le Simple* (Bibl. École Hautes Études, f. 124), p. 42; Philippe Lauer, *Louis IV d'Outremer* (Bibl. École Hautes Études, f. 127), p. 30 e 232. A importância militar de Corbeny ainda era notável no século XVI; ali, construíram-se fortificações em 1574: maço 199, n. 2. Conhece-se, de resto, o papel das posições de Corbeny-Craonne durante a guerra de 1914-1918. Da igreja do priorado — demolida em 1819 — restavam, antes da guerra, ruínas bastante importantes: cf. Ledouble, *Notice sur Corbeny*, p. 164; hoje, elas desapareceram por completo, como procurou me informar, muito obsequiosamente, o cura de Corbeny.

da Picardia; em todo lugar, faziam-se milagres. Conservamos um pequeno relato dessa expedição.[9] Entre todas as doenças então sanadas pelo corpo venerável, a escrófula está ausente. Pouco mais de um século mais tarde, na catedral de Coutances, um grande vitral historiado, que se pode admirar ainda hoje, foi dedicado à memória do abade de Nant, cujo culto permanecera vivo na diocese em que ele havia exercido seu apostolado; uma única cura foi representada nele: a de um caçador, a respeito do qual as *Vidas* carolíngias contavam que havia sido castigado por sua irreverência em relação ao santo com um cruel acidente de cavalo, tendo, posteriormente, por meio do próprio santo, recuperado a saúde.[10] De novo, nada de escrófula.

Marculfo, entretanto, estava destinado a tornar-se o médico habitual desse tipo de afecção. Infelizmente, o mais antigo testemunho a mostrá-lo nesse papel é impossível de datar com precisão; trata-se de um sermão, com certeza posterior em muitos anos à viagem completada pelas relíquias em 1101, e anterior ao ano 1300, aproximadamente, pois o primeiro manuscrito que conhecemos dele remonta visivelmente ao final do século XIII. Nele, lê-se a seguinte frase: "Esse santo recebeu do Céu tamanha graça, para a cura dessa doença a que se dá o nome de mal régio, que vemos afluir em sua direção" — isto é, na direção de seu túmulo, em Corbeny — "uma multidão de doentes vindos tanto de países distantes e bárbaros como das nações vizinhas".[11] Por quais razões adotou-se assim o costume, por volta dos séculos XII ou XIII, de considerar São Marculfo um especialista da escrófula? Em sua lenda anterior, nenhum episódio, como vimos, preparava os espíritos para tal concepção. Decerto foram inclinados a ela por uma dessas circunstâncias, aparentemente insignificantes, que não raro determinam os cursos da consciência popular. Henri Estienne, na *Apologia de Heródoto*, escreveu: "A alguns santos foram

---

9. Mabillon, *AA. SS. ord. S. Bened.*, IV, 2, p. 525, e *AA. SS., maii*, VII, p. 533.
10. E. A. Pigeon, *Histoire de la cathédrale de Coutances*. Coutances, 1876, p. 218-220; sobre o episódio do caçador, *AA. SS. maii*, I, p. 76 (vida A) e p. 80 (vida B).
11. Publicado, sob o título bastante inexato de *Miracula circa annum MLXXV Corbiniaci patrata*, por Mabillon, *AA. SS. ord. S. Bened.*, IV, 2, p. 525, e, segundo ele, *AA. SS. maii*, VII, p. 531; Mabillon se utilizara de um manuscrito pertencente a São Vicente de Lauduno que não pude encontrar; ele assinala também um manuscrito de São Vítor de Paris, que ele data sem exatidão dos anos próximos de 1400; trata-se evidentemente do latin 15.034 da Bibl. Nat. (cf. *Catal. codic. hagiog.* III, p. 299) que é do século XIII; o sermão se encontra também no manuscrito 339 B da Bibl. da Cidade de Tours, que é do século XIV. A frase (fól. 14 do lat. 15.034): "Nam illius infirmitatis sanande, quam regium morbum vocant, tanta ei gracia celesti dono accessit, ut non minus ex remotis ac barbaris quam ex vicinis nationibus ad eum egrotantium caterve perpetuo confluant".

atribuídos os ofícios com base em seus nomes; assim (por exemplo), no que diz respeito aos santos médicos, pensou-se que este santo ou aquele curaria a doença que possuía nome semelhante ao seu".[12] Há muito tempo que se aplicou a São Marculfo essa observação. Os tumores escrofulosos se alojam preferencialmente no pescoço. Ora, em *Marcoul* [forma francesa do nome] — cujo "l", consoante final, não deve ter tardado a soar muito fragilmente[13] — há *cou* [pescoço, em francês] e, o que em geral se esquece, há também *mar*, advérbio muito frequente na língua medieval com o sentido de mal, defeituosamente. Daí uma espécie de calembur, ou melhor, de medíocre aproximação que, talvez explorada por alguns monges astuciosos, pode muito bem ter feito atribuir ao santo de Corbeny uma aptidão particular a curar um mal do pescoço. Os títulos de São Claro, por exemplo, para a função de oculista sobrenatural são mais evidentes, porém não são de outra espécie.

Na mesma época em que se viu assim, de maneira inopinada, dotado de um poder especial, Marculfo se tornou um santo popular. Até então, tanto antes como depois do seu êxodo, ele quando muito conhecera, fosse na Nêustria, fosse na província de Reims, uma reputação regional. No século IX, além de Nant, outra igreja, provavelmente ruanesa, detinha uma porção de seus restos; é o que se depreende claramente de um episódio que o autor da segunda *Vida* carolíngia, talvez sob a influência de acontecimentos recentes, acrescentou ao quadro tradicional fornecido pela primeira e mais antiga *Vida*. Santo Audoeno, sendo bispo de Rouen, conta o hagiógrafo, quis apropriar-se da cabeça de São Marculfo, a qual, por ocasião de uma transferência, tinha sido tirada de seu túmulo; mas uma carta, repentinamente caída do céu, lhe ordenou que renunciasse a seu intuito e se contentasse em extrair do cadáver outro fragmento; esse pequeno relato

---

12. Cap. XXXVIII, ed. Ristelhuber, II, 1879, p. 311.
13. Os certificados de cura do século XVII, dos quais se tratará mais adiante (p. 268 ss.), nos fornecem bons exemplos de ortografia popular: escrevem frequentemente *Marcou*. Essa é também a ortografia adotada, no século XV, pelos registros contábeis da igreja de São Brício de Tournai (abaixo, p. 264, n. 49); ver igualmente as cartas patentes de Henrique III (set. de 1576) e de Luís XIII (8 de novembro de 1610), maço 199, n. 3 e 6; para o século XIX, a frase em patoá da Beauce transcrita na *Gazette des Hopitaux*, 1854, p. 498. Sobre o papel dos calembures no culto dos santos, pode-se consultar H. Delehaye, *Les légendes hagiographiques*. Bruxelas, 1905, p. 54. A teoria do calembur, considerado origem do poder curativo de São Marculfo, foi sustentada diversas vezes: por exemplo, Anatole France, *Vie de Jeanne d'Arc*, I, p. 532; Laisnel de la Salle, *Croyances et légendes du centre de la France*, II, 1875, p. 5 (cf. I, p. 179, n. 2), é o único autor, ao que parece, que fez alusão à palavra *mar*.

evidentemente não tinha outro objetivo senão o de reprimir as pretensões de uma casa rival e, sem negar-lhe uma parte na posse das relíquias, recusar-lhe qualquer possibilidade de reivindicar a mais preciosa delas.[14] As versões neustrianas do grande martirológio "jeronimiano" concedem uma menção a São Marculfo, mas são as únicas.[15] Três aldeias na França levam o seu nome: as três se encontram situadas na Normandia, ao sul do Sena.[16] Veio a partida para Corbeny. O santo fugitivo tirou desse exílio o benefício de ser a partir de então invocado por pessoas piedosas em duas regiões diferentes. Inicialmente, em sua primeira pátria. Em Coutances, sobretudo, sua memória jamais se perdeu; lá, na catedral reconstruída entre 1208 e 1238, uma capela lhe foi dedicada, ornamentada com o belo vitral de que já tratamos; os breviários da diocese também conservaram sua memória.[17]

---

14. *A A. SS. maii*, I, p. 80, c. 21. Esse episódio também se encontra relatado em uma das vidas de Santo Audoeno, a vida II (Bibliotheca hagiographica latina, n. 753), redigida em Rouen em meados do século IX. De onde se têm um problema de filiação e uma pequena polêmica erudita: W. Levison, *Monum. Germ., SS. rer. merov.* V, p. 550-552, e, depois dele, Baedorf, *Untersuchungen über Heiligenleben*, p. 35, pensam que o autor da segunda *Vida* de São Marculfo — a vida B — se inspirou, nesse ponto, na *Vida* de Santo Audoeno. Vacandard, *Analecta Bollandiana*, XX (1901), p. 166, e *Vie de Saint Ouen*, 1902, p. 221, n. 1, considera, ao contrário, que o plágio deve ser atribuído à *Vida* de Santo Audoeno; a *Vida* de São Marculfo apresentaria o relato original. Não hesito em aderir a esta segunda teoria. A historieta, evidentemente destinada a afirmar a posse, pelos monges de Nant, da cabeça de seu patrono, não pode, primeiramente, ter ocorrido senão na abadia cujos interesses ela atendia; ela corresponde a um tipo comum nas lendas hagiográficas: cf. um episódio análogo na vida de Eduardo, o Confessor, por Osberto de Clare, *Analecta Bollandiana*, XLI (1923), p. 61, n. 1.
15. São elas a recensão de São Vandrilo e uma recensão — representada por um manuscrito de Paris e outro do Vaticano — que parece originária das dioceses de Bayeux, Avranches e Coutances, *AA. SS. novembre*, II, 1, p. [53].
16. Além de Saint-Marcoulf, Mancha, cantão de Montebourg — a antiga Nant —, são elas Saint-Marcouf, Mancha, comuna de Pierreville, e Saint-Marcoulf, Calvados, cantão de Isigny. Em frente a Saint-Marcouf, cantão de Montebourg, encontram-se situadas as ilhas Saint-Marcouf, que devemos certamente identificar como as chamadas ilhas *duo limones*, mencionadas nas *Vidas* carolíngias do santo: cf. A. Benoist, *Mém. soc. archéol. Valognes*, III (1882-1884), p. 94. (N. T.: Nesta nota, mantivemos a grafia original dos nomes dos lugares mencionados.)
17. E. A. Pigeon, *Histoire de la cathédrale de Coutances*, p. 184, 218 e 221. Para os breviários, *Catal. codic. hagiogr. lat. in Bibl. Nat. Par.*, III, p. 640; o mais antigo, aliás, não é anterior ao século XIV; observe-se que, entre mais de 350 manuscritos litúrgicos examinados pelos bolandistas na Biblioteca Nacional, apenas esses três breviários de Coutances forneceram o nome de São Marculfo.

Acima de tudo, ele teve seus fiéis em Corbeny e em Reims, onde se erguia o monastério de São Remígio, sede principal do priorado das margens do Aisne; os livros litúrgicos e os legendários remenses lhe reservam um lugar bastante amplo.[18] Contudo, durante muito tempo, seu culto teve apenas uma frágil repercussão: fora da Normandia, de Corbeny e de Reims, antes do século XIV, ele era, ao que parece, quase completamente ignorado; e até mesmo nesses lugares, exceção feita a Corbeny, seu renome era somente da segunda ordem. Nem em Reims, nem em Laon — capital da diocese da qual Corbeny fazia parte —, sua estátua aparece sobre as catedrais, onde, no entanto, conjuntos esculturais eram reservados aos santos regionais.[19] As canções de gesta, nas quais tantos nomes de santos aparecem, frequentemente para as necessidades de assonância ou de rima, silenciam a seu respeito.[20] Vicente de Beauvais, em seu *Espelho historial*, lhe dedica apenas algumas palavras;[21] as outras grandes compilações hagiográficas redigidas dentro ou fora da França, no século XIII ou na primeira metade do século

---

18. Por exemplo, os manuscritos seguintes da Biblioteca de Reims, provenientes de estabelecimentos religiosos remenses (para maiores detalhes sobre eles, ver o *Catálogo*; os mais antigos são do século XII): 264, fól. 35; 312, fól. 160; 313, fól. 83 v°; 314, fól. 325; 346, fól. 51 v°; 347, fól. 3; 349, fól. 26; 1410, fól. 179; *Martyrologe de l'église cathédrale de Reims* (segunda metade do século XIII), em Ulysse Chevalier, *Bibliothèque liturgique*, VII, p. 39; *codex Heriniensis* do Martirológio de Usuardo, Migne, *P. L.*, t. 124, col. 11 (fim do século XII). O único texto litúrgico da Idade Média relativo a São Marculfo que tenha sido listado por Ulysse Chevalier, em seu *Repertorium hymnologicum*, é uma prosa do século XIV, que vem de um missal de São Remígio de Reims (n. 21.164). Em Laon, as próprias dos santos, contidas em dois ordinários da catedral, do início do século XIII (Ulysse Chevalier, *Bibliotheque liturgique*, VI), não mencionam Marculfo.
19. Evidentemente, até mesmo em Corbeny, logo devem ter surgido representações do santo; mas estamos mal informados a seu respeito. Uma pequena estatueta de prata, servindo de relicário, é assinalada nos inventários de 1618 e 1642 (Ledouble, *Notice*, p. 121, e maço 190, n. 10); não sabemos de quando ela podia datar; o mesmo vale para a estátua que, em 1642, se elevava sobre o altar-mor. O baixo-relevo, conhecido pelo nome de "pedra de São Marculfo", que foi conservado até a última guerra na igreja paroquial da aldeia, não parece, de acordo com os desenhos de Ledouble, p. 166, e de Barthelemy, *Notice*, p. 261, ter sido executado antes do século XVI. Por vezes, considerou-se que representava São Marculfo uma estátua do século XVI que pude ver em Reims nos arquivos; nada parece justificar essa atribuição. Sobre a iconografia do santo em Saint-Riquier em Ponthieu e em Tournai, ver abaixo, p. 264, 265, 275-277.
20. Cf. E. Langlois, *Table des noms propres de toute nature compris dans les chansons de geste imprimées*, 1904, e C. J. Merk, *Anschauungen über die Lehre... der Kirche im altfranzösischen Heldenepos*, p. 316.
21. L. XXII, c. 11: "Marculfus abbas Baiocacensis sanctitate claruit in Gallia".

seguinte, o ignoram.²² São Luís, que não o encontrava inscrito no calendário de seu saltério, certamente jamais lhe dedicou orações.²³

Entretanto, por volta do final da Idade Média, sua fortuna cresceu. O sintoma mais característico de sua nova popularidade foi uma tentativa bastante despudorada da Igreja Nossa Senhora de Mantes de reivindicar, à custa de Corbeny, a propriedade de suas relíquias. Numa data que ignoramos, mas sem dúvida anterior a 1383, descobriu-se, não longe de Mantes, no caminho para Rouen, uma sepultura contendo três esqueletos; provavelmente em razão do cuidado com o qual o enterro havia sido feito, acreditou-se estar diante de corpos santos, e as ossadas foram transportadas até a colegiada vizinha. Não se soube inicialmente que nomes lhes atribuir. O inventário dos móveis de Nossa Senhora, redigido em 1383 pelo cônego João Pillon, os mostra ainda desprovidos de qualquer identificação precisa; encontravam-se todos guardados em um grande baú de madeira, o que não parece ser sinal de um respeito muito atencioso. Pouco menos de um século mais tarde, em 19 de dezembro de 1451, vemos o bispo de Chartres, Pedro Beschebien, presidir sua transladação solene em três sacrários mais dignos de eminentes servidores de Deus: isso porque, como atesta a ata da cerimônia, naquele intervalo foi-lhes atribuída uma personalidade; acreditou-se ou então se desejou reconhecer neles os restos do próprio São Marculfo e dos dois lendários companheiros que lhes eram atribuídos pelas *Vidas* antigas, Cariulfo e Domardo; supôs-se que os monges de Nant, fugindo diante dos normandos e perto de serem por eles alcançados, não conseguiram salvar seu precisoso fardo senão enterrando-o precipitadamente num prado, perto da estrada; muito mais tarde, uma revelação indicara a pastores, ou a seus carneiros, a localização dos três corpos.²⁴

---

22. Procurei em vão São Marculfo em Bernardo Gui (*Notices et extraits des Ms.*, XXVII, 2, p. 274 ss.), no legendário latino anônimo da metade do século XIII, para o qual Paul Meyter forneceu o índice (*Histoire littér.*, XXXIII, p. 449), nos legendários franceses estudados pelo mesmo erudito (ibidem, p. 328 ss.), no *Catalogus sanctorum* de Pierre de Natalibus (ed. de 1521), em Pedro de Calo (*Analecta Bollandiana*, XXIX, 1910), na Lenda dourada.
23. Bibl. Nat., lat. 10.525: cf. Leopold Delisle, *Notice de douze livres royaux du XIIIe et du XIVe siècles*, in-4°, 1902, p. 105. São Marculfo tampouco aparece no manuscrito lat. 1.023, atribuído a Filipe, o Belo, nem no "Belíssimo breviário" de Carlos V (lat. 1.052), cf. Delisle, op. cit., p. 57 e 89; nem nas horas de Carlos VII (lat. 1.370).
24. Ver S. Faroul, *De la dignité des roys de France...* (o autor era o deão e oficial de Mantes) e A. Benoit, *Un diplôme de Pierre Beschebien...* A data da descoberta dos pretensos corpos santos é dada por Benoît (p. 45), talvez de acordo com um manuscrito do cura Chèvremont (final do século XVII): 19 de outubro de 1343; mas ela não parece atestada por nenhum documento sério; Faroul a ignora. O inventário de 1383 é citado por Benoît; o ato de

Essas invenções suscitaram imediatamente viva indignação em Corbeny; uma longa polêmica lhe sucedeu, ardente sobretudo no século XVII.[25] Os monges do antigo priorado em que Carlos, o Simples, recolhera as ossadas do santo neustriano tinham direitos solidamente amparados na história; eles podiam citar documentos autênticos, em primeiríssimo lugar seu diploma de fundação; não deixaram de fazê-lo; mas invocaram também sinais, ao seu ver, mais marcantes. Em 21 de maio de 1648, dia da Ascensão, enquanto se carregava em procissão o sacrário de São Marculfo, "apareceram subitamente no Céu", relata uma ata redigida 33 anos mais tarde, "três coroas cujos círculos, que eram contíguos um ao outro, pareciam manchados de amarelo, verde e azul... Essas coroas... sempre apareceram como que suspensas sobre o sacrário". Durante a grande missa, "foram novamente percebidas com grande distinção. Tendo-se encerrado o ofício, começaram a desaparecer, uma após a outra". Os religiosos e os fiéis, em número "superior a 6 mil", quiseram ver nesses meteoros um "testemunho público e incontestável" dado por Deus para aniquilar as pretensões da gente de Mantes.[26] Isso de nada adiantou: a despeito dos textos mais certos e dos próprios milagres, as relíquias de São Marculfo continuaram a ser adoradas em Mantes; sem jamais atrair multidões de doentes comparáveis às que se precipitavam à margem do Aisne, elas não deixaram, dizem, de por vezes curar a escrófula.[27]

Em outros lugares, o renome do santo se propagou mais tranquilamente. Era adorado por volta do final do Antigo Regime, e ainda o é hoje, em um número bastante grande de igrejas, que com frequência exibem algumas de suas relíquias e fazem delas uma meta de peregrinação para os doentes das redondezas. Nessa piedosa conquista, muitos episódios fogem a qualquer datação precisa; os fatos dessa ordem foram apenas muito raramente consignados por escrito, o que é uma grande pena, pois, por muito tempo, eles constituíram um dos aspectos essenciais da vida religiosa das massas. Não pude determinar,

---

transladação de 1451 por Faroul e Benoît. O primeiro menciona as relíquias da seguinte maneira (p. 45): "Primeiramente, um grande repositório de madeira à guisa de sacrário, no qual se encontram as ossadas de três corpos santos, os quais foram, segundo se diz, há muito tempo encontrados no caminho para Rouen e trazidos para esta igreja de Mantes". É curioso que André du Saussay, *Martyrologium gallicanum*, fól. Paris, 1637, I, p. 252-254, não conheça — ou finja não conhecer — relíquias de São Marculfo a não ser em Mantes e silencie a respeito de Corbeny.
25. A *Apologia* de Dom Oudard Bourgeois, publicada em 1638, é uma resposta ao livro de S. Faroul.
26. Ata do dia 6 de junho de 1681, maço 223 (informações), n. 8, fól. 47.
27. Faroul, op. cit., p. 223.

mesmo de longe, quando Marculfo foi, pela primeira vez, invocado em Carentoir, na diocese de Vannes;[28] em Moutiers-en-Retz, na diocese de Nantes;[29] em São Pedro de Saumur e em Russé, perto dessa cidade;[30] em Charray em Dunois;[31] na grande abadia de Saint-Valéry-sur-Somme;[32] em Montdidier, onde ele foi escolhido como patrono pelos tecelões;[33] em São Pedro de Abbeville;[34] em Rue e em Cottenchy, na diocese de Amiens;[35] em Santa Isabel de Valenciennes; na abadia de Cysoing;[36] em Saint-Thomas [São Tomás] em Argonne;[37] em Balham, nas Ardenas;[38] em Dinant;[39] entre os Irmãos Pregadores de Namur;[40] nas diversas aldeias ou burgos da região valona, Somzée, Racour,[41] Silly, Monceau-Imbrechies, Mont-Dison;[42] em Erps, Zellick[43] e Wesembeek,[44] em Brabante; em Wondelgem, em Flandres;[45] por fim, em Colônia[46] e certamente em muitos outros lugares que, na ausência de repertórios hagiológicos adequados,

---

28. Sebillot, *Petite légende dorée de la Haute-Bretagne*, 1897, p. 201.
29. L. Maitre, *Les saints guérisseurs et les pèlerinages de l'Armorique*; *Rev. D'hist. de l'Église de France*, 1922, p. 309, n. 1.
30. Louis Texier, *Extraict et abrégé de la vie de Saint Marcoul abbé*, 1648 (culto atestado, por conseguinte, na primeira metade do século XVII).
31. Blat, *Histoire du pèlerinage de Saint Marcoul*, p. 13.
32. J. Corblet, *Hagiographie du diocèse d'Amiens*, IV, 1874, p. 430.
33. Corblet, op. cit., p. 433.
34. Corblet, *Mem. Soc. Antiquaires Picardie*, 2ª série, X (1865), p. 301.
35. Corblet, *Hagiographie du diocèse*, IV, p. 433.
36. Dancoisne, *Mem. Acad. Arras*, 2ª série, XI (1879), p. 120, n. 3.
37. Louis Lallement, *Folk-lore et vieux souvenirs d'Argonn*, 1921, p. 40: o mais antigo testemunho citado, de 1733.
38. *Revue de Champagne*, XVI (1883), p. 221.
39. Rodolphe de Warsage, *Le calendrier populaire wallon*, in-12. Antuérpia, 1920, n. 817-819; e Jean Chalon, *Fétiches, idoles et amulettes*, I. Namur [1920] p. 148.
40. Broc de Seganges, *Les saints patrons des corporations*, II, s.d., p. 505 (segundo uma plaqueta de 1748).
41. R. de Warsage, op. cit., n. 1.269.
42. J. Chalon, loc. cit.
43. E. van Heurck, *Les drapelets de pèlerinage en Belgique*, p. 124 e 490; em Zellick, atestado por uma "bandeirinha" de 1698.
44. J. Chalon, loc. cit.
45. Van Heurck, op. cit., p. 473; atestado em 1685.
46. Atestado em 1672: cf. abaixo, p. 265, n. 58. Nenhuma relíquia de São Marculfo é assinalada por Gelenius, *De admiranda sacra et civili magnitudine Coloniae*, in-4º. Colônia, 1645. Corrigindo as provas, percebo ser necessário acrescentar ainda a esta lista a igreja de São Tiago de Compienha, onde existe hoje uma capela dedicada a São Marculfo; cf. abaixo, "Apêndice II", n. 24.

escaparam às minhas pesquisas. Mas sempre que pude recolher uma indicação cronológica, certa ou aproximada, constatei que ela se referia a uma época relativamente recente.[47] Em Saint-Riquier [São Riqueiro] em Ponthieu, nosso santo era conhecido desde o século XIV; um martirológio redigido por volta daquela época, nessa casa, o menciona; lá, ele foi, o mais tardar por volta de 1500, objeto de uma veneração bastante ativa, atestada pela iconografia.[48] Em Tournai, na igreja de Saint-Brice [São Brício], ele tinha, desde a segunda metade do século XV, seu altar e sua estátua.[49] Em Angers,[50] em Gissey, na Borgonha,[51] seu culto é atestado no século XVI; por volta da mesma época, sua efígie começa a aparecer, na região de Arras, nas medalhas de piedade, na companhia de diversos santos locais.[52] Em 1533 e 1566, os missais da diocese de Troyes e da abadia de Cluny extraem dos livros litúrgicos de São Remígio de Reims uma prosa em sua homenagem.[53] No século XVI também, um fragmento de seu crânio, furtado em Corbeny, é transportado até a igreja de Bueil, em Touraine,

---

47. Cf. o que foi dito, nas notas acima, a respeito de Saumur e Russé, Santo Tomás em Argonne, Zellick e Wondelgem.
48. O martirológio é o *codex Centulensis* do *Martyrologe* de Usuardo: Migne, *P. L.*, t. 124, col. 11. Quanto à iconografia, além do afresco citado abaixo, p. 275, devemos assinalar uma estátua do santo do início do século XVI: G. Durand em *La Picardie historique et monumentale*, IV, p. 284, e fig. 37; e uma estatueta de prata, servindo de relicário, destruída em 1789, e cuja época eu não saberia precisar: Corblet, *Hagiographie*, IV, p. 433.
49. Conta da igreja de São Brício, 1468-1469: "A Jacquemart Blathon, marceneiro, como salário por ter reinstalado o candelabro de ferro diante da imagem de São Marculfo e, ao fazê-lo, ter feito três buracos na parede" (*Annales Soc. histor. Tournai*, XIII, 1908, p. 185). Em 1481-1482, a conta fala de um "altar de São Marculfo". (Segundo uma obsequiosa comunicação de Hocquet, arquivista da cidade de Tournai).
50. Gautier, *Saint Marcoul*, p. 56. A catedral de Angers e a igreja de Saint-Michel du Tertre parecem ter, em conjunto, venerado São Marculfo.
51. Duplus, *Histoire et pèlerinage de saint Marcoul*, p. 83. Sobre Gissey, há uma advertência nas *Mémoires de la commission des antiquités de la Côte d'Or*, 1832-1833, p. 157, a qual não contém nenhuma informação sobre o nosso santo.
52. L. Dancoisne, *Les médailles religieuses du Pas de Calais*, Mem. Acad. Arras, 2ª série, XI, 1879, p. 121-124. Dancoisne acredita que a igreja da Santa Cruz de Arras foi primitivamente colocada — quando de sua fundação, no século XI — sob a invocação de São Marculfo; mas essa assertiva é oferecida sem a sombra de uma prova, e não parece poder justificar-se por nenhum texto.
53. Ulysse Chevalier, *Repertorium hymnologicum*, n. 21.164; cf. acima, p. 260, n. 18. A colegiada de São Estêvão de Troyes possuía, no século XVII, relíquias de São Marculfo, como atesta N. des Guerrois, *La Saincteté chrétienne, contenant la vie, mort et miracles de plusieurs Saincts... dont les reliques sont au Diocèse et Ville de Troyes*, in-4º. Troyes, 1637, p. 296 vº.

onde ele passa a atrair os fiéis.[54] Outras porções de suas relíquias, extraídas por meios mais lícitos, acarretam, em 1579, a grande peregrinação franco-contesa de Archelange.[55] A partir do século XVII, ele se encontra, por vezes, associado à Virgem nas medalhas de Nossa Senhora de Liesse.[56] Em 1632, Coutances recupera, graças à generosidade do capítulo de Angers, algumas parcelas de seu corpo, outrora arrancado da diocese pelas invasões normandas;[57] em 1672, Colônia envia outros fragmentos à Antuérpia;[58] outros ainda chegam, por volta de 1666, aos carmelitas da praça Maubert, em Paris, em virtude de um legado de Ana da Áustria.[59] Acima de tudo, no final do século XVI e durante o século seguinte, por todo lado, confrarias se fundam sob a sua invocação: em Saint-Firmin [São Firmino] de Amiens em 1581,[60] em Nossa Senhora de Soissons em 1643,[61] em Grez-Doiceau, no ducado de Brabante, em 1663,[62] na igreja Nossa

---

54. O furto ocorrera numa data não especificada, provavelmente por volta do final do século XVI. A ata que o relata foi estabelecida apenas em 17 de julho de 1637 e encontra-se no maço 229, nº 9; foi reproduzida incorretamente por Oudard Bourgeois, *Apologie*, p. 120 (O. Bourgeois escreve "Bué" em vez de "Bueil", presente no texto autêntico). A cabeça inteira havia primeiramente sido transferida para Bueil; Corbeny a recuperou; mas a gente de Bueil parece ter guardado um fragmento do crânio: cf. Gautier, *Saint Marcoul*, p. 30.
55. *Notice sur la vie de S. Marcoul et sur son pèlerinage à Archelange*, p. 22. Sobre a popularidade da peregrinação, ainda nos dias de hoje, na Borgonha, *Rev. des traditions populaires*, II (1887), p. 235.
56. Ledouble, *Notice*, p. 220 (reprodução em frente à p. 208). A única medalha de São Marculfo possuída pelo Gabinete das Medalhas da Bibl. Nat. também corresponde a esse modelo, como pude me certificar graças ao molde que o curador, por intermédio de Jean Babelon, teve a bondade de me enviar.
57. R. Toustain de Billy, *Histoire ecclésiastique du diocèse de Coutances* (Soc. de l'hist. de Normandie), III. Rouen, 1886, p. 239.
58. Gautier, p. 29.
59. Cf. abaixo, p. 295.
60. Daire, *Histoire de la ville d'Amiens*, II, in-4º, 1757, p. 192. A confraria, fundada na sequência de um voto feito em tempo de peste, tinha por patronos São Roque, Santo Adriano, São Sebastião e São Marculfo. Evidentemente, a instauração de uma confraria não prova, de maneira alguma, que o culto do santo tenha nascido na data precisa em que a confraria foi fundada; ver abaixo o que digo a respeito de Tournai, com o acréscimo de que, em Wondelgem, onde o culto é atestado desde 1685, a confraria só foi instituída em 1787; mas um fato dessa ordem prova incontestavelmente um progresso do culto.
61. Charles Gautier, *Saint Marcoul*, p. 30.
62. Schepers, *Le pèlerinage de Saint Marcoul à Grez-Doiceau*; Van Heurck, *Les drapelets de pèlerinage*, p. 157 ss. Uma instrução dando o regime que deviam seguir os doentes que solicitavam a intervenção de São Marculfo foi impressa em Lovaina em 1656; se ela foi redigida especialmente para os peregrinos de Grez-Doiceau — as indicações de Van Heurck não são muito precisas sobre esse ponto —, a peregrinação dataria, portanto, de 1656, o mais tardar.

Senhora de Sablon, em Bruxelas, em 1667,[63] e até mesmo em Tournai, onde o culto, no entanto, era antigo, por volta de 1670.[64] A dos Cordeliers de Falaise é conhecida somente por meio de uma gravura do século XVII.[65]

Acima de todos esses centros locais sempre brilhava o centro principal: São Marculfo de Corbeny. Como Nant no passado, a aldeia de Corbeny esteve prestes a perder seu nome. A partir do século XV, os documentos frequentemente a denominam Corbeny-São Marculfo, ou simplesmente São Marculfo.[66] Já não era mais conhecida senão por sua igreja. Lá também uma confraria havia sido criada, semirreligiosa e semieconômica: o santo havia sido escolhido — em virtude de sabe-se lá que assonância? — como patrono dos merceeiros da região. Por volta do início do século XVI, esses comerciantes aparecem agrupados, por toda a França, em certo número de grandes associações vigiadas muito de perto pelo poder real, cujo representante, no caso, era o camareiro-mor; cada uma delas tinha por chefe um "rei dos merceeiros", oficialmente denominado, na medida em que semelhante título nas mãos de um súdito tinha algo de chocante, "senhor visitante". Uma delas, que cobria parte das regiões champanhesa e picarda, tinha seu centro no priorado de Corbeny: era chamada "Torre e Confraria de Monsenhor São Marculfo"; seu "rei" era "primeiro confrade" e detinha um selo no qual se viam representados, lado a lado, o grande protetor da monarquia, São Luís, e o protetor particular da "Torre", São Marculfo.[67] Os "merceeiros" eram

---

63. *A A. SS. maii*, I, p. 70 c.
64. Ela é atestada, pela primeira vez, nas contas em 1673-1674 (comunicação de Hocquet). Em 1653, em 27 de maio, o túmulo de Quilderico havia sido descoberto em um terreno pertencente ao deão de São Brício; alguns objetos que lá haviam sido encontrados foram enviados a Luís XIV; segundo uma tradição local, que não se sustenta em nenhum texto, o rei da França, como recompensa por esse presente, teria mandado enviar ao deão uma relíquia de São Marculfo: cf. a brochura piedosa intitulada: *Abrégé de la vie de S. Marcou... honoré en l'église paroissiale de S. Brice à Tournai*, p. 3. Da mesma forma, em Reims, onde o culto do santo era quase imemorial, ele parece ter um novo desenvolvimento no século XVII: por volta de 1650, um hospício é fundado sob sua invocação; pouco depois, uma confraria, em sua honra, é erigida no próprio hospício: cf. Jadart, *L'hôpital Saint-Marcoul de Reims*; *Travaux Acad. Reims*, CXI (1901-1902), p. 178 e 192, n. 2.
65. Bibl. Nat., Cabinet des Estampes, Collection des Saints; reprod. Landouzy, *Le Toucher des ecrouelles*, p. 19.
66. Ver o *Dictionnaire topographique de l'Aisne*. Cf. o texto de 1671, publicado por R. Durand, *Bulletin de la Soc. d'Hist. moderne*, p. 458, e as cartas patentes de Luís XIII, de 8 de novembro de 1610, maço 199, n. 6.
67. Sobre as corporações e os "reis" dos merceeiros, podem-se ver Pierre Vidal e Leon Duru, *Histoire de la corporation des marchands merciers... de la ville de Paris* [1911]: cf. E. Levasseur, *Histoire des classes ouvrières... avant 1789*, 2. ed., 1900, I, p. 612 ss.; A. Bourgeois,

então, sobretudo, vendedores ambulantes, que se deslocavam de burgo em burgo; podem-se imaginar melhores propagandistas para o culto de um santo?

Mas o que fez, sobretudo, a glória do taumaturgo de Corbeny foi, evidentemente, a peregrinação de que seu túmulo era objeto. No século XV, e mesmo mais tarde, os monges vendiam aos doentes pequenas medalhas ou "bolotas" de prata dourada ou não dourada, ou então, para os mais pobres, simples "imagens rasas" em prata dourada, em prata branca, em chumbo ou em estanho, e que, trazendo a efígie do piedoso abade, tornaram provavelmente sua pessoa e sua fisionomia familiares, na França inteira, até a pessoas que jamais haviam visto sua sepultura;[68] eles acrescentavam a essas peças pequenas garrafas de grés contendo uma água santificada pela "imersão" de uma das relíquias; ela se destinava a lavar as partes atingidas pela moléstia, e, por vezes, os mais zelosos a bebiam.[69] Mais tarde, eles também

---

Les métiers de Blois (Soc. sciences et lettres du Loir-et-Cher, Mem., XIII, 1892), p. 172 e 177; H. Hauser, *Ouvriers du temps passé*, 4. ed., 1913, p. 168 e 256. Numerosos ofícios tiveram "reis" à sua cabeça, tanto na França como fora dela; não cabe aqui fornecer a bibliografia desse curioso modo de linguagem. Sobre a corporação dos merceeiros de Corbeny, encontramos informações em um número bastante grande de documentos: diploma de Jean Robertet, representando o camareiro-mor, 21 de novembro de 1527: maço 221, n. 1; acordo do "rei" e do prior, 19 de abril de 1531: ibidem, n. 2 (De Barthelemy, *Notice*, p. 222, n. 1); decisão do Conselho Privado de 26 de agosto de 1542: Oudard Bourgeois, *Apologie*, p. 126; e algumas outras peças do final do século XVI: maço 221, n. 3 e 4; Oudard Bourgeois, p. 127 ss.; De Barthelemy, p. 222. O ofício certamente ainda existia na época de Bourgeois (1638). O selo reproduzido por ele, p. 146; um exemplar foi descrito por G. Soultrait, *Société de sphragistique de Paris*, II (1852-1853), p. 182; cf. ibidem, p. 257.

68. Ver no maço 195 (informações) os registros contábeis de 1495-1496, fól. 12 v. e 28 v.; de 1541-1542, p. 30 e 41; de 1542-1543, p. 31. Nenhuma dessas medalhas parece ter sido conservada. O rio Sena, que nos trouxe tantas moedas de chumbo historiadas, não forneceu, entre elas, nenhuma imagem de São Marculfo (cf. A. Forgeais, *Collection de plombs histories trouves dans la Seine*, II, 1863, e IV, 1865).

69. Ver as contas citadas na nota anterior. A primeira, mais explícita, fala simplesmente de "garrafinhas de grés nas quais eles [os peregrinos] trazem lavagem"; mas o livreto intitulado *Avertissement à ceux qui viennent honorer...* [Advertências àqueles que vêm honrar...] (ver abaixo, p. 268, n. 70) especifica: "Os Doentes lavarão sua moléstia com a água benzida pela imersão da relíquia do Santo, e poderão até mesmo utilizá-la para beber". O regulamento da peregrinação de Grez-Doiceau, inspirado no de Corbeny, diz ainda hoje: "Poder-se-á sempre obter na referida igreja água benta em homenagem a São Marculfo, para dela beber, ou com ela lavar os tumores e as feridas"; Schepers, *Le pèlerinage de Saint Marcoul à Grez-Doiceau*, p. 179. Sobre usos semelhantes em outras peregrinações, ver, por exemplo, H. Gaidoz, *La rage et St. Hubert* (*Bibliotheca Mythica*, I), 1887, p. 204 ss.

distribuíram livretos.[70] Conhecemos os regulamentos da peregrinação, tais como eles vigoravam no início do século XVII, por meio de um memento que um delegado da arquidiocese, chamado Gifford, mandou que lhe entregassem, talvez em 1627, e que ele mesmo anotou; suas reflexões são um testemunho precioso da impressão que podiam produzir num eclesiástico esclarecido daquela época práticas de devoção popular em que nem sempre a religião se distinguia muito bem da magia. Assim que chegavam, os doentes eram inscritos na confraria, à qual pagavam uma pequena quantia; recebiam então um "bilhete impresso" que os instruía a respeito de suas obrigações. Eram submetidos a diversas proibições, alimentares ou de outra natureza; em particular, não podiam tocar, durante sua estadia, em nenhum objeto metálico, prescrição tão importante que "antigamente", dizia-se a Gifford, era-lhes imposto o uso de luvas a fim de "impedir", sem negligência possível, "o referido toque". Evidentemente, seu primeiro dever era seguir os ofícios, na igreja do priorado; segundo a regra estrita, deviam fazer uma novena; mas aqueles que não podiam permanecer por nove dias inteiros em Corbeny tinham a faculdade de delegar em seu lugar um habitante local;[71] este devia observar as mesmas proibições às quais a pessoa que ele substituía teria tido de se sujeitar. Esse costume era daqueles que, aos olhos do razoável Gifford, "não estava isento de superstição", pois, ele acreditava, disposições dessa espécie são legítimas apenas se têm por objetivo convidar os pacientes a abster-se das coisas que lhes seriam nocivas "naturalmente" — isto é, fora de quaisquer concepções de caráter sobrenatural — e, nesse caso, não se vê por que elas se aplicariam a indivíduos saudáveis.[72] Quando deixavam Corbeny,

---

70. Um desses livretos — do século XVII, mas sem data —, intitulado *Avertissement à ceux qui viennent honorer le glorieux Saint Marcoul, dans l'église du Prieuré de Corbeny au Diocèse de Laon*, encontra-se conservado na Bibl. Nat. sob a cota L k⁷ 2.444; outro, bastante diferente, intitulado *La Vie de Sainct Marcoul abbé et confesseur*, e datado de Reims, 1619, encontra-se nos Arch. de Reims, St. Rémi, maço 223. Em 1673, um hospital para os peregrinos foi estabelecido em Corbeny, maço 224, n. 10.
71. Naturalmente, em conformidade com um uso geral, os doentes impedidos por suas moléstias, sua idade ou qualquer outra razão de se dirigirem a Corbeny podiam ser substituídos, na peregrinação, por um parente, um amigo ou mesmo por um assalariado. Os certificados de cura de que se tratará mais adiante contêm exemplos bastante numerosos dessa prática. Outros, curados após terem se devotado ao santo, faziam em Corbeny apenas uma peregrinação de ação de graça; mas eram bastante raros.
72. Encontrar-se-á o regulamento intitulado *Les cérémonies que l'on a acoustumé d'observer par ancienne tradition en la neufiesme qui se doibt observer au pèlerinage de Saint Marcoul à Corbeny, avec annotation* — em latim — por Gifford, maço 223

os peregrinos, em princípio, permaneciam membros da confraria; os mais conscienciosos continuavam a pagar, de longe, sua cotização.[73] Os monges, por sua vez, não perdiam de vista seus visitantes: solicitavam-lhes que, caso tivessem realizado "a viagem do grande São Marculfo" e após algum tempo se encontrassem curados de seus males, mandassem fazer, se possível pelo cura ou pela autoridade judiciária mais próxima, um certificado autêntico e lhos enviassem. Esses preciosos documentos, que provavam a glória do santo, se acumulavam nos arquivos do priorado; muitos chegaram até nós; o mais antigo é de 17 de agosto de 1621,[74] e o mais recente, de 17 de setembro de 1738.[75] Eles fornecem sobre a popularidade do santuário informações de admirável precisão. Constatamos neles que as pessoas iam até São Marculfo não somente de todos cantos de Picardia, de Champagne e do Barrois, mas ainda do Hainaut e da região de Liège,[76] da Alsácia,[77] da Lorena ducal,[78] da ilha de França,[79]

(informações); não há indicação de data; um arquivista do século XVIII inscreveu no alto da folha: 1627. Não pude identificar esse Gifford. Diante do artigo 4º, no qual se vê o prior ordenar aos peregrinos que estejam presentes nos ofícios e que não deixem a região de Corbeny, há a seguinte anotação: "Si respiciatur in eo perseverantia in bono opere, licet; alias non videtur carere superstitione"; diante do 5º (proibição de tocar os objetos metálicos): "Omnia ista sunt naturaliter agentia; ideo si sint noxia merito prohibentur"; do 6º (proibições alimentares): "Idem ut supra, modo constat judicio medicorum taies cibos naturaliter esse noxios"; do 7º (concernente aos substitutos, submetidos às mesmas observâncias que os próprios peregrinos): "Hoc non videtur carere superstitione, quia non est ratio cur naturaliter noxia prohibeantur illi qui est sanus". O regulamento inscrito em 1633 no cabeçalho do registro da confraria de Grez-Doiceau não contém a interdição de tocar os objetos metálicos. A título de comparação, podem-se ler as prescrições, relativas à conduta a ser observada durante a novena, ainda em uso nos dias de hoje na peregrinação de Saint-Hubert, nas Ardenas: H. Gaidoz, *La rage et Saint Hubert* (*Bibliotheca Mythica*), 1887, p. 69.

73. Ver a carta de um desses escrofulosos, Louis Douzinel, de Arras, 22 de fevereiro de 1657, maço 223 (informações), n. 7.

74. Maço 223 (informações), n. 6. Oudard Bourgeois, *Apologie*, p. 47 ss., analisa quatro certificados, dos quais o mais antigo se refere a uma cura operada em 1610.

75. Maço 223 (informações), n. 7: *Bus*.

76. Vários certificados, demasiado numerosos para poderem ser citados, no maço 223 (informações).

77. Certificado do cura de Saales, Bruche e Bourg, de 31 de dezembro de 1705: maço 223 (informações), n. 8.

78. Remiremont, São Clemente [Saint-Clément] próximo a Lunéville, vale de St-Dié: 1655, maço 223 (informações), n. 8.

79. Pithiviers: certificado de 22 de maio de 1719: maço 223 (informações), n. 7; Gisors, ibidem, 12 de julho de 1665; Rozoy-en-Brie, Grisy, Maintenon, Dreux (1655), ibidem, n. 8;

da Normandia,[80] do Maine e do Anjou,[81] da Bretanha,[82] do Nivernais, do Auxerrois e da Borgonha,[83] do Berry,[84] da Auvérnia,[85] da região lionesa[86] e do Delfinado;[87] solicitavam-lhe o alívio de diversos males, mas sobretudo, na grande maioria das vezes, implorava-se pelo da escrófula.

De volta à sua região natal, os peregrinos de Corbeny propagavam a devoção ao santo que tinham ido, frequentemente de muito longe, adorar sobre seu túmulo. Na abertura do registro da confraria de Grez-Doiceau, em Brabante, em 1663, é o regulamento da confraria de Corbeny que podemos ler ainda hoje.[88] Lá, nos declives do planalto de Craonne, estava a confraria-mãe; muitas das associações locais, em Grez-Doiceau ou em outros pontos, não foram certamente mais do que suas filiais. A expansão do culto de São Marculfo, que descrevemos acima, deve ter sido, em boa parte, obra de antigos doentes que julgavam ter contraído uma dívida de reconhecimento para com o taumaturgo cujas relíquias, segundo eles acreditavam, haviam sanado seus males.

De onde veio, em suma, ao velho abade de Nant — ou, como comumente se dizia no século XVI por uma curiosa confusão de nomes, de "Nanteuil" —, esse sucesso tardio e prodigioso? Acima de tudo, evidentemente, da especialidade que se costumava atribuir a ele. Enquanto visto apenas como um banal curador, nada nele parecia seduzir os fiéis. A partir do dia em que se pôde invocá-lo para uma afecção determinada e, além disso, muito comum, ele encontrou uma clientela inteiramente pronta. A evolução geral da vida religiosa contribuiu para sua sorte. Foi durante os dois últimos séculos da Idade Média,

---

Paris, 9 de maio de 1739, maço 223, n. 11.
80. Jurques, diocese de Bayeux, 30 de junho de 1665; maço 223 (informações), n. 7 ; localidade situada entre Andelys e Louviers, 1665 (ibidem).
81. Laval: 4 de julho de 1665: maço 223 (informações), n. 7; Corné, diocese de Angers: 1655, ibidem, n. 8.
82. Certificado estabelecido por dois médicos de Auray: maço 223 (informações), n. 7, 25 de março de 1669.
83. Localidade das dioceses de Nevers e de Langres, Joigny perto de Auxerre, 1655: maço 223 (informações), n. 8; Sancerre, 11 de junho de 1669, ibidem, n. 11.
84. Vorly, diocese de Bourges: certificado de 30 de março de 1659: maço 223 (informações), n. 7; Nassigny, mesma diocese, 1655: ibidem, n. 8.
85. *Jaro* (?) perto de Cusé, diocese de Clermont, 1655: maço 223 (informações), n. 8.
86. Charlieu "en Lionnois", Dammartin (diocese de Lyon): 1655, maço 223 (informações), n. 8.
87. "Bourg-le-Namur, a seis léguas de Grenoble, rumando para o Piemonte": maço 223 (informações), n. 7.
88. Schépers, *Le pèlerinage de Saint-Marcoul a Grez-Doiceau*, p. 179.

ao que parece, que a voga começou a favorecê-lo; no século XV, seu astro crescera a tal ponto que uma igreja ambiciosa pensava em reivindicar seus restos. Naquela época, o espetáculo das epidemias e dos malogros de toda espécie que desolavam a Europa, talvez também movimentos obscuros da sensibilidade coletiva — identificáveis sobretudo em sua expressão artística —, davam à devoção uma nova orientação, mais inquieta, talvez mais suplicante, inclinavam as almas a se preocupar ansiosamente com as misérias deste mundo e a pedir alívio a intercessores providos, cada um deles, ou quase, de seu próprio domínio. As multidões se dirigiram até o santo da escrófula, assim como acorriam, em número muito maior ainda, aos pés de São Cristóvão, de São Roque, de São Sebastião ou dos Quatorze auxiliares; seu renome nascente foi, quando muito, um caso particular do favor unânime do qual os santos médicos eram, naquele mesmo momento, objeto.[89] Da mesma forma, a difusão de sua glória, nos séculos seguintes, coincide com o vigoroso e feliz esforço que muitos católicos ativos, como reação contra a Reforma, fizeram então para despertar nas massas o culto dos santos, fundando confrarias, obtendo relíquias e apegando-se de preferência àqueles dentre os servidores de Deus que, por seu poder específico sobre as doenças, pareciam capazes de exercer sobre a humanidade sofredora uma atração mais intensa. Há, portanto, nas razões que explicam a jovem popularidade de São Marculfo, muitos elementos de caráter universal. Mas, sem nenhuma dúvida, ele também a deveu, em boa parte, à associação estreita que, pouco a pouco, se tinha feito nos espíritos entre seu nome e a dinastia real. Não por acaso o selo dos merceeiros trazia as duas imagens conjugadas de São Luís e de São Marculfo: ambos, cada um à sua maneira, eram santos da Casa da França. Vejamos como esse papel inesperado chegou ao patrono de Corbeny.

§ 2. SÃO MARCULFO E O PODER TAUMATÚRGICO DOS REIS DA FRANÇA

Quem foi o primeiro rei da França a, após sua sagração, ir fazer suas devoções sobre o túmulo de São Marculfo? No século XVII, quando se fazia essa pergunta aos monges, eles respondiam: São Luís.[90] Essa ideia, para eles tão

---

89. Em Amiens, em 1581, encontramos São Marculfo associado a três grandes santos protetores dos pestilentos: São Roque, Santo Adriano, São Sebastião: ver abaixo, p. 265, n. 59.
90. O. Bourgeois, *Apologie*, p. 60; Marlot, *Théâtre d'honneur*, p. 718. Essa é também a tese da *Gallia Christiana*, IX, col. 248. Alguns diziam até mesmo: Carlos, o Simples — pequeno compêndio sobre São Marculfo redigido após a sagração de Luís XV: maço 223 (informações). A efígie de São Luís no selo da confraria dos merceeiros fez nascer a ideia

lisonjeira, lhes havia sido sugerida pela efígie do santo rei, gravada no selo da confraria. Segundo todas as aparências, eles estavam enganados; São Luís foi sagrado, ainda criança, em 26 de novembro de 1226, com muita pressa e em condições de insegurança muito pouco favoráveis a uma inovação que teria levado a retardar o retorno do jovem príncipe entre seus fiéis parisienses. Ademais, sob Filipe, o Belo, a tradição da augusta peregrinação certamente ainda não estava estabelecida; conhecemos o itinerário que o cortejo real seguiu em 1286 depois da sagração desse soberano; ele foi diretamente para sudoeste, sem desviar-se para o vale do Aisne. Talvez Luís X, em 1315, ao sair de Reims, tenha se dirigido a Corbeny; mas, se esse é o caso, devemos admitir que Filipe de Valois não se considerou vinculado por esse precedente; em 1328, ele tomou o mesmo caminho, ou quase, que Filipe, o Belo. Ao contrário, a partir de João, o Bom, o qual, dois dias após sua coroação, se deteve em Corbeny, mais nenhum rei, até Luís XIV, parece ter se subtraído a esse uso piedoso, exceção feita, é claro, a Henrique IV, que foi obrigado pela Liga, senhora de Reims, a receber a unção em Chartres. Desenvolveu-se todo um cerimonial, claramente descrito por um documento do início do século XVII: uma procissão ia ao encontro do ilustre visitante; o prior carregava o crânio do santo e o colocava entre as "mãos sagradas" do rei; este o tomava e o levava de volta, ou o mandava levar por seu esmoler, à igreja, onde se punha a orar diante do sacrário.[91] Desde o século XV, um pavilhão especial, chamado "pavilhão real", foi designado, entre as construções conventuais, para o alojamento do monarca.[92]

Luís XIV modificou o antigo costume; quando ele foi sagrado, em 1654, o burgo de Corbeny se encontrava arruinado pelas guerras; talvez o campo também não fosse muito seguro. Mazarino não quis que o jovem soberano se aventurasse fora de Reims. Mandaram vir, na abadia São Remígio, na própria cidade, o sacrário de São Marculfo; a peregrinação se realizou assim sem

---

de que esse príncipe havia sido seu fundador: O. Bourgeois, p. 63: *Gallia*, op. cit.; *A A. SS. maii*, I, p. 70. G. Ledouable, *Notice*, chega ao ponto de escrever (p. 116) que São Luís "escreveu seu nome, Louis de Poissy, no alto do registro de associação". Por uma confusão um tanto divertida, imaginou-se que os reis da França, e não os reis dos merceeiros, eram os primeiros confrades dessa piedosa associação (ver o certificado de A. Baillet de 24 de setembro de 1632, abaixo, p. 294-295).
91. Ata da investigação a respeito do furto do crânio de São Marculfo (18 de julho de 1637): Oudard Bourgeois, *Apologie*, p. 123-124 (cf. acima, p. 265, n. 54).
92. Maço 190 *bis*, n. 2; conta do final do século XV, indicando o emprego das quantias recebidas pelo prior "para o reparo dos sinos e do pavilhão do rei". Para os testemunhos relativos às peregrinações reais, ver abaixo, "Apêndice V".

incômodo para o peregrino real. O procedimento pareceu agradável; Luís XV e Luís XVI o imitaram, sob diversos pretextos.[93] Os reis não se impunham mais a incômoda viagem a Corbeny; mas, de uma maneira ou outra, era necessário que eles adorassem São Marculfo. As preces diante das relíquias desse santo se tornaram, na época dos primeiros Valois, e assim permaneceram até o fim da monarquia, um ritual quase indispensável e que devia suceder quase necessariamente à solenidade da coroação. Na época de Carlos VII, não se imaginava que um dia pudesse ter sido diferente. "Ora, é verdade", diz a *Chronique de la Pucelle* [Crônica da Virgem], "que, desde sempre, os reis da França, após suas sagrações, se acostumaram a ir a um priorado... chamado Corbigny."[94]

A qual inspiração obedeceu o primeiro rei — Luís X, possivelmente — que, ao retornar de Reims, deixou a estrada habitual e fez um desvio para Corbeny? Naquele momento, São Marculfo, cuja popularidade começava a crescer, passava por um curador de escrófula. Era a esse título que o príncipe francês, ele também especialista da mesma doença, ia encontrá-lo? Esperava ele, ao suplicar a um santo a quem Deus parecia ter confiado particularmente o cuidado dos escrofulosos, obter, por sua proteção, curas ainda mais belas do que aquelas alcançadas no passado? Pode-se supor terem sido esses, com efeito, seus sentimentos. Mas ninguém, evidentemente, teve o cuidado de nos informar a seu respeito. Em contrapartida, o que vemos com clareza é a ideia que essas peregrinações, uma vez incorporadas aos costumes, rapidamente difundiram nos espíritos. Até então, o poder taumatúrgico dos reis da França havia sido comumente considerado uma consequência de seu caráter sagrado, expresso e sancionado pela unção; doravante, adquiriu-se o costume de pensar que eles o deviam à intercessão de São Marculfo, que teria obtido de Deus essa graça insigne. Essa já era a crença geral na época de Carlos VIII e de Luís XI: Jean Chartier, o autor da *Chronique de la Pucelle* e do *Journal du Siège* [Diário do Sítio], Lefevre de São Remígio, Marcial de Auvérnia, o próprio Enéas Piccolomini, o atestam.[95] Sob Francisco I, atribuía-se quase universalmente a esse santo de "grande mérito", como diz Fleuranges, o dom da virtude miraculosa manifestada pelos reis;[96] esse é o rumor que foi recolhido, na corte daquele

---

93. "Apêndice V", p. 471.
94. Ed. Vallet de Viriville, in-12, 1859, cap. 59, p. 323.
95. Sobre a *Chronique de la Pucelle*, ver a nota precedente; Jean Chartier, *Chronique de Charles VII*, ed. Vallet de Viriville, in-16, 1858, I, cap. 48, p. 97; para os demais textos, Quicherat, *Procès de Jeanne d'Arc* (Soc. de l'hist. de France), IV, p. 187, 433, 514; V, p. 67.
96. Ed. Goubaud e P. A. Lemoisne (Soc. de l'hist. de France), I, p. 170. Cf. Grassaille, *Regalium Franciae iura*, p. 65, o qual não se pronuncia: "Alij dicunt, quod hanc potestatem

príncipe, pelo viajante Humberto Tomás de Liège;[97] mas, ao redigir posteriormente suas recordações, ele se confundiu com a hagiografia francesa e atribuiu a São Fiacre o que lhe haviam dito sobre Marculfo: prova de que o renome do santo de Corbeny, em seu novo papel, ainda mal ultrapassara as fronteiras; na França, ao contrário, ele estava firmemente estabelecido.

Ah, se os reis tivessem se limitado, diante das relíquias de São Marculfo, a escutar um serviço religioso e dizer algumas orações! Mas a esses ritos pios, moeda corrente das peregrinações, logo se acrescentou um uso ainda mais próprio a confirmar a reputação do santo como autor do milagre régio: uma vez realizadas essas devoções, o novo soberano, no próprio priorado, tocava alguns doentes. Essa prática é atestada pela primeira vez sob Carlos VIII, em 1484. Ela com certeza não era então muito antiga, pois os escrofulosos ainda não haviam adotado o hábito de acorrer em massa a Corbeny no momento da viagem da sagração: Carlos VIII viu se apresentarem diante dele apenas seis; já sob Luís XII, catorze anos mais tarde, foram oitenta; na época de Henrique II, encontravam-se entre eles estrangeiros ao reino; nos séculos XVII e XVIII, era por centenas ou mesmo por milhares que eles se espremiam em semelhante ocasião em Corbeny ou, a partir de Luís XIV, no parque de São Remígio de Reims. Isso não é tudo. A partir de Luís XII, pelo menos, talvez já antes disso, esse toque, assim realizado perto do sacrário, era, em cada reinado, o primeiro: antes daquele dia, nenhum paciente tinha acesso ao augusto taumaturgo. Existe algo mais tentador do que explicar essa regra supondo que os reis, antes de curar, deviam esperar ter recebido do santo o poder curativo? Essa foi, com efeito, a opinião comum, talvez partilhada pelos próprios reis.[98]

Os cônegos de Reims viam a nova teoria com maus olhos; ela lhes parecia atentar contra o prestígio da unção, fonte verdadeira, ao seu ver, do milagre da escrófula e, consequentemente, contra a honra de sua catedral, na qual os

---

capiunt in visitatione corporis beati Marcolphi, quam post coronationem facere consueverunt Reges".
97. Hubertus Thomas Leodius, *Annalium de vita illustrissimi principis Friderici II...*, ed. de 1624, in-4º. Frankfurt, p. 97; sobre as inexatidões de H. Thomas, cf. abaixo p. 299, n. 1.
98. Toque por Carlos VIII: Godefroy, *Ceremonial*, I, p. 208; por Luís XII: registro da esmola, Arch. Nat., K 77, fól. 124 vº; por Henrique II: abaixo, p. 302, n. 10; por Luís XIII: Godefroy, p. 457 (860 doentes), e J. Héroard, *Journal*, 1868, II, p. 32 ("novecentos e tantos"); por Luís XV e Luís XVI, ver abaixo, p. 382 e 384. O fato de que Luís XII não tocou nenhum doente antes da cerimônia de Corbeny se deduz do exame de seu registro de esmola, citado anteriormente; toda a literatura do milagre régio, no século XVII, concorda em estabelecer essa espera como princípio.

sucessores de Clóvis vinham fazer-se consagrar pelo óleo santo. Aproveitaram as festas que marcaram a coroação de Carlos VIII, em maio de 1484, para proclamar bem alto a doutrina antiga. Seu deão, parlamentando, em 29 de maio, à porta da cidade, com o pequeno rei, o relembrou de que ele receberia da unção o "dom celeste e divino de curar e aliviar os pobres doentes da dolorosa doença que cada qual conhece". Mas a palavra não era suficiente; para capturar a imaginação da multidão e a do próprio príncipe, mais valiam as imagens. Ao longo de todo o caminho que deviam percorrer, uma vez ultrapassados os baluartes, o soberano e seu séquito, encontravam-se dispostos, de acordo com a moda da época, "palanques" oferecendo uma série de quadros vivos que relembravam as recordações mais famosas ou os mais belos privilégios da monarquia. Em cima de um deles, havia "um jovem vestido com uma toga azul, semeada de flores-de-lis douradas, tendo uma coroa de ouro sobre a cabeça"; em suma, um ator representando um rei da França, e um jovem rei; à sua volta, seus servidores "enxaguando-lhe as mãos" e doentes que ele "curava, tocando-os com o sinal da cruz": em resumo, uma figuração do toque tal como Carlos VIII logo o praticaria. Abaixo, uma inscrição trazia os seguintes versos, os quais, sem dúvida, foram redigidos por um desses senhores do capítulo, provavelmente o poeta Guilherme Coquillart:

> Na virtude da Santa Unção
> que, em Reims, recebe o nobre Rei da França,
> Deus, por suas mãos, confere cura
> de escrófula, eis a demonstração.

Essa "demonstração" e a quadrinha que a comentava tinham por objetivo evidenciar a "virtude da santa Unção". Contudo, "passando diante da referida História", os cavaleiros do cortejo, um pouco apressados, contentaram-se em lançar sobre ela um olhar distraído, sem ler o cartaz; percebendo apenas tratar-se de uma cena de cura de escrófula, pensaram "que era um milagre de São Marculfo"; foi o que disseram à criança real, que certamente acreditou neles. A reputação de São Marculfo penetrara a tal ponto nas consciências que tudo, até mesmo as insinuações de seus adversários, o beneficiava.[99]

---

99. O que precede se baseia no relato contemporâneo, publicado por Godefroy, *Ceremonial*, I, p. 184 ss. Cf. *Mémoires du sieur Fouquart, procureur syndic de la ville de Reims*; *Revue des soc. savantes*, 2ª série, VI (1861, 2ª sem.), p. 100 e 102; sobre o papel de G. Coquillart, uma nota de Rathery, ibidem, p. 98, n. 2.

Se os cônegos de Reims acreditavam que à sua honra interessava a glória da unção real, com mais forte razão as diversas comunidades religiosas que tiravam prestígio e proveito do culto de São Marculfo deviam favorecer, com todo o seu poder, a teoria que fazia remontar à sua intercessão a virtude taumatúrgica dos reis. Em primeiríssima linha, evidentemente, seus principais sequazes, os monges de Corbeny. Outros também. A grande abadia de São Riquero em Ponthieu lhe dedicara, como se sabe, desde o século XIV pelo menos, uma veneração particular. Pouco após 1521, o tesoureiro da comunidade, Philippe Wallois, resolveu ornamentar com afrescos a sala da tesouraria cuja guarda lhe era atribuída por seu cargo; no amplo ciclo pictórico cujo programa ele mesmo provavelmente traçou, e que ainda podemos ver hoje desenrolar-se nas paredes da bela sala, coberta por uma abóbada delicadamente nervurada, ele não se esqueceu de São Marculfo. Wallois o mostrou, por uma concepção ousada, na própria realização da doação maravilhosa: o abade de Nant, com a croça em sua mão, encontra-se em pé; aos seus pés, ajoelha-se um rei da França, vestido a caráter, coroa, manto flor-de-lisado, o colar de São Miguel no pescoço; o santo, com sua mão sagrada, toca o príncipe no queixo; era o gesto que as miniaturas ou as gravuras ordinariamente atribuíam aos reis quando tocavam a escrófula, a doença que tinha nas glândulas do pescoço sua sede preferida; o artista não acreditou poder encontrar outro gesto mais eloquente para indicar aos olhos de todos a transmissão do poder curativo. Abaixo do quadro, uma inscrição em versos latinos, que explicava o seu sentido, pode ser traduzida da seguinte maneira (cf. estampa I bis): "Ó, Marculfo, teus escrofulosos recebem de ti, ó médico, uma perfeita saúde; graças ao dom que lhe dás, o rei da França, ele também médico, desfruta sobre a escrófula de igual poder; que eu possa [graças a] ti, que brilhas por tantos milagres, conseguir alcançar, são e salvo, os adros estrelados".[100]

Preces, desde sempre, acompanharam a cerimônia do toque; mas delas ignoramos tudo até o reinado de Henrique II, assim como, aliás, no que diz respeito ao período posterior. Sob esse príncipe, e para ele, foi composto um magnífico Livro de Horas, joia da arte francesa. No fól. 108 desse manuscrito, em frente a uma miniatura que representa o rei, em uma galeria de arquitetura clássica, indo de doente em doente, encontram-se *"As orações que se*

---

100. "O Marculphe tuis medicaris cum scrofulosis — Quos redigis peregre partibus incolumes — Morbigeras scrofulas Franchorum rex patienti — Posse pari fruitur (te tribuente) medicus — Miraculis igitur qui tantis sepe coruscas — Astriferum merear sanus adirr palum". Cf. "Apêndice II", n. 20.

acostumaram a dizer os Reis da França quando querem tocar os doentes da escrófula". O que se lê nelas? Nada além de certo número de orações, antífonas e responsórios em homenagem a São Marculfo. Essas composições são, aliás, de uma banalidade perfeita; o que elas contêm de mais particular é pura e simplesmente recortado das Vidas do santo, escritas na época carolíngia; elas não apresentam nenhuma alusão ao seu papel de iniciador do milagre régio.[101] No entanto, se o rei da França, toda vez que realizava o milagre costumeiro, acreditava dever fazer suas devoções a esse mesmo servidor de Deus que ele, antes de tentar curar pela primeira vez, tinha ido venerar em Corbeny, é porque pensava ter de manifestar-lhe algum reconhecimento pela virtude maravilhosa que se preparava para fazer brilhar diante dos olhos de todos. A liturgia da escrófula era uma espécie de sanção dada pelos reis ou pelo clero de sua capela à glória de São Marculfo.

Assim, quase oficialmente estabelecida em meados do século XVI, a crença subsistiu nos séculos seguintes. Quando, por volta de 1690, o abade de São Riquero, Carlos de Aligre, preocupado em realçar o esplendor de sua igreja, que havia sido arruinada pelas guerras e pela comenda, concebeu a ideia de pedir aos melhores artistas da época uma série de quadros de altar, ele dedicou um deles à glória de São Marculfo. Confiou-o ao pintor habitual das cenas religiosas, o honesto e fecundo João Jouvenet. Sob Luís XIV, uma obra que se referia ao milagre régio não podia deixar de colocar o rei no primeiro plano; na tela que Jouvenet executou à sua maneira habitual, que é sólida e sem brilho, percebe-se inicialmente apenas o monarca — sob os traços do próprio Luís XIV — tocando os escrofulosos; mas, à sua direita, um pouco retraído, como convém, e até mesmo parcialmente dissimulado pelo augusto médico, é possível observar o abade que inclina, como se estivesse orando, sua cabeça adornada com uma auréola: trata-se de Marculfo, presente no rito que sua intercessão possibilitou. Por volta da mesma época, muito perto de São Riquero, em Saint-Wulfran de Abbeville, um pintor, que permaneceu desconhecido, inspirando-se talvez no modelo fornecido por Jouvenet, representava, ele também, Luís XIV realizando o ato curativo: ao lado do grande Rei, São Marculfo. Em Tournai, na igreja de São Brício, há outro quadro de altar, executado, certamente quando a cidade era francesa — de 1667 a 1713 —, por um artista de talento, o qual acreditamos ser Miguel Bouillon, que ali lecionou entre 1639 e 1677: o abade de Nant, mitrado como um bispo, e um rei da

---

101. Bibl. Nat. lat. 1.429, fól. 108-112. Sobre esse famosíssimo manuscrito, bastará remeter à nota de Leopold Delisle, *Annuaire-Bulletin de la Soc. de l'hist. de France*, 1900, p. 120.

França, de fisionomia impessoal, envolto no manto flor-de-lisado e revestido de arminho, aparecem lado a lado; com a mão esquerda, o príncipe segura um cetro, o elesiástico, uma croça; suas mãos direitas, com um gesto quase igual, se erguem como que para abençoar os doentes que, em posições dramáticas, se precipitam aos seus pés. Um tema análogo se encontra em obras de menor importância. Em 1638, dom Oudard Bourgeois, prior de Corbeny, ao publicar sua *Apologia de São Marculfo*, lhe dá por frontispício uma gravura na qual se vê um rei — desta vez provido, como era de esperar, do cavanhaque pontudo que caracteriza Luís XIII — estendendo sua mão sobre um doente; ao lado deles, o santo do priorado. Vejamos agora, também datadas provavelmente do século XVII, duas produções da arte piedosa destinadas às multidões: uma estampa gravada por H. Hébert e uma medalha cunhada para a igreja de Sainte-Croix d'Arras [Santa Cruz de Arras]; ambas colocam frente a frente um rei e São Marculfo; entre elas, uma única diferença séria: na estampa, assim como no afresco da tesouraria de São Riquero, e talvez o imitando, o santo toca o queixo do rei; na medalha, punha as mãos sobre ele; em ambos os gestos, exprimia-se uma mesma ideia: a de uma transmissão sobrenatural. Atravessemos, enfim, as fronteiras do reino. Em 27 de abril de 1683, uma confraria em homenagem ao nosso santo havia sido estabelecida em Grez-Doiceau, em Brabante; lá, segundo o costume dos Países Baixos, distribuíam-se aos peregrinos imagens em forma de bandeirolas, chamadas *drapelets* [bandeirinhas]; conservamos um *drapelet* de Grez-Doiceau que parece datar do século XVIII; aos pés de São Marculfo e beijando um objeto redondo, decerto um relicário, que este lhe estende, percebe-se um rei da França, vestindo, como sempre, o longo manto bordado com flores-de-lis; ao seu lado, sobre uma almofada, o cetro e a coroa. Assim, mesmo em terra estrangeira, não se concebia mais o santo sem o rei como atributo. Em todo lugar, a iconografia difundia a ideia de que aquele velho monge, sobre o qual se sabia tão pouco — eremita, fundador de abadia e antagonista do diabo nos tempos merovíngios —, desempenhara um papel nas origens e na continuação do poder curativo.[102]

---

102. Sobre essas obras de arte, ver abaixo "Apêndice II", n. 14, 15, 16, 10, 21, 22 e 23; cf. a estampa II. O mesmo tema se encontra em Grez-Doiceau numa estatueta e num quadro, cujas datas desconheço. Evidentemente, existem também representações de São Marculfo conformes ao tipo abacial banal e nas quais o rei não aparece: por exemplo, as imagens das confrarias de Falaise e dos carmelitas da praça Maubert citadas acima, p. 266, n. 65, e abaixo, p. 296, n. 163; uma gravura do século XVII, conservada na Coleção dos Santos no Gabinete das Estampas (reproduzida por Landouzy, *Le toucher des Écrouelles*, fora do texto); duas gravuras da mesma época provenientes de livretos para os peregrinos,

Que papel, ao certo? Talvez nunca tenha havido perfeita clareza sobre esse ponto, em que a concepção original, que via na virtude milagrosa dos reis uma expressão de seu poder sagrado, jamais desapareceu por completo. Por muito tempo, de resto, mal houve a ocasião de discutir o problema. Mas, quando os teóricos do absolutismo, no final do século XVI e no início do século seguinte, se esforçaram, em resposta aos "monarcômacos", para exaltar o prestígio da realeza, eles atribuíram, como veremos, um lugar muito grande ao milagre da escrófula; seu objetivo era, acima de tudo, evidenciar o caráter divino do poder real; não podiam, portanto, aceitar, para as virtudes maravilhosas do toque, outra origem além desse caráter divino, o qual, segundo eles, era sancionado ou mesmo reforçado pelos ritos da sagração. Como se verá oportunamente, tais teóricos não partilhavam, em relação a essas solenidades religiosas, a intransigência outrora manifestada pelo autor do *Sonho do pomar*. Eles tenderam ora a dissimular a influência comumente atribuída a São Marculfo, ora a negá-la formalmente: essa é, por exemplo, a atitude do jurista Forcatel — que simplesmente silencia a esse respeito —, do médico Du Laurens e do esmoler Guilherme Du Peyrat, os quais polemizam contra os adeptos do santo.[103] Ademais, Santo Tomás de Aquino, na opinião deles — sabemos que eles o confundiam com seu continuador, Bartolomeu de Luca —, não atribuiu expressamente à unção as curas operadas pelos capetíngios? Mesmo os defensores do patrono de Corbeny, assim como o prior Oudard Bourgeois, não ousaram mais, a partir daquele momento, reivindicar

---

reproduzidas ibidem, p. 21 e 31; uma gravura em [Bourgoing de Villefore], *Les vies des SS. Pères des deserts d'Occident*, I, in-12, 1708, diante da página 170, também Cab. des Est. Collect. des Saints e Biblioth. Sainte-Geneviève, col. Guéneubault, pasta 24, n. 5.108 (aqui São Marculfo, na companhia de dois outros eremitas, é representado como anacoreta e não como abade); uma imagem de piedade do século XVII representando o santo tentado pelo demônio disfarçado de mulher: col. Guénebault, pasta 24, n. 5.102 (comunicação de C. Mortet). Não deixa de ser verdade que o atributo realmente característico do santo, logo que saímos da iconografia hagiográfica mais banal, é o rei da França. São Marculfo não é mencionado. A. M. Pachinger em seus dois trabalhos: *Ueber Krankheitspatrone auf Heiligenbildern* e *Ueber Krankheitspatrone auf Medaillen*; *Archiv. für Gesch. der Medizin*, II (1908-1909) e III (1909-1910).
103. Forcatel, *De Gallorum imperio*, p. 128 ss.; Du Laurens, *De mirabili*, p. 14-15; Du Peyrat, *Histoire ecclésiastique de la Cour*, p. 807. Cf. também Mauclerc, *De monarchia divina*, 1622, col. 1.567. O autor que talvez tenha atribuído da maneira mais expressa o poder curativo à intercessão de São Marculfo é Robert Ceneau, *Gallica historia*, fól. 1.557, p. 110. Sobre a atitude dos escritores dos séculos XVI e XVII em relação à unção, considerada fonte do milagre régio, ver abaixo, p. 342-343.

para ele mais do que uma participação de algum modo secundária nas origens do toque: "Não quero inferir", ele escreve literalmente, "como pensaram alguns, que nossos Reis devem a virtude de curar a Escrófula à intercessão de São Marculfo... A Sagração de nossos Reis é a primeira fonte desse favor". O papel de Marculfo teria se limitado a "assegurar" essa graça — isto é, a obter de Deus a sua confirmação e sua manutenção — em reconhecimento aos benefícios por ele recebidos do "rei da França" Quildeberto (acreditava-se, naquela época, que, desde Clóvis, os merovíngios exerciam a cura):[104] esforço um tanto embaraçado de conciliar duas teorias claramente contraditórias.

Contradições dessa espécie pouco perturbam a opinião comum. A maioria dos doentes, peregrinos de Corbeny ou adeptos do toque régio, continuaram a imaginar vagamente que o abade de Nant tinha alguma participação no poder maravilhoso dos reis, sem procurar explicar como sua ação se exercia. Essa crença se exprime com ingenuidade em vários certificados de cura conservados nos arquivos de Corbeny. Neles, vê-se que, no século XVII, certos escrofulosos, depois de terem sido tocados pelo rei, somente pensavam poder obter alívio completo se realizassem em seguida uma novena no túmulo de São Marculfo; ou então lhes levavam suas ações de graça, pois, até mesmo quando, tendo sido tocados pela mão régia e sem a intervenção de outras práticas piedosas, se encontravam livres de seus males, acreditavam que a intercessão do santo contribuíra, em alguma medida, para o milagre.[105] Os monges do priorado encorajavam tais ideias. O regulamento da peregrinação de Corbeny, redigido por volta de 1633, e conservado pelo registro da confraria de Grez-Doiceau em Brabante, diz literalmente: "Caso ele" — o doente — "seja tocado pelo cristianíssimo rei... (único entre os príncipes da terra que tem esse poder de Deus de curar a escrófula pelos méritos desse abençoado santo), [ele] deve, após ser tocado, vir ou enviar alguém para fazer-se registrar na referida confraria e ali fazer ou mandar fazer sua novena; em seguida, enviará à referida Corbeny um

---

104. *Apologie*, p. 65; cf. p. 9. A mesma teoria conciliante se encontra em Dom Marlot, *Théâtre d'honneur*, p. 717 ss.; cf. abaixo p. 281.
105. Maço 223 (informações), n. 7; certificado estabelecido em 25 de março de 1669 por dois médicos de Auray para um escrofuloso que havia sido curado "depois de ter sido tocado por sua Cristianíssima Majestade e depois da peregrinação de São Marculfo". Maço 223, n. 11: certificado estabelecido em 29 de abril de 1658 pelo cura de Neufchâtel, perto de Menneville (certamente Neufchatel-sur-Aisne, Aisne, e Menneville, mesmo cantão); a doente havia sido tocada por Luís XIV no dia seguinte à sagração, "de modo que pouco tempo após a intercessão de São Marculfo, para quem rezara, ela teria recebido alívio"; em seguida, a moléstia retornou; ela se dirigiu a Corbeny, fez ali sua novena e foi inteiramente curada. Ver, por fim, o certificado citado na p. 281, n. 107.

certificado de sua cura, assinado pelo padre ou pela justiça de sua localidade".[106] Em contrapartida, como no passado, o capítulo remense encarava com pouco apreço a concorrência que o santo de Corbeny fazia à unção real. Em 17 de setembro de 1657, uma mulher de Reims, Nicolle Regnault, antes atingida pela escrófula e tendo recuperado a saúde, pediu que lhe fizessem, em uma mesma folha de papel, dois certificados de cura. O primeiro havia sido assinado pelo cura de Saint-Jacques de Reims [São Tiago de Reims], M. Aubry, ao mesmo tempo cônego da igreja metropolitana; nele, lê-se que Nicolle, "tendo sido tocada pelo Rei na época de sua sagração, encontrou-se curada"; não há menção a São Marculfo. O segundo tinha por autor o tesoureiro de Corbeny; esse religioso certificou que a doente "foi perfeitamente curada pela intercessão do bem-aventurado São Marculfo", a quem ela fez, em seguida, sua novena, em ações de graça; não é feita nenhuma menção ao rei.[107] As autoridades eclesiásticas superiores, às quais o prestígio da sagração, tendo esta última se tornado aos poucos um dos mais sólidos vínculos entre a realeza e a Igreja, e o culto dos santos populares eram igualmente preciosos, não se preocuparam, de modo algum, em decidir o debate. Seu ecletismo se exprime perfeitamente no tratado *De la béatification des serviteurs de Dieu et de la canonisation des saints* [Da beatificação dos servidores de Deus e da canonização dos santos], de autoria do cardeal Próspero Lambertini — mais tarde papa sob o nome de Bento XIV —, aquele homem espirituoso a quem Voltaire dedicou *Maomé*. Abramos o livro IV daquela célebre obra que, ainda hoje, segundo se diz, constitui autoridade junto à Congregação dos Ritos; nela, lemos as seguintes palavras: "Os reis da França obtiveram o privilégio de curar a escrófula... em virtude de uma graça a eles graciosamente dada, seja quando da conversão de Clóvis"... *(é a teoria da unção), "seja quando São* Marculfo a pediu a Deus para todos os reis da França".[108] Afinal, como dizia dom Marlot, "não é impossível possuir uma mesma coisa sob dois títulos diferentes".[109]

---

106. Schépers, *Le pèlerinage de Saint-Marcoul à Grez-Doiceau*, p. 181. Respeito a ortografia dada pelo editor; ela parece ter sido um pouco modernizada por ele.
107. Maço 223 (informações), n. 7.
108. Bento XIV, *Opera omnia*, fól. Veneza, 1788: *De servorum Dei beatificatione et beatorum canonizatione*, 1, IV, parte I, cap. III, c. 21, p. 17: "Ad aliud quoddam genus referendum est illud, quod modo a Nobis subnectitur, ad privilegium videlicet Regum Galliae strumas sanandi: illud quippe non hereditario jure, aut innata virtute obtinetur, sed Gratia ipsa gratis data, aut cum Clodoveus Clotildis uxoris precibus permotus Christo nomen dedit, aut cum Sanctus Marculphus ipsam pro Regibus omnibus Galliarum a Deo impetravit".
109. *Théâtre d'honneur*, p. 718; a frase também se encontra em Regnault, *Dissertation*, p. 15.

Na verdade, na teoria do milagre régio, São Marculfo era um intruso, cujo sucesso nunca foi perfeito. Mas como explicar essa intrusão? Absolutamente nada em sua lenda a justifica, nem de perto nem de longe; pois, embora se leia nas vidas antigas que ele recebeu de Quildeberto alguns presentes, não se constata de maneira alguma, a despeito do que tenha dito Oudard Bourgeois, que, em troca, ele "foi magnífico no lugar de Sua Majestade",[110] isto é, que tenha obtido para Ela algum dom maravilhoso ou, pelo menos, a "continuação" desse dom. A ideia de sua intercessão nasceu, por volta do final da Idade Média, como resultado do espetáculo das primeiras peregrinações reais, as quais foram interpretadas como ações de graça, em reconhecimento a um benefício; posteriormente, tal interpretação se impôs aos próprios reis; as comunidades ou confrarias interessadas no culto do santo se dedicaram a difundi-la. Essas são, pelo menos, as circunstâncias ocasionais que permitem explicar o fato de que essa curiosa concepção, que, na Inglaterra, não encontra nenhuma que lhe seja análoga,[111] tenha se desenvol-

---

110. *Apologie*, p. 9.
111. É verdade que, segundo uma teoria cujo autor responsável parece ser Carte em sua *General History of England*, 1747, I, IV, § 42 (cf. Law Hussey, *On the Cure of Scrofulous Diseases*, p. 208, n. 9; Crawfurd, *The king's evil*, p. 17), os reis da Inglaterra teriam tocado a escrófula numa câmara do Palácio de Westminster chamada Câmara de São Marculfo. Na verdade, os *Rotuli Parliamentorum* mencionam, por diversas vezes, nesse palácio, uma *Chambre Marcolf ou Marcholf* (cf. o "Index", p. 986), pela primeira vez em 1344 (II, p. 147a), pela última em 1483 (VI, p. 238a). Nada indica, entretanto, que os reis tenham um dia tocado alguém naquele local. Esse cômodo, que servia ordinariamente de local de sessão para a comissão dos *triadores das petições*, composta, quando muito, de uma dezena de membros, devia, aliás, ser de dimensões muito exíguas; o que indica que se poderia ter agrupado nele a numerosíssima clientela das curas reais? Ademais, deve-se observar que, nomeado por 73 vezes nos *Rotuli*, sempre aparece com o nome de *chambre Marcolf* (ou *Marcholf*), e nunca *saint Marcolf*, o que, caso ele tivesse realmente tirado seu nome de um santo, seria absolutamente contrário ao costume da época. Com certeza, o *Marcolf* segundo o qual ele foi batizado era uma personagem absolutamente profana, muito diferente do abade de Nant; isso nos faz pensar — mas se trata de pura hipótese — no faceciso Marculfo, cujas audiências com o bom rei Salomão fizeram a alegria do público medieval (cf., entre outros, G. Paris, *La littérature française au moyen âge*, § 103); não teria havido, sobre os muros da sala, alguma pintura representando essas agradáveis conversas? Parece, aliás, que São Marculfo nunca gozou na Inglaterra de muita popularidade, o que tanto menos surpreenderá quanto, até mesmo no continente, a expansão de seu culto foi, como se sabe, posterior, em grande parte, à Reforma. Ele não aparece nem no *Sanctilogium Angliae* de John of Tynemouth, falecido por volta de 1348 (C. Horstmann, *Nova legenda Angliae*, I. Oxford, 1901, p. IX), nem no *Martiloge in englyshe* de Richard Whytford, in-4º [1526]. Não há indícios de que qualquer igreja inglesa tenha sido dedicada a ele; cf. Frances Arnoldforster, *Studies in Church Dedications*, III, 1899.

vido na França no final da Idade Média; porém não se poderia compreendê-la plenamente sem considerá-la, acima de tudo, expressão de uma tendência geral da consciência popular à confusão, ou, para empregar um termo da filosofia clássica, à "contaminação" das crenças. Havia, na França, reis que, desde o século XI, aproximadamente, curavam a escrófula; havia também, no mesmo país, um santo a quem, um ou dois séculos mais tarde, se decidira reconhecer como detentor de poder semelhante; a doença era, ao mesmo tempo, o "mal régio" e o "mal de são marculfo";[112] como admitir que esses dois fatos maravilhosos carecessem de qualquer relação um com o outro? As imaginações procuraram um elo e, porque assim fizeram, o encontraram. Que elas tenham obedecido a uma necessidade constante da psicologia coletiva, é o que vai nos mostrar a história de outra contaminação da mesma espécie, à qual os reis taumaturgos e o santo de Corbeny se encontraram simultaneamente concernidos.

§ 3. OS SÉTIMOS FILHOS, OS REIS DA FRANÇA E SÃO MARCULFO

Desde tempos imemoriais, atribuía-se a certos números um caráter sagrado ou mágico: acima de todos, o número 7.[113] Por isso, não deve causar surpresa que, em muitos países diferentes, um poder sobrenatural particular tenha sido atribuído ao sétimo filho ou, mais precisamente, ao último representante de uma série contínua de sete filhos homens, sem filhas intermediárias; por vezes também, embora muito mais raramente, à sétima filha, na sequência igualmente ininterrupta de uma série do mesmo sexo. Esse poder assume, ocasionalmente, um caráter desagradável e, de modo geral, um tanto inconveniente para aquele que se encontra dele provido: em certas regiões de Portugal, ao que parece, os sétimos filhos supostamente se transformam todos os sábados — por vontade própria ou não, não o sei — em asnos e, sob essa aparência, podem ser perseguidos pelos cães até a alvorada.[114] Mas,

---

112. Essa expressão se encontra notadamente, diversas vezes, nos certificados de cura conservados nos Arquivos de Reims.
113. Sobre este ponto pode-se remeter a W. H. Roscher, *Die Sieben-und Neunzahl im Kultus und Mythus der Griechen*; Abh. der phil.-histor. Klasse der kgl. sächsischen Gesellsch. der Wissensch., XXIV, 1 (1904). Cf. também Petri Bungi Bergomatis, Numerorum mysteria, in-4º. Paris, 1618, p. 282 ss.; e F. v. Adrian, *Die Siebenzahl im Geistesleben der Völker*; Mitteil. der anthropol. Gesellschaft in Wien, XXXI (1901).
114. W. Henderson, *Notes on the Folk-lore of the Northern Counties of England*, 2. ed. (Publications of the Folk-lore Society, II). Londres, 1879, p. 306 (o fato é citado com base

quase sempre, ele é considerado essencialmente benfazejo: em alguns lugares, o sétimo filho é tido como um vedor[115]; acima de tudo, em quase todos os lugares, vê-se nele — assim como, eventualmente, na sétima filha — um curador nato, um *panseux de secret* [curandeiro secreto], como se diz no Berry[116] ou, em Poitou, um *touchou*.[117] A crença sob essa forma foi e ainda é muito amplamente difundida na Europa Ocidental e central: ela foi assinalada na Alemanha,[118] na Biscaia,[119] na Catalunha,[120] em quase toda a França,[121] nos

---

em uma comunicação do professor Marecco). Segundo F. v. Adrian, *Die Siebenzahl*, p. 252, os sétimos filhos ou filhas passam, por vezes, por demônios; da mesma forma, demônios saem do sétimo ovo de uma galinha negra ou dos ovos de uma galinha de 7 anos de idade.
115. *Revue des traditions populaires*, IX (1894), p. 112, n. 17 (em Menton). A concepção popular, que explica o caráter sucessivamente favorável ou desagradável atribuído ao poder do sétimo filho, encontra-se bem expressa por estas palavras de uma camponesa inglesa, relatadas por Charlotte Sophia Burne, *Shropshire Folk-lore*. Londres, 1885, p. 187: "The seventh son 'll always be different tille the Others" [O sétimo filho sempre será diferente dos outros.].
116. Laisnel de la Salle, *Croyances et légendes du centre de la France*, 1875, II, p. 5.
117. Tiffaud, *L'exercice illégal de la médecine dans le Bas-Poitou* (tese em Medicina, Paris), 1899, p. 31.
118. F. Liebrecht, *Zur Volkskunde*. Heilbronn, 1879, p. 346 (com referências).
119. Theophilo Braga, *O povo portuguez*, II, in-12. Lisboa, 1885, p. 104.
120. Joseph Sirven, *Les Saludadors* (1830); Soc. agricole, scientifique et littéraire des Pyrenées-Orientales, XIV (1864), p. 116-118 (Catalunha e Rossilhão).
121. Encontra-se mais adiante, citado no texto ou nas notas, certo número de testemunhos antigos ou modernos relativos a essa superstição na França. Limito-me a indicar aqui aqueles que não terei a ocasião de citar posteriormente: (L. Wairo), *De fascino libri tres*. Paris, peq. in-4º, 1583, lib. I, c. XI, p. 48 (o autor, italiano, apresenta a superstição como difundida "in Gallia et Burgundia"; cito, como se vê, com base numa das edições francesas, a única que pude consultar; o livro foi, aliás, traduzido em francês sob o título: *Trois livres des charmes*, 1583, e pôde assim contribuir para propagar a crença em nosso país; Thomas Platter, em suas lembranças redigidas em 1604-1605: tradução L. Sieber, *Mémoires Soc. histoire Paris*, XXIII (1898), p. 224; Petri Bungi ... *Numerorum mysteria*, 1618, p. 302 (sétimo filho e sétima filha); De l'Ancre. *L'incrédulité et mescreance du sortilège...* 1622, p. 157; Laisnel de la Salle, *Croyances et légendes du centre de la France*, II, p. 5; Jaubert, *Glossaire du centre de la France*, 1864 (no verbete *Marcou*); M. A. Benoît, *Procès-verbaux soc. archéol. Eure-et-Loire*, V (1876), p. 55 (Beauce); Tiffaud, *L'exercice illégal de la médecine dans le Bas-Poitou*, p. 19, 31, 34 n. 2; Amélie Bosquet, *La Normandie romanesque et merveilleuse*. Rouen, 1845, p. 306 (sétima filha); Paul Sebillot, *Coutumes populaires de la Haute-Bretagne* (*Les littératures populaires de toutes les nations*, XXII), p. 13; Paul Martellière, *Glossaire du Vendemois*. Orléans e Vendôme, 1893 (no verbete *Marcou*).

Países Baixos,[122] na Inglaterra,[123] na Escócia,[124] na Irlanda[125] e até mesmo, dizem, fora da Europa, no Líbano.[126]

Seria ela muito antiga? Os primeiros testemunhos que possuímos a seu respeito remontam, tanto quanto sei, ao início do século XVI; não encontrei nenhum anterior ao de Cornélio Agrippa em sua *Filosofia oculta*, publicada pela primeira vez em 1533.[127] Deve-se acreditar que, antes de surgir assim à luz dos livros, essa superstição, que a Antiguidade parece ter ignorado, tenha existido por muito tempo na Idade Média sem deixar vestígios escritos? Pode ser; e também é possível que se descubra um dia uma menção a ela em textos medievais

---

122. M. del Rio, *Disquisitionum magicarum*, I, cap. III, "Qu. IV", ed. de 1606, t. I, p. 57 (Flandres); Eug. Monseur, *Le Folklore wallon*, in-12. Bruxelas [1892], p. 30, § 617 (Valônia).
123. Sigo aqui, para as referências, a mesma regra que para a França (ver n. 121, p. 284). Algumas das passagens indicadas concernem também à Escócia: *Diary of Walter Yonge Esqu.*, ed. G. Roberts (Camden Society, 41). Londres, 1848 (o diário é de 1607), p. 13; Crooke, *Body of Man* (publicado em 1615; conheço esse testemunho apenas por meio de E. Murray, *A New English Dictionary*, no verbete *King's Evil*); John Bird, *Ostenta Carolina*, 1661, p. 77; Χειρεξοχη, 1665, p. 2; Thiselton-Dyer, *Old English Social Life as Told by the Parish Registers*, in-12. Londres, 1898, p. 77; W. G. Black, *Folk-medicine*. Londres, 1883, p. 122 e 137; W. Henderson, *Notes on the Folk-lore of the Northern Counties*, 2. ed., p. 304 e 306; Henry Barnes, *Transactions of the Cumberland and Westmoreland Antiquarian and Archaeological Society*, XIII (1895), p. 362; John Brand, *Popular Antiquities of Great Britain*, in-4°. Londres, 1870, p. 233; Charlotte Sophia Burne, *Shropshire Folk-lore*. Londres 1885, p. 186-188 (sétimo filho e sétima filha); *Notes and Queries*, 5th series, XII (1879), p. 466 (sétima filha); *The Folk-lore*, 1895, p. 205; 1896, p. 295 (sétima filha); vê-se por este último exemplo que, em Somerset, os toques devem ter ocorrido em duas séries de sete manhãs, separadas por sete dias sem toque; no mesmo condado, atribui-se um poder ainda maior às sétimas filhas de sétimas filhas; o número sagrado domina tudo.
124. Robert Kirk, *Secret Commonwealth*, in-4°. Edimburgo, 1815, p. 39 (a obra foi composta em 1691), J. G. Dalyell, *The Darker Superstitions of Scotland*. Edimburgo, 1834, p 70; *Notes and Queries*, 6th series, VI (1882), p. 306; *The Folk-lore*, 1903, p. 371, n. 1, e p. 372-373; 1900, p. 448.
125. *Dublin University Magazine*, IV (1879), p. 218; *The Folk Lore*, 1908, p. 316. No condado de Donegal, assim como em Somerset, insiste-se no número 7: o toque do sétimo filho deve ser aplicado por *sete* manhãs sucessivas: *Folk-lore*, 1897, p. 15; no mesmo condado, a parteira que recebe o sétimo filho coloca em sua mão, quando de seu nascimento, um objeto de sua escolha; e é com objetos feitos dessa mesma substância que ele deverá, posteriormente, esfregar seus pacientes para os curar: ibidem, 1912, p. 473.
126. F. Sessions, *Syrian Folklore. Notes Gathered on Mount Lebanon*; *The Folk-lore*, IX (1898), p. 19.
127. *De occulta philosophia*, II, c. III, gr. in-8°, s.l.n.d. [1533], p. CVIII. Cornélio Agrippa também menciona a sétima filha.

que me teriam escapado.[128] Mas eu acreditaria de bom grado que sua verdadeira popularidade se efetivou apenas nos tempos modernos, pois parece dever-se, em boa parte, àqueles pequenos livros impressos que, vendidos nos açafates dos mercadores ambulantes, colocaram, a partir do século XVI, aproximadamente, ao alcance das pessoas simples as velhas ciências herméticas e, em particular, as especulações sobre os números, antes pouco familiares à alma popular.[129] Em 1637, um William Gilbert, de Prestleigh, em Somerset, tendo tido sete filhos seguidos, empregava o último deles, chamado Richard, para "tocar" os doentes. Naquela época, por razões que veremos mais adiante, o governo de Carlos I perseguia com bastante severidade os curadores dessa espécie. O bispo de Wells, a cuja diocese pertencia Prestleigh, foi encarregado de iniciar uma investigação sobre o caso de Gilbert; descobriu assim — e, de nossa parte, sabemos disso graças ao seu relatório — como o pequeno Richard começara a fazer curas. Um *yeoman* da vizinhança tinha uma sobrinha que sofria da escrófula; ele lembrou ter lido num livro anônimo intitulado *Mil coisas notáveis de diversas espécies* que essa doença era suscetível de ser curada pelos sétimos filhos; a menininha foi enviada à casa dos Gilbert e foi a primeira paciente da criança médica.[130] Ora, conhecemos a obra onde o *yeoman* descobriu essa preciosa indicação; composta por um certo Thomas Lupton e publicada pela primeira vez em 1579, ela teve um número bastante grande de edições.[131] Pode-se acreditar que mais de um pai, provido de sete meninos, extraiu dela, quer diretamente, quer, como William Gilbert, em virtude dos bons serviços de um intermediário, a ideia de utilizar o maravilhoso talento reconhecido ao mais jovem dessa bela série. Da mesma forma, o próprio Lupton não poderia ser considerado, nesse caso, o intérprete imediato de uma

---

128. Raul de Presles, ao longo de sua tradução, já frequentemente citada, de *A cidade de Deus*, ao tratar, em sua exposição sobre o 31º capítulo do livro XI, das virtudes do número 7, não menciona os poderes maravilhosos do sétimo filho; mas não se poderia deduzir nada desse silêncio; Raul pode muito bem ter se recusado a mencionar uma superstição popular.
129. Evidentemente, o uso dos números sagrados, e sobretudo do número 7, foi familiar ao pensamento erudito, e em particular à teologia, na Idade Média; os *sete* sacramentos constituem disso o mais famoso exemplo, e não o único (cf. Hauck-Herzog, *Realencyclopadie der prot. Theologie*, art. *Siebenzahl*); ouço falar aqui apenas das superstições *populares*.
130. As peças do processo, analisadas no *Calendar of State Papers, Domestic, Charles I*, 30 de setembro e 18 de novembro de 1637, foram, em parte, publicadas por Green, *On the Cure by Touch*, p. 81 ss. É preciso acrescentar que, desde o nascimento da criança, sua avó paterna anunciara que ele faria curas. Mas ele não começou a praticar senão após o *yeoman*, Henry Poyntynge, tendo lido o livro de Lupton, ter lhe enviado sua sobrinha.
131. [Thomas Lupton], *A Thousand Notable Things of Sundry Sortes*, peq. in-4º. Londres [1579], II, § 2, p. 25; cf. o *Dictionary of National Biography*, sob o nome do autor.

tradição popular; ele também se inspirara numa fonte livresca, a qual teve a honestidade de citar, e, curiosamente, uma fonte estrangeira: foi se baseando nos *Neuf Centuries de faits mémorables* [Nove séculos de fatos memoráveis], do médico e astrólogo francês Antoine Mizauld, que ele reproduziu a informação que determinaria a vocação do jovem curador de Prestleigh.[132] Os *Neuf Centuries*, desde seu surgimento, em 1567, também foram muitas vezes reimpressos, notadamente na Alemanha. Quem um dia saberá quantos *touchoux* em diversos países deveram a esse pequeno livro, de primeira ou segunda mão, a inspiração que determinou sua carreira? Outros escritos análogos puderam desempenhar em outros lugares o mesmo papel. A impressão não serviu ao redor do mundo apenas aos progressos do pensamento racional.

Que males, portanto, os "setenários" — para dar-lhes o nome pelo qual eram com frequência designados na Antiga França — sanavam? Na origem, provavelmente, eles os sanavam todos, indistintamente. Da mesma forma, na Alemanha, seu poder parece ter sempre guardado um valor geral. Alhures, sem perder completamente toda influência sobre o conjunto das doenças, eles se especializaram. De acordo com os países, competências diferentes foram reconhecidas: na Biscaia, na Catalunha, eles curaram mordidas feitas por cães raivosos; na França, na Grã-Bretanha e na Irlanda, a escrófula.[133] Nossos mais antigos textos, desde Cornélio Agrippa, Antônio Mizauld ou Thomas Lupton, já os mostram nesse papel de médico dos escrofulosos, no qual os encontramos, ainda hoje, em certas províncias, em ambos os lados da Mancha. De onde lhes veio essa virtude particular? É notável que ela lhes tenha sido atribuída precisamente nos dois lugares em que os reis também a exerciam.[134] Não que, primitivamente, a crença nas curas realizadas pelos sétimos filhos tenha tido alguma relação com a fé no milagre régio; ela nasceu de concepções absolutamente diferentes e, por assim dizer, de uma magia absolutamente diferente. Mas, na França e nos Estados da coroa da Inglaterra, sem dúvida se adquirira o costume de ver na escrófula uma moléstia que concernia, na essência, a meios

---

132. Antonii Mizaldi, *Memorabilium, utilium ac iucundorum Centuriae novem*, peq. in-8°, 1567, cent. III, c. 66, p. 39 v°.
133. J. B. Thiers (passagem citada abaixo, p. 289, n. 143) acredita que eles curam também "as febres terçãs ou quartãs". Na Escócia, além da escrófula, curam diversas doenças: *Folk-lore*, 1903, p. 372. No Rossilhão, onde se misturam as influências espanholas e francesas, eles curam, ao mesmo tempo, a raiva, como na Catalunha, e a escrófula, como na França: Soc. agricole des Pyrénées-Orientales, XIV (1864), p. 118. Segundo Thiers (4. ed., p. 443), as sétimas filhas curavam "freira no calcanhar".
134. Não dispomos de nenhum testemunho sobre a Escócia na época de sua independência.

extraordinários, uma "maravilhosa doença", dizia João Golein, um "mal sobrenatural", dirá um panfleto inglês do século XVII.[135]

Os sétimos filhos tiveram na França e nos países britânicos, nos séculos XVI e XVII, numerosíssimos adeptos. Na Inglaterra, vários deles fizeram a seu soberano uma séria concorrência; certos doentes preferiam recorrer a eles em vez de ao rei;[136] Carlos I ou seus conselheiros, zelosos defensores, nesse ponto assim como em outros, da prerrogativa monárquica, os perseguiram com severidade. Na França, onde parecem ordinariamente terem sido deixados em paz, também alcançaram intenso sucesso.[137] Todos os círculos da sociedade estavam a par de seus feitos, ainda que, no caso das pessoas de bom senso, como a Madame de Sévigné ou a Princesa Palatina,[138] não se falasse deles senão com uma ponta de ironia. Conhecemos vários deles: um estudante de Montpellier que praticava sua arte por volta de 1555,[139] um eremita de Hyères na Provença a respeito do qual um de seus admiradores, que permaneceu anônimo, escreveu, em 1643, um *Traité curieux de la guérison des écrouelles par l'attouchement des septennaires* [Tratado curioso sobre a cura da escrófula pelo toque dos setenários], que merece ser incluído entre os mais singulares monumentos da estupidez humana;[140] em 1632, o filho de um alfaiate de Clermont em Beauvaisis; no mesmo momento, um professo do convento dos carmelitas da praça Maubert, em Paris.[141] Este último praticava sua indústria com o pleno acordo de seus superiores. Reconhece-se dessa maneira que a Igreja não condenara oficialmente essa superstição; teremos, de resto, a ocasião de ver, logo mais, como

---

135. Ver abaixo, p. 358 e 467.
136. Um exemplo curioso dessa espécie nos é revelado por uma correspondência analisada em *Calendar of State Papers, Domestic, Charles I*, 10 de junho, 20 de outubro, 22 de outubro de 1632.
137. Sobre a atitude das duas monarquias em relação aos setenários, cf. abaixo, p. 356-357.
138. Madame de Sevigné: carta ao conde de Gontaut, 18 de maio de 1680 (trata-se, aliás, da sétima filha); — *Briefe der Prinzessin Elizabeth Charlotte von Orlean...* ed. W. Menzel (Biblioth. des literarischen Vereins in Stuttgart, VI), 1843, p. 407; cf. abaixo, p. 354.
139. O médico da Basileia Félix Platera, que estudou em Montpellier de 1552 a 1557, conheceu nessa cidade o indivíduo em questão, que era poitevino de nascença: ver F. Platter, *Praxeos... tomus tertius: de Vitiis*, I, c. III. Basileia, 1656, in-4º; curiosamente, essa passagem não se encontra nas edições anteriores da obra: Platter não mencionou o fato em suas lembranças, sobre as quais se pode ver G. Lanson, *Hommes et Livres*, in-12. Paris 1895.
140. Por L. C. D. G., peq. in-4º. Aix, 1643; o autor pensa que os sétimos filhos gozam desse dom apenas na França se nasceram de ascendentes franceses (até o quarto grau), "não concubinários, bons católicos e não tendo cometido nenhum homicídio".
141. Cf. abaixo, p. 294.

os religiosos de Corbeny souberam tirar proveito dela. Mas, evidentemente, os eclesiásticos mais rigoristas ou mais esclarecidos a reprovavam. Temos de Bossuet uma carta bastante ríspida, dirigida à abadessa de Faremoutiers, que se interessava por um jovem supostamente dotado desse dom. "Aceitai, senhora", escreveu o prelado, "que eu tenha a honra de dizer-vos que me envolvi com esses sétimos filhos apenas para impedi-los de enganar o mundo pelo exercício de sua pretensa prerrogativa, a qual não possui nenhum fundamento".[142] Assim também concluem, em 1679, Jean Baptiste Thiers em seu *Traité des superstitions* [Tratado sobre as superstições] e, em 1704, Jacques de Sainte-Beuve em suas *Résolutions de plusieurs cas de conscience* [Resoluções de vários casos de consciência].[143] Como era de esperar, a opinião desses doutores não impediu, de maneira alguma, a crença de sobreviver. Já indiquei que ela se manteve em certos lugares até o tempo presente. Em meados do século XIX, um camponês da pequena aldeia de Vovette, na Beauce, tendo sido o sétimo a nascer após uma sucessão contínua de meninos, exerceu por muito tempo, a esse título, uma indústria muito frutífera.[144]

Havia, portanto, na França, sob o Antigo Regime, três espécies diferentes de curadores de escrófula, todos igualmente maravilhosos e, como comumente se acreditava, dotados de igual poder: um santo — São Marculfo —, os reis e os sétimos filhos. O poder que lhes era atribuído tinha para cada categoria uma origem psicológica distinta: no caso de São Marculfo, era a crença geral nas virtudes milagrosas e a intercessão dos santos; no caso dos reis (em princípio, e feitas todas as ressalvas sobre a lenda tardia de Corbeny), a concepção da realeza sagrada; por fim, no caso dos sétimos filhos, especulações realmente pagãs sobre os números. Mas esses elementos disparatados foram relacionados e amalgamados pela consciência popular; em relação aos setenários, assim como em relação aos reis, a tendência à contaminação cumpriu o seu papel.

Estava difundida de modo bastante generalizado entre os homens comuns a opinião de que os indivíduos dotados de poderes mágicos particulares, e especialmente os curadores, traziam ao mundo, ao nascerem, uma marca distintiva traçada em seu corpo, indício de seus talentos e, por vezes, de sua ilustre

---

142. *Correspondance*, ed. Charles Urbain e Eugène Levesque, VII, p. 47, n. 1.197 (27 de março de 1695). Essa curiosa carta me foi gentilmente indicada pelo abade Duine.
143. Thiers, 4. ed. p. 442; Sainte-Beuve, III, CLXX0, caso, p. 589 ss. Comparar a atitude análoga tomada por Thiers e Jacques de Sainte-Beuve em relação às superstições que floresciam em torno da peregrinação de Saint-Hubert: Gaidoz, *La rage et Saint Hubert*, p. 82 ss.
144. Dr. Menault, *Du marcoul; De la guérison des humeurs froides: Gazette des hôpitaux*, 1854, p. 497; resumo no *Moniteur Universel* de 23 de outubro.

origem: era o caso — segundo o testemunho de vários autores dos séculos XVI e XVII — da roda "inteira ou rompida" que se via, na Espanha, nos "parentes de Santa Catarina" (a roda se tornou o emblema da santa após ter sido o instrumento de seu martírio), ou então, segundo os mesmos escritores, a "figura" em forma de serpente que apresentavam, "marcada em sua carne", os "parentes de São Paulo", os quais passavam, na Itália, por terem herdado do Apóstolo dos Gentios o dom de curar as mordidas venenosas.[145] Os sétimos filhos não constituíam exceção. Na Biscaia e na Catalunha, acreditava-se perceber neles uma cruz sobre a língua ou sobre o palato.[146] Na França, o sinal que a credulidade pública reconheceu neles assumiu outro aspecto, mais particular: foi uma flor-de-lis com a qual, contava a boa gente, eles se encontravam marcados desde seu primeiro dia, em qualquer lugar de sua pele; alguns especificavam: sobre a coxa. Essa superstição aparece desde o século XVII.[147] Naquele momento, ainda havia muitas pessoas para imaginar que os reis nasciam, eles também, com uma mancha dessa espécie? O padre Domênico de Jesus, em sua *Monarchie sainte et historique de France* [Monarquia santa e histórica da França], na qual ele se esforçava, com absurda engenhosidade, para vincular à dinastia, por meio de laços familiares, o maior número possível de santos, ao chegar a Leonardo de Noblat, dava do parentesco desse piedoso abade com a casa da França a seguinte prova: "Vê-se em sua testa nua um Lírio marcado pela natureza no crânio de sua cabeça, como eu mesmo vi e toquei no ano de mil seiscentos e vinte e quatro".[148] Há nisso, ao que parece, como que um eco

---

145. Leonardus Vairus, *De fascino libri tres*, 1. II, c. XI, ed. de 1583, p. 141; Theophile Raynaud, S. J., *De Stigmatismo sacro et prophano*, seção II, c. IV, em *Opera*, fól. Lyon, 1665, XIII, p. 159-160; J. B. Thiers, *Traité des superstitions*, 4. ed., p. 438-439 (as expressões entre aspas foram extraídas desta última obra).
146. T. Braga, *O povo portuguez*, II, p. 104 ("uma cruz sobre a língua"); J. Sirven, Soc. agricole Pyrénées Orientales, XIV (1864), p. 116: "O vulgar... garante que eles possuem uma marca distintiva no palato da boca, como uma cruz ou uma flor-de-lis"; como sempre no Rossilhão, as influências se misturam: a cruz é espanhola, o lírio é francês: cf. acima, p. 287, n. 133.
147. O testemunho mais antigo parece ser o de Raulin, *Panegyre... des fleurs de lys*, 1625, p. 178.
148. Fól. 1.670, I, p. 181. E. Molinier, *Les Politiques chrestiennes*, 1621, livro III, cap. III, p. 310, escreve, a respeito das famílias designadas por Deus para exercer a autoridade, famílias reais ou nobres: "Digo que aqueles que descendem de tais casas trazem do ventre de sua mãe não, como aqueles de nossos velhos Romances, a marca de uma ardente espada impressa sobre a coxa, mas a autoridade de um crédito hereditário gravado sobre o seu nome" (cf. Lacourgayet, *Éducation politique*, p. 353). Evidentemente, não há aí mais do que uma reminiscência literária. J. Barbier, em seu tratado sobre *Les Miraculeux effects de*

deformado da velha crença. Não conheço, para a mesma época, outro testemunho escrito desse fenômeno. Certamente, ele se extinguia aos poucos. Na marca maravilhosa atribuída aos sétimos meninos, deve-se ver uma de suas últimas manifestações: não há dúvida, com efeito, de que tal lírio realmente fosse, segundo o sentimento comum, o lírio real; tanto o jesuíta René de Ceriziers, em 1633, como o padre remense Regnault, em 1722, consideraram que ele demonstrava que o poder dos "sétimos" "lhes vem do crédito que nossos Reis têm no Céu":[149] uma interpretação já semirracional; permaneceremos mais perto da verdade popular dizendo que a multidão, infinitamente pouco ciosa de lógica, estabeleceu entre esses feiticeiros, médicos natos da escrófula, e os reis da França uma relação misteriosa, cuja expressão sensível era, no corpo dos primeiros, um sinal físico congênito, reproduzindo o emblema característico do brasão capetiano e semelhante a essa marca da qual se acreditara por muito tempo, e talvez por vezes ainda se acreditasse, que os próprios reis estavam providos. Essa, de resto, não era a única maneira pela qual se traduzia tal relação. É possível que, no século XVII, os setenários, antes de começarem a praticar sua arte, se fizessem, por vezes, tocar eles mesmos pelo rei, a fim de, por esse contato, tomar-lhe de algum modo um pouco de seu fluido.[150] E se, ainda hoje, em certas províncias, sua virtude passa por particularmente eficaz quando seus pais tomaram a precaução de lhe dar o nome de Luís, essa tradição é apenas uma lembrança do tempo em que os reis da França, do pai ao filho, assim se chamavam.[151] Vê-se, por este último exemplo, que as superstições dessa natureza, nascidas de um estado de espírito monárquico, sobreviveram, em certos casos, à monarquia. O mesmo ocorre com a flor-de-lis: ainda por

---

la sacrée main des roys de France, publicado em 1618, menciona, na p. 38, a lança, marca hereditária dos "espartos tebanos", e a âncora dos selêucidas (cf. acima, p. 244-245); ele não parece desconfiar que tenha havido um dia, na França, um sinal régio.
149. De Ceriziers, *Les heureux commencements*, p. 104; [Regnault,] *Dissertation historique*, p. 8.
150. Isso, pelo menos, é o que parece depreender-se de uma frase escrita por Bossuet na carta anteriormente citada, p. 289, n. 142: "O rei não toca mais esse tipo de gente" — os sétimos meninos — "a não ser no caso em que ele toca os outros, isto é, no caso da escrófula". "Não toca *mais*": os reis tinham, portanto, tido, no passado, o hábito de tocar, até mesmo fora do "caso da escrófula", esses sétimos meninos...; é pena que nenhum texto, ao menos até onde sei, nos permita dar a essas palavras um tanto enigmáticas uma interpretação absolutamente segura.
151. E. Monseur, *Le folklore wallon*, p. 30, § 617: "Para possuir o poder de curar... ter o nome Luís e ser o sétimo filho da família são também duas grandíssimas predisposições". Acredito que as duas "predisposições" se encontram ordinariamente reunidas na mesma pessoa.

volta da metade do século XIX, o curador de Vovettes, que soube tirar do acaso de sua origem tão brilhante proveito, mostrava a marca heráldica desenhada, de nascença, segundo ele dizia, na ponta de um de seus dedos. Quando necessário, a engenhosidade podia suprir a natureza. Nos séculos XVI e XVII, desconfiava-se fortemente de que os "parentes de Santa Catarina" e os de São Paulo produziam artificialmente as manchas semelhantes a uma roda ou a uma serpente das quais tinham tanto orgulho.[152] O doutor Menault, que escreveu em 1854 um curioso artigo sobre o homem de Vovette, com um tom bastante cético garante que os charlatães de sua espécie, quando tinham a infelicidade de nascer sem a marca, obtinham uma por meio de cortes, deixando cicatrizes na forma apropriada.[153] Esse foi o último avatar da "insígnia" da realeza da França.

Muito mais estreita ainda foi a relação com São Marculfo. Desde cedo — a partir do início do século XVII, mas não antes —, os sétimos filhos se colocaram sob a invocação do celeste médico da escrófula. A maioria deles, antes de tocar os doentes, lhe fazia uma oração. Muito mais do que isso: no início de sua carreira, antes mesmo de começarem a exercê-la, quase todos se dirigiam a Corbeny e lá realizavam uma novena. Ao observarem esses usos, eles novamente imitavam os reis da França ou, melhor dizendo, obedeciam ao mesmo sentimento que levara esses príncipes à peregrinação das margens do Aisne e que também se exprimia, como vimos, na liturgia do milagre régio; para operar belas curas, acreditavam que era bom certificar-se primeiro da intercessão do grande protetor dos escrofulosos: *teus* escrofulosos, diz literalmente a São Marculfo a inscrição de São Riquero que citei. Eles praticavam sua arte preferencialmente nos dias das festas do santo; chegavam por vezes à ousadia de curar em nome de São Marculfo. Resumindo, contraíam com ele, guardada toda reverência, uma espécie de piedosa aliança.[154]

---

152. Vairus, loc. cit.; Raynaud, loc. cit. e *Naturalis Theologia*, dist. IV, n. 317, nas *Opera*, V, p. 199; Thiers, loc. cit.
153. Ver acima, p. 289, n. 144. O feiticeiro de Vovette distribuía a seus pacientes uma imagem (provavelmente de São Marculfo) acima da qual apareciam escritas as seguintes palavras: "O Rei te toca, Deus te cure!" (ibidem, p. 499); essa era a fórmula empregada, nos últimos tempos, pelos reis ao tocarem seus doentes. Eis outra sobrevivência, um pouco deformada, dessa mesma ordem de crenças: lê-se na *Revue des traditions populaires*, IX (1894), p. 555, n. 4: no Bocage Normando, "quando há sete filhas numa família, a sétima traz em uma parte qualquer do corpo *uma flor-de-lis*, e *toca o carreau*, isto é, ela cura as inflamações do intestino nas crianças". (N. T.: *Carreau* é a denominação popular para doenças abdominais infantis, geralmente em razão de uma infecção dos gânglios mesentéricos.)
154. Du Laurens, *De mirabili*, p. 20; Favyn, *Histoire de Navarre*, p. 1.059; De l'Ancre, *L'incrédulité et mescreance du sortilège*, p. 161; Raulin, *Panegyre*, p. 178.

Nada mais natural, aliás, naquela época e naquele meio, do que semelhante associação. O estudo das tradições populares nos fornece, fora da França, outro exemplo análogo em todos os pontos. Na Catalunha, os sétimos filhos, que lá eram chamados *setes* ou *saludadors*, não cuidavam dos escrofulosos; eles tinham por especialidade, como já sabemos, a raiva; a título de curadores de mordidas suspeitas e também como possuidores de segredos capazes de preservar, por antecipação, homens e animais contra as ofensas da moléstia, eles ainda exerciam sua arte, com invejável sucesso, no século passado [XIX], na Catalunha espanhola e, por vezes, até mesmo no Rossilhão. Ora, em toda a Península Ibérica existe uma intercessão celeste pela qual se implora com predileção contra a raiva: é a de uma santa, pouco conhecida dos historiadores, mas que conta assim mesmo com numerosíssimos fiéis: Santa Quitéria.[155] As relações que uma aptidão comum a sanar a mesma doença estabelecera na França entre os setenários e São Marculfo, uma identidade de vocação as fez nascer na Catalunha entre os *saludadors* e Santa Quitéria. Os *saludadors* ofereciam, para que seus pacientes a beijassem, uma suposta cruz de Santa Quitéria; antes de soprar sobre a ferida e de chupá-la, o que era seu remédio habitual, eles invocavam a santa em uma curta prece. Começavam a praticar apenas após terem se dirigido a uma igreja na qual ela era objeto de veneração especial, como a abadia de Besalú; lá, faziam suas devoções e, a partir da apresentação de um certificado que constatasse as particularidades de seu nascimento, recebiam dos monges um rosário de grãos grossos e encerrado pela cruz que doravante ofereceriam aos beijos de seus doentes.[156]

Este último aspecto merece reflexão: nele, flagramos a ação de certas vontades individuais, perseguindo uma política perfeitamente definida. A ideia de uma colaboração entre uma santa e feiticeiros deve ter se formado mais ou menos espontaneamente no espírito do povo ou dos próprios *saludadors*; mas religiosos, encarregados do culto da santa, a favoreceram. Da mesma forma, na França, os monges de Corbeny encorajaram os sétimos filhos a vincular-se a seu patrono. Serviam, assim, aos interesses de sua casa. Esses curadores, muito populares, poderiam ter se tornado temíveis concorrentes para a peregrinação. O laço que se estabeleceu entre eles e São Marculfo fez deles o contrário: agentes de propaganda — sobretudo quando, convidados pelos monges, eles impunham a seus

---

155. *AA. SS. maii*, V, p. 171 ss. Cf. Du Broc de Seganges, *Les Saints patrons des corporations*, I, p. 391.
156. J. Sirven, Soc. agricole des Pyrénées Orientales, XIV (1864), p. 116-118. O nome *saludadors* era comum nessas regiões a todos os feiticeiros-curandeiros; J. B. Thiers o aplica aos "parentes de Santa Catarina", que não eram sétimos filhos (passagem citada na p. 290, n. 145).

pacientes que se fizessem inscrever na confraria de Corbeny. Criou-se entre os setenários e a antiga comunidade fundada por Carlos, o Simples, um verdadeiro entendimento cujas curiosíssimas manifestações dois documentos, ambos de 1632, colocam diante dos nossos olhos. Naquele tempo, o prior era o mesmo dom Oudard Bourgeois que já vimos defender com a pena a glória de sua casa, contestada pela gente de Mantes: homem ativo e agitado a quem a igreja do lugar deveu um novo altar-mor, segundo o gosto da época,[157] e que, de todas as maneiras, trabalhou para a prosperidade do estabelecimento que lhe fora confiado. Quando um sétimo menino se apresentava em Corbeny, munido de uma certidão dos registros paroquiais que comprovava, sem trapaça possível, que ele de fato nascera como sétimo macho sem a interposição de menina, uma vez terminadas suas devoções, ele recebia de dom Oudard um certificado constituindo-o oficialmente como curador da escrófula. Uma cópia dessa peça permanecia nos arquivos do priorado. Dois documentos dessa natureza foram assim conservados; um relativo a Elie Louvet, o filho do alfaiate de Clermont,[158] o outro a Antoine Baillet, professo dos carmelitas da praça Maubert. Sua redação ingênua não carece de vivacidade. Eis as passagens essenciais do segundo; respeito a ortografia que, por seu caráter fantasista, é absolutamente digna do grande século:

> Nós, dom Oudard Bourgeois, prior do priorado de São Marculfo de Corbeny, em Vermendois, da diocese de Laon, ...
> Tendo visto, lido e examinado atentamente o processo e as certidões de nascimento do Reverendo Padre frei Anthoine Baillet, padre religioso da ordem de Nossa Senhora do Monte Carmel e professo do grande convento dos Padres Carmelitas da praça Maubert de Paris, como ele nasceu na condição de sétimo filho masculino sem nenhuma interposição de filha... e tendo em vista que o referido Frei Anthoine Baillet é o sétimo filho masculino e que o sétimo pode tocar e colocar sua mão sobre os pobres atingidos pela escrófula, como crê piedosamente o homem comum, e nós também, e como cada qual o vivencia diariamente...[159] depois, portanto, que ele visitou por duas vezes a igreja real de

---

157. As peças relativas à construção — com desenhos — encontram-se no maço 223. Cf. Barthélémy, *Notice historique sur le prieuré*, p. 235 (com gravura). Sobre Dom O. Bourgeois, ver a nota do necrológio de São Regímio, biblioteca da cidade de Reims, manuscrito 348, fól. 14.
158. Maço 223 (informações), n. 7 (1632). Ele é igual, quanto ao essencial, ao de Antoine Baillet. Algumas diferenças serão indicadas mais adiante.
159. O certificado de Elie Louvet explica que o sétimo filho cura "pelas orações e méritos do glorioso São Marculfo, protetor da Coroa da França".

São Marculfo de Corbeny, onde se encontram as relíquias e a sagrada ossada desse grande Santo a quem se implora principalmente para o mal da escrófula, e que, em sua última viagem, ele fez sua novena, tal como os doentes, e observou ponto por ponto e da melhor maneira que lhe foi possível tudo o que lhe é ordenado manter na referida novena, e também se fez registrar entre os confrades da confraria real, e, antes de tocar, além do processo e das certidões, ele nos mostrou sua obediência devidamente assinada e selada por seu superior e datada de XV de setembro de 1632 e o certificado e a aprovação dos doutores, donzéis, e antigos padres de seu monastério, de que ele sempre viveu entre eles como boníssimo religioso e com bom renome e prestígio, [...] para esta causa, nós lhe permitimos, e permitimos o tanto quanto podemos, tocar caridosamente[160] os doentes da escrófula em certos dias do ano, a saber no dia e festa de São Marculfo, que é o primeiro dia de maio, e no sétimo dia de julho[,] que é o de sua relação, no segundo dia de outubro, o de sua transladação, e na Sexta-Feira Santa e nas sextas-feiras dos Quatro Tempos do ano[161] (Deus vela para que tudo seja para a sua glória!), e, tendo assim tocado os referidos doentes, enviá-los a nós em Corbeny para fazerem-se registrar entre os confrades da confraria real de São Marculfo, erigida neste lugar por nossos reis da França, sendo estes os primeiros confrades daquela, para lá fazer ou mandar fazer uma novena, e tudo isso para a glória de Deus e desse glorioso santo.

Como testemunha de que assinamos as presentes e apusemos o selo real da referida confraria. Neste vinte e quatro de setembro de mil seiscentos e trinta e dois.

Assim provido desse atestado, frei Antoine retornou ao seu convento. Seus talentos, provavelmente, foram ali apreciados; os escrofulosos adquiriram o hábito de comparecer à praça Maubert e, para atraí-los mais efetivamente, os carmelitas puderam, após a morte de Ana da Áustria, ocorrida em 1666, anunciar uma relíquia autêntica de São Marculfo, a qual receberam como legado dessa princesa, em proveito de quem ela havia outrora sido extraída do sacrário de Corbeny.[162] Ainda temos a folha de propaganda impressa que os carmelitas distribuíram ao

---

160. "Caridosamente e *sem salário*", diz mais claramente o certificado de E. Louvet. O setenário de Vovette também não aceitava retribuição em dinheiro; mas recebia abundantes presentes em gêneros; neste último ponto, ele certamente seguia a tradição.
161. O certificado de E. Louvet indica como datas autorizadas para o toque apenas "os dias das sextas-feiras dos Quatros Tempos do ano e a Sexta-Feira Santa".
162. Extração de uma vértebra do santo para Ana da Áustria em 17 de abril de 1643: maço 223, n. 10 (duas peças). Doação aos carmelitas da praça Maubert: nota na abertura de um livro que contém certificados de cura; maço 223 (informações).

público, decerto por volta dessa data.[163] Ela oferece a mais singular confusão; nela, leem-se lado a lado prescrições médicas, algumas das quais parecem realmente vincular-se a concepções de caráter mágico,[164] antífonas e orações a São Marculfo, assim como a São Clodoaldo, outro patrono do convento, e, depois de uma alusão deferente ao milagre régio, o conselho claramente dado aos escrofulosos de irem se fazer tocar por um "sétimo filho masculino, estando bem atestado que ele o é sem a interrupção do sexo feminino". Antoine Baillet não é nomeado, mas não se poderia duvidar que esse conselho visasse a ele em particular. No alto, uma pequena gravura representa o santo.

A tradição solidamente estabelecida pelos protegidos de Corbeny se manteve no século XIX. O setenário de Vovette operava perante uma pequena estátua de São Marculfo, após ter feito diante dela, conjuntamente com seu paciente, uma oração curta. Essa cerimônia, assim como o tratamento — um simples contato com o sinal da cruz, igual, portanto, ao antigo gesto régio e que deveríamos acreditar ser uma imitação, caso não pudesse tratar-se também de uma coincidência —, se renovava todos os dias por nove dias consecutivos. Ao término desse período, o doente partia munido de uma ordenação que lhe impunha, ao mesmo tempo, observações alimentares, muito estranhas, e uma assiduidade particular nas festas de São Marculfo; ele levava também um livreto contendo o ofício do santo e uma imagem de piedade acima da qual estava impressa uma oração em que Marculfo era invocado. Aliás, naquele momento, a relação íntima que unia os sétimos filhos ao antigo taumaturgo de Nant e de Corbeny se tornara suficientemente sensível aos olhos de todos para traduzir-se de maneira imperiosa na linguagem. Por vezes, quando de seu batismo, os curadores de escrófula recebiam, de pais ou padrinhos previdentes, nomes apropriados à sua vocação e capazes, como certamente se pensava, de atrair sobre eles influências bem-aventuradas: por exemplo, Luís, como vimos, ou, com frequência ainda maior, Marculfo.[165] Este último deixou de ser um

---

163. Bibl. Nat. Estampes Re 13, fól. 161; cf. Cahier, *Caractéristiques des saints dans l'art populaire*, in-4º, 1867, I, p. 264, n. 3, e Jean Gaston, *Les images des confréries parisiennes avant la Révolution* (Soc. d'iconographie parisienne, II, 1909), n. 34.
164. Caso da proibição "de comer quaisquer cabeças de animais..., e também as de quaisquer peixes". A escrófula era considerada uma doença da cabeça. Não cumpriria ver na origem dessa prescrição uma ideia relacionada às práticas da magia simpática? A mesma proibição é imposta pela brochura que se vende aos peregrinos que vêm adorar São Marculfo no hospício de Dinant: J. Chalon, *Fétiches, idoles et amulettes*, I, p. 148.
165. A. Benoit, *Procès-verbaux soc. archéolog. Eure-et-Loir*, V (1876), p. 55, é o único que menciona o uso consistente em dar aos sétimos meninos o prenome Marculfo; mas o emprego de *marcou* como substantivo para designá-los é atestado por numerosíssimos

prenome para tornar-se, pouco a pouco, uma espécie de substantivo. No século XIX, e provavelmente já muito antes disso, em quase todas as províncias francesas, o homem que tivera a sorte de vir ao mundo logo depois de seis outros meninos se chamava comumente um *marcou*.[166]

O estudo do culto de São Marculfo e da crença nos setenários nos conduziu ao tempo presente. Convém agora recuar no tempo e retraçar, a partir do Renascimento e da Reforma, a existência do milagre régio, do qual São Marculfo era em geral tido, na época, embora sem muita precisão, como um dos autores.

---

testemunhos (ver p. 297, n. 166); parece-me natural supor que o substantivo tirou sua origem do nome de batismo.
166. Ver, entre outras, as obras de Laisnel de la Salle, Jaubert, Tiffaud e Martelliere, citados acima, p. 284, n. 121, e o artigo do doutor Menault citado na p. 289, n. 144. Não cabe levar em consideração a etimologia do nome *marcou*, aplicado aos curadores, dada por Liebrecht, *Zur Volkskunde*, p. 347. A palavra *marcou* tem em certos dialetos ou patoás românicos — notadamente na Valônia — outro sentido ainda, bem diferente: ela designa o gato, ou melhor, o gato não castrado; e esse significado realmente parece bastante antigo: cf. Leduchat em sua edição de H. Estienne, *Apologie pour Hérodote*. Haia, 1735, III, p. 250, n. 1; o mesmo, no *Dictionnaire étymologique* de Ménage, ed. de 1750, no verbete *marcou* (cita um rondó de Jean Marot); L. Sainean, *La création métaphorique en francais... Le chat*; Beihefte zur Zeitschr. für romanische Philologie, I, 1905, passim (ver o índice); J. Chalon, *Fétiches, idoles et amulettes*, II, p. 157. Deve-se supor uma relação qualquer entre São Marculfo, os sétimos filhos e os gatos castrados? Foi o que pensou Leduchat: "*Marcou*, de resto, é também o nome de um gato, animal cujo pelo transmite, segundo se diz, a escrófula. Assim, um *Marcou* cura o mal que faz outro *Marcou*" (nota citada anteriormente sobre H. Estienne). Seria, portanto, preciso imaginar que a palavra, tendo-se tornado uma espécie de substantivo para os curadores de escrófula, foi, por uma nova transposição de ideias, aplicada de modo secundário a um animal supostamente capaz de transmitir a mesma moléstia. Mas parece de fato que essa explicação, demasiado engenhosa, deve ser rejeitada. Não vi em nenhum outro lugar que se considerasse que o gato tivesse semelhante propriedade, e me pergunto se Leduchat não a atribuiu, sem provas, para fundamentar sua própria interpretação. O apelido *marcou* com certeza veio ao gato, como sugere Sainéan, de uma espécie de onomatopeia, que tem sua origem numa vaga imitação do ronrono. Quanto à ideia — à qual parece inclinar-se Sainéan (p. 79) — segundo a qual os sétimos filhos teriam tomado seu nome do gato, após tudo o que foi dito acima, ela não parece necessitar ser discutida.

CAPÍTULO V

O milagre régio no tempo das lutas religiosas e do absolutismo

§ 1. AS REALEZAS TAUMATÚRGICAS ANTES DA CRISE

Por volta de 1500, e até muito antes do século XVI, o milagre régio, sobre as duas margens da Mancha, aparece em pleno desenvolvimento.[1]

Na França, primeiro. Devemos, para esse período, dados numéricos de excepcional precisão a alguns livros de contas da Esmola, que, por um grande

---

1. Com a época moderna, encontramos, para o estudo dos ritos curativos, uma nova categoria de fontes: os relatos de viagem e, acessoriamente, os guias para viajantes. Trata-se, em regra geral, de documentos mediocremente seguros. Muitos deles, sem dúvida redigidos *a posteriori* a partir de notas incompletas ou lembranças deformadas, contêm os erros mais surpreendentes. Alguns exemplos bastarão. Abraham Göllnitz, *Ulysses belgico-gallicus*, in-12. Amsterdã, 1655, p. 140 ss., oferece da cerimônia uma descrição que parece em parte construída com base em informações de origem livresca, e em parte puramente inventada; ele afirma que, em cada ocasião, dois cetros são trazidos perante o rei, um ornamentado com a flor-de-lis, outro com a mão da justiça. O cardeal Chigi, no relato de sua legação (1664), descreve o rei da França jejuando por três dias antes de cada toque; ele o representa beijando os doentes (tradução E. Rodocanachi, *Rev. d'histoire diplomatique*, 1894, p. 271). Deve-se acrescentar essa curiosa incapacidade de observar com exatidão, que é a tara de alguns espíritos: Humberto Tomás de Lieja visitou a França, onde viu Francisco I tocar, em Cognac, e a Inglaterra, onde Henrique VIII lhe entregou, com sua mão, alguns *cramp-rings* (abaixo, p. 313, n. 50); ele parece, de modo geral, digno de fé; nem por isso deixa de declarar expressamente que os reis da Inglaterra não tocam a escrófula: Hubertus Thomas Leodius, *Annalium de vita illustrissimi principis Frederici II*, in-4º. Frankfurt, 1624, p. 98. No entanto, certos relatos de viagem, obras de espíritos particularmente precisos e justos, constituem exceções; é o caso daquele redigido pelo secretário do embaixador veneziano Girolamo Lippomano, encarregado de missão na corte da França em 1577: *Relations des ambassadeurs vénitiens*, ed. Tommaseo (doc. inédito), II; todas as vezes que pude controlá-lo por meio de outros documentos, perfeitamente seguros, ele me pareceu de rigorosa exatidão.

acaso, escaparam à destruição. O mais antigo remonta aos últimos dias de Carlos VIII, o mais recente pertence ao reinado de Carlos IX, em plena luta religiosa: 1569.[2] As informações que eles fornecem sobre os exercícios financeiros que cobrem são completas; na época a que chegamos, a generosidade real não escolhia mais, como outrora sob Filipe, o Belo, entre os miraculados. Todos os doentes tocados, sem nenhuma distinção, participavam de suas liberalidades.[3] Vejamos agora as estatísticas anuais que se podem estabelecer: Luís XII, de 1º de outubro de 1507 a 30 de setembro de 1508, tocou somente 528 pessoas;[4] mas Francisco I, em 1528, pelo menos 1.326; em 1529, mais de 988; em 1530, pelo menos 1.731;[5] curiosamente, o recorde coube a Carlos IX: em 1569, ano de guerra civil, mas iluminado por vitórias monárquicas — ano de Jarnac e de Montcontour —, esse rei mandou distribuir pelos cuidados de seu esmoler, o ilustre Jacques Amyot, as quantias costumeiras a 2.092 escrofulosos, cujas feridas sua jovem mão tocara.[6] Esses números são dignos de ser comparados aos que nos tinham sido revelados, para outra época e outro

---

2. Para mais detalhes, ver abaixo o "Apêndice I", p. 417 ss.
3. Cada doente recebia, em princípio, dois soldos torneses (excepcionalmente: 1º, em 31 de outubro de 1502, dois carolus, o que equivalia, segundo Dieudonné, *Monnaies royales françaises*, 1916, p. 305, apenas a vinte denários torneses; o total em moeda da conta dada pelo livro de esmolas é, aliás, visivelmente falso: Bibl. Nat. franç. 26.108, fól. 392; 2º, em 14 de agosto de 1507, dois soldos e seis denários: KK 88, fól. 209 vº). Não obstante, sob Carlos VIII, talvez eles tenham recebido durante algum tempo apenas um soldo tornês; é, pelo menos, o que poderia fazer supor um artigo do livro das esmolas, KK 77, fól. 17 (24 de outubro de 1497); mas esse artigo ("A [...] doentes da escrófula ... cada qual [...] d. t., para ajudá-los a viver...") é redigido com tamanha imprecisão que não sabemos se ele se aplica a esmolas distribuídas no momento do toque ou então entregues a escrofulosos esperando o bel-prazer do rei curandeiro. Em 28 de março de 1498, que foi o último dia em que Carlos VIII praticou o rito da escrófula, os doentes receberam dois soldos por cabeça, como durante todos os reinados seguintes (KK 77, fól. 93).
4. Segundo KK 88. Em 28 de março de 1498, Carlos VIII tocara sessenta pessoas: KK 77, fól. 93. Ao retornar da sagração, em Corbeny, Luís XII tocou outras oitenta: ibidem, fól. 124 vº; durante o mês de outubro de 1502, 92 (e não 88, como indica equivocadamente De Maulde, *Les origines*, p. 28): Bibl. Nat. franç. 26.108, fól. 391-392.
5. Segundo KK 101, completado por Bibl. Nat. franç. 6.732; o registro comporta lacunas bastante numerosas — sensíveis, sobretudo, para o ano de 1529 —, de modo que podemos somente chegar a números mínimos; cf. infra, p. 417. Toques por Francisco I são mencionados no *Journal d'un bourgeois de Paris*, ed. V.-L. Bourrilly (*Collect. de textes pour servir a l'étude... de l'histoire*), p. 242 (Tours, 15 de agosto de 1526), e na *Chronique* publicada por Bourrilly, como apêndice à obra precedente, p. 421; cf. abaixo, p. 306, n. 26.
6. Segundo KK 137. Barthélemy de Faye d'Espeisse [B. Faius], em seu pequeno tratado de polêmica antiprotestante intitulado *Energumenicus*, 1571, p. 154, faz alusão ao papel

país, pelas contas de Eduardo I e Eduardo III; como outrora os plantagenetas na Inglaterra, os Valois da França, no século XVI, viam apresentar-se diante deles doentes aos milhares.

De onde acorriam esses doentes, assim, em grandes levas? Acerca desse ponto, os documentos do século XVI são menos explícitos do que as tabuinhas de Filipe, o Belo; os beneficiários do toque que ali encontramos repertoriados são, ordinariamente, anônimos, ou, se por vezes seu nome é conhecido, o local de origem permanece quase sempre oculto. Todavia, uma categoria especial de estrangeiros, a quem o costume requeria que se entregasse uma esmola particular, "para ajudá-los a retornar ao seu país", é assinalada por diversas vezes, pelo menos sob Henrique II — cujas contas, demasiado fragmentárias para permitir estatísticas anuais, tiveram, anteriormente, de ser ignoradas — e sob Carlos IX: são os espanhóis.[7] Outros textos atestam seu entusiasmo. O antagonismo político da França e da Espanha, quase constante durante todo o século, não atingia de modo algum a fé que as populações da península, devastadas pela escrófula, dedicaram às virtudes sobrenaturais de um príncipe inimigo de seus senhores. Aliás, a despeito da rivalidade dos governos, as relações entre os dois países permaneciam frequentes; havia espanhóis na França; havia, sobretudo, muitos franceses na Espanha; essas migrações não podiam deixar de difundir, além-Pireneus, o renome do milagre francês. Tão logo a paz foi momentaneamente restabelecida, os escrofulosos, tanto os nobres como o povo miúdo, atravessavam os montes e se precipitavam na direção de seu médico real; eles parecem ter formado verdadeiras caravanas, cada uma delas conduzida por um "capitão".[8] Ao chegarem, eles recebiam largas doações, alcançando, no caso das pessoas

---

desempenhado por Amyot, como esmoler, na cerimônia do toque; o tratado, aliás, é dedicado precisamente a Amyot.

7. Henrique II: K III, fól. 14, 35 v°, 36, 37 v°, 38 v°, 39 v°. Carlos IX: KK 137, fól. 56 v°, 59 v°, 63 v°, 75, 88, 89, 94 (de onde é extraída a citação relativa ao objeto da esmola especial concedida aos espanhóis), 97 v°, 100 v°, 108. Cf. relato de viagem de Girolamo Lippomano, p. 54; o autor diz a respeito do toque: "pare quasi cosa incredibile et miracolosa, ma pero tanto stimata per vera et secura in questo regno et in Spagna, dove piu che in ogni altro luogo del mondo questo maie e peculiare". Da mesma forma, Faius, *Energumenicus*, p. 155.

8. Andre Duchesne, *Les antiquitez et recherches de la grandeur et maiesté des Roys de France*, 1609, p. 167, menciona "[...] o grande número desses doentes, que ainda vêm todos os anos da Espanha, para se fazerem tocar por nosso piedoso e religioso Rei; sendo que o Capitão que os conduzia no ano de 1602 trouxe um atestado dos Prelados da Espanha para um grande número de curados pelo toque de sua Majestade".

de qualidade, 225 ou 275 libras; essa generosidade atestava o preço que a corte da França pagava para favorecer, fora do reino, o prestígio taumatúrgico da dinastia.[9] Ao lado dos espanhóis, outros estrangeiros cuja nacionalidade não é especificada são mencionados entre a multidão que se precipitava até Henrique II em Corbeny, ao regresso de sua sagração.[10]

Até mesmo além das fronteiras da França nossos reis por vezes curavam. Na Itália particularmente, para onde, naquele tempo, suas ambições os conduziam com tanta frequência. Para dizer a verdade, Carlos VIII, realizando em Nápoles o rito maravilhoso, e Luís XII, repetindo esse gesto em Pavia ou em Gênova, operavam em cidades que eles consideravam parte integrante de seus Estados; mas não temiam, segundo a ocasião, praticar sua arte também em solo notoriamente estrangeiro, como, por exemplo, os domínios do papa. Em dezembro de 1515, Francisco I, encontrando-se, em Bolonha, na condição de hóspede de Leão X, fez anunciar publicamente que tocaria os doentes, e de fato os tocou na capela do palácio pontifical: entre outros, um bispo polonês. E foi em Roma mesmo, na capela de Santa Petronila, que Carlos VIII, em 20 de janeiro de 1495, tocou cerca de quinhentos pessoas, lançando assim, se acreditarmos em seu panegirista André de la Vigne, os italianos "em extraordinária admiração".[11] Na verdade, como teremos de constatar mais tarde,

---

9. Sobre o grande número de franceses estabelecidos na Espanha, cf. Bodin, *République*, livro V, § 1, ed. de 1579, fól. Lyon, p. 471, toda a exposição se encerra da seguinte forma: "De fato, a Espanha é quase povoada somente de franceses"; sobre o movimento inverso, pode-se ver J. Mathorez, *Notes sur la pénétration des Espagnols en France du XIIe au XVIIe siècle*; *Bulletin hispanique*, XXIV (1922), p. 41 (trata-se apenas dos estudantes). Pagamento de 275 libras tornesas a uma dama espanhola que veio fazer-se tocar: *Catal. des actes de François Ier*, III, n. 7.644 (21 de dezembro de 1534); — a uma dama espanhola que veio para fazer tocar sua filha, ibidem, VIII, n. 31.036 (janeiro de 1539). A popularidade do milagre francês na Espanha encontrou eco em um teólogo, Luís de Granada; cf. abaixo, p. 342, n. 126.
10. KK III, fól. 39 v°: "Aos doentes de escrófula espanhóis e outros estrangeiros, a quantia de quarenta e sete libras e dez soldos torneses a eles conferida pelo referido senhor grande esmoler para ajudá-los a viver e para irem a São Marculfo esperar para serem tocados". O toque em Corbeny ocorreu em 31 de julho de 1547: referências abaixo, p. 472-473.
11. Carlos VIII em Roma, em 20 de janeiro de 1495: André de la Vigne, *Histoire du Voyage de Naples*, em Godefroy, *Histoire de Charles VIII*, fól., 1684, p. 125; em Nápoles, em 19 de abril, ibidem, p. 145. Luís XII em Pavia, em 19 de agosto de 1502, em Gênova, no 1º de setembro seguinte, Godefroy, *Cérémonial françois*, I, p. 702 e 700; Francisco I em Bolonha, em 15 de dezembro de 1515: *Journal de Jean Barillon*, ed. P. Vaissière (Soc. de l'hist. de France), I, p. 174; Le Glay, *Négociations diplomatiques entre la France et l'Autriche* (doc. inédito), II, p. 88; Caelio Calcagnini, *Opera*, fól. Basileia, 1544, *Epistolicarum quaestionum*,

essas manifestações miraculosas não deixavam de suscitar algum ceticismo nos espíritos livres daquele lugar; mas o povo, e até mesmo os médicos, eram menos difíceis de convencer.[12] Isso não é tudo. Quando Francisco I, prisioneiro após a batalha de Pavia, pôs os pés, no final de junho de 1525, sobre o solo da Espanha, primeiramente em Barcelona, depois em Valência, ele viu apresentar-se diante dele, escreveria alguns dias mais tarde o presidente de Selve no Parlamento de Paris, "tão grande número de doentes de escrófula... com grande esperança de cura, como jamais houve, na França, com tamanho entusiasmo".[13] Derrotado, o augusto curador tinha tanto sucesso junto aos espanhóis como quando vinham suplicá-lo em toda a pompa das festas da sagração. O poeta Lascaris cantou esse episódio em dois dísticos latinos que foram famosos em sua época: "Eis então que o rei, com um gesto de sua mão, cura a escrófula; — cativo, ele não perdeu os favores de Cima. — Por tal indício, ó mais sábio dos reis. — devo reconhecer que teus perseguidores têm ódio pelos Deuses".[14]

Como convinha a um Estado mais bem policiado e a uma corte mais esplêndida, o ritual da escrófula adquirira pouco a pouco, na França, uma regularidade e uma solenidade novas. Luís XI, como lembramos, ainda tocava todas as semanas; desde Carlos VIII, condenado, ao que parece, neste ponto por Commines, a cerimônia já não ocorre mais senão em datas bastante espaçadas.[15] Por vezes, durante um deslocamento, o rei, como fez Francisco

---

lib. I, p. 7. Sobre um afresco do século XVII representando a cerimônia de Bolonha, cf. abaixo, p. 350-351.
12. Sobre os céticos, ver abaixo, p. 317; sobre os médicos, p. 120, n. 63.
13. A. Champollion-Figeac, *Captivité du roi François Ier* (doc. inédito), 1847, p. 253, n. CXVI (18 de julho de 1525). Cf. M. Gachard, *Études et notices historiques*, I, 1890, p. 38.
14. Iani Lascaris Rhyndaceni, *Epigrammata*, in-4º. Paris, 1544, p. 19 vº: "Ergo manu admota sanat rex choeradas, estque — Captivus, superis gratus, ut ante fuit. — Iudicio tali, regum sanctissime, qui te — Arcent, inuisos suspicor esse deis". Dísticos ainda frequentemente citados no século XVII, como, por exemplo, em Du Laurens, *De mirabili*, p. 21-22, Du Peyrat, *Histoire ecclésiastique*, p. 817.
15. Commines, VI, c. VI, ed. Maindrot (*Collection de textes pour servir à l'étude et l'ens. de l'histoire*), II, 1903, p. 41: "Quando os reis da França querem tocar os doentes de escrófula, eles se confessam, e nosso rei jamais deixou de fazê-lo uma vez por semana. Se os demais não o fazem, agem muito mal, pois sempre há muitos doentes". De Maulde, *Les origines*, p. 28, vê nessa frase uma alusão a Luís XII. Mas o livro VI das *Memórias* de Commines foi redigido sob Carlos VIII. Aliás, o livro das esmolas de Carlos VIII, KK 77, assinala, para o período entre 1º de outubro e a morte do rei (8 de abril de 1498), apenas um toque certo, em 28 de março de 1498 — fól. 93 —, dia que, de resto, não corresponde a nenhuma festa; pode-se acrescentar a isso uma menção obscura referente a 24 de outubro de 1497

I quando atravessou a Champagne em janeiro de 1530, certamente ainda consente em admitir perto dele, quase em cada etapa, alguns doentes;[16] ou então se deixa comover pela queixa de um pobre homem isolado que encontra "pelos campos".[17] Ordinariamente, porém, os escrofulosos, à medida que chegam, são agrupados pelo serviço da Esmola e, recebendo, "para ajudá-los a viver" até o dia favorável, alguns auxílios, eles aguardam, na comitiva do rei, o momento escolhido para o milagre; a menos que, para livrar a corte, continuamente em movimento, desse cortejo embaraçoso e, segundo todas as probabilidades, pouco agradável de ver e de ladear, se prefira dar-lhes, ao contrário, algum dinheiro para persuadi-los a se "retirarem" e a reaparecerem apenas no dia marcado.[18] Evidentemente, os dias em que o rei aceita, afinal, atuar como taumaturgo são, em princípio, as principais datas do ano religioso, em número, aliás, variável:[19] a Candelária, o Domingo de Ramos, a Páscoa ou um dos dias da Semana Santa, Pentecostes, a Ascensão, Corpus Christi, a Assunção, a Natividade da Virgem, o Natal; excepcionalmente, uma festa estranha ao calendário litúrgico: em 8 de julho de 1530, Francisco I, celebrando em Roquefort, perto de Mont-de-Marsan, suas "núpcias" com Leonor da Áustria, se mostrou à nova rainha da França em todo o esplendor do milagre hereditário.[20] Graças a esse sistema de agrupamento, são verdadeiras multidões, não raro várias centenas de pessoas, que o rei, após a triagem costumeira pelo médico da corte,[21] encontra reunidas no

— fól. 17 — (cf. acima, p. 310, n. 3); em suma, uma frequência bastante fraca no exercício do poder curativo.
16. KK 101, fól. 273 vº ss.
17. KK 101, fól. 68, abril de 1529: "Ao referido esmoler, para entregar a alguns doentes de escrófula que o Rei curara no mesmo local, a soma de cinco soldos torneses". É preciso acrescentar que as pessoas de posição social distinta gozavam frequentemente do favor de serem tocadas à parte da multidão; mas esses toques privados podiam ocorrer no mesmo dia que a cerimônia geral; ver um exemplo disso (para Henrique IV) abaixo, p. 330, n. 89 (texto de Thou).
18. Em 26 de maio de 1530, em Angoleima, ao longo da viagem da corte no sudoeste, o grande esmoler distribui a 87 doentes de escrófula dois soldos torneses por cabeça, "de modo que se retirem para não retornarem até a festa de Pentecostes", KK 101, fól. 360 vº. Menção no mesmo sentido: ibidem, fól. 389.
19. Ou as vésperas dessas festas; por vezes, a véspera e o próprio dia.
20. KK 101, fól. 380 vº.
21. KK 101, fól. 29 vº, agosto de 1528: "Ao referido esmoler para entregar ao mestre Claude Bourgeois, cirurgião do rei, que visitara os doentes de escrófula, a soma de quarenta e um soldos torneses". Cf. o relato de viagem de Girolamo Lippomano (citado supra, p. 299, n. 1), p. 545: "Prima che il re tocchi, alcuni medici e cerusichi vanno guardando minutamente le

momento prescrito. A cerimônia se reveste, dessa maneira, de um caráter particularmente imponente. Antes de iniciá-la, o rei, em cada ocasião, comunga: sob as duas espécies, como era de esperar, segundo esse privilégio dinástico que parece, assim como o dom da cura, afirmar o caráter sagrado da monarquia francesa. Um pequeno quadro do início do século XVI nos faz sentir a conexão que a opinião lealista estabelecia entre essas duas gloriosas prerrogativas: à esquerda, sob uma capela aberta, o rei, a quem um bispo acaba de apresentar a patena, segura o cálice; à direita, num pátio e até os degraus da capela, os doentes aguardam.[22] Os traços essenciais do rito não se alteraram desde a Idade Média: contato da mão nua roçando as feridas ou tumores, e, em seguida, o sinal da cruz. Desde o século XVI, a fórmula que o príncipe pronuncia sobre cada paciente se define: é "O rei te toca, Deus te cura", que se manterá, com algumas variantes, até os últimos tempos da monarquia.[23] Acima de tudo, uma liturgia, aliás muito curta, precede agora a solenidade; vimos que, desde Henrique II, pelo menos, ela se refere inteiramente a São Marculfo, tendo este se tornado o patrono do

---

qualita del male; e se trovano alcuna persona che sia infetta d'altro male che dalle scrofole, la scacciano", e Faius, *Energumenicus*, p. 155.

22. Ver abaixo "Apêndice II", n. 3, e gravura I. Cf. o que foi dito acima, p. 144-145, a respeito do vitral do Monte São Miguel.

23. Atestada pela primeira vez em seu relato da viagem de Girolamo Lippomano, p. 545. Há, no século XVII, certa divergência nos testemunhos a respeito dessa fórmula. Alguns textos apresentam a redação seguinte, onde o subjuntivo parece introduzir uma nuance dubitativa: "O rei te toca, Deus te cure" (ou outras formulações análogas, comportando igualmente o emprego do subjuntivo). Mas não encontramos semelhantes redações senão em escritores de autoridade medíocre: em um obscuro hagiógrafo, Louis Texier, *Extraict et abrégé de la vie de Saint Marcoul*, 1648, p. 6; no absurdo autor do *Traité curieux de la guérison des écrouelles... par l'attouchement des septennaires*. Aix, 1643, p. 34; em Menin, *Traité historique et chronologique du sacre*, 1724, p. 328, e muitos outros da mesma espécie, citados por Du Peyrat, *Histoire ecclésiastique de la Cour*, p. 819; sobretudo em relatos de viagem cujo valor sabemos ser quase sempre ínfimo: Goelnitz, *Ulysses belgico-gallicus*, p. 143; Nemeiz, *Séjour de Paris*. Frankfurt, 1717, p. 191; relato do conde Gyldenstope, 1699, *Archiv für Kulturgeschichte*, 1916, p. 411. Os garantes mais dignos de fé: Du Laurens, *De mirabili*, p. 9; Favyn, *Histoire de Navarre*, p. 1.057; De l'Ancre, p. 170; Barbier, p. 26; Du Peyrat, p. 819, apresentam unanimemente a fórmula com o indicativo; o mesmo ocorre com o cerimonial do século XVII, ed. Franklin, *La vie privée. Les médecins*, p. 304; cf. abaixo, p. 347, n. 145. Du Peyrat polemiza expressamente com os autores que quiseram atribuir ao rei a outra fórmula. Não pode, portanto, haver dúvida acerca do texto oficial; mas parece realmente ter se produzido certa incerteza na tradição corrente. No tocante a Luís XV e seus sucessores, ver abaixo, p. 384. O "e" juntando os dois membros de frases parece não ter tardado a cair.

milagre régio.²⁴ O mesmo missal que a transmitiu nos apresenta uma bela miniatura, que põe diante de nossos olhos o espetáculo vivo de um dia de toque: Henrique II, seguido do esmoler e de alguns senhores, circula entre a multidão ajoelhada, indo de doente em doente. Sabemos que era realmente assim que as coisas ocorriam.²⁵ Mas não se deveria levar essa pequena pintura demasiadamente ao pé da letra: o traje real — coroa, grande manto flor-de-lisado revestido de arminho — é, nesse caso, convencional; o soberano não trajava a cada toque as vestimentas da sagração. A cena parece desenrolar-se em uma igreja; com efeito, esse era frequentemente o caso; nem sempre, entretanto. É preciso que nossa imaginação substitua a arquitetura de fantasia, conforme o gosto do Renascimento, que o artista se comprazeu em compor, por cenários ao mesmo tempo menos irreais e mais variados: por exemplo, os pilares góticos de Notre-Dame de Paris, ao longo dos quais, em 8 de setembro de 1528, diante dos olhares dos bons burgueses — um deles registrou a lembrança em seu diário —, vieram posicionar-se 205 escrofulosos;²⁶ ou então, pois o ato nem sempre se produzia em um edifício religioso, ou mesmo em uma sala coberta, o claustro do palácio episcopal de Amiens, onde, no dia da Assunção do ano de 1527, o cardeal Wolsey contemplou Francisco I tocando aproximadamente o mesmo número de doentes;²⁷ ou ainda, em tempos de perturbações, uma paisagem guerreira, como aquele campo das Landes, perto de Saint-Jean d'Angély [São João de Angély], que, no dia de Todos os Santos de 1569, viu Carlos IX trocar, por um instante, o papel de chefe de exército pelo de curador.²⁸

---

24. Não encontrei nada que diga respeito à liturgia da escrófula nem nas Horas de Carlos VIII (Bibl. Nat. lat. 1.370), nem nas de Luís XII (lat. 1.412), nem, tampouco, para o século seguinte, nas belas Horas de Luís XIV (lat. 9.476).
25. Relato de viagem de Girolamo Lippomano, p. 545: "essendo l'infermi accomodati per fila... il re li va toccando d'uno in uno...".
26. KK 101, fól. 34: "A duzentos e cinco doentes de escrófula tocados pelo referido senhor na igreja de Notre-Dame de Paris no oitavo dia do referido mês, a soma de vinte libras e dez soldos torneses". A *Chronique* publicada por V.-L. Bourrilly, na sequência de sua edição do *Journal d'un bourgeois de Paris*, p. 421, menciona essa cerimônia ("Mais de duzentos doentes"). Outros exemplos de toque nas igrejas: KK 88, fól. 142 vº (Grenoble), 147 (*Morant*); K IOI, fól. 273 vº, 274 e vº (Joinville, Langres, *Torchastel*). Cf. o relato de viagem de Girolamo Lippomano. p. 545: "essendo gl'infermi accomodati per fila o nel cortile regale, o in qualche gran chiesa".
27. George Cavendish, *The Life of Cardinal Wolsey*, ed. S. W. Singer. Chiswick, 1825, I, p. 104.
28. KK 137, fól. 94; de resto, foram tocados naquele dia — excepcionalmente — apenas catorze doentes.

Na Inglaterra, o mesmo quadro, pelo menos nas grandes linhas. Não se pode, no que concerne ao toque da escrófula, marcá-lo com traços tão nítidos: carecemos de estatísticas; as raras menções relativas a doentes "curados" pelo rei que se encontram, esparsas, em livros de contas de Henrique VII ou de Henrique VIII se referem provavelmente apenas a casos excepcionais; os arquivos da Esmolaria, que, segundo todas as aparências, continham o extrato das somas distribuídas ao conjunto dos miraculados, desapareceram para sempre.[29] Não se deve duvidar de que a popularidade dos reis da Inglaterra como médicos do mal régio, no século XVI, tenha sido grande: numerosos escritores louvam neles esse poder; medir essa popularidade por meio de números permanece vedado para nós.

Pelo menos, conhecemos de maneira muito exata o ritual do milagre tal qual ele era praticado sob Maria Tudor, e certamente já sob Henrique VIII,[30] talvez até mesmo desde Henrique VII.[31] A cerimônia inglesa diferia

---

29. Cf. abaixo, p. 426 e 423 n. 1.
30. A liturgia do tempo de Maria Tudor está contida no missal dessa soberana, hoje conservado na biblioteca da catedral católica de Westminster; ela faz constantemente menção a um rei, nunca a uma rainha; ela não foi, portanto, composta especificamente para Maria; pode-se supor que estivesse em vigor sob Henrique VIII, ao menos no início do reinado — antes do cisma ou antes que suas consequências tivessem se desenvolvido — e talvez até mesmo antes do próprio Henrique VIII. Foi impressa por diversas vezes: notadamente em Sparrow Simpson, *On the Forms of Prayer*, p. 295; Crawfurd, *The king's evil*, p. 60.
31. Em 1686, o impressor Henry Hills publicou "por ordem de Sua Majestade" (by His Majesties Command) um pequeno in-4º de 12 páginas contendo *The Ceremonies used in the Time of King Henry VII for the Healing of them that be Diseased with the King's Evil* (texto reimpresso em *The Literary Museum*. Londres, 1792, p. 65; W. Maskell, *Monumenta ritualia Ecclesiae Anglicanae*, 2. ed., III, p. 386; Crawfurd, *The king's evil*, p. 52: texto latino, é claro; outro livro, publicado ao mesmo tempo, fornecia a tradução inglesa, reimpressa em Crawfurd, ibidem, p. 132). Assim, possuiríamos o serviço da escrófula tal qual como ele estava em vigor sob Henrique VII. Mas a autenticidade desse documento deve ser considerada absolutamente certa? Eu não ousaria afirmá-lo. Ele reproduz exatamente a liturgia do tempo de Maria Tudor e de Henrique VIII (ver a nota precedente). Isso, evidentemente, não apresenta nada de suspeito. No entanto, as condições nas quais ele foi entregue à impressão abrem algum espaço para dúvida. Se Jaime II ordenou que fosse publicado, é porque, como veremos, ele se esforçava em recolocar em uso, para o toque, as antigas formas católicas. Existe algo mais natural, em semelhante caso, do que procurar vincular-se ao último soberano antes da Reforma, o qual, ademais, era o ancestral direto dos Stuart? Podemos nos perguntar se o impressor real não utilizou simplesmente um manuscrito que apresentasse — de maneira talvez anônima — o serviço de Henrique VIII ou de Maria, atribuindo-o a Henrique VII. Enquanto não se tiver descoberto um

em muitos pontos dos usos seguidos na corte da França; vale a pena especificar tais divergências.

Em primeiro lugar, uma liturgia sensivelmente mais desenvolvida acompanha toda a cerimônia, do início ao fim; ela comporta na essência um *Confiteor* pronunciado pelo rei, uma absolvição pronunciada em resposta pelo capelão e a leitura de duas passagens dos Evangelhos: o verseto de São Marcos relativo aos milagres operados pelos apóstolos — a alusão é clara — e as primeiras palavras do Evangelho de São João, de emprego corrente em todas as fórmulas de bênção ou de exorcismo.[32] Como era de esperar, não se faz nenhuma alusão a São Marculfo nem a outro santo em particular.

Contrariamente aos costumes franceses, o soberano permanece imóvel e sentado; um eclesiástico lhe traz todos os doentes, um após o outro. Assim, o príncipe talvez conserve maior dignidade; mas, na sala em que ele opera, produz-se um perpétuo vaivém, o qual, a julgar por certas gravuras do século XVII, época em que as mesmas regras ainda se mantinham, apresentava o aspecto deploravelmente pitoresco de um desfile de Pátio dos Milagres.[33] Sem dúvida, o princípio era antigo: uma miniatura do século XIII já nos mostra Eduardo, o Confessor, tocando, sentado, uma mulher que é guiada até ele.[34]

O vaivém era tanto mais intenso quanto cada doente encontrava o rei por duas vezes. Primeiro, todos passavam em sucessão diante de Sua Majestade, que encostava em suas partes atingidas com suas mãos nuas; em seguida, uma vez encerrado esse movimento inicial, eles retornavam, sempre um após o outro; o rei então fazia sobre as feridas o tradicional sinal da cruz; mas não, como seu concorrente francês, apenas com a mão; nos dedos que traçavam o símbolo sagrado, ele segurava uma moeda, uma moeda de ouro; uma vez realizado o gesto, ele suspendia esse objeto, previamente perfurado e munido de uma fita, no pescoço de cada paciente. É nessa parte da cerimônia que se manifesta mais nitidamente o contraste com a França. Também na corte dos Valois, os

---

manuscrito autentificando o texto entregue à publicidade por H. Hills, será preciso, não, por certo, acusar como falsa a atribuição tradicional proposta para esse texto, mas, pelo menos, evitar aceitá-la como rigorosamente segura.
32. Cf. *Decretais*, l. III, t. XLI, 2 (conforme o sínodo de Seligenstadt, de 1023): "Quidam etiam laicorum et maxime matronae habent in consuetudine ut per singulos dies audiant evangelium: 'In principio erat verbum...' et ideo sancitum est in eodem concilio ut ulterius hoc non fiat, nisi suo tempore".
33. "Apêndice II", n. 12 e 13, e estampa IV.
34. "Apêndice II", n. 1. A observação é de Miss Farquhar, I, p. 5.

escrofulosos recebiam algum dinheiro, em princípio dois soldos torneses por cabeça; mas essa esmola, de resto muito mais modesta do que a esmola inglesa, lhes era entregue, sem pompa, por um eclesiástico que discretamente seguia o rei. Na Inglaterra, ao contrário, o presente real se colocara no próprio centro do rito. É preciso ver nisso o efeito de um curioso transporte de crenças que convém retraçar desde já e definitivamente.

Durante a Guerra das Duas Rosas, os soberanos ingleses, como lembramos, adquiriram o hábito de atrair os doentes, oferecendo-lhes como isca um fortíssimo presente, o qual assumiu a forma, que rapidamente se tornou tradicional, de uma moeda de ouro, sempre a mesma: um *angel*. Embora, pelo menos até Jaime I, tais moedas tenham tido curso como numerário, tendeu-se cada vez mais a considerá-las menos meio de troca econômico do que verdadeiras medalhas, especialmente destinadas ao toque: a tal ponto que se procurou adaptar sua legenda à natureza particular dessa cerimônia. Sob Maria Tudor, a velha fórmula banal que de havia muito aparecia em seu exergo, "Ó Cristo Redentor, salva-nos por tua Cruz", foi substituída por esta, mais apropriada ao milagre régio: "Isso foi feito pelo Senhor e foi uma coisa maravilhosa diante de nossos olhos".[35] E veremos logo mais que, quando modificou o rito, Jaime I alterou, ao mesmo tempo, o aspecto e a legenda do *angel*. No século XVI, o público deixara de ver nessa moeda de ouro, tão estreitamente associada ao rito curativo, o que ela foi na origem: uma doação caridosa. Ela passou a ser vista, então, como um talismã, provido de virtude medicinal própria.

Se acreditarmos no veneziano Faitta, que, tendo chegado à Inglaterra no séquito do cardeal Pole, viu, em 4 de abril de 1556, Maria Tudor tocar os doentes, a rainha teria feito com que cada paciente prometesse "jamais se separar da moeda [que ela pendurava no pescoço de cada um deles], salvo em caso de extrema necessidade".[36] Quer tais palavras tivessem sido proferidas ou não pela soberana, o próprio fato de que elas lhe fossem atribuídas prova que, a partir daquele momento, não se considerava mais o *angel* uma moeda ordinária. Para o reinado de Elizabeth, a crença nas virtudes medicinais desse novo amuleto é nitidamente atestada pelo capelão da rainha, Tooker, a quem devemos o primeiro livro escrito na Inglaterra sobre o poder curativo

---

35. A antiga fórmula "Per Crucem tuam salva nos Christe Redemptor": Farquhar, I, p. 70 (para uma variante, sob Henrique VII, ibidem, p. 71). A nova (extraída do salmo CXVII, 23): "A Domino factum est istud, et est mirabile in oculis nostris"; ibidem, p. 96. Convém relembrar que a obra de Miss Farquhar aperfeiçoou definitivamente a história numismática do rito inglês.

36. *Calendar of State Papers, Venice*, VI, 1, n. 473, p. 436-437: cf. acima, p. 178, n. 43.

dos reis. Ele a rejeita como uma superstição vulgar.[37] Essa atitude se imporá posteriormente a todos os apologistas do milagre régio. Mas, no século XVII, eles a sustentam com dificuldade; os mais graves autores, tais como os médicos Browne e Wiseman, já protestam apenas formalmente contra uma ideia popular que a consciência comum impõe então a todos os espíritos apaixonados pelo sobrenatural.[38] Contava-se na Inglaterra uma historieta cujos heróis eram alterados, mas cujo tema permanecia sempre o mesmo: uma pessoa havia sido tocada pelo rei, o qual, evidentemente, lhe entregara o imperioso *angel*; enquanto conservou essa garantia de saúde, ela pareceu curada; um dia, ela o perdeu ou se livrou dele; de imediato, viu-se novamente tomada pela antiga moléstia.[39] Todas as classes da sociedade partilhavam dessa opinião: o médico holandês Diemerbroeck, que morreu em 1674, nos conta ter um dia tratado um oficial inglês a serviço dos Estados Gerais; esse fidalgo, antigo miraculado, levava no pescoço, amarrada com uma fita, a moeda que lhe havia sido dada, em sua adolescência, por seu príncipe; ele se recusava a separar-se dela, persuadido de que sua cura se devia somente a ela.[40] Nas paróquias, as pessoas caridosas ofereciam aos pobres escrofulosos a renovação do pedaço de tecido no qual pendia seu *angel*.[41] Ademais, o governo se associava, por vezes, ao preconceito comum: uma *proclamação* de 13 de maio de 1625 menciona as pessoas que "outrora curadas, tendo disposto das moedas de ouro [do toque] de outra maneira além da que havia sido prevista,

---

37. Tooker, *Charisma*, p. 105.
38. As explicações de Browne a esse respeito refletem grande embaraço: *Adenochoiradelogia*, p. 106-108, 139, 142, 148; cf. Wiseman, *Severall Chirurgical Treatises*, I, p. 396. Sobre a superstição da moeda de ouro no século XVII, ver também *Relation en forme de journal du voyage et séjour que le sérénissime et très puissant prince Charles II roy de la Grande Bretagne a fait en Hollande*, in-4°. Haia, 1660, p. 77.
39. Cf. Browne, p. 106, 148; Douglas, *Criterion*, p. 199.
40. Isbrandi de Diemerbroeck, *Opera omnia anatomica et medica*. Utrecht, 1683, *Observationes et curationes medicae centum*, obs. 85, p. 108. Esse oficial se detinha até mesmo na crença comum; ele pensava, com efeito, que, se viesse a se desfazer de sua moeda de ouro, nada, nem mesmo um segundo toque régio, poderia prevenir sua recaída; geralmente, considerava-se que um segundo toque e a entrega de uma segunda moeda, cuidadosamente guardada desta vez, bastavam para trazer a cura de volta: cf. Browne, *Adenochoiradelogia*, p. 106. Moeda de ouro ainda carregada em 1723 por um idoso — pertencente, é claro, à *gentry* — que a recebera de Carlos II: Farquhar, IV, p. 160 (segundo uma carta de Thomas Hearne, *Reliquiae Hearnianae*, 1857, II, p. 680).
41. Contas dos *Churchwardens* de Minchinhampton, *Archaeologia*, XXXV (1853), p. 448-452.

sofreram, por isso, uma recaída".[42] Não é difícil imaginar como esses indivíduos mal inspirados dispuseram do presente real: eles o venderam. Sabemos, com efeito, que havia um comércio efetivo desses talismãs.[43] Os doentes que, por uma razão ou outra, se encontravam impedidos de comparecer à corte, ou que talvez se assustassem com as despesas da viagem, os compravam, acreditando assim obter, certamente a custos reduzidos, uma participação nos benefícios maravilhosos distribuídos pela mão sagrada do soberano; daí se origina a indignação dos zelotes da realeza, para quem o alívio somente podia ser obtido pelo contato direto da augusta mão. Os sétimos filhos, na Inglaterra, assim como na França, fiéis imitadores do monarca, adquiriram, eles também, o hábito de pendurar no pescoço de seus pacientes moedas, as quais eram de prata, visto que seus meios não lhes permitiam igualar a munificência dos concorrentes reais; eles mantiveram esse costume, pelo menos em certas regiões, até o século XIX.[44] Veremos mais tarde que, nesse mesmo século, foi sob a forma do amuleto monetário que sobreviveu por mais tempo na Grã-Bretanha a crença no dom taumatúrgico dos reis.

Assim, em pleno século XVI, a fé no milagre régio ainda tinha vigor suficiente para gerar uma nova superstição. Como os ingleses chegaram à ideia de considerar os *angels* veículos do poder curativo? O emprego, na cerimônia do toque, dessa moeda de ouro, sempre a mesma, sem dúvida imposto na origem

---

42. Citada por Nicolas, *Privy Purse of Henry VIII*, p. 352: "Amongst the Conway Papers (MSS.) there is an order for a proclamation, dated 13th May 1625... that for the future ail shall bring certificates from the minister etc. of the parish, for that many being healed, have disposed of their pieces of gold otherwise than was intended, and thereby fall into relapse". Tratava-se de exigir certificados que garantissem que as pessoas que se apresentassem diante do rei não tivessem sido tocadas uma primeira vez: cf. p. 355, n. 170.
43. Browne, *Adenochoiradelogia*, p. 93: "were this not true and very commonly put in practice, without all question His Majesties touching Medals would not be so frequently seen and found in Gold-Smiths shops" [não fosse isso verdadeiro e muito comumente posto em prática, sem dúvida as medalhas do toque de Sua Majestade não seriam vistas e encontradas com tanta frequência em lojas de ourives]. Cf. ibidem, p. 139, a história do mercador russo, atingido pela escrófula, a quem uma dama inglesa traz um *angel* de Carlos I, e que se vê curado. Caso de empréstimo de uma *touch-piece*, Farquhar, IV, p. 159.
44. Pelo menos, em uma ilha de Lewis: William Henderson, *Notes on the Folk-lore of the Northern Countries of England and the Borders*, 2. ed. (Publications of the Folk-lore Society, II). Londres, 1879, p. 306; *Folk-lore*, XIV (1903), p. 371, n. 1. Sob Carlos I, Boisgaudre, um aventureiro francês que, tendo sido o último a nascer de uma série de sete filhos, tocava a escrófula na prisão na qual tinha sido encarcerado por dívidas, pendurava no pescoço de seus pacientes um simples pedaço de papel, no qual estava escrito: "In nomine Jesu Christi, ipse sanetur"; *Calendar of State Papers, Domestic, Charles I*, 7 de junho de 1632.

pelas ambições de dinastias rivais, fixado mais tarde pela tradição, provavelmente conduzira, pouco a pouco, os espíritos a imaginarem que um objeto tão essencial ao rito não podia desempenhar nele o papel de simples esmola; os próprios reis, a partir de Henrique VIII, pelo menos, adquirindo o hábito de manter a moeda em mão durante o sinal da cruz, tinham, voluntariamente ou não, encorajado semelhante conclusão. Deve-se supor, entretanto, que a opinião comum tendeu a ela com tamanha facilidade apenas porque outro rito, definitivamente anexado ao cerimonial monárquico por volta do final da Idade Média, já dava o exemplo de talismãs consagrados pelos reis; falo dos anéis medicinais, concebidos na época como receptores, por meio do contato das mãos reais, de uma virtude que se incorporava à sua substância. Na imaginação comum, o velho milagre do toque acaba, de alguma maneira, por modelar-se ao milagre da Sexta-Feira Santa. Não se chegará ao ponto de persuadir-se de que o toque adquiria particular eficácia quando realizado, ele também, no dia da "Boa Sexta-Feira"?[45] É que a mais recente das duas manifestações do privilégio sobrenatural dos reis gozava, por volta do ano 1500, de plena popularidade e, por assim dizer, de pleno vigor.

O sucesso do toque da escrófula se mede pelo número dos doentes presentes nas cerimônias; e o dos anéis, pela avidez com que o público procurava os círculos de ouro ou de prata abençoados após a adoração da cruz. Essa avidez, até onde se pode julgá-la pelas correspondências ou relatos da época, parece de fato ter sido, sob os Tudor, extremamente intensa. Nada é mais característico a esse respeito do que o exemplo de Lady Lisle. Honor Grenville desposara, em 1528, o visconde Lisle, filho natural do rei Eduardo IV; em 1533, ela seguiu seu marido até Calais, onde ele era governador; de lá, manteve com a Inglaterra uma relação epistolar muito ativa. O acaso de um confisco, como consequência de um processo político, nos rendeu a conservação das cartas que ela recebia. Quando as examinamos, surpreendemo-nos com o lugar ocupado pelos *cramp-rings*. Lady Lisle, que talvez fosse reumática, os colecionava com uma espécie de fervor; sua estima por sua virtude chegava ao ponto de fazer com que os considerasse soberanos contra as dores do parto; seus filhos, seus amigos, seus negociantes se esforçavam em proporcioná-los; era evidentemente o meio mais seguro de agradá-la. Uma paixão tão forte decerto não era comum; essa grande dama tinha, provavelmente, alguma excentricidade no espírito; no final de sua vida, seu cérebro se perturbou por completo.[46] Mas, num grau menor, sua fé

---

45. Superstição atestada por Browne, p. 106-107 (que, aliás, a combate).
46. Sobre Lorde e Lady Lisle, ver o artigo *Plantagenet (Arthur)* no *Dictionary of Nat. Biography*. Cartas analisadas em *Letters and Papers, Foreign and Domestic, Henry VIII*, XIII, 1, n. 903,

parece ter sido geralmente compartilhada. Os *cramp-rings* não raro aparecem nos testamentos daquela época entre os bens preciosos legados aos íntimos.[47]

A reputação do rito da Sexta-Feira Santa não se detinha nas fronteiras da Inglaterra. A Escócia apreciava os anéis medicinais; o enviado inglês distribuía alguns aos notáveis daquele país que ele desejava tornar favoráveis a si;[48] em 1543, um grande senhor escocês, Lorde Oliphaunt, aprisionado pelos ingleses e, em seguida, solto sob a promessa de servir aos interesses de Henrique VIII, retornou à sua pátria carregado de *cramp-rings*.[49] Até mesmo no continente, a glória dos anéis miraculosos era amplamente difundida. Os reis da Inglaterra atuavam pessoalmente como seus propagandistas: Henrique VIII oferecia ele mesmo aos estrangeiros de distinção presentes à sua volta os círculos de metal que consagrara.[50] Seus próprios enviados os distribuíam nos países em que se

---

930, 954, 1.022, 1.105; XIV, 1, n. 32, 791, 838, 859, 923, 1.082, 1.145; XIV, 2, n. 302. Cf. Hermentrude, *Cramprings*; Crawfurd, *Cramp-rings*, p. 175 e 176. O emprego dos anéis contra as dores do parto me parece depreender-se da passagem seguinte de uma carta do conde de Hertford a Lady Lisle, publicado por Hermentrude, loc. cit.; e Crawfurd, p. 175: "Hussy told me you were very desirous to have some cramp-rings against the time that you should be *brought a bedd*..." [Hussy contou-me que estais muito desejosa de obter alguns anéis de câimbra para quando estiverdes para dar à luz]; o sentido usual destas últimas palavras é bastante conhecido. Devo, porém, acrescentar que o *Dictionary of Nat. Biography* não menciona filhos de Lady Lisle, nascidos em Calais.

47. *Wills and Inventories from the Registers of the Commissary of Bury St-Edmunds*, ed. S. Tymms (Camden Society). Londres, 1850, p. 41 (1463); p. 127 (1535); Maskell, *Monumenta ritualia*, 2. ed., III, p. 384 (1516). Convém, é verdade, acrescentar que esses anéis são simplesmente qualificados como *cramp-rings*; não podemos, portanto, estar absolutamente certos de que não se trate de anéis mágicos comuns, eficazes contra a "câimbra"; no entanto, parece de fato que esse termo se aplicava então preferencialmente aos anéis consagrados pelos reis.

48. Thomas Magnus a Wolsey, 20 de março de 1526: *State Papers, Henry VIII, IV,* n. CLVII, p. 449; fragmento em J. Stevenson, *On Cramp-rings*, p. 41, de *The Gentleman's Magazine Library*. Cf. um envio feito por Cromwell à rainha Margarida da Escócia, filha de Henrique VII (14 de maio de 1537). ibidem, IV, 2, n. CCCXVII, e R. B. Merriman, *Life and Letters of Thomas Cromwell*, II, n. 185.

49. *Letters and Papers, Foreign and Domestic, Henry VIII*, XVIII, 1, n. 17 (7 de janeiro de 1543); Oliphaunt foi solto definitivamente apenas em 1º de julho (ibidem, n. 805); mas, em janeiro, o governo inglês negociava com ele e os demais lordes presos para obter seu apoio após sua entrada na Escócia (ibidem, n. 37); não foi provavelmente para seu uso pessoal que ele recebeu, em 7 de janeiro, 12 *cramp-rings* de ouro e 24 de prata.

50. Hubertus Thomas Leodius, *Annalium de vita illustrissimi principis Frederici II...*, ed. de 1624, in-4º. Frankfurt, p. 182: "Discedenti autem mihi dono dedit... sexaginta anulos aureos contra spasmum". Segundo C. J. S. Thompson, *Royal Cramp and Other Medycinable Rings*, p. 7, haveria indícios dessa liberalidade em um registro contábil de Henrique VIII, de 1533.

acreditava neles: na França,[51] na corte de Carlos V,[52] em Veneza[53] e, antes do cisma, até mesmo em Roma.[54]

A bem da verdade, os visitantes que o rei mágico recebia, fossem quais fossem seus sentimentos secretos, não podiam fazer nada além de parecerem receber com gratidão esses presentes maravilhosos. Por outro lado, reclamando com insistência ao governo inglês os talismãs abençoados pelo rei, os diplomatas que esse governo enviava às diversas cortes da Europa talvez pensassem tanto em lisonjear seu senhor em seu orgulho taumatúrgico quanto em servir seus interesses por hábeis generosidades. Os *cramp-rings*, importados de uma maneira ou de outra para aquelas terras, ali se tornaram, assim como, aliás, na própria Inglaterra, objeto de comércio; foi provavelmente para ganhar dinheiro que, no mês de junho de 1515, o genovês Antônio Spinola, agente secreto a serviço da corte de Londres, retido em Paris por seus credores, reclamava uma dúzia deles a Wolsey, pois, ele dizia, que lhe foram pedidos alguns com insistência por "ricos fidalgos".[55] Mas, se eram assim vendidos praticamente em todo lugar, eles nem sempre eram vendidos a altos preços. Benvenuto Cellini, em suas *Memórias*, desejando dar a ideia de anéis de pouco valor, cita "esses

---

51. *Letters and Papers, Foreign and Domestic, Henry VIII*, XV, n. 480; R. B. Merriman, *Life and Letters of Thomas Cromwell*, II, n. 185; a carta de Thomas Cromwell, publicada por Merriman (30 de abril de 1536), é dirigida ao bispo Gardiner, naquele momento embaixador na França; o mesmo Gardiner escrevia, em 1547, a Nicolau Ridley a respeito dos "*cramp-rings*": "And yet, for such effect as they have wrought, when I was in France, I have been myself much honoured; and of all sorts entreated to have them, with offer of as much for them, as they were double worth" (carta citada infra, p. 321, n. 67, p. 501).
52. *Letters and Papers, Foreign and Domestic, Henry VIII*, 11, 2, n. 4.228 e 4.246; XX, 1, n. 542. Mesma coisa sob Maria, quando da estadia do imperador em Bruxelas, antes de sua abdicação: *Calendar of State Papers, Foreign, Mary:* 25 de abril, 26 de abril e 11 de maio de 1555. Em contrapartida, é por equívoco, ao que parece, que Crawfurd acreditou ler em W. Stirling, *The Cloister Life of Emperor Charles the Fifth*, Londres, 1853, que o imperador possuía em seu tesouro *cramp-rings* ingleses; encontrei nessa obra — p. 290 — apenas a menção a anéis mágicos contra hemorroidas.
53. *Letters and Papers, Foreign and Domestic, Henry VIII*, XVIII, 1, n. 576.
54. Livro de contas da Casa Real, em *Trevelyan Papers* (Camden Society), I, p. 150: "to Alexander Grey, messenger, sente Aprill [1529] to Rome with letters of great importance, at which tyme the Kinges cramp rings were sent". Carta de Ana Bolena a Gardiner, de 4 de abril de 1529: Gilbert Brunet, *The History of the Reformation*, ed. Pocock, V, 1865, p. 444.
55. *Letters and Papers, Foreign and Domestic Henry VIII*, II, I, n. 584 (15 de junho de 1515). Venda dos *cramp-rings* na própria Inglaterra: Hubertus Thomas Leodius, op. cit., p. 98: "[Rex Angliae] anulos aureos et argenteos quibusdam ceremoniis consecrat, quos dono dat, et *vendunt aurifabri*".

pequenos anéis contra a câimbra que vêm da Inglaterra e valem um carlino" — uma pequena moeda — "ou algo em torno disso".[56] Não obstante, um carlino ainda era, afinal, alguma coisa. E, por meio de diversos testemunhos que não podemos, como os dos diplomatas, suspeitar de insinceridade protocolar, temos a prova de que, mesmo fora da Inglaterra, os *anelli del granchio*, talvez sem serem considerados tão preciosos como se sugeria a Henrique VIII, eram mais procurados do que a frase de Benvenuto poderia levar a pensar; e isso mesmo nos meios que poderíamos acreditar serem os menos acessíveis a esse tipo de superstição. Na Alemanha, Catarina de Schwarzburg, que foi amiga de Lutero, os solicitava a seus correspondentes.[57] O humanista inglês Linacre, médico de seu estado, em relação de amizade com o grande Guilherme Budé, sem dúvida pensava agradá-lo ao enviar-lhe alguns, acompanhados de uma bela carta em grego; na resposta de Budé, escrita na mesma douta língua, certa ironia talvez se manifeste, mas tão leve e tão velada que ela deixa o leitor indeciso.[58] Na França, ainda sob Henrique IV, se acreditarmos no médico Du Laurens, muitos particulares conservavam em seus tesouros alguns exemplares desses anéis curativos que, naquela época, os reis da Inglaterra, após cerca de cinquenta anos, haviam deixado de mandar fabricar.[59] Na Europa do Renascimento, a

---

56. *La vita di Benvenuto Cellini...*, ed. A. J. Rusconi e A. Valeri. Roma, 1901, 1. II, c. I, p. 321: "Al ditto resposi, che l'anello che Sua Eccellenzia [o duque de Ferrara] m'aveva donato, era di valore d'un dieci scudi in circa, e che l'opera che io aveva fatta a Sua Eccellenzia valeva piu di ducento. Ma per mostrare a Sua Eccellenzia che io stimavo l'atto della sua gentilezza, che solo mi mandassi uno anello del granchio, di quelli che vengon d'Inghilterra che vagliono un carlino in circa: quello io lo terrei per memoria di Sua Eccellenzia in sin che io vivessi...".
57. Fragmento de carta citado — em tradução — pela esposa de Henry Cust, *Gentlemen Errant*. Londres, 1909, p. 357, n. 1; tendo a senhora Cust se abstido de dar qualquer referência, não pude encontrar a carta em questão; acredito, todavia, poder utilizá-la, pois pude verificar, aliás, que as indicações dela são dignas de fé. Ademais, a popularidade do rito dos anéis é atestada, no caso da Alemanha, desde o final do século XV por G. Hollen, *Preceptorium divinae legis*. Nuremberg, 1497, fól. 25 v°, col. 1.
58. *Epistolae Guillelmi Budei*, in-4°. Paris, 1520, p. 18 (Linacre a Budé, 10 de junho de 1517); fól. 16 v° (Budé a Linacre, 10 de julho). Budé escreve a respeito dos anéis: "ὧν δὴ τοὺς πλείους ἤδη ταῖς τῶν φίλων καὶ συγγενῶν διενειμάμην γυναιξὶ παραδούς τε μεγαλοπρεπῶς καὶ ἐπομοσάμενος ἦ μὴν ἀλεξικάκους εἶναι καὶ νὴ Δία καὶ συκοφάντου γε δήγματος"; "distribuí a maioria deles às mulheres de meus parentes e amigos; entreguei-os solenemente e jurei que eles os preservariam dos males e até mesmo da mordida da calúnia". O envio era de um anel de ouro e de prata 18.
59. *De mirabili*, p. 29: "Reges Angliae... curavere comitialem morbum, datis annulis quos epileptici pro amuleto gestarent, quales hodie dicuntur extare nonnulli in thesauris plerisque Galliae".

fé no milagre régio sob todos os seus aspectos ainda estava bem viva e, assim como na Idade Média, tinha pouca consideração pelas rivalidades nacionais.

No entanto, por volta da segunda metade do século XVI, ela sofreria o contragolpe do grande abalo que então atingiria, em todo o mundo ocidental, tantas instituições políticas e religiosas.

§ 2. RENASCIMENTO E REFORMA

Em 1535, Michel Servet mandou publicar em Lyon uma tradução, com notas adicionais, da *Geografia* de Ptolomeu; nela, liam-se, entre os suplementos, as seguintes palavras: "Relatam-se a respeito dos reis da França duas coisas memoráveis: primeiro, que existe na igreja de Reims um vaso eternamente repleto de crisma, enviado do céu para a coroação, e com o qual todos os reis são ungidos. Vi com meus próprios olhos esse rei tocar vários doentes atingidos por essa afecção. Se verdadeiramente recuperaram a saúde, foi o que não vi". O ceticismo, apesar de discretamente expresso, mal se dissimula... Em 1541, ainda em Lyon, uma segunda edição do mesmo livro saiu das prensas; a última frase, suprimida, foi substituída pela seguinte: "Ouvi dizer que muitos doentes recuperaram a saúde".[60] Era uma palinódia. Esse pequeno episódio bibliográfico é muito instrutivo. Nele, vê-se em que família de espíritos, durante muito tempo, se recrutaram escritores suficientemente ousados para pôr em dúvida o milagre régio; não se poderia encontrá-los senão entre heterodoxos impenitentes, habituados a rejeitar muitas outras crenças admitidas até então como artigos de fé: homens muito capazes, como o próprio Servet ou como, mais tarde, Vanini, o qual também veremos aparecer em nosso caminho, de acabar em fogueiras elevadas por uma ou outra das ortodoxias religiosas da época.

---

60. A primeira edição: *Claudii Ptolomaei Alexandrini geographicae enarrationis libri octo*, fól., Lyon, Trechsel, atlas, sexta folha v°: "De Rege Galliae duo memoranda feruntur. Primum quod sit in Remensi ecclesia vas crismati perenni redundans, ad regis coronationem coelitus missum, quo Reges omnes liniuntur. Alterum, quod Rex ipse solo contactu strumas sive scrofulas curet. Vidi ipse Regem plurimos hoc langore correptos tangentem, an sanati fuissent non vidi". A segunda edição, fól., Lyon, Delaporte 1541, atlas, sexta folha v°; a última frase (depois de "tangentem") sob a forma "pluresque senatos [*sic*] passim audivi". Devo a indicação dessa curiosa divergência a *Extrait d'une lettre de M. Des Maizeaux à M. De La Motte* publicado na Bibliothèque raisonnée des ouvrages des savans de l'Europe, III, 2, 1729, p. 179. Sobre as duas edições de Ptolomeu — a segunda cuidadosamente expurgada —, cf. Julien Baudrier, *Michel Servet: ses relations avec les libraires et imprimeurs lyonnais*; *Mélanges Émile Picot*, I, 1913, p. 42 e 50. No exemplar que a Bibl. Nat. possui da segunda edição, o atlas está ausente; consultei o do Museu Britânico.

Mas Servet se retratara; é permitido supor que esse arrependimento não foi espontâneo; ele com certeza lhe foi imposto. Foi quase impossível, por muitos anos, em um livro impresso na França ou, acrescentemos imediatamente, na Inglaterra, atacar de maneira aberta uma superstição na qual o prestígio da monarquia estava interessado; isso teria sido, no mínimo, uma temeridade inútil, que não se cometia de bom grado.

As mesmas reservas, previsivelmente, não se impunham aos escritores estrangeiros. Houve então — no século XVI e nos primeiros anos do século seguinte —, na Itália, um grupo de pensadores a que poderíamos chamar naturalistas, se entendermos com isso que, tendo recebido de seus predecessores a imagem de um universo repleto de maravilhoso, eles se esforçaram para livrá-lo das influências sobrenaturais. Sua concepção de natureza decerto estava muito distante da nossa; ela nos parece hoje repleta de representações contrárias à experiência ou à razão; ninguém fez, com maior frequência do que esses espíritos, apelo à astrologia ou à magia; mas essa magia ou essa astrologia, que, aos seus olhos, eram parte integrante da ordem das coisas, lhes serviam precisamente para explicar uma massa de fenômenos misteriosos que a ciência da época não lhes permitia explicar e que eles se recusavam, no entanto, a interpretar, segundo as doutrinas professadas antes deles e ao seu redor, como as manifestações arbitrárias das vontades sobre-humanas.

Ora, quem, naquela época, estando preocupado com o milagre, teria podido deixar de lado este milagre patente, familiar, quase cotidiano: as curas reais? Entre os principais representantes dessa escola italiana, vários, e dos mais notórios, como Pomponazzi, Cardano e Júlio César Vanini, aos quais podemos acrescentar o humanista Calcagnini, fizeram questão, com efeito, de expressar, ao menos de passagem, sua opinião sobre esse assunto de atualidade; nenhum deles duvidava que efetivamente houvesse curas; mas se dedicaram a explicá-las como se decorressem de causas naturais, isto é, que correspondessem à ideia que tinham da natureza. Teremos, mais adiante, a oportunidade de examinar as soluções que foram propostas quando deveremos retomar, por nossa vez, no final deste estudo, o problema que eles tiveram o mérito de enunciar. O que importa reter aqui é sua recusa em aceitar a teoria tradicional: para eles, o caráter sagrado dos reis não é mais razão suficiente para o seu poder curativo.[61]

---

61. Para as informações bibliográficas relativas à escola naturalista italiana — ordinariamente conhecida como escola "padovana" —, ver abaixo, p. 397 ss., onde se encontrarão também indicações precisas sobre sua atitude em relação ao milagre régio. Teria sido, em parte, sob a sua influência que o embaixador veneziano Contarini, enviado à corte de Henrique II, se exprimia com algum ceticismo sobre a eficácia do toque? Ver seu relato

Mas as ideias desse punhado de "libertinos", estrangeiros, aliás, aos dois países diretamente interessados no dom real, podiam exercer pouca influência sobre a opinião comum. Mais decisiva seria a atitude dos reformadores religiosos. Estes não negavam o sobrenatural, longe disso, e não pensavam, pelo menos enquanto não foram perseguidos, em atacar as realezas. Sem querer falar de Lutero, não se pôde dizer com justa razão a respeito do próprio Calvino que, em sua *Instituição cristã*, "a tese da monarquia de direito divino se encontra... tão solidamente fundada 'sobre as próprias palavras da Santa Escritura' quanto ela o será na obra de Bossuet"?[62] Nitidamente conservadores na sua maioria, pelo menos em princípio, em matéria política, assim como inimigos decididos de qualquer interpretação puramente racional do universo, por que eles teriam bruscamente se posicionado contra a crença nas virtudes taumatúrgicas dos reis? Veremos, com efeito, que por muito tempo eles se acomodaram muito bem a ela.

O exemplo da França é, a esse respeito, pouco instrutivo. Por muitos anos, não se percebe no país, no campo reformado, nenhum protesto contra o toque da escrófula; mas, como vimos, esse silêncio era, na ausência de outra razão, comandado pela mais elementar prudência. Ele se estendia a tudo o que se relacionava com o milagre dinástico: não foi provavelmente por esquecimento que, ainda em 1566, em sua *Apologia de Heródoto*, Henri Estienne omitiu o nome de São Marculfo na lista dos santos que deviam seu papel de curador a um calembur. Examinemos, porém, os próprios países protestantes.

Já sabemos que, na Alemanha, Lutero, dominado, aliás, em tantos pontos pelas representações populares antigas, admitia com candura que um remédio dado pela mão de um príncipe recebesse dessa circunstância uma eficácia particular. Catarina de Schwarzburg, heroína da nova fé, procurava os *cramp-rings* ingleses.[63] Na Inglaterra, os dois ritos curativos continuaram a ser praticados após o cisma; e não somente por Henrique VIII, que mal se pode qualificar de soberano protestante, mas também por Eduardo VI, tão preocupado em apagar, em todas as coisas, o vestígio das "superstições" papistas. Sob o reinado desse príncipe, o ofício da Sexta-Feira Santa se despojara das formas romanas; a partir de 1549, pelo menos, proibiu-se aos ingleses

---

traduzido por Armand Baschet, *La diplomatie vénitienne. Les princes de l'Europe au XVIe siècle*, 1862, p. 436.
62. Lucien Romier, *Le royaume de Catherine de Médicis*, II, in-12, 1922, p. 222.
63. Para Lutero, ver acima, p. 139; para Catarina de Schwarzburg, p. 315.

"rastejar" até a cruz;[64] no entanto, o pequeno rei teólogo jamais deixou de consagrar, no dia do aniversário da Paixão, os anéis medicinais; no mesmo ano de sua morte, já quase moribundo, ele ainda realizou o gesto ancestral "segundo a antiga ordem e o antigo costume", dizem, talvez com uma nuance de desculpa, seus livros de contas.[65]

A Reforma, entretanto, desferiria, no longo prazo, golpes muito rudes nas curas régias. O poder taumatúrgico dos reis decorria de seu caráter sagrado, que era criado ou confirmado por uma cerimônia, a sagração, inserida entre as pompas da antiga religião. O protestantismo encarava com horror os milagres que a opinião comum emprestava aos santos: por acaso os milagres atribuídos aos reis não lembravam muito estreitamente estes últimos? Ademais, Santo Eduardo na Inglaterra e São Marculfo na França eram os patronos oficiais do toque da escrófula: patronagens, aos olhos de alguns, muito comprometedoras. Os inovadores estavam muito longe de excluir de seu universo as influências sobrenaturais; mas muitos deles rejeitavam admitir, por parte dessas forças, uma intervenção tão frequente na vida cotidiana quanto supuseram as gerações precedentes; escutemos as razões que, segundo o relato de um espião pontifical, Jaime I da Inglaterra apresentava, em 1603,

---

64. O *creeping to the cross* foi proibido em 1549 pela grande ordenação que proscrevia as práticas cultuais, assim como as crenças da antiga fé: G. Burnet, *The History of the Reformation*, ed. N. Pocock, IV. Oxford, 1865, p. 244, art. 9, e David Wilkins, *Concilia Magnae Britanniae*, in-4º, 1737, IV, p. 32. Ele apareceu também em 1536 entre as cerimônias recomendadas pela *Convocation*: Burnet, op. cit., p. 284.
65. Sobre as contas de Eduardo VI, que o mostram consagrando os anéis, ver abaixo, p. 428, n. 39. Não dispomos de um testemunho seguro de que ele tenha tocado; mas não conceberíamos que ele tivesse mantido um dos dois ritos — e, ainda por cima, o mais estreitamente associado às cerimônias do antigo culto, o mesmo que Elizabeth aboliria — rejeitando, ao mesmo tempo, o outro. Sobre sua atitude em relação aos *cramp-rings*, ver também abaixo, p. 321. Não sabemos qual liturgia era seguida sob seu reinado para o toque; pode-se supor que ele modificou o uso precedente em um sentido protestante. Ignoramos também se já não houvera mudanças sob Henrique VIII, após o cisma; a coisa, para dizer a verdade, parece pouco provável; porém não se poderia considerá-la impossível: conhecemos o serviço de Henrique VIII apenas por sua reprodução no missal de Maria Tudor (ver acima, p. 307, n. 30); evidentemente, Maria mandou copiá-lo tal qual ele era empregado antes da ruptura com Roma; se houve retoques posteriores, ela certamente não os levou em conta. De acordo com Hamon l'Estrange, que escreveu em 1659 (*Alliance of Divine Offices*, p. 240), Eduardo VI conservou o sinal da cruz, como faria depois dele Elizabeth; mas o que vale esse testemunho tardio? Cf., para as informações numismáticas — que igualmente nos inclinam a supor que Eduardo tocou —, Farquhar, I, p. 92.

para justificar sua repugnância em realizar o rito do toque: "Ele disse... que não via como poderia curar os doentes sem milagre; ora, os milagres haviam cessado e não mais se faziam".[66] Na atmosfera maravilhosa que envolvia as monarquias ocidentais, quase tudo era chamado a chocar os adeptos de uma fé depurada; pode-se adivinhar o efeito que, em homens tomados por uma espécie de sobriedade religiosa, podia produzir a lenda da Santa Ampola. Como não teriam os reformados, à medida que adquiriam uma consciência mais clara das próprias ideias, sobretudo na ala avançada do calvinismo, acabado por reconhecer no milagre régio uma das peças daquele sistema de práticas e de crenças estranhas, ao seu ver, ao verdadeiro e primitivo cristianismo, e que eles rejeitavam como a inovação sacrílega de épocas idólatras, por verem nele, em uma palavra, tal como claramente dirão os não conformistas ingleses, uma "superstição" que era preciso desenraizar?

Mas não foi somente e talvez não tenha sido sobretudo por sua ação propriamente religiosa que a Reforma pôs em perigo o velho respeito pelo poder medicinal dos reis. Suas consequências políticas foram, desse ponto de vista, muito graves. Nas perturbações que ela desencadeou, ao mesmo tempo, na Inglaterra e na França, os privilégios da realeza acabaram sofrendo uma terrível ofensiva: entre eles, o privilégio taumatúrgico. Essa crise do dom da cura teve, aliás, uma acuidade muito diferente nos dois grandes reinos, cuja história, nos séculos XVI e XVII, segue por vias diferentes, sob todos os aspectos. E na Inglaterra ela foi de longe a mais forte e a mais decisiva. Comecemos, portanto, por esse país.

O último a nascer dentre atos pelos quais se manifestava o poder sobrenatural dos monarcas ingleses foi também o primeiro a sucumbir diante do novo espírito. A consagração dos anéis não sobreviveu ao século XVI.

Ela já estava ameaçada sob Eduardo VI. Numa Quarta-Feira de Cinzas, talvez no ano de 1547, um pregador de vanguarda, Nicolau Ridley, falando diante desse príncipe e de sua corte, se ergueu contra certo número de práticas por ele consideradas adólatras, e notadamente contra a adoração das imagens e o uso da água benta nos exorcismos; teria ele ousado atacar abertamente os anéis "medicinais"? Em todo caso, Ridley parece ter dado aos seus ouvintes a impressão de condená-los, pelo menos implicitamente. Os adeptos de uma reforma mais moderada, herdeiros legítimos do pensamento de Henrique VIII, se esforçavam então para manter o jovem rei em seu campo; tinham todo o interesse em levar a luta para um terreno em que a glória da

---

66. Texto citado abaixo, p. 325, n. 81.

monarquia podia parecer engajada. Um deles, e dos mais notórios, o bispo Gardiner, escreveu a Ridley uma carta de protesto;[67] nela, apresentava-se como o defensor de tudo o que o ardente sermonário atacara, expressamente ou por alusão, e sobretudo da bênção dos *cramp-rings*, "dom de Deus", prerrogativa "hereditária dos reis deste reino". Percebe-se bem, por meio dessa controvérsia, o que, no antigo costume mágico, ainda mais do que no toque da escrófula, chocava os inimigos do culto romano; eles não podiam deixar de sentir nele, a justo título, uma espécie de exorcismo; a água benta, com a qual os anéis eram borrifados, era, aos seus olhos, uma marca segura de superstição.[68] Mais tarde, Eduardo VI perseguiu Gardiner e fez de Ridley um bispo de Londres; no entanto, a respeito do milagre régio, foi, como já vimos, o desejo do primeiro — *"ne negligat donum curationis"* — que ele atendeu até o fim; nele, o ponto de honra monárquico prevaleceu, a esse respeito, sobre as doutrinas evangelistas.

Sob Maria Tudor, evidentemente, a cerimônia da Sexta-Feira Santa continuou a ser regularmente celebrada: com que pompa, já o sabemos. Mas, após o advento de Elizabeth (1558), numa corte novamente protestante, ela deixou de ocorrer: desapareceu sem ruído, provavelmente desde o início do reinado.[69] Durante algum tempo, continuou-se, entre o público, a entesourar os *cramp-rings* abençoados pelos soberanos do passado;[70] então, pouco a pouco, deixou-se de dar valor a esses círculos de metal sem encanto, que nada distinguia exteriormente dos anéis mais banais. Nenhum *cramp-ring* régio autêntico

---

67. Carta publicada em *The Works of Nicholas Ridley* (The Parker Society). Cambridge, 1841, p. 495.
68. Foi em 1548, pouco tempo após o sermão de Ridey, que a água benta — depois de muitas hesitações — foi definitivamente proscrita; ver W. P. M. Kennedy, *Studies in Tudor History*, in 12. Londres, 1916, p. 99.
69. Nas obras de Tooker e de Clowes sobre o toque (ver infra, p. 323-324), nunca é feita menção aos *cramp-rings*.
70. O historiador inglês — católico — Richard Smith, que morreu em 1654, conservava alguns que haviam sido abençoados por Maria Tudor (texto citado na p. 372); da mesma forma, sob Henrique IV, na França, certas pessoas ainda os guardavam preciosamente em seus baús (Du Laurens, testemunho citado na p. 315). Na literatura inglesa dos séculos XVII e XVIII, ainda se encontra, por vezes, a menção aos *cramp-rings* (cf. C. J. S. Thompson, *Royal and Other Medycinable Rings*, p. 9-10); mas se trata de *cramp-rings* régios ou de anéis tornados eficazes contra a câimbra por outras práticas mágicas? É impossível determinar. É certo, de resto, que, na época de Jaime II, a lembrança do rito da Sexta-Feira Santa não estava perdida; no círculo desse rei, parece de fato ter sido concebido o projeto de ressuscitá-lo.

chegou até nós;[71] ou, pelo menos, se alguns foram conservados, nós os manuseamos sem reconhecê-los: o segredo de suas virtudes, as quais se tornaram indiferentes a gerações incrédulas, não nos foi transmitido. Elizabeth realmente matou o velho rito.

Por que ela, uma reformada muito menos fervorosa do que seu irmão Eduardo, acreditara dever romper com uma tradição que, a despeito de Ridley e de seu partido, ele mantivera? Talvez a reação católica, que atacara durante o reinado de Maria, tornara os espíritos mais suscetíveis. Pode-se supor também que a rainha, decidida a salvaguardar, perante e contra todos, o toque da escrófula, fez questão de dar alguma satisfação aos adversários das crenças antigas, sacrificando-lhes aquele dos dois ritos curativos que, sem colocar o soberano na presença da massa sofredora, menos importava ao prestígio monárquico.

Com efeito, Elizabeth jamais deixou de "curar" os escrofulosos.[72] Ela manteve fielmente o cerimonial tradicional, limitando-se a eliminar da liturgia uma prece que dizia respeito à Virgem e aos santos e, segundo todas as probabilidades, a transpor para o inglês o ritual latino das idades anteriores.[73] Não temos para o seu reinado documentos que nos deem o número

---

71. O fato foi frequentemente observado: por exemplo, em Waterton, *On a Remarkable Incident*, p. 112-113; Thompson, *Royal and Other Medycinable Rings*, p. 10. Evidentemente, ele se deve sobretudo à ausência de qualquer sinal distintivo nos anéis consagrados pelos reis; ao contrário, as moedas destinadas ao toque — para não falar das medalhas, especialmente cunhadas, desde Carlos II, para esse uso — são sempre reconhecíveis pelo buraco feito nelas para passar a fita. Mas, se a crença no poder dos *cramp-rings* régios tivesse se mantido até tempos suficientemente próximos de nós, é provável que pelo menos alguns anéis dessa espécie tivessem chegado a nós com um certificado de autenticidade.

72. Mais tarde, imaginou-se que Elizabeth não se resignara sem hesitação a tocar os doentes; Crawfurd, *The king's evil*, p. 75-76, mostrou que essa tradição certamente se baseia em uma interpretação errônea de uma passagem do *Charisma* de Tooker.

73. Conhecemos a liturgia do tempo de Elizabeth por meio de Tooker, *Charisma* (reproduzida em Sparrow Simpson, *On the Forms of Prayer*, p. 298; traduzida em Crawfurd, *The king's evil*, p. 72). Tooker a apresenta em latim; mas como acreditar que ela realmente era empregada sob essa forma? O inglês era então a língua oficial da Igreja; por que o serviço do toque teria constituído uma exceção à regra geral? Desde Jaime I, aliás, sabemos de maneira segura que ele efetivamente se celebrava em inglês. Como já supuseram Crawfurd, op. cit., p. 71, e Miss Farquhar, *Royal Charities*, I, p. 97, é provável que Tooker, publicando desse serviço apenas um texto em latim, tenha pretendido manter em seu livro uma espécie de harmonia linguística, uma vez que o livro inteiro está escrito em latim; uma longa citação em língua inglesa teria destoado.

exato de doentes que se apresentaram diante dela; mas tudo parece indicar que a soberana exerceu seu poder maravilhoso com pleno sucesso.[74] Não, porém, sem encontrar uma oposição bastante forte. Não devia ser muito perigoso o ceticismo discreto de alguns espíritos livres, como o de Reginaldo Scot, que, diretamente inspirado pelos filósofos italianos, foi, na Inglaterra, um dos primeiros adversários da crença na bruxaria.[75] Mas dois grupos de homens influentes se recusavam a reconhecer em sua soberana o dom do milagre: os católicos, porque ela era herética e excomungada; os protestantes avançados, os puritanos, como começavam a ser chamados, cuja posição estava definitivamente tomada, pelas razões doutrinais que já indiquei, em relação a uma prática que eles julgavam, sem rodeios, supersticiosa. Era preciso defender contra os incrédulos o velho privilégio da dinastia inglesa. Os pregadores oficiais a isso se dedicavam do alto do púlpito,[76] assim como, a partir daquele momento, os escritores, por meio do livro. Desse reinado data a primeira obra dedicada ao toque, o *Tratado sobre o carisma da cura*,

---

74. É preciso reconhecer, entretanto, que os poucos números de doentes tocados por Elizabeth que chegaram até nós são bastante modestos: 38 no dia da Sexta-Feira Santa que precedeu a publicação do livro de Tooker, isto é, consequentemente, no ano de 1597 ou 1598 (Tooker, loc. cit., citado por Crawfurd, *The king's evil*, p. 74); 9 em Kenilworth, em 18 de julho de 1575 (relato contemporâneo de Laneham, citado por Farquhar, I, p. 70, n. 1, e *Shakespeare's England*, I. Oxford, 1917, p. 102). Mas não se pode tirar nenhuma conclusão de informações tão raras.

75. *The Discoverie of Witchcraft*, ed. Brinsley Nicholson. Londres, 1886, L. 13, cap. IX, p. 247; a respeito do poder curativo reivindicado pelos reis da França: "But if the French king use it no woorse than our Princesse doth, God will not be offended thereat: for hir maiestie onelie useth godlie and divine praier, with some aimes, and refereth the cure to God and to the physician" [Mas se o rei francês o exercer tal como o faz nossa princesa, Deus não se encontrará com isso ofendido: pois sua majestade apenas emprega prece devota e divina, com alguns designios, e atribui a cura a Deus e ao médico]. É notável que Scot cite Pomponazzi, talvez o mais importante dos pensadores naturalistas italianos anteriormente mencionados. A primeira edição foi publicada em 1584.

76. John Howson, *A Sermon Preached at St. Maries in Oxford the 17 Day of November, 1602, in Defence of the Festivities of the Church of England and Namely that of her Maiesties Coronation*, 2. ed., in-4º. Oxford, 1603. Enumerando as graças concedidas por Deus aos reis, Howson exclama: "Thirdly, they have gifts of healing incurable diseases, which is miraculous and above nature, so that when Vespasian was seen to perform such a cure the people concluded he should be Emperour, as Tacitus notes" [Em terceiro lugar, eles possuem dons de sanar doenças incuráveis, o que é miraculoso e está acima da natureza, de modo que, quando Vespasiano foi visto operando tal cura, o povo concluiu que ele deveria ser imperador, como observa Tácito]. Sobre essa alusão à história romana, cf. acima, p. 60-61.

publicado, em 1597, pelo "humilíssimo capelão de sua Mui Sagrada Majestade", William Tooker. Dedicado à própria rainha, trata-se, evidentemente, de um ditirambo ao elogio do milagre régio: produção de resto bastante miserável e a respeito da qual temos dificuldade em acreditar que tenha convertido alguém.[77] Cinco anos mais tarde, um dos cirurgiões da rainha, William Clowes, invejoso do exemplo dado pelo capelão, escreveu, por sua vez — em inglês, ao passo que o homem da Igreja permanecera fiel ao latim —, um tratado "frutífero e aprovado" sobre a cura da escrófula pelos reis e rainhas da Inglaterra.[78] O surgimento dessas súplicas era um sinal dos tempos. A velha fé na virtude taumatúrgica dos reis estava longe de estar morta na Inglaterra; mas não era mais unanimemente partilhada, por isso necessitava de apologistas.

O advento de Jaime I, em 1603, quase lhe desferiu um golpe mortal. É curioso que esse príncipe, que, em seus escritos políticos, aparece como um dos teóricos mais intransigentes do absolutismo e do direito divino dos reis,[79] tenha hesitado em praticar um rito no qual se exprimia tão perfeitamente o caráter sobre-humano do poder monárquico. Esse paradoxo aparente é, no entanto, facilmente explicável. Jaime foi educado na Escócia, em um meio rigorosamente calvinista. Em 1603, ele ainda estava imbuído das lições de seus primeiros mestres; se, todavia, ele assumiu, desde o início de seu reinado, a defesa do episcopado, é porque considerava a hierarquia eclesiástica o sustentáculo mais seguro do poder real; mas seus sentimentos religiosos permaneciam os mesmos que lhe foram ensinados: daí sua repugnância em realizar um pretenso milagre, no qual o ensinaram a não ver mais do que superstição ou impostura. De início, Jaime I pediu expressamente para ser dispensado dele.[80] Resignou-se, por fim, após advertências

---

77. Para o título exato, ver abaixo, p. 487. Polêmica contra os católicos, p. 90 ss. (notadamente, p. 91-92, a história edificante de um católico que, tendo sido curado pelo toque real, reconheceu que a excomunhão era "nulius plane... momenti"); contra os puritanos, p. 109. A epístola dedicatória é assinada da seguinte maneira: "Sacratissimae Maiestatis vestrae — humillimus capellanus — Guilielmus Tooker".
78. Para o título exato, ver p. 487. Talvez também date da época de Elizabeth a mais antiga gravura inglesa representando o toque: ver abaixo, "Apêndice II", n. 7.
79. Cf. abaixo, p. 338.
80. Carta de um informante anônimo ao arcebispo de Camerino, núncio na França (janeiro de 1604), Arch. Vatican, Francia Nunz ͣ, t. XLIX, fól. 22: cópia no Record Office, Roman Transcripts, Gener. Series, t. 88, fól. 8 ss.; trechos em Crawfurd, *The king's evil*, p. 82: "E pero anco vero, che il Re dal principio della sua entrata nel Regno d'Inghilterra desidero, e dimando queste ter cose. ... 2ª di non toccare le scrofole, non volendosi vanamente

de seus conselheiros ingleses; porém não sem repugnância. Um espião da corte de Roma nos deixou um relato provocante de seu primeiro toque, que certamente ocorreu em outubro de 1603. A cerimônia foi precedida de uma prédica por um ministro calvinista. Em seguida, o próprio rei, que, como se sabe, não desdenhava nem a teologia nem a prática da arte oratória, tomou a palavra. Ele expôs o cruel dilema em que se encontrava preso: cometer uma ação talvez supersticiosa ou então romper com um uso antigo, outrora instaurado com o propósito de obter um benefício para os súditos do reino; ele decidira tentar a experiência, mas não queria considerar o rito que iria realizar senão como uma espécie de prece dirigida ao céu para a cura dos doentes, prece na qual pedia aos assistentes que se juntassem a ele. Logo depois, começou a tocar os escrofulosos; "e", acrescenta malignamente nosso informador, "durante todo esse discurso, observou-se que o rei direcionou por diversas vezes os olhos aos ministros escoceses que se encontravam perto dele, como se esperasse um sinal de aprovação, tendo previamente deliberado com eles a esse respeito".[81]

---

arrogare tal virtu et divinita di potere col solo tatto guarire le malatie... intorno alle quali dimande fu'risposto dalli consiglieri, che non potea sua Maesta senza suo gran pericolo e del Regno fuggir quelle cose". Ver também uma carta do enviado veneziano Scaramelli, *Calendar of State Papers, Venetian*, X, n. 69 (4 de junho de 1603); uma passagem do historiador Arthur Wilson, *The History of Great Britain, being the Life and Reign of James I*, 1653, p. 289 (citado em Farquhar, IV, p. 141); um relato de viagem que fez em 1613, na corte da Inglaterra, o duque João Ernesto de Saxe-Weimar, publicado por V. Kundhardt, *Am Hofe König Jacobs I von England*; *Nord und Sud*, p. 109 (1904), p. 132. Sobre os sentimentos religiosos de Jaime, ver as afiadíssimas observações de G. M. Trevelyan, *England under the Stuarts* (*A History of England*, ed. by C. Oman, VII), p. 79, e lembrar que ele realmente parece ter sido o primeiro soberano a recusar-se a ser sagrado com o óleo milagroso de Santo Tomás: ver acima, p. 234-235. — Embora nenhum texto mencione essa interpretação, talvez se deva supor que a antipatia de Jaime pelo rito do toque, nascida de suas convicções calvinistas, foi aumentada pela repulsa que não podia deixar de inspirar a esse nervoso uma tarefa tao pouco apetitosa.

81. Trecho de uma carta [anônima] de Londres, de 8 de outubro de 1603: Arq. Vaticano, Inghilterra: cópia no Record Office, Roman Transcripts, General Series, t. 87; fragmentos em Crawfurd, *The king's evil*, p. 82: "Il Re s'abbia questi giorni intricato in quello ch'haveva di fare intorno di certa usanza anticha delli Re d'Inghilterra di sanare gl'infermi del morbo regio, et cosi essendogli presentati detti infermi nella sua antecamera, fece prima fare una predicha per un ministre calvinista sopra quel fatto, et poi lui stesso disse che se trovava perplesso in quello ch'haveva di fare rispetto, che dell'una parte non vedeva come potessero guarire l'infermi senza miracolo, et gia li miracoli erano cessati et non se facevano piu: et cosi haveva paura di commettere qualche superstitione; dell'altra parte essendo quella usanza anticha et in beneficio delli suoi sudditi, se

Não se sabe se, naquele momento, o taumaturgo recalcitrante depurara o cerimonial tradicional. Em todo caso, ele o fez pouco depois. Elizabeth, assim como seus predecessores católicos e o próprio Henrique VIII, traçava o sinal da cruz sobre as partes doentes, para o grande escândalo, aliás, de alguns súditos protestantes.[82] Jaime recusou-se a imitá-la nesse ponto. Quando os doentes, depois de terem sido tocados uma primeira vez, tornavam a passar diante do soberano, ele se contentava em pendurar ou em fazer pendurar no pescoço deles a moeda de ouro, sem realizar o gesto simbólico que relembrava marcadamente a antiga fé. Ao mesmo tempo, a cruz desapareceu dos *angels* que ela até então ornamentara, e a legenda deles foi abreviada de modo a suprimir a palavra "milagre" (*mirabile*).[83] Graças a essas modificações, e também, como se pode acreditar, à habituação e ao tempo que o distanciava dos ensinamentos de sua juventude, Jaime I acabou por aceitar cumprir com regularidade a função de curador, provavelmente sem acompanhá-la, em cada ocasião, das mesmas precauções oratórias de sua primeira tentativa. Ele não parece, aliás, tê-la levado sempre muito a sério. Quando, em 1618, um embaixador turco, por um ecletismo religioso a bem da verdade bastante

---

risolveva di provarlo, ma solamente per via d'oratione la quale pregava a tutti volessero fare insiemi con lui; et con questo toccava alli infermi. Vederemo presto l'effeto che seguitara. Si notava che quand'il Re faceva il suo discorso spesse volte girava l'occhi alli ministri Scozzesi che stavano appresso, com' aspettando la loro approbatione a quel che diceva, havendolo prima conferito con loro".
82. Cf. Tooker, *Charisma*, p. 109.
83. A liturgia da época de Jaime I é conhecida por um *broadside* (folha impressa somente sobre o anverso); conservado na Biblioteca dos Antiquários de Londres e publicado em Crawfurd, p. 85. Ela é idêntica à de Carlos I, bastante conhecida graças à sua presença no *Book of Common Prayer* de 1633, e reproduzida por diversas vezes: Beckett, *A Free and Impartial Inquiry*; Sparrow Simpson, *On the Forms of Prayer*, p. 299; Crawfurd, p. 85. Ela é mais ou menos semelhante à de Elizabeth; mas, entre as indicações relativas aos gestos do soberano, aquela que se referia ao sinal da cruz desapareceu. Diversos testemunhos, reunidos por Crawfurd, p. 88, confirmam, a respeito dessa modificação sofrida pelo rito antigo, as conclusões que o exame da liturgia bastaria para fundamentar; há um testemunho discordante, que encontraremos citado na nota seguinte; diante da unanimidade dos demais, ele somente pode ser considerado errôneo. Houve católicos que sustentaram que Jaime fazia o sinal da cruz escondido (ver abaixo, p. 372, n. 9): puro falatório destinado a explicar de maneira ortodoxa as curas que o rei herético passava por operar. — Desaparecimento da cruz nos *angels* (ela aparecia no reverso, sobre o mastro de uma embarcação) e supressão na fórmula "A Domino factum est istud et est mirabile in oculis nostris" das palavras "et est mirabile in oculis nostris": Farquhar, I, p. 106-107; o autor, ao meu ver equivocadamente, não parece atribuir importância à última modificação.

divertido, lhe pediu que tocasse seu filho que sofria da escrófula, o rei, dizem, sem recusar-se a executar o ato, riu efusivamente.[84]

Foi nos primeiros anos daquele reinado que Shakespeare encenou seu *Macbeth*. A peça foi feita para agradar ao novo soberano; não eram os Stuart tidos como descendentes de Banquo? Na visão profética do quarto ato, quando aparece diante dos olhos de um apavorado Macbeth a linhagem que deve sair de sua vítima, o último dos oito reis que desfilam ao som dos oboés é o próprio Jaime carregando o triplo cetro de seus três reinos. É notável que, nessa mesma tragédia, o poeta tenha entendido por bem, como vimos, inserir um elogio do poder taumatúrgico: "A most miraculous work in this good king" [Algo mui miraculoso age neste bom rei].[85]

Alusão? Conselho discreto? Ou simplesmente ignorância das hesitações que o último dos descendentes de Banquo tinha a princípio manifestado quando se tratara, para ele, de realizar essa "tarefa miraculosa"? Como dizê-lo? Em todo caso, Shakespeare, nesse ponto assim como em tantos outros, era o intérprete fiel da consciência popular. A massa da nação ainda não concebia que um rei fosse verdadeiramente rei sem a graça da "bênção que cura". A opinião dos fiéis da monarquia era suficientemente forte para triunfar sobre os escrúpulos do próprio monarca.

Carlos I tocou como seu pai, mas, tendo sido educado no anglicanismo, sem as mesmas inquietações de consciência que ele. Sob os primeiros Stuart, as posições, portanto, se fixaram definitivamente. A crença no milagre régio faz parte desse corpo de doutrinas semi-religiosas e semipolíticas ao qual permanecem atrelados os adeptos da "prerrogativa" real e da Igreja estabelecida, isto é, a grande maioria do país; ela é rejeitada por pequenos grupos movidos por uma religiosidade ardente, que nela veem, ao mesmo tempo, a triste herança

---

84. Carta "from Mr. Povy to Sir Dudley Carleton", citada (com referência inexata) por Crawfurd, *The king's evil*, p. 84. Segundo *Sir* John Finett, que foi mestre de cerimônias sob Carlos I, Jaime teria feito o sinal da cruz sobre a criança turca; mas *Sir* John certamente foi enganado por suas lembranças: *Finetti Philoxenis: Some Choice Observations of Sr John Finett, Knight, and Master of the Ceremonies to the Two Last Kings Touching the Reception... of Forren Ambassadors*, peq. in-8°. Londres, 1656, p. 58. De l'Ancre, *La Mescreance du sortilège*, 1622, p. 165, relata que Jaime I tocou certa vez o embaixador da França, o marquês de Trenel; não sei que crédito se deve dar a essa história. Ele tocou, em Lincoln, em 30 de março e 1° de abril de 1617, respectivamente, 50 e 53 doentes (John Nichols, *Progresses of James I*, III, p. 263-264, citado em Farquhar, I, p. 109). O príncipe Otão da Saxônia o viu realizar, em 1611, o rito curativo; Feyerabend em *Die Grenzboten*, 1904, I, p. 705.

85. Versos citados acima, p. 50, n. 33.

de antigas superstições e uma das manifestações desse absolutismo real que se habituam a detestar.

Na França, como vimos, os calvinistas mantiveram por muito tempo, acerca do poder curativo atribuído aos reis, um silêncio respeitoso, ou prudente. É verdade que até mesmo esse silêncio não carecia sempre de eloquência: o que há de mais significativo, por exemplo, do que a atitude de um Ambrósio Paré, evitando, contrariamente ao costume da literatura médica de seu tempo, no capítulo "Des Scrophules ou Escrouelles" de seu tratado de cirurgia, qualquer alusão ao tratamento miraculoso do mal régio?[86] De resto, parece que, pelo menos após o início dos tumultos, se tenha ido, por vezes, no partido reformado, além de um protesto silencioso. O padre Luís Richeome, da Companhia de Jesus, em seus *Três discursos para a religião católica*, publicados em 1597, tratando do "dom de curar a escrófula dado aos Cristianíssimos Reis da França", se ergue contra "a descrença ou a impudência de alguns franceses cirurgiões de mãos ruins e de consciência ainda pior, e de certos glosadores de Plínio entorpecidos pelas armadilhas de Lutero e que se dedicaram a extenuar e a rebaixar por meio de calúnias esse milagre".[87] *Não pude descobrir o sentido dessas alusões que evidentemente visam a* pessoas determinadas; está, pelo menos, claro que elas se aplicam

---

86. *Œuvres*, ed. Malgaigne, I, 1840, p. 352. Esse silêncio devia parecer tanto mais surpreendente quanto a literatura médica da época, herdeira da literatura medieval, abria comumente espaço ao milagre régio: cf., na França, Jean Tagault, *De chirurgica institutione libri quinque*, in-4º, 1543, l. I, c. XIII, p. 93; Antoine Saporta (morto em 1573) em seu tratado *De tumoribus praeter naturam* (citado em Gurlt, *Gesch. der Chirurgie*, II, p. 677); na Inglaterra, Andrew Boorde em seu *Breviary of Health*, publicado em 1547 (cf. Crawfurd, p. 59), Thomas Gale, em sua *Institution of a Chirurgian* de 1563 (citado em Gurlt, *Gesch. der Chirurgie*, III, p. 349), John Banister em seu tratado *Of Tumors above Nature* (ibidem,. III, p. 369). Quanto aos italianos, ver, acima, p. 120, n. 63; cf. também o que foi dito na p. 324 a respeito de Clowes, e o que será dito na p. 330 sobre Du Laurens; mas, para um caso análogo ao de Paré, ver a nota seguinte.
87. *Premier Discours. Des miracles*, cap. XXXVI, § 4; ed. de 1602. Rouen, in-12, p. 183. Sobre o autor, cf. H. Bremond, *Histoire littéraire du sentiment religieux en France*, I, 1916, p. 18 ss., e Henri Busson, *Les sources et le développement du Rationalisme dans la littérature francaise de la Renaissance* (tese em Letras, Paris), 1922, p. 452. Não sei se o médico de que Richeome fala deve ser identificado como o "Petrus de Crescentiis, Medicus Gallus", que, segundo Le Brun (*Histoire critique des pratiques superstitieuses*, II, p. 120, na nota), que se refere por sua vez a Crusius (?), *De preeminentia*, teria negado as curas régias. Poderíamos também pensar em Jacques Daleschamps (1513-1588), a quem devemos uma famosa edição de Plínio (consultei a impressão de Lyon, fól., 1587, na qual não encontrei nada que nos interessasse); é fato que Daleschamps, no capítulo XXXV de sua *Chirurgie*

a autores protestantes. Mas, em seu conjunto, a polêmica dos reformados não parece ter sido muito ativamente conduzida nesse lado; sem dúvida, os escritores desse campo não faziam muita questão de atacar, em um de seus privilégios mais populares, a realeza, a qual, em sua maioria, jamais perderam totalmente a esperança, a despeito de tantos dissabores, de tornar favorável a eles ou, pelo menos, mais tolerante. Foi de outro lado que veio o mais intenso ataque contra a virtude taumatúrgica, não dos reis em geral, e sim de um rei em particular.

Quando Henrique III se zangou definitivamente com a Liga, seus membros julgaram que, por sua impiedade, ele se tornara indigno de exercer o poder sobrenatural conferido à sua raça; contava-se que um de seus familiares, tendo sido atingido pela escrófula, havia, em vão, sido tocado diversas vezes pela mão real. O cônego Meurier, que escreveu, após a morte de Henrique III, e contra Henrique IV, um *Tratado sobre a unção*, via nessa incapacidade médica uma advertência divina feita ao povo da França; se este aceitasse um rei que não fosse regularmente sagrado (Henrique IV ainda era, naquela época, protestante, e Reims continuava nas mãos de seus inimigos), nunca mais os escrofulosos obteriam o benefício da cura milagrosa.[88]

O bearnês se fez católico; foi sagrado, não, é verdade, em Reims, nem com o bálsamo da Santa Ampola, mas, pelo menos, em Chartres, com um óleo que um anjo, segundo se dizia, entregara a São Martinho; ele tocou por sua vez e, a despeito do que puderam pensar os adeptos de Meurier, as massas vieram até ele. A primeira cerimônia ocorreu não imediatamente após a sagração, e sim em Paris, no domingo de Páscoa, em 10 de abril de 1594,

---

françoise — Lyon, 1573 —, no qual ele trata "da Escrófula", silencia, assim como Paré, sobre o milagre régio; mas me parece que ele fosse protestante.

88. *De sacris unctionibus*, p. 262. (O livro datado de 1593 teve de ser redigido em 1591, pois ele traz a aprovação de Jean Dadré, carcereiro de Rouen, e de Jean Boucher, pró-chanceler de Paris, de 17 de outubro desse mesmo ano.) J. J. Boissardus (morto em 1602), *De divinatone et magiicis praestigiis*, in-4º. Oppenheim, s.d., p. 86, acredita que a "admirável virtude" da cura chegou ao fim sob os filhos de Henrique II. Encontra-se ainda eco da tradição relativa ao insucesso de Henrique III em David Blondel, *Genealogiae francicae plenior assertio*, in-4º. Amsterdã, 1654, I, fól. LXX*), que justifica o rei pelo exemplo de São Paulo, o qual foi, ele diz, incapaz de curar Timóteo. Na verdade, Henrique III, como era de prever, tocou, assim como seus predecessores, e provavelmente com o mesmo sucesso: notadamente, ele atuou como curandeiro em Chartres em 1581, 1582, 1586 (J. B. Souchet, *Histoire de la ville et du diocèse de Chartres* (Public. Soc. Histor. Eure-et-Loir), VI. Chartres, 1873, p. 110, 128); em Poitiers, em 15 de agosto de 1577 (Cerf, *Du toucher des écrouelles*, p. 265).

dezoito dias após a entrada das tropas reais. Paris não tinha visto atos desse tipo desde a fuga de Henrique III em 1588; os doentes se apresentaram em grande número; eram de seiscentos a setecentos segundo Favyn, 960 segundo Thou.[89] Posteriormente, Henrique IV continuou, nas quatro grandes festas — Páscoa, Pentecostes, Dia de Todos os Santos, Natal —, e até com maior frequência, quando a ocasião se apresentava, a dispensar a graça da cura aos escrofulosos, que sempre acorriam às centenas, às vezes aos milhares.[90] Ele considerava essa tarefa cansativa[91] — como fizeram todos os reis da França, ele tocava em pé —, mas não se subtraía a ela. Desejoso de reconstruir a monarquia, como poderia negligenciar essa parte de sua tarefa real? Para consolidar solidamente a autoridade, abalada por tantos anos de luta civil, medidas administrativas não poderiam bastar; era preciso fortalecer nos corações o prestígio da dinastia e a fé na legitimidade do príncipe reinante; não era o milagre hereditário um dos melhores instrumentos desse prestígio e a prova mais manifesta dessa legitimidade? Foi por isso que Henrique IV não se contentou em praticar efetivamente o rito maravilhoso; dele ou de seu entorno saiu toda uma propaganda a favor do dom taumatúrgico.

De início, por meio de livros: o próprio médico do rei, André Du Laurens, publicou, em 1609, e dedicou ao seu senhor um tratado sobre "O poder maravilhoso de curar a escrófula, divinamente concedido apenas aos Cristianíssimos Reis", longa argumentação cujo tema é suficientemente indicado por este título de capítulo: "O poder miraculoso de curar a escrófula, concedido aos reis da França, é sobrenatural e não vem do Demônio... Há uma graça, gratuitamente dada por Deus".[92] O livro parece ter alcançado grande sucesso; foi

---

89. L'Estoile, *Mémoires, Journaux*, ed. Brunet, IV, p. 204 (6 de abril de 1594); J. A. Thuanus, *Historia sui temporis*, lib. CIX, t. V, fól., 1620, p. 433 "IƆLX egenis strumosis in area, ac circiter XX honestioris condicionis seorsim ab aliis in conclavi"; Favyn, *Histoire de Navarre*, p. 1555.
90. Du Laurens, *De mirabili*, p. 5; Du Laurens declara ter visto certa vez 1.500 doentes comparecerem (p. 6); eram numerosos, sobretudo, no Pentecostes. No dia da Páscoa do ano de 1608, o rei, segundo seu próprio testemunho, tocou 1.250 doentes: carta à marquesa de Verneuil, de 8 de abril, *Recueil des lettres missives de Henri IV*, ed. Berger de Xivrey (doc. inédito), VII, p. 510. O médico da Basileia Thomas Platter viu, em 23 de dezembro de 1599, Henrique IV tocar, no Louvre: *Souvenirs*, trad. L. Sieber, Mém. Soc. Hist. Paris, XXIII (1898), p. 222. Cf. também L'Estoile, em 6 de janeiro de 1609.
91. Ver a carta à marquesa de Verneuil, citada na nota anterior.
92. Cap. IX: "Mirabilem strumas sanandi vim Regibus Galliae concessam supra naturam esse, eamque non a Daemone. Vi Daemones morbos inferre variis modis eosdemque sanare demonstratur"; cap. X: "Vim mirabilem strumas sanandi Galliae Regibus

por diversas vezes reimpresso e traduzido.[93] "Não se sabe", escrevia, em 1628, Guido Patin, numa espécie de prefácio em versos latinos inserido na abertura de uma das novas edições, "o que aparece nele com maior brilho, a glória do rei ou a ciência do escritor." Entretanto, ao lado do público que lê livros grandes, convinha alcançar o público mais vasto que observa as imagens. O gravurista P. Firens — um flamengo estabelecido na rua Saint-Jacques, onde se encontra a tabuleta da Imprimerie de Taille Douce — pôs à venda, por volta da mesma época, uma estampa na qual se via representada, ao natural, a cerimônia do toque.[94] O rei percorre as fileiras dos doentes ajoelhados; seus esmoleres o seguem; o primeiro médico segura a cabeça de cada miraculado no momento em que a mão do príncipe encosta em suas feridas; a cena ocorre ao ar livre, em meio a arquiteturas um tanto pesadas, no seio de uma grande demonstração de aparato militar. Abaixo da gravura, lê-se uma longa legenda em homenagem aos reis em geral, "vivos retratos da Divindade", e em particular ao cristianíssimo rei e seus milagres; ela se encerra da seguinte maneira: "Perdoai, portanto, Leitores, minha intrepidez, tenho por defesa o apoio de um grande Rei, e por salvaguarda o ardente desejo que tenho de fazer ver as maravilhas do Grande Deus".[95] "O apoio de um grande Rei": penso que convém tomar tais palavras ao pé da letra. Ademais, sabemos, de resto, que Firens pôs diversas vezes seu buril a serviço da propaganda monarquista.[96] O primeiro médico e o gravurista serviam, cada um à sua maneira, à mesma política, cujo tema era imposto do alto.

---

concessam, gratiam esse a Deo gratis datam concluditur". Para o título exato da obra, ver abaixo, p. 486.
93. Para dizer a verdade, nunca separadamente, mas na reedição de 1628 das *Œuvres complètes* — em latim — e nas quatro ou cinco edições dessas mesmas obras, que se sucedem de 1613 a 1646 e talvez 1661: ver o artigo de E. Turner citado na p. 486, n. 2; o poema de Guido Patin é nele citado, p. 416. "Miranda sed dum Regis haec Laurentius   Sermone docto prodit, et ortam polis — Aperire cunctis nititur potentiam, — Dubium relinquit, sitne Rex illustrior — Isto libello, sit vel ipse doctior"
94. "Apêndice II", n. 8, e estampa III.
95. Notar também, na mesma legenda, a frase seguinte, na qual o intuito de propaganda se exprime nitidamente — com uma alusão característica ao restabelecimento da paz interior: "É por essa razão que pensei que seria muito pertinente a meu dever talhar em cobre a referida figura para (admirando a virtude divina operar em nosso Rei) estar mais incitado a honrá-la, e lhe prestar obediência para a união da paz e concórdia que ele mantém neste Reino da França, e para as comodidades que disso resultam".
96. Deixou-nos um retrato de Henrique IV e outro de Luís XIII, gravado em 1610: cf. E. Benezet, *Dictionnaire des peintres, sculpteurs et dessinateurs de tous les temps et de tous les pays*, II.

Assim, tanto na França como na Inglaterra, após as lutas do século XVI, a velha crença no dom sobrenatural dos reis mais uma vez triunfara, pelo menos na aparência. Ela forma um dos artigos dessa fé monárquica que vai florescer na França no absolutismo da época de Luís XIV, e, na Inglaterra, ao contrário, vai aos poucos sucumbir, mas não sem sobressaltos, em um novo drama político e religioso. É sobre essa fé em geral que convém dizer algumas palavras: sem ela, a vitalidade do poder monárquico correria o risco de parecer inexplicável.

§ 3. ABSOLUTISMO E REALEZA SAGRADA: A ÚLTIMA LENDA DO CICLO MONÁRQUICO FRANCÊS[97]

No tempo de Luís XIV, a maneira de agir e de sentir da maioria dos franceses no campo político tem para nós algo de surpreendente e mesmo de chocante; isso também ocorre com uma parte da opinião inglesa, durante o reinado dos Stuart. Compreendemos mal a idolatria da qual a realeza e os reis eram então objeto; temos dificuldade em não interpretá-la lastimosamente, como efeito de sabe-se lá que baixeza servil. Essa dificuldade em que nos encontramos, de penetrar, em um ponto tão importante, a mentalidade de uma época que a tradição literária torna, no entanto, muito familiar, talvez se deva ao fato de que com demasiada frequência estudamos suas concepções de governo apenas por meio de seus grandes teóricos. O absolutismo é uma espécie de religião: ora, conhecer uma religião somente por meio de seus teólogos não equivaleria a ignorar suas fontes vivas? O método nesse caso é tanto mais

---

[97]. Infelizmente, não possuímos nenhuma obra de conjunto realmente satisfatória sobre as doutrinas absolutistas, concebidas não como uma teoria de filosofia social própria a um escritor ou outro, mas como expressão de um movimento de ideias ou de sentimentos comum a toda uma época. É evidente que as indicações sumárias que seguirão não têm, de modo algum, a pretensão de preencher essa lacuna. Encontramos em Figgis, *The Divine Right of the Kings*, e em Hitier, *La Doctrine de l'absolutisme*, apenas considerações muito rápidas e de caráter muito teórico. Cf. também, no mesmo espírito estritamente jurídico em demasia, André Lemaire, *Les Lois fondamentales de la monarchie française d'après les théoriciens de l'ancien régime* (tese de Direito, Paris), 1907. O livro de Lacour-Gayet, *L'Éducation politique de Louis XIV*, fornece grande número de informações úteis, que procuraríamos em vão em outras obras; mas os problemas são apenas roçados nele. É igualmente proveitoso consultar Henri Sée, *Les Idées politiques en France au XVIIe siècle*, 1923. Quanto à literatura de propaganda realista, bibiografia cômoda ainda hoje na *Bibliotheca historica* de Struve, reeditada por J. G. Meusel, X, 1. Leipzig, 1800, p. 179: *Scriptores de titulis, praerogativis, majestate et auctoritate Regum* [Franciae].

perigoso porque esses grandes doutrinários oferecem, com excessiva frequência, unicamente uma espécie de disfarce do pensamento ou da sensibilidade de seu tempo: sua educação clássica lhes inculcou, além do gosto para as demonstrações lógicas, uma aversão insuperável por todo misticismo político; eles deixam de lado ou dissimulam tudo o que, nas ideias de seu entorno, não era suscetível de receber uma exposição racional. Isso vale para Bossuet, tão impregnado de aristotelismo, diretamente ou por intermédio de Santo Tomás, quase tanto quanto para Hobbes. Há um contraste marcante entre a *Política tirada da Sagrada Escritura*, no fundo tão razoável, e as práticas de quase adoração monárquica às quais seu autor, assim como todo o mundo ao seu redor, se associou: isso porque havia um abismo entre o soberano abstrato apresentado por esse tratado de alta ciência e o príncipe miraculoso, sagrado em Reims com o óleo celeste, no qual Bossuet realmente acreditava com toda sua alma de padre e de súdito fiel.[98]

Não nos enganemos, portanto, a esse respeito. Para compreender os mais ilustres doutores da monarquia, é bom conhecer as representações coletivas, legados das idades precedentes, que ainda viviam na época deles uma vida singularmente forte; pois, para retomar a comparação que eu empregava há pouco, sua obra, assim como a de todos os teólogos, consistiu, sobretudo, em revestir com uma forma intelectual sentimentos muito poderosos, difundidos ao seu redor e dos quais eles mesmos, mais ou menos conscientemente, estavam imbuídos. Hobbes submete a fé dos súditos às decisões do príncipe; ele escreve em termos dignos dos polemistas imperialistas do século XI: "Embora os reis não assumam o sacerdócio como ministério, eles não são meramente leigos a ponto de não possuírem a jurisdição sacerdotal".[99] Para compreender bem a origem profunda dessas ideias, não basta explicá-las pelo pessimismo social e pelo indiferentismo político que Hobbes professava; não é sequer suficiente relembrar que esse grande filósofo era cidadão de um país cujo soberano se

---

98. Aliás, as épocas mais facilmente incompreendidas talvez sejam justo aquelas que vemos por meio de uma tradição literária ainda viva. Uma obra de arte vive somente se cada geração, uma após a outra, introduz nela um pouco de si mesma: assim, seu sentido vai se deformando de maneira progressiva, chegando por vezes ao contrassenso; ela deixa de nos informar sobre o meio em que nasceu. Alimentados pela literatura antiga, os homens do século XVII compreenderam apenas imperfeitamente a Antiguidade. Encontramo-nos, em relação a eles, um pouco na mesma situação em que eles se encontravam em relação aos gregos e aos romanos.
99. *De Corpore Politico*, II, VIII, 11 (ed. Molesworth, IV, p. 199): "And though kings take not upon them the ministerial priesthood, yet they are not so merely laic, as not to have sacerdotal jurisdiction".

intitulava "supremo governador do reino nas matérias espirituais ou eclesiásticas tanto quanto nas temporais"; na verdade, é toda a velha concepção da realeza sagrada que está por trás delas. Quando Balzac afirma que "as pessoas dos Príncipes, sejam elas quem forem, devem ser para nós invioláveis e santas", ou então quando fala dos "caracteres do dedo de Deus" impressos nos reis",[100] o que assim se exprime nele não seria, no fundo, sob um aspecto depurado, o mesmo sentimento que, de havia tantas gerações, continuava a impelir os pobres escrofulosos na direção do rei da França?

Em vez de consultar continuamente esses grandes protagonistas do pensamento, o historiador talvez encontrasse maior proveito em frequentar os autores do segundo escalão, em folhear aqueles breviários de direito público monárquico ou aqueles elogios à monarquia — tratados de majestade real, dissertações sobre a origem e a autoridade dos reis, *panegíricos* das flores-de-lis — que os séculos XVI e XVII franceses produziram com tanta abundância. Não que se deva esperar dessa leitura amplo deleite intelectual. Essas obras se mantêm, em geral, em um nível ideológico bastante baixo. Jean Ferrault, Claude d'Albon, Pierre Poisson de la Bodinière, H. Du Boys, Louis Rolland, P. Hippolyte Raulin ou Balthazar de Riez, todos esses nomes aos quais se poderiam acrescentar tantos outros não possuem nenhum título para inserir-se com honra em uma história da filosofia social; mesmo os de Charles Grassaille, André Duchesne, Gerônimo Bignon, embora talvez mais dignos de estima, não deixam de merecer o esquecimento em que caíram.[101] Mas os escritos dessa natureza, por sua mediocridade e, muitas vezes, até por sua grosseria, têm a vantagem de manter-se muito próximos das concepções comuns. E se eles são, ocasionalmente, suspeitos de terem sido compostos

---

100. *Aristippe, Discours septiesme*, 2. ed., in-12, 1658, p. 221. Sobre as concepções políticas de Balzac, pode-se ver J. Declareuil, *Les Idées politiques de Guez de Balzac, Revue de droit public*, 1907, p. 633.
101. As obras de Ferrault, Raulin, Grassaille encontram-se citadas abaixo, na "Bibliografia", p. 485-486; a de D'Albon, p. 27, n. 6. Pierre Poisson, senhor de Bodinière, *Traité de la Majesté Royale en France*, 1597; H. Du Boys. *De l'origine et autorité des roys*, in-12, 1604; Louis Roland, *De la dignité du Roy ou est montré et prouvé que sa Majesté est seule et unique en terre vraymant Sacrée de Dieu et du Ciel*, peq. in-4º, 1623; o R. P. Baltasar de Riez, pregador capuchinho: *L'Incomparable piété des três chrétiens rois de France et les admirables prérogatives qu'elle a meritées à Leurs Majestés, tant pour leur royaume en général que pour leurs personnes sacrées en particulier*, 2 vol., in-4º, 1672-1674; André Duchesne, *Les antiquitez et recherches de la grandeur et maiesté des Roys de France*, 1609; Jérôme Bignon, *De l'excellence des rois et du royaume de France*, 1610; o mesmo sob o pseudônimo de Théophile Dujay, *La Grandeur de nos roys et leur souveraine puissance*, 1615.

por panfletários contratados, mais preocupados em fazer jus ao seu dinheiro do que em seguir o fio de um pensamento desinteressado, tanto melhor para nós que procuramos, acima de tudo, captar, em sua essência, o sentimento público: pois os argumentos que esses profissionais da propaganda desenvolvem com predileção são evidentemente aqueles que eles esperam ver agir sobre a massa dos leitores.

As ideias em geral expostas pelos publicistas realistas dos séculos XVI e XVII parecem frequentemente banais a todo aquele que folheou a literatura dos períodos anteriores. Elas surpreendem somente quando não se percebe nelas a longa herança medieval; tanto na história das doutrinas políticas como nos demais tipos de história, não convém levar a sério demais o corte tradicional que, no rastro dos humanistas, nós ordinariamente praticamos no passado da Europa, por volta de 1500. O caráter sagrado dos reis, tantas vezes afirmado pelos escritores da Idade Média, permanece, nos tempos modernos, uma verdade de evidência continuamente destacada.[102] O mesmo ocorre, embora com uma voz menos unânime, com seu caráter quase sacerdotal.

Sobre esse ponto, as hesitações persistiam, até mesmo entre os realistas mais fervorosos. Eles eram, ao que parece, cada vez mais numerosos. Grassaille, tão imbuído da grandeza da monarquia francesa, tão acolhedor com todas as lendas que formavam uma espécie de auréola maravilhosa, acredita dever, no entanto, especificar, repetidamente, que o rei, a despeito de todos os seus privilégios eclesiásticos, era, no fundo, apenas um leigo.[103] Mais tarde, pelo menos na França católica, depois do Concílio de Trento, a Contrarreforma,

---

102. Os textos a serem citados seriam incontáveis. Bastará relembrar que Bossuet, em sua *Politique tirée des propres paroles de l'Écriture Sainte*, assim intitula o Artigo II do Terceiro Livro: *L'Autorité royale est sacrée* [A autoridade real é sagrada]. E a Segunda Proposição desse artigo: *La personne des rois est sacrée* [A pessoa dos reis é sagrada].
103. Ver em seu *Regalium Franciae iura omnia*, 1538, o segundo capítulo do livro II. Arnoul Ruzé, em seu famoso tratado sobre o direito de regalia (*Tractatus juris regaliorum*, *Praefatio*, *Pars* III em *Opera*, peq. in-4°, 1534, p. 16-17), se contenta de maneira bastante tímida em atribuir ao rei uma situação "mista", graças à qual ele será "suposto clérigo"; "ratione illius mixturae censentur utclerici". Em contrapartida, em 16 de novembro de 1500, "Lemaistre [falando] em nome do procurador-geral do Rei" declarava perante o Parlamento de Paris, em conformidade com os princípios antigos: "Nam licet nonnulli reges coronentur tantum, alii coronentur et ungantur, ipse tamen rex Francie his consecracionem addit, adeo quod videatur non solum laicus, sed spiritualis", e invocava, imediatamente depois, para sustentar essa tese, a regalia espiritual: Arch. Nat. X¹ᴬ, 4.842, fól. 47 v° (cf. Delachenal, *Histoire des avocats*, p. 204, n. 4).

reforçando a disciplina na Igreja, veio estabelecer entre o sacerdócio regularizado e a condição dos leigos uma distinção mais definida do que antigamente: assim se explica, em muitos espíritos, uma repugnância mais intensa do que no passado em admitir a situação mal definida de um rei quase padre, sem sê-lo exatamente. A despeito de tudo, a velha noção incorporada em tantos usos e em tantos ritos conservou numerosos adeptos, até mesmo nas fileiras do clero. "A majestade dos reis da França", escreveu em 1597 o bispo de Evreux, Roberto Ceneau, "não pode ser tida como absolutamente leiga. Disso temos diversas provas: primeiro, a unção santa que tira sua origem do próprio Céu; em seguida, o privilégio celeste da cura da escrófula, devido à intercessão de São Marculfo; ... por fim, o direito de regalia, sobretudo o de regalia espiritual, comportando, como comumente se vê, o poder de conferir por direito especial os benefícios eclesiásticos."[104] Para André Duchesne, em 1609, "nossos grandes Reis... nunca foram tidos como puros leigos, mas ornamentados com o Sacerdócio e a Realeza juntos".[105] Em 1611, um padre, Cláudio Villette, publica, sob o título *Les Raisons de l'office et cérémonies qui se font en l'Église catholique* [As razões para o ofício e as cerimônias que se fazem na Igreja católica], um tratado de liturgia cujo sucesso é atestado pelas numerosas reedições feitas posteriormente; na obra, ele comenta demoradamente os ritos da sagração; de vários deles, a unção sobre as mãos, as oferendas feitas pelo rei e, sobretudo, a comunhão sob as duas espécies, ele conclui que o rei é "pessoa mista e eclesiástica".[106] Mais claramente ainda, em 1645, o esmoler Guilherme Du Peyrat apresenta para o privilégio eucarístico reconhecido aos monarcas franceses a seguinte justificação: "A razão que podemos dar-lhe é, na minha opinião, a de que, ainda que os Reis da França não sejam Sacerdotes como os Reis dos

---

104. *Gallica historia in duos dissecta tomos*, fól. 1.557, p. 110: "Regia enim Francorum maiestas non prorsus laica dici debet. Primum quidem ex recepta coelitus unctione sacra: deinde ex coelesti privilegio curandi a scrophulis, a beato intercessore Marculpho impetrato: quo regni Francici successores in hune usque diem fruuntur. Tertio iure regaliae magna ex parte spirituali in conferendis (ut passim cernere est) ecclesiasticis peculiari iure beneficiis". Pode-se ver, sobre esse autor, A. Bernard, *De vita et operibus Roberti Cenalis* (tese de Letras, Paris), 1901.
105. *Les antiquitez et recherches*, p. 164; cf. Sée, op. cit., p. 38, n. 3.
106. In-4°. Paris, 1611, especialmente p. 220-222. Villette conhecia o tratado sobre a sagração de João Golein (cf. abaixo, p. 460); modificando a fórmula mais prudente empregada por Golein a respeito da comunhão sob as duas espécies, ele escreve: "[o rei] comunga sob as duas espécies, como faz o Padre, e, diz o velho Autor, *a fim de que o Rei da França saiba ser a sua dignidade Presbiteral e Real*".

Pagãos... eles participam, todavia, do Sacerdócio e não são puros leigos".[107] E é novamente a sagração que, segundo o padre Baltasar de Riez, escrevendo em 1672 um longo e pesado elogio à dinastia, torna as pessoas reais "sagradas e, de algum modo, sacerdotais".[108]

O estado de espírito era o mesmo entre os realistas ingleses. Atestam-no estas palavras que o autor do *Eikon Basilikè* atribui ao prisioneiro Carlos I, a respeito da recusa que lhe fizeram de um capelão: "Talvez aqueles que me recusaram tal coisa julgassem que eu tivesse, por mim mesmo, poder suficiente para cumprir, como padre, meus deveres para com Deus... Na verdade, acredito que os dois ofícios, real e sacerdotal, podem coexistir na mesma pessoa, tal como antigamente eles se encontravam reunidos sob um mesmo nome".[109]

A ciência das antiguidades cristãs viera, aliás, oferecer, em apoio a essa antiquíssima confusão entre os dois "ofícios", argumentos desconhecidos dos polemistas das épocas precedentes. Após a conversão de Constantino e mesmo depois da renúncia de Graciano, em 382, do título tradicional de grande pontífice, o Baixo Império não tinha abandonado a ideia de uma espécie de dignidade pontifical, vinculando-se ao imperador. Exumaram-se, no século XVII, alguns textos antigos, ignorados pela Idade Média, nos quais se exprimia essa concepção. "Vida longa ao padre, au *basileus*!", exclamaram, em 451, os Pais da Calcedônia, ao saudar Marciano. É essa aclamação,

---

107. *Histoire ecclésiastique de la Cour*, p. 728. Cf. o relato da sagração de Luís XIII, Godefroy, *Cérémonial*, p. 452: "Ele comungou ao precioso Corpo e Sangue de Nosso Senhor sob as duas espécies do pão e do vinho, após o que lhe deram a abluição, assim como aos Padres, para mostrar que sua dignidade é Real e Presbiteral".

108. *L'incomparable piété des très chrétiens rois de France*, I, p. 12: "... aqui, podemos e devemos dizer, segundo a ocasião, que a sagração de nossos reis não é necessária para garantir-lhes seu direito sobre a Coroa da França, o qual eles devem ao nascimento e à sucessão. Mas que é uma santa cerimônia, que atrai sobre eles graças particulares do Céu, que torna suas pessoas sagradas e, de algum modo, Sacerdotais. Por isso, eles se vestem, para essa ação, com trajes semelhantes a uma túnica de nossos Diáconos e um manto real semelhante a uma Capa, ou à antiga Casula de um Padre".

109. "It may be, I am esteemed by my deniers sufficient of myself to discharge my duty to God as a priest: though not to men as a prince. Inded I think both offices, regal and sacerdotal, might well become the same person, as anciently they were under one name, and the united rights of primogeniture". Citado em Figgis, *Divine Right*, p. 256, n. 1. O autor do *Eikon* falava seriamente. É curioso que a mesma ideia, tida como gracejo, tenha um dia sido repetida por Napoleão I, prisioneiro em Santa Helena: "Vós vos confessais" — ele dizia ao barão Gourgaud. "Pois bem, eu, por minha vez, sou ungido, podeis vos confessar comigo" (general Gourgaud, *Sainte-Hélène*, s.d., II, p. 143).

certamente fixada pelo cerimonial da corte bizantina, que Daguesseau, em seu *Réquisitoire pour l'enregistrement de la Bulle contre les Maximes des Saints* [Requisitório para o registro da Bula contra as Máximas dos Santos], pronunciado em 1699 perante o Parlamento de Paris, transpõe ao louvor de Luís XIV, "rei e padre conjuntamente, esses são os termos do Concílio da Calcedônia".[110] Acima de tudo, a vida de Constantino, por Eusébio, várias vezes impressa, fornecia a célebre passagem na qual vemos o imperador intitular-se "τῶν ἐκτὸς ὑπὸ θεοῦ καθεσταμένος ἐπίσκοπος", *o que de modo geral se traduzia* — corretamente ou não, pouco importa aqui — da seguinte forma: bispo exterior, ou ainda bispo de fora.[111] A partir do século XVII, tornou-se uma banalidade aplicar essas palavras ao rei da França.[112] Assim, a renascente erudição garantia uma nova sobrevida, sob a máscara cristã, a esses vestígios do paganismo.

Nunca uma época acentuou mais nitidamente e, por assim dizer, mais cruamente do que o século XVII a natureza quase divina da instituição e da pessoa régias: "Portanto, ó meu filho", dizia, na Inglaterra, o rei Jaime I ao príncipe herdeiro, "antes de qualquer coisa, aprendei a conhecer e a amar Deus, para com quem tendes dupla obrigação: primeiramente, porque ele vos fez homem; em seguida, porque fez de vós um pequeno deus, chamado a sentar-se sobre seu trono e a reinar sobre os homens".[113] Para o francês João Savaron, presidente e lugar-tenente general no senescalado da Auvérnia, os monarcas são Deuses corpóreos;[114] para André Duchesne, "Deuses na terra".[115] Em 13 de novembro de 1625, o bispo de Chartres, falando em nome da Assembleia do

---

110. *Oeuvres*, ed. Pardessus, 1819, I, p. 261. Sobre o texto do concílio e demais textos análogos, cf. acima, p. 183, n. 5.
111. Eusébio, IV, 24. E.-C. Babut, *Revue critique*, nova série, LXVIII (1909), p. 261, acredita que Constantino quis dizer: bispo dos pagãos.
112. Por exemplo: B. de la Roche-Flavin, *Treize livres des Parlemens de France*, livro XIII, cap. XLIV, § XIV, fól. Bordéus, 1617, p. 758: "Bispo comum da França: que é o Elogio que o fragmento dos Concílios dá ao Imperador Constantino"; D'Aguesseau, op. cit., p. 261 ("bispo exterior"). Ainda no século XVIII, decisão do Conselho de 24 de maio de 1766 (Isambert, *Recueil général*, XXII, p. 452): "bispo de fora".
113. *Basilikon Doron*, livro I, ed. Mac Ilwain (Harvard Political Classics I), 1918, p. 12: "Therefore (my Sonne) first of all things, learne to know and love that God, whom-to ye have a double obligation; first, for that he made you a man; and next, for that he made you a little God to sit on his Throne, and rule over other men".
114. Terceiro tratado *De la souveraineté du Roy*, 1620, p. 3: "O todo-poderoso... tendo feito de vós seu Vigário no temporal de vosso Reino, constituído como um Deus corpóreo para ser respeitado, servido, obedecido por todos os vossos súditos...".
115. *Les Antiquitez et recherches*, p. 124; cf. p. 171.

Clero, se exprime da seguinte maneira: "Deve-se, portanto, saber que, além do consentimento universal dos povos e das nações, os Profetas anunciam, os Apóstolos confirmam e os Mártires confessam que os Reis são ordenados por Deus; e não apenas isso, mas que eles mesmos são Deuses, Coisa que não se pode dizer ter sido inventada pela servil bajulação e pela complacência dos Pagãos; mas a própria verdade o mostra tão claramente na Santa Escritura que ninguém o pode negar sem blasfêmia, nem disso duvidar sem sacrilégio...".[116] Poderíamos citar muitos outros exemplos, e até o título deste panfleto realista do tempo da Fronda: *L'Image du souverain ou L'Illustre portrait des divinités mortelles* [A imagem do soberano ou O ilustre retrato das divindades mortais].[117] "Sois deuses, ainda que morrais, e vossa autoridade não morre", exclamava Bossuet, falando no Louvre, no dia de Ramos de 1662, sobre os *Deveres dos reis*;[118] ninguém, naquele dia, deve ter se supreendido ao ouvir essa expressão da boca de um pregador: ela nos parece hoje singularmente atrevida e quase blasfematória; ela era então perfeitamente banal.

Não é difícil descobrir de que fontes os escritores e os oradores a haviam tirado. Da Bíblia, em primeiro lugar. Considerava-se que os reis eram visados por estes dois versetos do Salmo 82: "Eu disse: Vós sois Deuses e sois todos filhos do Altíssimo — Todavia, como homens, morrereis". Tanto Calvino, em seu *Comentário de salmos*,[119] como Bossuet, no Sermão que acabo de citar, lhes aplicam esse texto. Isso não é tudo. Os letrados daquela época, alimenta-

---

116. Declaração da Assembleia do Clero, trazendo a censura de dois libelos, intitulados *Misteria Politica* e *Admonition de G. G. R. Théologien au Três Chrétien Roy de France et de Navarre Louis XIII*, que culpavam, ambos, a aliança da França com as potências protestantes: *Mercure francois*, XI (1626), p. 1.072. O bispo de Chartres explica, em seguida, seu pensamento e lhe atenua a forma, no que ela poderia ter tido de demasiado chocante, da seguinte maneira: "Não obstante, decorre disso que aqueles que são chamados Deuses o sejam, não para sempre, mas por algum tempo, como os verdadeiros lugares-tenentes do Deus Todo-Poderoso, e que, imitando sua divina Majestade, representam aqui na Terra sua imagem".

117. C. Moreau, *Bibliographie des mazarinades* (Soc. de l'hist. de France), II, n. 1.684. Ver outras citações características em Lacour-Gayet, *L'éducation politique de Louis XIV*, p. 357-358. É, aliás, a essa obra que devo a indicação dos três últimos textos que acabam de ser citados. Cf. também Du Boys, *De l'origine et autorité des roys*, 1604, p. 80 (a ser comparado à p. 37).

118. *Sermon sur les Devoirs des Rois* (2 de abril de 1662), *OEuvres oratoires*, ed. Lebarq, revista por Charles Urbain e Eugène Levesque, IV, p. 362.

119. *Opera (Corpus Reformatorum)*, XXXII, *Psalm* C X^1, col. 160; ver uma passagem mais desfavorável aos reis-deuses *In Habacuc*, I, 11, col. 506. Os versetos 6 e 7 do Salmo 82, citados acima, embaraçaram os comentadores modernos; por vezes, viu-se neles uma ironia

dos pela Santa Escritura, o eram também pela literatura antiga. Por mais que o bispo de Chartres estigmatize "a servil bajulação e a vil complacência dos Pagãos", ele reconhece que eles tinham razão ao equiparar os reis aos deuses; antes dele, Claude d'Albon se amparava no exemplo dos "antigos Filósofos" para declarar "o Príncipe mais do que homem... até mesmo Deus" ou, pelo menos, "semideus".[120] Aqui também, lembranças eruditas impuseram a esses cristãos fervorosos uma linguagem inteiramente carregada de paganismo. Caberia repetir o que o grande humanista do século XII, John of Salisbury, que foi, ao mesmo tempo, um dos mais vigorosos defensores da supremacia do espiritual, dizia a respeito dos romanos: "Esse povo inventou as palavras de que nos utilizamos para mentir aos nossos senhores".[121] Já na Idade Média, tais influências se tinham feito sentir. Por volta do final do século XII, Godofredo de Viterbo, ao falar com o imperador Henrique VI, exclamou: "Tu és Deus, da raça dos deuses"; Godofredo era um pedante, digno concorrente de seu compatriota e contemporâneo Pedro de Eboli, o qual, por sua vez, tratava comumente o mesmo soberano de "Júpiter Tonante" e sua esposa de "Juno".[122] Cerca de um século mais tarde, Egídio Colonna denominava os

---

dirigida aos reis dos povos não judeus, que se qualificam como deuses: cf. F. Baethgen, *Die Psalmen* (*Hand-kommentar zum Alten Testament* de Gotinga), 1897, p. 252.

120. *De la maiesté royalle*, p. 6: "o Príncipe, por sua virtude, generosidade, magnanimidade, doçura e liberalidade para com seu povo, supera de tal modo todos os demais homens que, a bom direito e justa razão, muitos dos antigos Filósofos o julgaram mais do que homem, e até mesmo Deus. E aqueles que não chegaram a esse ponto os denominaram e pronunciaram (em razão de suas perfeições) semideuses".

121. *Policraticus*, III, X, ed. C. C. J. Webb, I, p. 203: "Voces, quibus mentimur dominis, dum singularitatem honore multitudinis decoramur, natio haec invenit"; trata-se aqui, como se vê, do plural de majestade; mas, um pouco antes, John of Salisbury tratou das apoteoses imperiais e acrescentou (p. 202-203): "Tractum est hinc nomen quo principes uirtutum titulis et uerae fidei luce praesignes se diuos audeant nedum gaudeant appellari, ueteri quidam consuetudine etiam in vitio et aduersus fidem catholicam obtinente".

122. Godofredo de Viterbo, *Speculum regum*; *Monum. Germ., SS.*, XXII, p. 39, v. 196: "Nam Troianorum tu regna tenebis avorum — Filius illorum deus es de prole deorum"; cf. a exposição evemerista, p. 138, v. 178 ss. Cf. também, um pouco mais tarde, em 1629, expressões análogas na *Adhortatio* redigida por um adepto italiano dos Hohenstaufen, o Pedro de Prezza mencionado acima, p. 211, n. 66: texto citado por Grauert, *Histor. Jahrbuch*, XIII (1892), p. 121. — *Des magisters Petrus de Ebulo liber ad honorem Augusii*, ed. Ed. Winckelmann. Leipzig, 1874, citações reunidas na p. 82, n. 9 (existe outra edição por G. B. Siragusa, *Fonti per la storia d'Italia*, 1906). Aplicado assim ao imperador, o nome divino também o teria sido, por vezes, ao seu grande adversário, o papa? Na *Revue des sciences religieuses*, II (1922), p. 447, o abade Jean Rivière se perguntou: *Seria o papa um "Deus" para Inocêncio III?*. Ele responde, evidentemente, pela negativa. Mas o que ele parece ignorar é que o erro doutrinal que se

reis "semideuses";[123] Egídio, ele também, recorrera muito aos autores antigos; foi a leitura destes últimos que o levou a empregar um termo que conflitava com o conjunto de seu sistema político, mediocremente favorável ao poder temporal. Em resumo, na Idade Média, desvios como esses são raros; é preciso reconhecer que o abuso do nome divino não se generalizou senão no século XVII. Evidentemente, não se deve exagerar a gravidade de excessos verbais dessa espécie; o que há neles de reminiscências puramente literárias basta para nos advertir de não levá-los demasiado a sério. Não obstante, não diminuamos tampouco em demasia o seu alcance: as palavras nunca são absolutamente separáveis das coisas. Naquela época de fé, é notável encontrar constantemente empregadas formulações que as idades precedentes teriam, quase unanimemente, rejeitado como idólatras. E o que teria pensado um Gregório VII a respeito do discurso do bispo de Chartres?[124]

Por um momento, as lutas religiosas, por volta do final do século XVI e no início do século seguinte, pareceram despertar as velhas polêmicas do *regnum* e do *sacerdotium*; a controvérsia entre Belarmino e Jaime I da Inglaterra oferece um último eco dos tempos gregorianos;[125] o mesmo ocorre com a longa discussão entre teólogos a respeito do tiranicídio. Mas, particularmente

---

atribuiu, muito equivocadamente, a Inocêncio III está entre as superstições que, em 1260, o "Anônimo de Passau" condenava em seus contemporâneos: *Abhandl. der histor. Klasse der bayer. Akademie*, XIII 1 (1875), p. 245: "Peregrinacioni derogant... qui dicunt quod Papa sit deus terrenus, maior homine, par angelis et quod non possit peccare, et quod sedes romana aut invenit sanctum aut reddit; quod sedes romana non possit errare...".
123. *De regimine principum*. Veneza, 1498, l. I, parte I, cap. IX: "quare cum regem deceat esse totum divinum et semideum"; cf. cap. VI: "dictum est enim quod decet principem esse super hominem et totaliter divinum".
124. Em 1615, um teólogo de Paris, João Filesac, publicou um tratado *De idolatria politica et legitimo principis cultu commentarius*, cujo título parecia prometer uma discussão interessante. Infelizmente, esse pequeno livro evidencia um pensamento extremamente indeciso; o autor parece pouco favorável à ideia de que a unção confere ao rei caráter sacerdotal (p. 72), mas não a combate abertamente; os súditos devem ao rei o mesmo "culto" que um filho ao seu pai. A reputação da versatilidade de Filesac estava, aliás, bem estabelecida entre seus contemporâneos: chamavam-no "Senhor ei-lo aqui, ei-lo ali" (P. Feret, *La faculté de Théologie de Paris, Époque moderne*, IV, 1906, p. 375). O emprego do nome divino aplicado a príncipes temporais foi criticado na Idade Média, por exemplo, por Carlos Magno e por John of Salisbury (ver acima, p. 69, n. 28, e p. 340, n. 121).
125. Cf. os trabalhos de J. de la Serviere, S. J., *De Jacobo I Angliae rege, cum Card. Roberto Belarmino, super potestate cum regia tum pontificia disputante*, 1900. — *Une controverse au debut du XVIIe siècle: Jacques Ier d'Angleterre et le cardinal Bellarmin*; *Études*, t. 94, 95, 96 (1903).

na França, a opinião eclesiástica, em seu conjunto, se tornara cada vez mais favorável à realeza sagrada. A Igreja se inclinava a ver no caráter de santidade pretendido pelos reis menos uma intromissão nos privilégios do clero do que uma homenagem à religião. Particularmente, nenhum católico pensava mais em condenar, por razões teológicas, o milagre régio ao ostracismo. Em 1572, um padre espanhol, guardião zeloso da doutrina ortodoxa, o bem-aventurado Luís de Granada, em sua *Introdução ao símbolo da fé*, muitas vezes reeditada e traduzida, citava muito naturalmente, como Bradwardine no passado, entre os milagres do tempo presente, "a virtude que detêm os reis da França de curar um mal contagioso e incurável, o da escrófula", e lhe dedicava uma exposição bastante longa.[126] Ademais, em 1547, o papa Paulo III, numa época em que suas dissensões com Carlos V o dispunham a tratar amavelmente os Valois, reconhecera a autenticidade dessa "virtude"; na bula de fundação da Universidade de Reims, datada de 5 de janeiro daquele ano, ele louvava "a cidade remense na qual os Cristianíssimos reis recebem, das mãos do arcebispo, como que um benefício enviado do céu, a santa unção e o dom de curar os doentes".[127]

No entanto, esse dom maravilhoso não foi, em todas as épocas, tratado da mesma maneira pelos escritores. No século XVI, todos os apologistas da realeza, ou quase, de Vicente Cigauld, sob Luís XII, ou de Grassaille, sob Francisco I, a Forcatel, sob Henrique III, lhe reservam um lugar de honra em suas obras.[128] No século XVII, ao contrário, ele pode servir de pedra de toque para distinguir as duas categorias entre as quais, muito claramente, se repartiu então a literatura política do absolutismo: aquilo que podemos chamar a de literatura filosófica e a literatura vulgar. Os escritos da segunda ordem — os de um Arroy, de um Hippolyte Raulin, de um Maimbourg — fazem dele amplo emprego, como argumento eminentemente capaz de impressionar seus leitores. Os da primeira evitam nomeá-lo. Nem Balzac, por exemplo, em seu *Prince* ou

---

126. Fra Luys de Granada, *Segunda parte de la introduction del symbolo de la fe*. Saragoça, 1583 (não pude ver a edição *princeps*, Antuérpia, 1572), p. 171, § VIII: "la virtud que los reyes de Francia tienen para sanar un mal contagioso, y incurabile, que es delos lamparones".
127. Marlot, *Théâtre d'honneur*, p. 760, 5 de janeiro de 1547: "Civitas Remensis, in qua Christianissimi Francorum Reges sibi coelitus missum Sanctae Unctionis, et curandorum languidorum munus, a pro tempore existente Archiepiscopo Remensi suscipiunt, et Diademate coronantur".
128. É curioso que Bernard de Girard du Haillan não mencione o toque nem em seu tratado *De L'estat et succez des affaires de France* (a primeira edição é de 1570; consultei a de 1611) — no qual ele enumera, no início do livro IV, as "prerrogativas, direitos, dignidades e privilégios" dos reis — nem, ao que parece, em sua *Histoire générale des rois de France*, fól., 1576.

em seu *Aristippe*, nem Bossuet, em nenhuma de suas obras essenciais, concedem a menor alusão às curas régias. Ceticismo? Não, por certo. Deve-se ver nesse silêncio apenas uma manifestação, entre muitas outras, da repugnância que sentiam esses pensadores por tudo o que não era construção estritamente racional. Isso não deixava de constituir, para o futuro do toque, um sintoma bastante ameaçador. Ainda se acreditava certamente nesse grande milagre em quase todos os meios — Bossuet, em uma carta familiar, o mencionava como algo absolutamente evidente[129] —, mas havia uma espécie de pudor em falar dele, como se fosse uma crença um pouco popular demais; mais tarde, o sentimento será de vergonha de acreditar nele.

Era a unção, como vimos, e especialmente o óleo milagroso da Santa Ampola, que Paulo III, em conformidade com uma tradição antiga, considerava a fonte do dom da cura. Dessa maneira, esse poder, sempre um pouco suspeito em seu princípio, se vinculava a um rito perfeitamente cristão. Essa ideia só encontrava adversários entre os adeptos mais obstinados de São Marculfo; e estes também, como se sabe, logo se renderam. Entre os realistas mais fervorosos, ninguém mais pensava em contestar, nesse tocante, o papel atribuído à unção. Certamente, permanecia evidente, para todos os teóricos dessa linha, que a sagração era, como dizia Du Haillan, apenas uma "cerimônia repleta de reverência", sem "concernir" de modo algum "à essência da soberania" e na ausência da qual o rei não deixava de "ser rei"; os acontecimentos que marcam os primórdios do reinado de Henrique IV ofereceram a oportunidade para que os escritores políticos proclamassem, mais uma vez, essa doutrina, alçada à condição de dogma oficial.[130] Não se admitia que a dignidade real dependesse de uma solenidade eclesiástica. Mas, no que diz respeito ao poder taumatúrgico,

---

129. Ver acima, p. 291, n. 150.
130. B. de Girard Du Haillan, *De l'estât et succez des affaires de France*, 1611 (a primeira edição é de 1570), p. 624: "o Rei não deixa de ser Rei, sem a coroação e a Sagração, que sao cerimônias repletas de reverência, concernindo somente à aprovação pública, não à essência da soberania". Mesma teoria em Belleforest e De Belloy: G. Weill, *Les théories sur le pouvoir royal en France pendant les guerres de religion*, 1892 (tese de Letras, Paris), p. 186 e 212. Sobre a posição do problema no início do reinado de Henrique IV, ver, particularmente, as decisões da Assembleia do Clero de Chartres, em 1591, em Pierre Pithou, *Traitez des droitz et libériez de l'église gallicane*, p. 224, e o curioso opúsculo escrito em janeiro de 1593 por Claude Fauchet, *Pour le couronnement du roy Henri IIII roy de France et de Navarre. Et que pour n'estre sacré, il ne laisse d'estre Roy et légitime Seigneur* (incorporado à edição das OEuvres, in-4°, 1610). Sobre a Inglaterra, cf. Figgis, *Divine Right*, p. 10, n. 1. Sobre a importância atribuída pelo papado à sagração, no século XVIII, ver um fato curioso, relativo aos Habsburgo, Batiffol, *Leçons sur la messe*, in-12, 1920, p. 243.

mostrava-se, ao que parece, menor suscetibilidade. Henrique IV foi rei muito antes de ser sagrado; porém ele não tocou antes de sua sagração. Jamais foi a Corbeny, cujo acesso, no momento de sua coroação, lhe estava proibido; foi, portanto, de fato a consagração pelo óleo santo, e não a intercessão de São Marculfo, que ele, pelo menos, aguardara para curar.[131] A respeito da origem do milagre régio, assim como sobre muitos outros pontos, produziu-se, no século XVII, uma espécie de reconciliação entre os defensores dos direitos da Igreja e os mais ardentes fiéis da realeza.

As antigas lendas sobre a Santa Ampola, as flores-de-lis ou a auriflama permaneciam vivas na França. Por volta do final do século XVI, um novo escrito veio acrescentar-se ao ciclo tradicional; foi a lenda, que nos interessa aqui muito particularmente, da primeira cura da escrófula por Clóvis.

A sagração, segundo a opinião mais geralmente difundida, conferia aos reis o direito de curar; ora, Clóvis, segundo se dizia, fora o primeiro príncipe francês a receber a unção, e isso diretamente do próprio céu; era natural pensar que aquele monarca favorecido do Alto fora também o primeiro a saber aliviar os escrofulosos. A bem da verdade, apenas uma coisa causa surpresa: é que esse mito tenha aparecido tão tarde.[132] Foi preciso, para apresentá-lo, a eloquência de um publicista meridional. Estêvão Forcatel, de Béziers, adquiriu na história da ciência jurídica uma reputação um tanto negativa por ter sido preferido pelos professores de Tolosa ao grande Cujas, quando este último, cujos métodos inovadores atemorizavam o tradicionalismo do corpo universitário, disputou uma cátedra na Faculdade de Direito daquela cidade. "Um tolo incapaz de lecionar", *homine insulso et ad docendum minus idoneo*, disse a seu respeito o biógrafo de Cujas, Papire Masson.[133] Em todo caso, um pensador sem originalidade e um escritor

---

131. Dom Oudard Bourgeois afirma ter feito sua novena em São Marculfo, no castelo de São Clodoaldo; mas seu testemunho é suspeito: ver abaixo, p. 473. A opinião comum e quase oficial a respeito da origem do poder curativo encontra-se claramente expressa por um cerimonial do século XVII, ed. Franklin. *La Vie privée, Les médecins*, p. 303 (cf. abaixo p. 347, n. 145). "A caridade de nossos Reis é grande nessa cerimônia à qual o Céu os obrigou, conferindo-lhes os privilégios para além dos outros Reis, *no dia de sua sagração*" (grifo meu).
132. Os embaixadores de Carlos VII junto a Pio II no discurso citado acima, p. 141 e n. 104, se exprimem como se acreditassem que Clóvis já houvesse curado a escrófula; mas parecem mais ter sido arrastados por um movimento de eloquência do que fazer alusão a um aspecto lendário preciso.
133. Ver Berriat de Saint-Prix, *Vie de Cujas*, em apêndice à sua *Histoire du droit romain*. Paris, 1821, p. 482 ss., onde se encontram citadas as palavras de Papire Masson, já relembradas — a respeito da lenda da cura da escrófula por Clóvis — por Du Peyrat, *Histoire*

desprovido, no mais alto grau, de ordem e de clareza, como atesta seu *Traité de l'empire et la philosophie des Francais* [Tratado sobre o império e a filosofia dos franceses], publicado em 1579. Esse livro, embora medíocre, teve diversas edições.[134] Muito melhor do que isso: cabe a ele, ao que parece, a honra de ter lançado pelo mundo a anedota sobre Clóvis taumaturgo, a qual alcançaria posteriormente grande celebridade. Assim como os escritores do século XVII que a citam, não pude encontrá-la em nenhum texto anterior; é preciso de fato admitir que ela saiu inteiramente pronta do cérebro inventivo de Forcatel. Ei-la brevemente resumida.[135] Clóvis tinha um escudeiro de quem gostava muito; esse homem, chamado Lanicet — *vê-se que o nosso autor estava apenas mediocremente familiarizado com a onomástica merovíngia* —, foi atingido pela escrófula; ele procurou em vão diversos remédios, particularmente e por duas vezes aquele prescrito por Celso, que consiste em comer uma cobra. Então, Clóvis teve um sonho: viu-se curando Lanicet por meio de um simples toque; ao mesmo tempo, seu quarto parecia encher-se com uma luz flamejante. Tão logo despertou, e após ter dado graças a Deus, ele efetivamente tocou o escudeiro, cuja moléstia, é evidente, desapareceu.[136] Assim nasceu o dom maravilhoso, que de Clóvis passou para seus filhos e para todos os seus sucessores. O que prova que essa fábula medíocre atendia a uma espécie de necessidade lógica das imaginações é sua prodigiosa fortuna. Em 1597, o cônego Meurier a reproduz.[137] Muito rapidamente, ela se torna para os apologistas da realeza um lugar-comum, ou melhor, um artigo de fé;[138] os bons

---

ecclésiastique de la Cour, p. 802. Sobre o autor, algumas palavras em G. Weill, *Les théories sur le pouvoir royal en France pendant les guerres de religion*, p. 194. Kurt Glaser, *Beiträge zur Geschichte der politischen Literatur Frankreichs in der zweiten Hälfte des 16. Jahrhunderts*; *Zeitschrift fur französische Sprache und Literatur*, XLV (1919), p. 31, lhe reserva apenas uma menção desdenhosa.
134. Duas reedições à parte em 1580 e 1595, sem contar as reimpressões nas obras completas: ver o catálogo da Bibl. Nat.
135. *De Gallorum imperio*, p. 128.
136. Segundo Mézeray, *Histoire de France depuis Faramond jusqu'au règne de Louis le Juste*, fól., 1685, 1. VI, p. 9, a casa de Montmorency teria emitido a pretensão de remontar a Lanicet. André Duchesne, em sua *Histoire généalogique de la maison de Montmorency*, fól., 1624, e Desormeaux, *Histoire de la maison de Montmorenci*, 2. ed., 5 vol., 1768, ignoraram ou desdenharam essa tradição, reproduzida ainda por Menin, *Traité historique et chronologique du sacre*, 1724, p. 325.
137. *De sacris unctionibus*, p. 260.
138. Por exemplo: [Daniel de Priezac], *Vindiciae gallicae adversus Alexandrum Patricium Armacanum, theologum*, 1638, p. 61; Baltasar de Riez, *L'incomparable piété*, I, p. 32-33, e II, p. 151; Oudard Bourgeois, *Apologie*, p. 9. Cf. também De l'Ancre, *L'incrédulité et mescreance du sortilège*, 1622, p. 159. Entre os historiadores, P. Mathieu, *Histoire de Louys XI*,

historiadores, um Du Peyrat, um Cipião Dupleix, a rejeitam,[139] mas quem os escuta? A despeito das repreensões de Du Peyrat, o médico Du Laurens lhe reserva um espaço em seu famoso tratado sobre a cura da escrófula, o qual logo se torna referência.[140] A fábula ultrapassa as fronteiras, pois a reencontramos, em 1628, em um historiador espanhol.[141] Ela se incorpora plenamente ao patrimônio lendário e sentimental da França. O autor do pequeno livro intitulado *Codicilles de Louis XIII roi de France et de Navarre à son tres cher fils aîné...* [Codicilos de Luís XIII, rei da França e da Navarra, ao seu caríssimo primogênito...], publicado durante a menoridade de Luís XIV, e que desenvolve um curioso programa de festas patrióticas, propõe instituir uma delas "no segundo Domingo após a Páscoa" para, "nesse dia, agradecer a Deus pela dádiva que fez ao referido S.-Clóvis (*sic*) e a todos os Reis da França da Santa Ampola e da cura da escrófula".[142] Um pouco mais tarde, Desmarets de Saint-Sorlin, ao compor sua grande epopeia nacional e religiosa *Clovis ou la France chrestienne* [Clóvis ou a França cristã], não omitiu tão belo episódio; e se ele o arranja um pouco para fortalecer o aspecto dramático do relato, trata-se, quanto ao fundo, da mesma historieta que Estêvão Forcatel elaborara pela primeira vez.[143] O jurista tolosano, que não retinha aparentemente nenhum escrúpulo de erudição ou de simples honestidade, tivera a audácia de fornecer ao público a lenda necessária para completar o ciclo da realeza miraculosa. Seria surpreendente o sucesso dessa espécie de embuste se o mesmo ciclo já

1610, p. 472, e, com algumas hesitações, Charron, *Histoire universelle*, fól. Paris, 1621, cap. XCV, p. 678-679; Charron escreve, a respeito da história de Lanicet: "um de meus amigos também me assegurou ter lido em Reims, em um antiquíssimo Manuscrito". Dom Marlot, *Le théâtre d'honneur*, p. 715, também faz alusão a esse manuscrito, cuja existência me parece, no entanto, mais do que problemática".
139. Du Peyrat, *Histoire ecclésiastique de la Cour*, p. 802 ss.; sobre suas tentativas de persuadir Du Laurens a respeito da falsidade da lenda, p. 805; cf. acima p. 40; C. Dupleix, *Histoire générale de France*, II, p. 321-322. A atitude de Mézeray (passagem citada na p. 345, n. 136) é a de dúvida polida.
140. *De mirabili*, p. 10 ss. Cf. também Mauclerc, *De monarchia divina*, 1622, col. 1.566.
141. Batista y Roca, *Touching for the King's Evil*, a assinala em Esteban Garibay, *Compendio historial de las Chronicas y universal historia de todos los Reynos de Espana*, III, Barcelona, 1628, 1. XXV, c. XIX, p. 202.
142. P. 46, 4. Sobre a obra, que traz a data, certamente fictícia, de 1643, ver Lacour-Gayet, *Éducation politique*, p. 88 ss. Sobre o título de santo atribuído a Clóvis, cf. Jean Savaron *De la saincteté du roy Louys dit Clovis avec les preuves et auctoritez, et un abrégé de sa vie remplie de miracles*, 3. ed., in-4°. Lyon, 1622 — onde, aliás, não é feita nenhuma menção ao toque.
143. No livro XXV; a criança curada por Clóvis não é mais Lanicet, e sim o filho do burgúndio Genobaldo.

não oferecesse tantos exemplos da facilidade que uma invenção individual tem em propagar-se quando levada por uma corrente coletiva.[144]

Não obstante, mais do que todas as palavras de publicistas e do que todas as lendas, o que prova o poder da realeza maravilhosa é, na França do século XVII, a popularidade do milagre régio, e, na Inglaterra, na mesma época, seu papel nas lutas civis.

§ 4. O TOQUE DA ESCRÓFULA NA ÉPOCA DO ABSOLUTISMO FRANCÊS E DAS PRIMEIRAS LUTAS CIVIS INGLESAS

Na monarquia francesa do século XVII, o toque da escrófula definitivamente inseriu-se entre as pompas solenes das quais se cerca o esplendor do soberano.[145] Luís XIII e Luís XIV o executam regularmente nas grandes festas: Páscoa,

---

144. Aliás, outros príncipes além de Clóvis se viram atribuir, porventura, a honra de terem sido os primeiros curadores de escrófula; Charron, *Histoire universelle*, fól., 1621, p. 679, atesta uma tradição que atribui esse papel a Carlos Martel; o historiador espanhol Anton Beuter, *Segunda parte de la coronica generale de Espana...*, in-4°. Valência, 1551, cap. L, fól. CXLIII, considera que o privilégio de cura foi conferido a São Luís, prisioneiro durante a cruzada do Egito, pelo mesmo anjo que, segundo uma lenda muito mais antiga, fez com que ele encontrasse seu breviário. Essa também parece ter sido a teoria de Luís de Granada, na passagem citada acima, na p. 342, n. 126.

145. Descrição muito precisa do toque em Du Peyrat, *Histoire ecclésiastique de la Cour*, p. 819, plenamente de acordo com aquela oferecida, no final do reinado de Henrique IV, por Du Laurens, *De mirabili*, p. 6. A Bibl. Nat. possui — sob a cota ms. franç. 4.321 — um *Recueil général des cérémonies qui ont esté observées en France et comme elles se doibvent observer*, que data do século XVII (certamente do reinado de Luís XIII); nele, encontramos — nas *páginas* 1 e 2 — a "Cerimônia para tocar os doentes da escrófula". O mesmo texto foi publicado de acordo com o manuscrito 2.734 da Bibliothèque Mazarine por Franklin, *La Vie privée, Les médecins*, p. 303 ss. Johann Christian Lunig, em seu *Theatrum ceremoniale historico-politicum*, II, p. 1.015, oferece uma descrição do toque francês, que não ensina nada de novo. No que diz respeito a Luís XIII, numerosas informações e números no diário de seu médico Héroard: *Journal de Jean Heroard sur l'enfance et la jeunesse de Louis XIII*, ed. Soulié e De Barthélémy, II, 1868; infelizmente, essa publicação é apenas fragmentária; completei-a, em diversos pontos, pelo manuscrito conservado na Bibl. Nat. (ver as notas seguintes). Quanto a Luís XIV, informações úteis, mas muitas vezes numericamente imprecisas, em diversas memórias, notadamente o *Journal* de Dangeau e sobretudo as *Mémoires* do marquês de Sourches, preboste da Casa Real e grande preboste da França (1681-1712), cujas funções o conduziam a dar atenção particular ao toque: ed. Cosnac e Bertrand, 13 vol., 1.882 ss. Os jornais da época também contêm indicações interessantes: sabemos, por exemplo, pelo gazeteiro Robinet que, no Sábado Santo de 1666, Luís XIV

Pentecostes, Natal ou Ano-Novo, por vezes a Candelária, a Trindade, a Assunção, o Dia de Todos os Santos.[146] Quando a cerimônia ocorre em Paris, o Grande Preboste manda anunciá-la com alguns dias de antecedência, ao som de trompa e por meio de cartazes; conservamos alguns desses letreiros da época de Luís XIV[147] um deles encontra-se reproduzido abaixo, tal como os curiosos daquele tempo muitas vezes os leram ao ar livre sobre os muros de sua cidade. A cena se passa em diferentes locais, segundo as necessidades do momento; em Paris, ordinariamente na grande galeria do Louvre, ou, mais raramente, numa sala baixa do mesmo palácio; também em salas ou pátios de castelos, parques, claustros ou igrejas. Como muita gente comparece, a cerimônia é extenuante, sobretudo em razão do calor e para um rei-criança, como Luís XIII no início de seu reinado;[148] mas o soberano, a menos que esteja seriamente indisposto, não pode subtrair-se a esse dever de seu cargo; ele se sacrifica pela saúde de seus súditos. Somente em tempos de epidemia não se admitiam os doentes, por temor de propagar o contágio, que poderia atingir o rei.[149] Os doentes, porém, compareciam assim mesmo: "Eles me perseguem com tanta força. Dizem que os reis nunca morrem de peste..., pensam que sou um Rei de Cartas", dizia o

---

tocou oitocentos doentes: *Les continuateurs de Loret*, ed. J. de Rothschild, 1881, I, p. 838. Para as informações iconográficas, ver o "Apêndice II".
146. Saint-Simon, *Mémoires*, ed. Boislisle, XXVIII, p. 368-369: Luís XIV "sempre comungava com o colar da Ordem, aba e manto, cinco vezes por ano, no sábado santo na Paróquia, nos demais dias na capela, os quais eram a véspera de Pentecostes, o dia da Assunção, e a grande missa depois dele, a véspera do Dia de Todos os Santos e a véspera de Natal... e, em cada ocasião, ele tocava os doentes". Na verdade, a regularidade não parece ter sido tão absoluta assim.
147. Encontram-se na Biblioteca Nacional, na série dos *Registres d'affiches et publications des jurés crieurs de la Ville de Paris*. Embora essa série — F 48 a 61 — comporte 14 volumes in-fól., indo de 1651 a 1745, apenas os dois primeiros contêm cartazes relativos ao toque: em F 48, fól. 419, aquele que anuncia a cerimônia da Páscoa de 1655; em F. 49, fól. 15, 35, 68, 101, 123, 147 e 192, aqueles que anunciam as cerimônias do dia de Todos os Santos de 1655, de 1º de janeiro, Páscoa e Todos os Santos de 1656; 1º de janeiro e Páscoa de 1657; 1º de janeiro de 1658. Eles foram todos redigidos com base no mesmo modelo. Cf. Lecoq, *Empiriques, somnambules et rebouteurs*, p. 15. O costume de mandar publicar com antecedência, aos cuidados do Grande Preboste, o anúncio da cerimônia "pela cidade de Paris, ou outro lugar em que Sua Majestade se encontrar", é assinalado por Du Peyrat, p. 819.
148. Héroard, *Journal*, II, p. 32: "Ele empalidecia um pouco com o trabalho e nunca o quis mostrar"; p. 76: "Ele se sente fraco".
149. Uma ordenação de Henrique IV, de 20 de outubro de 1603, alertando que, em razão da "doença contagiosa" que reinava em certas cidades e províncias, não haveria toque no dia de Todos os Santos seguinte, foi publicada por J. J. Champollion-Figeac, *Le palais de Fontainebleau*, fól. 1.866, p. 299.

pequeno Luís XIII, a quem essa "perseguição" enfurecia bastante.[150] É que o dom taumatúrgico não perdeu nada de sua antiga popularidade; dispomos de alguns números relativos a Luís XIII e — geralmente, com menor precisão — a Luís XIV; eles são semelhantes aos números antigos: várias centenas, por vezes mais de mil por sessão; em 1611, para o ano todo, pelo menos 2.210; em 1620, 3.125; no dia da Páscoa de 1613, 1.070 de uma só vez;[151] em 22 de maio de 1701, dia da Trindade, 2.400.[152] Quando, por uma razão ou outra, a periodicidade regular se via interrompida, a afluência, na primeira retomada, tinha algo de assustador; na Páscoa de 1698, Luís XIV, tomado por um acesso de gota, não pudera tocar; no Pentecostes seguinte, diante dele se apresentaram perto de três mil escrofulosos.[153] No sábado, 8 de junho de 1715, véspera de Pentecostes, "em razão de um grandíssimo calor", o Rei, já bastante próximo da morte, atuou pela última vez como curador; tocou cerca de 1.700 pessoas.[154]

DE PAR LE ROY,
ET MONSIEVR LE MARQVIS DE SOVCHES,
Preuoſt de l'Hoſtel de ſa Maieſté, & Grande Preuoſté de France.

ON faict à ſçauoir à tous qu'il appartiendra, que Dimanche prochain iour de Paſques, Sa Maieſté touchera les Malades des Eſcroüelles, dans les Galleries du Louure, à dix heures du matin, à ce que nul n'en pretende cauſe d'ignorance, & que ceux qui ſont attaquez dudit mal ayent à s'y trouuer, ſi bon leur ſemble. Faict à Paris, le Roy y eſtant, le vingt-ſixieſme Mars mil ſix cens cinquante-ſept. Signé, DE SOVCHES.

Leu & publié à ſon de Trompe & cry public par tous les Carrefours de cette Ville & Fauxbourgs de Paris, par moy Charles Canto Crieur Iuré de ſa Maieſté, accompagné de Jean du Dos, Jacques le Frain, & Eſtienne Chappé Jurez Trompettes dudit Seigneur, & affiché, le vingt-ſixieſme Mars, mil ſix cens cinquante-ſept. Signé, CANTO.

---

150. Héroard, II, p. 237.
151. Héroard, *Journal*, II, p. 59, 64, 76 (e Bibl. Nat., manuscrito francês 4.024); , manuscrito francês 4.026, fól. 294, 314 vº, 341 vº, 371 vº; *Journal*, II, p. 120.
152. *Gazette de France*, 1701, p. 251.
153. Dangeau, *Journal*, ed. Soulié, V, p. 348.
154. Ibidem, XV, p. 432.

Assim como no passado, tratava-se de uma multidão cosmopolita, que, em levas ávidas, congestionava os acessos dos palácios reais nos dias marcados; tal como antigamente, a reputação do milagre francês não parava nas fronteiras do reino. Na verdade, para falar como o padre Maimbourg, "o império" desse rei maravilhoso não era limitado por nenhuma fronteira natural, "nem pelas cadeias dos Pireneus ou dos Alpes, nem pelo Reno, nem pelo Oceano", pois "a própria natureza lhe estava sujeita".[155] Uma testemunha ocular, Josué Barbier, que se encontrava, em junho de 1618, em Saint-Germain en Laye, junto à corte, nos deixou um quadro pitoresco de todo aquele povo variegado, "tanto espanhóis, portugueses, italianos, alemães, suíços, flamengos como franceses", que, no dia de Pentecostes, posicionado "ao longo da estrada real e à sombra das árvores do parque", ele viu aguardando o adolescente real.[156] Os homens da Igreja afluíam assim como os outros; conhecemos, pelo menos, três jesuítas portugueses que, naquele tempo, fizeram a viagem até a França para serem tocados.[157] As artes se colocavam, por vezes, a serviço desse renome universal. Quando os burgueses de Bolonha visitavam seu palácio municipal, ao erguer os olhos, eram imediatamente relembrados do poder espantoso que o rei da França possuía "sobre a natureza". Entre 1658 e 1662, o cardeal Gerônimo Farnésio, que governava aquela cidade na qualidade de legado, fizera decorar uma galeria do velho *palazzo* com afrescos executados segundo o gosto pomposo e teatral da escola bolonhesa: oito grandes composições das quais cada uma retraçava um episódio da história, lendária ou real, da antiga cidade; membro de uma casa principesca então vinculada, por laços políticos bastante estreitos, à França, o cardeal Farnésio lembrou-se oportunamente de que Francisco I, em 1515, se mostrara à gente de Bolonha no papel de taumaturgo; sobre a parede da esquerda, pode-se, ainda hoje, ver o rei, tal como o pintaram Carlo Cignani e Emilio Taruffi, roçando com sua mão o pescoço de uma mulher ajoelhada, enquanto, ao seu redor, pajens, homens de

---

155. *De Galliae regum excellentia*, 1641, p. 27: "Imperium non Pyrenaeorum jugis aut Alpium, non Rheni metis et Oceani circumscriptum, sed ultra naturae fines ac terminos, in aegritudinem ipsam et morbos, a quibus nulla Reges possunt imperia vindicare, propagatum acceperunt... Ita Galliae Regum arbitrio subiectam esse naturam".
156. *Des miraculeux effects*, p. 25.
157. Héroard, manuscrito francês 4.026, fól. 341V0 (15 de agosto de 1620): "toca dois jesuítas portugueses doentes"; A. Franco, *Synopsis Annalium Societatis Jesu*, texto citado abaixo, p. 410, n. 42 (as datas tornam pouco verossímil que o jesuíta mencionado por Franco, morto em 1657, certamente poucos anos após ter sido tocado, seja uma das duas personagens assinaladas, em 1620, por Héroard).

armas, doentes, em pé ou agachados, formam grupos habilmente distribuídos de acordo com as leis da arte clássica.[158].

Entre os estrangeiros que vinham assim solicitar sua cura ao rei da França, os mais numerosos eram sempre os espanhóis. Como que para recompensar seu zelo, era-lhes dada a primeira fileira, quando os doentes eram ordenados, antes da cerimônia.[159] Aliás, como eles eram, como nação, encarados de modo geral com pouco favor pela opinião francesa, costumava-se zombar de sua singular ansiedade. Sabe-se bem, diziam sob Luís XIII os políticos e os protestantes, por que, na época da Liga, Belarmino, Commolet e as demais luzes da Companhia de Jesus faziam tanta questão de dar o reino da França à Casa de Espanha: era por caridade, a fim de tornar mais fácil a esse povo escrofuloso o acesso ao seu médico habitual.[160] Ou então se contava esta agradável historieta

---

158. Abaixo, "Apêndice II", n. 11. Sobre o papel dos Farnésio e o apoio que lhes deu, a partir de 1658, a França contra o papado, ver Charles Gérin, *Louis XIV et le Saint Siege*, 2 vol., 1894; em 1667; o cardeal Farnésio foi colocado em uma lista de candidatos à tiara agradáveis ao rei da França (ibidem, II, p. 185).

159. Numerosos testemunhos, por exemplo: Héroard, II, p. 215, 233; Du Laurens, p. 8; De l'Ancre, p. 166; Du Peyrat, p. 819; Réné Moreau, *De manu regia*, 1623, p. 19; cerimonial publicado por Franklin, p. 305. Sob Luís XIII, os estrangeiros recebiam uma esmola maior do que a dos franceses: um quarto de escudo em vez de dois soldos: Du Peyrat, p. 819; cf. Héroard, II, p. 33. Sob Luís XIV, segundo Oroux, *Histoire ecclésiastique de la Cour*, I, p. 184, n. q., o valor das esmolas em geral, pelo menos em moeda de conta, aumentara, mas uma diferença ainda subsistia entre os estrangeiros e os "naturais franceses": trinta s. para os primeiros, quinze para os segundos. De acordo com Bonaventure de Sorria, *Abrégé de la vie de très auguste et très vertueuse princesse Marie-Thérèse d'Austriche reyne de France et de Navarre*, in-12, 1683, p. 88, essa rainha teria mandado estabelecer, em Poissy, um hospício "para nele alojar todos os doentes que vinham de países distantes", a fim de se fazerem tocar. Mas dos documentos citados por Octave Noël, *Histoire de la ville de Poissy*. Paris 1869, p. 254 e p. 306 ss., parece realmente deduzir-se que o hospício de Poissy foi fundado para os soldados do campo de Achères e "outros soldados passantes". Assim como no passado, fazia-se — pelo menos sob Luís XIII — com que os doentes que chegavam fora dos dias de toque esperassem, entregando-lhes uma esmola: Du Peyrat, p. 819. Espanhóis tocados por Luís XIV, cujo estado de saúde impedia de tocar os demais doentes: Sourches, *Memoires*, IX, p. 259; XI, p. 153; espanhóis e italianos tocados nas mesmas condições: ibidem, VII, p. 175.

160. O gracejo se encontra em um panfleto de André Rivet: *Andreae Riveti Pictavi... Jesuita Vapulans, sive Castigatio Notarum Sylvestri Petra-Sanctae Romani, Loyolae Sectarii, in epistolam Petri Molinaei ad Balzacum...* Leiden, 1635, c. XIX, p. 388. Sobre a polêmica à qual esse pequeno livro deve seu nascimento, cf. C. Sommervogel, *Bibliothèque de la Compagnie de Jésus*, artigo *Pietra-Santa*, VI, col. 740, n. 14. O pitoresco é que Morhof, *Princeps medicus* (diss. acadêmica), p. 157, parece ter levado esse gracejo a sério.

com a qual, num dia de distribuição dos prêmios, o padre Maimbourg deleitou os alunos do colégio de Rouen: um grande senhor daquela terra sofria da escrófula; ele sabia que apenas o contato do rei da França restabeleceria a sua saúde; mas, por orgulho, não queria admitir nem sua moléstia nem, sobretudo, sua fé nas virtudes de um príncipe inimigo; ele se dirigiu, portanto, de visita, a Fontainebleau, onde residia então Henrique IV, dissimulando sob sua couraça e nas dobras de sua larga gorgeira, segundo a moda de seu país, seu pescoço inteiramente arruinado pela doença; o rei o beijou para desejar-lhe as boas-vindas; ele foi curado.[161] Mas os políticos esclarecidos não zombavam; utilizavam-se dos sentimentos bem conhecidos dos doentes espanhóis como meio de propaganda. No tempo de Richelieu, viu-se um publicista do partido francês na Catalunha invocar o argumento do milagre para procurar converter seus compatriotas à causa dos Bourbons.[162]

Essa projeção europeia preocupava as dinastias rivais. Poderia haver homenagem mais bela do que suas inquietações, atestadas pelos rudes ataques dos escritores a serviço da Casa da Áustria? Todos esses panfletários, numerosos sobretudo durante a primeira metade do século, se mostram extremamente preocupados com o privilégio milagroso dos reis da França; não raro, reivindicam para seus senhores — Habsburgo de Viena ou de Madri — privilégio semelhante, sem outro fundamento, como já vimos, além da recordação de tentativas antigas, havia muito caídas em descrédito, ou mesmo, de maneira mais simples, as inspirações da própria imaginação; de todos os modos, eles se esforçam para diminuir o valor desse dom tão popular. Eis um exemplo bastante curioso desse estado de espírito. Em 1635, foi publicado sob o título *Mars Gallicus* um opúsculo hispanizante que alcançou alguma fama; seu autor assinava como *Alexander Patricius Armacanus*; ele não negava de forma alguma o milagre francês: negar um milagre! A audácia teria sido grande; mas ele se dedicava a provar que o dom do milagre é recebido de Deus gratuitamente e não prova, absolutamente, nem a santidade nem uma superioridade qualquer por parte daquele a quem a vontade divina o conferiu. A jumenta de Balaão profetizou; diremos, em razão disso, que ela devia possuir sobre a espécie dos jumentos as prerrogativas do poder supremo?[163] Teoria no fundo rigorosamente

---

161. *De excellentia*, p. 31 ss.
162. Francisco Marti y Viladamor, *Cataluna en Francia*, 1641 (cf. abaixo, p. 489). Na abertura do livro, duas dedicatórias: a Luís XIII e a Richelieu; o capítulo sobre a escrófula é seguido de outro sobre as lendas das flores-de-lis e da auriflama.
163. *Mars Gallicus*, ed. de 1636, p. 65 ss. Ver no milagre da escrófula a prova de que os reis da França possuem um poder mais "sublime" que o dos demais reis seria "fidei Christianae

ortodoxa, mas que raramente se vê desenvolvida de modo tão ultrajante; é que, sob o pseudônimo de *Armacanus*, se escondia um respeitável teólogo, o bispo de Ypres, Jansênio; a paixão política encontrava, nesse caso, seu amparo em certas teorias sobre a graça e o arbitrário divino, as quais fariam algum barulho ao redor do mundo. Mas, a despeito do que diziam os fazedores de livros, os espanhóis continuavam a afluir na direção do rei da França.

Quanto aos visitantes distintos, até mesmo os luteranos, que passavam por Paris, eram levados a ver o toque; era uma das curiosidades da capital, um espetáculo que era preciso ver, entre uma missa musicada e uma sessão solene na Academia das Inscrições.[164]

Assim, a história do milagre régio na França do século XVII é muito pacífica. Certamente, havia incrédulos. Parece que a maioria dos protestantes estava entre eles. Um escritor oriundo de suas fileiras, o antigo pastor Josué Barbier, convertido ao catolicismo no início do reinado de Luís XIII e muito desejoso, segundo todas as aparências, de tirar o melhor proveito dessa mudança de religião, acreditou não haver cortejo maior a fazer do que dedicar ao milagre régio uma obra de tom ditirâmbico: *Les miraculeux effects de la sacrée main des Roys de France très chrestiens: pour la guarison des Malades et conversion des Hérétiques* [Os milagrosos efeitos da sagrada mão dos cristianíssimos Reis da França: para a cura dos Doentes e a conversão dos Heréticos]. Nela, Barbier nitidamente acusa seus ex-correligionários de não acreditarem naqueles "efeitos milagrosos", fosse porque atribuíam as pretensas curas a "ilusões do diabo", fosse simplesmente porque negavam sua realidade.[165] Evidentemente, não é que, antes da Revogação e mesmo depois dela, a opinião reformada, em

---

fides... evellere", ser mais louco que os hussitas, para quem a legitimidade da autoridade dependia da virtude de seus depositários, mas que, pelo menos, não chegavam ao ponto de exigir destes graças extraordinárias. Deus fez jumentos falarem: "An forte et asinis inter asinos tribues praerogativas alicujus potestatis?". O *Mars Gallicus*, sobre o qual se pode consultar G. Hubault, *De politicis in Richelium lingua latina libellis* (tese de Letras, Paris), St-Cloud [1856], p. 72 ss., era uma resposta ao livro de Arroy, citado abaixo, p. 4. Ele foi citado elogiosamente, e o ponto de vista hispanizante foi adotado pelo ilustre médico Van Helmont, que era bruxelense: *De virtute magna verborum ac rerum*; *Opera omnia*, in-4º. Frankfurt, 1707, p. 762, col. 2.

164. Ver o curioso livrinho de Joachim Christoph Nemeiz, *Séjour de Paris* (apenas o título está em francês; o texto foi escrito em alemão). Frankfurt, 1717, p. 191; Nemeiz fora a Paris em 1714 com os dois filhos do general sueco, conde Stenbock, seus alunos.

165. P. 69-73 (a obra foi publicada em 1618). A respeito do autor, ver *France protestante*, 2. ed., I, col. 797, e Jacques Pannier, *L'Église réformée de Paris sous Louis XIII* (tese de Teologia Protestante, Estrasburgo), 1922, p. 501.

seu conjunto, tivesse sido hostil à monarquia. Há uma literatura absolutista de origem protestante. O *Discours sur la souveraineté des roys* [Discurso sobre a soberania dos reis], publicado em 1650 pelo pastor Moisés Amyraut e dirigido contra os revolucionários ingleses, e o *Traité du pouvoir absolu des souverains* [Tratado sobre o poder absoluto dos soberanos], publicado em 1685 pelo pastor Elias Merlat, são obras, é bem provável que sinceras, de súditos profundamente submissos. Mas a monarquia cuja imagem é oferecida por esses fiéis servidores do rei a seus leitores se mostra destituída de lendas e de milagres, e que não possui outro amparo sentimental além do respeito à Bíblia, interpretada em um sentido favorável ao direito divino dos príncipes. Cabe perguntar se o lealismo das massas podia, no longo prazo, sustentar-se, em todo o seu fervor cego, sem esse fundamento maravilhoso e místico do qual o calvinismo o privava. Moisés Amyraut escolhera como tema de seu *Discurso* o texto bíblico: "Não toquem em meus ungidos"; contudo tais palavras, tão repletas de sentido para o povo crente que, no dia da sagração, via seu senhor ser ungido com o bálsamo celeste trazido pela pomba, não soavam ocas quando dirigidas a homens que, longe de reconhecerem no óleo de Reims algo de sobrenatural, deviam à sua fé recusar ao próprio rito da unção qualquer eficácia, atribuindo-lhe, como ensinava pessoalmente Amyraut, apenas um valor pura e friamente simbólico?[166] Nesse sentido, Josué Barbier talvez não estivesse inteiramente equivocado ao estabelecer uma espécie de incompatibilidade entre a religião reformada e o sentimento monárquico, pelo menos tal qual o entendiam na França do século XVII os realistas exaltados.

Mesmo na corte, nem todo mundo levava o milagre muito a sério. A própria cunhada de Luís XIV, a duquesa de Orléans, educada, aliás, no protestantismo, ousava exprimir sua opinião íntima numa carta escrita, é preciso dizê-lo, após a morte do Grande Rei: "Acredita-se aqui também que o sétimo filho pode curar a escrófula pelo toque. De minha parte, penso que seu toque de fato possui tanta força quanto o do rei da França", o que evidentemente significava: tão pouca força.[167] Veremos mais tarde a opinião de Saint-Simon, ela também manifestada, é verdade, durante outro reinado e talvez sob a influência inconsciente de um novo movimento de ideias.[168] Havia provavelmente, no

---

166. Cf. Amyraut, p. 77-78.
167. *Briefe der Prinzessin Elisabeth Charlotte von Orleans an die Raugräfin Louise*, ed. W. Menzel (Bibliothek des literarischen Vereins in Stuttgart, VI), 1843, p. 407; 25 de junho de 1719: "Man meint hier auch dass der bente sohn die Ecruellen durch anrühren könte. Ich glaube aber dass Es Eben so Viel Krafft hatt alss der König In frankreich ahnrühren".
168. Ver abaixo, p. 383.

círculo real, sobretudo entre os libertinos, outras pessoas de pouca fé, que se calavam. Não há dúvida de que a massa fosse plenamente crente. A prontidão dos doentes basta para provar seu fervor. A história do milagre inglês foi, na mesma época, mais agitada.

Sob Carlos I, não há nada desse ponto de vista, ao menos em uma abordagem inicial, que relembre, em todos os aspectos, o que acontecia na França. O toque ocorre em datas em geral mais aproximadas do que na corte dos Bourbon. Ele se interrompe em tempos de epidemia ou de calor demasiado intenso. Os dias são previamente indicados por meio de *proclamações* reais em todo o país.[169] A solenidade se desenvolve segundo as formas litúrgicas adaptadas por Elizabeth e Jaime I aos usos da Igreja da Inglaterra. A ansiedade é grande; não temos para esse reinado números precisos; mas tudo concorda para mostrar que a fé e o zelo dos doentes não tinham, de modo algum, desacelerado. Foi até mesmo preciso se defender contra um excesso de afluência que corria o risco de impor ao rei cansaços demasiado extenuantes, e ao tesouro um ônus inutilmente pesado; certas pessoas, após terem sido tocadas uma primeira vez, procuravam reincidir, fosse porque, insuficientemente aliviadas por essa tentativa, tivessem concebido a esperança de obter, mediante um novo contato, um resultado melhor, fosse porque estivessem tentadas pela fortíssima esmola que era o *angel* tradicional, aliás, facilmente negociável como talismã. Para impedir esse abuso, ficou proibido apresentar-se mais de uma vez. A fim de assegurar a execução dessa prescrição, todo escrofuloso desejoso de participar da cerimônia teve de munir-se antecipadamente de um certificado fornecido pelo pastor e pelas diversas autoridades de sua paróquia atestando ainda não ter sido tocado.[170] Sob esse reinado, o rito maravilhoso se incorporou plenamente

---

169. Certo número de proclamações do reinado de Carlos I (e uma do de Carlos II) definindo as datas do toque, vedando o acesso à corte aos doentes em tempos de epidemia, ou, de toda maneira, regulando as condições da cerimônia, foi publicado por Crawfurd, *The king's evil*, p. 163 ss. Cf. *Calendar of State Papers, Domestic, Charles I*, nas datas: 13 de maio, 18 de junho de 1625; 17 de junho de 1628; 6 de abril, 12 de agosto de 1630 (esta última p. 554 do volume relativo aos anos 1629-1631); 25 de março, 13 de outubro, 8 de novembro de 1631; 20 de junho de 1632; 11 de abril de 1633; 20 de abril, 23 de setembro, 14 de dezembro de 1634; 28 de julho de 1635; 3 de setembro de 1637.

170. Exigidos pela primeira vez, ao que parece, por uma proclamação de 13 de maio de 1625, citada acima, p. 311, n. 42 (prescrição renovada em 18 de junho de 1626: Crawfurd, *The king's evil*, p. 164), os certificados permanecerão em vigor durante os reinados seguintes. Sob Carlos II, prescreveu-se que um registro desses documentos seria mantido em cada paróquia: *Notes and Queries*, 3th series, I (1862), p. 497. A partir desse período, por conseguinte, eles foram muito bem conservados. Muitos, sobretudo para o reinado de Carlos

à vida religiosa regular do país; em 1633, por uma inovação significativa, o serviço para a "cura" integrou o livro de preces — *The Boke of Common Prayer* — que a Igreja nacional colocava nas mãos de todos.[171] Em resumo, era precisamente o quadro de um milagre muito requisitado, o qual se tornara uma das instituições de um Estado monárquico bem ordenado.[172]

E também de um Estado claramente absolutista. Na França, a monarquia de Luís XIII e de Luís XIV se mostrava tolerante com os "sétimos meninos", que, no entanto, faziam ao rei médico uma concorrência bastante rude. Sob Luís XIII, é verdade, o arcebispo de Bordeaux, Henrique de Sourdis, proibira algumas pessoas — provavelmente os "sétimos" —, que, em sua cidade arquiepiscopal, pretendiam curar a escrófula, de continuarem a exercer sua arte; ele fundava sua proibição sobre o princípio de que o "privilégio de tocar tais doentes é reservado à pessoa sagrada de nosso cristianíssimo rei".[173] Mas

---

II, foram assinalados ou publicados; ver, por exemplo, J. Charles Cox, *The Parish Registers of England* (*The Antiquary's Books*). Londres [1910], p. 180; Pettigrew, *On Superstitions Connected with the History... of Medicine*, p. 138; Thiselton-Dyer, *Social Life as told by Parish Registers*, 1898, p. 79; Barnes, em *Transactions of the Cumberland... Antiquarian Society*, XIII, p. 352; Andrews, *The Doctor*, p. 15; *Notes and Queries*, 8th series, VIII (1895), p. 174; 10th series, VI (1906), p. 345; Farquhar, III, p. 97 ss. Sua abundância é uma prova a mais da popularidade do toque. Evidentemente, tanto na Inglaterra como na França, os doentes eram submetidos a um exame médico prévio; sob Carlos I, o médico em serviço distribuía àqueles que admitia fichas metálicas que lhes serviam de bilhetes de entrada: Farquhar, I, p. 123 ss.; o mesmo certamente ocorreu sob Carlos II, Farquhar, II, p. 124 ss.
171. *The Boke of Common Prayer*, 1633, British Museum, 3.406, fól. 5. O serviço reapareceu no *Book of Common Prayer*, na Restauração: ed. de 1662 (Brit. Mus. C 83, e, 13); cf. já [Simpson] *A Collection of Articles... of the Church of England*. Londres, 1661, p. 223; ele se manteve posteriormente nas edições sucessivas do livro, mesmo depois de os reis da Inglaterra terem parado de praticar o milagre: ver abaixo, p. 377, n. 25. Descrição do rito inglês, sem grande interesse, em: J. C. Lunig, *Theatrum ceremoniale historico-politicum*, II, p. 1.043-1.047.
172. Assim como na França, ao lado das grandes cerimônias, havia toques em particular para as pessoas cuja posição social as impedia de confundir-se com a massa; foi dessa maneira que aparentemente foi curada a filha de Lorde Poulett, da qual se tratará adiante.
173. Ordenação citada por G. Brunet, *Notice sur les sculptures des monuments religieux du département de la Gironde*; *Rev. Archéolog.*, 1ª série, XII, 1 (1855), p. 170: "em 1679, ainda eram tocados [na capela de São Luís, na igreja de São Miguel de Bordéus], os doentes atingidos pela escrófula"; uma ordenação do arcebispo Henrique de Sourdis, de 23 de agosto daquele ano, proibiu essa prática porque "esse privilégio de tocar tais doentes é reservado à pessoa sagrada de nosso cristianíssimo rei, e, ainda que houvesse alguma pessoa dotada desse dom, ela não o poderia fazer sem a nossa permissão expressa por escrito". Vê-se por esta última frase que a proibição talvez não fosse absoluta. Quanto à data de 1679,

tal manifestação aparece absolutamente isolada. Na Inglaterra, ao contrário, Carlos I ou seus ministros declararam uma guerra obstinada aos concorrentes da prerrogativa real; tocar os escrofulosos quando não se era rei constituía crime de lesa-majestade, punível, segundo a necessidade, pela famosa Câmara Estrelada:[174] suscetibilidade bem aguda que talvez seja o indício de um poder absoluto menos firmemente assentado que o dos Bourbon.

De resto, concebe-se sem dificuldade que os Stuart preferissem reservar--se o monopólio do milagre. Os doentes curados e que acreditavam dever sua cura à mão real eram, para a monarquia, fiéis garantidos. Um acaso demasiado raro preservou para nós um documento no qual se retrata, em sua essência, o estado de alma que um toque bem-sucedido era capaz de criar. Um senhor, Lorde Poulett, tinha uma filha, miserável criança inteiramente tomada pela escrófula; ele a enviou à corte; foi tocada em 1631 e logo houve melhora. Um secretário de Estado, Lorde Dorchester, se encarregara obsequiosamente de apresentá-la ao rei; após o acontecimento, o pai lhe escreveu para agradecer; ainda possuímos essa carta, de tonalidade verdadeiramente comovente: "O retorno de uma criança doente a tal ponto aliviada faz reviver um pai doente... foi uma grande alegria para mim que Sua Majestade tenha se dignado a tocar minha pobre filha com suas abençoadas mãos; dessa maneira, com o auxílio da bênção de Deus, devolveu-me uma filha que eu tinha tão pouca esperança de manter que [já] dera instruções para que trouxessem de volta seu cadáver...; ela retornou sã e salva; sua saúde melhora dia após dia; a sua visão me dá, cada vez, a ocasião de me lembrar da graciosa bondade de Sua Majestade para com ela e para comigo, e de lhe dar graças com toda a humildade e toda a gratidão".[175]

é certamente o resultado de um lapso, visto que Henrique de Sourdis foi arcebispo de Bordeaux de 1629 a 18 de junho de 1645, data de sua morte. O senhor Brutails, arquivista da Gironda, teve a bondade de me informar que não parece haver vestígios desse texto nos arquivos de seu departamento. Não deve causar surpresa ver os tocadores de escrófula de Bordeaux exercerem sua arte numa capela; veremos mais tarde, na mesma época, um charlatão de idêntico patamar, o cavaleiro de Saint-Hubert, obter da autoridade diocesana a permissão para tocar contra a raiva numa capela de Paris.

174. Em 1632, caso de Jacques Philippe Gaudre ou Boisgaudre: *Calendar of State Papers, Domestic, Charles I*, 13 de janeiro e 7 de junho de 1632. Em 1637, processo de Richard Leverett (perante a Câmara Estrelada): Charles Goodall, *The Royal College of Physicians of London*, in-4º. Londres, 1684, p. 447 ss.: *Calendar of State Papers, Domestic, Charles I*, 19 de setembro de 1637; cf. Crawfurd, *The king's evil*, p. 95. Também em 1637, caso dos Gilbert, de Prestleigh, em Somerset: ver acima, p. 286.

175. Carta (de 30 de abril de 1631), publicada por Green, *On the Cure by Touch*, p. 80. Cf. *Calendar of State Papers, Domestic, Charles I*, nessa data. "Ye returne of my sicke

Certamente deve ter partilhado dos sentimentos que expressava nesse dia o nobre lorde mais de um pai ou uma mãe mais humildes, cuja voz não chegou até nós. O que nos importa hoje se alegrias como essa tenham nascido de uma ilusão? Não poderíamos apreciar com sensatez a força do lealismo monárquico, se, por preconceito, deixássemos de fora da história as efusões desses corações agradecidos. Embora de ascendência puritana, Lorde Poulett mais tarde tomou partido contra o Parlamento e em favor do rei; a lembrança do antigo milagre com certeza não foi a única razão, nem mesmo a principal, que determinou sua atitude; mas como acreditar que, no dia em que tomou sua decisão, ele não tenha concedido um pensamento à menina doente, curada contra todas as esperanças?

Veio, com efeito, a guerra civil. A crença no dom taumatúrgico é então um dos dogmas dessa fé realista rejeitada pelos adeptos do Longo Parlamento, mas que ainda vive na alma das massas. Em 1642, Carlos I deixa Londres, onde a burguesia e os artesãos faziam causa comum com os parlamentares; ele logo estabeleceu seu quartel-general em Oxford. No ano seguinte, foi impressa e distribuída em Londres uma "humilde petição à excelente Majestade do Rei, apresentada por várias centenas de seus pobres súditos atingidos pela dolorosa enfermidade denominada mal régio". Fomos, dizem essencialmente os escrofulosos, atingidos por um mal "sobrenatural", que não pode ser curado senão por esses "meios de cura sobrenaturais que são inerentes à mão de Vossa Sagrada Majestade". Não podemos nos aproximar em Oxford, onde Vossa Majestade está "cercada de tantas legiões de soldados"; suplicamos a Vossa Majestade que retorne a Whitehall. Os pretensos peticionários afirmam não querer envolver-se com política, "estando suficientemente ocupados a considerar nossas próprias misérias". Não se poderia levar tal protesto a sério. Esse pequeno escrito é apenas um panfleto realista. Seus autores se desmascaram quando, ao terminarem, declaram esperar do retorno do rei não somente a cura dos doentes, mas também a "do Estado, que definha desde que Vossa Alteza deixou seu palácio de Whitehall, e, assim

---

childe with so much amendment hath much revived a sick Father... I am much joyed that his Majesty was pleased to touch my poor child with his blessed hands, whereby, God's blessing accompanying that means, he hath given me a child which I had so little hope to keep, that I gave direction for her bones, doubting she would never be able to return, but she is corne safe y home and mends every day in her health; and ye sight of her gives me as often occasion to remember his Majestees gratious goodness towards her and me, and in all humilitye and thankfulness to aknowledge it". Sobre John Poulett, primeiro barão Poulett (1586-1649), ver o *Dictionary of National Biography*.

como nós, não pode ser livrado de seus males enquanto vossa graciosa pessoa não tiver retornado".[176] Aliás, não era Carlos I que se recusava a retornar a Londres; os londrinos recusavam-se a admiti-lo na cidade, pelo menos como soberano absoluto; era sobre eles que era preciso agir. Um publicista engenhoso teve a ideia de comover a opinião da grande cidade fazendo com que os pobres escrofulosos falassem. Ele decerto tinha suas razões para escolher tocar essa nota. Os espetáculos aos quais se assistiria durante o cativeiro do rei permitem supor que, com efeito, as pessoas atingidas pela escrófula lamentavam a partida de seu médico ordinário. Em fevereiro de 1647, Carlos, que os escoceses acabavam de libertar, era levado para o sul pelos comissários do Parlamento; durante toda a viagem, os doentes acorreram em sua direção, trazendo consigo a moeda — de ouro, se possível, ou, na ausência dela, de prata — que o príncipe não era mais suficientemente rico para dar de sua própria bolsa e que, no entanto, caso se desejasse o rito verdadeiramente eficaz, era preciso, acreditava-se, que ele pendurasse em volta do pescoço dos pacientes. Os comissários se esforçavam para afastá-los, sob o pretexto bastante hipócrita de um possível contágio, "muitas dessas pessoas estando

---

176. Quanto ao título, ver na "Bibliografia", p. 487. A respeito da doença tratada, p. 4, sobre "that miraculous and supernatural evill" [esse mal milagroso e sobrenatural], é dito, na p. 6: "all maladies may have a remedy by physick but ours, which proceeding from unknowne mysterious causes claime onely that supernaturall meanes of cure which is inherent in your sacred Majesty" [todas as doenças podem ser remediadas pela medicina exceto a nossa, que, procedendo de causas desconhecidas e misteriosas, requer somente os meios sobrenaturais de cura que são inerentes à sua sagrada Majestade]. Na mesma página, os peticionários declaram não querer envolver-se com os malogros e as iniquidades da época, "having enough to reflect and consider our owne miseries" [estando suficientemente ocupados a refletir e considerar suas próprias misérias]. Na página 8, eles se queixam de não poder aproximar-se do rei "so long as your Majestie resides at Oxford, invironed with so many legions of soldiers, who will be apt to hinder our access to your Court and Princely Person, which others that have formerly laboured with our Malady have so freely enjoyed at London" [enquanto sua Majestade residir em Oxford, cercada de tantas legiões de soldados, os quais poderão impedir nosso acesso a vossa Corte e a vossa Principesca Pessoa, das quais outros que lidaram previamente com nossa doença tão livremente desfrutaram em Londres]. Na mesma página: "your palace at Whitehall, where we all wish your Majestie, as well as for the cure of our infirmitie, as for the recovery of the State, which hath languished of a tedious sicknesse since your Highnesse departure from thence, and can no more be cured of its infirmitie then wee, till your gracious returne thither" [vosso palácio em Whitehall, onde todos desejaríamos que estivesse sua Majestade, tanto para a cura de nossa enfermidade como para a recuperação do Estado, o qual tem sofrido de tediosa doença desde a partida de sua Alteza, e, assim como nós, não pode ser curado de sua enfermidade até vosso gracioso retorno].

afetadas [não pela escrófula, mas] por outras doenças perigosas e sendo, por esse motivo, indignas de serem admitidas na presença de Sua Majestade".[177] Quando o rei, ainda prisioneiro, foi instalado em Holmby, as mesmas cenas se repetiram. A Câmara dos Comuns decidiu então dar um basta; um comitê foi designado para redigir "uma Declaração destinada a ser difundida entre o povo a respeito da Superstição do Toque".[178] O texto dessa proclamação

---

177. *Journal of the House of Lords*, IX, p. 6: Carta dos comissários encarregados de guardar o rei, datada de 9 de fevereiro de 1647 nov. st. Eles assinalam que, durante a viagem do rei, tanto em Ripon como em Leeds, "many diseased Persons came, bringing with them Ribbons and Gold, and were only touched, without any other Ceremony" [muitas pessoas doentes vieram, trazendo consigo fitas e ouro, e foram apenas tocadas, sem nenhuma outra cerimônia]. Eles enviam uma cópia da declaração que publicaram em Leeds em 9 de fevereiro: "Whereas divers People do daily resort unto the Court, under Pretence of having the Evil; and whereas many of them are in Truth infected with other dangerons Diseases, and are therefore altogether unfit to come into the Presence of His Majesty" [Considerando que muitas pessoas recorrem diariamente à Corte, sob a alegação de sofrerem do mal; e considerando que muitas delas estão, na verdade, infectadas com outras moléstias perigosas, e estão, portanto, absolutamente inaptas a se encontrarem na presença de Sua Majestade]. Sobre a ansiedade dos doentes em virem encontrar o rei, durante essa viagem, ver também o testemunho citado em Farquhar, I, p. 119. Desde antes de ter se tornado prisioneiro, durante a guerra civil, Carlos, carecendo de ouro, tivera de substituí-lo pela prata para as esmolas do toque: Χειρεξοχη, p. 8; Wiseman, *A Treatise of the King's Evil*, p. 247. Das passagens de Browne citadas na nota seguinte, depreende-se que as pessoas que iam encontrar Carlos durante seu cativeiro para se fazerem tocar traziam ora uma moeda de ouro, ora uma moeda de prata; quando o rei fornecia a moeda, ela era de prata.

178. *Journal of the House of Commons*, V, de 22 de abril de 1647. A Câmara recebeu "a letter from the Commissionners from Holdenby of 20° *Aprilis* 1647, concerning the Resort of great Numbers of People thither, to be Touched for the Healing" [uma carta dos comissários de Holdeby de 20 de abril de 1647, a respeito do deslocamento de numerosas pessoas para lá, para serem tocadas e obter a cura]. Um comitê é designado para preparar "a Declaration to be set forth to the People, concerning the Superstition of being Touched for the Healing of the King's Evil" [uma declaração a ser comunicada ao povo, a respeito da superstição de ser tocado para a cura do Mal do Rei]. Os comissários deverão "take care that the Resort of People thither, to be touched for the Evil, may be prevented" [cuidar para que o deslocamento do povo, para ser tocado em razão do Mal, possa ser prevenido] e farão publicar a Declaração no país. Cf. B. Whitelock, *Memorials of the English Affairs*, fól. Londres, 1732, p. 244. Não pude encontrar essa proclamação; ela não está presente na abundante coleção de Lorde Crawford, repertoriada por Robert Steele, *A Bibliography of Royal Proclamations*, 1485-1714 (Bibliotheca Lindesiana V-VI). Caso de uma criança tocada em Holmby: Browne, *Adenochoiradelogia*, p. 148; outros casos de pessoas tocadas, mais tarde, pelo rei prisioneiro: ibidem, p. 141-146. Cf. também ibidem, p. 163, e abaixo, p. 370-371.

parece ter se perdido; é uma grande pena; gostaríamos de conhecer a sua exposição de motivos, a qual sem dúvida lançaria uma luz curiosa sobre os sentimentos de certo partido a respeito da realeza sagrada. Temos, aliás, razões para duvidar de que ela tenha tido muito efeito sobre a massa. Não estavam inteiramente equivocados os pretensos peticionários de 1643 ao afirmarem que o toque era a única prerrogativa da qual jamais poderia ser privada a pessoa real.[179] Quando Carlos foi executado, foi às suas relíquias, especialmente os lenços mergulhados em seu sangue, que se atribuiu o poder de curar que, durante a sua vida, a sua mão sagrada havia possuído.[180] Um rei mártir, mesmo em país protestante, sempre tinha uma tendência a se transformar em uma espécie de santo.

Mais tarde, os realistas sustentaram que Cromwell tentara exercer o dom miraculoso, usurpando assim em seu proveito até mesmo os privilégios sobrenaturais da realeza;[181] mas se trata apenas de calúnia gratuita. Sob a República e o Protetorado, ninguém mais tocava na Grã-Bretanha. A velha fé, no entanto, não estava morta. No exílio, Carlos II realizava o milagre hereditário distribuindo aos doentes, em face da penúria de seu tesouro, moedas de prata em vez de moedas de ouro; as pessoas vinham até ele; um engenhoso comerciante se especializara em organizar as viagens marítimas dos escrofulosos ingleses ou escoceses rumo às cidades dos Países Baixos onde o príncipe mantinha sua pobre corte[182]. Isso não é tudo: atribuía-se às relíquias — por assim dizer — do pretendente vivo o mesmo poder que àquelas do rei morto: um lenço no qual ele sangrara pelo nariz, durante sua fuga para a Escócia, após Worcester, foi tido como apto a curar a escrófula.[183] É bom ter em mente esses fatos quando se trata de explicar a Restauração de

---

179. P. 4.
180. Browne, *Adenochoiradelogia*, p. 109 e 150 ss.; de uma anedota relatada na p. 150 se poderia deduzir que relíquias dessa espécie eram conservadas e consideradas eficazes até mesmo por oficiais do exército parlamentar, o que não é, afinal, impossível. Cf. os panfletos realistas de 1649 e 1659 citados em *The Gentleman's Magazine*, 81 (1811), p. 125 (reproduzido em *The Gentleman's Magazine Library*, ed. G. L. Gomme, III, 1884, p. 171); Wiseman, *Severall Chirurgical Treatises*, I, p. 195; Crawfurd, *The king's evil*, p. 101; Farquhar, *Royal Charities*, II, p. 107; W. G. Black, *Folk-medicine*, p. 100.
181. Browne, p. 181.
182. Browne, *Adenochoiradelogia*, p. 156 ss.; *Relation en forme de journal du voyage et séjour que le sérénissime et très puissant prince Charles II roy de la Grande-Bretagne a fait en Hollande*, in-4º. Haia, 1660, p. 77.
183. Farquhar, II, p. 103-104, segundo os testemunhos de realistas contemporâneos, Blount e Pepys; cf. Crawfurd, *The king's evil*, p. 102 (sem referências).

1660; não, é claro, que se deva pensar que o rei tenha sido chamado de volta especificamente para aliviar os escrofulosos; mas a persistência da fé no dom taumatúrgico é um dos sintomas de um estado de alma que o historiador daqueles acontecimentos não poderia negligenciar.

Da mesma forma, os artífices da Restauração, desejando ressuscitar nos corações a religião monárquica, não esqueceram o prestígio do milagre. Em 30 de maio de 1660, Carlos II, que o Parlamento acabava de reconhecer, mas que ainda se mantinha em terra estrangeira, em Breda, executou uma cerimônia de cura particularmente solene;[184] logo após retornar à Inglaterra, ele tocou por diversas vezes, na Sala dos Banquetes de Whitehall, os doentes ali presentes em massa.[185] Com a palavra e a pena, os defensores da realeza estimulavam o entusiasmo popular. Sancroft, pregando em Westminster em 2 de dezembro de 1660, exortava os fiéis a esperarem o alívio das feridas do povo e da Igreja "dessas mãos sagradas às quais Deus conferiu um milagroso dom de cura";[186] alegoria significativa que, em 1661, ainda constitui o fundo de um panfleto muito prolixo e um tanto delirante, o *Ostenta Carolina*, de John Bird.[187] Em 1665, viu-se a publicação de uma pequena obra anônima, dedicada, sem maiores metáforas, ao toque em si mesmo: Χειρεξοχη ou *De l'excellence et efficacité de la Main Royale* [Da excelência e eficácia da Mão Régia].[188] Por fim, em 1684, foi a vez de um dos médicos do rei, John Browne,

---

184. *Relation* (citada acima, p. 361, n. 182), p. 75 e 77.
185. Pepys, *Diary* e *Mercurhis Politicus*, ambos na data de 23 de junho de 1660, citados em Farquhar, *Royal Charities*, II, p. 109; *Diary and Correspondance of John Evelyn*, ed. W. Bray, peq. in-8º. Londres, 1859, I, p. 357 (6 de julho de 1660). O ritual de Carlos II, o mesmo que o de seu pai, pode ser encontrado em *Books of Common Prayer*: cf. acima, p. 356, n. 171; reproduzido por Crawfurd, p. 114. Descrição muito detalhada em Evelyn, *Diary*, loc. cit.
186. W. S[Ancroft], *A Sermon Preached in St. Peter's Westminster on the First Sunday in Advent...* Londres, 1660, p. 33: "therefore let us hope well of the healing of the Wounds of the Daughter of our People, since they are under the Cure of those very Hands, upon which God hath entailed a Miraculous Gift of Healing, as it were on purpose to raise up our Hopes in some Confidence, that we shall one day to those sacred Hands, next under God, the healing of the Church's, and the People's Evils, as well, as of the King's" [destarte, esperemos a cura das feridas da filha de nosso povo, visto que se encontram sob a cura das mesmas mãos às quais Deus conferiu um milagroso dom de cura, como se para atender ao propósito de elevar nossas esperanças na convicção de que um dia deveremos a essas mãos sagradas, abaixo apenas de Deus, a cura dos males da Igreja e do povo, assim como do Rei].
187. Bird parece considerar que tamanhos serão os sucessos de Carlos II que ele fará desaparecer de seu reino, para sempre, a escrófula, assim como o raquitismo (*reckets*).
188. Dedicada ao duque de York (o futuro Jaime II. Χειρεοχη deve ser traduzido como: *Excelência da Mão*.

cuja *Adenochoiradelogia*, com mais de setenta anos de distância, forma na Inglaterra a exata contrapartida do tratado de Du Laurens; trata-se de uma longa demonstração, amplamente reforçada por argumentos e anedotas, em favor do poder curativo do príncipe.[189]

Não cabe ao historiador sondar o segredo dos corações. Jamais saberemos o que Carlos II pensava, no fundo de si mesmo, a respeito do singular talento que tão liberalmente lhe atribuíam seus súditos. Não nos apressemos, porém, em acusá-lo de ceticismo e de trapaça; isso seria não dar à potência do orgulho dinástico seu justo valor; ademais, certa leveza moral não exclui a credulidade. Em todo caso, fossem quais fossem os sentimentos íntimos do rei, a realização do milagre da cura talvez seja, entre as tarefas reais, aquela que ele executou com mais consciência. Ele tocava com frequência muito maior do que seu vizinho na França: em princípio, todas as sextas-feiras, salvo em dias de grande calor. O cerimonial permaneceu o mesmo do que sob seu pai e seu avô. Não obstante, desde 1665, a moeda entregue aos doentes foi substituída por uma medalha especialmente cunhada para a ocasião e que deixou de ter curso como numerário.[190] Ainda hoje, nas coleções numismáticas inglesas, encontram-se, com bastante frequência, essas belas medalhas de ouro que trazem, assim como os antigos *angels*, a figura de São Miguel abatendo o dragão, com a legenda *Soli Deo gloria*; no reverso, vê-se um navio de três mastros cujas velas se enchem ao vento; os miraculados as guardavam preciosamente, como amuletos; muitas chegaram até nós, pois um número ainda muito maior delas foi distribuído.

Podemos medir por meio de números a popularidade de Carlos II como médico. Eis alguns deles: de maio de 1660 — início do rito — a setembro de 1664, isto é, pouco mais de quatro anos, cerca de 23 mil pessoas tocadas; de 7 de abril de 1669 a 14 de maio de 1671 — pouco mais de dois anos — pelo menos 6.666, talvez mais; de 12 de fevereiro de 1684 a 1º de fevereiro de 1685 — cerca de um ano, e o extremo final do reinado (Carlos II morreu no dia 6 de fevereiro seguinte) — 6.610. Browne certamente exagera, quando afirmou, em 1684, que "perto da metade da Nação foi tocada e curada por Sua Majestade Sagrada desde sua afortunada Restauração".[191] Pode-se, porém, sem temer errar, estimar

---

189. Assim como o tratado de Du Laurens, a *Adenochoiradelogia* contém um estudo puramente médico sobre a escrófula. Somente a terceira parte, intitulada *Charisma Basilikon*, concerne exclusivamente ao toque.
190. Farquhar, II, p. 134 ss.
191. P. 105: "I do believe near half the Nation hath been Toucht and Healed by His Sacred Majesty since His Happy Restauration".

em cem mil o número dos escrofulosos que Carlos viu desfilarem diante dele durante os quinze anos de seu governo:[192] multidão heterogênea que, se acreditarmos em Browne, não carecia de estrangeiros — alemães, holandeses e até franceses — e em meio à qual, em todo caso, estiveram presentes (documentos seguros atestam isso) alguns colonos da América; da Virgínia, de New Hampshire, vinha-se, através do oceano, buscar a cura em Whitehall.[193] Não há dúvida, aliás, de que os ingleses ou os escoceses fossem a maioria. Em resumo, jamais um rei taumaturgo conheceu maior sucesso. A demorada interrupção do milagre na época do Longo Parlamento e de Cromwell apenas avivara a fé comum; os doentes, por muito tempo privados do remédio sobrenatural, se precipitaram, com uma espécie de raiva, na direção de seu augusto curador,

---

192. Os números dos doentes tocados por Carlos II nos são fornecidos por duas fontes: 1º) por Browne, que, num apêndice de sua *Adenochoiradelogia*, p. 197-199, apresenta a) de acordo com um registro mantido por Thomas Haynes, "sargento" da capela real, os números, mês a mês, de maio de 1660 a setembro de 1664; b) de acordo com um registro mantido por Thomas Donkly, "keeper of his Majesties Closet" (registro conservado na capela real), os números, também mês a mês, de maio de 1667 a abril de 1682; 2º) pelos certificados, relativos às medalhas entregues, dos quais se tratará mais adiante, no "Apêndice I", p. 427. Essa segunda fonte é evidentemente a mais segura; para muitos meses, podem-se comparar os números que ela apresenta aos de Browne; há algumas divergências, ora num sentido, ora noutro; a maioria deve explicar-se, segundo todas as probabilidades, por erros de transcrição cometidos por Browne ou seu informador, ou, simplesmente, por erros de impressão: mas não há neles nada que seja suscetível de modificar sobremaneira os números totais ou que afete, em todo caso, a ordem de grandeza das estatísticas. As indicações que dou no texto foram extraídas: 1º) para o período de maio de 1660 a setembro de 1664, de Browne (número exato: 23.801); 2º) para o período de 7 de abril de 1669 a 14 de maio de 1671, dos certificados, conservados no Record Office; a restrição *"pelo menos 6.666"* se impõe porque nossos certificados apresentam algumas lacunas (de 15 de junho a 4 de julho de 1670; de 26 de fevereiro a 19 de março de 1671) a respeito das quais é impossível saber se são efeito do acaso ou se correspondem a lapsos de tempo nos quais o toque não ocorreu; 3º) para o período de 12 de fevereiro de 1684 a 1º de fevereiro de 1685, também dos certificados (uma única lacuna, de 1º a 14 de janeiro de 1684). O total dos números dados por Browne para os dois períodos por ele examinados (isto é, para todo o reinado, menos dois períodos de cerca de dois anos e meio cada: 1º de outubro de 1664 a 1º de maio de 1667 e 1º de maio de 1682 a 6 de fevereiro de 1685) é de 90.761 (cf. Farquhar, II, p. 132); o que respalda minha estimativa para o reinado inteiro: cerca de 100 mil. Todavia, convém não esquecer que um elemento de apreciação nos escapa: segundo todas as probabilidades, certos doentes, a despeito das ordens tão frequentemente renovadas, se apresentavam várias vezes para o toque; qual era a proporção desses reincidentes? É o que jamais saberemos. Sobre a ansiedade nos dias do toque, cf. J. Evelyn, *Diary*, II, p. 205 (28 de março de 1684), citado por Crawfurd, *The king's evil*, p. 107, n. 2.
193. Crawfurd, p. 111-112.

logo que este retornou; mas essa afluência não foi fogo de palha; ela se manteve, como vimos, durante todo o reinado. A ideia da realeza maravilhosa, tratada tão desdenhosamente como superstição em 1647 pela Câmara dos Comuns, estava muito longe de estar morta.

Ela tinha, no entanto, seus adversários, que não se desarmavam. A polêmica de Browne em sua *Adenochoiradelogia* contra os não conformistas, e até as historietas edificantes, nas quais ele se compraz, de não conformistas convertidos ao respeito pela realeza por efeito de curas milagrosas, provam com eloquência que nem todo mundo partilhava da crença popular. Em 1684, um ministro presbiteriano foi perseguido por ter falado mal do toque.[194] No entanto, até no seio desse partido não se acreditava poder negligenciar a arma do maravilhoso. Em 1680, Monmouth, filho natural de Carlos II, considerado pelos Whig o herdeiro designado no lugar de seu tio, o duque de York, cuja fé católica devia, segundo se acreditava, afastá-lo do trono, fez em meio aos condados do oeste uma viagem triunfal; ele parece de fato — embora fosse, afinal, mesmo aos olhos de seus adeptos, apenas o futuro rei — ter então, ao menos uma vez, tocado a escrófula.[195] Quando, em 1685, ainda em nome do protestantismo, Monmouth contestou, à mão armada, a coroa de seu tio, o qual se tornara Jaime II, ele realizou todos os atos reais: entre outros, o rito da cura. Mais tarde, essa foi uma das queixas que reteve contra ele o ato de acusação póstumo redigido pelos magistrados de Jaime II.[196] Ainda não havia verdadeiro rei sem milagre.

Não obstante, o velho rito, que projetava assim suas últimas chamas, estava, na Inglaterra, próximo da morte, e, na França, ao menos da decadência.

---

194. *Complete Collection of State Trials*, de Cobbett, X, p. 147 ss. O acusado, chamado Rosewell, condenado pelo júri com base em testemunhos pouco seguros, foi, aliás, agraciado pelo rei. O governo de Carlos II era muito menos cioso da prerrogativa milagrosa do rei do que o de Carlos I. É notável que Greatrakes (a respeito de quem ver abaixo, p. 370) jamais tenha sido perturbado. Cf. Crawfurd, *The king's evil*, p. 120.

195. Green, *On the Cure by Touch*, p 86 ss., cf. *Gentleman's Magazine*, t. 81 (1811), p. 125 (reproduzido em *The Gentleman's Magazine Library*, ed. G. I. Gomme. III, Londres, 1884, p. 171).

196. T. B. Howell, *State Trials*, XI, col. 1.059.

CAPÍTULO VI

O declínio e a morte do toque

§ 1. COMO SE PERDEU A FÉ NO MILAGRE RÉGIO

O desaparecimento definitivo do toque teve por causa imediata, primeiro na Inglaterra e em seguida na França, as revoluções políticas; contudo, tais contingências apenas agiram com eficácia porque a fé no caráter sobrenatural da realeza, quase sem que isso transparecesse, havia sido profundamente abalada nas almas de uma parte, pelo menos, dos dois povos. Não se poderia pretender aqui descrever verdadeiramente esse obscuro trabalho dos espíritos, mas somente indicar algumas razões que contribuíram para arruinar a antiga crença.

As curas operadas pelos reis eram apenas um caso, entre muitos outros, dessas curas maravilhosas que, por muito tempo, encontraram poucos céticos. Alguns fatos evidenciam bem essa mentalidade. Na França, há, de Henrique II, pelo menos, a Henrique IV, a longa reputação da família dos Bailleul, verdadeira dinastia de curandeiros que, de pai para filho, possuíam essa "virtude secreta de pôr no lugar os ossos deslocados por uma queda violenta, ou rompidos por algum golpe recebido, de remediar as contusões dos nervos e dos membros do corpo, de recolocá-los em seu lugar, se dele saíram, e de devolver-lhes seu vigor inicial". Depois de terem exercido esse talento hereditário mais ou menos obscuramente em sua província natal, no Pays de Caux, os Bailleul aparecem na corte durante o reinado de Henrique II; e ali, enquanto ocupam os maiores cargos, João, abade de Joyenval e esmoler do rei, Nicolau, primeiro do nome, escudeiro ordinário do estábulo real e gentil-homem da Câmara, e talvez também Nicolau II, que, sob Luís XIII, seria *président à mortier*[1] e superintendente das finanças, continuam a curar torções ou fraturas. Seus sucessos parecem ter se devido apenas a uma técnica hábil, transmitida de

---

1. O *président à mortier* exercia um dos cargos mais importantes da justiça francesa do Antigo Regime, atuando como magistrado principal nos parlamentos, instância mais elevada do aparelho judiciário. (N. T.)

geração em geração e que nada tinha de sobrenatural; mas, visivelmente, ao seu redor, não se julgava a coisa assim. Não é sem razão que o poeta Scévole de Sainte-Marthe, que escreveu seu elogio em latim em meio aos dos "ilustres das Gálias", relaciona as "graças" concedidas por Deus a essa família ao "favor extraordinário e celeste" que permite aos cristianíssimos reis, por meio "do mero contato de suas mãos", "curar o mal sensível e incurável da escrófula".[2] Para a maioria dos contemporâneos, os dois poderes curativos tinham idêntica origem sobre-humana, e a fé que eles conferiam a ambos era a manifestação de uma mesma atitude intelectual.

Havia, aliás, médicos hereditários de todos os tipos e para todas as espécies de moléstia. Já encontramos, diversas vezes, os "parentes" de São Paulo na Itália, os "parentes" de Santa Catarina na Espanha, os de São Roque, de São Martinho e de Santo Humberto na França. Estes últimos, sobretudo, tiveram, no século XVII, um destino extremamente brilhante. Conhecemos vários deles, fidalgos, ou pretensos fidalgos — não era essa ilustre descendência por si só um título de nobreza? —, ou então religiosas, que faziam a honra de seus conventos. O mais célebre foi Georges Hubert, que cartas patentes régias, datadas de 31 de dezembro de 1649, reconheceram expressamente como "oriundo da linhagem e da geração do glorioso Saint-Hubert de Ardenas" e, em razão dessa filiação, capaz "de curar todas as pessoas mordidas por lobos e cães raivosos e outros animais atingidos pela raiva, tocando a cabeça, sem outra aplicação de remédio ou medicamento". O "cavaleiro de Saint-Hubert" — assim ele se fazia chamar — exerceu sua arte durante muitos anos, com muito brilho e proveito; em 1701, ainda se cita a respeito um prospecto impresso "no qual ele indicava seu endereço para todos os que quisessem fazer-se tocar"; entre seus clientes (tanto mais numerosos quanto seu contato também passava por ter efeito preventivo)

---

2. Scaevola Sammarthanus, *Gallorum doctrina illustrium qui nostra patrumque memoria floruerunt elogia*, 1. ed., 1598. Consultei a edição de 1633: *Scaevolae et Abelii Sammarthanorum... opera latina et gallica*, I, p. 155 a 157 (a advertência foi certamente alterada após a morte de Henrique IV). Cito a tradução de Colletet: Scévole de Sainte-Marthe, *Éloge des hommes illustres,* in-4º. Paris, 1644, p. 555 ss. Sobre a obra, ver Aug. Hamon, *De Scaevolae Sammarthani vita et latine scriptis operibus* (tese de Letras, Paris), 1901. Genealogias dos Bailleul em François Blanchard, *Les Présidents à mortier du Parlement de Paris*, fól., 1647, p. 399, e P. Anselme, *Histoire généalogique de la maison royale de France*, II, fól., 1712, p. 1.534, dos quais nenhum, assim como o padre Pierre le Moine, em sua *Epistre panégyrique a Mgr. le Président de Bailleul*, na sequência de *Le Ministre sans reproche*, in-4º, 1645, faz alusão ao dom milagroso. Não me parece impossível que Nicolau II — expressamente mencionado por Sainte-Marthe como partícipe do dom paterno — tenha, mais tarde, deixado de exercê-lo.

contam-se dois reis da França — Luís XIII e Luís XIV —, Gastão de Orléans, o príncipe de Conti, um príncipe de Condé, o qual é sem dúvida o vencedor de Rocroy; para todos esses grandes senhores, apaixonados por cinegética, mordidas de cães não eram um perigo imaginário. Por permissão especial do arcebispo João Francisco de Gondi, renovada sob os sucessores desse prelado, ele tocava, quando se encontrava em Paris, numa capela da paróquia de Saint-Eustache [Santo Eustáquio]. Mais de trinta bispos ou arcebispos lhe concederam autorização para praticar em suas dioceses. Em 8 de julho de 1665, os estados da província da Bretanha votaram em seu favor uma gratificação de quatrocentas libras. Aqui também a opinião comum não deixou de estabelecer conexão entre o maravilhoso talento desse taumaturgo nato e as virtudes miraculosas oficialmente atribuídas aos reis. Quando céticos odiosos ousavam pôr em dúvida as curas operadas pelo cavaleiro ou seus confrades, os crentes, segundo o testemunho do abade Le Brun, ele mesmo incrédulo, respondiam invocando o exemplo do Príncipe; se todo mundo admite a eficácia do toque régio, por que considerar tão extraordinário, perguntavam eles, "que pessoas de certa raça curem certos males?".[3]

Da mesma forma, os Bourbons não eram, no próprio reino, exatamente os únicos a curar a escrófula por direito de nascimento. Sem querer falar aqui dos sétimos filhos, suficientemente abordados acima, a França do século XVII conheceu, ao menos, uma família na qual se transmitia pelo sangue um dom igual aquele que fazia o orgulho da dinastia. Os primogênitos da casa de Aumont — uma casa nobre da Borgonha, com posses também no Berry — eram tidos como capazes de restabelecer a saúde dos escrofulosos distribuindo-lhes pão bento. Tradição "inventada", escreveu André Favyn em sua *Histoire de Navarre*; ela causava repulsa aos apologistas habituais da monarquia: por acaso não convinha reservar zelosamente aos reis o privilégio de aliviar o "mal régio"? Um número demasiado grande de autores respeitáveis a menciona para que ela não tenha gozado de alguma popularidade, ao menos regional.[4]

---

3. Sobre os parentes dos santos em geral, ver acima p. 172, n. 33, e p. 289-290. Sobre os de Santo Humberto e, mais particularmente, sobre Georges Hubert, bastará remeter a Henri Gaidoz, *La Rage et St. Hubert*, p. 112-119, onde se encontrará uma bibliografia. Encontrei as informações relativas ao prospecto de 1701 e à passagem sobre o toque régio em Le Brun, *Histoire critique des pratiques superstitieuses*, II, p. 105 e 112. Tiffaud, *L'Exercice illegal de la médecine dans le Bas-Poitou*, 1899, p. 18, assinala também descendentes de São Marculfo.
4. Du Laurens, *De mirabili*, p. 21; Favyn, p. 1058; Du Peyrat, *Histoire ecclésiastique de la Cour*, p. 794; *Traité curieux de la guérison des écrouelles par l'attouchement des septennaires*, p. 13 e 21; Thiers, *Traité des superstitions*, p. 443. Esses autores com frequência

Na Inglaterra, sob Carlos II, um fidalgo irlandês, Valentin Greatrakes, descobriu um belo dia, por revelação divina, possuir o talento de curar a escrófula. Viu se apresentarem diante dele doentes de todos os mundos. A municipalidade de Worcester — na mesma época em que os Estados bretões votavam um subsídio ao cavaleiro de Saint-Hubert — ofereceu ao tocador da Irlanda (*the Stroker*) um esplêndido banquete. Não faltou nada ao sucesso de Greatrakes, nem sequer suscitar uma guerra de plumas: entre seus adeptos e seus adversários, trocaram-se doutos panfletos. Nem todos os seus fiéis eram personagens inconsequentes. Robert Boyle, membro da Sociedade Real, um dos fundadores da química moderna, proclamou sua fé nele, ao mesmo tempo, aliás, que no milagre régio.[5]

Ademais, o estado de espírito dos crentes do toque se reflete claramente nas próprias obras que tratam da virtude taumatúrgica dos reis. Browne, por exemplo, embora médico e contemporâneo de Newton, aparece ainda inteiramente imbuído das noções de uma magia primitiva. Veja-se nele a extraordinária história do albergueiro de Winton: atingido pela escrófula, comprou de um apotecário um frasco de terracota repleto de água medicinal; ele utilizou inicialmente o remédio sem sucesso; mas, tendo recebido de longe a bênção de Carlos I, de quem os soldados do Parlamento o impediram de se aproximar, tomou de novo sua água e se curou; à medida que suas feridas cicatrizavam e que os tumores desapareciam, excrescências misteriosas se mostravam nos flancos do frasco, perfurando o revestimento de verniz; um dia, alguém teve a infeliz ideia de raspá-las, e a moléstia retornou; interrompeu-se a limpeza e obteve-se a cura definitiva. Em outros termos, a despeito de Browne não dizê-lo expressamente, a escrófula passara do homem para o

---

se retificam uns aos outros (ver, por exemplo, Du Peyrat, loc. cit.): prova de que não se copiaram simplesmente. Relacionava-se o poder maravilhoso dessa casa às Relíquias dos Reis Magos, as quais, sob Frederico Barba-Ruiva, transportadas de Milão a Colônia, teriam sido por um momento depositadas em Aumont; e também a uma fonte sagrada, venerada no mesmo lugar; cabe suspeitar haver, por trás disso, algumas contaminações de crença, análogas àquela que fez de São Marculfo o patrono do milagre régio. K. Maurer, *Die bestimmten Familien zugeschriebene besondere Heilkraft; Zeitschrift des Vereins fur Volkskunde*, 1896, p. 443, estudou alguns exemplos de famílias hereditariamente providas de um poder curativo, mas encontrando-as na Sicília (cf. ibidem, p. 337) e nas lendas escandinavas. Thiers, loc. cit., p. 449, indica "a casa de Coutance no Vendômois", cujos membros passavam por curar "as crianças da doença chamada *carreau*, tocando-as".

5. As indicações necessárias, e a bibliografia, podem ser encontradas no *Dictionary of National Biography*; ver também Crawfurd, *The king's evil*, p. 143, e Farquhar, III, p. 102.

receptáculo de terra...[6] Na verdade, a ideia do milagre régio era aparentada a uma concepção do universo.

Ora, não é de duvidar que essa concepção tenha, aos poucos, perdido terreno a partir do Renascimento e, sobretudo, no século XVIII. Como? Não cabe aqui investigá-lo. Bastaria relembrar — o que é evidente — que a decadência do milagre régio está estreitamente ligada a esse esforço dos espíritos, pelo menos na elite, de eliminar da ordem do mundo o sobrenatural e o arbitrário, ao mesmo tempo que de conceber as instituições políticas sob um aspecto unicamente racional.

Pois há um segundo aspecto da mesma evolução intelectual que foi tão fatal quanto o primeiro à velha crença cujo destino aqui nos interessa. Os "filósofos", habituando a opinião a não mais considerar os soberanos senão como representantes hereditários do Estado, desacostumaram-na tanto a procurar neles como, por conseguinte, a encontrar neles qualquer coisa de maravilhoso. Pedem-se de bom grado milagres a um chefe de direito divino, cujo poder mesmo tem suas raízes numa espécie de mistério sublime; não se pede nenhum a um funcionário, por mais elevada que seja sua posição e por mais indispensável que possa parecer seu papel na coisa pública.

Causas mais particulares agiram para precipitar a ruína da fé que os povos dos dois reinos por muito tempo dedicaram às virtudes do toque régio. Ela se viu atingida pelo contragolpe das lutas civis e religiosas. Na Inglaterra, como vimos, os protestantes extremados logo se mostraram hostis, por razões doutrinais e por ódio contra a monarquia absoluta que os perseguia. Acima de tudo, em ambos os países, as pretensões ao milagre, elevadas, concomitantemente, por uma dinastia católica e por uma dinastia protestante, não deixaram de semear o tumulto entre os crentes das duas confissões. Até a Reforma, os súditos do rei da França haviam podido aceitar com o coração tranquilo as ambições do rei da Inglaterra, e assim reciprocamente; quando a ruptura religiosa foi consumada, essa equanimidade já não era mais oportuna. A bem da verdade, os escritores anglicanos não opõem, em geral, grandes dificuldades para admitir as curas operadas pelos monarcas franceses; contentam-se em reivindicar para seu país — em desprezo à história — o privilégio de ter sido o primeiro a apresentar reis médicos.[7] Os católicos se mostraram ordinariamente mais intransigentes. Enquanto os príncipes ingleses mantiveram

---

6. *Adenochoiradelogia*, p. 133 ss. (com uma carta, atestando a veracidade da anedota, dirigida a Brown pelo *warden* de Winchester-College).
7. Tooker, *Charisma*, p. 83; Browne, *Adenochoiradelogia*, p. 63; cf. acima, p. 42.

o sinal da cruz, seus súditos "papistas", rejeitando, apesar de tudo, ainda que por orgulho nacional, contestar a maravilhosa prerrogativa na qual tantas gerações de ingleses haviam acreditado, atribuíram ao símbolo sagrado, como último recurso, a eficácia de realizar por força própria, até mesmo quando ele era traçado por mãos heréticas, a obra de cura.[8] Jaime I os privou dessa última escapatória. Na França, e de modo geral no continente, os escritores católicos, não sendo contidos por nenhum escrúpulo patriótico, chegaram quase todos à solução extrema: negaram o milagre inglês.[9] Essa foi, em 1593, a posição do jesuíta espanhol Del Rio, cujas *Disquisições* mágicas, muitas vezes editadas, se tornaram referência por muito tempo;[10] essa também foi, alguns anos mais tarde, a dos franceses Du Laurens e Du Peyrat;[11] para esses autores, o toque dos reis da Inglaterra carece de poder; seu pretenso privilégio é somente impostura ou ilusão. Isso equivalia a reconhecer a possibilidade de um grande erro coletivo: audácia perigosa; uma vez que, de modo geral, a realidade do dom maravilhoso que se atribuía aos Bourbon não se fundava sobre provas diferentes daquelas que os publicistas de além-Mancha invocavam em favor dos Tudor ou dos Stuart; se o ingleses se enganavam sobre a virtude da mão régia, não poderia o mesmo acontecer com os franceses? Del Rio, em particular, exibiu nessa controvérsia um vigor crítico bastante temível; não sendo francês, ele provavelmente se sentia mais livre; não que contestasse a realidade dos prodígios realizados pela dinastia católica que reinava sobre a França; prevalecendo nele o zelo pela religião sobre o orgulho nacional, Del Rio os reconhecia expressamente como autênticos; mas a preocupação de não afirmar nada que pudesse, ainda que de longe, ameaçar abalar o prestígio de nossos reis médicos não o preocupava tanto como se tivesse sido seu súdito. Procurando explicar, sem apelo ao milagre, o renome taumatúrgico de Elizabeth, ele hesita entre três soluções: uso de emplastros secretos — em

---

8. É a respeito das curas operadas por Elizabeth que a teoria de Smitheus [Richard Smith], *Florum historiae ecclesiasticae gentis Anglorum libri septem*, 1654, fól. Paris, l. III, cap. 19, seção IV, p. 230, faz entrar em jogo também a influência de Santo Eduardo, o Confessor; a rainha curava "non virtute propria... sed virtute signi Crucis et ad testandam pietatem S. Edwardi, cui succedebat in Throno Angliae". Smith — que foi vigário apostólico na Inglaterra de 1625 a 1629 — não parece admitir as curas realizadas pelos sucessores dessa soberana.
9. De l'Ancre, *L'incrédulité et mescreance du sortilège*, 1622, p. 165, constitui uma exceção; ele admite as curas operadas por Jaime I, mas acredita que esse rei — com certeza, de maneira dissimulada — dispõe "sua mão em forma de cruz".
10. *Disquisitionum*, ed. de 1606, p. 60 ss.
11. Du Laurens. *De mirabili*, p. 19; Du Peyrat, *Histoire ecclésiastique de la Cour*, p. 796-801.

outras palavras, uma trapaça grosseira —, influência diabólica, e, por fim, simples "ficção", não curando a rainha senão pessoas que não estivessem realmente doentes; pois, observa Del Rio, está atestado que ela não cura todos os que lhe são apresentados.[12] Esta última observação, sobretudo, e a hipótese à qual ela servia de base estavam repletas de ameaças. É possível acreditar que, entre os numerosos leitores das *Disquisições* mágicas, nenhum jamais teve a ideia de aplicá-las aos reis da França? Em 1755, o cavaleiro de Jaucourt publicou, na *Enciclopédia*, o artigo *Escrófula*; decerto, ele não acreditava, até mesmo no que diz respeito ao seu país, no poder taumatúrgico dos reis; na sua época, os "filósofos" haviam definitivamente abalado a velha fé; mas ele não ousou atacar frontalmente o privilégio reivindicado pela dinastia francesa; contentou-se, a esse respeito, com uma breve menção e reservou toda a sua crítica e toda a sua ironia às pretensões dos soberanos ingleses: simples artifício, evidentemente, para livrar-se, sem entrar em conflito com a autoridade, de uma situação delicada; o leitor poderia compreender que os golpes deviam atingir igualmente as duas monarquias. Entretanto, essa astúcia de enciclopedista representa o que deve ter sido, em muitos espíritos, uma postura intelectual sincera: começou-se por duvidar do milagre estrangeiro que a ortodoxia religiosa proibia admitir, porém, aos poucos, a dúvida se estendeu ao milagre nacional.

§ 2. O FIM DO RITO INGLÊS

Foi na Inglaterra, primeiramente, que os acontecimentos políticos puseram fim ao costume antigo do toque.

Não era do feitio de Jaime II, evidentemente, deixar cair em desuso a mais maravilhosa das prerrogativas monárquicas. Ele teria antes ampliado, nesse ponto, o patrimônio transmitido por seus predecessores. Não se poderia duvidar que, em seu entorno, algumas pessoas tivessem contemplado o projeto de

---

12. Op. cit., p. 64: "sed ea cogimur dicere, vel fictitia, si non vere aegri: vel fieri physica aliqua vi emplastrorum, aut aliorum adhibitorum: vel ex pacto tacito vel expresso cum daemone". Quanto à observação sobre as pessoas apresentadas ao toque e não curadas, ver p. 61; cf. abaixo, p. 405-407. O ano em que foi publicada a primeira edição das *Disquisitionum* (1593) é o mesmo da conversão de Henrique IV; mal se podia então considerar a França regida por reis católicos; fazia Del Rio, em seu comentário sobre a escrófula, alusão a essa dificuldade? Não sei, na medida em que não pude consultar uma edição anterior à de 1606, na qual se encontra a prudente fórmula "De Franciae regibus; quorum adhuc nullus aperte haeresim professus fuit", reproduzida pelas edições seguintes.

ressuscitar o antigo rito dos anéis medicinais: simples veleidade, aliás, que não teve nenhum efeito.[13] Jaime, em contrapartida, tocou com frequência e, assim como seu irmão, viu chegarem até ele doentes em grande número: 4.422 do mês de março de 1685 — o primeiro mês, ao que parece, em que ele começou a exercer — até o mês de dezembro do mesmo ano;[14] em 28 e 30 de agosto de 1687, pouco mais de um ano antes de sua queda, no coração da catedral de Chester, respectivamente, 350 e 450 pessoas.[15] No início de seu reinado, ele aceitara, para essa cerimônia, a assistência dos padres anglicanos; mas, a partir de 1686, recorreu cada vez menos a eles e fez apelo a membros preferencialmente do clero católico. Ao mesmo tempo, substituiu, ao que parece, o ritual em vigor desde Jaime I pela antiga liturgia que se atribuía a Henrique VII; retomou as orações em latim, a invocação da Virgem e dos santos, o sinal da cruz.[16] Esse

---

13. A Biblioteca do "Surgeon General" do Exército estadunidense, em Washington, possui — no seio de uma coleção de peças relativas ao toque da escrófula — uma pequena brochura in-8º de 8 p. intitulada *The Ceremonies of Blessing Cramp-Rings on Good Friday, Used by the Catholick Kings of England*. Devo uma cópia desse documento à extrema gentileza do tenente-coronel F. H. Garrison, que o indicou em seu artigo intitulado *A Relic of the King's Evil*; encontramos o mesmo texto reproduzido: 1º) a partir de um manuscrito, por *The Literary Magazine*, 1792; 2º) por W. Maskell, *Monumenta ritualia*, 2. ed., III, p. 391; M. se utiliza de um manuscrito datado de 1694, encadernado na sequência de um exemplar das *Ceremonies for the Healing of them that be Diseased with the King's Evil, Used on the Time of King Henry VII*, impressas em 1686 por ordem do rei (cf. Sparrow Simpson, *On the Forms of Prayer*, p. 289); 3º) certamente com base em Maskell, por Crawfurd, *Cramp-rings*, p. 184. Trata-se da tradução fiel da antiga liturgia, tal qual a apresenta o missal de Maria Tudor. A brochura conservada em Washington traz a data de 1694; ela foi, portanto, impressa após a queda de Jaime II (1688). Mas uma nota publicada em *Notes and Queries*, 6th series, VIII (1883), p. 327, que assinala a existência desse opúsculo, indica que se deve certamente considerá-lo apenas uma reimpressão; a primeira edição parece ter sido publicada em 1686. Trata-se do mesmo ano em que o impressor real publicou, por ordem, a antiga liturgia da escrófula (abaixo, n. 16); e em que, ademais, Jaime II se esforçava cada vez mais para se subtrair, no que diz respeito à cerimônia do toque, ao ministério do clero anglicano. Parece, de resto, ter se difundido nos meios jacobitas o rumor de que os últimos Stuart haviam abençoado os anéis: ver, a respeito de Jaime III, a carta — a qual, aliás, nega o fato — do secretário do príncipe, citada em Farquhar, IV, p. 169.

14. Segundo os certificados relativos à distribuição das medalhas, conservados no Record Office: ver abaixo "Apêndice I", p. 426-427.

15. *The Diary of Dr. Thomas Cartwright, bishop of Chester* (Camden Society, XXII, 1843), p. 74 e 75.

16. Todos os testemunhos sobre a atitude de Jaime II estão diligentemente reunidos e judiciosamente discutidos por Miss Farquhar em *Royal Charities*, III, p. 103 ss. A bem da verdade, não conhecemos com exatidão o serviço empregado por Jaime II. Sabemos apenas

recuo não pode ter deixado de contribuir para desacreditar, junto a uma parte do público protestante, o milagre régio, o qual parecia assim confundir-se com as pompas de um culto abominado.[17]

Guilherme de Orange, que foi levado ao trono pela revolução de 1688, havia sido, como Jaime I, educado no calvinismo; assim também como este, ele via no rito curativo apenas uma prática supersticiosa; mais firme em suas palavras do que seu predecessor, recusou-se a tocar e manteve essa recusa.[18] Diferença entre dois temperamentos individuais, entre um homem de vontade frágil e uma alma resolvida? Sem dúvida; mas diferença igualmente entre dois estados da consciência coletiva: a renúncia que a opinião pública não aceitara de Jaime I parece ter sido, pouco menos de um século mais tarde, admitida sem muito escândalo. Em certos meios bem-pensantes, as pessoas se contentavam em contar que um doente, no qual o rei, enquanto proclamava seu ceticismo, encostara desleixadamente a mão, tinha se curado.[19] Os Tories, entretanto, não

---

que, em 1686, o impressor do rei publicou, por ordem, a antiga liturgia católica, a qual era atribuída a Henrique VII, e isso em dois volumes diferentes, um contendo o texto em latim (cf. acima, p. 307, n. 31), e o outro, uma tradução em língua inglesa: Crawfurd, *The king's evil*, p. 132. Por outro lado, uma carta confidencial do bispo de Carlisle, de 3 de junho de 1686 (ed. Magrath, *The Flemings in Oxford*, II, Oxford Historical Society's Publications, LXII, 1913, p. 159: citada em Farquhar, III, p. 104), traz as seguintes palavras: "Last week, his Majesty dismissed his Protestant Chaplains at Windsor from attending at ye Ceremony of Healing which was performed by his Romish Priests: ye service in Latin as in Henry 7th time" [Na semana passada, Sua Majestade dispensou seus capelães protestantes em Windsor de comparecerem à Cerimônia de Cura, a qual foi realizada por padres papistas: o serviço foi em latim, como na época de Henrique VII] — o que parece dever resolver definitivamente a questão. Sobre o escândalo suscitado pelas formas "papistas" do serviço, cf. os testemunhos sobre a cerimônia do toque que ocorreu em 1687, em Bath, reunidos por Green, *On the Cure by Touch*, p. 90-91.

17. En 1726, Sir Richard Blackmore, *Discourses on the Gout... Preface*, considera claramente a "superstição" do toque uma impostura dos padres papistas.

18. *Gazette de France*, número de 23 de abril de 1689, p. 188. "De Londres, 28 de abril de 1689. No dia 7 deste mês, o Príncipe de Orange jantou na residência de Milorde Newport. Ele devia, nesse mesmo dia, segundo o costume ordinário, fazer a cerimônia de tocar os doentes, e lavar os pés de diversos pobres, como sempre fizeram os Reis legítimos. Mas declarou acreditar que tais cerimônias não estavam isentas de superstição; e deu somente a ordem para que as esmolas fossem distribuídas aos pobres, de acordo com o costume". Cf. também Blackmore, *Discourses on the Gout... Preface*; Rapin Thoyras, *Histoire d'Angleterre*, livro V, capítulo relativo a Eduardo, o Confessor, ed. de Haia, 1724, in-4º, t. I, p. 446; Macaulay, *The History of England*, cap. XIV, ed. Tauchnitz, I, p. 145-146; Farquhar, *Royal Charities*, III, p. 118 ss.

19. Macaulay, loc. cit.

estavam satisfeitos. Em 1702, a rainha Ana tomou o poder; no ano seguinte, eles obtiveram dela que restabelecesse a tradição miraculosa. Ela tocou, assim como seus ancestrais, embora com um rito simplificado, escrofulosos que parecem ter sido numerosos.[20] "Contestar a realidade desse milagre hereditário", escreveu durante esse reinado Jeremias Collier, autor de uma famosa *História eclesiástica da Grã-Bretanha*, "é chegar aos piores excessos do ceticismo, negar o testemunho de nossos sentidos e levar a incredulidade até o ridículo."[21] Um bom tory devia fazer profissão de acreditar na eficácia da mão régia: Swift não se abstinha de fazê-lo.[22] Um baralho patriótico, gravado naquela época, mostrava como vinheta, em seu nove de copas, "Sua Majestade a Rainha tocando a escrófula".[23] "Sua Majestade" realizou o gesto curativo pela última vez, ao que parece, em 27 de abril de 1714, pouco mais de três meses antes de sua morte:[24] data memorável, que marca o término de um rito antigo. A partir daquele dia,

---

20. Oldmixon, *The History of England during the Reigns of King William and Queen Mary, Queen Anne, King George I*, fól., Londres, 1735 (inspiração whig), p. 301; o toque retomou, o mais tardar, em março ou abril de 1703: Farquhar, *Royal Charities*, IV, p. 143. Foi frequentemente relembrado que o doutor Johnson, quando criança, foi tocado pela rainha Ana: Boswell, *Life of Johnson*, ed. Ingpen. Londres, 1907, in-4°, I, p. 12, cf. Farquhar, IV, p. 145, n. 1. Um novo ritual foi instituído durante esse reinado; a liturgia é mais curta e o cerimonial, consideravelmente simplificado; os doentes não são apresentados mais do que uma vez ao soberano; cada um deles recebe a moeda de ouro imediatamente após ter sido tocado: Crawford, *The king's evil*, p. 146 (publica o texto do serviço); Farquhar, *Royal Charities*, IV, p. 152. O *Wellcome Historical Medical Museum*, em Londres, possui um ímã, que provém da família de John Rooper, *deputy cofferer* da rainha Ana, e que teria servido a essa soberana para o toque; a fim de evitar o contato direto dos doentes, ela teria mantido esse ímã em sua mão, realizando o gesto curativo, e o teria interposto entre seus dedos e as partes atingidas. Cf. Farquhar, IV, p. 149 ss. (com fotografia); devo também informações úteis à gentileza de C. J. S. Thompson, curador do museu. É, aliás, difícil pronunciar-se sobre o valor dessa tradição. Sobre um anel ornamentado com um rubi que Henrique VIII usava nos dias de toque, aparentemente para preservar-se do contágio: Farquhar, p. 148.
21. *An Ecclesiastical History of Great Britain*, ed. Barnham, I. Londres, 1840, p. 532 (a primeira edição de 1708): "King Edward the Confessor was the first that cured this distemper, and from him it has descended as an hereditary miracle upon all his successors. To dispute the matter of fact is to go to the excesses of scepticism, to deny our senses, and be incredulous even to ridiculousness" [O rei Eduardo, o Confessor, foi o primeiro a curar essa enfermidade, e a partir dele isso foi legado como milagre hereditário a todos os seus sucessores. Contestar esse fato é chegar aos excessos do ceticismo, negar nossos sentidos e levar a incredulidade até o ridículo].
22. *Journal to Stella*, carta XXII (28 de abril de 1711), ed. F. Ryland, p. 172.
23. Ver abaixo, "Apêndice II", n. 17.
24. Green, *On the Cure by Touch*, p. 95.

nunca mais um rei ou uma rainha da Inglaterra, em solo inglês, pendurou a moeda no pescoço dos doentes.

Com efeito, os príncipes da Casa da Hanôver, chamados a reinar sobre a Grã-Bretanha em 1714, jamais tentaram se apropriar do milagre da escrófula. Por muitos anos ainda, até em pleno reinado de Jorge II, o *Prayer-book* oficial continuou a apresentar o serviço litúrgico para a "cura" dos doentes pelo rei;[25] mas, desde 1714, essa não era mais do que uma sobrevivência vã; as antigas orações não serviam mais. De onde veio essa carência da nova dinastia? Horror dos Whigs, que a sustentavam e a aconselhavam, por tudo o que relembrava a antiga monarquia de direito divino? Desejo de não chocar de maneira alguma certa forma do sentimento protestante? Decerto que sim; mas parece que tais considerações, que tiveram incontestavelmente sua parte de influência na decisão tomada pelos príncipes hanoverianos, não a explicam inteiramente. Poucos anos antes, Monmouth, que se amparava, ele também, no mais rigoroso protestantismo, tocara os doentes; não há evidências de que seus amigos se escandalizassem com isso. Chamado ao trono praticamente pelo mesmo partido, por que Jorge I não teria, por sua vez, tentado curar? Talvez ele tivesse tentado fazê-lo, se, entre Monmouth e ele, do ponto de vista do direito monárquico estrito, não tivesse havido uma grandíssima diferença. Monmouth, filho de Carlos II e de Lucy Walter, se dizia nascido de casamento legítimo; ele se apresentava, pois, como rei pelo sangue. Semelhante pretensão não podia ser manifestada sem ridículo por esse eleitor de Hanôver, bisneto de Jaime I, e que as necessidades da sucessão protestante haviam transformado em rei da Inglaterra. Contava-se nos meios jacobitas que, quando certo fidalgo fora suplicar a Jorge que tocasse seu filho, o rei lhe aconselhara, com um tom de mau humor, procurar o pretendente Stuart, que vivia exilado além-mar; o conselho, acrescentava-se, havia sido seguido, e o fidalgo, cujo filho recuperara a saúde, se tornara um fiel da antiga dinastia.[26] É possível que essa historieta tenha sido inventada pelo espírito de partido; mas ela não carece de verossimilhança psicológica, que assegurou seu sucesso; ela sem dúvida exprimia com bastante exatidão o estado de espírito daqueles alemães, transplantados

---

25. Nas edições em língua inglesa, até 1732; nas edições em latim, até 1759: ver Farquhar, *Royal Charities*, IV, p. 153 ss., cujas pesquisas anulam os trabalhos anteriores.
26. Robert Chambers, *History of the Rebellion in Scotland in 1745-1746*, ed. de 1828, in-16. Edimburgo, I, p. 183. Contou-se também que Jorge I, solicitado por uma dama, consentiu não em tocá-la, mas em deixar-se tocar por ela; não nos dizem se ela se curou: Crawfurd, p. 150.

em terra inglesa. Eles não eram os herdeiros legítimos da raça sagrada; não se consideravam aptos a herdar o milagre hereditário.

No exílio, nem Jaime II nem, depois dele, seu filho deixaram de praticar o gesto curativo. Tocaram na França, em Avignon, na Itália.[27] As pessoas ainda iam vê-los da Inglaterra, assim como, segundo todas as probabilidades, dos países próximos de suas residências. O partido jacobita alimentava cuidadosamente a velha crença. Em 1721, um polemista desse grupo fez publicar uma pretensa carta de um "fidalgo de Roma informando a respeito de certas curas surpreendentes recentemente realizadas na vizinhança dessa Cidade". Sob uma forma mais velada, trata-se ainda do mesmo tema que já vimos desenvolvido pouco menos de um século mais cedo na pseudopetição dos escrofulosos reclamando o retorno de Carlos I a Londres: "Despertai, bretões... considerai que sereis tidos como indignos do conhecimento que tendes desse maravilhoso Poder e dos benefícios que podeis dele receber, se o desprezardes ou o negligenciardes"[28]. Essa pequena obra deve ter alcançado algum sucesso, pois, no campo adverso, teve-se por necessário dar-lhe uma resposta. O médico William Beckett encarregou-se disso. Seu *A Free and Impartial Enquiry into the Antiquity and Efficacy of Touching for the Cure of the King's Evil* [Uma investigação livre e imparcial sobre a antiguidade e a eficácia do toque para a cura do mal do rei] é uma obra de espírito racionalista e razoável, e de tom moderado; em suma, uma das mais sensatas que foram dedicadas à velha "superstição" monárquica. Essa dignidade de tom não foi observada de maneira genérica; a polêmica antijacobita nem sempre temia

---

27. Jaime II em Paris e em Saint-Germain: Voltaire, *Siècle de Louis XIV*, cap. XV, ed. Garnier, XIV, p. 300; *Questions sur l'Encyclopédie*, art. *Écrouelles*, ibidem, XVIII, p. 469 (no *Dictionnaire philosophique*). Jaime III em Paris, Farquhar, *Royal Charities*, IV, p. 161 (?); em Avignon, ver abaixo, p. 379, n. 30; nos Banhos de Luca, Farquhar, p. 170; em Roma, ver abaixo, n. 28. Para os documentos numismáticos, ver Farquhar, p. 161 ss. Jaime II passou por ter realizado, como santo, milagres póstumos; mas nenhuma cura de escrófula aparece na lista (ver G. du Bosq de Beaumont e M. Bernos, *La Cour des Stuarts à Saint-Germain en Laye*, 2. ed., in-12, 1912, p. 239 ss.); cf. também Farquhar, *Royal Charities*, III, p. 115, n. 1.
28. Para o título, abaixo, p. 488: "For shame, *Britons*, awake, and let not an universal Lethargy seize you; but consider that you ought to be accounted unworthy the knowledge and Benefits you may receive by this extraordinary Power, if it be despised or neglected" [Tende vergonha, bretões, despertai, e não deixeis que uma letargia universal se apodere de vós; mas considerai que sereis tidos como indignos do conhecimento que tendes desse maravilhoso Poder e dos benefícios que podeis dele receber, se o desprezardes ou o negligenciardes].

as ironias um tanto pesadas e — como a era vitoriana ainda não se iniciara — as alusões rabelaisianas: atesta-o o pequeno e violento artigo anônimo que foi publicado, em 1737, num jornal whig, o *Common Sense*.[29] A controvérsia retomou com vigor renovado em 1747. Nesse ano, o historiador Carte, numa *História geral da Inglaterra*, inseriu no rodapé de uma página uma anedota relativa a um habitante de Wells em Somerset que, no ano de 1716, sofrendo da escrófula, havia sido curado em Avignon pelo "primogênito dos descendentes em linha direta de uma raça de reis que, na verdade, durante vários séculos, detiveram o poder de curar essa moléstia pelo toque régio".[30] A nota não passou despercebida; a cidade de Londres privou o pobre Carte da subscrição com que ela honrara seu livro; e os jornais whigs foram, durante alguns meses, preenchidos por cartas de protesto.[31]

Para dizer a verdade, os adversários dos Stuart tinham, naquele momento, algumas razões para se mostrarem suscetíveis. Ainda não haviam passado dois anos desde que Carlos Eduardo entrara triunfalmente, em Edimburgo, no velho castelo real de Holyrood. Ele não se apresentava de modo algum como rei, mas somente como representante e herdeiro do verdadeiro rei, o qual, aos olhos dos jacobitas, era seu pai, "Jaime III". É curioso que ele tenha, assim mesmo, praticado, ao menos uma vez, precisamente em Holyrood, o rito de cura.[32] Como vimos, Monmouth, em 1680, sendo ainda apenas um pretendente à herança e não à coroa, já ousara realizar o rito real.[33] Essas incorreções, que as épocas precedentes, mais informadas a respeito dos dogmas da religião monárquica, certamente não teriam tolerado, provam, à sua maneira, a decadência da velha fé.

Carlos Eduardo, depois de retornar à Itália e tornar-se, pela morte de seu pai, o rei legítimo, continuou a realizar o gesto milagroso.[34] Temos dele, assim

---

29. Reproduzido em *Gentleman's Magazine*, t. 7 (1737), p. 495.
30. *A General History of England*, l. IV, § III, p. 291, n. 4: "the eldest lineal descendant of a race of kings, who had indeed, for a long succession of ages, cured that distemper by the royal touch". Sobre a localidade em que o toque ocorreu, Farquhar, IV, p. 167.
31. *Gentleman's Magazine*, t. 18 (1748), p. 13 ss. (*The Gentleman's Magazine Library*, III, p. 165 ss.); cf. Farquhar, *Royal Charities*, IV, p. 167, n. 1.
32. Robert Chambers, *History of the Rebellion in Scotland in 1745-1746*, ed. de 1828, I, p. 184. Jaime III tocara na Escócia em 1716: Farquhar, *Royal Charities*, IV, p. 166.
33. Ao que parece, até mesmo sua irmã Maria (que jamais fora reconhecida por Carlos II) tocou: Crawfurd, p. 138.
34. Toque praticado por Carlos Eduardo em Florença, Pisa e Albano em 1770 e 1786: Farquhar, *Royal Charities*, IV, p. 174. A numismática do toque sob os Stuart exilados foi estudada por Miss Farquhar com o cuidado habitual, IV, p. 161 ss.

como de Jaime II e Jaime III, medalhas cunhadas em terra estrangeira para serem penduradas no pescoço dos doentes tocados; essas *touch-pieces* dos Stuart exilados são ordinariamente de prata, e muito raramente de ouro; o infortúnio dos tempos não permitia mais o emprego do metal precioso tradicional. Após a morte de Carlos Eduardo, seu irmão Henrique, o cardeal de York, alçado à posição de pretendente, praticou, por sua vez, o rito curativo; seu gravurista ordinário, Gioacchino Hamerani, ainda executou para ele a medalha habitual; nela, vemos, segundo o costume, São Miguel arcanjo abatendo o dragão e, no reverso, em latim, a seguinte legenda: "Henrique IX, rei da Grã-Bretanha, da França e da Irlanda, cardeal, bispo de Túsculo".[35] "Henrique IX" morreu em 1807. Com ele, apagou-se a linhagem dos Stuart; ao mesmo tempo, o toque da escrófula deixou de ser praticado: o milagre régio não morreu senão ao mesmo tempo que a raça real.

Hume escreveu, em 1755, em sua *História da Inglaterra*: "A prática [do toque] foi abandonada pela primeira vez pela presente dinastia" — a Casa de Hanôver —, "a qual observou que esse uso não era mais capaz de impressionar o populacho e se tornara ridículo aos olhos de todos os homens de bom senso".[36] Sobre o segundo ponto, estamos facilmente de acordo com Hume; mas, quanto ao primeiro, resultante desse otimismo que era a marca comum de todos os racionalistas de seu tempo, demasiadamente apressado, como tantos de seus contemporâneos, em acreditar no triunfo das "luzes", ele com certeza se enganava. A alma popular não iria, por muito tempo ainda, desertar a velha crença, que a recusa dos hanoverianos não privara de todos os seus alimentos. É certo que a oportunidade de obter o contato imediato de uma mão régia foi dada, a partir de então, somente a pouquíssimos doentes; na época de Hume, os Stuart ainda atuavam, em seu exílio, como taumaturgos; porém o número de ingleses que iam encontrá-los em suas residências longínquas para solicitar-lhes saúde não parece nunca ter sido muito considerável. Os

---

35. Farquhar, IV, p. 177 (reprodução). Parece que, talvez na época das guerras da Revolução, "Henrique IX" deve ter recorrido a peças de cobre ou de estanho prateadas: Farquhar, op. cit., p. 180.

36. Cap. III, ed. de 1792, p. 179: "... the practice was first dropped by the present royal family, who observed, that it could no longer give amazement to the populace, and was attented with ridicule in the eyes of all men of understanding". Voltaire escreve em *Questions sur l'Encyclopédie*, artigo *Écrouelles*, ed. Garnier, t. XVIII, p. 470: "Quando o rei da Inglaterra, Jaime II, foi reconduzido de Rochester a Whitehall [quando de sua primeira tentativa de fuga, em 12 de dezembro de 1688], propuseram deixá-lo realizar alguns atos de realeza, como tocar a escrófula; ninguém se apresentou". Essa anedota é pouco verossímil e deve ser rejeitada como puramente caluniosa.

fiéis do milagre deviam, na maioria das vezes, contentar-se com sucedâneos. As medalhas, outrora cunhadas para serem distribuídas nos dias de toque, fundidas em material durável, guardaram, junto ao homem comum, o valor de amuletos. Em 1736, os fabriqueiros — *churchwardens* — da paróquia de Minchinhampton, no condado de Gloucester, não haviam deixado de oferecer aos escrofulosos, outrora tocados por um rei, a renovação da fita na qual pendia sua moeda de ouro.[37] Da mesma forma e por mais tempo ainda, atribuiu-se virtude semelhante a certas moedas, cunhadas na origem apenas para servir de numerário, mas às quais a efígie de Carlos I, o rei mártir, conferia, de algum modo, uma dignidade especial: coroas ou semicoroas desse príncipe, consideradas remédios soberanos contra a escrófula, se transmitiram de geração em geração, nas ilhas Shetland, até 1838 e talvez depois disso.[38] Um poder da mesma natureza se vinculava também a certas relíquias pessoais: é o caso do lenço manchado com o sangue do cardeal de York que, em 1901, na Irlanda, passava por ser capaz de curar o "mal do rei".[39] Ademais, por que falar em relíquias? Durante o reinado de Vitória, no condado de Ross, na Escócia, era nas moedas de ouro mais banais que os camponeses viam panaceias universais, porque elas traziam "o retrato da rainha".[40] Evidentemente, sentia-se que todos esses talismãs, por mais apreciados que fossem, eram, afinal, apenas meios tortuosos de entrar em contato com a pessoa real; algo mais direto teria tido mais valor. Eis o que Sheila Macdonald relatava em 1903 numa nota sobre *as sobrevivências de tempos passados no condado de Ross*: "Tínhamos um velho pastor que sofria da escrófula; ele com frequência se queixava de não poder aproximar-se o suficiente para tocá-la de Sua Graciosa Majestade [a rainha Vitória]. Ele estava convencido de que, se tivesse conseguido fazê-lo, sua moléstia teria sido imediatamente curada. 'Infelizmente, não', ele dizia com tristeza, 'em vez disso, devo contentar-me em ir a Lochaber um desses dias e procurar fazer-me curar pelo curandeiro'" — era um sétimo menino...[41] A bem da verdade,

---

37. *Archaeologia*, XXXV, p. 452, n. a. Cf., sobre o porte de uma moeda sob o reinado de Jorge I, Farquhar, IV, p. 159.
38. Pettigrew, *On Superstitions*, p. 153-154. As moedas de São Luís, as quais eram perfuradas para serem penduradas no pescoço ou no braço, foram, por vezes, empregadas na França como talismãs contra as doenças: cf. Le Blanc, *Traité historique des monnoyes*, in-4º. Amsterdã, 1692, p. 176.
39. Farquhar, IV, p. 180 (e comunicação pessoal de Miss Farquhar).
40. Sheila Macdonald, *Old-world survivals in Ross-Shire*; The Folk-lore, XIV (1903), p. 372.
41. Ibidem: "An old shepherd of ours who suffered from scrofula, or king's evil, often bewailed his inability to get within touching distance of Her late Gracious Majesty. He was convinced that by so doing his infirmity would at once be cured. 'Ach! no' he would say

se as circunstâncias não tivessem imposto aos ingleses uma dinastia que podia pretender dever sua legitimidade apenas à escolha da nação, e não a um sangue sagrado, cabe perguntar até quando a consciência popular teria exigido dos reis a prática do antigo milagre. Ao advento, em 1714, de um príncipe estrangeiro que não podia sustentar-se nem no direito divino nem em qualquer popularidade pessoal, a Grã-Bretanha deveu a consolidação de seu regime parlamentar; decerto deveu-lhe também o fato de ter, pela supressão do velho rito, no qual se expressava tão perfeitamente a realeza sagrada das idades antigas, eliminado mais cedo do que na França o sobrenatural da política.

§ 3. O FIM DO RITO FRANCÊS

Na França do século XVIII, o rito curativo continuou a ser solenemente praticado pelos reis. No que diz respeito a Luís XV, conhecemos apenas um número, aliás aproximado, de doentes tocados: em 29 de outubro de 1722, dia seguinte à sua sagração, mais de dois mil escrofulosos se apresentaram diante dele no parque de São Remígio de Reims.[42] Constata-se que a antiga afluência popular não diminuíra.

No entanto, esse reinado, tão notável, de qualquer maneira, pela decadência do prestígio monárquico, desferiu na antiga cerimônia um golpe muito rude. Por três vezes, pelo menos, ela não pôde ocorrer por culpa do rei. Um velho costume exigia que ele a realizasse apenas depois de ter comungado; ora, em 1739, Luís XV, cuja intriga com a senhora de Mailly acabava de encerrar-se, viu ser-lhe proibido, por seu confessor, o acesso à Santa Mesa e não fez sua comunhão de Páscoa; da mesma forma, no dia da Páscoa de 1740 e, em 1744, no Natal, ele teve de abster-se da comunhão; nas três vezes, não tocou ninguém. Foi grande o escândalo em Paris, pelo menos em 1739.[43] Tais interrupções no

---

mournfully 'I must just be content to try and get to Lochaber instead some day, and get the *leighiche* (healer) there to cure me'".

42. Relato impresso, publicado pela *Gazette de France*, Arch. Nat., K 1714, n. 20.

43. Páscoa de 1739: Luynes, *Memoires*, ed. L. Dussieux e Soulie, II, 1860, p. 391; Barbier, *Journal*, ed. de la Soc. de l'Hist. de France, II, p. 224 ("isso causou grande escândalo em Versalhes e fez muito barulho em Paris"; Barbier considera, aliás, que "temos relações suficientemente boas com o papa para que o primogênito tivesse uma dispensa para fazer sua comunhão de Páscoa, em qualquer estado que estivesse, sem sacrilégio e em segurança de consciência"); marquês de Argenson, *Journal et Mémoires*, ed. E. J. B. Rathery (Soc. l'hist. de France), II, p. 126. — Páscoa de 1740, Luynes, III, p. 176. — Natal de 1744, Luynes, VI, p. 193. A indicação de P. de Nolhac, *Louis XV et Marie Leczinska*, in-12, 1902, p. 196 (para 1738), está certamente equivocada: cf. Luynes, II, p. 99. Luís XIV, na Páscoa

milagre, provocadas pela má conduta real, corriam o risco de desacostumar as massas de recorrerem a ele. Quanto aos círculos cultos, o ceticismo ali se dissimulava cada vez menos. Em 1721, as *Cartas persas* tratavam "o rei mago" com alguma leveza.[44] Saint-Simon, ao redigir suas *Memórias* entre 1739 e 1751, zomba da pobre princesa de Soubise; amante de Luís XIV, ela teria morrido de escrófula. A anedota é de bela ferocidade, mas provavelmente inexata: Madame de Soubise talvez jamais tenha sido amante do rei; parece ter sido atestado que ela não sofreu da escrófula. Saint-Simon provavelmente extraiu o conteúdo desse relato calunioso de fofocas da corte, ouvidas em sua juventude; porém o tom que lhe confere parece de fato provar que, a despeito de sua vontade, ele sofrera a influência do novo espírito, pois não chega ao ponto de falar do "milagre *supostamente* associado ao toque de nossos reis"?[45] Voltaire, não somente em sua *Correspondência*, mas, mais abertamente, nas *Questões sobre a Enciclopédia*, não se priva de zombar das virtudes miraculosas da dinastia; compraz-se em destacar alguns fracassos retumbantes: segundo ele, Luís XI se via incapaz de curar São Francisco de Paula, e Luís XIV, uma de suas amantes — certamente Madame de Soubise — embora ela tivesse sido "muito bem tocada". No *Ensaio sobre os costumes*, ele oferece como modelo aos reis da França o exemplo de Guilherme de Orange, que renunciou a essa "prerrogativa", e ousa escrever: "Chegará o tempo em que a razão, que começa a fazer algum progresso na França, abolirá esse costume".[46] Esse descrédito em que caiu o rito

---

de 1678, já tinha visto ser-lhe recusada a absolvição pelo padre de Champ, que substituía como confessor o padre de la Chaise, doente (marquês de Sourches, *Memoires*, I, p. 209, n. 2); é provável que ele não tenha tocado nessa festa.

44. Cf. acima, p. 58.

45. Ed. Boislisle, XVII, p. 74-75. Saint-Simon acredita também — certamente, de maneira equivocada — que vários filhos de Madame de Soubise morreram em razão da escrófula. Ele escreve, após a frase citada sobre o pretenso milagre, esta outra, cujo significado exato não pude determinar: "a verdade é que quando eles [os reis] tocam os doentes, é ao sair da comunhão".

46. *Questions sur l'Encyclopédie*, artigo *Écrouelles* (ed. Garnier, no *Dictionnaire philosophique*, XVIII, p. 469), no qual se encontra — p. 470 — a anedota sobre Francisco de Paula: "O santo não curou o rei, o rei não curou o santo". — *Essai sur les Moeurs*, "Introdução", XXIII (t. XI, p. 96-97), onde se lê, a respeito da recusa de Guilherme III: "Se a Inglaterra sofrer um dia alguma grande revolução que torne a mergulhá-la na ignorância, então ela terá milagres todos os dias"; e cap. XLII, ibidem, p. 365, de onde vem a frase citada no texto; ela está ausente da primeira versão desse capítulo, publicada no *Mercure* de maio de 1746, p. 29 ss.; não pude consultar a verdadeira edição *princeps*, a de 1756; a de 1761, I, p. 322, contém nossa frase. — Carta a Frederico II de julho de 1775 (anedota sobre a amante de Luís XIV). — Cf. também as notas manuscritas conhecidas pelo nome de *Sottisier*, t. XXXII, p. 492.

secular tem para nós um inconveniente gravíssimo. Ele torna particularmente difícil escrever sua história. Pois os jornais do final do século XVIII, até mesmo os mais abundantes em notícias da corte, parecem ter sempre considerado indigno deles relatar uma cerimônia tão vulgar.

Luís XVI, entretanto, no dia seguinte à sua sagração, fiel ao velho uso, ainda deparou com 2.400 escrofulosos.[47] Assim como seus predecessores, ele teria continuado a tocar nas grandes festas? Isso é infinitamente verossímil, mas não encontrei prova documental que o atestasse. Em todo caso, é certo que o milagre não se desenvolvia mais na mesma atmosfera de fé pacífica do passado. Ao que parece, sob Luís XV, e isso desde a sagração, o rei, seguramente sem malícia e acreditando com toda sinceridade seguir o costume antigo, modificara levemente a fórmula tradicional que acompanhava em cada oportunidade o gesto do toque; na segunda parte da frase, as palavras "Deus te cura" foram substituídas por "Deus te cure".[48] É verdade que, no século XVII, alguns escritores, ao descreverem a cerimônia, empregam essa fórmula; são testemunhas sem valor, viajantes que redigiram suas recordações *a posteriori* ou gazeteiros sem autoridade e sem vínculos oficiais; todos os bons autores, e o próprio cerimonial, redigido naquele século, empregam o indicativo; Du Peyrat rejeita expressamente o subjuntivo como indecoroso. Caberia aos nossos últimos reis taumaturgos tender inconscientemente para um modo dubitativo. Nuance quase imperceptível, mas que é permitido considerar sintomática.

Mais instrutivo ainda é o episódio dos certificados de cura, que marca um contraste bastante intenso entre o início e o final do século XVIII. Pouco após a coroação de Luís XV, o marquês de Argenson, então intendente do Hainaut, descobriu em sua generalidade um doente que, tendo sido tocado

---

47. Relato impresso, publicado pela *Gazette de France*: Arch. Nat., K 1714, n. 21 (38); Voltaire a Frederico II, 7 de julho de 1775. Quadro representando Luís XVI rezando diante do sacrário de São Marculfo: "Apêndice II", n. 23.
48. Sobre Luís XV, relato citado acima, p. 382, n. 42 (p. 598). Cf. Regnault, *Dissertation*, p. 5. Sobre Luís XVI, relato citado acima, n. 47 (p. 30); *Le Sacre et couronnement de Louis XVI roi de France et de Navarre*, in-4º, 1775, p. 79; [Alletz], *Cérémonial du sacre des rois de France*, 1775, p. 175. Note-se que, segundo o relato da sagração de Luís XV e os diversos textos relativos à sagração de Luís XVI, a ordem dos dois membros de frase também foi invertida: "Deus te cure, o Rei te toca". Clausel de Coussergues, *Du sacre des rois de France*, 1825, oferece um relato da sagração de Luís XIV que apresenta a fórmula com o subjuntivo (p. 657, cf. p. 150); mas ele não cita sua fonte; sobre os textos oficiais do século XVII, ver acima, p. 305, n. 23. Carlos X empregou, ele também, o subjuntivo tornado tradicional; vê-se, porém, que é por equívoco que Landouzy, *Le Toucher des écrouelles*, p. 11 e 30, lhe atribuiu a iniciativa.

pelo rei durante a viagem de Reims, se encontrava, três meses depois, livre de sua moléstia; ele imediatamente mandou constituir, com um forte reforço de investigações e atestados autênticos, o dossiê desse caso, tão lisonjeiro para o orgulho monárquico, e se apressou em enviá-lo a Paris; pensava, assim, fazer sua corte; decepcionou-se. O secretário de Estado La Vrillière lhe "respondeu rispidamente que aí estava algo bom e que ninguém lançava dúvidas sobre o dom que tinham nossos reis de operar esses prodígios".[49] Desejar provar um dogma não seria, para os verdadeiros crentes, já parecer atingi-lo com uma suspeita? Cinquenta e dois anos mais tarde, as coisas haviam mudado consideravelmente. Um certo Rémy Rivière, da paróquia de Matougues, havia sido tocado por Luís XVI em Reims; ele se curou. O intendente de Châlons, Rouillé d'Orfeuil, descobriu o fato; apressou-se, em 17 de novembro de 1775, em enviar a Versalhes um certificado "assinado pelo cirurgião do local, assim como pelo cura e pelos principais habitantes". O secretário de Estado, chamado Bertin, e encarregado da correspondência com Champagne, lhe respondeu, em 7 de dezembro, nos seguintes termos: "Recebi, Senhor, a carta que me escrevestes a respeito da cura do chamado Rémy Rivière e a coloquei diante dos olhos do Rei; se, posteriormente, tiverdes conhecimento de semelhantes curas, peço que me informeis a respeito".[50]

Possuímos ainda outros quatro certificados que foram estabelecidos na mesma generalidade e na de Soissons, em novembro e dezembro de 1775, para quatro crianças cuja saúde Luís XVI, tocando-as após sua sagração, havia, segundo se dizia, restabelecido; não sabemos de fonte segura se foram transmitidos ao ministro e ao rei; mas se deve supor que a carta de Bertin convenceu os intendentes, se tiveram conhecimento dela, a não deixá-los de lado.[51] Não era mais o momento de desdenhar as provas experimentais do milagre.

---

49. *Journal et Memoires du marquis d'Argenson*, I, p. 47.
50. A carta de Rouillé d'Orfeuil e a resposta de Bertin, Arch. de la Marne, C 229; a primeira a ser publicada, Ledouable, *Notice sur Corbeny*, p. 211; devo uma cópia da segunda à gentileza do arquivista do departamento.
51. Certificados publicados por Cerf, *Du toucher des écrouelles*, p. 253 ss.; e (com duas correções) por Ledouble, *Notice sur Corbeny*, p. 212; datas extremas: 26 nov.-3 dez. de 1775. Nenhum dos dois editores indica a sua fonte com precisão; ao que parece, eles teriam explorado os arquivos do Hospício São Marculfo; no entanto, o inventário do acervo de São Marculfo nos arquivos hospitalares de Reims, do qual existe uma cópia nos Arch. Nat., F2 I 1.555, não indica nada de semelhante. As localidades habitadas pelos doentes curados são Bucilly, na generalidade de Soissons (dois casos), Condé-les-Herpy e Château-Porcien, na de Châlons.

Veio um momento, de acordo com todas as probabilidades em 1789, em que Luís XVI teve de renunciar ao exercício do dom maravilhoso, assim como a tudo o que relembrava o direito divino. Quando ocorreu, sob o reinado desse rei, o último toque? Infelizmente, não pude descobrir. Posso apenas assinalar aos pesquisadores este curioso probleminha; resolvendo-o, seria possível determinar com bastante exatidão a data em que a antiga realeza sagrada deixou de parecer suportável à opinião.[52] Entre as relíquias do "Rei Mártir", aparentemente jamais se acreditou que alguma delas possuísse, como outrora as de Carlos I da Inglaterra, o poder de curar o mal do rei. O milagre régio parecia morto, assim como a fé monárquica.

Procurou-se, entretanto, mais uma vez ressuscitá-lo. Em 1825, Carlos X foi sagrado. Em um último sobressalto de esplendor, a realeza santa e quase sacerdotal exibiu suas pompas um tanto superadas. "Ei-lo padre e rei", exclamava Victor Hugo, descrevendo, na ode da *Sagração*, a consagração do novo ungido do Senhor.[53] Também se retomaria a tradição do toque? O círculo do soberano estava dividido. O barão de Damas, então ministro das Relações Exteriores e ele mesmo movido por uma fé ardente nas virtudes da mão régia, nos deixou, em suas *Memórias*, um eco dessas dissensões. "Vários homens de letras", diz ele, "encarregados de estudar a questão, haviam gravemente afirmado que esse toque da escrófula era uma velha superstição popular que era preciso evitar ressuscitar. Éramos cristãos, e, no entanto, adotou-se essa ideia, e foi decidido, a despeito do Clero, que o rei não o faria. Mas o povo não entendeu assim..."[54] Esses "homens de letras" certamente se atribuíam o direito de escolher o que lhes agradava na herança do passado; amavam a Idade Média, mas acomodada ao

---

52. Pareceria natural, à primeira vista, procurar a solução do enigma nos jornais da época. Nenhum daqueles que pude examinar (a *Gazette de France* para todo o reinado, numerosas sondagens no *Mercure* e o *Journal de Paris*) jamais menciona a realização da solenidade do toque, até mesmo para o período do reinado em que, segundo todas as probabilidades, ela ainda acontecia; já assinalei essa espécie de pudor que se tinha então em falar desse rito tão próprio a chocar os espíritos "esclarecidos". Poderíamos também pensar em consultar o *Journal* de Luís XVI; ele foi publicado, para o período 1766-1788, pelo conde de Beauchamp, em 1902 (não comercializado; tive em mãos o exemplar dos Arch. Nat.); nele, não encontramos nenhuma menção relativa ao toque.
53. *Odes et Ballades*, quarta ode. A nota (p. 322 da ed. das *Oeuvres complètes*, Hetzel e Quantin) diz: "Tu es sacerdos in aeternum secundum ordinem Melchisedech. — A igreja denomina o rei o *bispo de fora*; na missa da sagração, ele comunga sob as duas espécies".
54. *Mémoires*, II, 1923, p. 65. Encontra-se em apêndice, no tomo II, p. 305-306, uma nota sobre o toque redigida por Damas em 1853, após uma visita feita por ele ao monsenhor Gousset, arcebispo de Reims. Recorreremos a ela mais adiante.

gosto de sua época, isto é, suavizada; queriam fazer reviver, dentre os seus costumes, aqueles nos quais eles encontravam poesia, porém rejeitavam tudo o que lhes parecia cheirar à barbárie "gótica". Um historiador católico, que pensava que não se poderia ser tradicionalista pela metade, zombou dessa delicadeza: "A cavalaria era deliciosa, a santa ampola já era um audácia; quanto à escrófula, não quiseram ouvir falar dela".[55] E então, como escreveu posteriormente o *Ami de la Religion*, temia-se "fornecer um pretexto às irrisões da incredulidade".[56] Não obstante, um pequeno grupo ativo, que tinha à sua frente um padre *ultra*, o abade Desgenettes, cura das Missões Estrangeiras, e o próprio arcebispo de Reims, monsenhor Latil, estava decidido a reconectar-se com o passado, nesse ponto assim como em outros. Esses homens empreendedores parecem de fato ter pretendido forçar a mão do monarca indeciso; desdenhando os desejos dos habitantes de Corbeny, que haviam pedido a Carlos X que renovasse em seu solo a antiga peregrinação, eles reuniram, em Reims mesmo, no Hospício São Marculfo — hospital fundado no século XVII —, todos os escrofulosos que puderam encontrar.[57] É, aliás, possível que, como indica o barão de Damas, senão o "povo" em sua totalidade, pelo menos uma fração da opinião popular lhe tenha facilmente prestado algum apoio; sem dúvida nem toda lembrança dos antigos prodígios e do entusiasmo que outrora os acompanhara se apagara entre os humildes. Até o último momento, Carlos teve dificuldade em deixar-se persuadir; um dia, ele prescreveu que se expulsasse a pobre gente reunida à espera do rito curativo; depois, reconsiderou. Em 31 de maio de 1825, dirigiu-se ao hospício. A ordem de expulsão esvaziara as fileiras de doentes; eles já não eram mais do que 120 a 130, aproximadamente. O rei, "primeiro médico de seu reino", como disse um publicista da época, os tocou, sem muita pompa, pronunciando a fórmula que se tornara tradicional, "O Rei te toca, Deus te *cure*", e oferecendo-lhes boas palavras.[58] Mais tarde, como se fizera para Luís XVI, as

---

55. Leon Aubineau, p. 14 da *Advertência* citada abaixo, p. 387, n. 57. Sabe-se que L. Aubineau fez das teorias de Augustin Thierry uma crítica que não carece de valor.
56. 9 de novembro de 1825, p. 402.
57. Sobre o papel do abade Desgenettes, ver Léon Aubineau, *Notice sur M. Desgenettes*, in-18, 1860, p. 13-15 (reproduzido na *Notice Biographique* introduzida pelo abade G. Desfoisses na abertura das *Oeuvres inédites de M. Charles-Éléonore Dufriche*, Desgenettes, in-18 [1860], p. LXVI-LVII). Cf. também Cahier, *Caractéristiques des saints*, 1867, I, p. 264. Petição dos habitantes de Corbeny publicada por S. A. *L'hermite de Corbeny ou le sacre et le couronnement de Sa Majesté Charles X roi de France et de Navarre*. Laon, 1825, p. 167, e Ledouble, *Notice sur Corbeny*, p. 245.
58. Os relatos contemporâneos mais completos da cerimônia do Hospício São Marculfo se encontram no *Ami de la Religion*, 4 de junho e, sobretudo, 9 de novembro de 1825, e em F.

religiosas de São Marculfo fizeram estabelecer alguns certificados de cura, aos quais teremos de retornar mais adiante.[59] Em suma, essa ressurreição de um rito arcaico, que a filosofia do século anterior havia ridicularizado, parece ter sido considerada um tanto deslocada em quase todos os partidos, com a exceção de alguns *ultras* exaltados. Chateaubriand, na véspera da sagração, antes, por conseguinte, que Carlos X tivesse tomado sua decisão, escreveu, se acreditarmos nas *Mémoires d'outre-tombe* [Memórias de além-túmulo], as seguintes palavras em seu diário: "Não há mais mão suficientemente virtuosa para curar a escrófula".[60] Após a cerimônia, a *Quotidienne* e o *Drapeau Blanc* não se mostraram muito mais entusiasmados que o *Constitutionnel*. "Se o rei", lê-se na *Quotidienne*, "ao cumprir o dever imposto por um uso antigo, se aproximou daqueles desafortunados para curá-los, seu espírito justo o fez sentir que, se não podia trazer remédio às feridas do corpo, ele podia, ao menos, suavizar as tristezas da alma."[61] À esquerda, zombou-se do taumaturgo:

> Pássaros, este rei milagroso
> Curará todo escrofuloso,

M. Miel, *Histoire du sacre de Charles X*, 1825, p. 308 ss. (onde se lê, na p. 312: "Um dos doentes dizia após a visita do rei que Sua Majestade era o primeiro médico de seu reino"). Ver também, na edição de 2 de junho, o *Constitutionnel*, o *Drapeau Blanc*, a *Quotidienne*, e os dois opúsculos seguintes: *Précis de la cérémonie du sacre et du couronnement de S. M. Charles X*, in-12. Avignon 1825, p. 78, e *Promenade à Reims ou journal des fêtes et cérémonies du sacre... par un temoin oculaire*, in-12, 1825, p. 165; cf. Cerf, *Du toucher*, p. 281. Sobre o Hospital São Marculfo (cujas belas construções, que datam do século XVII, parcialmente arruinadas pelo bombardeio, abrigam hoje a Ambulância Americana), H. Jadart, *L'Hôpital Saint-Marcoul de Reims, Travaux Acad. Reims*, CXI (1901-1902). Procurou-se em Reims aproveitar o evento para ressuscitar o culto de São Marculfo; reimprimiu-se um *Pequeno ofício* do santo que fora publicado anteriormente em 1773 (Biblioth. de la Ville de Reims, R. 170 *bis*). Quanto à fórmula pronunciada pelo rei, o *Constitutionnel* escreve que ele tocou "sem pronunciar uma única vez a fórmula do uso antigo: *O Rei te toca, Deus te cure*". Parece, porém, segundo a unanimidade dos demais testemunhos, tratar-se de um equívoco, já assinalado pelo *Ami de la Religion*, 4 de junho de 1825, p. 104, n. 1. Sobre o número dos doentes, as fontes dão indicações levemente diferentes: 120 segundo o barão de Damas, 121 segundo F. M. Miel, cerca de 130 segundo o *Ami de la Religion* de 9 de novembro, (p. 403), 130 segundo Cerf (p. 283).
59. Ver abaixo, p. 407, n. 35.
60. Ed. de 1860, IV, p. 306.
61. 2 de junho, *Correspondance particulière de Reims*. No mesmo número, *Extrait d'une autre lettre de Reims*, com o mesmo tom. Comparar as palavras que Miel, op. cit., p. 312, atribui ao próprio Carlos X: "O rei teria dito, ao deixar os doentes: 'Meus caros amigos, eu vos trouxe palavras de consolo; desejo muito vivamente que vos cureis'".

cantava, aliás prosaicamente, Berengário em *Sacre de Charles le Simple* [Sagração de Carlos, o Simples].[62]

É evidente que Carlos X, infiel quanto a esse ponto ao exemplo de seus ancestrais, jamais tocou nas grandes festas. Desde 31 de março de 1825, nenhum rei, na Europa, colocou sua mão sobre as feridas dos escrofulosos.

Nada permite sentir melhor o declínio definitivo da antiga religião monárquica do que esta última tentativa, tão tímida e tão mediocremente acolhida, de devolver à realeza o esplendor do milagre. O toque da escrófula desapareceu na França mais tarde do que na Inglaterra; mas, ao contrário do que ocorreu além-Mancha, entre nós, quando ele deixou de ser praticado, a fé que por tanto tempo sustentara o rito havia ela mesmo quase perecido e estava muito perto de fenecer completamente. Por vezes, as vozes de alguns crentes persistentes ainda se farão ouvir. Em 1865, um padre remense, o abade Cerf, autor de uma estimável monografia sobre a história do toque, escreveu: "Ao iniciar este trabalho, eu acreditava, mas apenas fragilmente, na prerrogativa dos reis da França de curar a escrófula. Antes mesmo de concluir minhas pesquisas, essa prerrogativa se tornara para mim uma verdade incontestável".[63] Trata-se de um dos últimos testemunhos de uma convicção que, de resto, se tornara platônica, visto que não corria mais o risco, no tempo presente, de ser confrontada aos fatos. Às sobrevivências populares da antiga crença que ainda se puderam observar no Reino Unido no século XIX não vejo nada comparável na França além da marca real — a flor-de-lis — que os sétimos filhos, como vimos, herdaram dos reis; mas quem então, entre os clientes do "*marcou*" de Vovette ou de tantos outros "*marcoux*", pensava no laço que a consciência popular havia obscuramente estabelecido no passado entre o poder do "sétimo" e o privilégio da mão régia? Entre nossos contemporâneos, muitos não acreditam mais em nenhuma manifestação miraculosa: para eles, a questão está resolvida. Outros não rejeitaram o milagre; contudo não pensam mais que o poder político ou mesmo uma filiação real possam conferir graças sobrenaturais. Nesse sentido, Gregório VII triunfou.

---

62. *Oeuvres*, ed. de 1847, 11, p. 143.
63. *Du toucher*, p. 280. No mesmo sentido, pode-se ver ainda o padre Marquigny, *L'Attouchement du roi de France guérissait-il des écrouelles? Études*, 1868, e o abade Ledouble, em sua *Notice sur Corbeny*, 1883, p. 215. Em 1853, monsenhor Gousset, arcebispo de Reims, exprimia ao barão de Damas sua fé no toque; mas não considerava seus efeitos milagrosos: Damas, *Mémoires*, p. 305, e abaixo, p. 408, n. 37.

TERCEIRO LIVRO
A interpretação crítica do milagre régio

CAPÍTULO ÚNICO

§ 1. AS PRIMEIRAS TENTATIVAS DE INTERPRETAÇÃO RACIONALISTA

Acabamos de acompanhar, pelo menos tanto quanto os textos permitiram, as vicissitudes seculares do milagre régio; ao longo desta pesquisa, esforçamo-nos para destacar as representações coletivas e as ambições individuais que, mesclando-se em uma espécie de complexo psicológico, conduziram os reis da França e da Inglaterra a reivindicar o poder taumatúrgico, e os povos a reconhecê-lo. Assim, explicamos, em certo sentido, o milagre em suas origens e seu longo sucesso. Não obstante, a explicação permanece incompleta; na história do dom maravilhoso, um ponto se mantém obscuro. As multidões que um dia acreditaram na realidade das curas operadas por meio do toque ou dos anéis medicinais viam nelas, em suma, um fato de ordem experimental, "uma verdade clara como o sol", esclamava Browne.[1] Se a fé desses inúmeros fiéis era apenas ilusão, como compreender que ela não tenha sucumbido diante da experiência? Em outros termos, os reis teriam curado? Se sim, por quais procedimentos? Se a resposta, ao contrário, deve ser negativa, como então, durante tantos anos, as pessoas puderam persuadir-se de que eles curavam? Evidentemente, a questão nem sequer se levantaria se admitíssemos a possibilidade de apelar às causas sobrenaturais; mas, como já foi dito, quem hoje, no caso particular que nos ocupa, pensa em invocá-las? Ora, não basta rejeitar, sem outra forma de processo, a interpretação antiga, que a razão repele; é preciso procurar substituí-la por uma

---

1. *Charisma*, p. 2: "I shall presume, with hopes to offer, that there is no Christian so void of Religion and Devotion, as to deny the Gift of Healing: A Truth as clear as the Sun, continued and maintained by a continual Line of Christian Kings and Governors, fed and nourished with the same Christian Milk" [Devo presumir, com grande esperança, não haver cristão tão desprovido de religião e de devoção a ponto de negar o dom da cura: uma verdade clara como o sol, continuada e mantida por uma linha contínua de reis e governantes cristãos, alimentados e nutridos com o mesmo leite cristão].

interpretação nova, que a razão possa aceitar: tarefa delicada, que o desejo de evitar implicaria uma espécie de covardia intelectual. Da mesma forma, a importância do problema ultrapassa a história das ideias monárquicas. Estamos na presença de uma espécie de experiência crucial que concerne toda à psicologia do milagre.

As curas régias formam, com efeito, um dos fenômenos pretensamente sobrenaturais mais conhecidos, mais fáceis de estudar e, por assim dizer, mais seguros que o passado oferece. Renan gostava de constatar que nenhum milagre jamais ocorrera perante a Academia das Ciências; este, porém, foi observado por numerosos médicos que nem sempre estavam desprovidos de, pelo menos, uma aparência de método científico. Quanto às massas, elas acreditaram nele com toda a sua paixão. Dispomos, portanto, de um grande número de testemunhos sobre ele, de proveniência extremamente variada. Acima de tudo, pode-se citar alguma outra manifestação dessa espécie que tenha se desenvolvido com tanta continuidade e regularidade por cerca de oito séculos de história? "O único milagre que permaneceu perpétuo na religião dos Cristãos e na casa da França", já escrevia em 1610 um bom católico e zeloso monarquista, o historiógrafo Pierre Mathieu.[2] Ora, ocorre que, por um acaso precioso, esse milagre, perfeitamente notório e admiravelmente contínuo, é um daqueles em que, hoje, ninguém mais acredita, de modo que, ao estudá-lo à luz dos métodos críticos, o historiador não corre nenhum risco de chocar as almas piedosas: raro privilégio do qual convém tirar proveito. Cada qual se encontra, de resto, livre para tentar, em seguida, transpor a outros fatos da mesma espécie as conclusões às quais pode conduzir o estudo deste aqui.

Não é de hoje que a necessidade de dar às curas por muito tempo atribuídas aos reis pela alma popular uma explicação fundada sobre a razão se impôs aos espíritos inclinados pelo conjunto de sua filosofia a negar o sobrenatural. Se o historiador sente hoje essa necessidade, quantos pensadores do passado, para quem o milagre régio pertencia, de alguma maneira, à experiência cotidiana, não devem tê-la sentido com maior força?

O caso dos *cramp-rings*, para dizer a verdade, jamais foi muito discutido; em boa parte, como se pode acreditar, porque deixaram de ser fabricados

---

2. [Matthieu], *Histoire de Louys XI roy de France*, fól., 1610, p. 472. A expressão "milagre perpétuo" foi retomada por Du Peyrat, *Histoire ecclésiastique de la Cour*, p. 818; da mesma forma, Baltasar de Riez, *L'incomparable piété des très-chretiens rois de France*, II, 1672, p. 151.

cedo demais para que o pensamento livre dos tempos modernos tivesse tido a ocasião de se preocupar com eles. No entanto, o francês De l'Ancre, escrevendo, em 1622, um pequeno tratado contra os "sortilégios", lhe concedeu uma menção; decerto não se tinha ainda, ao seu redor, perdido totalmente o hábito, atestado treze anos antes por Du Laurens, de entesourá-los como talismãs. Ele não nega a sua virtude; mas se recusa a ver nela qualquer coisa de milagroso. Não, por certo, que a incredulidade fosse nele uma atitude filosófica; mas o orgulho nacional o impedia de admitir como autêntico um milagre inglês. Para Du Laurens, esses "anéis de cura" devem sua eficácia a algum remédio secreto e mais ou menos mágico — "pé de alce" ou "raiz de Peônia" — que os reis da Inglaterra introduzem sub-repticiamente no metal.[3] Em suma, a pretensa consagração seria apenas uma trapaça. Encontraremos logo mais, a respeito do milagre da escrófula, mais de uma explicação do mesmo tipo. A interpretação do toque, ao contrário da dos anéis medicinais, foi, com efeito, frequentemente discutida.

Foi, como já vimos, entre os primeiros "libertinos" italianos que a questão foi primeiramente levantada. Depois deles, alguns teólogos protestantes da Alemanha — Peucer no final do século XVI, Morhof e Zentgraff no século seguinte — se apropriam dela, num espírito, de modo geral, análogo, pois, se não pretendem, como seus predecessores, negar todo sobrenatural, não estão mais do que eles dispostos a atribuir graças misteriosas ao rei católico da França, e nem mesmo à dinastia anglicana. Ao que parece, o enigma das curas régias se tornou, no século XVII, um assunto corrente para essas monografias públicas que vinham de tempos em tempos animar a vida um tanto morna das universidades alemãs; pelo menos, os opúsculos de Morhof, de Zentgraff e também o de Trinkhusius, do qual conheço infelizmente apenas o título, nasceram de teses assim sustentadas perante uma assembleia acadêmica em Rostoque, em Wittenberg, em Jena.[4] Até aqui, como podemos perceber, era fora dos dois reinos diretamente interessados na taumaturgia real que as discussões se desenvolviam. Na França e na Inglaterra, os céticos estavam reduzidos à política do silêncio. O mesmo já não ocorria mais na Inglaterra do século XVIII, onde os reis haviam deixado de pretender curar. Já mencionei a polêmica a esse respeito que opôs Whigs e jacobitas. O debate

---

3. *L'Incrédulité et mescreance du sortilège*, p. 164: "pois se houvesse em seu anel de cura pé de alce ou raiz de Peônia, por que atribuir a esse milagre o que pode advir de um agente natural?".
4. Para as obras de Morhof, Zentgraff, Trinkhusius, ver a "Bibliografia"; para Peucer, ver abaixo, p. 401, n. 18.

não tinha apenas interesse político. O famoso *Ensaio sobre o milagre*, publicado em 1749 por Hume, lhe proporcionou sua dignidade filosófica ou teológica. Não que naquelas poucas páginas, tão fortes e tão cheias, se encontre alguma alusão aos pretensos privilégios da mão régia; nelas, Hume fala como teórico puro e pouco se detém no exame crítico dos fatos. É preciso procurar sua opinião sobre esse ponto preciso em sua *História da Inglaterra*; ela é, como se podia esperar e como já constatamos, decididamente cética, com a nuance de desdém que a "superstição" inspirava nos homens do século XVIII. Mas o *Ensaio*, ao direcionar a atenção para toda uma ordem de problemas, conferiu aos milagres em geral uma espécie de atualidade intelectual, em que o velho rito monárquico teve sua parte. Em 1754, um ministro anglicano, John Douglas, publicou, sob o título *Criterion*, uma refutação do *Ensaio* na qual ele se coloca decididamente no terreno histórico. Esse pequeno tratado, recheado de observações judiciosas e finas, merece, a despeito do que se possa pensar de suas conclusões, ocupar uma posição honrosa na história dos métodos críticos. Ele não se apresenta como uma defesa, sem distinção, de todos os fenômenos comumente qualificados de sobrenaturais. Douglas se dedica — como literalmente indica seu subtítulo — a refutar "as pretensões" daqueles que desejam "comparar os Poderes miraculosos relatados no Novo Testamento àqueles que se disse terem subsistido quase até os últimos tempos; e a mostrar a grande e fundamental diferença entre essas duas espécies de milagres, do ponto de vista do testemunho: de onde se evidenciará que os primeiros devem ser verdadeiros, e os segundos, falsos". Em resumo, trata-se de salvar os milagres evangélicos, repudiando qualquer laço entre eles e outras manifestações mais recentes, às quais a opinião esclarecida da época definitivamente renunciou dar crédito: entre esses falsos prodígios do tempo presente aparecem, ao lado das curas que se operaram sobre o túmulo do diácono Paris, "as curas da escrófula pelo toque régio". Esses eram, para um homem do século XVIII, os dois exemplos mais familiares de uma ação que o homem comum considerava milagrosa.[5]

---

5. Para o título completo do livro de Douglas — do qual a citação feita acima foi extraída — ver a "Bibliografia", abaixo, p. 489. A obra é dedicada a um cético anônimo, que se trata de ninguém menos do que Adam Smith. A interpretação sobrenatural do milagre régio é rejeitada, como em Hume, em termos desdenhosos: "This solution might, perhaps, pass current in the Age of *Polydor Virgil*, in that of M. *Tooker*, or in that of Mr. *Wiseman*, but one who would account for them so, at this Time of Day, would be exposed, and deservedly so, to universal Ridicule" [Tal solução talvez pudesse ser aceita na época de Polidoro Virgílio, na do senhor Tooker, ou na do senhor Wiseman,

Ora, todos esses escritores, dos mais antigos pensadores naturalistas da Itália, Calcagnini ou Pomponazzi, a Zentgraff e Douglas, adotam, em relação ao poder taumatúrgico dos reis, uma posição comum. Por razões diferentes, todos concordam em recusar-lhe uma origem sobrenatural; mas não o negam em si mesmo; não contestam de modo algum que os reis efetivamente operassem curas. Atitude um tanto embaraçosa para eles mesmos, pois os força a procurar, para essas curas cuja realidade admitem, para esses "jogos surpreendentes das coisas",[6] como diz Peucer, explicações de ordem sobrenatural ou supostamente de tal ordem, as quais não encontram sem dificuldade. Como explicar que tenham adotado essa posição? Não teria sido mais cômodo concluir pela inexistência do dom curativo? Seu espírito crítico, ainda insuficientemente aguçado, com certeza não era capaz de semelhante audácia. Que escrofulosos em grande número tivessem sido livrados de sua moléstia pelos reis era o que a voz pública unanimemente afirmava. Para rejeitar como irreal um fato assim proclamado por uma multidão de testemunhas ou pretensas testemunhas, é preciso uma ousadia que apenas pode ser dada, e justificada, por um conhecimento sério dos resultados obtidos pelo estudo do testemunho humano. Ora, a psicologia do testemunho é, ainda hoje, uma ciência muito jovem. No tempo de Pomponazzi ou mesmo de Douglas, ela estava no limbo. A despeito das aparências, a atitude intelectual mais simples e talvez mais sensata consistia então em aceitar o fato tido como provado pela experiência comum, mesmo tendo de procurar para ele causas diferentes daquelas atribuídas pela imaginação popular. Não nos damos mais conta hoje das dificuldades a que certos espíritos, embora relativamente emancipados, puderam ter sido confrontados no passado pela impossibilidade em que se encontravam de rejeitar deliberadamente como falsas as afirmações do entendimento universal. Pelo menos, quando se opunham a Wycliffe os prodígios realizados por pretensos santos comprometidos, aos olhos dele, por sua participação nas riquezas da Igreja, ele podia responder fazendo remontar-lhes a origem aos demônios, capazes, como se sabe, de simular as graças divinas.[7] Da mesma forma, o jesuíta Del Rio insinuava que o diabo podia de

---

mas aquele que a sustentasse dessa maneira, nos dias de hoje, se veria exposto, e merecidamente, ao ridículo universal] (p. 200). Quanto aos milagres do diácono Paris, Hume também lhe fizera alusão em seu *Ensaio*; trata-se praticamente do único exemplo concreto por ele mencionado.
6. "Mirifica eventuum ludibria": cf. abaixo, p. 401, n. 18.
7. *De papa*, c. 6: *English Works of Wyclif...*, ed. F. D. Matthew, *Early English Texts*, 1880, p. 469; cf. Bernard Lord Manning, *The People's Faith in the Time of Wyclif*, p. 82, n. 5, n. III.

fato ter alguma participação nas curas operadas pela rainha Elizabeth, se é que elas tinham alguma sustentação na realidade;[8] e os protestantes franceses, segundo o testemunho de Josué Barbier, preferiam, por vezes, considerar seu rei um agente do Maligno a reconhecer-lhe o dom do milagre.[9] Mas esse era um recurso do qual os próprios teólogos reformados não gostavam de abusar e que definitivamente escapava a filósofos naturalistas.

As primeiras explicações do toque dadas pelos pensadores italianos do Renascimento são, aos nossos olhos, muito singulares e, para falar com clareza, muitas vezes passavelmente disparatadas. Encontramos, primeiro, dificuldade em compreender que elas tenham representado em relação à explicação pelo milagre um progresso qualquer. Isso porque, entre aqueles homens e nós passaram quase todas as ciências físicas e naturais. Mas é preciso ser justo com tais precursores.[10] O progresso, como já observei, consistia em fazer entrar na disciplina das leis da natureza — ainda que inexatamente concebidas — um fenômeno até então considerado exterior à ordem normal do mundo. A inabilidade daqueles esforços incertos era a dos primeiros passos da infância. Aliás, a própria diversidade das interpretações propostas trai as hesitações de seus autores.

O astrônomo florentino Juntino [Junctinus], que foi esmoler ordinário do duque de Anjou, quarto filho de Catarina de Médici, procurava, segundo se dizia, a razão para as curas régias em sabe-se lá que misteriosa influência dos astros;[11] essa imaginação, por mais estranha que possa parecer, correspondia bem ao gosto da época; no entanto, ela parece ter tido apenas sucesso medíocre. Cardano acredita em uma espécie de impostura: os reis da França, segundo ele, se nutrem de bálsamos providos de uma virtude medicinal que se transmite à sua pessoa.[12] Calcagnini supõe uma

---

8. *Disquisitionum*, p. 64; cf. acima, p. 373, n. 12.
9. Cf. acima, p. 353.
10. Sobre a escola naturalista italiana, há informações utilizáveis em J. R. Charbonnel, *La Pensée italienne au XVIᵉ siècle et le courant libertin*, 1919; cf. também Henri Busson, *Les Sources et le développement du Rationalisme dans la littérature francaise de la Renaissance (1533-1601)*, 1922, p. 29 ss. e 231 ss.
11. A opinião de Juntino é citada por Morhof, *Princeps Medicus* (*Dissertationes Academicae*), p. 147. Conheço desse autor, Franciscus Junctinus Florentinus, apenas um *Speculum Astrologiae*, 2 vol. in-4º. Lyon, 1581, onde não encontrei nada que diga respeito ao milagre régio.
12. Passagem do *Contradicentium medicorum libri duo*, muitas vezes citada, notadamente por Del Rio, *Disquisitionum*, ed. de 1624, p. 27 (a indicação está ausente na edição de 1606), por Du Peyrat, *Histoire ecclésiastique de la Cour*, p. 797, por Gaspard A. Reies, *Elysius*

trapaça de outra ordem: de acordo com seu relato, Francisco I teria sido surpreendido, em Bolonha, umedecendo seu polegar com saliva; era na saliva dos capetíngios que residiria seu poder curativo, certamente como uma qualidade fisiológica própria à sua raça.[13] Vemos aparecer aqui uma ideia que devia quase inevitavelmente vir à mente dos homens daquele tempo: a de um poder curativo que se transmitia pelo sangue; havia então na Europa tantos charlatães que se pretendiam capazes de sanar certos males por vocação familiar! Como tivemos a ocasião de assinalar, o canonista italiano Felino Sandei — falecido em 1503 —, recusando-se, para o grande escândalo de um dos mais antigos apologistas dos Valois, Jacques Bonaud de Sauset, a reconhecer o privilégio taumatúrgico dos monarcas franceses como milagroso, lhe atribuía como origem "a força da parentela".[14] O mais ilustre representante da escola filosófica padovana, Pedro Pomponazzi, retomou a mesma hipótese, depurando-a definitivamente de todo apelo ao maravilhoso. "Assim como", diz ele, "tal erva, tal pedra, tal animal... possui a virtude de curar determinada doença... tal homem pode, por um atributo

---

jucundarum, p. 275, mas que, dada a carência de índices apropriados nessa obra, não pude encontrar. Segundo Del Rio, loc. cit., Cardano teria sido "dignum scutica Ioann. Brodaei, lib. 8 miscellan. c. 10". A única edição dos *Miscellaneorum* de Jean Brodeau que a Biblioteca Nacional possui, Basileia, 1555, contém apenas seis livros.

13. Caelio Calcagnini, *Opera*. Basileia, fól., 1544, *Epistolicarum quaestionum*, lib. I, p. 7: carta a seu sobrinho, Tomás Calcagnini: "Quod Bononiae videris Franciscum Galliarum regem saliua tantum pollice in decussem allita strumis mederi, id quod gentilitium et peculiare Gallorum regibus praedicant: non est quod mireris, aut ulla te rapiat superstitio. Nam et saliuae humanae, ieiunae praesertim, ad multas maximasque aegritudines remedium inest". Calcagnini (1479-1541) não pertence ao mesmo grupo que Pomponazzi, por exemplo, ou Cardano, nem à mesma geração; mas ele certamente era um espírito livre; tomou o partido do sistema de Copérnico; Erasmo falou elogiosamente a seu respeito. Ver sobre ele Tiraboschi, *Storia della letteratura italiana*, VII, 3. Módena, 1792, p. 870 ss. Quanto à ideia do poder curativo da saliva, tratava-se de uma noção popular bastante antiga: cf. C. de Mensignac, *Recherches ethnographiques sur la salive et le crachat* (Extrait des bulletins de la Soc. anthropologique de Bordeaux et du Sud-Ouest, ano 1890, tomo VI). Bordeaux, 1892; e Marignan, *Études sur la civilisation francaise*, II, *Le culte des saints sous les Mérovingiens*, p. 190. Na Inglaterra, os sétimos filhos molhavam, por vezes antes de tocar, seus dedos com saliva: *Folk-lore*, 1895, p. 205. Sobre a ideia de impostura régia, cf. a hipótese levantada por Del Rio sobre os "emplastros" secretos dos reis da Inglaterra: ver acima, p. 372.

14. Texto de Sandei citado acima, p. 144, n. 110. Jacques Bonaud de Sauset, obra e passagem indicadas na Bibliografia, p. 485. O milagre régio francês também é considerado efeito de uma "virtude hereditária" pelo italiano Leonardo Vairo, que não é um racionalista: L. Vairo, *De fascino libri tres*, 1583, lib. I, c. XI, p. 48.

pessoal, possuir uma virtude dessa espécie"; no caso dos reis da França, esse atributo era, ao seu ver, a prerrogativa não de um indivíduo isolado, e sim de uma raça inteira; ele relaciona, sem reverência, esses grandes príncipes aos "parentes de São Paulo", feiticeiros italianos que, como se sabe, se apresentavam como médicos das mordidas venenosas; Pomponazzi não põe em dúvida o talento nem de uns nem de outros; tais predisposições hereditárias são, em seu sistema, absolutamente naturais, assim como as propriedades farmacêuticas das espécies minerais ou vegetais.[15] O mesmo pode ser dito, pelo menos nas grandes linhas, de Júlio César Vanini.[16] Mas, neste último, já transparece — mesclada à teoria da hereditariedade que ele compartilha com Pomponazzi — uma explicação de espécie diferente, a qual tornaremos a encontrar, em seguida, em Beckett e em Douglas.[17] Para esses autores, as curas teriam sido o efeito da "imaginação"; não pretendiam com isso qualificá-las de imaginárias, isto é, de irreais; pensavam que os doentes, com a mente perturbada pela solenidade da cerimônia, pela pompa real e, acima de tudo, pela esperança de recuperar a saúde, acabavam por sofrer um abalo nervoso capaz, por si só, de trazer a cura.

---

15. Petri Pomponatii, *Mantuani, ... de naturalium effectuum causis*, ed. da Basileia [1567], cap. IV, p. 43: "Secundo modo hoc contingere posset, quoniam quemadmodum dictum est in suppositionibus, sicuti contingit aliquam esse herbam, vel lapidem, vel animal, aut aliud, quod proprietatem sanandi aliquam aegritudinem habeat... ita contingit aliquem hominem ex proprietate individuali habere talem virtutem", e p. 48, na enumeração dos exemplos: "Reges Gallorum nonne dicuntur strumas curasse". Sobre Pomponazzi e sua atitude em relação ao sobrenatural, ver uma página perspicaz de L. Blanchet, *Campanella*, 1922, p. 208-209. É curioso constatar que Campanella, desejando aparentar defender os milagres contra Pomponazzi — nos quais, no fundo, ele parece não ter realmente acreditado —, tenha, ele também, escolhido entre outros exemplos o milagre régio: *De sensu rerum*, IV, c. 4, in-4º. Frankfurt, 1620, p. 270-271; cf. Blanchet, p. 218.
16. Júlio César Vanini ... *De admirandis Naturae Reginae Deaeque Mortalium Arcanis*, Paris 1616, p. 433 e 441; a passagem é, aliás, bastante obscura, certamente por prudência, e entrecortada por elogios aos reis da França.
17. Douglas também abre espaço para a coincidência: "in those Instances when Benefit was received, the Concurrence of the Cure with the Touch might have been quite accidental, while adequate Causes operated and brought about the Effect" [nesses casos em que o benefício era recebido, a coincidência da cura com o toque pode ter sido puramente acidental, enquanto causas adequadas operavam e produziam o efeito] (p. 202). Entre os autores contemporâneos, Ebstein, *Heilkraft der Könige*, p. 1.106, pensa que o toque era, na realidade, uma espécie de massagem, e eficaz como tal; acreditei não ter a necessidade de discutir essa teoria.

O toque teria sido, em suma, uma espécie de psicoterapia, e os reis, sem o saberem,[18] outros tantos Charcot.[19]

Ninguém mais acredita hoje na influência fisiológica dos astros, no poder medicinal da saliva, na força comunicativa de um alimento aromatizado, nas virtudes curativas inatas transmitidas pela descendência familiar. Entretanto, a explicação psicoterapêutica do milagre régio ainda parece ter alguns adeptos; não, é verdade, sob as mesmas formas simplistas de outrora — quem diria hoje, como Beckett, que o sangue, movimentado pela imaginação, vinha forçar os canais obstruídos das glândulas? —, mas sob a roupagem emprestada por doutrinas neurológicas mais sutis e mais especiosas. Por tal motivo, cabe dizer algumas palavras a seu respeito.

Convém aqui considerar à parte os anéis medicinais. Aplicando-se a essa manifestação do dom taumatúgico, a hipótese de Vanini e de Douglas não está desprovida de toda verossimilhança. É permitido retê-la como suscetível de explicar, senão todos os casos, ao menos certo número deles. Lembremo-nos com efeito de quais afecções os círculos de ouro ou de prata consagrados

---

18. Peucer tende a considerar a crença no dom taumatúrgico como uma superstição, mas não se pronuncia sobre as diferentes hipóteses apresentadas na sua época para explicar as curas: *De incantationibus*, no *Commentarius de praecipuis divinationum generibus*, ed. de 1591, peq. in-8º. Zerbst, p. 192: "Regibus Francicis aiunt familiare esse, strumis mederi aut sputi illitione, aut, absque hac, solo contactu, cum pronunciatione paucorum et solennium verborum: quam medicationem ut fieri, sine Diabolicis incantationibus manifestis, facile assentior: sic, vel ingenita vi aliqua, constare, quae a maioribus propagetur cum seminum natura, ut morbi propagantur, et sirailitudines corporum ac morum, vel singulari munere divino, quod consecratione regno ceu dedicatis [sic] contingatin certo communicatum loco, et abesse superstitionis omnis inanem persuasionem, quaeque chan sanciunt mirifica eventuum ludibria, non facile crediderim: etsi, de re non satis explorata, nihil temere affirmo". Quanto às monografias de Morhof e de Zentgraff, elas têm, quando muito, o valor de compilações. A esse título, são preciosíssimas: porém, quanto ao pensamento, não visam, de modo algum, à originalidade. A atitude de Morhof é um tanto difícil de explicar; ele parece considerar o poder taumatúrgico dos reis uma graça sobrenatural concedida por Deus (p. 155), contudo a conclusão é de um tom levemente cético (p. 157). Zentgraff tem por objetivo mostrar que uma explicação de ordem natural é possível; ele não acredita ser obrigado a escolher entre as que foram propostas antes dele; parece tender à ideia de uma espécie de impostura (os reis cobrindo as mãos com um bálsamo especial), no entanto sem insistir; e conclui com prudência: "Ita constat Pharaonis Magorum serpentes, quos Moses miraculose produxit, per causas naturales productos esse, etsi de modo productionis nondum sit res plane expedita" (p. B², vº).

19. Jean-Martin Charcot (1825-1893), eminente neurologista francês, particularmente famoso por seu trabalho sobre a hipnose e a histeria. (N. T.)

durante a Sexta-Feira Santa supostamente curavam: a epilepsia, a "câimbra", isto é, todas as espécies de espasmos ou dores musculares. Seguramente, nem a epilepsia nem, no grupo um tanto mal determinado das "dores", o reumatismo ou a gota, por exemplo, são suscetíveis de tratamento psiquiátrico. Mas como perder de vista o que era antigamente a medicina, mesmo a erudita? Como esquecer o que foi, desde sempre, a medicina popular? De uma tanto quanto da outra, não se poderia esperar muita precisão nas definições clínicas ou diagnósticos muito seguros. Na época em que os reis da Inglaterra abençoavam os *cramp-rings*, confundiam-se com facilidade, sob o nome de epilepsia, ou sob qualquer um de seus numerosos sinônimos, mal comicial, mal de São João, e assim por diante, ao lado de perturbações propriamente epiléticas, muitas outras desordens nervosas, tais como crises convulsivas, tremedeiras, contraturas, que eram de origem puramente emotiva ou então que a neurologia moderna incluiria no grupo de fenômenos nascidos da sugestão ou da autossugestão e que ela designa pelo nome de "pitiáticos": acidentes, todos eles, que um choque psíquico ou a influência sugestiva de um talismã são perfeitamente capazes de fazer desaparecer.[20] Da mesma forma, entre as dores havia provavelmente algumas de natureza neuropática, sobre as quais a "imaginação" — no sentido em que os antigos autores empregavam essa palavra — pode muito bem não ter ficado sem ação. Entre os portadores de anéis, alguns, segundo as aparências, deveram o alívio ou talvez somente a atenuação de seus males simplesmente à fé robusta que dedicaram ao amuleto real. Voltemos, porém, à forma mais antiga, mais esplendorosa e mais conhecida do milagre: o toque da escrófula.

Os adeptos do caráter sobrenatural da realeza protestaram diversas vezes, no século XVII, contra a ideia de que as curas, atribuída por eles à mão sagrada dos reis, podiam ser efeito da imaginação. O argumento que eles ordinariamente apresentam é o de que não raro se viam sendo curadas crianças muito jovens, incapazes de sofrer qualquer sugestão, pois eram incapazes de compreender: observação que de fato tem valor; afinal, por que negar as curas de crianças de tenra idade se admitimos as dos adultos, que não são

---

20. Sobre as perturbações de origens emotivas ou pitiáticas, ver especialmente Babinski. *Démembrement de l'hystérie traditionnelle, Pithiatisme*; *Semaine médicale*, XXIX, 1909, p. 3 ss. É uma confusão clínica da mesma espécie que, segundo Gaidoz, explica certo número, pelo menos, das curas aparentes da raiva observadas entre os peregrinos de Saint-Hubert. "As convulsões e os furores da raiva se assemelham às de diversas doenças nervosas e mentais". *La rage et Saint Hubert*, p. 103.

atestadas de outra maneira?[21] Mas o principal motivo que deve nos impedir de aceitar a interpretação psíquica do milagre régio é de outra ordem. Há cerca de cinquenta anos, talvez ela tivesse encontrado, entre os neurologistas e os psiquiatras, apenas pouco contraditores: no rastro de Charcot e de sua escola, então se atribuía comumente a certas perturbações nervosas, qualificadas como "histéricas", o poder de produzir feridas e edemas; é evidente que as lesões às quais se conferia essa origem eram também, por justa contrapartida, consideradas aptas a ceder diante da influência de outro abalo da mesma natureza. Haveria algo mais simples, uma vez aceita essa teoria, do que supor em certa quantidade, ao menos, dos tumores ou feridas pretensamente escrofulosos apresentados ao toque régio um caráter "histérico"? Mas tais concepções são hoje quase unanimemente rejeitadas. Estudos mais bem conduzidos mostraram que os fenômenos orgânicos outrora atribuídos à ação da histeria devem, em todos os casos suscetíveis de observações precisas, ser relacionados quer à simulação, quer a afecções que nada têm de nervosas.[22] Resta perguntar se a sugestão pode acarretar a cura da escrófula propriamente dita, isto é, da adenite tuberculosa, ou das adenites em geral. Desconfiando, obviamente, de minha própria incompetência, acreditei dever fazer essa pergunta a vários médicos ou fisiologistas; suas respostas variaram na forma, ao sabor dos temperamentos individuais; quanto ao fundo, elas foram semelhantes e se resumem pelas seguintes palavras de um deles: sustentar semelhante tese seria defender uma "heresia fisiológica".

§ 2. COMO SE ACREDITOU NO MILAGRE RÉGIO

Em suma, os pensadores do Renascimento e seus sucessores imediatos nunca chegaram a oferecer para o milagre régio uma explicação satisfatória. Seu erro consistiu em formular mal o problema. Tinham da história das sociedades

---

21. Por exemplo, Wiseman, *Severall Chirurgical Treatises*, I, p. 396; Heylin, em sua réplica a Fuller, citada abaixo, p. 408, n. 37; Le Brun, *Histoire critique des pratiques superstitieuses*, II, p. 121. É curioso constatar que, em 1853, monsenhor Gousset, arcebispo de Reims, crente persistente no milagre régio, pensava que, "nos dias de hoje, crianças são mais facilmente curadas" porque não se pode ser curado sem ter fé (palavras relatadas pelo barão de Damas, *Mémoires*, II, p. 306).
22. Cf. notadamente Déjerine, *Seméiologie du système nerveux*, 1904, p. 1110 ss.; J. Babinski, *Démembrement de l'hystérie traditionnelle, Semaine médicale*, 1909; J. Babinski e J. Froment, *Hystérie, Pithiatisme et troubles nerveux d'ordre réflexe en neurologie de guerre*, 2. ed., 1918, p. 73 ss.

humanas um conhecimento insuficiente para medir a força das ilusões coletivas; hoje, apreciamos melhor sua surpreendente potência. É sempre a velha história que Fontenelle tão belamente contou. Um dente inteiramente de ouro aparecera, segundo se dizia, na boca de um jovem rapaz, na Silésia; os sábios encontraram mil razões para explicar esse prodígio; então, pensou-se em observar a mandíbula maravilhosa; percebeu-se uma folha de ouro aplicada com habilidade sobre um dente muito ordinário. Abstenhamo-nos de imitar esses doutores mal avisados: antes de pesquisar como curavam os reis, não nos esqueçamos de nos perguntar se eles realmente curavam. Um rápido exame do retrospecto clínico das dinastias miraculosas não tardará a nos esclarecer sobre esse ponto. Os "príncipes médicos" não eram impostores; mas, assim como a criança silesiana não tinha um dente de ouro, eles jamais restabeleceram a saúde de ninguém. O verdadeiro problema será, portanto, compreender como, se eles não curavam, se pôde acreditar em seu poder taumatúrgico. Sobre esse ponto também, o retrospecto clínico será esclarecedor.[23]

Primeiramente, salta aos olhos que a eficácia da mão régia sofria, ao menos, alguns eclipses. Sabemos, por meio de exemplos bastante numerosos, que muitos doentes se faziam tocar em diversas ocasiões: prova evidente de que a primeira tentativa não havia bastado. Assim, sob os últimos Stuart, um eclesiástico se apresentou duas vezes a Carlos II, e três a Jaime II.[24] Browne não hesitava em reconhecê-lo: certas pessoas "foram curadas apenas com o segundo toque, visto que não obtiveram tal benefício na primeira vez".[25] Na Inglaterra, formou-se uma superstição segundo a qual o contato régio não produzia efeitos se não fosse repetido; ela somente pôde nascer porque o primeiro toque com frequência permanecia vão.[26] Da mesma forma, na Beauce, no século XIX, os clientes do "*marcou*" de Vovette, quando não tinham sido aliviados na primeira solicitação, multiplicavam suas visitas ao

---

23. Essa facilidade de aceitar como real uma ação milagrosa, mesmo desmentida de maneira persistente pela experiência, se encontra, aliás, em todos os "primitivos" e pode até mesmo passar por um dos traços essenciais da mentalidade dita "primitiva". Ver um exemplo curioso disso, entre outros, em L. Levy-Bruhl, *La Mentalité primitive*, 1922, p. 343 (Ilhas Fiji).
24. Crawfurd, p. 109.
25. *Adenochoiradelogia*, p. 106: "Others again having been healed upon His second Touch, which could not receive the same benefit the first time". Sabe-se que, na Inglaterra, desde Carlos I, exigia-se dos doentes um certificado provando que ainda não tivessem sido tocados.
26. Ver Browne, p. 91, que, evidentemente, combate essa crença.

rústico médico.[27] Nem os reis nem os sétimos filhos, portanto, obtinham êxito em todas as suas tentativas.

Isso não é tudo. Que os reis não tenham jamais curado ninguém é o que, evidentemente, na época áurea da fé monárquica, os crentes da França ou da Inglaterra não teriam admitido a preço nenhum; porém a maioria deles não tinha dificuldades em confessar que os reis não curavam todo mundo, mesmo tentando várias vezes. Douglas justamente observava: "Ninguém jamais pretendeu que o toque régio fosse benfazejo em todos os casos em que se recorria a ele".[28]. Em 1593, o jesuíta Del Rio argumentava, com base nas confissões de Tooker a esse respeito, para atacar o milagre inglês:[29] agia assim porque fazia questão de arruinar as pretensões de uma princesa herética. Para chegar de coração leve a uma conclusão tão grave, era preciso ter os olhos abertos pela paixão religiosa. Ordinariamente, como mostra o exemplo do próprio Tooker e, depois dele, de Browne, tendia-se a ser mais complacente. Escutemos a resposta de Josué Barbier às dúvidas de seus antigos correligionários protestantes: "Dizeis, para obscurecer ainda mais essa virtude miraculosa, que, dentre os que são tocados, são muito poucos os escrofulosos que se curam... Mas, mesmo reconhecendo que o número dos que são curados é menor do que o dos que permanecem doentes, disso não resulta que a cura dos primeiros não seja miraculosa e admirável, tal como a cura daquele que foi o primeiro a entrar no lavatório de Betsaida, após o movimento da água pelo ministério do Anjo que descia uma vez por ano para esse efeito. E, embora os apóstolos não curassem todos os doentes, eles não deixavam de operar milagrosamente em relação àqueles que eram curados". Seguem outros exemplos extraídos dos Livros Santos: "Naamã, o Sírio", único "limpo" por Eliseu, apesar de ter havido em sua época, segundo a própria palavra de Jesus, "vários leprosos em Israel"; Lázaro, único entre todos os mortos ressuscitado por Cristo; a hemorroissa, única curada por ter tocado a borda do manto do Salvador, ao passo que "tantos outros o tocaram sem dele receber qualquer fruto!"[30] Da mesma forma, na Inglaterra, um teólogo de

---

27. *Gazette des hôpitaux*, 1854, p. 498.
28. *Criterion*, p. 201-202: "it never was pretended that the Royal Touch was beneficial in every Instance when tried". Cf. nas *Memórias* do barão de Damas, no tomo II, a advertência sobre o toque, p. 305: "Nem todos são curados".
29. *Disquisitionum*, p. 61 (cf. acima, p. 372); segundo Tooker, *Charisma*, p. 106. Cf. Browne, *Adenochoiradelogia*, p. III.
30. *Les miraculeux effects*, p. 70 a 73. Citações bíblicas: Naamã, o Sírio, Lucas, 4, 27; piscina probática de Betsaida, *João*, V, 4.

alta ciência e de perfeito lealismo, Georges Bull, escreveu: "Dizem que certas pessoas, após terem experimentado esse remédio soberano, retornam sem que nenhuma cura tenha sido efetuada sobre elas... Deus não deu esse poder à nossa linhagem real de maneira tão absoluta que ele segure as suas rédeas em suas próprias mãos para soltá-las ou puxá-las a seu bel-prazer". Afinal, os próprios apóstolos não receberam de Cristo o dom de aliviar as doenças, "de tal sorte que ele sempre estivesse à disposição deles, mas somente para ser por eles concedido, conforme o Doador o julgasse adequado".[31] Temos hoje do milagre uma ideia em geral intransigente. Parece que, a partir do momento em que um indivíduo goza de um poder sobrenatural, é preciso que seja capaz de exercê-lo a todo momento. As épocas de fé, para as quais as manifestações dessa ordem faziam parte do quadro familiar da existência, pensavam a seu respeito com mais simplicidade; não reclamavam dos taumaturgos, mortos ou vivos, santos ou reis, uma eficácia sempre constante.

Aliás, se o doente, para quem o milagre tinha falhado, era suficientemente mal-educado para se queixar, os defensores da realeza não encontravam dificuldades em lhe responder. Replicava-se, por exemplo, como querem Browne na Inglaterra[32] e o cônego Regnault na França, que ele carecera de fé, aquela fé que, como escrevia Regnault, "sempre foi uma disposição para as curas milagrosas".[33] Ou então se concluía por um erro de diagnóstico. Sob Carlos

---

31. *Some Important Points of Primitive Christianity Maintained and Defended in Several Sermons...* Oxford, 1816, p. 136: "And yet they say some of those diseased persons return from that sovereign remedy *re infecta*, without any cure done upon them... God hath not given this gift of healing so absolutely to our royal line, but he still keeps the reins of it in his own hand, to let them loose, or restrain them, as he pleaseth". E, na p. 134, a exposição sobre São Paulo e os apóstolos que haviam recebido de Cristo o dom da cura "as not to be at their own absolute disposal, but to be dispensed by them, as the Giver should think fit". Ver também o que diz Regnault, *Dissertation historique*, 1722, p. 3: "Sei bem que nem todos são curados: por isso, admitamos que nossos Reis não possuem mais poder que os Profetas e os Apóstolos, que não curavam todos os Doentes que imploravam por seu socorro".
32. *Adenochoiradelogia*, p. 111: "Thus every unbelieving Man may rest satisfied, that without he brings Faith enough with him, and in him, that His Majesty hath Virtue enough in His Touch to Heal him, his expectation will not be answered" [Assim todo homem descrente pode estar certo de que, se não trouxer fé suficiente consigo, e em si, ainda que Sua Majestade tenha suficiente virtude em seu toque para o curar, sua expectativa não será atendida].
33. *Dissertation*, p. 4. Cf. as palavras de monsenhor Gousset, arcebispo de Reims, relatadas pelo barão de Damas, *Mémoires*, II, p. 306: "Essas curas devem ser consideradas graças privilegiadas... que dependem ao mesmo tempo da fé do rei que toca e da fé do doente que é tocado". É a mesma explicação que os fiéis de Saint-Hubert de Ardenas davam, e

VIII, um pobre-diabo chamado Jean l'Escart foi tocado pelo soberano, em Tolosa; ele não se curou. Mais tarde, São Francisco de Paula o livrou de sua moléstia, aconselhando-lhe práticas pias e um caldo de ervas. No processo de canonização do santo, o depoimento de Jean foi tomado; ele parece realmente ter, por si próprio, admitido que, se solicitara em vão seu príncipe, é porque não se encontrava tomado pela afecção adequada.[34] Afinal, o mal régio era aquele que o rei sanava.

Assim, a "mão sagrada" dos "príncipes médicos" nem sempre era bem-sucedida. É inconveniente que nem sempre possamos estabelecer a proporção numérica entre fracassos e sucessos. Os certificados estabelecidos depois da sagração de Luís XVI o foram por acaso, sem plano de conjunto. Após a de Carlos X, um esforço um pouco mais bem coordenado foi levado a cabo. As irmãs do Hospício São Marculfo, bem-intencionadas, mas talvez imprudentes, decidiram seguir os doentes e reunir algumas informações sobre seus destinos. Lá, cerca de 120 a 130 pessoas foram tocadas. Identificaram-se ao todo oito casos de cura, embora três deles sejam conhecidos apenas por meio de um testemunho incerto. O número é tão fraco que é difícil acreditar que corresponda à proporção habitual. Acima de tudo, o erro das freiras foi o de terem se apressado demais. Os cinco primeiros casos, os únicos ditos como certos, foram constatados nos três meses e meio subsequentes à cerimônia; passado esse tempo, parece que não houve continuidade da investigação. Teria sido necessário perseverar. Continuando a observar os miraculados de 31 de maio de 1825, teria sido possível, segundo todas as probabilidades, notar entre eles novas curas.[35] A paciência era, nesse ponto, a regra muito sábia dos séculos verdadeiramente crentes.

---

certamente ainda dão hoje para explicar que certos doentes, a despeito de uma peregrinação feita no túmulo do santo, sucumbem à raiva: Gaidoz, *La Rage et Saint Hubert*, p. 88.
34. *AA. SS. aprilis*, I, p. 155, n. 36.
35. Cinco casos de cura foram constatados por uma ata, datada de 8 de outubro de 1825, estabelecida sob forma dupla: primeiramente, atestado das freiras do Hospício São Marculfo, e, em seguida, atestado de um médico, o doutor Noël: *Ami de la Religion*, 9 de novembro de 1825; reproduzido por Cerf, *Du toucher des écrouelles*, p. 246. Em 1867, uma freira — que entrara, aliás, no hospício somente em 1826 — testemunhou a respeito de três outros casos que ela conhecia: Marquigny, *L'Attouchement du roi de France guérissait-il des écrouelles?*, p. 389, n. 1. As cinco curas observadas em 1825 concernem, todas elas, a crianças. Ora, adultos também haviam sido tocados. As irmãs não puderam acompanhá-los? Esse seria um novo motivo para não considerar que a estatística corresponde à proporção habitual. Em 1853, o barão de Damas, que conhecia apenas esses cinco casos, escreveu: "A superior do hospício acredita ter havido grande número deles, mas se absteve de constatá-lo". Não

Não imaginemos, com efeito, que alguém tenha um dia exigido sucesso imediato do toque. Ninguém esperava, de maneira alguma, ver as feridas cicatrizarem bruscamente ou os tumores desincharem sob o contato maravilhoso. Os hagiógrafos atribuíam um triunfo repentino dessa espécie a Eduardo, o Confessor. Mais recentemente, contava-se a respeito de Carlos I um episódio análogo; uma jovem cujo olho esquerdo, atingido pela escrófula, deixara de enxergar, havia, ao fazer-se tocar, recuperado no mesmo momento o uso, de resto ainda um tanto imperfeito, desse órgão.[36] Na vida cotidiana, não se exigia tal prontidão. Se o alívio ocorresse algum tempo — e mesmo um tempo bastante longo — após a realização do rito, todos se consideravam satisfeitos. É por isso que o historiador inglês Fuller, que era apenas um adepto muito morno da realeza taumatúrgica, via no poder curativo dos soberanos um milagre "parcial": "pois um milagre completo se opera imediata e perfeitamente, ao passo que essa cura procede, em geral, unicamente por etapas e aos poucos".[37] Mas Fuller era, quando menos, um semicético. Os verdadeiros fiéis se mostravam

---

sei de onde L. Aubineau, *Notice sur M. Desgenettes*, p. 15, tirou que "os onze primeiros doentes tocados pelo rei foram curados".
36. Para Eduardo, o Confessor, textos citados acima, p. 144, n. 110. Sobre Carlos I, fragmento do diário de Oudert, citado por Edward Walford, *Old and New London*, III. Londres, s.d., p. 352.
37. Em sua *Church History of Britain*, publicada em 1655, Fuller se expressa de maneira um tanto morna a respeito do milagre — era na época de Cromwell: "Others ascribe it to the power of fancy and an exalted imagination" [Outros o atribuem ao poder da fantasia e a uma imaginação exaltada] (fól. 145). Ele foi, sobre esse ponto, assim como sobre muitos outros, violentamente atacado por Peter Heylin, *Examen Historicum or A Discovery and Examination of the Mistakes... in Some Modem Histories*, peq. in-8º. Londres, 1659. Fuller, numa réplica intitulada *The Appeal of Injured Innocence*, in-4º. Londres, 1659, respondeu nos seguintes termos: "Though I conceive fancy may much conduce, in *Adultis*, thereunto, yet I believe it *partly Miraculous*... I say *partly*, because a complete Miracle is done presently and perfectly, whereas this *cure* is generally advanced by Degree and some Dayes interposed" [Embora eu conceba que a fantasia possa conduzir a muitos, nesse tocante, acredito que seja parcialmente milagrosa... Digo parcialmente, pois um completo milagre se faz imediata e perfeitamente, ao passo que essa cura em geral se dá por etapas e com o intervalo de alguns dias]. Já em 1610, Thomas Morton — anglicano e bom realista, mas de tendência que qualificaríamos hoje de *Low Church* —, em sua obra intitulada *A Catholike Appeale for Protestants*, in-4º. Londres, p. 428, recusava-se a considerar as curas régias propriamente milagrosas: 1º) porque não instantâneas; 2º) porque o toque era frequentemente acompanhado de um tratamento médico. Segundo o barão de Damas (*Mémoires*, II, p. 306), monsenhor Gousset, arcebispo de Reims, tampouco considerava que as curas constituíam, no sentido estrito da palavra, um milagre; mas por uma razão diferente: porque não há, no fato de encontrar-se curada a escrófula, nada de "contrário às leis gerais que governam

menos suscetíveis. Os peregrinos de Corbeny não se abstinham de dirigir suas ações de graças a São Marculfo quando haviam sido curados somente algum tempo depois de sua "viagem". Os escrofulosos tocados pelo príncipe se viam como objeto de um milagre caso sobreviesse a cura, fosse qual fosse o momento de sua vinda. Sob Luís XV, D'Argenson acreditava estar agradando à corte ao assinalar a quem isso pudesse interessar um resultado obtido após três meses. O médico de Elizabeth, William Clowes, relatou com admiração a história de um doente que foi livrado de seus males cinco meses depois de ter sido tocado pela rainha.[38] Lemos acima a comovente carta que escreveu, na alegria de seu coração paterno, um senhor inglês, Lorde Poulett, cuja filha acabava de ser tocada e, segundo ele acreditava, curada por Carlos I: "Sua saúde", ele afirma a respeito da pequena miraculada, "melhora dia após dia". Isso significa, portanto, que essa saúde tão preciosa ainda não estava, naquele momento, plenamente restabelecida. Podemos supor, se quisermos, que a criança acabou por recuperar-se por completo. Mas, considerando as coisas na melhor das circunstâncias, nesse caso assim como em tantos outros, a influência do augusto toque se fez sentir, segundo a observação de Fuller, somente "por etapas e aos poucos". Quando ocorria, essa ação sobrenatural era ordinariamente apenas uma ação de efeito retardado.

Por vezes também, o efeito produzido permanecia apenas parcial. Ao que parece, foram aceitos sem queixas os semissucessos, que eram na verdade apenas sucessos aparentes. Em 25 de março de 1669, dois médicos de Auray, na Bretanha, entregaram, sem hesitar, um certificado de cura a um homem que, afetado por diversas úlceras escrofulosas, se fizera tocar pelo rei e, em seguida, por precaução adicional, estivera em peregrinação em São Marculfo de Corbeny: depois disso, todas as suas úlceras haviam desaparecido — exceto uma.[39] Em semelhante caso, a ciência moderna diria: certas manifestações da moléstia cederam, mas não o mal em si mesmo, ele ainda está presente, pronto para manifestar-se em outros pontos. Depois, havia as recaídas, as quais não parecem ter causado muita surpresa nem muito escândalo. Em 1654, uma mulher chamada Jeanne Bugain foi tocada por Luís XIV no dia seguinte à sagração deste; ela "recebeu alívio"; então, a doença retornou e não sucumbiu definitivamente senão após uma peregrinação a Corbeny. Um certificado, estabelecido pelo

---

o mundo". O barão de Damas, informado pelo arcebispo, sabia, aliás, perfeitamente que "as curas não são instantâneas" (ibidem, mesma *página*).
38. Texto citado por Crawfurd, *The king's evil*, p. 77.
39. Arch. de Reims, acervo de São Remígio, maço 223, inf., n. 7.

vigário da aldeia, constatou esses fatos.[40] O padre do interior que o redigiu certamente não imaginava que se pudessem tirar dele conclusões desrespeitosas ao monarca. Uma fé sólida não se choca facilmente. Já mencionei Christopher Lovel, de Wells, em Somerset, que, tendo ido encontrar o pretendente Stuart em Avignon, em 1716, havia sido, segundo se dizia, curado por ele; esse belo triunfo suscitou grande entusiasmo nos meios jacobitas e foi a causa primordial das desventuras do historiador Carte; ora, parece bem atestado que o pobre Lovel tornou a ficar doente, partiu repleto de fé para uma segunda viagem que o reconduziria ao seu príncipe e morreu durante o trajeto.[41] Por fim, convém levar em consideração as reincidências de um tipo diferente que a medicina de outrora era praticamente incapaz de detectar. Sabemos hoje que a moléstia à qual nossos pais davam o nome de escrófula era, na maioria das vezes, uma adenite tuberculosa, isto é, uma das localizações possíveis de uma afecção de natureza bacilar que é suscetível de afetar muitos órgãos; acontecia que, cedendo a adenite, a tuberculose resistia e assumia outra forma, frequentemente muito mais grave. Em 27 de janeiro de 1657, como se pode ler no *Abregé des Annales de la Compagnie de Jésus en Portugal* [Compêndio dos anais da Companhia de Jesus em Portugal], publicado em 1726 pelo padre Antônio Franco, morreu em Coimbra "o *scholaster* Miguel Martim. Enviado à França para obter a cura de sua escrófula pelo toque do Cristianíssimo Rei, ele retornou curado a Portugal, mas sucumbiu a outro mal, vítima de uma lenta consumpção".[42]

Em resumo, uma parte apenas dos doentes recuperava a saúde — alguns incompleta ou momentaneamente —, e a maiora das curas era efetuada somente quando um tempo apreciável tinha decorrido desde o rito curativo. Ora, lembremos o que era a moléstia sobre a qual o poder milagroso dos reis da França e da Inglaterra supostamente se estendia. Os médicos, na época em que os reis exerciam esse maravilhoso talento, não tinham à sua disposição nem uma terminologia muito rigorosa nem métodos de diagnóstico muito

---

40. Arch. de Reims, acervo de São Remígio, maço 223, n. 11 (29 de abril de 1658).
41. Crawfurd, p. 157. Nossas informações sobre o fim de Lovel vêm unicamente de uma carta enderaçada ao *General Evening Post* em 13 de janeiro de 1747 por um correspondente de Bristol, que assina com o nome *Amicus Veritatis* (ed. *Gentleman's Magazine Library*, III. p. 167); testemunho pouco seguro em si mesmo; mas o que tende a provar sua veracidade é que ele não parece ter sido desmentido pelo campo. Sobre o caso Carte, ver acima, p. 379-380.
42. Antônio Franco, *Synopsis Annalium Societatis Jesu in Lusitania*. Augsburgo, in-4º, 1726, p. 319: "[...] Michael Martinus, scholasticus, a longo morbo probatus est. Ad sanandas strumas in Galliam missus, ut a Rege Christianissimo manu contingeretur, salvus in Lusitaniam rediit, sed alio malo lentae tabis consumptus".

seguros. Depreende-se claramente da leitura dos tratados antigos, como o de Richard Wiseman, que não raro se compreendia sob o termo escrófula um número bastante grande de lesões diferentes, entre as quais se encontravam algumas benignas; estas últimas, após um tempo por vezes bastante curto, desapareciam muito naturalmente por si mesmas.[43] Deixemos, porém, até mesmo essas falsas escrófulas de lado e observemos apenas a verdadeira, de origem tuberculosa, que sempre constituiu a grande maioria dos casos apresentados ao toque régio. A escrófula não é uma doença facilmente curável; ela permanece suscetível de reincidir por muito tempo, e por vezes até indefinidamente; mas se trata, entre todas as doenças, daquela que é capaz de dar com mais facilidade a ilusão de cura, visto que suas manifestações, tumores, fístulas, supurações, desaparecem, com bastante frequência, de maneira espontânea, ainda que reaparecendo mais tarde no mesmo ponto ou em outros. Ocorrendo uma remissão transitória dessa espécie, ou mesmo (pois a coisa, evidentemente, nada tem de impossível, embora ela seja mais rara) uma verdadeira cura algum tempo após o toque, eis a crença no poder taumatúrgico justificada. Como vimos, era tudo o que pediam os fiéis súditos do rei da França ou do rei da Inglaterra. Por certo, ninguém teria pensado em falar em milagre se não se tivesse adquirido o hábito de esperar dos reis precisamente um milagre. Mas a essa expectativa — é preciso relembrá-lo? — tudo inclinava os espíritos. Habitava a consciência popular a ideia da realeza santa, legado de épocas quase primitivas, fortalecida pelo rito da unção e por todo o desenvolvimento da lenda monárquica, habilmente explorada, além disso, por alguns políticos astuciosos, tanto mais hábeis em utilizá-la quanto eles mesmos partilhavam, na maioria das vezes, do preconceito comum. Ora, não havia santos sem feitos milagrosos; não havia pessoas ou coisas sagradas sem poder sobrenatural; e,

---

43. Crawfurd, p. 122-123; cf., sobre essas confusões, Ebstein, *Die Heilkraft*, p. 1.104, n. 2. Abscesso dentário considerado um caso de "*king's evil*" e a esse título confiado aos cuidados da sétima filha de uma sétima filha, a qual, naturalmente, fracassou: A. G. Fulcher, em *The Folk-lore*, VII (1896), p. 295-296. Pode-se observar que o mal régio era tido, pelo menos entre o povo, como bastante difícil de ser reconhecido: é o que prova o singular procedimento de diagnóstico indicado por uma pequena coletânea de receitas médicas do século XVII, publicado por *The Folk-lore*, XXIII (1912), p. 494. Convém, aliás, acrescentar que, ocasionalmente, outro tratamento podia acrescentar-se ao toque. Esse, pelo menos, foi o caso das cinco crianças doentes "curadas" por Carlos X; o certificado do doutor Noël, de 8 de outubro de 1825, diz: "Certifico... ter sido empregado para sua cura apenas o tratamento habitualmente utilizado" (Cerf, *Du toucher des écrouelles*, p. 246). Em semelhante circunstância, a que se deve atribuir a cura? Ao rei? Ou ao "tratamento habitual"? Cf. também acima, p. 408, n. 37, as observações de Morton.

além disso, no mundo maravilhoso em que pensavam viver nossos ancestrais, qual era o fenômeno que as pessoas não estavam prontas para explicar por causas que ultrapassavam a ordem normal do universo? Certos soberanos, na França capetiana e na Inglaterra normanda, imaginaram um dia — ou então seus conselheiros imaginaram por eles —, a fim de fortalecer seu prestígio um tanto frágil, experimentar o papel de taumaturgos. Persuadidos, eles mesmos, da santidade que sua função e sua raça lhes conferiam, eles provavelmente julgavam muito simples reivindicar semelhante poder. Percebeu-se que, por vezes, um mal temido cedia ou parecia ceder após o contato de suas mãos, as quais eram quase unanimemente tidas como sagradas. Como se teria deixado de ver nisso uma relação de causa e efeito, e o prodígio previsto? O que criou a fé no milagre foi a ideia de que devia haver milagre. O que lhe permitiu viver foi isso também, assim como, ao mesmo tempo, à medida que os séculos passavam, o testemunho acumulado das gerações que haviam acreditado, e das quais não se questionavam as afirmações, fundadas, ao que parecia, sobre a experiência. Quanto aos casos, bastante numerosos, segundo todas as probabilidades, nos quais a moléstia resistia ao toque daqueles augustos dedos, eles eram muito rapidamente esquecidos. Assim é o feliz otimismo das almas crentes.

Portanto, é difícil ver na fé no milagre régio algo além do resultado de um erro coletivo: erro mais inofensivo, de resto, que a maioria daqueles de que está repleto o passado da humanidade. O médico inglês Carr já constatava, sob o reinado de Guilherme de Orange, que, a despeito do que se pudesse pensar da eficácia do toque régio, ele tinha, pelo menos, uma vantagem, a de não ser nocivo:[44] grande superioridade em relação a um bom número dos remédios que a antiga farmacopeia propunha aos escrofulosos. A possibilidade de recorrer a esse tratamento maravilhoso, considerado universalmente eficaz, deve, por vezes, ter servido como desestímulo aos doentes em relação ao emprego de meios mais perigosos. Desse ponto de vista — puramente negativo —, tem-se certamente o direito de imaginar que mais de um pobre homem deveu ao príncipe o seu alívio.

---

44. R. Carr, *Epistolae medicinales*, p. 154: "Verbo itaque expediam quod sentio: Contactus regius potest esse (si olim luit), proficuus; solet subinde esse irritus, nequit unquam esse nocivus". Cf. Crawfurd, *The king's evil*, p. 78; sobretudo, Ebstein, *Die Heilkraft*, p. 1.106.

APÊNDICES

APÊNDICE I

O milagre régio nas contas francesas e inglesas

Os ritos curativos obrigavam os reis a algumas despesas. É por isso que as contas, francesas e inglesas, devem ser consultadas no que lhes diz respeito. Mas os documentos dessa espécie são extremamente difíceis de interpretar; não poderíamos nos contentar em pinçar ao acaso alguns detalhes; para explorá-los frutiferamente, é preciso fazê-lo com método. Em particular, quando os observamos de perto, percebemos que, muito ricos em informações sobre certos períodos, eles não oferecem para outros momentos quase nada, ou absolutamente nada. Esses caprichos aparentes requerem explicação. Eu me esforçarei em fazê-lo no estudo crítico a seguir.

Começo pela França.

§ 1. O TOQUE DA ESCRÓFULA NAS CONTAS FRANCESAS

Convém relembrar, a princípio, um fato, de ordem geral, que os historiadores com frequência têm a ocasião de deplorar: dos arquivos financeiros da monarquia, resta-nos pouquíssima coisa. As causas dessa penúria são múltiplas; podem-se discutir algumas delas, mas a principal é bem conhecida: na noite de 26 a 27 de outubro de 1737, um incêndio consumiu, na Île de la Cité,[1] o prédio principal do palácio, situado junto ao cercado e no qual se encontrava conservada a maior parte do acervo da Câmara de Contas;[2] quase tudo o que

---

1. Uma das duas ilhas do rio Sena pertencentes à cidade de Paris. (N. T.)
2. Em francês, Chambre des Comptes, tribunal do Antigo Regime ao qual as entidades e pessoas físicas encarregadas da gestão do patrimônio da Coroa remetiam suas contas, e estas eram auditadas por funcionários competentes a fim de verificar a conformidade das receitas e das despesas. Em caso de contencioso, o litígio era levado perante um juiz da mesma corte. (N. T.)

subsistia da antiga contabilidade administrativa desapareceu no desastre.[3] Podemos apenas utilizar alguns raros resquícios que por acaso escaparam à destruição.

As primeiras contas a nos fornecerem algumas indicações sobre o rito da escrófula remontam ao reinado de Filipe, o Belo. Naquele tempo, entre todos os doentes tocados somente os estrangeiros recebiam esmola e, com eles, entre os franceses, aqueles que vinham de regiões separadas do lugar da residência real por uma longa distância.[4] O dinheiro lhes era entregue pelo próprio esmoler ou por um subalterno qualquer, criado ou porteiro; ele era descontado da caixa da Casa Real. Ora, ainda possuímos, por sorte, certo número das tabuinhas de cera nas quais, sob os reinados de São Luís, Filipe III e Filipe IV, os funcionários encarregados de gerir a caixa inscreviam o detalhamento de suas operações.[5] As mais antigas não comportam nenhuma menção de doações feitas aos escrofulosos: não, segundo todas as probabilidades, porque os escrofulosos estivessem, por princípio, excluídos das generosidades reais; nossas tabuinhas assinalam, diversas vezes, sem outro detalhe além do nome de um homem, quantias distribuídas a título de esmola; algumas delas puderam muito bem ter sido pagas a pessoas vindas para serem tocadas; se nada o indica é porque a destinação precisa desse tipo de despesa não interessava ao tesoureiro: pouco lhe importava que o pagamento tivesse sido feito a um doente de escrófula ou a um pobre qualquer; era uma esmola; é tudo o que ele devia saber. Veio o momento em que, felizmente para os historiadores, um contador mais curioso se encarregou dos fundos. Entre 31 de janeiro de 1304 e 18 de janeiro de 1307, a caixa da Casa Real passou das mãos de Jean de Saint-Just para as de

---

3. Para mais detalhes, ver Charles-Victor Langlois, *Registres perdus des archives de la Chambre des Comptes de Paris*; *Notices et extraits*, XL, p. 1. Lenain de Tillemont (*Vie de Saint Louis*, ed. de la Soc. de l'hist. de France, V, p. 301) tinha examinado uma contabilidade das despesas do casamento de Luís IX, no qual "há vinte libras para os doentes que tinham ido encontrá-lo em Sens"; mas esses doentes eram escrofulosos que pretendiam se fazer tocar?
4. É o que se depreende com evidência das indicações de origem fornecidas pelas tabuinhas de Renaud de Roye: elas se referem, quer a países estrangeiros, quer, dentro do reino, a regiões afastadas: cf. acima, p. 107 ss.; se devemos admitir que todos os doentes recebiam esmola, seria preciso concluir que o milagre régio era popular apenas no exterior, ou, pelo menos, fora das regiões em que a autoridade do rei se fazia sentir mais diretamente; conclusão, para dizer o mínimo, altamente inverossímil.
5. Documentos publicados nos tomos XXI e XXII do *Recueil des Historiens de France* e estudados por Borrelli de Serres, *Recherches sur divers services publics*, I, 1895, p. 140-160, e II, 1904, p. 69-76.

Renaud de Roye. Dispomos de algumas tabuinhas dessa personagem, em dois grupos, que vão, respectivamente, de 18 de janeiro a 28 de junho de 1307 e de 1º de julho de 1308 a 30 de dezembro do mesmo ano.[6] Nelas, vê-se anotado um número bastante grande de desembolsos em proveito de indivíduos "sofrendo do mal régio": e isso com um cuidado notável, pois o nome e o local de origem de cada beneficiário são meticulosamente registrados por escrito.[7] Devemos a um empregado de gabinete maravilhosamente preciso alguns dos dados mais precisos de que dispomos sobre o milagre régio.

Saltemos quase dois séculos. Para o período entre Filipe, o Belo, e Carlos VIII não contamos com nenhuma peça contábil que se relacione com o poder curativo. É provável que, numa época bastante antiga, a administração dos fundos destinados às doações feitas em favor dos escrofulosos, e de modo mais geral às esmolas, deixou de caber ao tesoureiro da Casa Real; as contas da Casa Real, na época de Carlos VI, já não contêm mais nenhuma menção dessa espécie;[8] o esmoler tinha então sua caixa especial, que gerenciava por si mesmo ou por intermédio de um técnico às suas ordens. Ele também tinha, sem nenhuma dúvida, seus livros. Mas a maioria deles desapareceu. Os únicos, ao que parece, que foram conservados anteriormente a Carlos VIII, os registros com as cotas KK 9 e KK 66 nos Arquivos Nacionais, datados dos reinados de João II, Carlos V e Carlos VI de um lado, do reinado de Luís XI, do outro, dizem respeito, exclusivamente no caso do primeiro e na sua maior parte no caso do segundo, a oferendas feitas aos estabelecimentos religiosos ou por ocasião de solenidades religiosas; eles não nos interessam aqui.[9] É necessário chegar ao ano de 1485 para encontrar livros de esmolas propriamente ditos. Eis a lista que se pode fazer deles; devo avisar imediatamente que minha investigação se estendeu apenas aos Arquivos Nacionais e à Biblioteca Nacional, por isso não poderia ser considerada exaustiva; as indicações de cota fornecidas sem outros detalhes se referem todas aos Arquivos Nacionais.

---

6. Documentos publicados em *Histoire de France*, XXII, p. 545 555 e 555 565. Para as ta buinhas de 1307, utilizei a cópia antiga contida no manuscrito lat. 9.026 da Bibl. Nat., mais completa sobre certos pontos que a edição; cf. acima, p. 111, n. 42. Sobre Renaud de Roye, Borrelli, op. cit., II, p. 75; sobre as nossas tabuinhas, ibidem, p. 72-73.
7. Há uma exceção: *Hist. de France*, loc. cit., 554^B: "Thomas Jolis, patiens morbum regium"; o local de origem foi omitido.
8. Ver as contas publicadas ou analisadas por L. Douet d'Arcq, *Comptes de l'hôtel des rois de France aux XIVe et XVe siècles* (Soc. de l'hist. de France), 2 vols., 1865.
9. O manuscrito francês 11.709 da Bibl. Nat. contém — fól. 147 a 159 — um fragmento de regulamento para a Esmolaria que é do século XIV. Não se encontra nele nenhuma menção ao toque.

1. Fragmento de registro: despesas, parte de setembro de 1485; K 111, fól. 49 a 53.[10]
2. Fragmento de registro: despesas, parte de março e de abril de 1487; KK 111, fól. 41 a 48.
3. Registro: 1º de outubro de 1497 a 30 de setembro de 1498; KK 77.
4. Conta de despesas que não parece ter feito parte de um registro: outubro de 1502: Bibl. Nat. francesa 26.108, fól. 391-392.
5. Registro: 1º de outubro de 1506 a 30 de setembro de 1507; K 88.
6. Registro que se estende de 19 de maio de 1528 a 31 de dezembro de 1530; a maior parte conservada nos Arquivos Nacionais, KK 101; mas o volume apresenta numerosas lacunas que dizem respeito, todas elas, às despesas. Os fólios 15 a 22 (maio, junho e parte de julho de 1528) formam hoje os fólios 62 a 69 do manuscrito francês 6.762 da Biblioteca Nacional; os fólios 47 a 62 (parte de dezembro de 1528, janeiro, fevereiro, parte de março de 1529), os fólios 70 a 85 do mesmo manuscrito. Os fólios 71 a 94 (parte de abril e de maio e parte de junho de 1529), 171 a 186 (parte de agosto e de setembro de 1529), 227 a 258 (novembro e parte de dezembro de 1529), 275 a 296 (parte de janeiro e de fevereiro de 1530), 331 a 354 (parte de abril e de maio de 1530), 403 a 434 (parte de agosto, setembro e parte de outubro de 1530) parecem definitivamente perdidos.
7. Fragmento de registro: despesas, parte de julho de 1547 (o ano não está indicado, mas se pode deduzi-lo do fato de que alguns artigos concernem à viagem da sagração): KK 113, fól. 33 a 40.

---

10. KK 111 é um registro artificial, formado de diversos fragmentos reunidos em uma mesma encadernação; ele provém — como indica uma menção presente na própria encadernação — da coleção de A. Monteil, embora tenha sido omitido do inventário dessa coleção, contida no *Tableau methodique des fonds* de 1871, col. 686. Todos os fragmentos que o compõem se encontram repertoriados acima (pois são, todos eles, pedaços destacados de livros de esmolas), com a exceção do último — fól. 54 —, que parece ter sido a última folha de um registro de contas, ele também provavelmente oriundo da Esmola, e que foi transmitido à Câmara de Contas em dezembro de 1489 (menção a uma quantia de vinte libras paga em 14 de dezembro de 1489 a um escrevente da Câmara "funcionário na receita e pagamento das pequenas necessidades desta câmara"). Os registros de esmolas, na parte dedicada às despesas, não estão dispostos, no interior de cada mês, segundo uma ordem estritamente cronológica; neles, encontramos primeiramente as oferendas e, em seguida, as esmolas propriamente ditas; cada um desses dois capítulos, em contrapartida, observa a ordem das datas.

8. Fragmento de registro: despesas, parte de abril, maio, julho, julho, parte de agosto de 1548: KK 111, fól. 17 a 32.
9. Fragmento do registro do ano financeiro que vai de 1º de janeiro a 31 de dezembro de 1549: receitas na totalidade, despesas de janeiro e de parte de fevereiro: KK 111, fól. 1 a 16.
10. Registro: 1º de janeiro a 31 de dezembro de 1569: KK 137 (em mau estado).

Em todos esses registros, fragmentos de registros ou peças contábeis, com exceção do segundo, identificam-se menções relativas ao toque, na maioria das vezes simplesmente numéricas; apenas de maneira excepcional os nomes dos doentes são indicados.

A partir de 31 de dezembro de 1539 e até o fim da monarquia francesa, não pude encontrar nenhum registro de esmolas.[11]

§ 2. AS CONTAS INGLESAS

A antiga realeza inglesa nos deixou belíssimos arquivos financeiros; ao lado deles, os acervos parisienses parecem bastante mesquinhos. Isso porque não houve lá um desastre análogo ao incêndio do palácio. Na presença de tantas riquezas, um francês sente, ao mesmo tempo, vivíssima admiração e algum temor: como guiar-se entre todos esses tesouros? A história administrativa da Inglaterra é mal conhecida; não que não possa ser escrita, mas por muito tempo ela não seduziu ninguém; os episódios brilhantes da vida parlamentar atraíam todos os olhares; os eruditos não baixavam de bom grado os olhos para o trabalho obscuro dos gabinetes; há pouco tempo, entretanto, uma nova geração de pesquisadores pôs valentemente mãos à obra;[12] deveremos um dia a seus esforços a descoberta do segredo de muitas transformações constitucionais e sociais que, hoje, mal conseguimos identificar; porém sua tarefa está longe de estar concluída. Em particular, o estudo dos documentos financeiros, todo esse trabalho de classificação, de comparação, de discussão, que parece tão ingrato e cujos resultados são tão importantes, ainda está nos primórdios. Não obstante, vi-me obrigado a utilizar esses difíceis documentos, visto que eles

---

11. A pasta O1 750 dos Arquivos Nacionais contém peças relativas à Grande Esmolaria (reinado de Luís XVI); nela, não se encontram contas nem nada que interesse à história do toque. Oroux, durante o reinado de Luís XVI, parece ainda ter visto registros de esmola da época de Luís XIV, nos quais havia menções relativas ao toque: *Histoire ecclésiastique de la Cour*, I, p. 184, n.q.
12. Refiro-me aqui, sobretudo, aos belos trabalhos do professor T. F. Tout; cf. abaixo, p. 420, n. 13.

contêm uma massa de dados capitais para o conhecimento dos ritos curativos; acima de tudo, tive de me ater a uma categoria especial dentre eles: as contas da Casa Real. Ao fazer uso delas, não pude me abster de efetuar sua crítica. Nenhuma obra, anterior à minha, me fornecia luzes suficientes.[13] Fiz o melhor que pude; mas não escondo, de maneira alguma, o que uma pesquisa dessa espécie comporta, nas condições em que a empreendi, em termos de risco de erros. Para conseguir reconstituir, com alguma certeza, os métodos seguidos por um administrador no estabelecimento de sua contabilidade, seria preciso examinar, entre dois limites cronológicos cuidadosamente escolhidos, todos os materiais disponíveis; seria preciso, em outros termos, limitar-se a um período relativamente curto e estudá-lo a fundo; fui, ao contrário, obrigado a examinar um lapso de tempo extremamente longo e pude apenas realizar sondagens, de resto bastante numerosas, mas necessariamente insuficientes. No que vem a seguir podem ser encontrados alguns fatos positivos; eles serão, em todo caso, úteis; sua interpretação é apenas conjectural. Apresentei em nota a nomenclatura exata dos documentos que examinei; assim, será possível avaliar a base sobre a qual se sustentam minhas hipóteses.[14]

---

13. Devo, evidentemente, muito ao livro de T. F. Tout, *Chapters in the Administrative History of Medieval England: the Wardrobe, the Chamber and the Small Seals* (Public, Univ. de Manchester: Historical Series, XXXIV), 2 vols., 1920. Infelizmente, essa obra notável abrange apenas uma parte bastante frágil do período que eu me via obrigado a examinar; e os problemas de que ela trata não são exatamente aqueles que se apresentavam diante de mim. Cf. também A. P. Newton, *The King's Chamber under the Early Tudors*; *Engl. Historical Review*, 1917. A bibliografia da história financeira inglesa é fornecida, ao menos no que diz respeito à Idade Média, por Charles Gross, *The Sources and Literature of English History*, 2. ed. Londres, 1915. Muitas contas foram utilizadas pelo doutor Crawfurd e por Miss Farquhar em suas pesquisas sobre os ritos curativos, mas sem estudo sistemático. Hilary Jenkinson teve a bondade de me enviar, para o presente apêndice, diversas informações e, sobretudo, diversas retificações das quais tirei grande proveito; mas faço questão de dizer que ele não poderia, de modo algum, ser considerado responsável pelos erros que provavelmente cometi. Se eu tivesse desejado evitar qualquer chance de erros, teria renunciado a escrever este pequeno trabalho, que tive muita dificuldade em redigir longe de Londres; devo admitir que diversas vezes me senti tentado a efetivamente renunciar a ele? Preferi, no fim, expor-me a reprimendas, certamente muito bem fundamentadas, a utilizar documentos sem sequer tentar criticá-los. Acredito ter trazido, a despeito de tudo, alguma clareza a uma questão muito obscura, e queiram perdoar minha temeridade em favor do pequeno número de indicações úteis que pude fornecer.
14. As citações abaixo são feitas em conformidade com as regras indicadas na "Bibliografia", supra, p. 495. O número entre colchetes indica o ano de reinado; para converter os anos de reinado ao nosso calendário, é possível utilizar proveitosamente a pequena brochura de J. E. W. Wallis, *English Regnal Years and Titles* (Society for Promoting Christian Knowledge,

Até o reinado de Eduardo I, exclusivamente, as peças contábeis que chegaram até nós são pouco numerosas; elas não ensinam nada sobre o assunto que nos interessa.[15] A partir de Eduardo I, ao contrário, a administração, mais bem organizada, mais exata e mais afeita à emissão de papéis, conserva cuidadosamente seus arquivos. Começa então, em toda a sua amplitude, a admirável série dos *Exchequer Accounts* do Record Office de Londres; ela é, de algum modo, reforçada pelas coleções do Museu Britânico, nas quais foi parar um bom número de documentos desviados, em diversas épocas, do acervo oficial. Convém estudar separadamente as informações que os arquivos financeiros da antiga realeza inglesa podem nos fornecer, por um lado sobre o toque da escrófula, por outro, sobre os anéis curativos.

I. O toque da escrófula nas contas inglesas
Cada um dos doentes "assinados" ou "abençoados" pelo rei recebia uma pequena quantia. Transportemo-nos para o reinado de Eduardo I. A distribuição das doações se fazia aos cuidados do esmoler. Três tipos de documentos diferentes nos permitem encontrar traços dos pagamentos efetuados nessa ocasião. São eles:

1º) Os "róis" do esmoler: simples memorandos que indicam para um período determinado — na maioria das vezes, anual — as quantias desembolsadas por essa personagem; as despesas ali aparecem dia a dia, ou semana a semana, excepcionalmente por quinzenas.[16]

2º) A conta recapitulativa para cada ano financeiro, isto é, para cada *ano de reinado*, pelo guarda do Guarda-roupa (*custo garderobe*).[17] Assim era chamado

---

Helps for Students of History, n. 40). Londres, 1921. Marquei com um asterisco os documentos que não me forneceram nada sobre o toque da escrófula. Limitado pelo tempo, tive de ater-me, em minhas pesquisas, ao que me ofereciam o Record Office, os manuscritos do Museu Britânico e os compêndios impressos. Isso era resignar-me antecipadamente a não ser completo. Os dois grandes depósitos londrinos contêm, de longe, a maior parte dos arquivos financeiros da antiga monarquia inglesa; mas também se encontraria proveito em vasculhar outras coleções públicas ou privadas. O repertoriamento das contas da Casa Real não foi feito. Tout afirma com muita propriedade (*Chapters*, I, p. 48): "The wide dispersion of the existing wardrobe accounts makes it very difficult to examine them very systematically" [A grande dispersão das contas de guarda-roupa existentes torna muito difícil examiná-las muito sistematicamente].
15. Examinei, sem resultados, duas contas de despesa de Henrique III, E. A. *349,23 e *349,29.
16. Vi E. A. 350, 23 [5]; 351, 15 [12]; 352,18 [17]; *353,16 [21]; *361, 21 [30].
17. Vi R. O. Chancery Miscellanea, IV, 1 [seis, somente a partir de 31 de janeiro]; *IV, 3X14]; IV, 4 [18]; Exch. Treasury of Receipt, Miscellaneous Books *202 [22-23]; Brit. Mus., manuscritos

o funcionário encarregado da gestão financeira da Casa Real. O nome Guarda-roupa induz a erro, na medida em que, ao que parece, ele designava ora um dos cargos da Casa Real, a seção encarregada do serviço das vestimentas, joias e outros objetos análogos, ora — em geral com o acréscimo do epíteto "grande": *Magna Garderoba*, o *Grande Guarda-Roupa* — a Casa Real inteira (também denominada *Hospicium*). As relações entre o Guarda-roupa propriamente dito e o Grande Guarda-roupa são, aliás, obscuras; e não tenho a menor pretensão de resolver aqui, nem mesmo de formular com precisão, esse intrincado problema; mas fiz questão de assinalar uma ambiguidade de termos que torna, por vezes, as pesquisas nas contas reais bastante difíceis.[18]

3º) A conta, também anual, do controlador do guarda-roupa (*contrarotulator Garderobe*).[19] Esse documento, chamado contrarrol (*contrarotulamentum*), tinha, segundo as aparências, o objetivo de permitir uma verificação de gestão. Pode-se supor que o rol e o contrarrol — estabelecidos com base no mesmo modelo, mas, provavelmente, ao menos em princípio, de maneira independente um do outro — deviam ser comparados pelos verificadores das contas. Tive a oportunidade de examinar, para o 28º ano do reinado de Eduardo I, as quantias inscritas no artigo do toque, de um lado pelo guarda, de outro pelo controlador; pareceram-me iguais. No entanto, o caso se verificou apenas nessa ocasião; ordinariamente, um ou outro dos dois documentos se perdeu. De resto, pouco importa, pois eles sem dúvida se repetiam quase sempre de maneira mais ou menos exata. Graças ao procedimento de dupla contabilidade, provavelmente inventado por administradores desconfiados, podemos hoje, quando a conta anual do funcionário do Guarda-roupa desapareceu, supri-la pela do controlador, e assim reciprocamente.

Todas essas contas, aos olhos do historiador do milagre régio, possuem um grave defeito; elas fornecem apenas números, e nunca nomes. Sabemos, por meio delas, que, em tal dia ou tal semana, Eduardo I tocou tantos doentes; já é

---

adicionais 7.965 [25]; 35.291 [28]; 8.835 [32]. — Manuscrito adicional *35.292, que é um diário de caixa (*Jornale Garderobe de receptis* e *exitibus eiusdem*) — anos 31-33 — não me forneceu nada, assim como o manuscrito adicional *37.655 [34], que é de natureza análoga.
18. Foi por consequência dessa ambiguidade que fui levado a consultar certo número de contas do Guarda-roupa, no sentido estrito da palavra, os quais, evidentemente, não me renderam nada. Para Eduardo III, E. A. *384, 1 [2 e 3]; *388, 9 [11 e 12], ambos emitidas pelo controlador. Para Ricardo II, *Archaeologia*, LXII, 2 (1911), p. 503 [16-17]. Para Eduardo IV, Brit. Mus., Harleian *4.780. Para Ricardo III, *Archaeologia*, I, (1770), p. 361.
19. Consultei *Liber quotidianus contrarotulatoris garderobe...* publicado pela Society of Antiquaries of London, in-4º. Londres, 1787 [28; a ser comparado com Brit. Mus., manuscrito adicional 35.291, citado na nota 17 da p. 421]; Brit. Mus., manuscrito adicional. *7.966 A [29].

muito, mas desejaríamos mais. De onde vinha essa pobre gente que pedia sua cura ao rei? As contas de Eduardo I sempre silenciam a esse respeito. Tais quais, elas são, no entanto, preciosas. Sobre os reinados seguintes, estamos muito menos informados. A culpa cabe a uma série de modificações nas práticas administrativas. Vejamos o que aconteceu.

A partir de Eduardo II, os róis do esmoler desaparecem bruscamente e para sempre.[20] Como isso se deu? Pode-se, a esse respeito, apenas arriscar uma conjetura. Não é provável que os esmoleres tenham deixado de inscrever suas despesas; porém eles certamente adquiriram, aos poucos, o hábito de manter suas contas em sua posse. Sabemos, com efeito, que existiu por muito tempo um acervo distinto da Esmolaria. Ao longo do tempo, a seção antiga desse acervo desapareceu por completo, uma parte num incêndio, outra parte em razão da desordem ou de dilapidações.[21] Indiquemos imediatamente que o mesmo ocorreu com outro depósito, do qual também esperaríamos extrair informações úteis: o da capela real.[22]

Restam os extratos recapitulativos estabelecidos, para cada exercício,[23] quer pelo guarda do Guarda-roupa, quer pelo controlador. Infelizmente, a partir do reinado de Eduardo II, aproximadamente, eles deixam de ser estabelecidos, naquilo que nos diz respeito, com a mesma minúcia de antes.[24] Adquiriu-se o hábito de não mais detalhar cronologicamente as quantias entregues aos escrofulosos tocados pelo rei; a partir de então, bastava uma menção global, especificando que uma quantia de tantas libras, soldos ou denários havia sido, ao longo do exercício examinado — ou, excepcionalmente, durante um período recortado nesse exercício —, paga pelo esmoler a tantos doentes "abençoados", na razão de uma quantia específica por doente. Sem outros detalhes.[25] Essa foi

---

20. Todavia, ainda temos, entre os *Exchequer Accounts*, uma conta de esmolas de Eduardo III: E. A. '394, 1 (onde não encontrei nada).
21. Cf. *Second Report of the Royal Commission on Public Records*, II, fól. Londres, 1914, segunda parte, p. 172. O depósito da Royal Almonry não contém, atualmente, documentos anteriores a 1723.
22. Cf., na obra citada na nota anterior, a p. 69.
23. A partir de Eduardo III, o mais tardar, o exercício deixa de coincidir exatamente com o ano de reinado; sua duração varia com frequência, sintoma certo da desordem que se introduz na administração financeira.
24. A conta do décimo ano de Eduardo II (8 de julho de 1316 a 7 de julho de 1317), a qual conheço apenas pela descrição de Thomas Stapleton, *Archaeologia*, XXVI (1836), p. 319 ss., parece ter sido do tipo antigo.
25. Exemplo: Brit. Mus., manuscrito adicional 9.951, contrarrol (?) de Eduardo II, para o ano 14 do reinado (8 de julho de 1320 a 7 de julho de 1321), fól. 3 v°: "Eidem [ele mosinario]

a prática constantemente seguida durante a segunda metade do reinado de Eduardo II e, ao que parece, o reinado de Eduardo III inteiro.[26]

A partir de Ricardo II, os extratos de fim de exercício não fornecem mais nada sobre o toque da escrófula.[27] Seria porque os soberanos ingleses bruscamente renunciaram ao seu poder taumatúrgico? Não, por certo. Sabemos que, como no passado, eles continuaram a apresentar-se como médicos milagrosos. Provavelmente, esse silêncio repentino deve explicar-se por uma reforma burocrática modesta. Nas contas ou contrarróis do guarda-roupa, a seção relativa às despesas era então dividida em duas partes: uma dedicada às despesas correntes, por ordem cronológica, outra contendo uma série de capítulos que davam, para cada cargo, o detalhamento — os *particule* — das despesas que não entravam no quadro precedente. Essa disposição, bastante clara, não era nova; mas ela se fixou, naquele momento, de maneira definitiva. Nas mais antigas contas desse tipo, durante os reinados precedentes, as doações entregues aos doentes "abençoados" pelo rei sempre apareciam — em bloco, como vimos — na segunda parte, no capítulo (*titulus*) da Esmola; eram, portanto, consideradas despesas extraordinárias. Sob Ricardo II, o artigo concernente ao toque desapareceu para sempre do *titulus* da Esmola. Isso aconteceu, segundo

---

pro denariis per ipsum solutis LXXIX infirmis benedictis ab ipso rege per diversas vices infra annum presentem predictum; videlicet cuilibet pauperi j d: vj s. vij d.".

26. Vi, no que diz respeito a Eduardo II (além do artigo da *Archaeologia* indicado na nota 24 acima): E. A. *376, 7 [9; contrarrol notável, ao mesmo tempo, pela brevidade do período que ele abrange — de 31 de janeiro a 9 de junho — e pelo caráter sumário das diversas indicações que ele contém]; Brit. Mus., manuscrito adicional 17.362 [13; conta do Guarda-roupa]; 9.951 [14: contrarrol?]; além disso — por erro — uma conta das despesas pessoais do controlador E. A. *376, 13 [8 e 9]. Quanto a Eduardo III: Brit. Mus., Cotton Nero C VIII. [ano 8 a 11: contrarrol]; E. A. 388, 5 [11-12: contra-rol]; R. O. Treasury of Receipt, Miscellaneous Books, 203 [12-14: conta do guarda-roupa]; E. A. *396, n [43: contrarrol]. Ademais, sobre Eduardo II, Brit. Mus., manuscrito adicional *36.763, rol de despesas, de 8 de julho a 9 de outubro de 1323, em suma uma espécie de livro de caixa da Casa Real; ele está estabelecido por dia, mas, para cada jornada, indica simplesmente os desembolsos, cargo por cargo (incluindo-se a esmolaria), sem que seu objeto preciso seja especificado.

27. Eis a lista das contas que consultei para os reinados que seguem Eduardo III. Ricardo II, Brit. Mus., manuscrito adicional *35.115 [16: contrarrol]; E. A. *403, 10 [19: contrarrol]. Henrique IV: E. A. *404, 10 [2: rolo; guarda do Guarda-roupa]; Brit. Mus., Harleian *319 [8: contrarrol; *Archaeological Journal*, IV (1847), p. 78]. Henrique V: E. A. *406, 21 [1: tesoureiro da Casa Real]. Henrique VI: E. A. *409, 9 [20-21: contrarrol]. Eduardo IV: E. A. *412, 2 [6-7: guarda do Grande Guarda-roupa]. Os *Enrolled Accounts* do Tribunal de Contas] não fornecem nada; as despesas da Casa Real são ali indicadas de maneira absolutamente sumária; consultei *Exch. Enrolled Accounts, Wardrobe and Household*, *5.

ditam as aparências, porque se adotou a posição de incluir esses pagamentos entre as despesas normais; foi preciso transferi-los para a primeira parte, estabelecida em forma de diário. Infelizmente, esse diário era redigido sem muita precisão. Não se fazia mais do que indicar aquilo que, em cada dia ou cada semana, cada cargo havia gastado, sem especificar o objeto exato desses desembolsos: tanto para a garrafeira, para a cozinha, etc., como para a esmolaria.[28] O esmoler pagava uma quantia determinada, mas a quem e por quê? Esses detalhes não interessavam. Assim, as despesas realizadas para o serviço do toque se encontravam, em razão desse sistema, dissimuladas na massa das outras generosidades principescas. Para um período de cerca de um século, procuraríamos em vão nas contas um vestígio do milagre régio.

Sob Henrique VII e Henrique VIII, ele ressurge. Não porque, nessa época, ou mesmo mais tarde, os registros anuais do funcionário do Guarda-roupa ou do controlador nos forneçam mais informações do que no passado.[29] Dispomos, porém, para esses dois reinados, de alguns diários de despesas da corte, nos quais encontramos assinaladas, diversas vezes, quantias pagas aos "doentes curados" pelo rei.[30] Esses pagamentos não parecem ser feitos pelo esmoler; em

---

28. Nada permitirá compreender melhor essa disposição do que um exemplo. Eis, absolutamente ao acaso, um dia da conta do Guarda-roupa, ano 6 de Eduardo IV; estamos em 7 de outubro de 1466; o rei se hospeda em Greenwich: "Dispensa: xxvij s. vj d. Buttillaria: cxv s. j. d. ob. Garderoba: xxxj s. xj d. ob. Coquina: vj l. xij s. iij d. Pullieria: lxj s. viij d. Scuttillaria: vj s. vj d. ob. Salsaria: ij s iiij d. Aula et camera: xviij s. ix d. Stabulum: xxix s. ix d. ob. Vadia: lxxvj s. x d. ob. Elemosina: iiij s. Summa: xxv l. vj s. ix d. ob.". E. A. 412, 2, fól. 5 vº.
29. Vi, no que diz respeito a Henrique VII, o contrarrol do ano 8: E. A. *413, 9. Para Henrique VIII, o contrarrol dos anos 13 e 14: E. A. *419, 6; a conta do guarda do Grande Guarda-roupa, Brit. Mus. manuscrito adicional *35.182 [23-24]. Quanto a Eduardo VI, o contrarrol E. A. *426, 6 [2 e 3]. Para Eduardo VI [6] e Maria [I], a conta da Casa Real, Brit. Mus., manuscrito adicional *35.184. No que diz respeito a Elizabeth, a conta *E. A. *421, 11 [2] e o contrarrol E. A. *421, 8 [1-3]. Cf., sobre Henrique VIII, as indicações dadas por Miss Farquhar, *Royal Charities*, I, p. 7, n. 3.
30. Para Henrique VII, E. A. 415, 3 [15-17]; Brit. Mus., manuscrito adicional 21.480 [20-21]; Samuel Bentley, *Excerpta historica*. Londres, 1831 (fragmentos de livros de pagamento segundo extratos feitos a partir dos originais por C. Ord; os cadernos de C. Ord estão no Brit. Mus., manuscrito adicional 7.099). Para Henrique VIII, N. H. Nicolas, *The Privy Purse Expenses of King Henry the Eighth from November MDXXIX to December MDXXXII*. Londres, 1827 (livro de Bryan Tuke, tesoureiro da Câmara, hoje Brit. Mus., manuscrito adicional 20.030). Ver também diversos extratos de livros análogos, concernentes a Henrique VIII, Eduardo VI e Maria em *Trevelyan Papers*, I e II (Camden Society). Londres, 1857 e 1863: cf. Farquhar, I, p. 82, n. 1. Não se encontra nenhuma menção a pagamentos para o toque, mas a indicação de numerosos reembolsos feitos ao esmoler, para despesas não especificadas, no *Boke of Payments* de Henrique VII [21-24] e Henrique VIII, R. O. Treasury

relação a um deles, da época de Henrique VIII, conhecemos o nome do funcionário que adiantou o dinheiro e foi, em seguida, reembolsado: era o primeiro gentil-homem da Câmara.[31] De resto, as menções relativas ao toque são, nesses registros, bastante raras. Podemos nos perguntar se elas abrangem realmente o conjunto dos casos em que uma despesa dessa espécie foi realizada. Eu acreditaria de bom grado que certo número — talvez a maioria — das quantias entregues aos doentes ainda passava pelas mãos do esmoler; esse funcionário decerto as inscrevia entre os desembolsos gerais, sobre os quais não dispomos de mais detalhes.

Passemos para o século XVII. Não é mais às contas da Casa Real que devemos nos dirigir;[32] documentos financeiros de outra ordem nos informarão. Por volta do século XV, os reis ingleses tinham adquirido o hábito de mandar entregar aos doentes por eles tocados não uma quantia de dinheiro variável, nem mesmo uma quantia fixa em moedas comuns, mas sempre a mesma moeda de ouro, um *angel*.[33] Pouco a pouco, o *angel* deixou de ser uma moeda como as outras; ele não foi mais cunhado senão para servir ao rito curativo. Sob Carlos II, foi substituído por uma medalha, que não tinha mais nada de unidade monetária: era a "*touch-piece*". *Angels* e *touch-pieces* eram, no século XVII, fabricados na Casa da Moeda da Torre de Londres; dispomos de alguns mandados enviados, sobre esse assunto, por diversas autoridades governamentais aos guardas desse estabelecimento; temos também contas que nos fornecem algumas informações sobre as quantidades produzidas.[34] Esses dados estatísticos são interessantes: o número das moedas ou medalhas saídas da oficina — pelo menos, a partir do momento em que o *angel* passou a ser destinado unicamente às necessidades do milagre régio — permite tirar algumas conclusões sobre o número dos doentes tocados. Por esse método, contudo, não obtemos indicações muito precisas, quando muito, uma ordem

---

of the Exchequer Miscellaneous Books *214; nada tampouco sobre o toque no livro de pagamentos de Henrique VIII, Brit. Mus., manuscrito adicional *2.182 [1-8]. Também consultei, em vão, o livro de caixa de Eduardo VI [2 e 3], E. A. *426, 6, e um livro-rascunho da época de Elizabeth, E. A. *429, 11. As contas da época dos Tudor foram examinadas com muito cuidado por Miss Farquhar: ver em particular as informações que ela fornece, I, p. 79, 81, 88, n. 3, 91, n. 4.

31. Nicolas, *Privy Purse Expenses*, p. 249 (31 de agosto de 1549); trata-se do "master Hennage", que sabemos, de resto, ser o "Chief Gentleman of the Privy Chamber".

32. Consultei por desencargo de consciência, mas naturalmente em vão, dois contrarróis de Carlos II, R. O. Lord Steward's Dept *I, 3 e 10.

33. Sobre a história numismática do toque, cf. acima, p. 115 e 363.

34. Esses documentos foram estudados, com o maior cuidado, por Miss Farquhar, II e III.

de grandeza; pois não sabemos com certeza durante que intervalo de tempo as moedas ou medalhas fabricadas em determinado momento foram distribuídas. Ou melhor, não o sabemos ordinariamente; porém, para o reinado de Carlos II e os primórdios do de Jaime II, estamos mais bem informados. O sistema de compatibilidade em vigor, à época desses príncipes, para a confecção das medalhas do toque é descrito a seguir.[35] O funcionário encarregado das finanças da corte, chamado então de guardião da bolsa privada (*keeper of the privy purse*), tratava diretamente com as oficinas; ele comprava delas, em quantidades bastante significativas, as medalhas das quais se desfazia em seguida, segundo as suas necessidades; para cada compra, a quantia necessária lhe era fornecida, a título de adiantamento, pela Tesouraria; mas ele devia, *a posteriori*, justificar junto à administração financeira central o uso dessa quantia; evidentemente, não bastava que fornecesse a fatura da Casa da Moeda; era de suas distribuições que devia prestar contas; antes de entregar-lhe uma nova quantia destinada a uma nova cunhagem, procuravam certificar-se de que o funcionário empregara completa e corretamente a primeira. Ele estabelecia, portanto, para períodos determinados, um certificado que indicasse, para cada dia, o número de doentes tocados, número igual por definição ao das medalhas distribuídas; esses papéis, cada um deles assinado pelos dois médicos de serviço e contra-assinado pelo funcionário eclesiástico a quem cabia, naquela época, o cuidado de regular a cerimônia, o clérigo do gabinete (*clerk of the closet*), eram apresentados, em tempo útil, às autoridades encarregadas de verificar as contas. Eram excelentes documentos comprobatórios; hoje, eles são, para a história, documentos de admirável precisão. Infelizmente, conservaram-se muito mal; tinham, quando muito, um interesse temporário, e sem dúvida ninguém se preocupava em abarrotar os arquivos com eles. Cinco deles, após caírem, não se sabe quando nem como, entre as mãos de um colecionador, foram parar na biblioteca do cirurgião--chefe das Forças Armadas estadunidenses em Washington.[36] Mas nem todos os certificados dessa espécie deixaram o Record Office; tive a boa sorte de ter em mãos, em tal acervo, uma pasta, perdida entre os "Livros mesclados"

---

35. Ele parece ter sido estabelecido por uma série de decisões do Treasury Board nos primeiros meses de 1668, mais especificamente em 2 de março; cf. Farquhar, II, p. 143 ss., notadamente p. 149, na parte de baixo; o método se depreende muito claramente, por exemplo, da conta de Baptist May, *Keeper of the Privy Purse*, de 12 de fevereiro de 1668 a 25 de março de 1673: R. O. Pipe Office, Declared Accounts 2.795.
36. Textos editados ou analisados por F. H. Garrison, *A Relic of the King's Evil*; cf. Farquhar, II, p. 130 (fac-símile), e, para uma retificação no texto de Garrison, III, p. 117-118.

do acervo do Tesouro,[37] reunindo quinze deles. Pesquisas mais aprofundadas com certeza permitiriam descobrir outros. Por enquanto, aquele que foi redigido em dezembro de 1685, quando N. Duresme era *clerk of the closet*, deve ser considerado o mais recente dos documentos financeiros relativos ao milagre régio.[38]

II. Os anéis medicinais nas contas inglesas

As contas nos informam com muito mais exatidão e continuidade sobre os anéis medicinais do que sobre o toque da escrófula. O rito da Sexta-Feira Santa, que já foi suficientemente descrito, exigia, todo ano, um desembolso de espécies cunhadas, as quais deviam ser registradas. Essa despesa ocorria, por definição, uma única vez por ano: isso certamente explica o fato de que ela sempre tenha sido inscrita não na primeira parte das contas anuais, redigida, como podemos lembrar, de forma cronológica, e sim na segunda, no capítulo dos desembolsos excepcionais da Esmola. Essa foi, de Eduardo III a Eduardo VI, a prática constantemente seguida;[39] essa história, tão simples

---

37. Exchequer of Receipt, Miscellaneous Books, E. 407, 85 (1). Fui levado a esse maço por uma indicação contida numa nota de G. Fother-Gill, *Notes and Queries*, 10th series, IV (1905), p. 335. Esses documentos vão de abril de 1669 a dezembro de 1685; sobre os números que eles abrangem, cf. acima, p. 363, 364, n. 192, e 374.

38. Evidentemente, se excetuarmos os documentos relativos à fabricação das *touch-pieces*, que se encontram até os últimos dias do rito: cf. Farquhar, IV, p. 159.

39. Acima, nas notas das p. 421 a 425, encontra-se a indicação das contas da Casa Real que examinei. Eis, para cada reinado, a lista daquelas que me forneceram algo sobre o rito dos anéis. Observe-se que, de Eduardo III a Eduardo VI, os únicos ausentes dessa enumeração são o reinado de Eduardo V, que não podia nela aparecer, em virtude de ter sido demasiado curto para abranger uma única Sexta-Feira Santa, e o de Ricardo III, que incluiu apenas duas. Cf. acima, p. 170 e n. 30. A data entre colchetes é a da Sexta-Feira Santa em que os anéis foram consagrados. Eduardo III: Cotton Nero, C. VIII, fól. 202 [14 de abril de 1335], fól. 205 [29 de março de 1336], fól. 206 vº [18 de abril de 1337] (os dois primeiros artigos reproduzidos em Stevenson, *On Cramp-rings*, p. 49; *Gentleman's Library Magazine*, p. 40; os três em Crawfurd, p. 169-170); E. A. 388, 5 [10 de abril de 1338]; R. O. Treasury of Receipt, Miscellaneous Books, 203, fól. 150 [26 de março de 1339] e fól. 153 [14 de abril de 1340]; E. A. 396, II, fól. 12 [30 de março de 1369]; "Account Book of John of Ypres" [12 de abril de 1370], reproduzido em Crawfurd, p. 170. — Ricardo II: Brit. Mus., manuscrito adicional 35.115, fól. 33 vº [4 de abril de 1393]; E. A. 403, 10, fól. 36 [31 de março de 1396] (reproduzido em Crawfurd, p. 170). — Henrique IV: Brit. Mus. Harleian, 319, fól. 39 [25 de março de 1407] (reproduzido em *British Archaeological Journal*, IV (1847), p. 78). — Henrique V: E. A. 406, 21, fól. 37 [21 de abril de 1413]. — Henrique VI: E. A. 409, 9, fól. 32 [30 de março de 1442]. — Eduardo IV: E. A. 412, 2, fól. 31 [27 de março de 1467] (para 15 de abril de 1468, citação sem referências em Crawfurd,

em seu conjunto, comporta apenas um ponto delicado, que merece reter um pouco mais a nossa atenção.

Durante os reinados de Eduardo III, Ricardo II, Henrique IV e, sob Henrique V, pelo menos em 1413, o artigo do capítulo das esmolas relativo aos *cramp--rings* encontra-se redigido sempre da mesma forma, em perfeita conformidade com o que sabemos da essência do rito; dois pagamentos sucessivos e de igual valor são indicados: o primeiro se refere às moedas primeiramente levadas pelo rei até o altar e, em seguida, retiradas para serem fundidas e transformadas em anéis; o segundo, à oferenda definitiva considerada "resgate" da primeira.[40] A partir de 1442 (trata-se da primeira menção que identifiquei para o reinado de Henrique VI), a redação se modifica: um único pagamento é inscrito; a fórmula é, aliás, pouco clara: "Oferendas do senhor rei, feitas à adoração da cruz no dia da Sexta-Feira Santa, em ouro e em prata, para com elas fazer anéis medicinais, 25 xelins";[41] ou a partir de Henrique VIII: "Para as oferendas do senhor rei feitas ao adorar a cruz no dia da Sexta-Feira Santa e para o resgate,

---

p. 171). — Henrique VII: E. A. 413, 9, fól. 31 [5 de abril de 1493]. — Henrique VIII: Brit. Mus., manuscrito adicional 35.182, fól. 31 vº [11 de abril de 1533]. — Eduardo VI: E. A. 426, I, fól. 19 [8 de abril de 1547]; Brit. Mus., manuscrito adicional 35.184, fól. 31 vº [31 de março de 1553]. Comparando essa lista às das contas examinadas, podemos perceber que, sem razão aparente, algumas contas do Guarda-roupa não mencionam as despesas realizadas para o rito dos anéis: novo exemplo dessas anomalias às quais o historiador que utiliza os documentos administrativos da Idade Média deve resignar-se de antemão.

40. Exemplos: reinado de Eduardo III, 14 de abril de 1335: "In oblacionibus domini regis ad crucem de Gneyth, die Paraceues, in capella sua infra manerium de Clipstone, in precio duorum florenciorum de Florentia, xiiij die aprilis, vj s. viij d.; et in denariis quos posuit pro dictis florenciis reasumptis pro anulis inde faciendis, ibidem, eodem die, vj s. Summa xij s. vjjj d.". Brit. Mus. Cotton Nero C. VIII, fól. 202; publicado em Stevenson, *On Cramp-rings*, p. 49 (*Gentleman's Magazine Library*, p. 40); Crawfurd, p. 169. Reinado de Henrique V, 21 de abril de 1413: "In oblacionibus domini regis factis adorando crucem in die Parasceues in ecclesia fratrum de Langley, videlicet in tribus nobilibus auri et quinque solidis argenti xxv s. In denariis solutis decano Capelle pro eisdem denariis reassumptis pro anulis medicinalibus inde faciendis xxv s.", E. A. 406, 2i, fól. 19. Observe-se, no texto relativo a Eduardo III, uma levíssima diferença de valor entre os dois pagamentos sucessivos; ela se explica com facilidade; a necessidade de operar o primeiro pagamento em belas espécies monetárias conduziu ao emprego de moedas estrangeiras, cujo valor não pode ser reduzido a uma quantia redonda em moeda de conta nacional.

41. Henrique VI, 30 de março de 1442: "In oblacionibus domini Regis factis ad orandam crucem die Parasceues in Auro et argento pro Anulis medicinalibus inde fiendis xxv s.", E. A. 409, 9, fól. 32 vº. Fórmulas análogas: E. A. 412, 2, fól. 31 (Eduardo IV); 413, 9, fól. 31 (Henrique VII).

devendo com elas serem feitos anéis medicinais, ouro e prata, 25 xelins".[42] Se esse estilo é obscuro, é porque os contadores continuavam a utilizar expressões antigas que poderiam levar a acreditar que as antigas práticas do resgate e da fabricação dos anéis com as moedas oferecidas sobre o altar subsistiam. O que ocorrera na realidade pode ser deduzido com certeza da redução do duplo pagamento primitivo, que, desde pelo menos 1639, era invariavelmente de duas vezes 25 xelins,[43] a um único pagamento, igual à metade da quantia global outrora desembolsada. Os reis não se tornaram menos generosos; eles ainda oferecem o mesmo presente à sua capela, pois, antigamente, esta guardava, na verdade, apenas a segunda oferenda: por conseguinte, 25 xelins. A primeira oferenda era retomada para servir à fabricação dos anéis; foi esta última que desapareceu. Por quê? Textos estranhos à contabilidade, a *Defesa dos direitos da casa de Lancaster*, de Fortescue, um cerimonial de Henrique VIII, fornecem a explicação necessária:[44] os anéis eram então trazidos inteiramente prontos na Sexta-Feira Santa. O metal destinado à sua confecção era tirado, muito antes da festa, do Tesouro real. A despesa correspondente a esse fornecimento de ourivesaria não podia mais, a nenhum título, inserir-se no capítulo das esmolas; é preciso procurá-la entre as contas especiais relativas às joias reais, onde, com efeito, desde Eduardo IV pelo menos, por vezes a encontramos.[45]

---

42. Henrique VIII, 29 de março de 1532: "In oblacionibus domini Regis factis in adorando crucem die Parasche[ues] et pro redempeione, anulis medicinalibus inde fiendis, aurum et argentum, infra tempus huius compoti xxv s.". Manuscrito adicional 35.182, fól. 31 vº. A fórmula de E. A. 426, I, fól. 18 (Eduardo VI, 8 de abril de 1547) também é bastante inoportuna: "In oblacionibus domini Regis secundum antiquam consuetudinem et ordinem pro adhorando crusem die Parascheues et pro rede[m]ptione Anulorum Medicinalium inde fiendum [sic] aurum et argentum, infra tempus huius computi xxxv s. (*erro provável para* xxv s.)"; ela é mais ou menos literalmente repetida pelo manuscrito adicional 35.184, fól. 31 vº (Eduardo VI: 31 de março de 1553).
43. E. A. 396, 11, fól. 12.
44. Cf. supra, p. 175-176.
45. Sobre Eduardo IV, Privy Seal Account, citado em Crawfurd, *Cramp-rings*, p. 171; cf. *Liber Niger Domus Regis em A Collection of Ordinances and Regulations for the Government of the Royal Household* (Soc. of the Antiquaries), in-4º. Londres, 1790, p. 23 (pagamento à "jewel-house"). Henrique VII: W. Campbell, *Materials for a History of the Reign of Henry VII (Rolls Series)*, II, p. 142. Henrique VIII: livro de pagamentos da Casa Real, Brit. Mus., manuscrito adicional 2.181, ano 2, em 19 de abril [1511]; *Letters and Papers, Foreign and Domestic, Henry VIII*, XV, n. 862; XVIII, 1, n. 436; 2, n. 231, p. 125 e 127. Sob Henrique VIII, a partir de 1542, o mais tardar, as despesas ocasionadas pelo rito dos anéis medicinais eram vinculadas ao fundo dos Aumentos, o qual era alimentado pelas receitas dos estabelecimentos religiosos confiscados (sobre esse fundo, cf. F. A. Gasquet, *Henry VIII*

Em suma, os arquivos financeiros da antiga monarquia inglesa nos oferecem, sobre os ritos curativos e, mais particularmente, sobre o toque da escrófula, somente informações fragmentárias e, com demasiada frequência, imprecisas. Os arquivos franceses, embora mais pobres, são, sob certos aspectos, mais generosos. Essas são as surpresas ordinárias de fontes dessa espécie, tão decepcionantes quanto preciosas. Se, numa série de peças de determinado tipo, a mais leve mudança na disposição das inscrições vier introduzir-se, num momento ou outro, essa modificação, à primeira vista insignificante, não raro bastará para subtrair aos olhos do historiador toda uma categoria de informações de importância capital. Estamos à mercê dos caprichos de um funcionário subalterno, rompendo com a rotina de seus predecessores. É por isso que apenas muito raramente é permitido argumentar a partir do silêncio aparente de uma conta.

---

and the English Monasteries, II, 6. ed., 1895, p. 9). Maria Tudor: [J. Nichols], *Illustrations of the Manners and Expences of Antient Times in England*, in-4º. Londres, 1797, *New Year's Gifts Presented to Queen Mary*, p. 27.

APÊNDICE II
O dossiê iconográfico

Reuni abaixo algumas indicações sumárias sobre os monumentos figurados referentes ao milagre régio que pude reunir. Um erudito tão bem informado como Salomon Reinach declarava, em 1908, a respeito do número 3 de minha lista, não ter "jamais encontrado" outro quadro representando o mesmo assunto (*Rev. archeologique*, 4ª série, XII (1908), p. 124, n. 1). Será possível ver que fui feliz o bastante para incrementar, em proporções notáveis, o dossiê iconográfico do toque e dos ritos curativos em geral. Tal qual, ele permanece mediocremente rico. Pesquisadores mais felizes do que eu com certeza poderão um dia dar-lhe maior amplitude, pelo menos no que diz respeito aos dois ou três últimos séculos das monarquias taumatúrgicas. No que concerne à Idade Média, não acredito que haja muita coisa a ser encontrada. Ademais, o conde Durrieu e Henry Martin, por mim solicitados, tiveram a gentileza de me informar que não conheciam outras miniaturas relativas ao toque da escrófula além das que serão repertoriadas aqui. No que diz respeito à época moderna, Jules Robiquet, curador do Museu Carnavalet, e Charles Mortet, administrador da Biblioteca Sainte-Geneviève, me asseguraram que as coleções confiadas aos seus cuidados não continham nenhuma representação do toque da escrófula.

Para a classificação, adotei, no interior de cada subdivisão, a ordem cronológica. Os números marcados com um asterisco correspondem às obras que conheço apenas por meio das menções de autores anteriores, seja porque elas desapareceram, seja porque não pude encontrá-las.

Para cada obra, indiquei as reproduções que dela foram feitas, assim como os estudos de que foi objeto; acrescentei, quando cabia, uma curta discussão crítica. Uma discussão propriamente dita — a qual, para ser de fato útil, deve sempre ser passavelmente longa — teria repetido sem utilidade o que foi dito acima no texto; eu a apresentei apenas em dois casos: quando era necessária à discussão; quando a obra não havia sido publicada, ou reproduzida, em nenhuma obra impressa, ou mesmo aqui. Quanto às reproduções, fui, por motivos fáceis de compreender, obrigado a me limitar. Minha escolha foi guiada pelas razões seguintes: expus aos olhos do leitor duas gravuras, uma apresentando a imagem do rito francês do toque, outra a do rito inglês (números 8 e 13) — um quadro de altar que evidencia a associação, particular à França, do rei curador e de São Marculfo (número 16) — e, por fim, o belo quadrinho do século XVI no qual um autor desconhecido engenhosamente relacionou os dois aspectos mais marcantes da realeza sagrada, a quase assimilação à dignidade sacerdotal (pelo rito comunial) e o poder taumatúrgico (número 3). Eu teria desejado acrescentar a esses documentos característicos o afresco de São Riquero (número 20), que tão corretamente simboliza o papel de intercessor do milagre régio atribuído a São Marculfo; mas.como não pude eu mesmo fotografá-lo, quando fui estudá-lo *in loco*, não consegui, mais tarde, obter um negativo ou prova.

Tenho o prazer de agradecer aqui às pessoas que tiveram a gentileza de me ajudar, de todas as maneiras, a reunir esses documentos tão dispersos: o conde Durrieu; Henry Martin; Salomon Reinach; Jules Robiquet; Charles Mortet; Henri Girard; o arcipreste Saint-Wulfran d'Abbeville; François Paillart, o famoso impressor; Paul Gout, arquiteto-chefe dos Monumentos Históricos; Hocquet, arquivista da cidade de Tournai; Guglielmo Pacchioni da Reale Pinacoteca de Turim; os professores Martinotti e Ducati de Bolonha; Miss Helen Farquhar.

§ 1. O TOQUE DA ESCRÓFULA

1. *Eduardo, o Confessor, toca a mulher escrofulosa.* Miniatura do século XIII no manuscrito Ee III 59 da Biblioteca de Cambridge, contendo o poema intitulado *A história de Santo Eduardo, o Rei*, p. 38.

Reprod.: Crawfurd, *The king's evil*, em frente à p. 18; C. Barfoed, *Haands--Paalaeggelse*, p. 52 (a partir de Crawfurd).

Estudada: H. R. Luard, *Lives of Edward the Confessor* (Rolls Series). Londres, 1858, p. 12, n. XXXVII; cf. acima, p. 51 e 308.

2. * *Um rei da França toca a escrófula.* Segundo o medalhão superior do vitral da sagração, na capela de São Miguel do Circuito, igreja abacial do monte São Miguel, executado em 1488, por ordem do abade André Laure.

Esse vitral, que foi destruído, não é mais conhecido senão por meio de descrições antigas, notadamente a do abade Pigeon, *Nouveau guide historique et descriptif du Mont Saint-Michel.* Avranches, 1864, reproduzido por Paul Gout, *Le Mont Saint-Michel*, II, in-4º, p. 556-557. Citei anteriormente, na p. 145, um fragmento dessa descrição; reproduzo-a integralmente a seguir:

"O segundo medalhão [superior] representa o rei, que, depois de ter comungado sob as duas espécies, dirigiu-se a um parque onde se encontra reunido um número considerável de doentes, os quais ele toca um após o outro, com sua mão direita, da testa ao queixo e de uma bochecha à outra, proferindo estas palavras consagradas: 'Deus te cure, o rei te toca!'.

Em um ângulo do quadro se encontra uma gaiola de onde alçam voo vários pássaros, símbolo da liberdade que o novo rei acaba de devolver aos presos e da qual ele fará seus súditos gozarem...".

A fórmula "Deus te cure, o rei te toca" certamente não constava no vitral; o abade Pigeon, até onde pude ver, a mencionou apenas para provar a própria erudição; mas é preciso reconhecer que seu texto, sobre esse ponto, é pouco claro.

Estudado: acima, p. 144-145.

3. *Um rei da França comunga sob as duas espécies e se prepara para tocar a escrófula*. Quadro do século XVI; no século XVIII, ele se encontrava no Palácio Durazzo, em Gênova, via Balbi (cf. Ratti, *Guido di Genova*, 1780, I, p. 209); adquirido em 1824 pelo rei da Sardenha; hoje, Pinacoteca Real de Turim, n. 194.

Reprod.: Reale Galleria illustrata, IV, p. 153; Paul Richer, *L'Art et la médecine*, in-4°, s.d., p. 296; Eugen Hollaender, *Die Medizin in der klassischen Malerei*, gr. in-8°, Stuttgart, 1903, p. 265; S. Reinach, *Répertoire de peintures du moyen-âge et de la Renaissance*, IV, 1918, p. 663; Martinotti, *Re Taumaturghi*, p. 135; acima, estampa I.

Estudado: Hollaender, loc. cit.; S. Reinach, *Revue archéologique*, 4ª série, XII (1908), p. 124, n. 1; cf. acima, p. 305; devo muitas informações preciosas, utilizadas acima e na discussão que virá a seguir a uma carta de Guglielmo Pacchioni, curador da Pinacoteca Real.

Qual é exatamente o assunto desse quadro? Para poder determiná-lo, convém descrever primeiramente a obra em algumas palavras.

À esquerda, numa capela que se abre para a direita, um rei da França, barbudo, trajando um manto flor-de-lisado, com a coroa na cabeça, o cetro e a mão de justiça dispostos ao seu lado, encontra-se ajoelhado diante de uma espécie de mesa de mármore, que deve ser um altar; ele segura, com as duas mãos, aparentemente, um cálice coberto com uma tampa; diante dele, um bispo ajoelhado segura, também com as duas mãos, um objeto que acredito identificar, sem dúvida possível, como uma pátena vazia; ao redor do altar, outro bispo e um religioso, ambos de joelhos, assim como outro religioso e três leigos (incluindo um pajem sustentando a cauda do manto do primeiro bispo e uma personagem segurando um objeto que talvez seja um capacete ornamentado com uma coroa) em pé. À direita, num pátio para o qual dá a capela e flanqueado por um muro ameado atravessado por uma porta monumental, dois doentes providos de muletas (um de joelhos, o outro em pé), uma mulher segurando uma criancinha em seus braços, duas outras personagens, uma das quais com as mãos juntas, e, perto da porta, alguns guardas; do outro lado do muro, uma paisagem com uma cidade para a qual se dirige um cortejo a cavalo.

Todo mundo, ao que parece, concorda em reconhecer nas personagens da direita — excetuados os guardas — escrofulosos esperando para serem tocados. Quanto à cena da esquerda, Holländer e Reinach a interpretam como uma representação da unção real. Acredito que se deva ver nela, antes, a comunhão do rei sob as duas espécies, conforme o privilégio de sua dinastia. A presença da pátena não abre espaço para a dúvida; o rei acaba de comungar com a hóstia e vai comungar com o vinho do cálice. Em seguida, ele tocará os doentes. Seria essa comunhão a da sagração? À primeira vista, o traje real poderia levar a acreditar nisso; mas sabe-se que esse traje é, na arte da época, apenas um procedimento convencional destinado a indicar que a personagem representada é um rei, e um rei da França. Segundo todas as probabilidades, o artista simplesmente quis relacionar essas duas notáveis prerrogativas da monarquia francesa: a comunhão semelhante à dos padres e o milagre da cura. Uma ideia análoga já inspirara, ao que parece, o autor do vitral do Monte São Miguel; mas lá, sendo o assunto do vitral inteiro a sagração, a comunhão representada decerto era a que ocorria durante essa cerimônia.

Resta a questão da atribuição. O quadro, não assinado, foi sucessivamente atribuído a Albert Dürer (Ratti, op. cit.), à Escola de Colônia, a Lucas de Leyde e a Bernardo Van Orley; esta última opinião recebeu de sua adoção pelo *Cicerone* de Burckhardt (trad. francesa, II, p. 637) e pelo Catálogo da Pinacoteca, de autoria de Baudi di Vesme, um valor quase oficial. Ela depara, porém, com uma dificuldade: como Van Orley, pintor habitual de Margarida da Áustria e de Maria da Hungria, teria sido levado a dedicar uma de suas obras à glória do milagre francês? (Sobre sua carreira, cf. Alph. Wauters, *Bernard Van Orley*, 1893.) É provável que nosso quadro seja da autoria de algum artista dos Países Baixos submetido às influências italianizantes; aparentemente, não se pode ir muito além dessa afirmação um tanto vaga.

4. *Um rei da França toca um escrofuloso*. Gravura em madeira, em Degrassalius (Grassaille), *Regalium Franciae iura*, 1538, p. 62.

5. *Henrique II toca a escrófula*. Miniatura das *Horas de Henrique II*, Bibl. Nat., latim 1.429, fól. 106 v°.

Reprod.: Du Bastard, *Peintures et ornements des manuscrits*, VIII (em cores); *Livre d'heures de Henri II*, reproduction des 17 miniatures du ms. latin 1.429 de la Bibliotheque Nationale [1906], estampa XVII; Landouzy, *Le toucher*, fora do texto; Crawfurd, *The king's evil*, em frente à p. 58 (foto, virada); Farquhar, *Royal Charities*, I, em frente à p. 43.

Estudada: no conjunto do manuscrito, cf., entre outros, L. Delisle, *Annuaire-Bulletin de la Soc. de l'Histoire de France*, 1900, e *Exposition des primitifs francais...*, Catalogue, 1904, *Manuscrits à peintures*, n. 205; sobre a miniatura acima, p. 305.

6. *Maria Tudor toca um jovem escrofuloso*. Miniatura do missal da rainha, Biblioteca da Catedral [católica] de Westminster.

Reprod.: Crawfurd, *The king's evil*, em frente à p. 68.

Estudada: para o missal, ver uma comunicação de Sir Henry Ellis, *Proceedings of the Society of Antiquaries of London*, 1st series, II (1853), p. 292-294, e Sparrow Simpson, *On the Forms of Prayer*, p. 285-287.

7. *A rainha Elizabeth toca a escrófula*. Gravura executada pelo gravurista flamengo Joos de Hondt, provavelmente durante sua estada na Inglaterra (1583-1594).

Conheço esse documento apenas pela menção feita a ele por Tooker, *Charisma, Epistola Dedicatoria*, p. [10]: "[...] cum nuper in *Tabulis Geographicis & Hydrographicis* depictam vidimus, et exaratam salutiferae hujusce sanationis historiam, et quasi consecratam memoriam oculis contemplati sumus", com a nota marginal: "Iodocus Flandr. in descript. sive tab. orbis terr."; cf. Del Rio, *Disquisitionum*, ed. de 1606, p. 61, enumeração das provas dadas por Tooker para o poder exercido por Elizabeth: "Probat etiam quia quidam Judocus Hundius eam curationem pictam in lucem dedit". Nada encontrei de semelhante nos diferentes atlas de J. de Hondt que pude consultar: *Theatrum imperii Magnae Britanniae..., opus nuper a Iohanne* Spedo..., nunc vero *a Philemone* Hollando..., *donatum*, fól. Amsterdã, 1616, "ex officina Judoci Hondii"; *Thrésor. des Chartes*, Haia, s.d.; Pierre Bertius, *La Géographie raccourcie... avec de belles cartes...*, por Judocus Hondius. Amsterdã, 1618, e suas diferentes edições da obra de Mercator.

Sobre a estada de J. de Hondt na Inglaterra, ver *Bryan's Dictionary of Painters and Engravers*, ed. G. C. Williamson, e o *Dictionary of National Biography*, em seu nome.

8. "Representação ao natural, quando o cristianíssimo rei Henrique III, rei de França e de Navarra, toca a escrófula". Gravura a buril de P. Firens, s.d. Conheço os seguintes exemplares: 1º) Bibl. Nat. Estampes, col. Hennin, XIV, fól. 5; 2º) Bibl. Nat. Imprimés, col. Cangé, lib[35] 23 b, fól. 19 (antes do texto); 3º) Ibidem, fól. 21; 4º) inserida na abertura do *Discours des Escrouelles*, num exemplar das *Oeuvres de Me André du Laurens... recueillies et traduites en françois par Me Théophile Gelée*, fól. Paris, 1613, Bibl. Nat. Imprimés, T[25] 40 B (antes

do texto); 5º) inserida na abertura de um exemplar de Andreas Laurentius, *De mirabili strumas sanandi vi...*, in-8º. Paris, 1609, British Museum, 1.187 a 2 (antes do texto); 6º) Idem, na abertura de outro exemplar da mesma obra, mesma biblioteca (antes do texto).

Reprod.: Abel Hugo, *France historique et monumentale*, V, in-4º, 1843, estampa I (muito medíocre); *Nouvelle iconographie de la Salpêtrière*, IV (1891), estampa XV; A. Franklin, *La Vie privée d'autrefois, Les médecins*, em frente à p. 15 (parcialmente); Landouzy, *Le toucher*, p. 2; Crawfurd, *The king's evil*, em frente à p. 78; Martinotti, *Re taumaturghi*, p. 136; Roshem, *Les Escrouelles*, p. IX (extremamente reduzida); acima, estampa III.

Estudada: acima, p. 330-331. O fato de essa estampa aparecer na abertura de diversos exemplares do tratado de Du Laurens sobre a cura da escrófula, ou de sua tradução, com bastante frequência levou a acreditar-se que ela tivesse sido gravada para servir de frontispício a esse tratado, e nomeadamente (em razão do caso dos dois exemplares do British Museum) à edição principal de 1609; mas é visível que, nesses dois exemplares — assim como no da tradução de 1613 conservada na Bibl. Nat. —, a estampa foi intercalada *a posteriori*; de resto, medindo, sem o texto, 40 cm por 30,5 cm, suas dimensões são demasiado grandes para que ela tenha sido destinada a servir de "frontispício" a um livro pequeno in-8º, como a edição de 1609; por fim, conhecemos numerosos exemplares dessa edição que não a incluem.

9. *Um rei toca uma mulher escrofulosa*. Gravura a buril, em frente à p. 1 de S. Faroul, *De la dignité des roys de France*, 1633.

Reprod.: Landouzy, *Le toucher*, p. 20.

10. *Um rei, sob os traços de Luís XIII, toca a escrófula, na presença de São Marculfo.*

Gravura a buril, na página de rosto de Oudard Bourgeois, *Apologie*, 1638.

Reprod.: Landouzy, *Le toucher*, p. 18.

Estudada: acima, p. 277.

11. *Francisco I em Bolonha, em 15 de dezembro de 1515, toca a escrófula.* Afresco executado por Carlo Cignani e Emilio Taruffi, por ordem do cardeal Gerônimo Farnésio, legado em Bolonha de 1658 a 1662; Bolonha, Palazzo Comunale, Sala Farnese. Num cartucho, leem-se as seguintes palavras: "Franciscus primus Galliarum rex Bononiae quam plurimos scrofulis laborantes sanat".

Reprod.: G. Martinotti, *Re thaumaturghi* em *L'Illustrazione medica italiana* IV (1922), p. 134.

Estudado: G. Martinotti, loc. cit.; cf. acima, p. 350 (onde utilizei informações gentilmente fornecidas pelo professor Ducati, algumas delas extraídas de

Salvatore Muzzi, *Annali della città di Bologna dalla sua origine al 1796*, VIII, Bolonha, 1846, p. 12 ss.).

12. *Carlos II toca a escrófula*. Gravura a buril por F. H. van Houe, frontispício de uma folha impressa (somente no anverso) ou "*broadside*", apresentando o ritual do toque; Londres, Dorman Newman, 1679.

Reprod.: Landouzy, *Le toucher*, p. 25; Crawfurd, *The king's evil*, fora do texto; Eugen Holländer, *Wunder, Wundergeburt und Wundergestalt in Einblattdrucken des fünfzehnten bis achtzehnten Jahrhunderts*, in-4°. Stuttgart, 1921, p. 265.

Indicada: acima, p. 308, n. 33.

13. *Carlos II toca a escrófula*. Gravura a buril, por R[obert] White, frontispício de J. Browne, *Charisma Basilikon*, formando a 3ª parte de sua *Adenochoiradelogia*; Londres, 1684.

Reprod.: Landouzy, *Le toucher*, p. 27; *Home Counties Magazine*, XIV (1912), p. 118; Crawfurd, *The king's evil*, em frente à p. 114; Farquhar, *Royal Charities*, II, fora do texto; acima, estampa IV.

Indicada: acima, p. 308, n. 33.

14. *Luís XIV, na presença de São Marculfo, toca a escrófula*. Quadro por João Jouvenet, na igreja, antigamente abacial, de São Riquero (Somme), capela de São Marculfo: assinado "Jouvenet, p. 1.690".

Reprod.: *La Picardie historique et monumentale* (Soc. des antiquaires de Picardie: fondation E. Soyez), IV, 1.907-11, monografia de *Saint-Riquier*, por Georges Durand, estampa LV.

Estudado: G. Durand, op. cit., p. 337-338; cf. p. 230; acima, p. 277. Sobre o autor, a obra essencial continua sendo F. M. Leroy, *Histoire de Jouvenet*, 1860; cf. Pierre-Marcel Levi, *La Peinture francaise de la mort de Lebrun à la mort de Watteau*, s.d. (tese de Letras, Paris).

15. *Luís XIV na presença de São Marculfo toca a escrófula*. Quadro não assinado do século XVII, coro da igreja de Saint-Wulfran, em Abbeville.

Indicado: *La Picardie historique et monumentale*, III, p. 39; cf. acima, p. 277; o arcipreste de Abbeville teve a gentileza, por intemédio de F. Paillart, de me fornecer informações utilíssimas.

O quadro está em estado de conservação medíocre. Luís XIV — cujos traços são caracterizados com pouca nitidez — em manto com colarinho de arminho, virado para a direita, se inclina para tocar a testa de um doente ajoelhado. À sua direita, São Marculfo com a croça em sua mão. Ao lado do doente tocado há outra personagem de joelhos. No fundo, à direita, sob uma arcada aberta, diversas personagens (doentes e guardas?) bastante indistintas.

16. *Um rei da França e São Marculfo curam os escrofulosos.* Quadro de altar da segunda metade do século XVII, igreja de São Brício, em Tournai.

Reprod.: acima, estampa II.

Estudado: acima, p. 277; devo informações preciosas ao arquivista, Hocquet; a tradição local atribui comumente esse quadro a Miguel Bouillon, que lecionou em Tournai de 1630 a 1677; os arquivos de São Brício não fornecem nenhuma indicação a esse respeito.

17*. *A rainha Ana toca um menino.* Vinheta do nove de copas em um baralho com imagens patrióticas, assinalada por seu proprietário, G. W. L. em *Gentleman's Magazine*, 1814, I, p. 128 (C. G. L. Gomme, *The Gentleman's Magazine Library*, IX, p. 160). O nove de copas é descrito nos seguintes termos: "The nine of hearts — 'Her Majesty touching for the evil'. Her right hand is placed on the head of a little boy, who is kneeling before her" [O nove de copas — "Sua Majestade tocando em razão do mal". Sua mão direita é colocada sobre a cabeça de um garotinho que se encontra ajoelhado diante dela].

Indicada: acima, p. 376.

DUVIDOSO

18. *Baixo-relevo representando supostamente um rei tocando a escrófula.* Fragmento de baixo-relevo descoberto em La Condamine (Principado de Mônaco): no Museu de Mônaco (molde no Museu de Saint-Germain-em-Laye).

Reprod.: *Rev. archéologique*, 4ª série, XII (1908), p. 121; E. Espérandieu, *Recueil général des bas-reliefs de la Gaule* (doc. inédito), II, n. 1.684.

Estudado: S. Reinach, *Sculptures inédites ou peu connues*; *Rev. archéologique*, op. cit., p. 118 ss.; E. Espérandieu, loc. cit.

O baixo-relevo parece dever ser atribuído à Idade Média (século XIII?), mas é difícil interpretá-lo. A solução segundo a qual ele representaria um rei — a personagem central está, com efeito, coroada — tocando a escrófula foi proposta por Salomon Reinach e, com base nele, por E. Espérandieu, somente como conjetura. Além do fato de que o "rei" do baixo-relevo não toca verdadeiramente os homens situados perto dele, a representação de cenas como o toque parece pouco conforme os hábitos da iconografia medieval.

§ 2. A CONSAGRAÇÃO DOS ANÉIS MEDICINAIS

19. *Maria Tudor, orando, prepara-se para consagrar os anéis.*

Reprod.: Crawfurd, *Cramp-rings*, em frente à p. 178.

Estudada: acima, p. 176 e 178; para o missal, cf. n. 6 deste apêndice.

§. 3. SÃO MARCULFO E OS REIS DA FRANÇA[1]

20. *São Marculfo concede a um rei da França o poder de curar a escrófula.* Afresco executado, provavelmente pouco depois de 1521, por ordem de dom Philippe Wallois, tesoureiro da abadia de São Riquero: tesouraria da igreja de São Riquero (Somme), parede W.
Reprod.: *A picardia histórica e monumental*, IV, Saint-Riquier, estampa XXII (com o conjunto da decoração da parede).
Estudada: G. Durand, *A picardia*, loc. cit., p. 305; acima, p. 276 (e estampa I bis).

21*. *São Marculfo concede a um rei da França o poder de curar a escrófula.* Gravura por H. Hébert, conhecida somente por meio da descrição de L. J. Guénébault, *Dictionnaire iconographique des figures, légendes et actes des saints*, em Migne, *Encyclopédie théologique*, 1ª série, XLV, col. 388: aqui, o santo é representado tocando a mandíbula inferior de um rei ajoelhado perto dele. Guénébault havia visto essa gravura na Biblioteca Mazarine, "portfólio n. 4.778 (38), fól. 58, n. 8". Em 15 de novembro de 1860, essa pasta, com uma coleção completa de estampas, foi entregue ao Gabinete das Estampas [Cabinet des Estampes] da Biblioteca Nacional; não tendo sido estabelecido até o momento nenhum levantamento detalhado das peças entregues, foi impossível reencontrar a gravura de Hébert no Gabinete das Estampas; ela não consta na Collection des Saints [Coleção dos Santos].
Estudada: acima, p. 277.

22. *São Marculfo estende sua mão direita sobre a cabeça de um rei ajoelhado.* Medalha de piedade, certamente do final do século XVII ou do início do XVIII, proveniente de Arras. Legenda: S. Marco. No reverso, São Livino, que era honrado na igreja de Santa Cruz de Arras ao mesmo tempo que São Marculfo. Coleção Dancoisne.
Reprod.: J. Dancoisne, *Les Médailles religieuses du Pas-de-Calais*; *Mémoires Académie Arras*, 2ª série, XI (1879), estampa XVII, n. 130.
Estudada: ibidem, p. 123, e acima, p. 278.

23. *Um rei da França adora São Marculfo.* Gravura a talho-doce em uma "bandeirinha" da peregrinação de Grez-Doiceau (Brabante), s.d. (século XVIII): coleção Van Heurck, na Antuérpia.
Reprod.: Schepers, *Le Pèlerinage de Saint Marcoul à Grez-Doiceau*; *Wallonia*, 1899, p. 180 (talvez com base em outro exemplar que não o da coleção Van

---

1. Cf. também acima os números 14, 15 e 16.

Heurck); E. H. van Heurck, *Les Drapelets de pèlerinage en Belgique et dans les pays voisins*, 1922, p. 157.

Estudada: Van Heurck, loc. cit.; acima, p. 278.

O mesmo motivo também é reproduzido sob duas outras formas, na igreja de Grez-Doiceau: "Outra estatueta mostra São Marculfo oferecendo, para que fosse beijado, um objeto redondo a um rei ajoelhado diante dele; um quadro muito mal desenhado representa no primeiro plano o mesmo tema, com peregrinos ao longe aproximando-se da igreja de Grez" (Van Heurck, p. 158); ignoro a data dessas duas obras de arte, a qual Van Heurck não indica, talvez — o que seria perfeitamente explicável — por não ter conseguido especificá-la; cf. Schépers, op. cit., p. 181.

24. *Luís XVI, após sua sagração, faz suas devoções diante do sacrário de São Marculfo*. Quadro de altar do final do século XVIII, não assinado, igreja de São Tiago (segunda capela lateral à esquerda), em Compiègne.

No centro do quadro, o rei, vestindo um manto azul flor-de-lisado, com um colarinho de arminho, encontra-se de joelhos, as mãos juntas, ao pé de um altar situado à direita; sobre o altar, o sacrário, acima do qual se ergue uma estatueta do santo. À direita do altar, um cardeal; à esquerda, um padre com trajes litúrgicos segura um livro. Atrás do rei, dois senhores com o cordão, dois eclesiásticos, dois guardas. Ao fundo, atrás de uma balaustrada, uma multidão de aspecto popular (doentes?). A cena ocorre em uma igreja de estilo gótico. Embaixo, à esquerda, em um cartucho quadrado, a inscrição: "Luís XVI após sua sagração — dá graças a Deus diante do — sacrário de São Marculfo antes — de tocar os doentes — em XI de junho de 1773".

A obra é de feitura extremamente medíocre.

APÊNDICE III

Os primórdios da unção real e da sagração

Encontram-se reunidas abaixo algumas indicações destinadas a justificar as afirmações que, por necessidade tipográfica, tive de apresentar anteriormente sem seu aparato de provas (Primeiro livro, cap. II, p. 68 ss.). Examino, evidentemente, apenas os países da Europa Ocidental nos quais a unção real penetrou a princípio: Espanha, reino franco, Inglaterra, talvez países célticos; terei também algo a dizer sobre Bizâncio. Não devo seguir a propagação, bastante tardia, do rito nos demais Estados europeus. Assinalo, a título de exemplo, que, no caso de Navarra e da Escócia, a unção foi autorizada por bula papal, respectivamente, em 1257 e 1329: Baronius-Raynaldi, ed. Theiner, XXII, p. 14, n. 57, e XXIV, p. 422, n. 79; na Escócia, o privilégio havia sido solicitado por muito tempo antes de ser concedido; o canonista Henrique de Suso, também conhecido pelo apelido *Hostiensis*, escreveu em sua *Summa Aurea*, composta entre 1250 e 1261, lib. I, c. XV, fól. Lyon, 1588, fól. 41 v°: "si quis de novo ungi velit, consuetudo obtinuit quod a papa petatur, sicut fecit Rex Aragonum[1] et *quotidie instat Rex Scotiae*"; cf. acima, p. 190, n. 18.

Todas as vezes que os fatos não se prestarem à discussão, eu me limitarei a brevíssimas referências.

1. REINO VISIGÓTICO DA ESPANHA

A história da unção real entre os visigodos da Espanha foi exposta por dom Marius Férotin, *Le liber ordinum en usage dans l'église wisigothique et mozarabe d'Espagne* (*Monumenta ecclesiae liturgica*, V), in-4°, 1904; "Apêndice II", col. 498-505. Tiro grande proveito desse excelente trabalho.

O primeiro rei visigodo cuja unção foi seguramente atestada é Vamba, em setembro de 672 (Juliano de Toledo, *Liber de historia Galliae*, c. 3 e 4: Migne,

---

1. O primeiro dos reis de Aragão a ter obtido a unção parece realmente ter sido Pedro II, que a recebeu do próprio papa Inocêncio III, em 11 de novembro de 1204: cf. G. de Blancas, *Coronaciones de los serenissimos reyes de Aragon*, Saragoça, 1641, p. 1 ss.

P. L., t. 196, col. 765-766). Mas o autor contemporâneo que relata essa cerimônia visivelmente a considerava tradicional. Depois de Vamba, os exemplos de continuidade do rito são frequentes.

Em resumo, a introdução do rito é certamente anterior a Vamba. Pode-se, porém, especificar a data? Dom Férotin não acredita que os textos permitam fazê-lo. Seria tentador atribuir ao primeiro rei católico que reinou sobre os visigodos, Recaredo (586-601), a iniciativa de semelhante reforma. Schücking, *Regierungsantritt*, p. 74, chamou a atenção para uma passagem da *História dos godos* de Isidoro de Sevilha na qual, a respeito do advento desse príncipe, é dito o seguinte: "regno est coronatus" (*Monum. Germ.* AA, XI, p. 288). Contudo, é difícil tirar desse texto uma informação precisa. O que se deve entender pelas palavras "regno coronatus"? Elas designariam uma coroação no sentido literal do termo, isto é, uma entrega solene da coroa, efetuada em meio a um cerimonial eclesiástico, a exemplo de Bizâncio, cujos costumes foram, com efeito, imitados em mais de um ponto pela realeza visigótica? Poderíamos estar inclinados a acreditar nisso se a descrição detalhada que Juliano de Toledo fornece para as solenidades do advento, a respeito de Vamba, não nos forçasse a admitir que os visigodos conheceram a unção real, mas não a coroação? Terá sido, portanto, como sugere Schücking, a própria unção o que Isidoro de Sevilha pretendeu assim relembrar? No entanto, adotar tal suposição equivale a reconhecer que a frase em questão pode ter tido apenas um sentido metafórico. Uma vez aceita essa possibilidade, resta claro que devemos ir até o fim. Isidoro considerava a coroa o emblema real por excelência; é o que ela era então em Bizâncio; é, sobretudo, assim que a Bíblia a apresentava (cf. abaixo, p. 451-452); talvez até mesmo os reis visigodos, sem a receber, quando de seu advento, durante uma cerimônia religiosa, a usassem por vezes como insígnia de sua dignidade.[2] Não empregou Isidoro a expressão *coronatus* simplesmente a título de imagem e, por assim dizer, de clichê literário, da mesma maneira que, hoje, sem nenhuma alusão a um rito preciso, dizemos de bom grado, em estilo nobre, que um rei "subiu ao trono"? Em suma, embora se deva ter por certo que a unção real se introduziu na Espanha antes de 672, nossos textos não nos permitem determinar a data precisa de seu surgimento.

Quanto ao Concílio de Toledo, de 638, equivocadamente citado por Eichmann, *Festschrift G. von Hertling dargebr.*, p. 263, suas decisões não contém a menor menção à unção, nem a nenhuma consagração real: cf. Mansi, *Concilia*, ed.

---

2. Sobre o uso da coroa no reino visigodo, cf. Félix Dahn, *Die Könige der Germanen*, IV, 1885. Leipzig, p. 530-531.

de 1764, X, col. 659 ss. Em contrapartida, há uma alusão muito clara à unção real no c. I do concílio ocorrido nessa mesma cidade em 681: ibidem, XI, col. 1.028.

Quando a invasão muçulmana arruinou a velha realeza visigótica, a nova dinastia cristã de Oviedo parece ter, ao menos a partir de 886, retomado a tradição da unção (Férotin, col. 505; cf. L. Barrau-Dihigo. *Recherches sur l'histoire politique du royaume asturien*, tese de Letras, Paris, 1921, p. 222, n. 2). Sobrevida do rito autóctone? Ou, ao contrário, estando este último supostamente esquecido, imitação dos novos usos francos? Os textos não permitem escolher entre essas duas hipóteses.

2. REINO FRANCO

No que diz respeito aos numerosos testemunhos relativos à unção de Pepino em 751, bastará remeter a Böhmer-Mülbacher, *Die Regesten des Kaiserreichs*, 2. ed., p. 32. No que concerne à data, ver Tangl, *Die Epoche Pippins*; *Neues Archiv*, XXXIX (1914), p. 259-277.

Sabe-se que Pepino se fez ungir uma segunda vez, em 28 de julho de 754, pelo papa: Böhmer-Mülbacher, p. 38; sobre a data, Erich Caspar, *Pippin und die römische Kirche*. Berlim, 1914, p. 13, n. 2.

Pepino teria sido realmente o primeiro dos reis francos a receber a unção? Foi nisso que se acreditou de maneira quase unânime até aqui. Dom Germain Morin, em artigo intitulado *Un recueil gallican inédit de bénédictions épiscopales*; *Revue bénédictine*, XXIX (1912), levantou uma dúvida. Dom Morin descobriu, em um manuscrito de Munique do século IX, um ritual de sagração que ele considera, ao meu ver justificadamente, o mais antigo conhecido em território franco (p. 188; cf. acima, p. 77, n. 47); mas, como esse manuscrito, repito, é do século IX, compreendo mal como se podem extrair dele argumentos para lançar uma dúvida sobre a "opinião comumente admitida" segundo a qual "a unção dos reis pelo óleo santo... era desconhecida na Gália", na época merovíngia (p. 188, n. 3). A menos que sobrevenham novos achados, a "opinião comumente admitida" não parece estar perto de ser abandonada.

3. UNÇÃO IMPERIAL

A história da unção imperial — no Império do Ocidente renovado por Carlos Magno — foi perfeitamente desvendada por René Poupardin. *L'Onction impériale*; *Le Moyen-Âge*, 1905, p. 113-126. Não tenho complementos a acrescentar a esse notável trabalho, exceto sobre um detalhe de importância medíocre.

Carlos Magno fora ungido como rei, e isso talvez por duas vezes (Böhmer--Mülbacher, p. 38 e 57); a maioria dos textos concorda em nos mostrar que ele não o foi, novamente, como imperador (ibidem, p. 165); o papa Leão III se contentou em coroá-lo. Todavia, alguns autores, de diferentes épocas, ecoaram uma tradição contrária, de acordo com a qual o príncipe franco teria recebido, naquela ocasião, ao mesmo tempo, a coroa e a unção. A bem da verdade, todos esses testemunhos se reduzem a um só: o do cronista bizantino Teófanes (*Chronographia*, a. 6.289, ed. C. de Boor, I, 1883, p. 473). Foi de Teófanes, com efeito, que incontestavelmente se alimentaram, não somente o bizantino Constantino Manassé no século XII (*Histor. de France*, V, p. 398), como também o autor da famosa carta do imperador Luís II a Basílio, o Macedônio, escrita em 871 ou 879 (*Chronicon Salernitanum*, Pertz, SS., III, p. 523). Poupardin, geralmente tão exato, não parece ter visto a relação de dependência que une este último texto ao de Teófanes. Ela é, no entanto, evidente. Não há dúvida, com efeito, de que a carta tenha, na verdade, sido redigida por Anastásio, dito o "Bibliotecário"; ora, Anastásio não podia ignorar a obra de Teófanes, pois ele a traduzira para o latim em sua *Chronographia tripartita*; nessa obra, encontra-se, aliás, a passagem de Teófanes relativa à unção de Carlos Magno muito corretamente reproduzida (Teófanes, ed. de Boor, II, p. 315).[3] Foi da *Chronographia tripartita* que esse detalhe passou para o *Chronicon Casinense* (Muratori, *Scriptores*, II, p. 364 E), má compilação, atribuída ao próprio Anastásio, mas, na verdade, de autoria de Pedro, o Diácono (primeira metade do século XII). Resta saber que crédito convém dar ao testemunho — único — de Teófanes. Ele escrevia no início do século IX, cronologicamente perto, portanto, dos acontecimentos, mas longe deles no plano espacial; suas afirmações não poderiam prevalecer contra as informações precisas fornecidas pelas fontes francas e romanas; segundo as probabilidades, produziu-se em sua mente ou na de seus informadores uma confusão entre, de um lado, a consagração imperial dada a Carlos Magno pela coroação (e as aclamações rituais) e, de outro, a unção recebida, no mesmo dia, do papa, mas a título de rei, pelo primogênito do novo imperador, chamado Carlos, tal como seu pai (Böhmer-Mülbacher, p. 165). Parece, de resto, que, em Bizâncio, se fez pouco do rito do óleo santo, pouco familiar às liturgias orientais; Teófanes conta que o papa ungiu Carlos Magno, da cabeça aos pés: "χρίσας ἐλακίῳ ἀπὸ κεφαλῆς ἕως

---

3. Não conheço o trabalho de P. G. Preobrazenskij sobre Teófanes (em russo) senão pela resenha de E. W. Brooks, *Byzant. Zeitschrift*, XXII (1913), p. 154-155. O autor considera interpolações as passagens que não são comuns, ao mesmo tempo, aos nossos manuscritos gregos da *Chronographia* e à tradução latina de Anastásio; essa dúvida não poderia, portanto, estender-se à passagem relativa à unção.

ποδῶν" — asserção posteriormente repetida por todos os textos dele derivados, exceção feita à carta de Luís II, que, escrita para justificar o título imperial assumido pelos reis francos, evidentemente não podia abrir espaço para um detalhe destinado a ridicularizar o maior daqueles príncipes (cf. acima, p. 70).

O primeiro soberano a ser ungido como imperador foi Luís, o Piedoso, que, em 816, recebeu, em Reims, do papa Estêvão IV, numa só solenidade, ao mesmo tempo, a consagração pelo óleo santo e a coroa (Böhmer-Mülbacher, p. 265). Desde então, o rito da unção parece ter sido parte integrante do cerimonial da sagração imperial.

4. INGLATERRA

Acreditou-se, por vezes, que a unção real anglo-saxã era mais antiga que o rito franco; este chegou, inclusive, a ser apresentado como uma importação vinda da ilha vizinha: essa ainda é a teoria de H. Brunner, *Deutsche Rechtsgeschichte*, II, p. 19. Fundamentava-se a posição em foco com base no ritual de sagração contido no chamado Pontifical de Egberto (ed. em *Publications of the Surtees Society*, XXVII, 1853; cf. dom Cabrol, *L'Angleterre chrétienne avant les Normands*, 2. ed. in-12, 1909, e o artigo *Egbert*, pelo mesmo autor, no *Dictionnaire d'archéologie chrétienne*). Não parece, entretanto, que esse documento autorize semelhante conclusão. Sua data é incerta. O manuscrito que o conservou (Bibl. Nat. lat. 18.575) não é anterior ao século X. A bem da verdade, o texto atesta um estado litúrgico mais antigo que o manuscrito; mas a atribuição ao arcebispo de York, Egberto (? 732-766), é desprovida de qualquer prova séria. Ela não possui outro fundamento além da presença, na abertura do manuscrito, de um fragmento do penitencial (certamente autêntico) composto por Egberto; é evidente que duas obras, de autores diferentes, puderam perfeitamente ter sido copiadas, uma após a outra. Quanto à menção, atribuindo expressamente o Pontifical a Egberto, encontrada no fól. 3 do manuscrito (ed., p. XI-XII), ela é de autoria de Nicolas Clément, autor do *Catalogue* de 1682; ou seja, não há como lhe atribuir nenhum valor probatório. De resto, o serviço da *Coronatio regis* parece realmente não ter feito parte do conteúdo original do compêndio (cf. dom Cabrol no *Dictionnaire*, col. 2.213). Enfim, ainda que tivéssemos de considerar Egberto o autor do Pontifical e, mais especificamente, da *Coronatio*, não poderíamos esquecer que esse prelado morreu quinze anos depois da primeira unção franca.

Na verdade, o primeiro príncipe inglês a respeito do qual se pode afirmar ter sido ungido é Egberto (a sinonímia com o arcebispo de York é um acaso sem relevância), filho do rei da Mércia, Ofa, e associado ao trono durante a vida de seu pai; a cerimônia ocorreu no Concílio de Chelsea (*Cealchythe*) de 787, na presença dos legados pontificais: cf. *Two of the Saxon Chronicles Parallel*, ed. C. Plummer, in-12. Oxford, 1892, I, p. 53-54, e as notas correspondentes do t. II; A. W. Haddan e W. Stubbs, *Councils and Ecclesiastical Documents Relating to Great--Britain and Ireland*, III. Oxford, 1878, p. 444 ss. Por certo, nossos textos nem sequer empregam a palavra unção: Egberto, dizem as crônicas, foi *consagrado* rei (*to cyninge gehalgod*). Mas esse termo é o mesmo que era comumente utilizado para designar a ordenação do bispo, a qual, no ritual anglo-saxão, comportava o uso do óleo santo. Ademais, as decisões conciliares, conhecidas por meio de um relatório dos legados ao papa Adriano II (Haddan e Stubbs, p. 447, e *Monum. Germ., Ep.*, IV, p. 19, n. 3), atestam uma tendência muito clara a submeter a "eleição" real às mesmas condições de validade que o acesso ao sacerdócio: "Ordenamos", afirma-se literalmente, "que não se eleja como rei ninguém que tenha nascido de um adultério ou de um incesto; assim como, hoje, segundo os cânones, nenhum filho de adultério pode chegar ao sacerdócio, aquele que não foi gerado em legítimo matrimônio não poderia ser cristo do Senhor, rei de todo o reino e herdeiro da pátria".[4] Essa vinculação das duas dignidades, certa no que diz respeito às regras disciplinares, não teria se traduzido, ao mesmo tempo, no cerimonial? Enfim, observemos o termo "cristo do Senhor", o qual será repetido mais uma vez adiante (cf. acima, p. 75); em outros casos, ele pode ter sido empregado em sentido puramente metafórico; essa parece, por exemplo, ter sido a sua acepção em numerosos textos bizantinos (cf. abaixo, 8, p. 455); mas aqui, quando o comparamos ao *gehalgod* da crônica, como não pensar em dar-lhe uma interpretação mais concreta e em ver nele uma alusão ao rito preciso da unção?

Ora, na história do Concílio de Chelsea, tudo leva a conceber a possibilidade de uma influência franca. As relações de Ofa com seu poderoso vizinho do continente são bem conhecidas; porém, isso não é tudo. Durante sua missão inglesa de 786-787, os legados pontificais, que presidiram o concílio, tinham sido acompanhados por um abade franco, chamado Wigbod, expressamente

---

4. C. XII. *Monum. Germ.*, p. 23-24: "Duodecimo sermone sanximus, ut in ordinatione regum nulrus permittat pravorum praevalere assensum, sed legitime reges a sacerdotibus et senioribus populi elingantur, et non de adulterio vel incaestu procreati: quia sicut nostris temporibus ad sacerdotium secundum canones adulter pervenire non potest, sic nec christus Domini esse valet, et rex totius regni, et heres patrie, qui ex legitimo non fuerit connubio generatus". As mesmas decisões foram tomadas anteriormente por um concílio realizado, na presença de um dos legados pontificais, no reino da Nortúmbria. As atas dos dois concílios coincidiam ponto por ponto; mas, na Nortúmbria, como certamente a ocasião não se prestando a isso, não parece ter havido, naquele momento, unção real.

delegado pelo "excelentíssimo rei Carlos" (Haddan e Stubbs, p. 447-448; *Monum. Germ.*, p. 20). Por fim, outra instituição, tal como a unção ao mesmo tempo bíblica e franca, o dízimo, foi sancionada pelas decisões conciliares (c. XVII). Mal se pode duvidar, diante desses fatos, de que o modo de consagração aplicado ao rei Egberto tenha sido diretamente inspirado pelo exemplo carolíngio, anterior, como se sabe, em cerca de 36 anos.

Convém assinalar aqui uma analogia um tanto curiosa. Por volta da mesma época em que aparecia no Estado franco o rito da unção, a chancelaria real, talvez já sob o reinado de Pepino, em todo caso sob o de seus filhos Carlos e Carlomano, decidia exprimir à sua maneira o caráter religioso de que se revestia a monarquia, introduzindo na titulatura as famosas palavras: *gratia Dei*. Certos eruditos acreditaram ver no emprego dessa fórmula um empréstimo tomado pelos príncipes carolíngios ou por seus clérigos dos hábitos anglo-saxônicos. Equivocadamente, ao que parece. Pesquisas recentes mostraram que as duas palavras em questão não se encontram nos diplomas anglo-saxões — e em particular nos de Ofa da Mércia — a não ser muitos anos depois que os notários francos já haviam adotado o seu emprego; aqui também a iniciativa veio do continente (Karl Schmitz, *Ursprung und Geschichte der Devotionsformeln*. Stuttgart, 1916, p. 174-177). Tanto nas pequenas como nas grandes coisas — tendo a realeza visigótica carecido de influência, em razão de seu rápido desmoronamento — coube aos carolíngios a honra de fornecer à Europa Ocidental o modelo de uma realeza tornada cristãmente sagrada.

Não se poderia duvidar de que, a partir da unção de Egberto em 787, o rito por ele inaugurado tivesse se difundido e consolidado em todo o território anglo-saxão. O chamado Pontifical de Egberto é o mais antigo texto conhecido a nos fornecer a liturgia da sagração inglesa; cf. também os demais textos citados abaixo, p. 452, e W. Stubbs, *Histoire constitutionnelle de l'Angleterre*, trad. Petit-Dutaillis, I, p. 186 ss. Convém observar, todavia, que Edgar, rei da Nortúmbria e da Mércia desde 957, da Inglaterra inteira a partir de 959, foi ungido — e coroado — apenas em 973: atraso surpreendente cujos motivos nos escapam (as razões inventadas mais tarde pela lenda eclesiástica carecem de valor: cf. *Two of the Saxon Chronicles Parallel*, ed. Plummer, II, p. 160-161), mas o qual se deve reter como prova de que, naquele tempo, era possível ser rei por direito de hereditariedade ou de eleição sem ter recebido a unção; cf. abaixo, p. 453, para o atraso também trazido por Carlos, o Calvo, à sua sagração, e p. 454, para a recusa de Henrique I da Alemanha.

Sobre a unção do herdeiro durante a vida do pai, para a qual Ofa e Egberto oferecem, desde as origens do rito, um exemplo bastante claro, ver outro caso assinalado em minha edição de Osberto de Clare, *Analecta Bollandiana*, 1923, p. 71, n. 1.

5. PAÍSES CÉLTICOS

Indiquei anteriormente (p. 73-74) como a corrente de ideias, favorável à imitação do Antigo Testamento, que havia sido desenvolvida na Gália pela influência irlandesa, facilitou a introdução no Estado franco da unção real. Questionou-se, por vezes, se os países célticos, a Irlanda em particular, não tinham fornecido, quer à Gália franca, quer à Grã-Bretanha anglo-saxônica, um exemplo mais concreto: não teria o próprio rito da unção real sido praticado, numa época muito antiga, pelas igrejas de tais regiões? Infelizmente, é impossível pronunciar-se com certeza; os textos invocados não são conclusivos.

Gildas, que escreveu no século VI seu *De excidio et conquestu Britanniae*, emprega no c. 21 (*Monum. Germ. AA.*, XIII, p. 37), a respeito dos desastres sofridos pela Grã-Bretanha após a partida das legiões romanas, a expressão "*ungebantur reges non per deum*". Alusão a um rito bem determinado? Ou então reminiscência puramente verbal de uma formulação bíblica? Como saber? Gildas é o menos preciso dos historiadores.

Devemos ao abade de Iona, Adommano (falecido em 704), uma vida de São Columba, na qual vemos (III, c. V, ed. J.-T. Fowler, in-12. Oxford, 1894, p. 134)[5] o santo, depois de um sonho, *ordenar* um rei; mas o rito descrito comporta somente a imposição das mãos e a bênção; a palavra unção não é pronunciada.

Por fim, uma coleção canônica irlandesa, a *Hibernensis* (ed. H. Wasserschleben, *Die irische Kanonensammlung*, 2. ed. Leipzig, 1895; para a bibliografia, ver Sägmüller, *Lehrbuch des katholischen Kirchenrechts*, 3. ed., I, p. 152) no 1. XXV, c. 1, *De ordinatione regis*, cita os textos bíblicos relativos à unção. A *Hibernensis* data provavelmente do século VIII; sua influência sobre a Igreja franca foi grande. Infelizmente, não possuímos uma edição satisfatória dela, capaz de distinguir do texto original os acréscimos de época posterior (cf., sobre a edição Wasserschleben, S. Hellman em sua edição de Sedulius Scottus, *Liber de rectoribus*, p. 141, e P. Fournier, *Revue celtique*, 1909, p. 225, n. 3). Ademais, mesmo supondo que seja primitiva a passagem relativa à "ordenação" real, deveríamos ainda assim hesitar em tirar dela uma conclusão certa a respeito dos ritos realmente praticados no

---

5. Sobre uma redação abreviada dessa vida, a qual se acreditou por muito tempo ser anterior a Adommano e que é, na realidade, apenas um resumo da própria obra do abade de Iona, ver G. Brüning, *Adamnans Vita Columbae*; *Zeitschr. fur celtische Philologie*, XI (1916).

meio em que a *Hibernensis* viu o dia: como ousar induzir de uma citação bíblica a existência que tal citação poderia justificar? Pode-se observar que o chefe bretão Nominoë, depois de ter se proclamado rei sob Carlos, o Calvo, se fez imediatamente ungir: cf. J. Flach, *Les origines de l'ancienne France*, IV, p. 189, n. 3; trata-se, porém, nesse caso, apenas de uma imitação do uso franco, interessante, aliás, pois ela prova que, naquela época, não havia na Gália rei verdadeiramente perfeito senão aquele que recebera a unção.

Em resumo, salvo descobertas documentais imprevistas, o problema parece destinado a permanecer rebelde a qualquer solução, negativa ou positiva. Se as cristandades célticas realmente conheceram, antes da Gália franca, da Inglaterra ou mesmo da Espanha, a unção dos reis, guardaram bem seu segredo.

6. A COROAÇÃO: UNIÃO EM UMA MESMA CERIMÔNIA DA ENTREGA DA COROA E DA UNÇÃO

Já indiquei anteriormente (p. 73-74) como o rito da coroação propriamente dita foi, no Ocidente, uma importação bizantina. Carlos Magno recebeu a coroa do papa, imitando os imperadores orientais que a recebiam do patriarca de Constantinopla; Luís, o Piedoso, foi o primeiro a ser, ao longo de uma mesma solenidade, ungido e coroado (Böhmer-Mülbacher, p. 165 e 265). Sobre o diadema e a coroa em Bizâncio, ver Jean Ebersolt, *Mélanges d'histoire et d'archéologie byzantines*, p. 19 ss. e, sobretudo, p. 67; sobre o uso romano, basta remeter aos artigos *Corona* e *Diadema* dos dicionários de Daremberg e Saglio e de Pauly-Wissowa; cf. também J. Hastings, *Encyclopaedia of Religion and Ethics*, no verbete *Crown*.

A bem da verdade, a coroa ou o diadema, como emblema real, talvez não tivessem sido desconhecidas das realezas bárbaras. Sobre os visigodos, cf. acima, p. 362. Entre os reis francos, Clóvis, segundo o testemunho de Gregório de Tours (*Hist. Franc*, II, 38; cf. acima, p. 68), teria se apresentado aos seus súditos, na cidade de Tours, adornado com o diadema. Teriam seus sucessores se enfeitado com a mesma insígnia? Em suas moedas, eles frequentemente a usam; mas como ver nessas efígies medíocres algo mais do que imitações desastradas dos tipos monetários imperiais? Os demais documentos, históricos ou arqueológicos, são de difícil interpretação: cf. W. Schücking, *Der Regierungsantritt*, p. 131. Um único fato é certo: ainda que tivéssemos de admitir que os reis francos, antes de Carlos Magno, usaram por vezes o diadema, eles nunca a receberam, assim como nenhuma outra insígnia, durante uma cerimônia religiosa que marcasse seu advento.

Em contrapartida, convém observar que a generalização do emprego da coroa como emblema do poder político supremo foi facilitada, como no caso da unção, pelos precedentes bíblicos: não que a Bíblia fornecesse precisamente, como quando se tratava do óleo santo, o modelo de uma solenidade de coroação; entretanto, o Antigo Testamento menciona, diversas vezes, a coroa como insígnia ou símbolo da realeza (textos em Vigouroux, *Dictionnaire de la Bible*, termo *Couronne*). Por fim, logo que a coroação propriamente dita foi introduzida no Ocidente, concebeu-se a ideia de conferir à coroa real um sentido místico, comparando-a à "coroa de glória" que, tanto de maneira concreta quanto por metáfora, os Livros Sagrados atribuem, em diversas passagens, aos eleitos: cf. a oração (atestada primeiramente para a sagração de Carlos, o Calvo) citada acima, p. 77, n. 47.

A coroação de Luís, o Piedoso, havia sido apenas uma coroação *imperial*. Muito rapidamente, porém, a coroa assumiu seu lugar, ao lado da unção, nos ritos de advento *real*. Em 838, sem cerimonial religioso, Luís, o Piedoso, entregara uma "coroa real" a seu filho Carlos, o futuro Carlos, o Calvo (B. Simson, *Jahrbücher des fränkischen Reichs unter Ludwig dem Frommen*, II, p. 180). Quando, em 848, decidiu fazer-se consagrar pelo arcebispo de Sens, Carlos não recebeu somente a unção; o prelado lhe entregou uma coroa e até mesmo — gesto novo — um cetro (referências abaixo, p. 453). A sagração, constituída pela união da coroação ou, de modo geral, da entrega das insígnias reais com a unção, fora realmente criada.

Da mesma forma, na Inglaterra — não cabe ocupar-me aqui dos demais países europeus (quanto à Alemanha, ver, todavia, abaixo, 7) —, essa mesma reunião dos dois gestos essenciais se operou bastante rápido. O mais antigo *ordo* anglo-saxão, o do pseudo-Egberto (acima, p. 447), que deve datar aproximadamente do século IX, já mostra os bispos entregando ao rei um *galeum*, o qual deve ser uma coroa (p. 103 da ed. da Surtees Society). O chamado *ordo* de Etelredo (J. Wickham, *Three Coronation Orders*, Bradshaw Soc., XIX, p. 57) e o *Bendicionário* de Roberto de Jumièges (ed. Wilson, Bradshaw Society, XXIV, p. 144) mencionam expressamente a coroa; o mesmo ocorre com a descrição da sagração do rei Edgar em 973: *Vita. S. Oswaldi* em J. Raine, *The Historians of the Church of York* (Rolls Series), I, p. 437-8. Esses quatro textos atestam também o uso do cetro. Assim, os ritos francos e anglo-saxões se desenvolviam paralelamente, não, pode-se acreditar nisso, sem influências recíprocas.

7. PERSISTÊNCIA DO RITO DA UNÇÃO; SUA INTERRUPÇÃO NA ALEMANHA

Parece ter sido da natureza de um rito como a unção real, uma vez introduzido na prática monárquica de determinado país, perpetuar-se quase indefinidamente.

Com efeito, ele parece ter gozado de uma bela continuidade na Espanha visigótica (acima, p. 443), na Inglaterra anglo-saxônica (acima, p. 449) e normanda. Isso também vale, no que diz respeito aos Estados oriundos do Império Carolíngio, para a França Ocidental, ou simplesmente França. Em 6 de junho de 848, em Orléans, Carlos, o Calvo, recebeu do arcebispo de Sens, Ganelão, a unção, o "diadema" e o cetro (Levillain, *Le Sacre de Charles le Chauve à Orléans*; Biblioth. de l'École des Chartes, 1903, p. 31, e F. Lot e Louis Halphen, *Le Règne de Charles le Chauve*, 1909, p. 192 ss.). Sagração tardia: Carlos já era rei havia muito tempo, sem ter sido ungido; ele não tinha, como vimos (p. 452), recebido, em 838, de seu pai Luís, o Piedoso — fora de qualquer cerimônia eclesiástica —, uma coroa real;[6] mas ele acreditou que a unção e a entrega da coroa e do cetro pelas mãos de um prelado, durante uma solenidade religiosa, eram indispensáveis ao seu prestígio. Seus sucessores, assim como ele, não acreditaram poder dispensar esse ritual. A unção — com a coroação — parece também ter sido praticada na Itália (cf. Ernst Mayer, *Italienische Verfassungsgeschichte*, II, p. 166 ss.), na Lorena (Robert Parisot, *Le Royaume de Lorraine sous les Carolingiens*, 1899, p. 678) e até mesmo nos pequenos reinos da Provença e da Borgonha (Réné Poupardin, *Le Royaume de Provence*, 1901 p. 112, n. 8, e 457, n. 4; *Le Royaume de Bourgogne*, 1907, p. 66, n. 2.). No entanto, na França Oriental ou, se preferirmos empregar um termo cômodo, ainda que anacrônico, na Alemanha, a história da sagração dos reis não oferece a mesma simplicidade.

No que diz respeito a Luís, o Germânico, seus filhos e Arnulfo, nenhum documento menciona uma consagração religiosa (cf. G. Waitz, *Verfassungsgeschichte*, 4. ed., VI, p. 208 e n. 4; U. Stutz, *Der Erzbischof von Mainz und die deutsche Königswahl*, Weimar, 1910, p. 5, n. 3). Silêncio fortuito? Não ousamos responder negativamente, visto estarem nossas fontes longe de ser excelentes; todavia, essa unanimidade dos textos em se manterem silentes é algo surpreendente; no mínimo, ela provaria a indiferença dos analistas quanto a esse tipo de cerimônia. Parece, portanto, que os ritos eclesiásticos do advento realmente tiveram, naquela época, menor importância na Germânia do que na Gália; e devemos mesmo nos perguntar seriamente se os reis, incluindo Arnulfo, um dia recorreram a eles.

---

6. Da mesma forma, o rei inglês Edgar, que foi sagrado apenas após dezesseis anos de reinado (cf. acima, p. 452), usou a coroa muito antes da coroação propriamente dita. *La Vita Oswaldi* (em J. Raine, *The Historians of the Church of York*, Rolls Series, I, p. 437) o mostra entrando na igreja, no dia da cerimônia, com a coroa na cabeça, deixando, em seguida, a insígnia sobre o altar, e tendo, finalmente, sua cabeça coberta com ela, uma vez recebida a unção, pelo arcebispo Dunstan.

Sobre Luís, a Criança, os testemunhos são ambíguos (cf. Stutz, loc. cit., e Böhmer-Mühlbacher, p. 796).

Conrado I, ao contrário, certamente se fez ungir e coroar (Böhmer-Mühlbacher, p. 823).

Cheguemos finalmente a Henrique I. A seu respeito, os testemunhos são formais. Ele declinou a oferta que o arcebispo da Mogúncia lhe fizera da unção e da coroa (textos — e opiniões de alguns historiadores modernos — em G. Waitz, *Jahrbücher des deutschen Reichs unter König Heinrich* I, 3. ed., *Excurs* 10; cf. Böhmer-Ottenthal, *Die Regesten des Kaiserreichs unter den Herrschem aus dem sächsischen Hause*, p. 4). O escândalo provocado por essa decisão em certos meios eclesiásticos se reflete em curiosa passagem da *Vita Udalrici* (Pertz, SS., IV, p. 38) na qual se vê o apóstolo São Pedro aparecer diante de Santo Ulrico, bispo de Augsburgo, portador de duas espadas, uma provida e outra desprovida de guarda-mão; ele se dirige ao prelado nos seguines termos: "Die regi Heinrico, ille ensis qui est sine capulo significat regem qui sine benedictione pontificali regnum tenebit; capulatus autem, qui benedictione divina tenebit gubernacula". Por que Henrique I se obstinou a reinar, assim, "sem a bênção dos pontífices"? Já indiquei acima (p. 76) que, quanto a esse ponto, eu aderi à opinião mais geralmente difundida entre os historiadores. Parece-me evidente que semelhante recusa pôde somente ter um motivo: o temor de parecer dever a dignidade real apenas à mão do clero. Convém assinalar a esse respeito que, segundo as aparências indicam, a influência episcopal foi bastante fraca na corte de Henrique I (A. Hauck, *Kirchengeschichte Deutschlands*, 3. ed., III, p. 17, n. 3). Todavia, um sentimento tão intenso dos perigos aos quais a preeminência eclesiástica era suscetível de submeter a realeza pareceu surpreendente no caso de um soberano do século X, muito antes da reforma gregoriana: daí a solução ousada proposta por J. Krüger, *Grundsätze und Anschauungen bei den Erhebungen der deutschen Könige in der Zeit von 911-1056* (*Untersuchungen zur deutschen Staats-und Rechtsgesch.*, h. 110), p. 42 ss.; esse erudito rejeita pura e simplesmente como "*phantastisch*" o testemunho do cronista Widukind que é, sobre a conduta de Henrique I, nossa principal fonte; mas o que fazer nesse caso com a *Vita Udalrici*, pouco posterior a Widukind e que não temos nenhuma razão para acreditar ter sido inspirada por ele? Além disso, é demasiado cômodo julgar os textos mentirosos quando não se conciliam com nossas teorias. Enfim, o espanto de Krüger diante das inquietudes de Henrique I é excessivo; tive acima (p. 75-76 e 210) a ocasião de relembrar que os escritores da Igreja não esperaram Gregório VII para tirar da unção o proveito mais favorável às suas pretensões.

Otão I se fez ungir e coroar, quando de seu advento em 936 (Böhmer--Ottenthal, p. 34, e Köpke-Dummler, *Jahrbücher der deutschen Geschichte*: *Otto der Grosse*, I, p. 27 ss.). Todos os seus sucessores seguiram seu exemplo.

8. IMPÉRIO BIZANTINO

Não pretendo examinar aqui, em seu conjunto, a história da sagração bizantina. Vou me ater somente a um dos elementos dessa cerimônia: a unção. Importa, com efeito, a todo aquele que estuda a sagração nas monarquias ocidentais determinar a época em que a unção imperial foi introduzida em Bizâncio; e isso por duas razões. Se devêssemos reconhecer, sobre esse ponto, a anterioridade do costume oriental, seríamos forçosamente levados a nos perguntar se os primeiros ungidos do Senhor, na Espanha ou na Gália franca, não imitaram um exemplo proveniente daquelas terras. Ademais, conforme esse rito bíblico apareceu mais cedo ou mais tarde em um país onde as tradições do culto monárquico estavam tão solidamente assentadas, as conclusões que podem ser tiradas da história comparada do ritual do advento, nos diferentes Estados europeus, se encontrarão necessariamente mais ou menos modificadas.

Eis, primeiro, o que está fora de dúvida: se deixarmos de lado a sagração de Balduíno de Flandres, em 1204, a qual, evidentemente, tendo ocorrido de acordo com o rito latino, não deve ser levada em consideração aqui, o primeiro documento seguro a relatar expressamente uma unção imperial é a descrição da coroação de Miguel IX Paleólogo por Jorge Paquimeres: Miguel IX foi coroado em 20 de maio de 1295; Jorge Paquimeres escreveu por volta de 1310: *De Andronico Paleologo*, Migne, *P. G.*, t. 144, col. 216. Nicéforo Gregoras revela que Teodoro Láscaris recebeu a unção em 1254 (*Byzantinae Historiae*, lib. III, cap. II; *P. G.*, t. 148, col. 181); mas Nicéforo escrevia por volta de 1359; seu relato pode ter sido influenciado pelo uso seguido em sua época e não prova nada de seguro sobre um acontecimento produzido mais de um século antes. O imperador João VI Cantacuzeno, em seus *Quatro livros de história*, ao descrever a coroação de Andrônico III Paleólogo, que ocorreu em 1325, também abre espaço para a unção; ele escreveu entre 1355 e 1383 (*Histor.*, lib. I, cap. XLI, *P. G.*, p. 153, col. 276 ss.).

Portanto, no início do século XIV, os imperadores incontestavelmente recebiam a marca do óleo santo; o rito duraria até o final do Império. Mas quando, precisamente, ele começou? Aqui, a controvérsia corre livre.

Textos bastante numerosos, muito anteriores ao século XIV, empregam os termos "unção" e "ungir" (χρίσμα, χρίειν) para designar a criação de um imperador, ou atribuem a ele próprio o título de *ungido do Senhor* (χριστὸς Κυρίου). Todo o problema consiste em saber se devem ser tomados em sentido literal ou, ao contrário, puramente metafórico, visto serem essas imagens extraídas do vocabulário bíblico. A primeira solução — sentido literal — foi adotada por W. Sickel, *Das byzantinische Krönungsrecht bis zum* 10. *Jahrhundert*; *Byzantinische Zeitschrift*, VII (1898), p. 524 e, sobretudo, 547 ss., n. 80 a 83. Importa, de resto, observar imediatamente que o testemunho mais antigo invocado por Sickel remonta apenas à segunda metade do século IX: trata-se de uma carta do famoso patriarca Fócio ao imperador Basílio I, na qual se vê o prelado relembrar ao imperador sua sagração nos seguintes termos: "a unção e a imposição das mãos monárquicas", "χρίσμα καὶ χειροθεσίαν βασιλείας" (Ep. I, 10; *P. G.*, t. 102, col. 765). O advento de Basílio I data de 867; havia então mais de um século que Pepino, o primeiro entre os reis francos, fora ungido; mais de dois séculos haviam transcorrido desde as primeiras unções visigóticas. De todo modo, não poderíamos nos basear no documento produzido por Sickel para concluir por um empréstimo tomado, nesse ponto, pelas monarquias ocidentais dos usos orientais.

A Sickel se opõem os eruditos que, nas expressões empregadas pela carta de Fócio ou pelos textos análogos, veem apenas simples metáforas: J. J. Reiske, em sua edição do *De Cerimoniis* de Constantino Porfirogêneto (*Corpus SS. historiae Byzantinae*) II, p. 351; sobretudo, Brightman, *Byzantine Imperial Coronations*; *Journal of Theological Studies*, II (1901), p. 383, e Jean Ebersolt, *Mélanges d'histoire et d'archéologie byzantines* (extraído da *Rev. D'histoire des religions*, LXXVI), 1917, p. 22-23 e 27.[7] Suas razões me parecem fortíssimas. No próprio texto de Fócio, a palavra χειροθεσίαν não pode, segundo todas as evidências, ser considerada senão como uma imagem: nenhuma imposição das mãos jamais esteve presente no ritual de sagração imperial; por que, estando as duas palavras, χρίσμα e χειροθεσίαν, estreitamente ligadas na mesma parte da frase, atribuir à primeira um sentido concreto quando somente se poderia reconhecer à segunda um valor absolutamente simbólico? Isso não é tudo. O famoso livro das *Cerimônias*, composto pelo imperador Constantino Porfirogêneto (945-59), contém uma descrição detalhada da sagração: a unção não aparece em lugar algum. Da mesma forma, um Eucológio do início do século XII contém a liturgia da sagração: novamente, nada de unção (Brithman, p. 378). Esse duplo silêncio seria inexplicável caso ele não devesse explicar-se, sem

---

7. Vale assinalar que o artigo de W. Fischer, *Eine Kaiser-krönung in Byzantion*; *Zeitschr. fur allg. Geschichte*, IV (1887), não é nada além de uma paráfrase sem interesse da descrição realizada por João Cantacuzeno citada acima.

outras dificuldades, pelo fato de que o rito em questão ainda não era praticado, nem no século X nem sequer no início do XII.[8]

Mas, ao que parece, ele de fato foi, no final do século XII — por conseguinte, a despeito do que tenha dito Ebersolt (op. cit., p. 27), antes da conquista latina de 1204. É difícil não ver alusão a um ato concreto nestas palavras com as quais Nicetas Acominato, que escrevia por volta de 1210, descreve a sagração de Aleixo III Ângelo em 1195 (*De Alexio Isaacii Angeli fratre*, lib. I, P. G., t. 139, col. 829): "ὅπως κατὰ τὸ ἔθιμον ἐς βασιθλέα χρισθῇ καὶ περιβαλεῖται τὰ τοῦ κράτους σύμβολα", "de modo que, de acordo com o costume, ele se tornasse basileu pela unção e recebesse os símbolos do poder supremo"; unção, entrega das insígnias — não são esses os dois traços fundamentais de uma cerimônia essencialmente igual às sagrações ocidentais? Acima de tudo, um texto, para o qual Brightman não parece ter oferecido uma interpretação suficientemente rigorosa, prova, a meu ver, sem contestação possível, que, por volta do ano 1200, a unção imperial incorporara-se aos costumes bizantinos. Trata-se de um comentário sobre o 12º cânone do Concílio de Ancira, composto por volta dessa data por Teodoro Bálsamo (P. G., t. 137, col. 1.156). Bálsamo conta que, em 969, o imperador João Tzimisces, tendo assassinado seu predecessor Nicéforo Focas, viu ser-lhe proibida a entrada na "grande igreja" pelo patriarca Polieucto, para, depois, ser nela admitido graças a um decreto sinodal para o qual nosso autor oferece a seguinte análise (cf., para a tradução, acima, p. 193):

> Εἶπε γὰρ μετὰ τῆς ἁγίας συνόδου, ἐν τῇ γενομένῃ τηνικαῦτα συνοδικῇ πράξει, τῇ ἐν τῷ χαρτοφυλακείῳ ἀποκειμένῃ, ὡς, ἐπεὶ τὸ χρίσμα τοῦ ἁγίου βαπτίσματος τὰ πρὸ τούτου ἁμαρτήματα ἀπαλείφε οἶα καὶ ὅσα ἂν ὦσι, πάντως καὶ τὸ χρίσμα τῆς βασιλείας τὸν πρὸ ταύτης γεγονότα φόνον παρὰ τοῦ Τζιμισκῆ ἐξήλειψεν.

É difícil saber se Bálsamo reproduziu exatamente o teor da decisão sinodal; pouco importa, aliás; mesmo admitindo encontrar-se a palavra χρίσμα no texto "conservado nos arquivos", nada impede de lhe conferir, nesse caso, o sentido metafórico que lhe era habitual no século X. Prossigamos, porém, com

---

8. Sickel, op. cit., p. 547, n. 80, invoca para provar a antiguidade da unção em Bizâncio um texto armênio do século X (*Histoire d'Arménie* de Jean Katholikos, c. 17, trad. Saint-Martin, p. 125) no qual se vê o rei da Armênia ao mesmo tempo ungido e coroado; segundo ele, a Armênia não pôde ter tomado esse rito emprestado senão de Bizâncio. Sou demasiado ignorante das coisas orientais para poder discutir o sentido desse texto, considerado em si mesmo, ou examinar se realmente a unção armênia não pôde ser mais do que uma imitação do uso bizantino. Parece-me, em todo caso, difícil opor qualquer coisa ao silêncio do Porfirogêneto.

a leitura do comentário de Bálsamo. Ele faz observar que desse decreto muitos tiram a conclusão de que, da mesma forma, os pecados dos bispos são, no que lhes diz respeito, apagados pela unção da consagração, "διὰ τοῦ χρίσματος τῆς ἀρχιερωσύνης". Qual é, aqui também, o valor de χρίσμα? Simbólico, evidentemente; no rito oriental, os bispos jamais foram ungidos. Continuemos nossa leitura. Vemos que, com efeito, Bálsamo explica com muita clareza sua metáfora: "Em vez do óleo com o qual, segundo a Lei Antiga, eram ungidos os reis e os sumos-sacerdotes, [aqueles que sustentam esta opinião] dizem que aos bispos bastam hoje o Evangelho colocado [no dia de sua consagração] como um jugo sobre sua nuca e a marca deixada pela imposição das mãos sob a invocação do Espírito Santo...".[9] "Aos bispos bastam hoje..."; não se trata dos reis na segunda parte da frase. Por quê? É pouco provável que esse silêncio seja o resultado de um esquecimento. Se nosso glosador não indicou qual era, no presente, o equivalente litúrgico da unção real, prescrita pela Bíblia, foi, muito provavelmente, porque não havia lugar para um equivalente; os bispos de seu tempo — por ele assimilados aos sumos-sacerdotes da Lei Antiga (a palavra grega ἀρχιερεύς é a mesma) — não recebiam, ao contrário de seus predecessores hebreus, a consagração pelo óleo santo; ao contrário, os imperadores eram, segundo indicam as aparências, ungidos, a exemplo de Davi e Salomão.

Resta perguntar por que a unção levou tanto tempo para introduzir-se em Bizâncio. Monsenhor Duchesne (*Liber Pontificalis*, II, p. 38, n. 35) observou muito corretamente que o ritual de sagração oriental, rejeitando por muito tempo o uso do óleo, não fez mais do que conformar-se a um hábito geral na Igreja do Oriente, onde a unção não tem lugar no cerimonial das ordenações sacerdotais ou episcopais. Acredito ser necessário acrescentar, como já indiquei, que a monarquia bizantina, sagrada desde as suas origens romanas, sustentada sobre as sobrevivências do culto imperial, não sentiu tão cedo quanto as realezas bárbaras do Ocidente a necessidade de santificar-se por um rito imitado da Bíblia. Mais tarde, a influência do exemplo ocidental se fez sentir. Segundo todas as probabilidades, foi dos Estados oriundos do Império Franco que Bizâncio, tardiamente, tomou emprestada a unção monárquica; com certeza não foi de Bizâncio que os reis visigóticos ou que Pepino a receberam.

---

9. Ἀντὶ δὲ τοῦ χριομένου ἐλαίου τοῖς βασιλεῦσι καὶ τοῖς ἀρχιερεῦσι, κατὰ τὸν παλαιὸν νόμον, εἶπον ἀρκεῖν τοῖς ἀρχιεοεῦσι τοῦ ἐπικείμενον ζυγὸν τοῦ Εὐαγγελίου τῷ τραχήλῳ αὐτῶν, καὶ δι' ἐπικλήσεως τοῦ ἁγίου πνεύματος σφραγῖδα τοῦ χειροτονοῦντος...

APÊNDICE IV

Análise e trechos do *Tratado sobre a sagração* de João Golein

O pequeno tratado sobre a sagração dos reis da França que o carmelita João Golein inseriu em sua tradução do *Racional dos divinos ofícios*, de Guilherme Durand, por ele executada para o rei Carlos V em 1372, como indica o prefácio (Bibl. Nat., franç. 437, fól. 2, v°, col. 1), fornece um testemunho importante sobre as ideias que se difundiam no entorno do "sábio e piedoso" rei; em uma de suas partes, pelo menos — aquela que aborda o toque da escrófula —, ele se apresenta como a expressão do próprio pensamento do soberano. Talvez eu seja criticado por não tê-lo publicado por inteiro. Mas eu não podia sobrecarregar indefinidamente *Apêndices* já muito extensos. Além disso, é preciso admitir que a longa exposição que João Golein dedicou à própria "ordenação" da sagração não nos ensina, sobre a cerimônia, nada que não soubéssemos, ao que parece, por intermédio de outros textos, notadamente pelo *ordo* publicado pela Bradshaw Society;[1] quanto ao comentário simbólico, ao mesmo tempo sutil e difuso, do qual se encontra aqui acompanhada a descrição de cada um dos detalhes do ritual, ele não traz grandes novidades sobre as tendências de espírito, bastante conhecidas, do meio intelectual no qual se comprazia Carlos V. Considerados todos os aspectos, limitei-me, portanto, a reproduzir apenas trechos, conectados por uma breve análise. Note-se que, além de indicações preciosas sobre o milagre régio, sobre o ciclo lendário da dinastia francesa e sobre a teoria da sucessão em linha masculina, tal como ela era então formulada na corte dos Valois, nosso tratado contém a menção a uma curiosa tradição relativa a Turpino, uma informação de ordem iconográfica sobre as "imagens" dos reis da França, a indicação do verdadeiro significado de uma estátua da catedral de Sens, até aqui mal compreendida, e uma divertida etimologia da palavra "capelão" (cf. abaixo, p. 465, 464, 463 e 464). Por fim, ao atacar, no que

---

1. *The Coronation Book of Charles V of France*, ed. E. S. Dewick, 1899 (Bradshaw Soc., XVI).

concerne à cura da escrófula, as expressões empregadas por Raul de Presles, no prólogo de sua tradução da *Cidade de Deus*, João Golein nos permite retificar, no que diz respeito a essa obra, a data — por volta de 1376 — proposta por Léopold Delisle em suas *Recherches sur la librairie de Charles V* [Pesquisas sobre a biblioteca de Carlos V]; devemos doravante ter por certo que esse famoso trabalho foi concluído antes de 1372.

A tradução do *Racional* foi impressa em 1503, por Vérard.[2] Ela parece ter alcançado, sob essa forma, algum sucesso. Claude Villette, que publicou, em 1611, um tratado litúrgico que teria diversas edições, a tinha lido e se inspirou na exposição sobre a sagração.[3] Mas a versão de Vérard contém numerosos erros. Quanto aos manuscritos, existem vários deles, notadamente o seguinte: Biblioteca Nacional franc. 176 (século XIV), arsenal 2001 e 2002 (XV); mas para o estabelecimento do texto apenas um só pode bastar. Trata-se daquele que leva hoje, na Biblioteca Nacional, o número 437 do acervo francês. Ele foi especialmente executado para Carlos V e ainda traz em seu último fól. o *ex-libris* autógrafo do rei, datado de 1374; a passagem sobre a sagração ocupa os fólios 43 v° a 55 v°.[4] Eu a segui fielmente, corrigindo apenas um ou dois erros evidentes, os quais indicarei oportunamente.

Esse manuscrito apresenta uma particularidade curiosa. Na passagem sobre a sagração, e apenas nela, observa-se, à margem, certo número de anotações, de bela caligrafia, contemporânea ao manuscrito, mas que não é a do copista. Não são correções de autor, visto que, em determinado ponto, o glosador chega mesmo a contradizer o texto (abaixo, p. 483; cf. supra, p. 226); trata-se das retificações de um leitor atento. Teria sido esse leitor o próprio rei? Pode ser tentador supor isso, mas nada permite transformar a hipótese em certeza. A escrita, de resto bastante impessoal, não se assemelha em nada à de Carlos V; ela poderia ser a de um secretário, a quem o monarca teria ditado suas observações. Como provar isso, porém? Abaixo leem-se alguns desses escólios marginais, colocados entre colchetes oblíquos (< >).

---

2. *Le racional des divines offices*, Paris, 1503.
3. *Les raisons de l'office et cérémonies qui se font en l'Église catholique, apostolique et romaine, ensemble les raisons des cérémonies du sacre de nos Roys de France, et les douze Marques uniques de leur Royaute Celeste, par dessus tous les Roys du Monde*, in-4°, 1611. "Ian Goulain" é expressamente citado na dedicatória (à rainha-mãe). Sobre a sagração, p. 211-250; referência a João Golein, notadamente p. 220.
4. Mas, em razão de um erro de numeração, o fól. 56 segue diretamente o fól. 54. O tratado sobre a sagração encontra-se ornamentado de três miniaturas: unção do rei (44 v°), da rainha (50 v°), bênção da auriflama (51 v°).

[Da sagração do rei da França e da rainha][5]
PREÂMBULO; GRANDEZA DA SAGRAÇÃO; REGULAMENTO DA SUCES-
SÃO AO TRONO DA FRANÇA POR CARLOS MAGNO; DETALHE SOBRE A
SAGRAÇÃO DE CARLOS V [fól. 43 v°-44].

Mas por isso dispomos de um pequeno tratado sobre a consagração dos príncipes, a qual não deve ser aqui esquecida, em reverência ao meu temidíssimo e soberano senhor, o qual foi consagrado rei da França, no dia da Santíssima Trindade, pelo arcebispo de Reims, monsenhor Jehan de Craon, no ano de 1364.[6]

Pois, assim como são ungidos os imperadores de Roma e de Constantinopla, e também alguns reis, como o rei de Jerusalém, o da Espanha, o da Inglaterra e o da Hungria, e alguns não, o referido Carlos VI,[7] à maneira de seus predecessores, foi coroado e sagrado em Reims, não com o óleo ou o bálsamo produzido por um bispo ou um apotecário, e sim com o santo licor celestial que está na Santa Ampola, o qual se encontra conservado e guardado em São Remígio de Reims, como o que foi do céu trazido pelos anjos para ungir os nobres e dignos reis da França, mais nobremente e mais santamente do que qualquer rei da velha lei ou da nova. E por isso ele é chamado o mais nobre, o cristianíssimo, defensor da fé e da Igreja, e não se reconhece nenhum soberano temporal que esteja acima dele.

Para tal dignidade, o imperador Carlos Magno foi ordenado, perante o conselho da Igreja e dos reis cristãos que tinham vindo em socorro da fé católica e em defesa de Roma, após a batalha e a vitória maravilhosa que tiveram contra os sarracenos, por concílio geral ali realizado tanto pelos prelados da Igreja como pelos nobres reis seculares e senadores de Roma, ele que era patrício e imperador, e, com o papa, instituiu que a eleição do papa caberia aos cardeais, a eleição do imperador, aos nobres da Alemanha e o reino da França permaneceria com os Reis da França descendentes da santa e sagrada linhagem por herdeiro masculino, de modo que tal bênção permanecesse na transfusão de um para o outro.

E para isso também foi sagrada a rainha. E o foi, com meu referido soberano senhor, a senhora Jehanne de Bourbon, filha do nobre príncipe, o duque de Bourbon, que descendera daquela santa linhagem; ela era sua prima; mas, com a dispensação

---

5. Rubrica tirada da edição impressa; não há rubrica no manuscrito.
6. Manuscrito CCC LX; na verdade, 19 de maio de 1365, domingo da Santíssima Trindade. Esta primeira frase, incorrectamente construída, é abrupta; nós a encontramos tal qual — com a variação "a bendita Santíssima Trindade" — no manuscrito franc. 176, que vem da biblioteca do duque do Berry (fól. 26).
7. Sic; cf. mais adiante, p. 462. Ainda mais adiante, p. 467-469. João Golein chama ao seu rei "Carlos, o Quinto".

da Igreja, ele a desposou. Em razão dessa santa consagração e de Deus, sem outra abençoada geração intermediária, conclui-se ser maior dignidade ser rei da França do que imperador, ou de qualquer outra realeza: é o que evidenciam as crônicas e outras gestas.

Segue a história de vários imperadores romanos que foram "eleitos de pobres Estados".

[fól. 44]: "E essa causa levou o imperador Carlos Magno e a Igreja a ordenarem que os nobres elegessem o imperador de Roma, o qual deve ser sagrado e ungido pelo papa; mas se trata de óleo e de bálsamo de feitura muito diferente daquela da Santa Ampola que Deus enviou inteiramente sagrada; pois o receptáculo, isto é, a ampola, é de material que ninguém jamais viu, nem poderia imitar, e.o licor que se encontra no interior ninguém conseguiria senti-lo, nem o mais suave farejador. Com ele foi ungido o sábio e piedoso bom rei Carlos VI, assim nomeado, como foi anteriormente dito, no dia da festa da Trindade, por eleição de santa devoção. Assim como agradou a Deus o Pai dizer a seu filho na unção do batismo, *Hic est filius meus dilectus in quo michi complacui*,[8] e o Espírito Santo desceu em forma de pomba que o ungiu *oleo leticie pre participibus suis*,[9] e o filho em carne humana recebeu essa santa consagração, o referido senhor, com verdadeira fé da Santíssima Trindade, recebeu a santa sagração em boa devoção, e por tal graça nem seus inimigos, os ingleses, nem outros tiveram poder, sensatez e sabedoria contra ele nem contra seu reino; mas, ao seu retorno, vieram encontrá-lo vários grandes prisioneiros feitos na batalha de Cocherel, os quais haviam decidido impedir a referida sagração;[10] porém tudo ocorreu diferentemente do que tinham imaginado. Agradeceu por isso nosso bom Rei a essa abençoada Trindade e concedeu várias belas esmolas, ao retornar a Paris, aos pobres religiosos mendicantes e a vários outros pobres, como aquele que sentia bem a graça piedosa da unção, a qual foi feita em ordenação, como está estabelecido no pontifical do arcebispo de Reims, e da qual será a seguir declarada a significância."

Logo abaixo segue a significância da consagração dos Reis da França.

Descrição da sagração, com explicações sobre o sentido simbólico — a "significância mistérica" — dos diferentes ritos. Notem-se as seguintes particularidades:

---

8. 2 Pedro, I, 17.
9. Salmo XLIV, 8: "oleo laetitiae prae consortibus suis".
10. Esse detalhe curioso não parece ter sido mencionado pelas crônicas.

CURA DA ESCRÓFULA [fól. 46 e v°]: uma vez encerrada a cerimônia, a Santa Ampola será devolvida "à igreja de São Dinis ou à capela de São Nicolau.[11] São Dinis significa a fé que ele trouxe para a França, e que, de boa-fé jurada, se deve devolver essa ampola. O que oferece a capela de São Nicolau significa o óleo que, sempre oriundo de seus santos membros por milagres,[12] tal como o santo óleo [que] também se encontra nessa ampola por divino milagre e santa ordenação, é semelhantemente santo. Pois quando o rei é com ele ungido e consagrado, assim como os ungidos com o óleo que flui dos membros de São Nicolau são imediatamente curados, aqueles que se encontram atingidos pela doença da escrófula, se são tocados pela mão do rei ungido com essa ampola, são imediatamente curados e sanados. E se interviesse alguém que não fosse rei por direito e tivesse sido indevidamente ungido, ele de imediato sofreria do mal de São Remígio, assim como outrora aconteceu.[13]

A ESTÁTUA DE CONSTANTINO EM SENS. Comentário ao juramento da sagração, pelo qual o rei promete proteger a Igreja [fól. 47]: "E isso significa os juramentos que faziam os reis de Israel aos sacerdotes, e que fez Alexandre na história anteriormente contada;[14] e, assim como fez Constantino na igreja de Senz, como aparece no portal da igreja de Senz, onde está escrito em letras de ouro, ao lado de sua imagem, o seguinte juramento por ele prestado: *Regnantis veri cupiens verus cultor haberi — Juro rem cleri libertatesque tueri*".[15]

COMPARAÇÃO ENTRE AS VESTIMENTAS REAIS E O TRAJE LITÚRGICO: [fól. 47]: "A cota... feita à maneira de uma túnica de subdiácono <e, também, de uma dalmática>. E, com isso, uma sobreveste por cima... <serapilheira à maneira de uma casula de um lado e de um mantelete do outro, cortado de modo inteiramente quadrado>.

ORIGEM DAS FLORES-DE-LIS. Após a enumeração e a explicação das vestimentas reais, todas flor-de-lisadas: [fól. 48] "E, para isso, o abade de São Dinis traz todas essas vestimentas, pois monsenhor São Dinis deu aos reis da

---

11. A igreja de São Dinis, construída no século X pelos cônegos fora do recinto da época (Marlot, *Histoire de Reims*, II, p. 689); a capela de São Nicolau no Hôtel-Dieu [hospital eclesiástico]; cf. *The Coronation Book*, ed. Dewick, col. 7, e Godefroy, *Ceremonial*, p. 247.
12. Nada encontrei sobre essa tradição.
13. O mal de São Remígio é a peste; cf. L. du Broc de Seganges, *Les Saints patrons des corporations* II, p. 303; ignoro a anedota à qual alude João Golein: cf. acima, p. 217.
14. Mais acima (fól. 47, col. I), João Golein já fez alusão a um juramento atribuído por Alexandre, o Grande, ao sumo-sacerdote de Jerusalém.
15. Trata-se da estátua que foi mais tarde considerada representativa de Filipe de Valois; pretendo publicar em outro lugar uma nota sobre ela.

França as armas de flores-de-lis <não, porque Deus milagrosamente as enviou a Montjoie>".[16]

A SAGRAÇÃO "LIMPA" O REI DE SEUS PECADOS [fól. 48]: "E, quando o rei se despoja, isso significa que ele renuncia ao estado mundano anterior para assumir o da religião real; e se ele o assume com a devida devoção, considero que se encontrará tão limpo de seus pecados como aquele que entra novamente em religião provada; a respeito disso, diz São Bernardo, no final do livro *de precepto et dispensacione*: que, assim como no batismo, os pecados são perdoados, o mesmo ocorre na entrada na religião; e desse modo começa o original de São Bernardo: *Audire vult*, etc.[17] Se, portanto, para o intuito de viver em penitência servindo a Deus com perseverança, os pecados são perdoados, com mais forte razão eles o serão para aquele que adota o estado no qual ele tem tantas diferentes ansiedades e sofrimentos".

ETIMOLOGIA DA PALAVRA "CAPELÃO" [fól. 48]: "Por essa vitoriosa fé, tiveram outrora os nobres reis da França por ordem e costume levar para as batalhas a capa de monsenhor São Martinho, a qual era de lã, e os padres a guardavam em relicário por grande devoção; por isso se deixou de chamá-los padres e ganharam o nome de capelães, em reverência à referida capa que era de lã; e essa palavra é composta de capa [*chappe*] e de lã [*laine*]; por isso, são chamados capelães [*chappelains*]".

AS LUVAS, INSÍGNIA REAL; RESPEITO DEVIDO AO SANTO CRISMA [fol. 49 vº]. Após a entrega das insígnias: "Depois, trazem-se as luvas, as quais são abençoadas; em seguida, o arcebispo as coloca nas mãos ungidas para proteger o santo crisma de outro toque. Alguns dizem que se devem enxugar com algodão os lugares ungidos, e então pôr as luvas nas mãos. E, por ser o Rei da França especialmente ungido nas mãos, mais do que os demais reis, põem-se luvas em suas mãos ao pintarem a sua imagem.[18] Atestou-o monsenhor São Luís: quando esteve na prisão dos sarracenos no além-mar e lhe pediram que escolhesse quando quisesse lavar as mãos, antes ou depois de comer, escolheu depois de comer, pois não podia lavar senão uma única vez, e, depois de as lavar, punha luvas em suas mãos, reconhecendo o santo crisma ou a santa unção

---

16. No próprio texto de João Golein, mais adiante, p. 466, a origem das flores-de-lis é relatada ao eremita de Joyenval; cf. acima, p. 123.
17. *De praecepto et dispensatione*, XVII, 54 (Migne, *P. L.*, t. 182, col. 889): "Audire et hoc vultis a me, unde inter caetera paenitentiae instituta monasterialis disciplina meruerit hanc praerogativam, ut secundum baptisma nuncupetur".
18. Caberia verificar, em detalhes, a exatidão dessa regra iconográfica; à primeira vista, ela não me parece ter sido, em geral, muito rigorosamente aplicada.

à qual ele devia reverência. Por semelhante causa, após a unção da cabeça, o arcebispo lhe põe o barrete, devendo sempre o vestir, como sinal de ter recebido a santa unção na cabeça e da mais digna santidade. E, para que sempre se lembre disso, ele deve usar o barrete por toda sua vida e não deve sua cabeça ser raspada com a navalha: ele é a Deus consagrado santo nazireu". Da mesma forma, a camisa que serviu para o dia da sagração será "incinerada".

A partir do fól. 50, col. 2, decrição da sagração da rainha. Em seguida:

COMUNHÃO DOS DOIS SOBERANOS [fól. 51]: "O rei e a rainha devem descer de seu tablado, vir humildemente até o altar e receber da mão do arcebispo o corpo e o sangue de Nosso Senhor; e assim se encontra demonstrada a dignidade real e sacerdotal: pois não se oferece a ninguém mais, se não é padre, o sangue separadamente".

Por fim, BÊNÇÃO DO ESTANDARTE REAL [fól. 51 v°]: "Logo depois, segue-se a bênção do estandarte real: '*Inclina, Domine, aurem tuam ad fireces...*'. Essa bênção deve ser feita sobre o estandarte real em Reims[19] e, depois, sobre a auriflama na igreja Monsenhor São Dinis da França, quando o rei desejar partir para a batalha".

Segue-se a história das origens da auriflama. O imperador de Constantinopla, Manuel, atacado pelos sarracenos, viu, num sonho, um cavaleiro, armado da cabeça aos pés, montado a cavalo aos pés de seu leito, segurando uma lança "toda reluzente como se fosse dourada", da qual saía um "facho de fogo"; após o seu despertar, apareceu um anjo e lhe revelou que tal cavaleiro seria o responsável por livrar seu império dos sarracenos. Manuel se lembrou então dos traços de Carlos Magno, reconheceu nele a personagem de seu sonho e lhe escreveu para pedir socorro. Descrição do erguimento da auriflama por Carlos Magno, em São Dinis.

LENDA SOBRE TURPINO [fol. 52 v°]: "Algumas histórias apontam que o primeiro a carregar o referido estandarte contra os infiéis na companhia de Carlos Magno foi Turpino, que por nove anos fora monge de Jumièges na abadia onde residem os debilitados; foi, posteriormente, nomeado arcebispo de Reims e fez numerosas preces pela fé contra os inimigos de Jesus Cristo, como aparece em diversas histórias; seu corpo jaz em Leschans, perto de Arles le Blanc na Provença, e, embora esteja sob o vento e a chuva dos campos num

---

19. Isto é, o estandarte flor-de-lisado; no entanto, a miniatura sobre o mesmo fól. representa a bênção da auriflama. Texto da bênção em dom Martene, *De antiquis ecclesiae ritibus*, III, p. 221, e Dewick, *Coronation Book*, p. 50 (onde, da mesma forma, a miniatura, estampa 38, mostra a auriflama).

túmulo de pedra que pode ser erguido, ele ainda possui sua pele natural e seu corpo inteiro: isso eu vi claramente".[20]

ORIGEM CELESTE DOS DOIS ESTANDARTES REAIS [fól. 52 vº]: "Esses dois estandartes são entregues, um pelo santo eremita de Joyenval com as três flores-de-lis, o outro por revelação de anjos em maravilhosa visão e clara aparição, e por nobre vitória aprovada e demonstrada".

A exposição sobre os dois estandartes se estende consideravelmente.

OS REIS NÃO LEVAM AS AURIFLAMAS PARA A GUERRA [fól. 53]: "Quando os reis da França partem para a batalha, eles fazem uma reprodução daquela que Carlos Magno trouxe de Constantinopla, e fazem abençoar a nova e deixam a de Carlos Magno, e levam a nova, e, após a batalha, a devolvem a monsenhor São Dinis".

ANEDOTA SOBRE A ORIGEM DA ÁGUIA ROMANA (falsamente atribuída a Plínio) [fól. 53]: encontrando-se o imperador Augusto "sentado num jardim, uma águia, ao sobrevoá-lo, deixou cair de suas garras uma galinha branquíssima, a qual mantinha em seu bico um ramo de louro repleto de grãos". Essa foi, ao mesmo tempo, a origem da coroa de louro com a qual "eram coroados os vencedores que haviam triunfado em batalha, especialmente os imperadores", e a da águia nos brasões dos imperadores e no "estandarte imperial";[21] vê-se ainda, na época do autor, essa águia no estandarte vermelho da "comunidade de Roma"; acrescentaram-se a ela, obliquamente sobre o estandarte (de um "canto" ao "canto" oposto), quatro letras: "S. P. Q. R.", cujo significado é interpretado por alguns como "o símbolo do povo romano", e outros como "Senatus Populusque Romanus".

---

20. Na verdade, Turpino fora simplesmente enterrado em Reims, em sua catedral (Flodoardo, *Historia Remensis ecclesie*, II, 17; *Monumenta, SS.*, XIII, p. 465). Mas como teria a lenda se contentado, em seu caso, com sepultura tão banal? Seu túmulo era indicado em mais de um lugar: na igreja de Saint-Romain de Blaye [São Romão], ao lado de Rolando e de Oliveiros, segundo a Canção de Rolando (v. 3.961); em Vienne, de acordo com a suposta carta do papa Calixto II, que serve de prefácio à famosa *Historia Karoli Magni et Rotholandi*, que circulou sob o nome do próprio Turpino (o pseudo-Turpino): ed. F. Castets (*Publicat. de la Soc. pour l'étude des langues romanes*, VII), p. 65. João Golein é, tanto quanto sei, o único autor que lhe atribui expressamente como local de repouso o velho cemitério romano de Aliscamps; mas a *Karlamagnussaga* (trad. alemã, *Romanische Studien, hgg.*; ver ed. Bohmer, III, p. 348) já situava ali os túmulos dos doze pares: era natural reunir a seus companheiros de armas o valente prelado, falecido, dizia-se, em Roncevaux.

21. Essa tradição não é mencionada por Arturo Graf, *Roma nella memoria e nelle immaginazioni del Medio Evo*, II. Turim, 1883, nas poucas páginas (p. 453 ss.) que ele dedica à águia.

FRANÇA E IMPÉRIO [fól. 53 e vº]: "Assim, alguns querem dizer que esse estandarte entregue a Carlos Magno pela visão do imperador de Constantinopla prognosticava que ele devia ser imperador do povo romano, como posteriormente foi, e chamado patrício e imperador; e que foi aquela insígnia deixada na França como sinal de Império perpétuo por sucessão de herdeiro masculino, e não por eleição como no império de Roma e da Alemanha. Assim é algo mais conveniente que o imperador da França ungido com tão precioso unguento trazido do Céu seja mais digno e gere filhos que tenham a sucessão como herança paterna e ordenada por Deus".

Uma vez exposta a origem celeste dos dois estandartes e do óleo com o qual são ungidos os reis, cumpre tirar dessas premissas as conclusões necessárias.

CONCLUSÕES; A CURA DA ESCRÓFULA; A SUCESSÃO EM LINHA MASCULINA; ATITUDE DE CARLOS V EM RELAÇÃO AO PODER TAUMATÚRGICO [fól. 53 vº-54]: "Pelo exposto, emergem duas conclusões: uma, que o estado real da França é de grande dignidade, visto ser o rei ungido com o santo unguento trazido do Céu, pelo qual, dignamente recebido, ele cura a maravilhosa doença chamada escrófula: não que com isso se deva entender que a pessoa seja dita santa ou fazedora de milagres, mas em razão do digno estado régio, ele possui essa prerrogativa sobre todos os demais reis, sejam eles quem forem.

E devemos entender que, assim como o padre, logo após ser sagrado na ordem de padre, pode consagrar como ministro o corpo de Jesus Cristo, pronunciando as palavras da consagração, mas nem por isso esse padre é dito santo ou fazedor de milagres — pois um padre que estivesse em pecado poderia consagrar pela autoridade e caráter adquirido na consagração —, da mesma forma não digo que o rei tenha tal caráter em razão da unção, visto que ele tem tal dignidade em razão da consagração e da linhagem sagrada, sendo do agrado de Nosso Senhor dar-lhe tal virtude contra a hedionda doença da escrófula. E, como diz o apóstolo (.iᵉ. ad Thi. vº cº): *Qui bene presunt presbiteri dupplici honore digni habentur*;[22] 'Os padres que presidem bem ou que têm boa presidência devem ter dignidade de honra dupla', uma pela autoridade do sacerdócio, que é dignidade espiritual, e outra pela bondade que deve neles residir, e esta é pessoal; a autoridade real sobre a qual está fundada a virtude de curar a escrófula é mais oriunda da autoridade espiritual na santa unção do que pessoal, ainda que a bondade pessoal seja aí efetivamente digna de comparação com a bondade sacerdotal. Assim, não se deve dizer que, com isso, o rei seja santo nem que faça

---

22. I Ad. Tim., 5,17.

milagres, não mais do que o padre; pois um usurário ou pecador público que fosse padre poderia consagrar pela dignidade sacerdotal, e não diríamos que ele faz milagres como santo. O mesmo se aplica à nobreza e à dignidade real, por qualquer maneira que se a entenda; e sei bem que a grande prudência do soberano senhor que me faz traduzir essa consagração, a saber o sábio e piedoso rei Carlos V, não deseja que o apresentem como santo ou fazedor de milagres, pois lhe é mais precioso ter mérito perante Deus do que adulação no mundo; ainda que ele não queira, não deve o estado real querer ser menos prezado do que quer a razão, de acordo com o apóstolo que diz (ad Roma, xi° c°): *Quamdiu quidem ego sum gencium apostolus ministerium meum ego honorificabo etc.*;[23] 'Enquanto eu for apóstolo de Deus', disse São Paulo, 'honrarei meu ministério e ofício'; todavia, ele se chamava homem defeituoso e não santo, mas os milagres que os santos faziam ele os atribuía a Deus e à sua glória".

Da mesma forma, Cristo (Lucas 7,28) disse, a respeito de São João Batista, não haver ninguém maior do que ele entre os que haviam nascido de uma mulher, mas que o menor do reino dos Céus era ainda maior:

"Assim não se sustenta que seja com o consentimento do Rei que se lhe diga 'fazeis milagres em vossa vida', pois lhe concederiam uma glória vã para a qual ele não tem cura, mas ele a dá inteiramente a Deus, por quem ele reina e reinará, para a honra de Deus e para a humilhação de seus inimigos. Assim se expõe a primeira conclusão".

A segunda se depreende do fato de que a rainha nunca é ungida e que, ao término de sua sagração, não se abençoam nem o estandarte flor-de-lisado nem a auriflama. Ei-la:

[fól. 54 e v°]: "Jamais uma mulher chegou perto da ordem sacerdotal e da unção real, assim como a nenhuma mulher se incumbiu de curar a referida doença. Por tais motivos, evidencia-se que as mulheres não podem nem devem herdar na França, o que seria um erro para o reino. Isso porque, por via de sucessão carnal, o primeiro rei ungido ordenou que à mulher não caberia a unção da Santa Ampola. *Ergo* não cabe à mulher sucessão real, nem por eleição, uma vez que Carlos Magno, a quem foram entregues a auriflama e a disposição da eleição do papa, do imperador e do rei da França, ordenou com a Igreja, na presença do papa, do santo colégio de Roma e de vários prelados, reis, duques e outros príncipes cristãos, por acordo de todos, que o reino da França fosse recebido por sucessão de herdeiro masculino mais próximo da linhagem, já que todo homem razoável pode concluir que à mulher não cabe

---

23. Ad. Rom., 11,13.

a dignidade de tal unção, nem com tais armas governar; pois isso parece mais ordem divina do que humana e semelhança da abençoada Trindade; porque pela insígnia das flores-de-lis, que é a soberana insígnia real, pode ser entendido o Pai que tem soberania; pois as demais pessoas, ainda que sejam iguais à pessoa do Pai quanto à divindade, são, à medida que o filho adquire humanidade, a ele inferiores, razão pela qual está escrito no símbolo da fé que *Filius est equalis Patri secundum divinitatem, minor Patre secundum humanitatem*;[24] assim, podem-se comparar as três flores-de-lis ao soberano senhorio; embora todas se mantenham juntas, elas se separam mistericamente na unção que significa o Espírito Santo; do mesmo modo, sob a forma de pomba, ele quis trazer a referida ampola, ele apareceu no batismo de Jesus Cristo, sobre o qual canta a Igreja: *In specie columbe Spiritus Sanctus visus est*; a auriflama vermelha simboliza o filho em forma humana erguido na cruz enrubescida com seu sangue precioso e tingida de vermelho. Do que se evidencia que essa dignidade pertence mais ao homem do que à mulher e que o rei da Inglaterra, Eduardo, que por muito tempo cometeu esse erro, dizendo que, por conta de sua mãe, ele tinha algum direito sobre o reino da França, não estava bem informado a respeito dos fatos; ou, se estava, a cobiça o iludiu, e seu pecado, que o põe e o porá diante do julgamento de Deus, o nega. A esse juízo remete meu referido soberano senhor, o rei Carlos V, o qual não atribui a si os milagres que Deus fez em seu reino, mas à bondade e à graça de Deus, que por sua misericórdia lhe dá conhecimento e entendimento de dizer o que devotamente dizia Davi no saltério: *Tu es Deus solus qui facis mirabilia magna et qui facis mirabilia magna solus*.[25] E se alguns que não usaram termos de teologia atribuem à criatura o que deve ser atribuído ao Criador, não há maravilha, pois efetivamente se diz: 'este santo faz milagres e aquele outro cura tal doença'. Isso se dá, contudo, pela virtude de Deus que está neles e não por seus próprios méritos, segundo o que diz São Bernardo no quarto livro ao papa Eugênio: *virtus vero tn sanctis manens ipsa facit opera*.[26]

---

24. Símbolo dito de Atanásio (H. Denzinger, *Enchiridion Symbolorum*, 12. ed. Friburgo en B., in-12, 1913, p. 19): "aequalis Patri secundum divinitatem, minor Patre secundum humanitatem".
25. Salmo LXXXV, 10: "Quoniam magnus es tu, et faciens mirabilia: tu es Deus solus"; LXXI, 18: "Benedictus Dominus Deus Israel, qui facit mirabilia solus"; CXXXV, 4: "Qui facit mirabiila magna solus".
26. João Golein parece designar aqui o quarto livro do tratado *De Consideratione*, endereçado por São Bernardo ao papa Eugênio III. Mas a citação indicada não se encontra nele; e não pude encontrá-la nas obras de São Bernardo.

Assim não acrescentei aqui esta matéria para contradizer o meu mestre Raul de Presles, o qual diz em seu prólogo ao livro da *Cidade de Deus* que meu senhor faz milagres em sua vida e que lhe é atribuído esse poder que cura escrófulas.[27] Mas o fiz para que aqueles que vierem depois, no tempo vindouro, menos sutis e menos exercitados em ciência ou prudência do que é meu referido Senhor, não vejam nisso a ocasião de glória vã ou de se terem por santos e fazedores de milagres. E por isso não foi sem motivo que foi gravado nos cantos das moedas: *Christus vincit, Christus regnat, Christus imperat*.[28] E por essa razão Deus deu a graça ao meu referido senhor, que aplicou sua habilidade sutil para estudar de modo a entender os termos de teologia, para sua salvação e para a honra de Deus, e das demais ciências, com o propósito de aplicá-los ao governo de seu reino, como claramente transparece. Por isso, Gervásio fez o livro *de ociis imperialibus*, para esclarecer os nobres."[29]

---

27. Cf. acima, p. 136, n. 95.
28. Lema extraído das laudes da Páscoa e que aparecia, desde São Luís, na maioria das moedas de ouro francesas; cf. G. Froehner, *Annuaire de la Soc. francaise de numismatique*, 1889, p. 45. João Golein a citou acima, fól. 45, col. 2.
29. Trata-se das *Otia imperialia* de Gervais de Tilbury, compostas para o imperador Otão IV.

APÊNDICE V

A peregrinação da França a Corbeny após a sagração e o transporte do sacrário de São Marculfo a Reims

Reúno aqui algumas referências relativas às devoções dos reis da França a São Marculfo, após a sagração, com as quais não quis sobrecarregar minhas notas acima.

Sobre a sagração de São Luís, ver Lenain de Tillemont, *Vie de Saint Louis* (Soc. de l'hist. de France), I, p. 429 ss.; fidelidade dos parisienses durante a menoridade, Joinville, c. XVI. É certo que São Luís passou diversas vezes por Corbeny, o que nada tem de surpreendente, visto que esse burgo estava situado em uma estrada certamente bastante frequentada (uma antiga via romana); deve-se supor que ele não deixou, em cada ocasião, de ali fazer suas preces ao santo do lugar; mas a mais antiga daquelas passagens que tenha sido atestada por um documento data de 28 de maio de 1248 (*Histor. de France*, XXI, p. 275 J; para as demais, ver ibidem, 399 C, 400 B, 402 A e G; Lenain de Tillemont IV, p. 70, e VI, p. 276, onde *nov*. deve ser corrigido por *dez*.; IV, p. 126 e 388; V, p. 22). Ora, em 1248, havia certamente muito tempo que o piedoso rei, em conformidade com a tradição ancestral, tocava a escrófula. Cerf, *Du toucher*, p. 236, e Ledouble, *Notice sur Corbeny*, p. 193, que reconheceram a impossibilidade da peregrinação imediatamente após a sagração, afirmam que Luís se dirigiu a Corbeny em 1229 (Cerf especifica: em 1º de dezembro de 1229). Não encontrei vestígios desse fato em Lenain de Tillemont, nem nos *Mansiones et Itinera* feitos pelos editores de *Histor. de France*, no t. XXI. Ainda que devesse ser tido como estabelecido, São Luís não poderia ser considerado o iniciador do costume da viagem a Corbeny, pois o traço característico desse costume é precisamente que as devoções a São Marculfo deviam ocorrer logo depois da sagração.

O itinerário de Filipe, o Belo, após sua sagração é conhecido pelas tabuinhas do tesoureiro da Casa Real; *Histor. de France*, XXII, p. 492-493.

Luís X: o registro da chancelaria, Arch. Nat. JJ 52, fól. 118 v°, n. 229, contém um diploma desse príncipe, emitido, no mês de agosto de 1315 (mês da sagração), em um lugar chamado *Corberiacum*; os autores do *Itinerário*, publicado no t. XXI dos *Historiens de France*, p. 465, propõem a correção *Corbeniacum* (Corbeny), a qual é verossímil; deve haver outra cópia desse diploma — confirmação da fundação de um hospital em Saint-Just *in Angelo*, por Jean de Clermont, senhor de Charolais, e Joana condessa de Soissons, sua esposa — no registro outrora guardado sob o número 51 do Tesouro de Chartres e conservado hoje em Petrogrado, visto ser esse registro uma cópia do número 52 (ver, por último, H. François-Delaborde, *Catalogue des actes de Philippe-Auguste*, p. lxv); naturalmente, não pude consultá-lo.

Filipe VI com certeza não passou por Corbeny depois da sagração: Jules Viard, *Itinéraire de Philippe VI de Valois*; Bibliothèque de l'Éc. des Chartres, 1913, p. 89, com as *Adições*, ibidem, 1923, p. 168.

O itinerário de João, o Bom, estabelecido por E. Petit, *Séjours de Jean II*; *Bullet. historique et philologique*, 1896, p. 587, indica, para 30 de setembro de 1350 (o rei fora sagrado no dia 26), *Cormisiacum*. Deve-se ler *Corbeniacum*. Com efeito, encontra-se nos arquivos de São Remígio de Reims, maço 190, n. 2, um extrato autêntico, feito por ordem dos "senhores" [da Câmara de Contas], em 28 de novembro de 1355, da conta da Casa Real do período do Natal de 1350, que está assim concebido: "de gisto habitatorum villarum de Corbeniaco et de Craonne xxv^a octobris ceci pro uno gisto quod rex cepit de iure suo apud Corbeniacum supradictum adreditum sacri, die xxx^a septembris precedentis, computatum per Renerum Coranci i^{c}j xxiij l. x s. v d. p".

A passagem de Carlos V não é atestada por documentos seguros; pode-se induzi-la com alguma verossimilhança do conjunto de seu itinerário; assim concluiu Delachenal, *Histoire de Chartres* V II, 1916, p. 97.

A de Carlos VI é certa: E. Petit, *Séjours de Charles VI*; *Bullet. historique et philologique*, 1893, p. 409; cf. Douet d'Arcqu, *Comptes de l'Hôtel des rois de France aux XIVe et XVe siècles* (Soc. de l'hist. de France), p. 6 e 64. O mesmo vale para a de Carlos VII, atestada por numerosos testemunhos: cf. acima, p. 273, n. 95; Vallet de Viriville, *Histoire de Charles VII*, II, 1863, p. 102, e de Beaucourt, *Histoire de Charles VII*, II, 1882, p. 234. O mesmo vale também para Luís XI, *Lettres*, ed. Dupont (Soc. de l'hist. de France), XI, p. 4.

De Carlos VIII a Francisco II, a passagem de cada rei é conhecida por testemunhos seguros, que coincidem uns com os outros. Contento-me em remeter a Godefroy, *Ceremonial*, I, p. 208, 234, 265, 293, 311; cf., sobre Luís XII, acima, p. 274, n. 98; para Henrique II, p. 302, n. 10.

Sobre as passagens de Carlos IX e de Henrique III, nada encontrei, mas não há nenhuma razão para supor que esses príncipes tenham interrompido a velha tradição.

Está atestado que Henrique IV — sagrado em Chartres — não fez a peregrinação de Corbeny. Oudard Bourgeois, *Apologie*, p. 62, afirma que ele fez sua novena ao santo no castelo de Saint-Cloud [São Clodoaldo], antes de retornar a Paris; não conheço nenhum texto que dê amparo a essa informação; dom Oudard Bourgeois, sempre preocupado em louvar a glória de seu santo, é um informador bastante suspeito.

Sobre Luís XIII, Godefroy, *Ceremonial*, I, p. 417; certificado notarial atestando que o rei iniciou sua novena (29 de outubro de 1610) nos arquivos de São Remígio, maço 190, n. 5.

Transporte do sacrário de São Marculfo a Reims por ocasião da sagração de Luís XIV: ato de notoriedade de 17 de junho de 1654, maço 190, n. 14 (o rei foi impedido de dirigir-se a Corbeny "em razão de seus assuntos urgentes e da ruína e desolação do burgo"); carta de salvaguarda de 3 julho de 1654 (em uma colação de 10 de julho do mesmo ano), ibidem, n. 15 ("lugar em que teríamos feito nossa visita e devoção, se não tivéssemos sido impedidos pela presente guerra"). Sobre as devastações exercidas pela gente de guerra em Corbeny, em 1642 e 1653: mesmo maço, n. 9 e 13.

Mesmo transporte sob Luís XV: H. Dieudonné, *La Châsse de Saint Marcoul au sacre de Louis XV*; *Revue de Champagne*, 1911, p. 84; cf. acima, p. 382, n. 42.

Sob Luís XVI, Leber, *Des cérémonies du sacre*, 1825, p. 447; cf. acima, p. 384, n. 47.

Du Tillet, em *Mémoires et recherches*, in-4°. Paris, 1578, p. 147 ss., e, com base nele, mas não fielmente, Godefroy, *Ceremonial*, I, p. 1, publicaram a tradução de um *ordo* da sagração que teria servido a Filipe Augusto em 1170. H. Schreuer, a exemplo de muitos outros historiadores, dentre os quais A. Luchaire, negou essa atribuição; Büchner a defendeu contra ele (bibliografia dessa controvérsia, *Revue historique*, CVIII, p. 136). O *ordo* menciona a peregrinação a Corbeny (Du Tillet, p. 156; Godefroy, p. 11). Seria, portanto, indispensável que tomássemos partido na discussão se não se deduzisse claramente da edição de Du Tillet — truncada por Godefroy — que a frase relativa à peregrinação é uma interpolação devida ao próprio Du Tillet, o qual entendeu por bem acrescentar ao texto que tinha diante dos olhos uma exposição sobre o toque na qual ele se refere a Filipe, o Belo: para 1179, o anacronismo é um tanto vívido! De resto, não se trata do único exemplo de uma glosa dessa espécie inserida pelo bom escrevente no próprio texto do *ordo*; na p. 155, lê-se uma observação relativa ao duque do Berry, filho de João II. As conclusões negativas de Schreuer me parecem seguras. Mas, para poder formular um juízo positivo sobre a data do *ordo*, falsamente atribuído a Filipe Augusto, seria preciso ter em mãos algo além de uma tradução modificada.

ACRÉSCIMOS E RETIFICAÇÕES

I. O REPUBLICANISMO PRIMITIVO DOS POVOS GERMÂNICOS.

P. 60 ss. — Talvez me repreenderão por ter, em toda esta exposição, silenciado, um pouco desdenhosamente demais, a respeito de uma teoria outrora famosa: a do republicanismo primitivo dos germânicos. Com efeito, ninguém ignora que toda uma escola de historiadores, alemães em sua maioria, viu na realeza germânica uma instituição tardia, nascida, pelo menos entre os germânicos do Oeste, do grande abalo das invasões. Mas essa concepção merece realmente ser discutida em detalhes? Na medida em que busca amparar-se em textos e não reflete somente as sedutoras miragens do *Aufklärung* ou do Romantismo, ela se sustenta, em resumo, sobre um mal-entendido duplo. Primeiro, a terminologia dos escritores latinos é interpretada sem crítica; quando descreviam a sociedade germânica, eles em geral reservavam o nome *rex* aos chefes de agrupamentos extensos; para esses escritores, os chefes dos pequenos grupos tribais eram apenas *principes*; transpondo sua linguagem para o francês ou para o alemão, sem explicação prévia, chegaríamos simplesmente a um contrassenso; à luz do vocabulário sociológico corrente, tanto *principes* como *reges são, segundo apontam as evidências, reis, isto é, monarcas providos de prestígio hereditário. Emprego intencionalmente a palavra "hereditário", pois é a seu respeito que os adeptos desse republicanismo retrospectivo cometem sua segunda confusao. Em face de a eleição desempenhar um papel na designação dos principes e até mesmo dos reges*, eles tendem a ver tanto em uns como nos outros, mas especialmente nos primeiros, magistrados puramente eletivos, e talvez até presidentes de repúblicas em escala reduzida. Isso é esquecer que, ao lado da legitimidade pessoal, pode existir uma legitimidade familiar; há hereditariedade se a escolha do povo se exerce apenas no interior de uma família, sempre a mesma, dotada de uma virtude transmitida pelo sangue; essa parece de fato ter sido a regra normal entre os antigos germânicos. Que me seja permitido, no que diz respeito a essas questões, remeter ao belo capítulo de autoria de Heinrich Brünner, *Königtum und Fürstenturn*, no tomo I de sua *Deutsche Rechtsgeschichte* (2. ed., 1906, p. 164-175; cf. também *Grundzüge der deutschen Rechtsgeschichte*, 7. ed., 1921, p. 14-15), e, para me desculpar por ter sido tão breve sobre um problema tão grave, citar, como encerramento, a opinião expressa por um historiador, em relação a quem não sou suspeito de uma complacência demasiado cega, Alfons Dopsch: "Heute kann wohl kaum mehr ein Zweifel daruber obwalten, dass das Königtum bei den Germanen von allem Anfang an vorhanden ist" (*Wirtschaftliche und soziale Grundlagen der europäischen Kulturentwicklung*, t. II, 1920, p. 23).

II. OS REIS FRANCOS QUALIFICADOS COMO PADRES.

Ao texto de Fortunato citado acima, p. 71, é preciso acrescentar a carta que os bispos reunidos no Concílio de Orléans de 511 enviaram a Clóvis para comunicar-lhe suas decisões: "Quia tanta ad religionis catholicae cultum gloriosae fidei cura vos excitat, ut *sacerdotalis mentis affectum* sacerdotes de rebus necessariis tracturos iu unum collegi iusseritis..." (*Concilia aevi merovingici*; *Monum. Germ., Concilia*, I, p. 2). Infelizmente, o texto não é muito claro. Todos os manuscritos apresentam *affectum*, o que surpreendeu o editor; provavelmente é preciso supor uma grafia equivocada para *affectu*. Admitida essa interpretação, toda ambiguidade desaparece; é de fato o espírito de Clóvis que os pais do Concílio pretenderam qualificar como sacerdotal. Aqui, a proximidade com o estilo dos concílios orientais (cf. acima, p. 183, n. 5) é extremamente marcante; de resto, como é interessante para o historiador ver o episcopado das Gálias transpor, em favor do conquistador franco, uma terminologia realmente imperial!

III. ICONOGRAFIA DA LENDA DAS FLORES-DE-LIS

P. 227 e n. 102 — 1º) Tapeçarias do casamento de Carlos, o Temerário: substituir a referência dada para as *Memórias* de Jean de Haynin pela seguinte: *Mémoires de Jean, sire de Haynin et de Louvignies*, ed. D. D. Brouwers (Soc. des bibliophiles liégeois). Liège, 1906, II, p. 25.

2º) Obras não indicadas acima:

A popularidade da lenda na Alemanha do século XV se traduz nas duas obras a seguir: *Triomphe de l'Empereur Maximilien*, gravada por H. Burgmair, ed. de 1796, estampa 105; Clóvis é nela representado com um escudete bipartido, trazendo, à direita, três sapos e, à esquerda, três flores-de-lis; — estátua de Clóvis, na *Hofkirche* de Innsbrück (conjunto escultural do túmulo de

Maximiliano); o rei franco é representado com o mesmo escudete bipartido, mas em sentido inverso, com os lírios à direita (cf. K. Zimmeter, *Führer durch die Hofkirche*, em frente à p. 6); a estátua foi executada com base nos desenhos de Cristóvão Amberger.

IV. A SAGRAÇÃO DOS DUQUES DA NORMANDIA.

P. 189, n. 17. — As indicações dadas acima sobre os manuscritos que nos transmitiram o ritual dessa cerimônia estão absolutamente equivocadas e devem, como veremos, ser retificadas; devo à gentileza de Henrique Labrosse, diretor das Bibliotecas e Arquivos Históricos da Cidade de Rouen, o fato de poder ter reconhecido e corrigido meus erros.

Chéruel e Delachenal conheceram o ritual ducal normando somente por meio de cópias do século XVII, e cada um deles, ao que parece, por meio de uma cópia diferente: o primeiro por meio daquela contida no manuscrito conservado nos Arquivos Municipais de Rouen sob a cota A/38; o segundo por meio daquela do manuscrito S 1 do mesmo acervo. Não obstante, existe desse texto uma transcrição muito mais antiga, encontrada no fól. 181 do famoso *Bendicionário* de Roberto de Jumièges, conservado na Biblioteca de Rouen sob a cota Y 7 e publicado em 1903 por H. A. Wilson (*The Benedictional of Archbischop Robert*; Bradshaw Soc., XXIV). O próprio bendicionário foi redigido na Inglaterra, provavelmente em Winchester, por volta do final do século X e levado para a Normandia, em Jumièges, em 1052 pelo arcebispo da Cantuária, Roberto, exilado em razão do triunfo de seu inimigo, o conde Godwin. Mas os fólios 181 a 183 apresentam escrita diferente do conjunto do manuscrito, e notavelmente mais recente. É preciso datá-los, como fez M. Omont (*Catalogue général des ms. des Bibliothèques des Départements*. Rouen, n. 369), do século XII. Wilson acredita que sejam do final do século XIII (op. cit., p. 157, n 4); Labrosse, porém, após um exame pessoal do manuscrito, fez a gentileza de me informar que essa data é demasiado recente. O texto dado pela ed. Wilson é, em todos os pontos, conforme o de Martene, que não indicou sua fonte.

De resto, Wilson (p. 196) mostrou muito bem que o redator do *Officium ad ducem constituendum* simplesmente extraiu o conteúdo de sua liturgia da *Consecratio regis* anglo-saxã, contida na parte antiga do bendicionário (p. 140 ss. da edição). Ele compôs, em resumo, o ritual da sagração ducal com trechos do ritual da sagração real: 1º) juramento do rei; 2º) fórmulas litúrgicas relativas à entrega do anel e à entrega do gládio; 3º) bênção, que encerra o ritual ducal, mas que, no ritual régio, ocorre antes da entronização. É instrutivo ver assim o cerimonial do advento de um grande feudatário imitar os ritos do advento real; essa cópia, entretanto, a bem da verdade, é apenas um resumo; a unção, em particular, permanece um ato puramente monárquico.

V. MILAGRE PÓSTUMO DO REI JAIME II

P. 378, n. 27. — Matton publicou, no *Bulletin de la Soc. académique de Laon*, XV (1865), p. 14-22, a ata, datada de 28 de setembro de 1703, de uma cura milagrosa obtida pela intercessão de Jaime II; uma jovem, internada no Hôtel-Dieu [hospital eclesiástico] de Fère-en-Tardenois, onde a consideraram atingida pelo "mal caduco", teria sido curada, depois de ter feito uma novena ao piedoso rei; da ata depreende-se, aliás, muito claramente que haviam sido classificados como "mal caduco" acidentes nervosos, resultantes de um pavor; eles duravam havia nove anos.

VI. GRATIA GRATIS DATA

Diversos textos citados acima (notadamente os de Félix Fabru, p. 150, de Bento XIV, p. 281, n. 108, e de Du Laurens, p. 330) qualificam o dom da cura, concedido por Deus a diferentes príncipes, como *gratia gratis data* ou *donum gratis datum*. Ao reproduzir e, por vezes, traduzir esses textos, deixei de observar que eles não são inteligíveis senão quando se tem em mente uma teoria teológica, outrora familiar a todas as inteligências cultas, mas, hoje, talvez menos universalmente conhecida: a distinção entre a *gratia gratis data* e a *gratia gratum faciens*. A primeira dessas duas graças não modifica em nada aquele que a recebe em seu ser íntimo; ela o torna simplesmente capaz de cooperar, por meio de certos atos, para a salvação dos demais homens. A segunda, de ordem muito mais elevada, torna agradável aos olhos de Deus a pessoa que é seu objeto; ela "a une a Deus", segundo as palavras de Santo Tomás (*Summa theol.* Ia, IIæ, qu. CXI, a. I). O dom do milagre é um exemplo clássico de *gratia gratis data*; as curas régias eram apenas uma forma particular de milagre; daí as expressões acima indicadas.

VII. OS SÉTIMOS FILHOS OU FILHAS, A FLOR-DE-LIS E SÃO MARCULFO

Segundo Livro, cap. IV, § 3. — Acrescentar ao que foi dito no texto sobre os poderes do sétimo filho as informações seguintes, que classifico por país:

Hungria: "Segundo uma antiga crença difundida em Folso-Boldogfalva (dep. Udvarhely), o sétimo filho de uma mãe, se é pio, se nunca xinga e se lhe untaram, aos sete anos, a unha do polegar da mão direita com óleo de papoula, possui o dom de descobrir tesouros escondidos, olhando através de sua unha tornada transparente". *Revue des traditions populaires*, XIII (1898), p. 120-121. (Observar a obsessão pelo número 7: sétimo filho, sete anos.)

França. Bretanha: "Correspondência entre o intendente e os senhores de Breteuil e Malesherbes para a execução das ordens do rei, prescrevendo que se vigie um certo senhor Fouquet, da paróquia de Lecousse, perto de Fougères, que pretende curar milagrosamente a escrófula, por ter nascido como sétimo filho de sua família e por trazer no queixo uma espécie de flor-de-lis". *Inventaire sommaire des Archives Départementales*. Ille et-Vilaine, C206; cf. *Rev. des trad. Popul.*, XXI (1906), p. 405.

Pays de Dol: os sétimos filhos, ou sétimas filhas, trazem sobre uma parte qualquer do corpo a flor-de-lis e tocam a escrófula, nos Quatro Tempos. "Se a escrófula é mortal, não transcorre uma semana após o contato sem que chegue a morte." *Rev. des trad. Popul.*, VIII (1893), p. 374.

Pays Nantais e Vendeia: O sétimo filho traz uma flor-de-lis sob a língua ou no braço e cura toda espécie de doença. *Rev. des trad. popul.*, XV (1900), p. 591.

Baixa-Normandia: Os sétimos filhos ou sétimas filhas tocam "o *carreau*". *Rev. des trad. popul.*, XXIV (1909), p. 65.

Loir-et-Cher: "O mais jovem de sete meninos em uma família na qual há apenas meninos tem o dom de curar os humores frios [a escrófula]. Dão-lhe o nome de 'Marcou'". *Rev. des trad. popul.*, XV (1900), p. 123. Cf. ibidem, p. 381, onde se vê que o *Marcou* cura também outras doenças.

Berry: Apontam-me que, ainda nos dias de hoje, numa aldeia do Berry, um sétimo filho exerce muito recentemente — e talvez ainda exerça — seu maravilhoso poder. Ele tocava, ao que parece, para todas as espécies de doenças, mas unicamente na noite de quinta para a Sexta-Feira Santa (reconhece-se aí o caráter especialmente favorável às curas que, como já foi observado, distingue a sexta-feira, e em particular a Sexta-Feira Santa). Uma clientela numerosa acorria até ele; ela não se recrutava somente entre os pobres; em uma daquelas noites, segundo me contaram, "pôde-se ver diante de sua porta, além de muitos veículos, um automóvel".

Enfim, devo assinalar que F. Duine, *Rev. des trad. popul.*, XIV (1899), p. 448, apresenta, a respeito dos sétimos filhos, a seguinte indicação, a qual não pude utilizar: L. Morel, em sua edição de *Macbeth* (texto inglês, Paris, Hachette, 1888, p. 226).

VIII. DIVERSOS ACRÉSCIMOS E RETIFICAÇÕES

P. 131. — A etimologia do nome Davi, apresentada pelo frei Guilherme de Sauqueville, é visivelmente tirada de São Jerônimo, *De nominibus hebraicis*; Migne, *P. L.*, t. 23, col. 857.

P. 132, n. 89. — Bibliografia de Bartolomeu de Luca: aparentemente, os escritos políticos de Bartolomeu são tratados em J. Bauermann, *Studien zur politischen Publizistik in der Zeit Heinrichs VII und Ludwigs des Bayern*, Breslau [Auszug einer Breslauer Diss.]; mas dessa obra conheço apenas a curtíssima resenha que lhe dedicou Büchner, *Histor. Jahrbuch*, XLI (1921), p. 336-337.

P. 151. — Na tradução do texto de Alvarez Pelayo, substituir as palavras "o rei Sancho" por estas: "o ilustre rei dom Sancho".

P. 263 — *Culto de São Marculfo*. Acrescentar Blois, igreja de São Nicolau (*Revue des traditions populaires*, XV, 1900, p. 123).

P. 200, n. 43. — Sobre a história da comunhão sob as duas espécies, pode-se ver agora o resumo inserido por G. Constant na abertura de seu livro intitulado *Concession à l'Allemagne de la communion sous les deux espèces* (*Biblioth. des Écoles de Rome et d'Athènes*, fasc. 128), 1923, p. 1 ss.; brevíssimas indicações sobre a comunhão imperial e real, p. 7, n. 1 e 6; Constant parece acreditar, por certo equivocadamente, que os reis da França, desde a bula de Clemente VI, utilizaram o cálice apenas no dia de sua sagração; sobre a concessão da comunhão *sub utraque* a Maximiliano II, ibidem, p. 153.

P. 219, n. 84. — Sobre as falsificações de Incmaro, teria sido necessário remeter também a E. Lesne, *La lettre interpolée d'Hadrien Ier à Tilpin et à l'église de Reims au IXe siècle*; *Le Moyen Âge*, 1913, p. 325 e 389.

P. 269 e n. 77. — Foi por erro que apresentei como localizadas na Alsácia Saales, Bourg e Bruche; tais localidades, tendo sido anexadas pela Alemanha em 1871, hoje fazem parte do departamento do Baixo Reno; mas são, na verdade, lorenas; sob o Antigo Regime, elas estavam compreendidas na Lorena ducal.

P. 345, linha 12-13. — Não encontrei em Celso a passagem à qual alude Forcatel. É provável que as referências desse inventivo jurisconsulto não devam ser tidas como artigos de fé.

P. 347, n. 145. — Alguns números de doentes tocados, relativos a Luís XIII, são apresentados de acordo com a *Gazette de France* na *Revue des traditions populaires*, XVII (1902), p. 417.

P. 356. — Atitude da realeza francesa para com os sétimos filhos. Relacionar às medidas tomadas pelo arcebispo de Bordeaux a correspondência do século XVIII assinalada acima, p. 478; encontrei a sua indicação tarde demais para poder obter uma cópia em tempo hábil.

P. 406. — Ao falar de Georges Bull, de quem cito um sermão, eu certamente deveria ter indicado a época exata em que viveu esse teólogo, que teve uma reputação europeia, mas cujo nome foi esquecido; a edição que empreguei e que está indicada em nota é a de 1816, o que poderia induzir a erro; G. Bull nasceu em 1634 e morreu em 1710; seus sermões foram publicados somente após sua morte.

P. 439. — *Carlos II tocando a escrófula*. Encontra-se na *Revue Historique*, t. 119 (1915), p. 431, uma resenha da edição da *History of England* de Macaulay, proporcionada por C. H. Firth (t. IV, V e VI), da qual se depreende que uma das gravuras dessa edição mostra "Carlos tocando a escrófula". Não pude ver pessoalmente a obra; trata-se, segundo todas as probabilidades, de uma reprodução de uma das obras acima classificadas nos números 12 e 13. Ademais, às reproduções do n. 13 indicadas acima convém acrescentar a que C. Barfoed apresentou em seu *Haands-Paalaeggelse*, em frente à p. 72.

P. 451. — Diadema e coroa. — Segundo J. Maurice (*Bulletin de la soc. nationale des Antiquaires*, 1921, p. 233), a "coroa articulada com cabochões e berloques", por oposição ao diadema "dos reis do Oriente" e de Diocleciano, teria sido introduzida no Império Romano por Constantino, o Grande, imitando os reis de Israel; ela teria se tornado a insígnia dos imperadores, por oposição ao diadema, o qual continuou sendo a insígnia dos Césares. Dela derivaria a coroa dos reis da França.

P. 459. — Sobre João Golein, teria cabido remeter à bibliografia fornecida por A. Molinier, *Les Sources de l'histoire de France*, IV, n. 3.344; deve-se notar que a referência a A. Thomas, *Mel*. [*d'archéologie et d'histoire*] *de l'école de Rome...* II, 455, carece de propósito.

BIBLIOGRAFIA

Logo abaixo, encontram-se duas categorias de indicações bibliográficas.

Umas, muito menos numerosas, e que formam a seção I, dizem respeito a certo número de obras relativas à realeza em geral ou à realeza francesa ou inglesa em particular, destinadas a serem citadas diversas vezes ao longo de minha exposição; elas não têm outro objetivo senão o de facilitar as remissões; não pretendi, de maneira alguma, dar sobre este ponto uma bibliografia — ou mesmo uma bibliografia *selecionada* — de caráter exaustivo. Quando cabia, indiquei entre parênteses, para cada livro ou dissertação, as páginas que concernem particularmente à realeza taumatúrgica.

As indicações da segunda ordem — seção II e seguintes — referem-se mais precisamente ao poder curativo e — na seção VII — a esta outra forma da crença no caráter miraculoso dos reis que foi a superstição do "sinal" régio. Eu as fiz tão completas quanto possível — embora não absolutamente. Por tal restrição, não pretendo somente isentar as omissões involuntárias que, sem dúvida alguma, devo ter cometido. Deixei de lado, com pleno conhecimento de causa, alguns raros artigos de revista, que me pareceram demasiado insignificantes para serem nomeados. Num assunto que sempre ofereceu atrativos demais aos amadores de "curiosidades" históricas para não ter, por vezes, tentado, particularmente na Inglaterra, escritores mais audaciosos ou mais ingênuos do que competentes, semelhante poda era indispensável. Procedi nessa tarefa com grande discrição. Lembrei-me de que, ao longo de minhas pesquisas, uma curta nota, cujo conteúdo carecia de importância, frequentemente me proporcionara uma referência preciosa; quando as fontes se encontram tão dispersas, o estudioso mais inexperiente, quando incorpora ao repertório um texto inédito, deve ser bem-vindo.[1]

---

1. Acrescento que os excelentes artigos publicados por H. Farquhar com o título *Royal Charities* (ver abaixo, VI, § 3) tornaram inútil tudo o que havia sido escrito antes deles

Incluí nesta bibliografia, ao lado dos trabalhos especialmente dedicados ao poder taumatúrgico, ou então ao sinal régio, grande número de livros ou de artigos que, tratando de assuntos mais gerais, forneceram, ocasionalmente, sobre uma ou outra dessas duas manifestações de uma mesma ideia, indicações úteis; e isso, mencionando, a cada vez, as páginas a serem consultadas. As obras dessa espécie nem sempre são as menos preciosas. Evidentemente, deixei de lado tudo o que era simples alusão a fatos, de resto, já bastante conhecidos, sem ideias originais.

Marquei com um asterisco alguns trabalhos dos quais conheço apenas os títulos; era importante indicá-los aos pesquisadores, que talvez possam encontrá-los em coleções às quais não tive acesso.

A ordem seguida no interior de cada subdivisão é, em princípio, a ordem alfabética dos nomes de autores (ou, para os anônimos, dos títulos). Uma exceção é feita somente à seção III, onde se encontram repertoriadas as obras publicadas, sobre o toque da escrófula, antes do início do século XIX. Nela, adotei a classificação cronológica: acreditei fornecer assim um quadro mais fiel do desenvolvimento de uma literatura cuja evolução interessa, no mais alto grau, à história da crença no milagre régio.

Suprimi, em suma, qualquer indicação de formato, quando se tratava de volumes in-8º; e qualquer indicação de lugar quando se tratava de volumes publicados em Paris. A mesma regra será seguida para as referências, ao longo do livro.

I. OBRAS GERAIS SOBRE A REALEZA

JOHN NEVILLE FIGGIS. *The divine right of the kings.* 2. ed. Cambridge, 1914.

J.-C. FRAZER. *The Golden Bough*, 12 vol., 3. ed. Londres, 1922. "Part I, The magic art and the evolution of Kings", I, p. 368-371; cf. "Part II, Taboo and the perils of the soul", p. 134.

J.-C. FRAZER. *Lectures on the early history of Kingship.* Londres, 1905 (particularmente p. 126). Tradução francesa com o título *Les origines magiques de la royauté*, 1920, p. 135-137.

FRANTZ FUNCK-BRENTANO. *L'Ancienne France, Le Roi*, 1912 (particularmente p. 176-181).

---

sobre a numismática do toque inglês; eles me permitiram eliminar vários trabalhos mais antigos que teriam inutilmente estorvado minhas listas.

J. HITIER. "La Doctrine de l'absolutisme". *Annales de l'Université de Grenoble*, XV (1903).

FRITZ KERN. *Gottesgnadentum und Widerstandsrecht im früheren Mittelalter: Zur Entwicklungsgeschichte der Monarchie.* Leipzig, 1914 (cf. minha resenha em *Revue Historique*, CXXXVIII (1921), p. 247).

G. LACOUR-GAYET. *L'Education politique de Louis XIV*, 1898.

HANS SCHREUER. *Die rechtlichen Grundgedanken der französischen Königskronung.* Weimar, 1911.

II. O PODER CURATIVO DOS REIS: BIBLIOGRAFIAS

ULYSSE CHEVALIER. *Topobibliographie*, I, in-4°, 1894-99, no termo *Écrouelles* (ver também o termo *Corbeny* e, na *Biobibliographie*, II, 2. ed., 1907, o termo *Marcoul* (st)).

Index Catalogue of the Surgeon General's Office U. S. Army, XII, in-4°. Washington, 1891, no termo *Scrofula*, p. 793 ss. e, mais particularmente, 805 ss.; *Second Series*, XV, 1910, p. 347.

ALPHONSE PAULY. *Bibliographie des sciences médicales*, 1874, col. 1.092-94.

JULIUS ROSENBAUM. *Addimenta ad Lud. Choulant Bibliothecam medico-historicam.* Halle, 1842-1847, I, p. 43; II, p. 63-64.

III. O TOQUE DA ESCRÓFULA: OBRAS ANTERIORES AO SÉCULO XIX

§ 1. Obras francesas

VINCENTIUS [CIGAULD]. *Allegationes super bello ytalico*, 1512, último capítulo, p. XXXIX, vol.; reimpresso em V. CIGAULD, *Opus laudabile et aureum* [1516].

JOHANNES FERRALDUS (J. FERRAULT). *Insignia peculiaria christianissimi Francorum regni, numero viginti, seu totidem illustrissimae Francorum coronae prerogativae ac preeminentiae*, 1520; "Ius quartum", p. 45-47.

JACQUES BONAUD DE SAUSET. *Panegyricus ad Franciam Franciaeque regem*, como apêndice a JOANNES DE TERRA RUBEA. *Contra rebelles suorum regum* (três tratados editados pelo próprio Bonaud). Lyon, 1526, p. CX vol.

CAROLUS DEGRASSALIUS (C. DE GRASSAILLE). *Regalium Franciae jura omnia.* Lyon, 1538, lib. I, p. 62-65.

BARTHOLOMEUS FAIUS (B. FAYE D'ESPEISSE). *Energumenicus*; 1571, p. 154-156.

STEPHANUS FORCATULUS (E. FORCATEL). *De Gallorum imperio et philosophia libri VII.* Lyon, 1595, p. 128-132.

H. MORUS (MEURIER). *De sacris unctionibus libri tres*, 1593, p. 260-262.

ANDREAS LAURENTIUS (A. DU LAURENS). *De mirabili strumas sanandi vi solis Galliae Regibus Christianissimis divinitus concessa*, 1609.[2]

ANDRE FAVYN. *Histoire de Navarre*, fól. 1612, p. 1.055-1.063.

J. BARBIER. *Les miraculeux effects de la sacrée main des Roys de France Tres-Chrestiens: pour la guarison des Malades et conversion des Hérétiques*, 1618.

P. DE L'ANCRE. *L'Incrédulité et mescreance du sortilège plainement convaincue*, in-4°, 1622, p. 156-173.

MICHAEL MAUCLERUS (M. MAUCLERC). *De monarchia divina, ecclesiastica et seculari christiana, deque sancta inter ecclesiasticam et secularem iliam coniuratione, amico respectu, honoreque reciproco, in ordine ad aeternam non omissa temporali felicitatem*, fól., 1622, lib. VII, cap. X, col. 1.565-1.569.

HIPPOLYTE RAULIN. *Panegyre orthodoxe, mystérieux et prophetique sur l'antiquité, dignité, noblesse et splendeur des fleurs de lys*, 1625, p. 116-180.

RENÉ DE CERIZIERS, S. J. *Les heureux commencements de la France chrestienne sous l'apostre de nos roys S. Remy*, in-4°. Reims, 1633, p. 190-206.

BESIAN ARROY. *Questions décidées, sur la Justice des Armes des Rois de France, sur les Alliances avec les hérétiques ou infidelles et sur la conduite de la Conscience des gens de guerre*, 1634, p. 39-46.

[DANIEL DE PRIEZAC]. *Vindiciae gallicae adversus Alexandrum Patricium Armacanum, theologum*, 1638, p. 60-65.

LOUIS MAIMBOURG S. J. *De Galliae regum excellentia, ad illud D. Gregorii Magni: quanto caeteros homines Regia dignitas antecedit; tanto caeterarum gentium Regna Regni Francici culmen ex-cedit, Panegyricus in solemnibus Rhotomag. Gymnasii comitiis...* dictus XIII Kal. Decemb. anno 1640; peq. in-4°. Reims, 1643; 2. ed., 1654, p. 710-724 e 757-760.

DON GUILLAUME MARLOT. *Le Theatre d'honneur et de magnificence préparé au sacre des roys*, in-4°. Reims, 1643; 2. ed., 1654, p. 710-724 e 757-760.

GUILLAUME DU PEYRAT. *L'Histoire ecclesiastique de la Cour ou les antiquitez et recherches de la chapelle et oratoire du Roy de France*, in-4°, 1645, p. 793-819.

---

2. Para as edições sucessivas desta obra e suas traduções, assim como para a biografia de seu autor, ver E. Turner, "Bibliographie d'André du Laurens..., avec Quelques remarques sur sa biographie". *Gazette hebdomadaire de médecine et de chirurgie*, XVIII (1880), p. 329, 381, 413.

THEODORE e DENYS GODEFROY. *Le ceremonial françois*, 2 vol., fól., 1649.
JEAN BAPTISTE THIERS. *Traité des superstitions*; in-12, 1679, p. 424-441 (cap. XXXVI); 4. ed. com o título *Traité des superstitions qui regardent les sacremens*, I, in-12, 1777, p. 431-462 (livro VI, cap. IV).
MENIN. *Traité historique et chronologique du sacre et couronnement des rois et reines de France*, 2. ed., in-12. Amsterdã, 1724 (a primeira é de 1723), p. 323-329.
[REGNAULT, cônego de Saint-Symphorien de Reims]. *Dissertation historique touchant le pouvoir accordé aux Rois de France de guérir des Écrouelles, accompagné (sic) de preuves touchant la verité de la sainte Ampoule*: na sequência de *Histoire des sacres et couronnemens de nos rois*, do mesmo autor. Reims, 1722.
PIERRE LE BRUN. *Histoire critique des pratiques superstitieuses*; nova ed. II, in-12, 1750, p. 112-135.
OROUX. *Histoire ecclésiastique de la Cour de France*, in-4°, 1776, p. 180-184.[3]

§ 2. Obras inglesas

WILLIAM TOOKER. *Charisma sive donum sanationis. Seu explicatio totius quaestionis de mirabilium sanitatum gratia, in qua praecipue agitur de solenni et sacra curatione strumae, cui Reges Angliae rite inaugurati divinitus medicati sunt et quan serenissima Elizabetha, Angliae, Franciae et Hiberniae Regina, ex coelesti gratia sibi concessa, Applicatione manuum suarum, et contactu morbidarum partium, non sine Religiosis ceremoniis et precibus, cum admirabili et faelici successu in dies sanat*. peq. in-4°. Londres, 1597.
WILLIAM CLOWES. *A right frutefull and approved treatise for the artificiall cure of that malady called in Latin, Struma, and in English, the Evill, cured by Kynges and Queenes of England*, peq. in-4°. Londres, 1602.
To the Kings most Excellent Majesty The Humble Petition Of divers hundreds Of the Kings poore Subjects, Afflicted with that grievous Infirmitie Called the Kings Evill. Of which by his Majesties absence they have no possibility of being cured, wanting all meanes to gain accesse to his Majesty, by reason of His abode at Oxford. Londres, Printed for John Wilkinson, Feb. 20, Anno Dom. 1643, plaqueta [8 p.]. (British Museum Thomason Tracts E 90 (6).[4]

---

3. A obra de René Moreau, *De manu Regia, oratio penegyrica et inauguralis habita in collegio Cameracensi regio*, Paris, 1623, citada por Rosenbaum, I, p. 43, e Pauly, col. 1.092, a respeito do toque, é, na realidade, um panegírico de Luís XIII, no qual apenas incidentemente se faz menção ao toque (p. 5 e, sobretudo, p. 18-19).
4. A folha de rosto reproduzida por C. Cox, *The Parish Register of England* (*The Antiquary's Books*), Londres (1910), p. 181.

JOHN BIRD. *Ostenta Carolina: or the late Calamities of England with the Authors of them. The great happiness and happy government of K. Charles II ensuing, miraculously foreshewn by the Finger of God in two wonderful diseases, the Rekets and Kings-evil. Wherein is also proved, I that the rekets after a while shall seize in no more children but vanish by means of K. Charles II, II that K. Charles II is the last of Kings which shall so heal the Kings-evil*, peq. in-4°. Londres, 1661.

Χειρεξοχη. *The Excellency or Handywork of the Royal Hand*, peq. in-4. Londres, 1665.

RICHARD WISEMAN. *Severall Chirurgical Treatises*; livro IV: "A treatise of the King's Evil", cap. I, "Of the Cure of the Evil by the King's touch", 1. ed. Londres, 1676; 6. ed., 1734, I, p. 392-397.

J. BROWNE. *Adenochoiradelogia; or an anatomick-chirurgical treatise of gandules and strumaes, or king's evil swellings; together with the royal gift of healing, or cure thereof by contact or imposition of hands, performed for above 640 years by our kings of England, continued with their admirable effects and miraculous events; and concluded with many wonderful examples of cures by their sacred touch.* Londres, 1684 (a terceira parte, intitulada "Charisma Basilikon or the Royal Gift of Healing Strumaes or Kings-Evil", é especialmente dedicada ao milagre régio; ela é paginada à parte; salvo indicação contrária, minhas citações se referem a ela).

RICHARD CARR. *Epistolae medicinales variis occasionibus conscriptae.* Londres, 1691, ep. XIV, p. 152-158.

A Letter from a gentleman at Rome to his friend in London; giving an account of some very surprizing Cures in the King's Evil by the Touch, lately effected in the Neighbourhood of that City... Translated of the Italian; peq. in-4°. Londres, 1721.

WILLIAM BECKETT. *A free and impartial inquiry into the antiquity and efficacy of touching for the cure of the King's evil... Now first published in order to a compleat confutation of that supposed supernatural power lately fustified in a pamphlet, intituled "A letter from a gentleman at Rome to his friend in London..."*, peq. in-4°. Londres, 1722.

RICHARD BLACKMOR. *Discourses on the Gout, a Rheumatism and the King's Evil*; in-12. Londres, 1726.

[SAMUEL WERENFELS]. *Occasional thoughts on the power of curing for the king's-evil ascribed to the kings of England*, peq. in-4°. Londres, 1748 (forma a segunda parte, com título e paginação separados, da brochura intitulada *A Dissertation upon superstition in natural things*, peq. in-4°. Londres, 1748).

* JOHN BADGER. *Cases of Cures of the King's Evil perfected by the royal touch.* Londres, 1748 (indicada em *Notes and Queries*, 3th series I (1862), p. 258; parece faltar ao Museu Britânico).

[JOHN DOUGLAS]. *The Criterion or Miracles examined with a view to expose the pretensions of Pagans and Papists to compare the Miraculous Powers recorded in the New Testament with those said to subsist in Later Times, and to shew the great and material Difference between them in Point of Evidence: from whence it will appear that the former must be True, and the latter may be False*, in-12. Londres, 1754, p. 191-205.

§ 3. Obras compostas por escritores estrangeiros à Inglaterra e à França

MARTIN DEL RIO S. J. *Disquisitionum magicarum libri sex*, lib. I, cap. III, qu. IV. Mogúncia, 1606, I, p. 57-65;[5] deve ser completado, sobre alguns pontos, pela edição de 1624, in-4°. Mogúncia, p. 24-27.

O. WIESELGREEN. "The Kings Evil", *Zwei gleichzeitige Berichte*; Archiv für Kulturgeschichte, XII (1916), p. 410-411 (relatos dos viajantes suecos Rosenhane — em Londres, 1629 — e Gyldenstolpe — em Versalhes, 1699).

ALEXANDER PATRICIUS ARMACANUS [JANSÊNIO]. *Mars Gallicus seu de justitia armorum et foederum regis Galliae libri duo: editio novissima* (2. ed.) s.l., 1636, lib. I, cap. 13, p. 65-72 (a primeira edição, fól., 1635).

Dr. FRANCISCO MARTI Y VILADAMOR. *Cataluna em Francia Castilla sin Cataluna y Francia contra Castilla. Panegyrico glorioso al christianissimo monarca Luis XIII el Iusto.* Barcelona, 1641, cap. XI, p. 81-84.

PHILIPPUS CAMERARIUS. *Operae horarum subcisivarum, sive meditationes historica: Centuria tertia*, cap. XLII, "De peculiaribus donis Regum et Principum nonnullorum sanandi aegrotos et peculiaribus eorum notis", in-4°. Frankfurt, 1644, p. 143-146;[6] cf. a tradução francesa por SIMON GOULARD: *Le Troisiesme volume des meditations historiques de M. Philippe Camerarius*, in-4°. Lyon, 1610, p. 171-175 (com acréscimos).

JOHANNES JACOBUS CHIFLETIUS (J. J. CHIFLET). *De ampulla Remensi nova et accurata disquisitio*, fól. Antuérpia, 1651 (particularmente p. 57-58).

JOANNIS LAZARI GUTIERRII (J. L. GUTIERREZ). *Opusculum de Fascino*, in-4°. Lyon, 1653, p. 153-156.

---

5. A primeira edição: 1593, fól., Mogúncia (não a consultei).
6. Indico a mais antiga das edições que pude consultar; a primeira edição da *Troisième Centurie* foi publicada em Frankfurt em 1609 (cf. Meusel, *Bibliotheca historica*, I, 2, Leipzig, 1784, p. 338); a obra, que obteve muito sucesso, foi diversas vezes reimpressa e traduzida.

* GEORG TRINKHUSIUS. *De curatione regum per contactum*. Jena, 1667 (indicado em ROSENBAUM, *Addimenta*, II, p. 64).

GASPAR A REIES. *Elysius jucundarum quaestionum campus*, in-4°. Frankfurt am Main, 1670, qu. XXIV e XXVIII.

DANIEL GEORGIUS MORHOVIUS (MORHOF). *Princeps medicus*, plaqueta, peq. in-4°. Rostock, 1665, 48 p.; reproduzido em D. G. MORHOFI. *Dissertationes academicae*, in-4°. Hamburgo, 1699.

JOHANNES JOACHIMUS ZENTGRAFF. *Disputatio prior de tactu Regis Franciae, quo strumis laborantes restituuntur*, plaqueta, peq. in-4°. Wittenberg, 1667 (16 p.); *Disputatio posterior de tactu Regis Franciae*, plaqueta, peq. in-4°, mesmos l. e d. (16 p.).

JOHANN CHRISTIAN LUENIG. *Theatrum ceremoniale historico-politicum*, II, in-4°. Leipzig, 1720, p. 1.015 e 1.043-1.047.

* S. P. HILSCHER. *De cura strumarum contactu regio facta*; in-4°. Jena, 1730.[7]

IV. O TOQUE DA ESCRÓFULA: OBRAS POSTERIORES A 1800

§ 1. Generalidades

C. BARFOED. *Haands Paalaeggelse (Medicinsk-Historiske Smaaskriften ved Vilhelm Maar*, 8), in-12. Copenhague, 1914.

JOSEPH M. BATISTA Y ROSA. *Touching for the King's Evil*; Notes and Queries, 12th series, III (1917), p. 480-82.

* J. R. BILLINGS. *The King's Touch for Scrofula*; Proceedings of Charaka Club New-York, II.

PAULUS CASSEL. *Le roi te touche*. Berlim, 1864 (* 2. ed., Berlim, 1878).

A. CHEREAU e A. DELAMBRE. *Dictionnaire encyclopédique des sciences médicales*, t. 32, 1885, verbete *Écrouelles*, p. 481-486.

L. CHOULANT. "Die Heilung der Skrofeln durch Königshand"; *Denkschrift zur Feier der fünfzigjährigen Amtsführung... J. A. W. Hedenus... hgg. von der Gesellschaft für Natur-und Heilkunde in Dresden*. Dresden, 1833.

RAYMOND CRAWFURD. *The king's evil*. Oxford, 1911.

---

7. Rosenbaum, *Addimenta*, II, p. 64, cita como relativo ao toque ou, pelo menos, ao poder curativo dos reis a seguinte obra: Michael Bernhardus Valentinus, *De herniis arcano regis Galliarum absque sectione curandis*, Giessen, 1697; é preciso provavelmente identificá-la com a *Disputatio VI: De nova herniarum cura*, contida na *Polychresta exotica* de M. B. Valentinus, in-4°, Frankfurt, 1700; nessa obra, trata-se de um remédio para a hérnia denominado *o segredo do Rei*, simples receita farmacêutica cujo nome se destina a estimular a imaginação das massas, mas carece de qualquer relação com o milagre régio.

EBSTEIN. *Die Heilkraft der Könige; Deutsche mediz.* Wochenschrift, 1908, I, p. 1.104-1.107.

EBSTEIN. *Zur Geschichte der Krankenbehandlung durch Handauflegung und verwandte Manipulation*; Janus, 1910, p. 220-228, e 1911, p. 99-101.

E. GURLT. *Geschichte der Chirurgie und ihrer Ausübung*, 3 vols. Berlin, 1898, I, p. 104, 108, 110; II, p. 139 e 871; III, p. 570.

L. LANDOUZY. *Le Toucher des Écrouelles. L'Hôpital Saint-Marcoul. Le Mal du Roi*, in-4°, 1907 (impresso para a sessão remense da Associação Francesa para o Avanço das Ciências; desenvolvimento de um artigo mais curto publicado em *Presse Médicale*, 10 de maio de 1905).

* M. A. STARR. "The king's evil and its relation to psychotherapy". *Medical Record*. New-York, 1917 e 1918.

§ 2. Obras relativas ao rito francês

E. BRISSAUD. "Le mal du roi". *Gazette hebdomadaire de médecine et de chirurgie*, XXII (1885), p. 481-92.

Dr. CABANÈS. *Remèdes d'autrefois*, 2ª série, in-12, 1913, p. 5-74.

Abade CERF. *Du toucher des écrouelles par les rois de France*. Travaux Acad. Reims, XLIII (1865-1866), p. 224-288.

ALFRED FRANKLIN. "Les rois de France et les écrouelles". *Nouvelle Iconographie de la Salpetrière*, IV (1891), p. 161-166; artigo reproduzido em A. FRANKLIN. *La vie privée d'autrefois, Les médecins*, in-12, 1892, p. 254-268.

A. JAL. *Dictionnaire critique de biographie et d'histoire*, no verbete *Écrouelles*, 2. ed., 1872, p. 522-3.

C. LEBER. *Des cérémonies du sacre*, 1825, p. 447-461 e 523-524.

AD. LECOCQ. *Empiriques, somnambules et rebouteurs beaucerons*. Chartres, 1862, p. 11-19.

E. MARQUIGNY. "L'attouchement du roi de France guérissait-il des écrouelles?" *Études religieuses, historiques et littéraires*, 4ª série, I (1868), p. 374-90.

GIOVANNI MARTINOTTI. "Re taumaturghi: Francesco I a Bologna nel 1515". *L'Illustrazione Medica Italiana*, IV (1922), p. 134-137.

R. DE MAULDE-LA-CLAVIÈRE. *Les origines de la Révolution française au commencement du XVIe siècle*, 1889, p. 26-28.

R. DE MAULDE-LA-CLAVIÈRE. *La diplomatie au temps de Machiavel*; 1892, I, p. 52 e 60 (publicado também em 1893 com o título *Histoire de Louis XII, Deuxième partie: La diplomatie*, I).

ROSHEM. "Les écrouelles, leur étiologie, leur traitement vers 1690". *Paris Médical*, XIII (1923, número de 17 de março), "Variétés", p. VI-X.

KARL WENCK. *Philipp der Schöne ven Frankreich, seine Persönlichkeit und das Urteil der Zeitgenossen*, in-4º. Marburgo, 1905, p. 54-57.

§ 3. Obras relativas ao rito inglês

WILLIAM ANDREWS. *The doctor in history, literature, folklore etc.* Hull e Londres, 1896, p. 8-23.

H. FRANÇOIS-DELABORDE. "Du toucher des écrouelles par les rois d'Angleterre". *Mélanges d'histoire offerts à M. Ch. Bémont*, 1913.[8]

HELEN FARQUHAR. *Royal Charities*; The British Numismatic Journal, XII (1916), p. 39-135; XIII (1917), p. 95-163; XIV (1918), p. 89-120; XV (1919), p. 141-184.

KARL FEYERABEND. "Bilder aus der englischen Kulturgeschichte: I. Die königliche Gabe". *Die Grenzboten*, 1904, I, p. 703-714 e 763-773.

FIELDING H. GARRISON. "A Relic of the King's Evil in the Surgeon General's Library (Washington D.C.)". *Proceedings of the Royal Society of Medicine*, VII (1914), "Section of the History of Medicine", p. 227-234.[9]

EMANUEL GREEN. On the Cure by Touch, with Notes on some Cases in Somerset; *Proceedings of the Bath Natural History and Antiquarian Field Club*, V (n. 2, 1883), p. 79-98.

EDWARD LAW HUSSEY. "On the cure of scrofulous diseases attributed to the royal touch". *The Archaeological Journal*, X (1853), p. 187-211; cf. ibidem, p. 337.

THOMAS LATHBURY. *A history of the convocation of the Church of England*, 2. ed. Londres, 1853, p. 428-439.

W. E. H. LECKY. *History of England in the Eighteenth Century*. Londres, 1892, I, p. 84-90.

CORNELIUS NICHOLLS. "On the obsolete custom of touching for the King's Evil". *The Home Counties Magazine*, XIV (1912), p. 112-122.

THOMAS JOSEPH PETTIGREW. On superstitions connected with the history and practice of medicine and surgery. Londres, 1844, p. 117-154. The royal cure for the King's Evil; British Medical Journal, 1899, II, p. 1.182-1.184; cf. ibidem, p. 1.234.

---

8. O artigo do mesmo autor, publicado com o título "Le toucher des écrouelles par les rois d'Angleterre" (*Bulletin soc. Antiquaires de France*, 191-193, p. 86-88), é uma espécie de resumo daquele dos *Mélanges Bémont*.

9. Um resumo desse artigo havia sido publicado em alemão com o título "Medizinisch-Historische Denkmäler des Königsübels in der Medizinischen Bibliothek des Kriegsministeriums zu Washington"; *Archiv für die Geschichte der Naturwissenschaften und der Technik*, VI (1913), p. 113-116.

W. SPARROW SIMPSON. On the forms of prayer recited "at the healing" or touching for the King's Evil; The Journal of the British Archaeological Association, 1871, p. 282-307.

ARCHIBALD JOHN STEPHENS. The book of common prayer with notes legal and historical (Ecclesiastical history Society), in-4°. Londres, 1850, II, p. 990-1.005.

V. OS ANÉIS CURATIVOS[10]

RAYMOND CRAWFURD. "The blessing of cramp-rings. A chapter in the history of the treatment of epilepsy". *Studies in the history and method of science*, edited by Charles Singer, I. Oxford, 1917, p. 165-187.

GEORG F. KUNZ. *Rings for the finger, from the earliest known times to the present.* Filadélfia e Londres, 1917, p. 336 ss.

HERMENTRUDE. "Cramp rings". *Notes and Queries*, 5th series, IX (1878), p. 514.

WILLIAM JONES. *Finger-ring lore.* 2. ed. Londres, 1890, p. 522-526 (reprodução mais ou menos textual do artigo de Waternton indicado abaixo).

J. STEVENSON. "On cramp-rings"; *The Gentleman's Magazine.* 1834, I, p. 48-50; reproduzido em *The Gentleman's Magazine Library*, ed. G.-L. GOMME [t. III], "Popular Superstitions". Londres, 1884, p. 39-42.

C. J. S. THOMPSON. *Royal cramp and other medycinable rings*, plaqueta, peq. in-4°. Londres, 1921 (10 p.).

EDMUND WATERTON. "On a remarkable incident in the life of St. Edward the Confessor, with Notices of Royal Cramp-Rings". *The Archaeological Journal*, XXI (1864), p. 103-113.

VI. SÃO MARCULFO E A PEREGRINAÇÃO DE CORBENY

BALTHASAR BAEDORF. *Untersuchungen über Heiligenleben der westlichen Normandie.* Bonn, 1913, p. 24-42.

ED. DE BARTHÉLÉMY. "Notice historique sur le prieuré Saint-Marcoul de Corbeny". *Soc. académique des sciences, arts... de Saint-Quentin*, terceira série, XIII (1874-75), p. 198-299.

M. A. BENOIT. "Un diplôme de Pierre Beschebien, évêque de Chartres: les reliques de Saint Marcoul". *Procès-verbaux. Soc. Archéolog. Eure-et-Loir*, V (1876), p. 44-55.

---

10. Convém assinalar que muitas das obras repertoriadas acima, nas seções III e IV, incluem, incidentalmente, algumas indicações sobre os anéis curativos.

BLAT. *Histoire du pèlerinage de Saint Marcoul à Corbeny*, 2. ed., in-12. Corbeny, 1853.

OUDARD BOURGEOIS. *Apologie pour le pelerinage de nos roys à Corbeny au tombeau de S. Marcoul, abbé de Nanteuil, contre la nouvelle opinion de Monsieur Faroul, licencié aux droits, doyen et official de Mantes*, peq. in-4º. Reims, 1638.[11]

H. M. DUPLUS. *Histoire et pèlerinage de Saint Marcoul*, in-18. Dijon, 1856.

SIMON FAROUL. *De la dignité des roys de France et du privilège que Dieu leur a donné de guarir les escroüelles: ensemble la vie de saint Marcoul abbé de Nantueil*, 1633.

CHARLES GAUTIER. *Saint Marcoul ou Marculphe abbé de Nanteuil, sa vie, ses reliques, son culte...*, in-16. Angers, 1899.

EMILE H. VAN HEURCK. *Les drapelets de pèlerinage en Belgique et dans les pays voisins. Contribution à l'iconographie et à l'histoire des pèlerinages*, in-4º. Antuérpia, 1922.

ABADE LEDOUBLE. *Notice sur Corbeny, son prieuré et le pèlerinage à Saint Marcoul*. Soissons, 1883.

LE POULLE. *Notice sur Corbeny, son prieuré et le pèlerinage de Saint-Marcoul*. Soissons, 1883.

Notice sur la vie de Saint Marcoul et sur son pèlerinage à Archelange, in-16. Citeaux, 1879.

C. J. SCHÉPERS. *Le pèlerinage de Saint-Marcoul à Grez-Doiceau (canton de Wavre)*. Valônia, t. VII (1899), p. 177-183.

LOUIS TEXIER. *Extraict et abrégé de la vie de S. Marcoul Abbé*, plaqueta. Saumur, 1648, 8 p. (na sequência do *Discours touchant la fondation de la chapelle Nostre-Dame de Guarison à Russé*).

VII. O "SINAL RÉGIO"[12]

OTTO GEISSLER. *Religion und Aberglaube in den mittelenglischen Versromanzen*. Halle, 1908, p. 73-74.

---

11. E. de Barthélémy, em sua *Notice historique sur le prieuré Saint-Marcoul*, escreve (p. 210): "Oudard Bourgeois publicou, no mesmo ano, um segundo livro: *Traité des droits, privilèges et immunités de l'église et monastère de Corbeny*, in-12, 1638". Não tive acesso a esse livro, o qual não consta do acervo da Biblioteca Nacional. Teria se produzido alguma confusão na mente de E. de Barthélémy? Assim como eu, o abade Ledouble (*Notice sur Corbeny*, p. 131) procurou o *Traité* e nunca o encontrou.

12. Acrescentar a esta lista, como obra antiga, o livro de Camerarius, *Operae horarum subcisivarum*, repertoriado acima, III, § 3.

H. GRAUERT. "Zur deutschen Kaisersage". *Histor. Jahrbuch*, XIII (1892), p. 122 e 135-136.

FERDINAND LOT. *La croix des royaux de France*. Romania, XX (1891), p. 278-281 (com uma nota de Gaston Paris).

PIO RAJNA. *Le origini dell'epopea francese*. Florença, 1884, cap. XII, p. 294-299.

ANTOINE THOMAS. "Le 'signe royal' et le secret de Jeanne d'Arc"; *Revue Historique*, CIII (1910), p. 278-282.

VIII. NOTA RELATIVA ÀS CITAÇÕES DE DOCUMENTOS MANUSCRITOS E À CRONOLOGIA

Indiquei, por meio das seguintes abreviações, os principais acervos a que se referem as remissões:

Arch. Nat.: Archives Nationales.

Bibl. Nat.: Bibliothèque Nationale.

Brit. Mus.: British Museum.

E. A.: acervo conhecido como Exchequer Accounts, no Public Record Office de Londres.

R. O.: Record Office, em Londres (outros acervos que não os Exchequer Accounts).

Salvo menção em contrário, todas as datas encontram-se reduzidas ao novo estilo (começo do ano em 1º de janeiro). As datas inglesas anteriores a 14 de setembro de 1752 (assim como, é claro, as datas francesas anteriores a 20 de dezembro de 1582) são apresentadas de acordo com o calendário juliano.

Este livro foi impresso pela Paym Gráfica e Editora
em fonte Minion Pro sobre papel UPM Cream 70 g/m²
para a Edipro no outono de 2020.